中国社会科学年鉴

郭沫若研究年鉴 2017

YEARBOOK OF GUO MORUO STUDIES

赵笑洁 主编

中国社会科学出版社

图书在版编目（CIP）数据

郭沫若研究年鉴．2017/赵笑洁主编．—北京：中国社会科学出版社，2019.3
ISBN 978－7－5203－4185－1

Ⅰ.①郭…　Ⅱ.①赵…　Ⅲ.①郭沫若（1892－1978）—人物研究—2017—年鉴
Ⅳ.①K825.6－54

中国版本图书馆CIP数据核字（2019）第048176号

出 版 人　赵剑英
责任编辑　王鸣迪
责任校对　林福国
责任印制　张雪娇

出　　版　中国社会科学出版社
社　　址　北京鼓楼西大街甲158号
邮　　编　100720
网　　址　http://www.csspw.cn
发 行 部　010－84083685
门 市 部　010－84029450
经　　销　新华书店及其他书店

印刷装订　三河市东方印刷有限公司
版　　次　2019年3月第1版
印　　次　2019年3月第1次印刷

开　　本　787×1092　1/16
印　　张　34.75
插　　页　2
字　　数　738千字
定　　价　228.00元

目　录

上编　学术研究

第一篇　唯物史观与郭沫若研究

第二篇　史料辑佚

第三篇　研究综述

第四篇 论文选编

第五篇　学术争鸣

第六篇　海外研究

第七篇　观点摘编

下编　资讯动态

第八篇　历史春秋

第九篇　年度访谈

第十篇　学人回忆

第十一篇　学术会议

第十二篇　新书推介

第十三篇 活动展览

第十四篇 硕博论文

第十五篇 郭沫若纪念馆馆藏资料

上　　编

学术研究

第一篇

唯物史观与郭沫若研究

纪念郭沫若诞辰 125 周年特辑

唯物史观走向民众的重要途径

——论民国时期郭沫若历史剧的贡献及其启示

张克非

20 世纪 20—40 年代，唯物史观的广泛传播和中国马克思主义史学的形成，产生了促进民众觉醒，影响、改变社会文化及观念的巨大作用。这早已为学界所关注。①但是，作为来自西方的马克思主义理论成果，唯物史观当时是以哪些主要方式、途径，以何种形式通过先进的知识分子逐渐走近广大民众，得到有效传播，并最终实现社会化、大众化？在民国特定社会环境下唯物史观传播过程的中国化实践具有哪些显著特点？这些无疑是近代中国思想史和马克思主义传播史上，非常重要但以往学界却较少涉及的研究课题。本文试图从该时期郭沫若历史剧中传播的唯物史观及其影响入手，对此做一些初步探索。

一　唯物史观的重要作用及社会传播途径

五四新文化运动开启了民国初年思想解放的大潮，俄国十月革命的成功，极大地促进了社会主义思潮和马克思主义在中国的传播。尤其是唯物史观开始形成广泛影响，使爱国、进步知识分子掌握了重新认识历史、解释和改造现实世界的理论武器。生产力、生产关系、经济基础、上层建筑、人民群众、阶级斗争及其重要作用等基本概念，不仅深刻地解释了列强侵略欺凌、中国落后挨打的内在原因，而且为反帝反封建的社会革命提供了切实的目标、手段和保证。正如美国学者阿里夫·德里克所言："马克思主义是对 19 世纪欧洲问题的最有意义的解释之一，而且是其中最明确地将社会的所有问题植根于社会的经济基础的学说。当中国社会根本性的大变革使中国知

---

① 如黄楠森《马克思主义哲学史》第 6 卷（北京出版社 1989 年版）、吕希晨等《中国现代唯物史观史》（天津人民出版社 2003 年版）、陶德麟等《马克思主义中国化：历史与反思》（北京师范大学出版社 2007 年版）和王学典《唯物史观派史学的学术重塑》（《历史研究》2007 年第 1 期）、冯天瑜《唯物史观在中国的早期传播及其遭遇》（《中国社会科学》2008 年第 1 期）、王贵仁《20 世纪早期中国学者对唯物史观的阐释及其演变》（《史学理论研究》2010 年第 3 期）等，都对民国时期唯物史观的传播及演变过程有系统论述。

识分子直面这些相似的问题时，他们转向历史唯物主义并不让人奇怪。”①

当时中国知识分子欢迎、接受唯物史观，不仅是将其作为一种重新认识、解释过往历史的理论工具，而且是把它作为分析现实社会、进行社会变革、争取民族独立和解放、指导革命斗争的一种世界观、方法论及最为有力的批判武器。这种强烈的实际需要，不仅决定了中国先进知识分子对唯物史观的态度与情感，也决定了他们对唯物史观的认识、理解及其在吸收、运用中的取舍和改造。

有人以时间为序，综合考虑唯物史观在中国传播的程度、中国先进分子对唯物史观解读的内涵与外延变化以及传播主体的成熟度，将唯物史观在中国传播的历史进程分为三个阶段，即广泛传播阶段（1919—1923 年）、深入传播及初步运用阶段（1924—1935 年）、系统传播及创造性运用阶段（1936—1949 年），来描述唯物史观在中国传播的历史进程及其特点。② 这种划分方式主要适用于先进知识分子群体对唯物史观的接受、认识、阐释、运用及理论传播过程，却很少探讨唯物史观的主要概念、内容是怎样走向社会、影响民众的。

任何思想理论要真正能够发挥影响、改变现实社会的巨大作用，就绝不能仅仅停留在知识分子群体和理论层面，还必须由知识分子将其有效传输到千百万民众之中，使更多的人在情感、态度、意识、行为上，逐渐形成相对一致的共同信念和联合行动。这也是影响、教育、动员和组织民众，转变民众观念的过程。

在 20 世纪三四十年代的中国社会，先进知识分子对民众的重视，相对自觉、主动地与工农大众结合，为扩大唯物史观对民众的影响创造了重要条件。内忧外患下的生存危机，尤其是日本帝国主义加紧侵略激发的爱国热情，为民众接受唯物史观提供了客观需要及社会环境。当时，包括小说、诗歌、戏剧、音乐、美术、电影等在内的诸多进步文艺作品，对广大城乡民众、青少年学生，产生了更为直接强烈的宣传和启蒙作用，同时也形成了他们感受、接受唯物史观的重要途径。时人的诸多切身经历及回忆，为此提供了非常生动、翔实的证据。

出生于 1917 年的史学家赵俪生教授，1935 前后正在清华大学外文系求学，作为“一二·九”学生爱国运动的积极参与者，他晚年在回顾该运动的宣传、发动时，曾深情地总结道：“在这里，一定得提到‘歌’。真是歌之力量大矣哉！很多青年参加革命多是从唱歌开始的。如《工人歌》《锄头歌》《五月的鲜花》《义勇军进行曲》《流亡三部曲》……以我来说，朋友们一致说我是身上连一粒音乐细胞都没有的人，但所有这些流亡歌曲我都会唱，而且历五六十年的今天有时仍可以引吭高歌，足见其时代魅力之大。另有一首歌，其中有三句云：‘这歌声唤醒了城镇，也唤醒了偏僻的

① 阿里夫·德里克著：《革命与历史：中国马克思主义历史学的起源，1919—1937》，翁贺凯译，江苏人民出版社 2005 年版，第 217 页。

② 参见蔺淑英《唯物史观在中国的传播及创造性运用（1919—1949）》，博士学位论文，山东师范大学，2011 年，第 16、17 页。

大小村庄，这歌声给我们巨大的力量’，的确如此。所以我常说，抗战是唱歌唱出来的。”①

据梁思成、林徽因的女儿梁再冰回忆1937年秋“父亲教我们唱《义勇军进行曲》的情景”。当时，梁思成一家和许多清华、北大的教授逃离北平，流亡到长沙，朋友们“常到我们家来讨论战局和国内外形势，晚间就在一起同声高唱许多救亡歌曲。‘歌咏队’中男女老少都有。父亲总是‘乐队指挥’。我们总是从‘起来，不愿做奴隶的人们’这首歌唱起，一直唱到‘向前走，别后退，生死已到最后关头’！那高昂的歌声和那位指挥的严格要求的精神，至今仍像一簇不会熄灭的火焰，燃烧在我心中”。②

如果说歌曲因其听觉属性而具有超过文字的巨大动员力，那么融合文学、音乐、美术等要素为一体的戏剧，无疑具有比歌曲更大的传播优势。民国时期电影虽已繁荣，但限于其制作与传播成本、放映设备，影响主要局限于中心城市。对于中国辽阔腹地的年轻人和民众而言，戏剧无疑具有更大影响力，而郭沫若的历史剧更是领一时风气。据著名史学家李新回忆，“九·一八”之后，他的家乡四川荣昌县安福镇各中小学校学生会与商会协商，通过演戏来募捐支持马占山和东北抗日义勇军。“我们的戏一连演了3天，效果都很好。”“我记忆最深的还是我们香棠中学演出的话剧《棠棣之花》。我从小爱吹箫，《棠棣之花》的曲谱，我早就会吹。歌词我也会唱，而且很喜欢，背得很熟……郭沫若是借古讽今，充满了对军阀当权者的忿恨和对人民受难的同情。”“散场后，路上仍有人在唱《棠棣之花》的歌曲，也有人在呼口号。这次演出是我第一次演出，它使我终身难忘。”③

郭沫若的历史剧脱胎于他的新诗创作，而新诗是20世纪革命文学的重要组成部分。毛泽东指出：“革命的文学艺术运动，在十年内战时期有了大的发展。”④ 钱理群等认为，“无产阶级革命文学作为一种规模浩大的文学运动，在1928年崛起，主要是由政治形势突变所推动。1927年‘四·一二’反革命事件后，国共合作关系彻底破裂，上海聚集了一批参加过革命实际活动的作家，加上一批从日本等地归国的激进的进步青年，这两部分人共同倡导了革命文学运动。”⑤ 在大革命失败后的不利形势下，革命文学运动对当时的青少年产生了很大影响。曾彦修1919年出生于四川宜宾一个相对殷实的家庭，1935年冬毕业于重庆北碚兼善中学，1937年入成都联中高中读书，全面抗战爆发后奔赴延安。他晚年回忆道：“五四运动到1927年的这几年，是胡适他们的启蒙影响为主。1927—1937年，社会思想的主流，影响我们青年思想的，从北

① 赵俪生：《篱槿堂自叙》，上海古籍出版社1999年版，第43、44页。
② 林洙：《困惑的大匠——梁思成》，山东画报出版社1997年版，第67、68页。
③ 李新、陈铁健（整理）：《流逝的岁月：李新回忆录》，山西人民出版社2008年版，第45—46、49页。
④ 毛泽东：《毛泽东选集：第3卷》，人民出版社1967年版，第804—805页。
⑤ 钱理群、温儒敏等：《中国现代文学三十年》，北京大学出版社1998年版，第193—194页。

平、上海这些大都市，到我们四川的小县城，就是鲁迅与郭老，而不是胡适了。”“当时这个思想变化，并不是看中国共产党的什么书，也不是直接看到的马列的著作。”“目前有一些说法，说当时的青年，抗战前受了多少真正的马列主义的影响。太夸大了，其实看不到。但很多人，都读过郭老、鲁迅的书。”①

正如冯乃超在1942年所说：“郭沫若先生在中国新诗的劳作上，是成就最高，贡献最大的人。二十年代以降的青年学生，都是他底读者。他用琳琅新颖的诗句，有如一位伟大的教师，熏陶着年轻的一代。”“他二十五年间在中国新文学运动中的辛劳，无限地丰富了中国民族语汇的宝藏，同时，也培养了我们中国人奔放的革命热情。”②

周扬后来也说：“我从学生时代起，就是他的诗歌的忠实读者，也是他所创办的《创造》等刊物的热心的读者。”“他以高昂的革命激情写出了有名的剧作《屈原》。在这位古代伟大爱国诗人的形象中，可以看到作者本人的面影。屈原抨击楚国统治者残民媚外的反动政策，也是对国民党反动派的申斥和抗议。这个具有强烈政治倾向的历史剧，在当时国统区广大观众中引起了强烈的共鸣。”③

因此，当作为新诗重镇的郭沫若投身历史剧创作，恰逢中华民族命运转折关头的到来。从新诗继承而来的革命基因融入历史剧，使郭沫若的创作实践在唯物史观的大众传播中发挥了独特作用。

二 郭沫若历史剧在史观上的嬗变

自宋元开始，戏剧自宫廷走向民间，在为民众提供娱乐和审美、艺术享受的同时，也成为官方意识形态和读书人影响、控制民间文化的重要手段、渠道，发挥着教化民众、传播忠孝侠义等传统道德观念的作用。尤其是以历史题材编写的戏剧，更是通过那些妇孺皆知的历史故事，以及人物脸谱化的舞台形象，对忠奸、善恶加以直接褒贬，有效地向民众普及历史知识，灌输传统历史观念，也在很大程度上，影响着民众的历史意识、社会风俗和道德、价值观念。

清末北方义和团运动中人们所供奉的各路神祇，有很多即来自戏剧，提供了传统戏剧影响民众的典型事件。近代戏剧学家齐如山根据自己的调查，在1931年编了《戏文警句》，列举当时北平“皮黄”（即京剧）中185句“戏文警句”的广泛流行、深入人心，说它们“真能感化人民的心理，左右社会的趋向，使人们口内一念出两句话，听着便觉得是合理的制裁。若论社会教育的力量，恐怕这几句话，比经史还大

① 曾彦修（口述），李晋西（记录整理）：《微觉此生未整人——曾彦修访谈录》，香港天地图书有限公司2011年版，第47—49页。

② 冯乃超：《发聩振聋的雷霆》，《抗战文艺》7卷6期（1942年6月15日）。

③ 周扬：《悲痛的怀念》，《人民日报》1978年6月18日。

的多”[①]。王学泰也认为：“回顾文学史，通俗文艺对民间的影响往往大于‘经史’确是不争的事实。在近三四百年的社会运动中，通俗文学遗留下的话语也曾起过很大作用。”[②]

辛亥革命时期的进步人士、爱国学生，就十分注意通过戏剧改良、戏剧革命，编演新式戏剧等通俗文艺方式，唤醒“下层社会”，改造国民性，激发民众的爱国热情和民族意识。春柳社、易俗社等众多新型剧团、戏班的出现，《黑奴吁天录》等一批新剧目的上演，都取得了积极、可观的社会效果。

20 世纪二三十年代兴起的左翼文化运动中，话剧、街头剧等戏剧类型异军突起，反映新思想、新观念的新编剧目接连上演，深受青年学生和城镇市民的青睐。抗战时期，国统区的郭沫若、阳翰笙、阿英、田汉、老舍、曹禺等和延安的剧作家们编创的爱国戏剧，以及《放下你的鞭子》《兄妹开荒》等街头剧，都发挥了激励民众爱国、激发革命热情和抗敌精神的重要作用。后来，《白毛女》等剧目在塑造阶级意识、激发阶级仇恨等方面产生的直接影响，更是无可比拟的。

郭沫若作为五四新文化运动时期的弄潮儿和后来“革命文学”的主将，具有情感丰沛、学贯中西的特点，从 20 世纪 20 年代中期即开始接受马克思主义理论，并在大革命失败后转而运用唯物史观研究中国古代历史，具有相对深厚的理论造诣和学养优势。这些都为他成功创作历史剧提供了得天独厚的前提和基础。而他也将自己理解、发挥的唯物史观，相对自然地带入其中，重新诠释历史，表现历史人物，使其历史剧具有了更加深厚的理论内涵和全新的精神力量，成为同时期众多历史剧中的翘楚。这是被以往偏重从艺术成就、社会影响、史学标准等方面对其历史剧进行研究的论著中所忽略的地方。

如茅盾曾强调：“郭老创作大量历史题材的剧本，也是他留给我们的宝贵遗产。仅抗日战争时期在重庆，他就写了《屈原》《南冠草》等六个剧本，都是针对当时政治形势，有的放矢，起了教育人民，打击敌人的巨大的历史的意义。”[③] 然而，郭沫若的历史剧对于观众而言，究竟靠什么来“教育人民、打击敌人”，难道仅是一种满足当时政治斗争需要带来的情感激动吗，其中有无新的历史观念、道德意识潜移默化的表现、传输，以及观众的欣然接受？实际上，郭沫若作为中国马克思主义史学的开创者，他在其历史剧中鲜明地向观众表现、传递着自己的历史观，并且通过艺术化的人物形象、故事情节和炽烈的情感、诗意的语言，有效地强化、突出着唯物史观的传播效果和影响力。

---

① 参见齐如山《〈戏文警句〉序》，原刊于《戏剧丛刊》第 1 期（1932 年 1 月 8 日）。转引自齐如山著、苗怀明整理《齐如山国剧论丛》，商务印书馆 2015 年版，第 289 页。

② 王学泰：《游民文化与中国社会》，山西人民出版社 2014 年版，第 532 页。

③ 参见茅盾《化悲痛为力量》，载《悼念郭老》第 3 页。转引自阎焕东编著《郭沫若自叙》，山西教育出版社 2002 年版，第 7 页。

民国时期，郭沫若的历史剧创作以1925年为界，分为前后两个阶段。在前一个阶段，有1920年所写的《棠棣之花》《湘累》，1922年写的《孤竹君之二子》等独幕剧，1923年写的多幕剧《卓文君》《王昭君》，以及在1925年6月初所写的《聂嫈》。

在早先的历史剧中，作者表现出的是对民国初年军阀混战、荼毒生民的满腔愤慨，对私有制的否定，以及铲除专制，争取自由、平等的强烈呼唤。但是，这一切都还是寄希望于个人的觉醒及牺牲，除此之外，作者还未摆脱泛神论与无政府主义思潮的某些影响，尚未找到改造社会的根本力量和有效途径。

他在《棠棣之花》中借聂嫈之口，斥责历史上“夏禹传子，天下为家；井田制坏，土地私有；已经种下了永恒争战底根本”；以及“苍生久涂炭，十室无一完。既遭屠戮苦，又有饥馑患。饥馑匪自天，屠戮咎由人。富者余粮肉，强者斗私兵”的残酷社会现实，表现聂政这样的侠义之士“不愿久偷生，但愿轰烈死。愿将一己命，救彼苍生起”，均贫富、抑强权；甚至“愿为施瘟使，除彼害群遍”，以“鲜红的血液，迸发成自由之花，开遍中华”。[①]

《湘累》中遭受诬陷的屈原，以无比的悲愤自道：“我的诗便是我的生命！”“我效法造化底精神，我自由创造，自由地表现我自己。我创造尊严的山岳、宏伟的海洋，我创造日月星辰，我驰骋风云雷雨，我萃之虽仅限于我一身，放之则可泛滥乎宇宙。”“我有血总要流，有火总要喷，不论在任何方面，我都想驰骋！”[②]

在《孤竹君之二子》中假伯夷之口向往私有制出现之前原始社会的人们，“那是何等自由、纯洁、高迈哟！他们是没有物我的区分，没有国族的界别，没有奴役因袭的束累”；“假使是有上帝，我们只要能够循着自己的本性生活，不为一切人为的桎梏的奴隶的时候，那便甚么人都是上帝了”。[③]

在合并为《三个叛逆的女性》中的《卓文君》《王昭君》里，作者热情讴歌女性的独立、解放和对爱情、自由的大胆追求。如卓文君响亮地宣告：“我以前是以女儿和媳妇的资格对待你们，我现在是以人的资格来对待你们了。”“我自认为我的行为是为天下后世提倡风教的。你们男子们制下的旧礼制，你们老人们维持着的旧礼制，是范围我们觉悟了的青年不得，范围我们觉悟了的女子不得！”[④] 这是王昭君对汉元帝、毛延寿的无情鞭挞和毅然远赴塞北的卓荦行为。[⑤] 虽然她们都是勇敢抗争、具有“三不从”新道德观念的叛逆女性形象，但终究不过是为了争取个人的幸福和爱情，仍是“五四”新文化运动反抗封建礼教，主张个性解放、个人自由精神的自然延伸。

---

① 郭沫若：《郭沫若剧作全集：第1卷》，中国戏剧出版社1982年版，第10—13页。

② 同上书，第22—23页。

③ 同上书，第65、68页。

④ 同上书，第117—118页。

⑤ 同上书，第146页。

就在1924年，郭沫若通过翻译日本社会主义学者河上肇的《社会组织与社会革命》一书，其思想出现了重大变化。他在致成仿吾的信中兴奋地写道："这书的译出在我一生中形成了一个转换时期。""我以前只是茫然地对于个人资本主义怀着憎恨，对于社会革命怀着信心，如今更得着理性的背光，而不是一味地感情作用了。"①"翻译这书对我当时的思想是有帮助的，使我前期的糊涂思想澄清了，从此我初步转向马克思主义方面来。"②"因为译了这部书，不仅使我认识了资本主义之内在的矛盾和它必然的历史的蝉变，而且使我知道了我们的先知和后继者们是具有怎样惊人的渊博的学识。世间上所污蔑为过激的暴徒其实才是极其仁慈的救世主。"③"中国的知识分子应该早早觉醒起来和体力劳动者们握手，不应该久陷在朦胧的春睡里！"④

1925年他还写道："我的思想，我的生活，我的作风，在最近一两年间，可以说是完全变了。""我以前是尊重个性、景仰自由的人，但在最近一两年间与水平线下的悲惨社会略有所接触，觉得在大多数人完全不自主地失掉了自由，失掉了个性的时代，有少数人要来主张个性，主张自由，未免僭越。""要发展个性，大家应该同样地发展个性。要享受自由，大家应该同样地享受自由。"⑤

在这样的认识引导下，他开始有意识地与生活在"水平线下"的工农民众接触，并且在次年目睹"五卅"惨案流血事件几天后，怀着满腔激愤，改写了《聂嫈》一剧。其中已经关注并开始表现普通民众，以及他们对于压迫自己的统治者的阶级仇恨。如第二场"十字街头"中的群众演员转述聂政的话"只要是王是宰相，无论是哪一国的，无论是哪一种人，他都是要杀的"，还号召"大家提着枪矛回头去杀各人的王和宰相，把他们杀干净了，天地间没有一个王，没有一个宰相的时候，然后才得太平呢"。因为这些统治者不劳而获，剥削、占有民众的劳动成果，还要为争城略地而屡兴战端，让百姓受苦受难。在该剧的结尾，民众和卫士们被聂嫈姐弟所感动，一呼群起，抬着姐弟俩的遗体到山里做强盗去了。⑥ 相比而言，该剧的题材、主人公等虽然与1920年所写的《棠棣之花》完全相同，但作者的历史观念已经有了明显变化，开始留下了唯物史观中阶级意识最初的痕迹，但仍不免显得粗糙、生硬。犹如他自己在1932年所反思的："我以前做过的一些古事剧或小说，多是借着古人的皮毛来说自己的话。"⑦

随后，郭沫若参加了北伐战争、南昌起义，加入了共产党。又在党组织的安排下，为躲避国内的白色恐怖和国民党的通缉、迫害而举家流亡东瀛。继而在日本警察

---

① 郭沫若：《沫若文集：第10卷》，人民文学出版社1959年版，第288页。

② 《郭沫若同志答青年问》，《文学知识》1959年第5期。

③ 郭沫若：《沫若文集：第7卷》，人民文学出版社1958年版，第182—183页。

④ 郭沫若：《沫若文集：第10卷》，人民文学出版社1959年版，第436页。

⑤ 同上书，第3页。

⑥ 郭沫若：《郭沫若剧作全集：第1卷》，中国戏剧出版社1982年版，第171、187、188页。

⑦ 郭沫若：《沫若文集：第7卷》，人民文学出版社1958年版，第70页。

审讯、监视的“大监狱”里，他的工作“主要地倾向到历史唯物论这一部门来了。我主要是想运用辩证唯物论来研究中国思想的发展，中国社会的发展，自然也就是中国历史的发展。”① 由此，他开始用唯物史观来研究中国古代社会，并用心解读甲骨文、金文等第一手古史资料，用于认识中国古代的社会与文化。1930 年 3 月，出版了首部用马克思主义理论研究中国古代历史的开创性著作《中国古代社会研究》。同时，他还翻译了马克思的《政治经济学批判》《德意志意识形态》等著作，进一步钻研、掌握历史唯物主义。

“七・七事变”发生后，郭沫若在众多友人的帮助下，于1937 年7 月25 日离家，独自乘船返回正在遭受侵略者炮火蹂躏的祖国。2 天后抵达上海，立即全身心地投身于抗战的宣传和文化工作。11 月 27 日，在离开即将沦陷的上海之前，他又对《棠棣之花》剧本作了“通盘的整理”。1941 年 12 月，修改后的五幕史剧《棠棣之花》在重庆上演，轰动山城，“许多观众连看三四次，周恩来先后看了 7 次，报刊发表大量剧评，好评如潮，《新华日报》还特辟《〈棠棣之花〉剧评专栏》。”“历史剧《棠棣之花》演出的成功，社会舆论的热烈赞扬，形成了空前活跃的戏剧运动，这也大大激发了郭沫若创作灵感的产生。”② 翌年 1 月，他写成五幕史剧《屈原》。2 月，创作五幕史剧《虎符》。4 月 3 日，《屈原》开始在重庆上演，再次引起热烈反响，盛况空前。随后，在短短 1 年间，他又接连创作了多幕历史剧《高渐离》《孔雀胆》《南冠草》，取得了历史剧创作的大丰收，也达到了其戏剧创作的思想和艺术巅峰。

该时期郭沫若的历史剧虽然都写于抗战时的陪都重庆，具有紧紧服务于抗战大业，抨击和影射蒋介石、国民党破坏统一战线，对内实行反共独裁的鲜明特色，以及主张联合抗敌，反对分裂，激发民众爱国热情、民族气节的强烈追求和政治指向，既要借剧中人物之口浇胸中块垒，又要能够适应重庆及国统区的环境，而且的确收到预期的社会效果，造成了巨大影响。

与此同时，也能够从中看到唯物史观对作者的显著影响，以及他是怎样更加深入地把握、更为纯熟地运用唯物史观，给剧本中、舞台上的历史人物赋予新的生命和时代光彩。限于篇幅，下面仅对其中影响最大的《棠棣之花》《屈原》，做些分析。

在《棠棣之花》第一幕中，作者既保留了此前剧本中聂嫈姐弟不惜用鲜血为中华浇灌“自由之花”的崇高追求，而且添加了聂嫈勉励弟弟聂政慷慨赴义，“不要辜负了天下的老百姓”；“中华需要兄弟，去破灭那奴隶的枷锁，把主人翁们唤起。快快团结一致，高举起解放的大旗”等新的意蕴。③ 在第二幕中，借严仲子之口对桑间濮上女性卖身的现象进行了充满同情的评说：“这些可怜的女儿们，你以为她们是在

① 郭沫若：《沫若文集：第 8 卷》，人民文学出版社 1958 年版，第 312 页。

② 曹树钧：《论郭沫若历史剧艺术构思的心理特征》，中国郭沫若研究会，《郭沫若百年诞辰纪念文集》，社会科学文献出版社 1994 年版，第 877 页。

③ 郭沫若：《郭沫若剧作全集：第 1 卷》，中国戏剧出版社 1982 年版，第 253—254 页。

享乐吗？其实她们都是堕落的人，但她们也不见得都是自甘堕落。她们的清白，任人玩弄——给那班并不相识，毫无爱情的男子玩弄，都不过是因为生活困难，所以才陷到了这个田地，把自己顶可尊贵的人品都丧失了。我想，假使她们家里多有得几升米，有钱人子弟少有得几个钱，普天下绝不会有这样悲惨的以人身来作买卖的秽迹了。”这不仅突出了严仲子的人品和立场，而且指明贫富差别及由此引发的社会问题。在第四幕中，聂嫈也对此作出更直接的指陈：“有钱的人吃了馒头没事做，没钱的人不卖自己的女儿便吃不成馒头，这几年我们中原随处都闹成这个样子了。”[①] 作者还把严仲子与韩相侠累间的个人矛盾，上升为严氏不满于侠累破坏关东诸国联合抗秦大计，“偏偏要兄弟阋墙，引狼入室！弄到现在的中原，年年争战，民不聊生。像这样的人，岂不是不仅是三晋的罪人，而且是天下的罪人吗？”[②] 而且通过侠累的自白和别人之口，进一步暴露其卖国求荣的汉奸嘴脸，从而为聂政刺杀热衷与秦国使臣结盟的侠累提供了更为正大的理由。在第五幕“十字街头”里，作者对《聂嫈》中最后一幕进行了大幅度的修改，添加了爱慕聂政的濮阳酒家女春姑在临死前的台词：“你们应该知道，这位英雄正是为国除害，为民除奸，他的死是为我们大家呀！你们假如是有良心的人，就应该把这位英雄和这位烈女的尸首，抬到那儿清净的山上去掩埋了吧。要这样方才对得住他们，对得住你们自己啊。”[③] 聂嫈姐弟和春姑的死，最后终于感动了在场的卫士和群众，“我们是有良心的，我们要把他们抬到山上去！”“踏着他们的血迹，抬到山上去！”全剧在“去吧，兄弟呀！我望你鲜红的血液，迸发出自由之花，开遍中华，开遍中华！兄弟呀，去吧”的悲壮合唱声中落幕。[④] 这同写于 1925 年的《聂嫈》终场时大家齐呼“上山作强盗去呀”相比，不仅更加符合历史逻辑和抗战的现实需要，而且更有艺术感染力。

在五幕历史剧《屈原》中，作者通过一天之内发生的诸多事件，把屈原这位伟大的爱国诗人刻画得栩栩如生，用启幕时吟诵、剧中多次出现、落幕时再度朗诵的《橘颂》，以橘树喻人，希冀有志节、有抱负的年轻人“志趣坚定”“心胸开阔”“气度从容”，既不“随波逐流”，也不“故步自封”，以“至诚一片，期与日月同光”“不挠不屈，为真理斗到尽头”！这也是作者对屈原其人作出的肯定和评价。尤其值得注意的，是剧中始终突出了屈原这一历史人物的人民性，如他忧国忧民，置个人荣辱生死于不顾的高洁品质和火热情怀。他与剧中人物南后郑袖、上官大夫靳尚、秦使张仪等的矛盾、冲突，与弟子宋玉的天壤之别，根本上都源于此。也正因此，他才真正赢得了民众的爱戴。

这些都体现了唯物史观对作者的深刻影响，也使其历史剧具有了鲜明的时代特色

---

① 郭沫若：《郭沫若剧作全集：第 1 卷》，中国戏剧出版社 1982 年版，第 259、294 页。

② 同上书，第 266 页。

③ 同上书，第 321 页。

④ 同上书，第 324 页。

和理念支撑，不仅超越了其前期的史剧，也在同时期的众多历史剧中独占鳌头，产生了极其广泛的社会影响力。

三 郭沫若历史剧中唯物史观的表现特点

历史剧作为舞台艺术，具有完全不同于史学著作的基本特点及表现方式。但作者又难免要受到自身特定历史观的影响。至于他在历史剧创作中怎样反映、表现一种历史观，却是值得深究的。这不仅取决于作者对历史剧的认识，对这种历史观的理解和把握程度；取决于作者拥有的知识结构、思想资源，及其生活的时代环境、现实需要；也取决于他对观众接受程度、戏剧演出效果的估计与契合。

1941 年 12 月，郭沫若在《我怎样写〈棠棣之花〉》一文中说："写历史剧并不是写历史……剧作家的任务是在把握历史的精神而不必为历史的事实所束缚。剧作家有他创作上的自由，他可以推翻历史的成案，对于既成事实加以新的解释，新的阐发，而具体地把真实的古代精神翻译到现代。""大概历史剧的用语，特别是其中的语汇，以古今能够共通的最为理想。""《棠棣之花》的政治气氛是以主张集合反对分裂为主题，这不用说是参合了一些主观的见解进去的。望合厌分是民国以来共同的希望，也是中国自有历史以来的历代人的希望。因为这种希望是古今共通的东西，我们可以据今推古，亦正可以借古鉴今，所以这样的参合我并不觉得突兀。"①

这段话集中反映了作者历史剧创作的基本特点、遵循原则，以及他对历史剧的深刻认识。因此，他在重新塑造戏剧中历史人物的形象、反映历史事件时，是能够运用自己熟稔的唯物史观，对历史人物作出了许多新的认识、评价，甚至是进行再创造。如在《孤竹君之二子》中对商纣王的某些肯定；在《屈原》等剧本中，虽然对秦国的兼并，对秦王、张仪等人物多有否定，但在有关谈剧本创作的文章中，他还是承认其统一天下的贡献及作用。

受唯物史观影响，他在剧本中虽然强调民众的作用，肯定民众的斗争，但对历史上的农民运动，又采取了具体分析的理性态度。如《孔雀胆》剧本中对元末明初农民军入滇后大肆劫掠而导致失败的批评，即与 1944 年在《甲申三百年祭》一文中剖析李自成集团入京后因腐化而迅速败亡的教训完全一致，体现出郭沫若作为历史学家的独到见解。

郭沫若历史剧中还着重体现了唯物史观的一些基本内容，如强调民众及其重要作用的人民观，英雄人物与群众的关系，历史上和现实社会里由贫富对立而形成的阶级矛盾及意识等。他还充分肯定聂嫈姐弟等历史上的侠义之士和民众反抗统治者压迫、暴政的正义行动，极力塑造和弘扬剧中人物追求自由、平等及人的解放等现代精神；

① 郭沫若：《郭沫若剧作全集：第 1 卷》，中国戏剧出版社 1982 年版，第 332—333 页。

以及向往光明、追求进步的历史取向。

尤其需要注意的是，其历史剧中的唯物史观并非机械的教条与简单的口号，而是通过一系列流传甚广的历史人物及其故事，贯穿了中国历史上儒家舍生取义、不畏强暴、自强不息的优秀传统、民族气节，追求仁义、平等，反抗暴政的民本思想；融入了追求自由、解放，反对旧道德及传统礼教的五四精神，并使这种精神启蒙在抗日和民族解放斗争中得到升华；体现了民众和时代的需要及关怀，注意发挥历史剧激励民众，唤起民众，维护团结抗日局面，反对分裂、妥协、投降的积极作用。

正是有了唯物史观与这些传统民族精神、现代因素及时代需要的有机结合，再加上剧中人物炽烈的情感、诗一般的语言、扣人心弦的故事情节和艺术表现手段，进一步使其历史剧中渗透的唯物史观思想具有了传统的根基、民族的样式和高度艺术化的形式，形成与民众、时代更加紧密的联系及亲和力、感染力，也由此产生了更强的舞台穿透力和社会影响力，使之足以深入人心，转化为一种更为普遍的精神动员和心灵震荡。

这可以说是郭沫若历史剧向社会、向民众展示唯物史观最显著的特点，最重要的经验；也是其历史剧能够走向民众最成功的保证。正如他自己此前曾主张的："文学是社会上的一种产物，它的生存不能违背社会的基本而生存，它的发展也不能违背社会的进化而发展。所以我们可以说一句，凡是合乎社会的基本的文学方能有存在的价值，而合乎社会进化的文学方能为活的文学，进步的文学。""革命文学倒不一定要描写革命，赞扬革命，或仅仅在表面上多用些炸弹、手枪、干干干等花样。无产阶级的理想要望革命文学家点醒出来，无产阶级的苦闷要望革命家实写出来。要这样才是我们现在所要求的真正的革命文学。"① 抗战时期他创作的历史剧大获成功，也充分证明了这一点。

美国学者阿里夫·德里克注意到，在20世纪30年代之后的中国社会，"马克思主义史学观的影响力超出了知识阶层，而延及中国的普罗大众。"② 抗战救亡的严峻现实和紧迫需要，使广大民众对唯物史观的接受兴趣大大增强；而包括郭沫若历史剧在内的众多进步文艺恰恰为民众提供了联系现实、喜闻乐见、易于接受的历史唯物主义观念，促进了民众的思想启蒙，为他们进一步接受马克思主义理论提供了重要基础，转化为千百万民众影响、改造中国社会的巨大力量。

对此，毛泽东1944年1月9日在给杨绍萱、齐燕铭的信中说："郭沫若在历史话剧方面作了很好的工作，你们则在旧剧方面作了很好的工作。"③ 11月21日他在致郭

---

① 郭沫若：《沫若文集：第10卷》，人民文学出版社1959年版，第315、321页。

② ［美］阿里夫·德里克著：《革命与历史：中国马克思主义历史学的起源，1919—1937》，翁贺凯译，江苏人民出版社2005年版，第216页。

③ 毛泽东：《毛泽东文集：第3卷》，人民出版社1996年版，第88页。

沫若的信中说："你的史论、史剧有大益于中国人民，只嫌其少，不嫌其多，精神绝不会白费的，希望继续努力。"①

1941 年 11 月 16 日，在重庆的周恩来为庆贺郭沫若五十寿诞，写了《我要说的话》，其中写道："他的创作生活，是同着新文化运动一道起来的，他的事业发端，是从'五四'运动中孕育出来的。""鲁迅是新文化运动的导师，郭沫若便是新文化运动的主将。鲁迅如果是将没有路的路开辟出来的先锋，郭沫若便是带着大家一道前进的向导。"② 这也是对郭沫若及其在革命文化建设中的贡献，作出的公允评价。

四　结语

20 世纪三四十年代，中国社会之所以能够发生一系列重大变化，民主革命取得历史性胜利，一个极其重要的原因就是马克思主义与中国革命实际的结合、先进知识分子与人民大众的结合。前一个结合，形成了指导中国革命的科学理论，找到了革命胜利的正确道路和方针路线。后一个结合，则使包括唯物史观在内的马克思主义及其中国化的理论成果深入人心，真正成为武装广大党员，组织、动员千百万民众的巨大精神力量。

正如毛泽东 1940 年初所指出的：在五四运动和中国共产党成立以后，中国社会开始形成新的文化生力军。"这支生力军在社会科学领域和文学艺术领域中，不论在哲学方面，在经济学方面，在政治学方面，在军事学方面，在历史学方面，在文学方面，在艺术方面（又不论是戏剧，是电影，是音乐，是雕刻，是绘画）都有了极大的发展。二十年来，这个文化新军的锋芒所向，从思想到形式（文字等），无不起了极大的革命。其声势之浩大，威力之猛烈，简直是所向无敌的。其动员之广大，超过中国任何历史时代"。③ 由此，也开始极大地改变了中华民族的精神、文化及社会的意识形态、价值观念。这无疑是近代中国影响更为深远的大众启蒙，是中华民族否极泰来、走向复兴的文化转折点。而社会的各种矛盾、不断加速的民族危机，又为这种新的启蒙提供了最为迫切的现实需要和适宜的土壤。

在这场面向全民族的社会文化启蒙中，进步知识分子运用戏剧、音乐、电影、绘画等形象化的艺术形式和大众传播方式，向民众进行唯物史观等马克思主义思想的宣传、普及，可以说成效显著，功不可没。对此进行深入、系统的研究，有助于更为深刻地认识民国时期思想文化的新旧嬗变及其影响民众、改造社会的实际效果，有助于

① 毛泽东：《毛泽东文集：第 3 卷》，人民出版社 1996 年版，第 227 页。

② 周恩来：《我要说的话》，《新华日报》，1941 年 11 月 15 日。

③ 毛泽东：《毛泽东选集：第 2 卷》，人民出版社 1967 年版，第 658 页。

理解民众社会、历史观念的潜移默化，以及民众新的集体记忆和“公共史学”的形成途径和特点。至于唯物史观这种面向大众的传播、普及成效、得失及局限，同样是近代知识社会学的重大研究课题。

（原载《湖北社会科学》2017 年第 11 期）

唯物史观与郭沫若的古典文学研究

——以《诗经》研究、屈原研究为例

郭士礼

清末民初中国学术步入了一个前所未有的新阶段，正如陈寅恪所言："吾国近年之学术，如考古历史文艺及思想史等，以世局激荡及外缘熏习之故，咸有显著之变迁。"① 在文学研究领域，王国维、胡适等人的一系列开创性工作促使中国古典文学研究走向现代之路。以《红楼梦》研究为例，王国维重点从文学审美等维度进行解读，胡适显然更注重以考证的方式对作者、版本进行历史的考察，而双方在援引西学理论资源对古典文学进行解读的取向上则大致是相同的。胡适对《红楼梦》作者、版本及其他内容进行历史的考察固然是文学研究不可或缺的重要组成部分，但如一味"重外而轻内"显然有违文学研究之基本原则。王国维虽然注重对作品进行审美观照，但其《红楼梦评论》一文理论支撑主要是域外文化资源，又不免有削足适履之感。而马克思主义在某种程度上可以发挥兼合二者之美同时又能纠二者之偏的作用，马克思主义在当时学术界真正发挥了"转移一时之风气，而示来者之轨则"的作用。郭沫若则是将马克思主义运用于学术研究并取得重大成就的第一人。

一　对文学作品社会背景的深入挖掘:《诗经》研究

通过对物质生产方式的考察进而探讨社会历史的性质及演变规律应该是唯物史观在学术研究之中最主要的体现。"重新研究全部历史，详细研究各种社会形态存在的条件，然后设法从这些条件中找出相应的政治、私法、美学、哲学、宗教等等的观点",② 在当时的中国学术界，郭沫若是运用唯物史观"重新研究全部历史"的第一人，他的《中国古代社会研究》一书是其运用马克思主义研究中国历史的拓荒之作，同时也是中国古典文学研究领域的奠基之作。他在整合多学科研究方法、借鉴前人研

---

① 陈寅恪:《邓广铭宋史职官志考证序》,《金明馆丛稿二编》，生活·读书·新知三联书店2001年版，第277页。

② 恩格斯:《致保尔恩斯特》,《马克思恩格斯选集》第4卷，人民出版社1995年版，第692页。

究成果的基础上，以唯物史观作指导对《诗经》进行了全新的阐释与解读，尤其是从历史内涵及其史料价值层面的认知上，将《诗经》的研究推向了一个新的高度，第一次向学界展示了唯物史观在学术研究尤其是在传统文史领域的巨大的理论价值与指导实践的意义。

通过考察文学作品时代的背景进而对文学作品的时代性作动态的考察，是郭沫若对《诗经》研究的最大特色。根据他的初步考察，《诗经》是由原始社会向奴隶社会以及奴隶社会向封建社会转变时期的作品。殷周之际是原始社会向奴隶制社会大变革时代的产物，而《诗经》诸多篇章便是反映此一重大社会变革的绝佳史料。如他根据《大雅·緜》的内容认为，“古公亶父的时候周室还是母系的社会”，而《大雅·思齐》篇提到的“文王百子”，在郭沫若看来就是亚血族群婚的最好注脚。就经济形态而论，郭沫若认为，“原始氏族社会向奴隶制的推移，当以畜牧的发现为开始，以农业的发达而完成”。他从《诗经》上大致梳理出周代农业发展的历程，由《大雅·生民篇》“可以看出周初的农业状况，而且还可以看出一个原始社会的远景”。《大雅·緜》则“告诉我们，周初离原始社会并不甚远，在太王时都还是女酋长时代，到了太王，因农业的发达，才渐渐有国家刑政的发生，在短时期之内周室吞并了四邻”，而《大雅·公刘篇》则把原始时期的国家的形成井然有序的叙述出来。[①] 上述篇章在郭沫若看来，既反映了周初时代周民族生活的境况，同时也是周代农业渐次发展的最好说明。而在《豳风》里面的《七月》，《豳雅》里面的《楚茨》《信南山》《甫田》《大田》以及《豳颂》里面的《思文》《臣工》《噫嘻》《丰年》《载芟》《良耜》等几乎全是专咏农事的诗篇。而且通过对上述篇章中农夫、工人、军人等群体的解读，郭沫若认为他们都是那个时代的奴隶。“农业轰轰烈烈地发达了起来，文明也就一天一天地灿烂了起来”，[②] 农业的发达、奴隶的出现则标志着奴隶制度的完成。

而从周初到周王室东迁，又是一大变动，此一变动在郭沫若看来是伴随着农业的高度发达，中国社会开启了由奴隶制向封建制过度的又一崭新的开始。“事实上周室东迁以后，中国的社会才由奴隶制逐渐转入了真正的封建制。”[③] 在《诗经》“变风”“变雅”及其他篇章中，郭沫若认为正是此一重大转折时代发生变化的体现，他从阶级意识的觉醒、旧贵族的破产及新有产者的勃兴等三个方面，并结合《诗经》中的相关篇章进行证明。如《魏风·葛屦》《魏风·伐檀》《魏风·硕鼠》反映了阶级意识的觉醒，而《变风》《变雅》里面咏到贵族破产的地方，触目皆是。其中也有因为天灾时变或因为战争的关系而流离失所的，如像黎侯失国而寓于卫，黎之臣子作《式微》及《旄丘》两篇以志感慨。《曹风·候人》《小雅·节南山》则意味着新的

---

① 郭沫若：《中国古代社会研究》，《郭沫若全集·历史编》第1卷，人民出版社1982年版，第104—108页。

② 同上书，第112页。

③ 同上书，第44页。

有产者的勃兴。[1]

如果我们将胡适的《诗经》研究与郭沫若的研究作一对比，不难发现唯物史观的价值。胡适曾著有《谈谈〈诗经〉》一文，在文章开始部分，胡适一如既往地宣称："我今天讲《诗经》，也是贡献一点我个人研究古书的方法。"他认为《诗经》研究不外乎两种途径：首先是训诂，"用小心的精密的科学的方法，来做一种新的训诂工夫，对于《诗经》的文字和文法上都重新下注解"。其次是"解题"，大胆地推翻二千年来积下来的附会的见解；完全用社会学的、历史、文学的眼光重新给每一首诗下个解释。[2] 就其第一个层面而言，胡适在《诗三百篇言子解》对"言"字以及在《谈谈诗经》一文对"胥""于""以""维"字的解释，某种程度上做到了用科学"归纳比较"的方法进行全新的解释。[3] 此外在他早期所写的《诗三百篇言字解》《尔汝篇》《吾我篇》《论〈诗经〉答刘大白》等篇，也大多为训诂之作。

在第二个层面对《诗经》内涵及意蕴的解读上，胡适提出了一些不乏深刻见解及方法论的论断，如其在《中国哲学史大纲》第一篇《导言》指出："古代的书，只有一部《诗经》可算得是中国最古的史料"，"《诗经》中所说的国政、民情、风俗、思想，一一都有史料的价值"。虽然胡适也注重对"那时代政治社会的状态"及"那时代的思想潮流"的考察，但二者的关系上，胡适认为互为因果的，有时是先有那时势，才生出那思潮来；有了那种思潮，时势受了思潮的影响，一定有大变动。[4] 在该书第二篇第一章《中国哲学结胎的时代》则引用《国风》及《小雅》中众多诗篇，并由此推断出那时代（前8世纪到前6世纪）的大概情形为："战祸连年，百姓痛苦；社会阶级渐渐消灭；生计现象贫富不均；政治黑暗，百姓愁苦。胡适认为这四种时代，大约可以算得那时代的大概情形了。"[5]

然而，胡适并未就《诗经》所处的时代及思潮作出深层次的分析与概括。正如郭沫若批评的那样："《中国哲学史大纲》，在中国的新学界上也支配了几年，但那对于中国古代的实际情形，几曾摸着了一些儿边际？社会的来源既未认清，思想的发生自无从说起。所以我们对于他所'整理'过的一些过程，全部都有重新'批判'的必要。"[6] 郭沫若对胡适发起的"整理国故"的评判可谓击中其要害。马克思主义史家之所以能够发出如此的豪言壮语，就是因为他们掌握了马克思主义的唯物史观。胡适以所谓的科学的方法对《诗经》所作的考察，当然自有其学术史上的贡献，但如

---

① 郭沫若：《中国古代社会研究》，《郭沫若全集·历史编》第1卷，人民出版社1982年版，第144—150页。

② 胡适：《谈谈〈诗经〉》，《胡适文集》第5册，北京大学出版社1998年版，第472页。

③ 同上书，第472—475页。

④ 胡适：《中国古代哲学史》，《胡适文集》第6册，北京大学出版社1998年版，第185页。

⑤ 同上书，第190—191页。

⑥ 郭沫若：《中国古代社会研究·自序》，《郭沫若全集·历史编》第1卷，人民出版社1982年版，第7页。

以唯物史观去衡量，我们就会发现，他的效果正如他本人所说的一样“比前人又可圆满一点了”。

概括言之，在《中国古代社会研究》一书中，郭沫若在此一时期运用唯物史观对《诗经》进行研究呈现出以下特色，其一，他是运用唯物史观从事古代社会研究的第一人，其研究工作极具开拓性，对此后的学术研究产生了深远的影响；其二，从历史层面对《诗经》所反映的时代背景进行整体勾勒，进而显现《诗经》所具有的极为丰富的史学、文学内涵。其三，从研究方法而言，充分发挥唯物史观所独具的多学科整合的特性，为后来的跨学科研究诗经奠定了坚实的基础。

当然，作为“用科学的历史观点研究和解释历史的草创时期的东西”，郭沫若的《中国古代社会研究》一书存在着某些瑕疵与缺憾也是在所难免，“它在中国古代的社会机构和意识形态的分析和批判上虽然贡献了一些新的见解，但主要由于材料的时代性未能划分清楚，却轻率地提出了好些错误的结论”。所谓材料的时代性未能划分清楚指的便是对《诗经》部分涉农诗作所处时代的判断并不准确。此后，随着对甲骨文及金文了解的加深，郭沫若对《诗经》此类篇章的时代性又进行了更为准确的界定，不断修正了对《诗经》的认知。如在《中国古代社会研究》一书中，殷周之际在郭沫若看来则是原始社会向奴隶社会变革的时期，殷商整体属于畜牧业阶段，而周代则是农业高度发达的阶段，故而《诗经》的部分内容被他想当然地解读为奴隶制下周初民众生活的悲惨写照。只不过在后来，他修正了自己的判断。如在 1944 年写作完成的《由周代农事诗论到周代社会》一文中，郭沫若对《诗经》中与农业有关的作品尤其是《七月》等篇产生的年代进行修正，再次印证了西周为奴隶制的判断，而且通过对这几篇与农业相关的篇章的梳理，对于西周至春秋战国间的社会发展演变的规律又有了比较真切的把握。

由《中国古代社会研究》与《青铜时代》《十批判书》关涉到《诗经》的地方，可以看出，郭沫若对《诗经》的关注重在从历史的维度去挖掘《诗经》产生的时代背景，在此基础上形成对《诗经》创作内涵的准确把握。一如他本人强调的“游离了社会背景而专谈逻辑也是以前治周秦诸子者的常态。就是新史家也未能免此。我是不满意这种办法的。无论是怎样的诡辞，必然有它的社会属性，一定要把它向社会还原，寻求得造此诡辞者的基本立场或用意，然后这一学说或诡辞的价值才能判断”。[①] 不但研究周秦诸子需要关注社会背景，研究文学艺术也是如此。他的《青铜时代》《十批判书》以及早期的《中国古代社会研究》等著述“把古代社会的机构和它的转变以及转变过程在意识形态上的反映，可算整理出了一个比较完整的轮廓”。根据郭沫若的研究计划，他还要把此种思路贯彻到文艺研究领域之中，“依我原先的计划本

① 郭沫若：《后记：我怎样写〈青铜时代〉和〈十批判书〉》，《郭沫若全集·历史编》第 2 卷，人民出版社 1982 年版，第 484 页。

来还想写到艺术形态上的反映，论到文学、音乐、绘画、雕塑等情形”。① 虽然此一计划并没有最终整体完成，但在文学研究领域仍然有着出色的发挥，此后在《诗经》研究的基础上，郭沫若的屈原系列研究则全面提升了运用马克思主义研究中古典文学研究的水平，标志着一种新的中国古典文学研究范式的建立。

二 对文学审美观照：屈原研究

郭沫若的《诗经》研究开启了以唯物史观从事古典文学研究的先河，着重从社会历史的角度探讨了《诗经》产生的社会背景及其所包涵的时代内蕴。到了屈原研究之中，郭沫若既探讨作品的时代背景，更对作者、作品的思想、艺术层面进行了全方位的呈现与挖掘，真正将唯物史观的全局作用与意义在古典文学研究中得到精彩的呈现。

与对《诗经》的解读思路一致，郭沫若对屈原及其作品的考察首先仍然是将其置放于广阔的历史背景之中去做综合的解读，只不过在屈原研究中，运用的更加全面与成熟。在丰富与完善《中国古代社会研究》基本论点的基础上，郭沫若认为，“西周乃至春秋时代是奴隶制，对于自春秋末年以来至嬴秦混一天下为止的三百年间，中国文化的那个灿然的黄金时代，在社会史上的意义便可以迎刃而解。那个黄金时代的意义不外是奴隶制向封建制的转移之在意识形态上的反映。屈原是生在这个时代的后半期的人，他和他的作品之社会史上的意义，也就和浮雕一样呈现了出来”。② 这是郭沫若先秦研究的一个基本预设，不论是对屈原思想的解读还是对屈原文学创作的价值的判断均在此一预设上展开的。

就艺术层面而言，郭沫若对屈原的艺术成就作了一个基本的评价：“可以毫不夸张地给他一个尊号，是最伟大的一位革命的白话诗人。”之所以称屈原为白话诗人是因为郭沫若认为处在时代大变动时期的屈原在文体变革方面进行的尤为彻底，“他把那种革命扩展进了诗域里去，他彻底地采用了民歌的体裁来打破了周人的‘雅颂’诗体的四言格调，彻底地采用了方言来推翻了‘雅颂’诗体的贵族性，他在诗域中起了一次天翻地复的革命”。③ 如果仅从文体变革进行概括，不免失之简单，郭沫若是从更广阔的社会背景中来考察屈原的此一伟大的文学革新运动，而对中国文学的南北之说所作的深层次阐发尤其具有说服力。

中国文学南北之分是一个恒久的命题，近人王国维在其《屈子之文学精神》一文中对文学之有南北之分有过扼要的探讨，就思想渊源而言，他认为屈原是“南人

① 郭沫若：《后记：我怎样写〈青铜时代〉和〈十批判书〉》，《郭沫若全集·历史编》第2卷，人民出版社1982年版，第487页。

② 郭沫若：《屈原研究》，《郭沫若全集·历史编》第4卷，人民出版社1982年版，第68页。

③ 同上书，第69页。

而学北方之学者也”。这点与郭沫若的结论相似。就艺术而言，王国维认为屈原文学成就之所以巨大的原因在于他实现了北方的情感与南方的想象的完美结合。① 王国维有关文学南北之分以及对屈原思想与艺术的探讨应对郭沫若产生过影响，郭沫若对屈原文学解读大致也是从思想与艺术的角度进行解读，不过他与王国维还是有非常明显的区别。

在郭沫若看来，中国文学南北之分只是表象而已，“以《楚辞》为中国南方文学代表，《雅》《颂》为北方文学代表。这样区分我们并不反对，不过这样看法，还仅是皮相，并没有认识到屈原真正的伟大处”。② 郭沫若之所以称其为“皮相”是因为在他看来，在春秋前后南北文化并无甚差别，他通过对新近出土铜器铭文的解读认为，在南方也有着与《周书》的《诰》《命》，《周诗》的《雅》《颂》相仿佛的“台阁体”，这和楚辞的风格完全不同。③ 郭沫若所谓“台阁体”指的是古代文体的四言体格式，在郭沫若看来中国古代诗歌的句法多是以四言为定格，“《诗经》里面的《风》《雅》《颂》是这样，秦人的《石鼓诗》，以及始皇帝的各种刻石辞也是这样。就连周代的彝器铭文凡有韵的也都是这样”。而郭沫若认为，此种四言体格式并非只有黄河流域存在，在屈原的作品中如《招魂》《天问》《橘颂》等篇章均为四字句，“且从长江流域出土的地下铜器所刻的文字中，大多为四字有韵文。拿地下的东西来做证明，就晓得四个字一句的文字，并不是北方专有的，南方也是一样”。④

在春秋之前中国的文体所以会有此趋同的现象，在郭沫若看来主要肇因于殷商。与在写作《中国古代社会研究》时期对殷商末期停留在原始社会的的认知不同，在写作屈原研究系列论文中，郭沫若也不再坚持殷周之际有过大规模的社会形态变迁的论断。他认为周代文化是在继承殷商文化的基础上发展而来，“中国文化导源于殷人，殷灭于周，其在中国北部的遗民在周人统治之下化为了奴隶。在春秋时代奴隶制逐渐动摇了起来，接着便有一个灿烂的文化期开花，而儒开其先”。⑤ 就中国东南开发而言，通过对殷墟卜辞的探讨，在郭沫若看来，“殷商末年的经营东南之举，比起周人翦灭殷室，于我们民族的贡献还要伟大”。⑥ 因为中国东南得到了较早的开发，而这恰是殷纣晚年征讨东南夷的时候奠定的。所以在郭沫若看来，就商周政治交替演变格局而言，当时中国有所谓南北之分，且持续至春秋战国，不过政治上，南北虽然是分开的，而文化上则系一根两枝，四言的“台阁体”便是南北文化出自同一个源

---

① 王国维：《屈子之文学精神》，《王国维集》第 1 册，中国社会科学出版社 2012 年版，第 29 页。

② 郭沫若：《屈原的艺术与思想》，《郭沫若全集·文学编》第 19 卷，人民文学出版社 1992 年版，第 122 页。

③ 郭沫若：《屈原研究》，《郭沫若全集·历史编》第 4 卷，人民出版社 1982 年版，第 48 页。

④ 郭沫若：《屈原的艺术与思想》，《郭沫若全集·文学编》第 19 卷，人民文学出版社 1992 版，第 125 页。

⑤ 郭沫若：《驳说儒》，《郭沫若全集·历史编》第 1 卷，人民出版社 1982 年版，第 456 页。

⑥ 同上书，第 452 页。

头的最好例证。而到了春秋战国时代，社会起了大的变革，文字上也同样起了大的变革。周秦诸子的散文与屈原的《楚辞》便是文字变革在文学创作上的突出代表。[①] 从诸子百家文章中的之乎者也矣焉哉到《楚辞》中出现的大量带有浓厚楚国方言色彩的词语出现，郭沫若运用其扎实的语言学基础认为均是白话文学兴起的标志，从而也就构成了文学的革命。[②] 以此来观照的话，屈原的创作就不仅是南方文学之代表那么简单了，某种程度上它是当时整个中国社会变革在文学文体上的反映，所以屈原的创作"更有革命性，特创性"。[③]

由此可知，郭沫若从唯物史观的角度对屈原文学价值及贡献的评价，并没有满足于他是南方文学之代表这一简单结论，而是从当时整个中国社会变动及历史变迁的角度进行剖析。与传统及同时代人对屈原的评价相比，我们可以发现，郭沫若对屈原及其作品的认知，从史料的挖掘、理论的运用、考察的视野等各个方面均有着深层次的提升。

当然也不能由此就说明郭沫若对文学有南北之分的立论有"表示轻蔑"之举，更不能就此认为"在《屈原研究》中，郭沫若的说法有了些变化"。[④] 一如他本人所强调的，文学有南北之分他并不反对，只不过作如此简单的划分对于了解屈原及其作品的价值与意义显然不够。而在涉及到对屈原文学创作特色的评价上，某种程度上郭沫若又借鉴了此一南北之划分的方法，但又不是简单的以地域而论，他是从屈原所处之地域文化、历史渊源及自然环境进行整体分析。

如在对屈原作品艺术风格的把握上，郭沫若将其概括为"多有超现实的着想"，尤其是在和周代文学对比中更能体现，"与如像描写天国，如像自然物的拟人化，和周人的雅颂有天源的不同"。王国维则将其描述为想象力之丰富，而且王国维认为，社会文化发展程度的高低决定了某一地域民族想象力，"夫儿童想象力之活泼，此人人公认之事实也。国民文化发达之初期亦然，古代印度及希腊之壮丽之神话，皆此等想象之产物。以中国论，则南方之文化发达较后于北方，则南人之富于现，亦自然之势也。此南方文学中之诗歌的特质之优于北方文学者也"。[⑤] 与王国维将此南北文化原因仅是由社会发展程度所决定的结论作一对比就不难发现，郭沫若也承认南方文化开发较迟只是其中的一个因素而言，但以社会发展、民族性质、地域环境等综合因素进行解读无疑更具说服力，尤其是"殷周文化色彩的不同"更是根本原因。

---

① 郭沫若：《屈原的艺术与思想》，《郭沫若全集·文学编》第19卷，人民文学出版社1992年版，第126页。

② 同上书，第90页。

③ 同上书，第125—126页。

④ 王海远：《郭沫若屈原研究》，《南京邮电大学学报（社科版）》2014年第3期。

⑤ 王国维：《屈子文学之精神》，《王国维集》第1册，中国社会科学出版社2012年版，第28页。

如前所述，中国文化导源于殷商是郭沫若的基本判断，殷商人雅好艺术、崇拜鬼神的文化色彩“在南方的丰饶的自然环境中，却得着了它的沃腴的园地”。在郭沫若看来，《楚辞》的富于超现实性，乃至南方思想家之富于超现实性，均为殷人超现实的宗教性质的嫡传，“是从那儿发展了出来，或则起了蜕化的”。[①] 屈原文学中的浪漫主义风格便是殷商文化在南方的具体体现。对殷文化的高度评价及其殷周易代而带来的南北文化差异的解读，提供了解读屈原作品风格以及中国文学创作南北差异的另外一种厚重的历史视野，与一般的泛泛之论相较，其持论相对更为中肯。

将郭沫若与胡适的屈原及相关研究的格局与方法作一简单对比就不难发现，郭沫若的研究远比胡适的“读读”“谈谈”更为全面、深入与彻底，就今人的接受程度而言，孰是孰非，毋庸多言。

三 郭沫若古典文学研究的特点与意义

“眼光的犀利、考证的赅博、立说的新颖而翔实，不仅是前无古人，而且恐怕还要后无来者的。”[②] 这是郭沫若对闻一多古典文学研究作出的评价，以此来概括郭沫若的学术成就也是恰如其分的。郭沫若的古典文学研究显示出一种大气磅礴的气象，他既发挥了史观学派的优势，又借鉴了考证学派的长处，同时其本人又有着深厚的古典文学素养，从而取得了极为辉煌的学术成就，对当下文史研究贡献良多、意义重大。

（一）研究的视野与理念

有学者指出，“马克思的唯物史观在马克思主义的整个理论架构中，不仅具有单一的学科意义，譬如不仅具有社会学的意义或历史学的意义，而且也具有甚至更具有全局的意义：一方面它是马克思主义的重要组成部分，另一方面它又贯穿于马克思主义的所有内容之中，甚至其他内容均由它所派生”。[③] 在郭沫若的古典文学研究中，唯物史观的这种全局的作用与意义主要体现在以下几个方面：

其一，就从学术理念上看，与王国维、胡适、顾颉刚等人所强调的为学术而学术的理念不同，郭沫若从事古代学术研究本就有着强烈的现实倾向性。就郭沫若本人治学旨趣而言，不论是抗战爆发前十年在日本潜心于甲骨文与金文研究，还是于抗战时期从事的先秦史研究均非本意，“从事古代学术的研究，事实上是娱情聊胜无的事。

---

① 郭沫若：《屈原研究》，《郭沫若全集·历史编》第 4 卷，人民出版社 1982 年版，第 55 页。

② 郭沫若：《论闻一多做学问的态度》，《郭沫若全集·文学编》第 20 卷，人民文学出版社 1992 年版，第 327 页。

③ 王学典：《现代学术史上的唯物史观：论作为“学术”的马克思主义》，《山东社会科学》2004 年第 11 期。

假如有更多的实际工作给我做，我倒也并不甘心做一个旧书本里面的蠹鱼”。① 这一方面固然与郭沫若个性有密切关联，但更为主要的则是唯物史观更为注重史学与生活、时代以及社会之关联，即对研究对象的功能性尤为看重。以其屈原研究为例，早在1935年写作的《屈原》这篇研究屈原生平及考察作品真伪的文章中，他对屈原的基本评价就是“屈原根本是一个爱国者”“最伟大的一位革命的白话诗人”，这些论断无一不流露出浓厚的现实色彩。此后，这一现实关怀的立场在抗日战争爆发之后体现得更为直接，某种程度上，抗战时期郭沫若的屈原系列研究论文是为其创作历史剧《屈原》服务的，而其历史剧《屈原》则又是在抗日战争进入到最艰难最危险的阶段为鼓舞国人抗日之斗志与热情而创作的。所以不论是20世纪30年代从文学革命的立场来评价屈原作品的价值，还是40年代在抗战的时代洪流中高举爱国主义的旗帜弘扬屈原的爱国精神，一直到中华人民共和国成立后称屈原为“人民诗人”，均是郭沫若古典文学研究现实关怀的强烈体现。以傅斯年所谓“一分材料出一分货”的标准而言，郭沫若这种特别强调历史事件、人物与现实社会生活的关联的研究取向，似有不客观之嫌疑，然就唯物史观指引下的古典文学研究而言，此一研究的基本原则值得坚守。正如当下学者所言“作为意识形态之一的古代文学研究，有责任与义务以人为本，面对现实，……将对古代文学的解读与阐释同现实的精神相沟通”。② 尤其是在当下人文关怀缺失、唯物史观的介入现实的基本立场仍然值得发扬。

其二，在研究理念上，从唯物史观的基本研究理念出发，对文学作品所产生的社会时代背景进行全景式、多层次的深入挖掘是郭沫若古典文学研究最突出的特色。研究文学必须研究文学产生的时代环境，这是应有之义，而郭沫若作为一个史家尤其是马克思主义史家在这方面具有得天独厚的优势。根据马克思主义文艺理论，文学作品是社会现实的反映，欲了解作品的内涵必须深入挖掘其背后的历史背景及其相关因素。而唯物史观作为马克思主义的核心理论，在分析文学作品的时代背景及其历史内涵方面具有无可比拟的优势。如将《诗经》置于西周奴隶制下进行考察，将屈原置于从奴隶制向封建制过渡的时代背景下进行研究，均显示出郭沫若古典文学研究大气磅礴的气象。也许郭沫若对中国社会形态的基本判断有待进一步讨论，但是他这种宏观的视野确是此前研究者们所普遍欠缺的。在他本人的努力之下，以唯物史观为指导，“屈原的作品以及整个《楚辞》，近年来已渐渐把它们的声价恢复了。学习屈原，研究《楚辞》，差不多成为了一种风尚”。③ 在王国维、梁启超、胡适等人的基础上将屈原研究推上了一个新台阶，更是郭沫若对20世纪中国古典文学研究的最大贡献。

---

① 郭沫若：《后记：我怎样写〈青铜时代〉和〈十批判书〉》，《郭沫若全集·历史编》第2卷，人民出版社1982年版，第466页。

② 黄霖：《20世纪中国古代文学研究史·总论卷·总前言》，东方出版中心2006年版，第12页。

③ 郭沫若：《如何接受文化遗产》，《郭沫若全集·文学编》第19卷，人民文学出版社1992年版，第246页。

其三，从价值立场的选择上看，“人民本位”是郭沫若古典文学研究的基本立场。[①] 此种人民本位体现在他对文学作品中被压迫被剥削的人民的同情，如他对《诗经》中《七月》《楚茨》《信南山》《甫田》等诗的考察，认为这些诗中的农夫均处在被剥削被统治的奴隶地位，“这些奴隶在平时便做工；在有土木工事的时候便供徭役，在征战的时候，便不免要当兵或者是服役了”。[②] 还体现在他对虽然处在传统社会的统治阶层，但其思想与愿望则与普通人民的立场息息相通的上层精英人士身上。从人民本位出发，郭沫若认为，“一向的人只看到屈原高唱忠君爱国的调子，差不多都忽略了他是位民本思想者”。[③] 而所谓民本思想表现为两点，其一便是屈原注重民生，其二便是屈原注重德政，提倡以儒家的德政来实现天下一统。所以只要是站在被统治者的角度来考虑问题，郭沫若均以人民本位进行分析归纳，如他对王安石的评价，对甲申之变的思考便是其例。

其四，从学术嗜好上看，郭沫若关注的文学作品与人物所处的大多是历史上的大规模社会变动时期，如《周易》《诗经》所处的殷周之际，屈原及其作品诞生的春秋战国之际，以及中华人民共和国成立后他关注的蔡文姬、甲申之变等，均是此一学术偏好的反映。郭沫若学术研究领域的倾向性与唯物史观的运用密不可分。从社会生产方式的变化来看社会演变、时代变迁本就是唯物史观的基本内涵，故而历史上一些大关节、大转折点即成为他的关注的重点对象。就研究视阈的宽广而言，郭沫若的治史取向与法国年鉴学派不乏交集。

由此不难发现，就当时而言，真正的将唯物史观作为文史研究工作的指南，郭沫若是第一人。

（二）研究方法

如果说唯物史观是支撑郭沫若学术大厦的主要框架的话，那么其研究工具与方法则是构建其学术大厦的主要基石。研究手段与工具的多样性以及由此体现出的跨学科研究的基本取向，是郭沫若古典文学研究的又一重要贡献。以古典文学研究而言，不论是传统的版本、金石、音韵、训诂，还是当时新兴的甲骨学、考古学、民俗学、人类学在郭沫若的著述中均有体现，这不但较乾嘉诸老更上一层，即便与当时以科学研究相标榜引领学界风骚的胡适、顾颉刚、傅斯年、陈寅恪等史家相比，其研究理念之先进、工具之丰富也是有过之无不及。多学科交叉互用的治学方法一方面体现了郭沫若的博学多识，另一方面更是唯物史观在学术领域的具体体现。就其本人而言，其在留学日本期间修习的是医学，并取得了医学学士学位，“虽然我并没有行医，也没有

① 郭沫若：《历史人物·序》，《郭沫若全集·历史编》第4卷，人民出版社1982年版，第3页。

② 郭沫若：《中国古代社会研究》，《郭沫若全集·历史编》第1卷，人民出版社1982年版，第122页。

③ 郭沫若：《屈原研究》，《郭沫若全集·历史编》第4卷，人民出版社1982年版，第91—92页。

继续研究医学，我却懂得了近代的科学研究方法。在科学方法之外，我也接近了近代的文学、哲学和社会科学。尤其是辩证唯物论给了我精神上的启蒙，我从学着使用这个钥匙，才认真把人生和学问上的无门关参破了。我才认真明白了做人和做学问的意义”。① 这段自述说的是其本人接受现代知识门类的情况，尤其是唯物史观在其治学上的影响。具体到学术研究领域，尤其是涉及到先秦史研究，郭沫若对传统学科也是下过一番硬功夫的，“秦汉以前的材料，差不多被我彻底剿翻了。考古学上的、文献学上的、文字学、音韵学、因明学，就我所能涉猎的范围内，我都作了尽我可能的准备和耕耘”。②

此外还有一点需要指出的是，他对王国维、罗振玉等人在搜集整理史料方面的功绩表示出了应有的尊重：“在中国的文化史上实际做了一番整理工夫的要算是以清代遗臣自任的罗振玉，特别是在前两年跳水死了的王国维。”尤其是王国维，郭沫若一方面批评其文化遗民的心态，另一方面又对王氏研究学问的科学方法倍加赞赏，“他遗留给我们的是他知识的产品，那好像一座崔巍的楼阁，在几千年来的旧学的城垒上，灿然放出了一段异样的光辉”。郭沫若的包括《诗经》研究在内的著述就是以罗、王二人为起点，“大抵在目前欲论中国的古学，欲清算中国的古代社会，我们是不能不以罗、王二家之业绩为其出发点了”。③ 正是在罗、王两位学者先秦史研究的基础上，郭沫若的学术研究的起点无形中就会高出同侪甚多。

就古典文学研究而言，胡适虽然也提倡多学科并举，但真正在其学术研究领域发挥作用的还是传统的考据法。而在考据法，郭沫若的硬功夫显然比胡适要扎实，因为郭沫若的文史研究是建立在深厚的古文字学基础上的，正是靠着在甲骨文、金文、考古学等文字工具才支撑起来郭沫若的学术大厦。这点也是胡适等人不能比的，比如对《诗经》中《噫嘻》一篇成王的理解，郭沫若以其掌握金文资料认为古时候并无谥法，凡文、武、成、康都是生号而非死谥。所以成王就是指的周初的成王，由此他判断出该篇产生的年代应该是周初。④ 对这首诗产生年代确定了，那么这首诗“就成了研究周代农业极宝贵的一项史料”，成为印证周初是奴隶制的重要史料，此项史料的可靠性通过他掌握的甲骨文所提供的信息得到印证。他深厚的古文字功底作用不止于此，众所周知，从商末到春秋战国是中国社会的奴隶制时代，这是郭沫若先秦史研究的最基本预设，举凡文史研究的基本框架均是以西周是奴隶制社会、春秋战国是由奴隶制到封建制过渡这两大理论支点为基础。为了论证这一基本预设，郭沫若从甲骨

---

① 郭沫若：《后记：我怎样写〈青铜时代〉和〈十批判书〉》，《郭沫若全集·历史编》第2卷，人民出版社1982年版，第465页。

② 同上书，第468页。

③ 郭沫若：《中国古代社会研究·自序》，《郭沫若全集·历史编》第1卷，人民出版社1982年版，第8页。

④ 郭沫若：《由周代农事诗论到周代社会》，《郭沫若全集·历史编》第1卷，人民出版社1982年版，第406页。

文、金文甚至借鉴人类学的最新研究成果予以发覆。

即便是在甲骨文、金文之外的传统“小学”的科目上，郭沫若的熟练程度似乎也不在胡适之下。郭沫若与胡适在文史研究诸多领域针锋相对，但他们也分享着共同的时代资源，比如胡适以白话文学的观点来观照古典文学，写出了白话文学史著述，而郭沫若对屈原的分析也是从提倡白话文的文学革命为诠释框架，如其在一首诗中他对屈原以口语、方言写作的评价，“莫谓无文行不远，行能最远厥为言。楚辞满纸輶轩语，历代何人胜屈原”。[①] 但两者分析的路径不同，胡适只以现代的白话概念去认知所谓的通俗文学，而郭沫若一方面在唯物史观的统摄下，从社会变迁的大时代背景下认识到文学文体的变革的必然，然后从古文字中寻找证据，战国时期在古典文学中广泛运用的“兮”字的准确解读，某种程度上成为郭沫若论证屈原的文学革命论的重要证据。

此外，与运用“外证”相比，从屈原文学作品的文本中寻找“内证”也是郭沫若屈原研究的一大特色。在20世纪20年代初期疑古氛围的影响之下，胡适大胆质疑屈原的存在，并且认为后世屈身上浓厚的儒家精神是后人附会而来。但是除了用一个“箭垛”的术语来指称之外，胡适并没有用足够的证据来支撑其论点。与胡适否认屈原受儒家思想的影响的论断截然相反，郭沫若从屈原诗词的文本出发认为，屈原思想明显地带有儒家的风貌，诸如屈原重视民生、提倡德政等思想，从屈原作品中列举大量的语辞来证明自己的观点，故而比胡适的草率定论更有说服力。

在对屈原作品的解读上，由于研究的视野、理念与方法工具的科学性与多元化，郭沫若的屈原研究与同时代其他学者相比，其价值与意义显然并非“一家之言”所能概括，通读遍览即会对其唯物史观运用之自觉与成熟、研究视野之宏阔高远、研究层次与领域之清晰与宽泛、论证方法之科学与邃密、论证过程之全面周到，在大师云集的民国学术界也不多见，“旧学邃密，新知深沉”，诚郭沫若之谓也。

（三）极高的文学素养

与其他史家相比较，郭沫若古典文学研究的第三个独特优势就是他深厚的文学修养。文学不同于历史，从历史维度去分析文学作品是必要的，但却无法替代对文学作品自身的分析与解读，故而需要从文学自身层面去挖掘作品的审美意蕴、情感内涵、创作技巧等专属于文学范畴的基本信息。而作为诗人的郭沫若又天然地具备此一条件，从他与胡适等学者的古典文学研究的比较中我们不难体会，深厚的文学素养对于古典文学研究者的重要性。此一文学修养除了具有文学鉴赏的眼光、文学创作的经验之外，还需要掌握一定的文学理论，而郭沫若从1924年4月至5月翻译河上肇的《社会组织与社会革命》开始，之后陆续翻译了《政治经济学批判》《德意志意识形

① 王继权、童维钢编：《郭沫若年谱》上，江苏人民出版社1983年版，第581页。

态》《艺术作品的真实性》等马列经典著述，尤其是《艺术作品的真实性》是专门探讨文学艺术的马克思主义文艺理论著述。就此而言，郭沫若可谓兼具上述诸要素的不可多得的史家与创作家。

深厚的文学修养在论证文学作品的真实性上发挥着重要的作用。如胡适“认为《九歌》与屈原的传说绝无关系，细看内容，这九篇大概是最古之做，是当时湘江民族的宗教舞歌”。① 而郭沫若根据文学创作的一般经验指出，“《九歌》应该还是屈原的作品，当作于他早年得志的时分，而不是在被放逐之后。要这样看，对于屈原的整个发展才能理解。一个伟大的诗人不能说在晚年失意的时候突然产出了一批长篇大作的悲哀诗，而在早年得志的时候却不曾有些愉快的小品。并且《九歌》的艺术异常的美妙，由内容看来，爱用美人香草，爱写超现实的境界，在遣辞用意上和《离骚》等篇均有一脉相承的痕迹，那其间的历程，是毫没有理由要嵌上一两百年进去的”。② 此外，郭沫若还指出《河伯》篇产生的时代应该是在战国，根据其掌握的文献资料显示，楚人祭黄河是在战国以后。而九歌诸篇明显系一人同时而作，因其风格相似，故而以《河伯》而论，《九歌》产生年代当不是胡适所谓最古之作。

此外，胡适认为“《天问》文理不通，见解卑陋，全无文学价值，我们可以断定为后人杂凑起来的”。③ 郭沫若的认识则相反，他以文学的眼光来衡量《天问》，得出与胡适截然不同的结论，他认为《天问》“要算空前绝后的第一等奇文字。全篇以一‘曰’字领头，通体用问语，一口气提出了一百七十二个问题。以那种主于以四字为句、四句为节的板滞的格调，而问得参差历落，奇矫活突，毫无板滞的神气，简直可以惊为神工。而那所提出的问题，从天地开辟以来一直问到他自己，把他对于宗教信仰上的、神话传说上的、历史记载上的、人生道德上的各种各样的怀疑，都痛痛快快地表示了一个淋漓尽致。那种怀疑的精神，文学的手腕，简直是前无古人而后无来者。怎么能说成‘文理不通，见解卑陋’来呢?”④

（四）唯物史观与古典文学文本的充分结合

有学者指出，近代的《诗经》学研究“在相当长的一段时间内是在史学领域中演进的，其所扮演的角色便是一堆极有价值的历史材料”。《诗经》如此，其他领域也概莫能外，“历史眼光成为新的学术范式，统摄一切。在经学体系瓦解，新学科草创的转型时期，积淀最深、最具批判力的史学自然成为研究传统文化的第一学科门类”。⑤ 在由传统的集部走向现代文学学科的过程中，尤其是在胡适发起的

---

① 胡适：《读楚辞》，《胡适文集》第 3 册，北京大学出版社 1998 年版，第 76 页。

② 郭沫若：《屈原研究》，《郭沫若全集·历史编》第 4 卷，人民出版社 1982 年版，第 28 页。

③ 胡适：《读楚辞》，《胡适文集》第 3 册，北京大学出版社 1998 年版，第 75 页。

④ 郭沫若：《屈原研究》，《郭沫若全集·历史编》第 4 卷，人民出版社 1982 年版，第 29—30 页。

⑤ 郭万金：《〈诗经〉研究六十年》，《文学评论》2010 年第 3 期。

整理国故运动中，古典文学研究某种程度上是笼罩在史学的整体氛围之下进行的，以胡适在文学研究领域的开创性贡献——新红学而言，他认为《红楼梦》研究“只须根据可靠的版本与可靠的材料，考定这书的著者究竟是谁，著者的事迹家世，著书的时代，这书曾有何种不同的本子，这些本子的来历如何”[①] 方称得上是科学的研究，而对《红楼梦》文本内容的阐释则不在其关注范围内，所以某种程度上可以说新红学就是史学。

与之相较，马克思主义史家对古典文学作品的考察固然注重历史层面的考察，但是此一历史的考察是基于唯物史观的整体视野下进行考察。在马克思主义者评价体系中，作品反映现实、把握现实、批判现实的力度与深度及由此带给读者的强烈的感染效果是评价文学作品价值的核心标准。我们从马克思主义经典作家的相关文学批评中不难得出此一认识。例如马克思在《政治经济学批判序言》中提到了文学创作的莎士比亚化的问题，所谓莎士比亚化就是现实主义的创作风格，其核心内涵就是要求文艺创作广泛而深刻地描写社会生活，正确处理人物和环境的关系，通过对特定环境中的现实人物的真实描写，揭示现实生活的某些本质方面。故而不论是从社会历史维度去把握文学作品的内涵，还是通过对文学作品的解读呈现出其所反映的时代风貌，均是唯物史观在文学研究中具体而微的体现。而郭沫若的古典文学研究尤其是屈原系列研究，恰当地做到了史学研究与文学研究的完美融合。

与胡适等人把文学作品当做“历史文件”的态度不同，郭沫若以唯物史观为指导，对文学作品创作的历史背景进行全景式的阐释与解读。研究方法上，与胡适、顾颉刚等人着重考证文学作品的版本、作者身世以及所谓以“历史的观念”来考察故事、情节的演变不同，郭沫若固然注重在社会的历史演变中、从宏观的社会背景上来研究文学作品的内涵，如其对《诗经》反映的时代主体的解读等，但与此同时郭沫若从文学的审美本质及创作规律对屈原诗歌的艺术特征、文学价值等进行了独到的探索。此外运用马克思主义文艺相关理论对于文学作品中蕴含的真挚而又强烈的情感进行深刻的剖析，显示了郭沫若对文学作品探讨的全面性与深刻性。而这一点又是在马克思主义影响之下产生的。因为马克思主义有一个完整的体系，体现在学术研究层面，它几乎可以因应着每一个具体的研究领域，而每一个不同的研究领域又共享着同样的研究理念与方法。所以说，在马克思主义影响之下的古典文学研究呈现出鲜明的整体性与系统性。

无可否认，在具体结论以及研究过程中不乏粗疏与草率之处，但个人认为其研究的理念与方法对当下的古典文学研究仍然贡献良多，从中我们可以不断汲取丰富的营养。而其给后来研究者的最大贡献就是将马克思主义与古典文学研究相结合，通过一

① 宋广波：《胡适红学研究资料全编》，北京图书馆出版社 2005 年版，第 136 页。

个侧面使人们认识到马克思主义卓绝的理论阐释力与说服力，就此一点而言，我们只能在郭沫若的基础之上扎实地推进，不管是其成功的经验还是存在的缺憾与不足，对我们当下的文学研究而言均是一笔宝贵的财富。

（原载《湖北社会科学》2017 年第 11 期）

郭沫若早期文史研究中的唯物史观新探

孙寿涛　周德丰

历史地看，20 世纪 70 年代以前，对于郭沫若（1892—1978）的学术地位，早有定评，且无异议；但在最近若干年，一些人开始置疑和攻击其学术地位和学术评价，包括“无耻文人”“问题文豪”的说法纷纷出笼。这些说法中，有的观点根本不能成立，有的观点则属于一家之言，还有的观点则属恶意构陷，带有明显的诽谤性质。面对如是种种置疑和攻击，我们有必要予以回应。本文拟考析郭沫若早期文史研究中的唯物史观，以重新彰显其学术贡献，求教于方家。

郭沫若早期的文史研究成果，主要体现在《中国古代社会研究》（1930 年出版）一书中，该书标志着现代中国马克思主义史学的创建。自该书起，他走上了以唯物史观研治中国历史文化的道路，孜孜不倦，终生以之，成为现代中国以唯物史观为指导从事文史研究的一代宗师。

郭沫若于唯物史观指导下在文史研究上所取得的成就，得到各家学者的高度评价和充分肯定。翦伯赞曾指出：“在中国开始以史的唯物论把历史作系统研究的，要算是郭沫若。”[①] 中国台湾学者董作宾评论道：“大家都知道的，唯物史观派是郭沫若的《中国古代社会研究》领导起来的……他把《诗》《书》《易》里面的纸上材料，把甲骨卜辞、周金文里面的地下材料，熔冶于一炉，制造出来一个唯物史观的中国古代文化体系。”[②] 顾颉刚则强调：“郭先生应用马克思、莫尔甘等的学说，考索中国古代社会的真实情状，成《中国古代社会研究》一书，这是一部极有价值的伟著，书中……富有精深独到的见解。中国古代社会的真相，自有此书后，我们才摸着一些边际。”[③] 三位史学巨擘对郭沫若于唯物史观指导下从事文史研究所取得的学术成就所给予的高度评价和肯定，无疑具有一言九鼎的意义。

一　以唯物史观为指导的研究方法：“用科学的方法回治旧学”

在研究方法上，郭沫若主张：“用科学的方法回治旧学”。所谓科学的方法亦即

---

① 翦伯赞：《历史哲学教程》，新中国书局 1949 年版，第 18 页。

② 董作宾：《中国现代学术经典：董作宾卷》，河北教育出版社 1996 年版，第 614 页。

③ 顾颉刚：《当代中国史学》，胜利出版公司 1947 年版，第 100 页。

马克思主义的唯物史观，具体说来主要包括人民本位标准、历史主义眼光和全面辩证的观点等。

（一）以人民本位标准权衡旧有文化

早在20世纪三四十年代，郭沫若就提出评判历史人物的标准："人民本位！"并称自己"就在这人民本位的标准下"从事学术研究和创作①。在其他场合，他对此标准有过类似的说明②。他以此衡量中国传统文化，区分精华与糟粕，体现出鲜明的民主精神。

首先，郭沫若以人民本位标准品评人物。他精心撰写系列研究历史人物的论文，像忧国忧民的大诗人屈原，改革家王安石，隋代音乐家万宝常，明清之际的少年英雄夏完淳等。郭沫若之所以热情讴歌屈原，就因为他是一个民本主义者③。郭沫若之所以高度评价王安石，也是由于"他是比较以人民为本位的人"，他的"政见，主要是由人民的立场出发"④。

其次，郭沫若以人民本位标准衡量学术。比如在先秦诸子中，他最为推崇孔子和孟轲，因为在各家中他们的思想比较富于人民本位的色彩⑤。他认为吕不韦"尊重民意""反对家天下制"，"可以说是一位进步的政治家"⑥。相反，他对韩非颇多贬词，称韩非是"极端的王权论者"⑦。

20世纪50年代，郭沫若仍认为："我们评价一位历史人物，应该从全面来看问题，应该从他的大节上来权其轻重，特别要看他对于当时的人民有无贡献，对于我们整个民族的发展、文化的发展有无贡献。"⑧ 这一结论是他人民本位思想的继续和发展。

（二）历史主义地还原学说的"社会属性"

郭沫若遵循"社会存在决定社会意识"及把学术文化"置于一定的历史范围之内"的唯物史观基本立场及历史主义的基本方法，主张任何学术思想"必然有它的

---

① 郭沫若：《历史人物·序》，人民文学出版社1979年版，第1页。

② 如在《十批判书·后记》中他说：我们批评古人是依人民本位的准则；合乎这一准则的就是善，违背这一准则的就是恶。在《为革命的民权而呼吁》中他强调："对于旧有文化自应以人民本位之思想而别作权衡，更不能沿既定体系以为准则。""我们并不蔑视文化遗产，全要以人民本位为依归，本此绝对的是非，不作盲目之墨守。"（《沫若文集》第13卷，人民文学出版社1961年版）

③ 郭沫若：《历史人物·屈原研究》，人民文学出版社1979年版，第7页。

④ 郭沫若：《历史人物·王安石》，人民文学出版社1979年版，第167页。

⑤ 郭沫若：《郭沫若全集·历史编》第2卷，人民出版社1982年版，第482页。

⑥ 同上书，第412、417页。

⑦ 同上书，第381页。

⑧ 郭沫若：《郭沫若全集·历史编》第3卷，人民出版社1982年版，第470页。

社会属性，一定要把它向社会还原"[①]。

他考察《周易》（主要是《易经》），从中发掘中国上古社会渔猎、牧畜、商旅、耕种、工艺等生产活动，家庭关系、社会组织、行政事务、阶级分野等政治活动，以及艺术、宗教、哲学等精神活动。

他以上述方法分析春秋战国时代的社会变革析理精当："到春秋末年差不多一切都变了质，上帝坍台，人王倒楣，众人翻身，井田破坏，工商自主，龟卜失灵，旧的名物尽管不甘废弃，新的名物却是不断涌现，新旧交腾，有如鼎沸。这是社会制度变革时期所必有而且特有的现象。"[②]

他论述法家思想的问世也是持唯物史观的基本立场："社会有了变革，然后才有新的法制产生，有了新的法制产生，然后才有运用这种新法制的法家思想出现。"[③]

他论及名家的产生，认为这是社会变革在意识形态的反映："社会制度发生了变革，各种事物起了质变。一切的关系都动摇了起来，甚至天翻地覆了，于是旧有的称谓不能适应新的内容，而新起的称谓还在纷纷尝试，没有得到一定的公认，在这儿便必然卷起新旧之争，即所谓'名实之相怨'。"反过来说，名家的产生亦足证"在周、秦之交，中国的社会史上有过一个划时代的变革"[④]。

总之，郭沫若认为，任何学术思想都是适应一定社会的需要而产生，都有其生成的现实土壤，那种所谓纯而又纯、远离现实的思想学说，其实并不存在。

（三）唯物辩证法是"参破"国学"无门关"的"钥匙"

郭沫若自称是"生在过渡时代的人"，唯物辩证法给予他精神上的启蒙。他认为唯物辩证法是参破"人生和学问上的无门关"的一把钥匙[⑤]。

针对五四以后某些学者的形式主义偏颇，郭沫若主张："答复歪曲就只有平正一途。我们不能因为世间上有一种歪曲流行，而另外还他一个相反的歪曲。矫枉不宜过正，矫枉而过正，那便有悖于实事求是的精神。"[⑥] 针对有些学者认为他"有点袒护儒家"的说法，他回答："话不能那样笼统地说"，其实不仅秦汉以前和秦汉以后的儒家大不相同，即使是先秦的儒家也各有派别，并非铁板一块，"不加分析而笼统地反对或赞扬，那就是主观主义或公式主义"[⑦]。同理，对秦汉以后的儒家也不应一味"抬举"，因为它的作用老早变质，它的时代也老早过去了。其运思辩证，令人折服。

辩证思维也使他在品评、裁量历史人物方面力求全面公允，提出许多前人所未发

① 郭沫若：《郭沫若全集·历史编》第2卷，人民出版社1982年版，第484页。
② 郭沫若：《郭沫若全集·历史编》第3卷，人民出版社1984年版，第58页。
③ 郭沫若：《郭沫若全集·历史编》第2卷，人民出版社1982年版，第314页。
④ 同上书，第252—253页。
⑤ 同上书，第465页。
⑥ 同上书，第479页。
⑦ 同上书，第478页。

的卓见。他指出，人皆咒骂“暴虐无道”的殷纣王，却有使“中国东南部之早得开化”[①]之功；顾炎武、王船山等清初鸿儒，虽有非凡建树，也只是“富于民族气节而贫于人民思想”[②]。正是由于郭沫若掌握了唯物辩证法，才使他最大限度地实现了学术研究的科学性、深刻性。

二 以唯物史观为指导研究中国古代社会:“清算过往社会”

郭沫若的中国古代社会研究，大体可分为土地革命战争时期、抗日战争和解放战争时期、新中国成立后三个阶段[③]。1928 年至 1929 年间撰写、1930 年出版的《中国古代社会研究》是他用唯物史观研究中国古代社会的奠基之作。该书不仅规定了他自己的研究方向，而且也影响了几代马克思主义史学工作者的研究方向和方法。该书甫一出版，张荫麟就将其与顾颉刚的《古史辨》第二册视为 1930 年国内史界最重要的两种出版品，强调郭沫若的“贡献不仅在若干重要的发现和有力量的假说，尤在他例示研究古史的一条大道，那就是拿人类学上的结论作工具去爬梳古史的材料；替这些结论找寻中国记录上的佐证，同时也就建设中国古代社会演化的历程”[④]。当代学者评价道：该书“不仅为中国引进了马克思主义史学研究的新‘范式’，为中国的马克思主义史学奠了基，而且还用研究成果粉碎了‘马克思主义不合中国国情’的滥言，为共产党人改造中国起了消除障碍的作用”[⑤]。

（一）《易》《诗》《书》中的古代社会

《中国古代社会研究》收录的《〈周易〉时代的社会生活》和《〈诗〉〈书〉时代的社会变革与其思想上的反映》两篇文章，是郭沫若以唯物史观为指导剖析古代社会生活的代表作。

郭沫若利用《周易》的卦辞爻辞，剖析中国先民的生产生活状态。他指出，《周易》有许多卦爻辞涉及渔猎，猎具为弓矢，矢是黄色的金属，表明当时处于铜器时代。整部《易经》只有一条爻辞提到耕种，另外有四五处提到“田”字，但都与耕种无关。其他如耕种的器具以及五谷的名目也找不到。工艺（器用）方面，卦爻辞中有门、庭、家、屋、庙、宫、户、阶、城、床、枕、庐、隍、井、穴等字，说明当时已经有了宫庙建筑，但还只是石头的堆砌。《易经》中的黄裳、盘带、履、朱绂、

---

① 郭沫若：《沫若文集》第 12 卷，人民文学出版社 1959 年版，第 286 页。

② 郭沫若：《历史人物·序》，人民文学出版社 1979 年版，第 4 页。

③ 第一阶段郭沫若著有《中国古代社会研究》《甲骨文字研究》《卜辞通纂》《殷契粹编》《金文丛书》《两周金文辞大系考释》等著作。第二阶段著有《青铜时代》和《十批判书》等。第三阶段著有《奴隶制时代》等。（吕希晨、何敬文著：《中国现代唯物史观史》，天津人民出版社 2003 年版。）

④ 张荫麟：《评郭沫若〈中国古代社会研究〉》，《大公报·文学副刊（第 208 期）》1932 年 1 月 4 日。

⑤ 税海模：《审美感悟与文化透视》，巴蜀书社 2003 年版，第 325 页。

袂等字与衣履有关，但材料主要是“革木兽毛草索”。至于纯粹的器用，可分为土器、石器、草器、木器、革器、金器六类。《易经》中涉及工艺的材料如此之多，但却找不到关于“工艺”的字样。当时的商贸活动已经比较发达，但多为“行商”，交通工具是马牛车舆。虽有“涉大川”的记载，但没有出现舟楫等字，说明舟楫还没有发明，或者发明了尚未发达。此外，流通的货币是“资贝”，童仆也可以买卖。郭沫若得出结论：“《周易》的时代是由畜牧转化到农业的时代，畜牧还是生活的基调，如农业，如工业，如商业，才仅见一些萌芽。”[①]

在研究社会生产的基础上，郭沫若进而考析当时的社会关系。家族关系方面，《易经》中群婚遗习已无可考，唯偶婚的痕迹仍然存在。有些地方似乎表明男子出嫁、女人做酋长的“母系制度的残存”。但当时的家族制度确已向父系推移[②]。政治组织方面，《易经》中提到“天子”“王公—大君—国君”“侯”“武人—师”“臣官”“史巫”等，可见“国家的雏形是约略具备了”[③]。除天子、王侯等之外，还存在一般的抽象的社会阶级，即大人、君子和小人。《周易》中，这几种人，有单举的，有对举的，由此可知小人的对立面是大君、公、高宗。而大人、君子就是王侯百官，小人就是一般的平民。大人、君子是支配阶级，小人是被支配阶级。结论是：“那时的阶级国家显然是奴隶制的组织，支配者即为奴隶所有者。”[④]

与奴隶制的“社会情形相应，自然也有它的意识上的表现”[⑤]。具体表现在宗教、艺术和思想方面：宗教方面，《易经》是一部以“魔术”为脊骨，以迷信为血肉的宗教书[⑥]。艺术方面，《易经》中记载了跳舞、装饰、雕塑、音乐等多种形式。虽然这些艺术还处在幼稚的萌芽之中，但从中可看出艺术论上的两条原则：即“艺术是与当时的物质的生产相应”；“艺术是与时代生活有密切的关系”[⑦]。思想方面，《易经》富有辩证思想：“八卦的基础本来是建立在男女两性的象征……《易经》的观念就根本是阴阳两性的对立。一切万事万物都是由这样的对立而成。”[⑧]

郭沫若以《诗》《书》二经互为表里，对中国古代社会发展的阶段作出全新解释。他认为，中国古代社会有两个变革时期值得注意：第一次变革时期是在殷、周之际，第二次变革时期是在东周以后[⑨]。他运用“现代的眼光”来划分中国古代“历史

---

① 郭沫若：《郭沫若全集・历史编》第 1 卷，人民出版社 1982 年版，第 44—45 页。
② 同上书，第 46—47 页。
③ 同上书，第 49 页。
④ 同上书，第 57 页。
⑤ 同上书，第 57 页。
⑥ 同上书，第 57 页。
⑦ 同上书，第 60 页。
⑧ 同上书，第 65—67 页。
⑨ 同上书，第 90 页。

的发展阶段”：尧、舜时代是“实行亚血族群婚”的母系氏族社会[①]；夏、殷是经亚血族群婚的父系氏族社会“转换到奴隶制国家”的时代[②]，“奴隶制的社会组织是在周初才完成”[③]；周室东迁前后为“由奴隶制变为真正的封建制度的时期”[④]。

（二）卜辞和彝铭中的古代社会

在研究中国古代社会中，郭沫若感觉到，仅仅依靠传统的文献资料尚有缺憾。他说：“我要找寻第一手的资料，例如考古发掘所得的，没有经过后世的影响，而确确实实足以代表古代的那种东西。”[⑤] 他在1929年夏用几个月时间研读当时出版的几乎所有甲骨文和青铜器图录的铭文与考释，将古代史研究与古文字研究结合起来，写出17篇考释文章，后结集为《甲骨文字研究》出版。尔后，他运用这批真实可靠的原始史料深入研究殷周社会，于1929年9月写出《卜辞中的古代社会》和《周代彝铭中的社会史观》两篇文章，一并收入《中国古代社会研究》一书中。

郭沫若指出：“得见甲骨文字以后，《诗》《书》《易》中的各种社会机构和意识才得到了它们的源泉……我现在即就诸家所已拓印之卜辞，以新兴科学的观点来研究中国社会的古代。”[⑥] 经过对作为商代“社会基础”的渔猎、牧畜、农业、工艺、商贾等生产状况的考察，他认为：“商代的产业是由牧畜进展到农业的时期。”[⑦] 考察了商代的婚姻、氏族、财产、阶级等“上层建筑的社会组织”后，他得出结论：“殷代已到氏族社会的末期，一方面氏族制度尚饶有残余，而另一方面则阶级制度已逐渐抬头。”[⑧]

郭沫若认为，要真实地阐明中国古代社会，还要仰仗“锄头考古学”，“目前有一件不可缺少的事情便是历代已出土的殷、周彝器的研究”，“这些古物正是目前研究中国古代史的绝好资料，特别是那铭文，那所记录的是当时社会的史实”。他根据存世的二三千具以上的周代彝器，断定“周代是在青铜器时代”[⑨]；又根据大量铭文断定周代的“庶人”“民人”“臣仆”等，都是作为“一种主要的财产”用以赏赐、买卖和抵债的奴隶，他们“来自俘虏”并“家传世袭”[⑩]。据此他力证西周社会是奴

---

① 郭沫若：《郭沫若全集·历史编》第1卷，人民出版社1982年版，第98页。

② 同上书，第100页。

③ 同上书，第127页。

④ 同上书，第155页。

⑤ 郭沫若：《沫若文集》第3卷，人民文学出版社1959年版，第119页。

⑥ 郭沫若：《郭沫若全集·历史编》第1卷，人民出版社1982年版，第196页。

⑦ 同上书，第217页。

⑧ 郭沫若：《郭沫若全集·历史编》第1卷，人民出版社1982年版，第245页。20世纪40年代，郭沫若抛弃殷代氏族社会末期说，肯定殷代是奴隶制社会，建国后，在《奴隶制时代》一书中，他全面提出和论证殷周奴隶社会说和战国封建社会说体系。

⑨ 郭沫若：《郭沫若全集·历史编》第1卷，人民出版社1982年版，第250—251页。

⑩ 同上书，第253—255页。

隶制度，并反证其不是封建制度。

（三）中国社会历史发展阶段

郭沫若以唯物史观为指针，致力于探索中国古代社会的历史进程和发展规律。他撰写《中国社会之历史的发展阶段》一文，并将其作为《中国古代社会研究》一书的《导论》。他撰写这篇文章时，恩格斯《家庭、私有制和国家的起源》的中译本尚未问世。因此，他先将这部名著剔发出来的“古代社会的秘密——特别是由氏族社会转移到国家组织的变迁”[①] 介绍给读者，然后“根据这个缩写，回头来看我们中国社会发展的程序”[②]。经研究，他得出结论：“中国的历史是在商代才开幕，商代的产业是以牧畜为本位，商代和商代以前都是原始公社社会。”西周因为发明铁器，“从牧畜社会的经济组织一变而为农业的黄金时代”；“一方面在族内使用着奴隶”，一方面去征服“四方八面都还是比较落后的牧畜民族”，“事实上它还是被四围的氏族社会的民族围绕着的比较早进步了的一个奴隶制的社会”。“周室东迁以后，中国的社会才由奴隶制逐渐转入了真正的封建制”，“从那时候起一直到最近百年，中国尽管在改朝换代，但是生产的方法没有发生过变革，所以社会的组织依然是旧态依然，沉滞了差不多将近二千年的光景”[③]。

值得强调的是，郭沫若第一次明确论证，中国历史的发展同世界上其他一切国家或民族的历史发展一样，经过原始公社制、奴隶制、封建制等社会发展阶段。这一论证是他对中国马克思主义史学的一大贡献。他以丰富的历史事实，科学地证明了马克思主义普遍原理的正确性，有力地批驳了新生命派、国民党改组派、现代评论派、新月派、托陈取消派等借口“中国社会特殊”，否认我国历史上存在奴隶制的论调，坚决支持了中国社会史论战中的马克思主义者一方[④]。同时，他的研究也为中国古代史的研究指明了方向[⑤]。

当然，《中国古代社会研究》并非白璧无瑕。正如郭沫若自己反省的，该书在研究方法上“犯了公式主义的毛病”，往往“把唯物史观的公式，往古代的资料上套”[⑥]。换言之，他注意探求历史发展的共性，却相对忽略历史发展的多样性、特殊性。随着研究的深入，他也不断订正自己的观点。在 1953 年所写的《中国古代社会

---

① 郭沫若：《郭沫若全集·历史编》第 1 卷，人民出版社 1982 年版，第 14 页。

② 同上书，第 18 页。

③ 同上书，第 21—28 页。

④ 李一氓：《正确评介郭沫若同志》，《郭沫若研究（学术座谈会专辑）》，文化艺术出版社 1984 年版，第 23—24 页。

⑤ 何干之曾这样评价：“他的西周奴隶说，打破了一二千年来官学对中国古代史的‘湮没’、‘改造’和‘曲解’，确是一桩破天荒的工作。目前中外的新史家，差不多都以他的研究为出发点。”（何干之：《中国社会史问题论战》，生活书店 1928 年版）

⑥ 郭沫若：《沫若文集》第 8 卷，人民文学出版社 1958 年版，第 339 页。

研究》新版引言中他说道："二十多年来我自己的看法已经改变了好几次，差不多常常是今日之我和昨日之我作斗争。"[①] 郭沫若的目的无非是自觉地冶"中、西、马"于一炉，更好地运用唯物史观研究中国社会历史，揭示历史真相，阐明历史规律[②]。

三 唯物史观的文化会通说："努力创造出更高一级的新的文化"

郭沫若致力于文化问题的研究，主张用历史唯物主义的方法处理好古今中西关系问题，倡导文化会通。他主张吸收古代遗产，继往开来，会通东西文化，希望"我们中国人利用我们优秀的头脑，批判地接受既成文化的精华，努力创造出更高一级的新的文化"[③]。

（一）五千年生生不息的"文化进化史"

郭沫若认为，中华文化堪称无比光辉灿烂。因为："我们五千年来的生生不息的一部文化进化史，便是充分的证明。……我们虽然也曾经遭遇过极险恶的外患，但每经受一次外患，只增加了我们民族和文化的繁荣。"[④]

中国文化如浩瀚江河，有许多支脉。如文学：先秦诸子、《诗经》《离骚》《九歌》、唐诗、宋元词曲、明清小说等"文学的宝贵遗产，直到现在乃至再延到永远的将来，总是应该接受的"[⑤]。如史学：司马迁的"一部《史记》不啻是我们中国的一部古代的史诗"。《国语》《战国策》也值得"选读"。如哲学："简练和精粹"的《论语》和"精粹而韵致深醇"的《道德经》"可称双璧"[⑥]。如艺术：我们民族在四千年前便有"极优秀的抒情诗，大规模的音乐，气韵生动的雕刻与绘画"[⑦]。如科技：中国农业之发达，"恐比世界中任何国家的历史为先"[⑧]；与农业有密切关系的天文历法，在周以前已形成独立系统[⑨]；物理学在《墨经》中已示端倪；邹衍的"先验小物推而大之"的归纳法，惠施"遍为万物说"的穷究精神[⑩]，也都具有一定的科学意

---

① 郭沫若：《郭沫若全集·历史编》第 1 卷，人民出版社 1982 年版，第 4 页。

② 应指出的是，郭沫若的中国古代社会研究除了本文强调的唯物史观（"马"即马克思主义）的指导外，也与他自觉地"上承罗王（罗振玉和王国维）事业"（"中"）和直接借鉴西方近代优秀社会科学成果（"西"，对"西"的借鉴路径之一是间接地通过王国维）是分不开的。可以说，他是中国现代学术界熔冶"中、西、马"的大家和代表，限于主题和篇幅，本文对此不予涉及。

③ 郭沫若：《沫若文集》第 11 卷，人民文学出版社 1959 年版，第 73 页。

④ 同上书，第 373 页。

⑤ 郭沫若：《沫若文集》第 12 卷，人民文学出版社 1959 年版，第 250 页。

⑥ 同上书，第 255—256 页。

⑦ 郭沫若：《沫若文集》第 10 卷，人民文学出版社 1959 年版，第 101 页。

⑧ 同上书，第 9 页。

⑨ 同上书，第 10 页。

⑩ 同上书，第 11 页。

义。如政治："关于用人之道，在周秦之际的思想家已经有很周密的一套想法，便是公正无私，不避亲怨，综核名实，信赏必罚。"① 如此等等。郭沫若的论述，热情洋溢，如数家珍，不仅是对祖国文化遗产的讴歌，更体现出弘扬民族优秀文化的意图。他揭示古代中国确已形成独具风采的文化体系，涌现出灿烂辉煌的文化成果。仅此即足以长国人志气，增国人信心，破除民族文化虚无主义的种种谬说，意义十分重大。

但郭沫若并未沉醉在"东方文化优胜"的迷恋中，相反，他对民族文化的缺陷和不足有深刻的观察和清醒的估量：（1）科学与科学思想先天不足，后天发育不健全②。（2）逻辑学片面发展，未能形成纯逻辑思维体系③。（3）汉代以后的经学传统、注疏章句限制人的自由思索④。（4）中国固有文化负担太重，也有其负面效应⑤。这些论述切中中国文化弊端，对国人全面认知、更新改造传统文化，很有教益。

（二）"继往而开来"

当东方文化派与西化派各执一端、聚讼不止时，郭沫若旗帜鲜明地指出："有人主张'中国本位'的，这是半封建的意识。有人主张'全盘接受'的，这是买办意识。"我们应立足于中国固有的优秀文化，同时博采西方文化，"努力创造出更高一级的新的文化"⑥。概言之，就是要用历史唯物主义方法处理好古今中西关系问题。

郭沫若认识到：在中国大地上从事文化建设，必须以自己先人的文化业绩为"出发点"⑦。针对五四以后一些学者"不读中国书"的非理性主张，他诚恳指出："我们是用中国字、中国语言写东西的人，对于中国的书不读是最要不得的。五四以后有些人过于偏激，斥一切线装书为无用，为有毒，这种观点是应该改变的了。"⑧他多次提醒人们不要数典忘祖。他还现身说法，承认自己读了很多中国古书，阅读之后，"只有好处"，并未"中毒"。事实上，郭沫若岂但是一般地"阅读"，他把许多的古代典籍都"剿翻"了。郭沫若还提醒人们，历史发展到今天，人类的生产、生活、思想观念都发生巨大变化，人们求知于祖先的事情越来越少，而求知于全世界的事情却日益增多，因此要放眼未来，不要沉醉既往。我们民族几千年来之所以永不衰老，原因就在于我们不断"与时俱进""创造更新"；当它要达到"老境"时，立刻

① 郭沫若：《郭沫若全集·历史编》第4卷，人民出版社1982年版，第125页。

② 郭沫若：《沫若文集》第10卷，人民文学出版社1961年版，第10—11页。

③ 黄正岩：《珍贵的墨迹——郭老论名学的题字》，《中国哲学（第二辑）》，三联书店1980年版，第316页。

④ 郭沫若：《郭沫若全集·历史编》第3卷，人民出版社1982年版，第293页。

⑤ 郭沫若：《沫若文集》第11卷，人民文学出版社1961年版，第70—71页。

⑥ 同上书，第80页。

⑦ 郭沫若：《沫若文集》第12卷，人民文学出版社1961年版，第250页。

⑧ 郭沫若：《沫若文集》第13卷，人民文学出版社1961年版，第28页。

便有一针“血清注射”，形成再度生长的“妙机”，阻止衰老，重获青春[①]。只有僵挺死硬的文化保守主义者，才会抱残守缺，不思进取，“这种人是文化的叛逆者，是自然法则的叛逆者，同时也就是我们当前的敌人。”他这种尖锐泼辣的言辞是“回敬”那些“国粹迷”“古董癖”[②]。这些论述，和当年鲁迅对“国粹派”的批判完全一致，意在把现代文化大军引导到正确的道路上去。

郭沫若还从思维规律角度阐释古今关系，他说：研究既往的时代和思想意识形态，“须要超越了那个时代和那个意识才行”。因为“不能超越那个时代和意识，那便无从客观地认识那个时代和那个意识，不用说你更不能够批判那个时代和那个意识”[③]。这如同处于儿童期的儿童自身不明白自己的处境和意识一样。他主张：研究古代文化，必须以现代意识即科学的世界观和方法论为指导，以古论古，只能是食古不化。

郭沫若主张，“先欲制今而后借鉴于古”[④]。古代文化的研讨，必须立足当今，服务现实。对古代东西的研究，仅仅是手段，而不是“究极的目的”[⑤]。他以亲身经验告诉人们，做一个革命现实主义的文化战士，应该做到“虽然在古代文献里游泳，但他不是为鱼而游泳，而是作为鱼雷而游泳的。他是为了要批判历史而研究历史，为了要扬弃古代而钻进古代里去刳它的肠肚的。他有目的地钻了进去，没有忘失目的地又钻了出来”[⑥]。这一“入乎其内而又出乎其外”的道理，实在警策之至。

（三）“东西文化可以开出一条通路”

现代文化的基本发展趋势，是各民族文化的交流会通。在这一大潮中，中国文化必将迅速走向世界。郭沫若指出：“文化的成品应该是无国界种界的。举凡先觉者的精神生产都应该是全人类所共有的遗产……凡是世界上有价值的东西，都应当赶快设法接受。”[⑦] 他主张：“东西文化可以开出一条通路”，这是和世界潮流合拍的现代文化意识。

郭沫若以这种意识反观中国文化现状，倡导文化会通。他指出，近代以来中国文化上的厄运造成部分国人文化心态失衡。有人丧失民族自信心，“以为自己很低下，遇见外国人便叩头百拜”[⑧]；有人则盲目自大，“只知道本国本族有‘粹’，而不知道

---

① 郭沫若：《沫若文集》第 11 卷，人民文学出版社 1959 年版，第 373 页。
② 郭沫若：《沫若文集》第 10 卷，人民文学出版社 1959 年版，第 56 页。
③ 郭沫若：《郭沫若全集·文学编》第 20 卷，人民文学出版社 1992 年版，第 330—331 页。
④ 郭沫若：《沫若文集》第 11 卷，人民文学出版社 1959 年版，第 127 页。
⑤ 郭沫若：《郭沫若全集·文学编》第 20 卷，人民文学出版社 1992 年版，第 320—321 页。
⑥ 同上书，第 332 页。
⑦ 郭沫若：《沫若文集》第 12 卷，人民文学出版社 1959 年版，第 259 页。
⑧ 郭沫若：《沫若文集》第 11 卷，人民文学出版社 1959 年版，第 64—73 页。

他国他族也有‘粹’”[①]。民族自卑感和民族自大狂，其实是病态文化心理的两种表征。

为了健全国人文化心态，利于东西文化会通，郭沫若提出几条救治措施：其一，以史为鉴，培养信心。要使国人知晓，“以前的中国文化，并不全部由中国民族自己创造的，有许多部分是由外来”。以中国人的特质而论，自古以来在接受外来文化方面“很有弹性”，很有“吸纳力”“同化力”；此种特质今日不当失之。其二，克服自大，医治“洁癖”。他屡告国人：“洁癖到了排外，在今天是极危险的事”。文化上的“义和团”，特别值得警惕[②]。其三，借石他山，以攻美玉。外国的东西并非一切皆好，要加以分析：“我们要宏加研究、介绍、收集、宣传，借石他山，以资我们的攻错。”[③] 其四，礼尚往来，全面交流。他认为近代文化交流“差不多是片面的”，传播进来的像“洪流”，介绍出去的似“溪涧”。文化交流重在礼尚往来，来而不往就谈不上交流。他“期望中国文化像洪水一样奔流”到国外[④]，中国在政治、经济、思想、学术、文学、艺术等各方面都能够与英、美、苏并驾齐驱。

结　语

在现代中国各个文化派别的激荡冲突中，郭沫若属于唯物史观派。他早期走向文史研究之路，是从翻译引进马克思主义唯物史观开始的。1924 年春夏之交，他翻译日本学者河上肇博士的《社会组织与社会革命》一书，这是一部阐释唯物史观的著作，该书对郭沫若的思想转换与定型起了重要作用。随后在研读马克思主义经典著作过程中，他发现恩格斯的《家庭、私有制和国家的起源》一书“没有一句说到中国社会的范围”，于是决心以这本名著为“向导”撰写“续篇”，以“写满这半部世界文化史上的白页”[⑤]。自《中国古代社会研究》始，“郭沫若的学术研究走的正是用唯物史观‘清算’中国社会，使马克思主义的辩证唯物论‘中国化’的路径”[⑥]。

郭沫若的文史研究具有鲜明的个性：他考订古代文字、研究古史，确认中国殷周时期奴隶制度的存在，使马克思关于社会发展规律的学说，得到东方历史的佐证，从而使中国革命的道路更明确。他对明末农民起义领袖李自成盛衰荣辱的研究，不仅总结农民革命的规律，还给处于胜利前夜的中国共产党人以防骄破满的有益提示。对于郭沫若所取得的学术成就，我们党也给予高度评价。早在 20 世纪 40 年代，周恩来就

---

① 郭沫若：《沫若文集》第 10 卷，人民文学出版社 1959 年版，第 380 页。
② 郭沫若：《沫若文集》第 13 卷，人民文学出版社 1959 年版，第 287 页。
③ 郭沫若：《沫若文集》第 10 卷，人民文学出版社 1959 年版，第 102 页。
④ 郭沫若：《沫若文集》第 12 卷，人民文学出版社 1959 年版，第 185—188 页。
⑤ 郭沫若：《郭沫若全集·历史编》第 1 卷，人民出版社 1982 年版，第 9 页。
⑥ 何刚：《郭沫若〈驳《说儒》撰著缘起初论〉》，《新文学史料》2014 年第 4 期。

将他与鲁迅相提并论："鲁迅是新文化运动的导师，郭沫若便是新文化运动的主将。鲁迅如果是将没有的路开辟出来的先锋，郭沫若便是带着大家一道前进的向导。"①于他身后，邓小平盛赞他"是继鲁迅之后，在中国共产党领导下，在毛泽东思想指引下，我国文化战线上又一面光辉旗帜"②，郭沫若在中国现代学术界的重要地位，由此可见一斑。

（原载《理论与现代化》2017 年第 4 期）

① 龚济民、方仁念：《郭沫若年谱》中册，天津人民出版社 1992 年版，第 483 页。
② 龚济民、方仁念：《郭沫若年谱》下册，天津人民出版社 1992 年版，第 1499 页。

郭沫若唯物史观接受史

李　勇

郭沫若对中国马克思主义史学的开创作用，以往学界研究成果颇丰，对此不再赘述。这里，就他早年接受唯物史观相关的四个问题提出讨论，即郭沫若是在什么时间节点转变为马克思主义者，如何看待1924年5月之前他多次发表的激进言论，哪些学理促成郭沫若转向接受唯物史观，何种语言本子是他拟译《资本论》的底本。以下详述。

一　郭沫若在什么时间节点转变为马克思主义者

郭沫若转变为马克思主义者，为渐进过程，当是不争事实。然历史认知和写作，则需具体时间节点以标志这一转变。据目前所见文献，这个节点应定为1924年5、6月间。

1961年，郭沫若为《杜国庠文集》作《序》，其中说："杜老的专业是经济学，因此，他接触马克思主义比较早。记得是1924年，上海的孤军社曾经讨论过中国的经济路线问题。由于该社社员多是日本留学生的关系，也曾经分别向杜老和我征文。结果，只有他和我主张实行科学的社会主义，而其他的人都和我们相反。"① 这一说法在其《创造十年续编》中有类似表述。据他所述，《醒狮》《孤军》曾组织讨论中国经济政策问题，郭沫若说他心仪苏联新经济政策，"讨论的结果，主张采仿苏联的办法厉行国家资本主义的就只有我和林伯修（当年的杜国庠）两人，其余都是反对派"②。

看来，郭沫若可能于1924年成为马克思主义者。这一推测可在其书信中找到证据。

1924年7月22日，他致信何公敢："弟于社会经济诸科素来本无深到之研究，惟对于马克斯主义有一种信心，近译《社会组织与社会革命》一书完后，此信心益见坚固了。弟深信社会生活之向共产制度之进行，如百川之朝宗于海，这是必然的径

---

① 郭沫若：《序〈杜国庠文集〉》，《杜国庠文集》，人民出版社1962年版，第2页。

② 郭沫若：《创造十年续编》，《郭沫若全集·文学编》第12卷，人民文学出版社1992年版，第275页。

路。"[①] 次日他致信滕固："我近来对于社会主义的信仰，对于马克思列宁的信仰愈见深固了。"[②] 8月9日，他致信成仿吾："我现在成了个彻底的马克斯主义的信徒了！马克斯主义在我们所处的这个时代是唯一的宝筏。"[③] 以上三条材料表明，郭沫若成为马克思主义者最晚不过7月底8月初。

他自言在翻译《社会组织与社会革命》后信仰共产主义更坚固了。事实上他耗时近两月完成此书的汉译，他在《创造十年续编》里说："从清早起来写到深夜，写了有五十天的光景，终竟把那部二十万字以上的大著译完了。"[④] 1924年4月18日，郭氏致信成仿吾："我半月以来只在译读河上肇的《社会组织与社会革命》，总怕还要三个礼拜才能完工。"[⑤] 这说明郭沫若至少在4月初就翻译此书了，实际开始翻译也许还更早。他又说"还要三个礼拜才能完工"，若三个礼拜完工，则结束当在5月；若从4月初开始译，耗时50天，则是于5月底结束。1925年商务印书馆出版了郭沫若翻译的《社会组织与社会革命》，译文最后有郭沫若的《校改后志》，落款为"民国十三年七月一日夜半"。综合看来，以1924年5、6月间作为标志，是可以推论出来的。

且1924年6月后，郭沫若自觉探索马克思主义，并试图找出其与儒家思想间的契合。是年8月20日《洪水》周刊第一期发表他的《盲肠炎与资本主义》，文中道："资本家阶级是在无政府状态之下，他们没有统筹全局的计算，只图自己的私图而自由竞争，结果使供给与需要之间不能协调，于是产业停顿而发生经济危机"，"社会的健康状态，只有在共产主义制度之下才能显现"。[⑥] 这篇自觉、明确地阐述共产主义思想的文章，则是6月份写出来的。

尤其是1925年12月16日《洪水》半月刊，发表其《马克斯进文庙》，他以小品文形式阐释孔子与马克思的思想在本质上的一致性，那就是通过发展生产以改善人民生活，推动社会进步，实现大同理想。[⑦] 同年12月27日，他致信陶其情，以孔子与马克思的思想是否矛盾为题展开辩论，他认为"马克斯学说和孔子的思想是并不相矛盾的"。[⑧] 这足见郭沫若在自觉地寻找马克思主义与中国传统主流思想的相通性，旁证了1924年6月郭沫若已经成为马克思主义者了。

---

① 黄淳浩编：《郭沫若书信集》（上），中国社会科学出版社1992年版，第283页。

② 同上书，第287页。

③ 同上书，第229页。

④ 郭沫若：《创造十年续编》，《郭沫若全集·文学编》第12卷，人民文学出版社1992年版，第204页。

⑤ 黄淳浩编：《郭沫若书信集》（上），中国社会科学出版社1992年版，第226页。

⑥ 郭沫若：《盲肠炎·盲肠炎》，《郭沫若全集·文学编》第18卷，人民文学出版社1992年版，第11页。

⑦ 郭沫若：《豕蹄·马克斯进文庙》，《郭沫若全集·文学编》第10卷，人民文学出版社1985年版，第161—170页。

⑧ 黄淳浩编：《郭沫若书信集》（上），中国社会科学出版社1992年版，第298页。

二 如何看待1924年5月之前郭沫若发表的激进言论

1924年5月之前，郭沫若多次发表激进言论，这里按年代顺序可举多例。

1920年1月23日《时事新报·学灯》上发表《匪徒颂》，其中有“亘古的大盗，实行波尔显威克的列宁呀!”① 1920年4月27日同刊发表《巨炮之教训》，文中有“列宁先生却在一旁酣叫，‘为自由而战哟！为人道而战哟！为正义而战哟!’”②

1921年8月26日《时事新报·学灯》发表《女神》的《序诗》，自道“我是个无产阶级者”，“我愿意成为一个共产主义者”。③

1923年1月1日《孤军》第1卷第4、5期“打倒军阀”专号，发表《黄河与扬子江对话》，其中有：“你们非如俄罗斯无产专政一样，把一切的陈根旧蒂和盘推翻，另外在人类史上吐出一片新光；人们哟，中华大陆的人们哟！你们是永远没有翻身的希望!”④

1923年10月14日《创造周报》第二十三号，郭沫若发表《太戈尔来华的我见》，文中道：“西洋的动乱，病在制度之不良。我们东洋的死灭，也病在私产制度的束缚。病症虽不同，而病因却是一样。唯物史观的见解，我相信是解决世局的唯一的道路。世界不到经济制度改革以后，一切什么梵的现实，我的尊严，爱的福音，只可以作为有产有闲阶级的吗啡、椰子酒；无产阶级的人是只好永流一生的血汗。无原则的非暴力的宣传是现时代的最大的毒物。那只是有产阶级的护符，无产阶级的铁锁。”⑤

这些激进言论，能否表明他早已是马克思主义者呢？

郭沫若在《创造十年》里有过反思：“《女神》的序诗上，我说‘我是个无产阶级者’，又说‘我愿意成个共产主义者’，但那只是文字上的游戏，实际上连无产阶级和共产主义的概念都还没有认识明白。”⑥

其实，何止对于《女神》的《序诗》这样看，对于上举其他几条都可作如是观。

俄国十月革命，实现马克思主义社会理想，给受压迫阶级和民族带来希望，它对世界特别是中国的影响广泛而深刻。特别经“五四”时期激进民主主义者的鼓动，

---

① 郭沫若：《女神·匪徒颂》，《郭沫若全集·文学编》第1卷，人民文学出版社1982年版，第116页。

② 郭沫若：《女神·巨炮之教训》，《郭沫若全集·文学编》第1卷，人民文学出版社1982年版，第112页。

③ 郭沫若：《女神·序诗》，《郭沫若全集·文学编》第1卷，人民文学出版社1982年版，第3页。

④ 郭沫若：《前茅·黄河与扬子江对话》，《郭沫若全集·文学编》第1卷，人民文学出版社1982年版，第314页。

⑤ 郭沫若：《文艺论集·太戈尔来华的我见》，《郭沫若全集·文学编》第15卷，人民文学出版社1990年版，第272页。

⑥ 郭沫若：《创造十年》，《郭沫若全集·文学编》第12卷，人民文学出版社1992年版，第147页。

学界掀起学习俄国的声浪，郭沫若处于那个时代，流露对列宁的崇敬和对祖国前途的憧憬，那是再自然不过之事。加之，1923 年他办刊艰辛，养家艰难，这一心情得以强化："从前的一些泛神论的思想，所谓个性的发展，所谓自由，所谓表现，无形无影之间已经遭了清算。从前在意识边沿上的马克思、列宁不知道几时把斯宾诺莎、歌德挤掉了，占据了意识中心。在 1924 年初列宁死的时候，我着实地感着悲哀，就好像失掉了太阳的一样。但是马克思列宁主义我是并没有明确的认识的，要想把握那种思想的内容是我当时所感受着的一种憧憬。"①

还可举出 1928 年 1 月 7 日的三篇文章，以见与 1924 年 6 月之前截然不同。郭沫若作《我想起了陈胜吴广》，其中有"农民""产业工人""帝王""帝国主义""压迫"这些提法，还说："在工人领导之下的农民暴动哟，朋友，这才是我们的救星，改造全世界的力量!"② 而《诗的宣言》则有："我爱的是那些工人和农民"，"我仇视那些富有的阶级"，"我的阶级是属于无产"，"我希望我总有一天，我要如暴风一样怒吼"。③《黄河与扬子江对话（二）》则述挽救中国人，要依靠自己"三万二千万以上的贫苦农夫"、"五百万众的新兴的产业工人"，"和全世界弱小的民族和亲"，"和全世界的无产阶级联盟"。④ 这里郭沫若已不再简单地说"正义""革命""无产专政""共产主义"，而是申明当时共产主义者的具体主张了。

三　哪些学理促成郭沫若接受马克思主义唯物史观

郭沫若转变为马克思主义者，既有社会形势之推进，又有当时学理之促成，以下就后者加以探讨。

泛神论奠定了思想基础。1920 年 1 月 5 日《时事新报·学灯》上发表《三个 Pantheism》，⑤ 其原注文字："Pantheism 即泛神论"，"在十六、十七世纪，泛神论曾起过积极的作用，成为无神论和唯物论的先导"，还说斯宾诺莎"他的唯物论学说，对十八世纪法国的唯物论和德国的启蒙运动有着颇大的影响"。⑥ 1921 年 1 月 24 日致张资平信中提到他曾计划写《我国思想史上之澎湃城》，把春秋战国时期的思想与欧

---

① 郭沫若：《创造十年》，《郭沫若全集·文学编》第 12 卷，人民文学出版社 1992 年版，第 184 页。

② 郭沫若：《恢复·我想起了陈胜吴广》，《郭沫若全集·文学编》第 1 卷，人民文学出版社 1982 年版，第 380 页。

③ 郭沫若：《恢复·诗的宣言》，《郭沫若全集·文学编》第 1 卷，人民文学出版社 1982 年版，第 374—375 页。

④ 郭沫若：《恢复·黄河与扬子江对话（二）》，《郭沫若全集·文学编》第 1 卷，人民文学出版社 1982 年版，第 384 页。

⑤ 收入《女神》改为《三个泛神论者》。诗中 Pantheism，应为 pantheists。

⑥ 郭沫若：《女神·三个泛神论者》，《郭沫若全集·文学编》第 1 卷，人民文学出版社 1982 年版，第 74 页。

洲文艺复兴相比，落脚点为“唯物思想之勃兴”。[①] 可见，20 世纪 20 年代初，郭沫若还处在泛神论即朴素唯物论阶段，这是他接受马克思主义唯物史观的基础。

生理学起到积极作用。郭沫若在九州大学学医期间，生理学为必修课程，当时讲授这一课程的是生物学家石原诚，在《创造十年续编》里，郭沫若流露对石原诚的推崇：“福冈的九州大学的生物学教授石原博士又是我所敬爱的一位学者，我听过他的生理学总论、遗传学、内分泌学等的讲义，相当地引起了我对于那些学问的向往。”[②] 他又说：“我自己早就有志研究生理学，很想以石原博士为师，把自己的一生作为对于自然科学的奉仕。但自己对于社会科学的要求也早就觉醒了，就当时耳濡目染地所得来的一些关于历史唯物论的学理，觉得有好些地方和生物学有甚深的姻缘。例如社会形态的蜕变说似乎便是从生物学现象蜕化出来的。因此便又想一方面研究生理学，而同时学习着社会科学。”[③] 据他以上自述，生理学原理启发他接受历史唯物论。

河上肇思想的影响。根据《创造十年》所言，郭沫若的冈山六高同学李闪亭为河上肇的弟子，进入京都大学后被同学称为“中国马克思”。郭沫若从上海回日本，住在李闪亭那里，李氏给他讲“唯物史观的公式”，说“资本主义的必然的崩溃”“无产阶级专政”，还劝他读河上肇个人办的杂志《社会问题研究》。[④] 河上肇是日本马克思主义者，对社会组织与社会革命作过系统研究。郭沫若零星买过和读过《社会问题研究》，不过对社会问题没有系统的本质认识。河上肇把他在《社会问题研究》上发表的文章结集为《社会组织与社会革命》，郭沫若得到后，因对于社会科学的憧憬，“更加上一家的生活迫切地有待解决之必要，于是乎便开始了对它的翻译”。[⑤] 1924 年 8 月 9 日，他写给成仿吾的信谈到他译《社会组织与社会革命》对自己的影响：“我译完此书所得的教益殊觉不鲜呢！我从前只是茫然地对于个人资本主义怀着的憎恨，对于社会革命怀着的信心，如今更是得着理性的背光，而不是一味感情的作用了。这书的译出在我一生中形成一个转换的时期，把我从半眠状态里唤醒了的是它，把我从歧路的彷徨里引出了的是它，把我从死的暗影里救出了的是它。”[⑥] 在《创造十年续编》里，他也反思：“因为译了这本书，不仅使我认识了资本主义之内在的矛盾和它必然的历史蝉变，而且使我知道了我们的先知和其后继者们是具有怎样惊人的渊博的学识。世间上所污蔑为过激的暴徒其实才是极其仁慈的救世主。”[⑦] 他还说：“我译了河上博士的书，不仅使我增长了关于社会经济的认识，坚定了我对

---

① 黄淳浩编：《郭沫若书信集》（上），中国社会科学出版社 1992 年版，第 190—191 页。

② 郭沫若：《创造十年续编》，《郭沫若全集·文学编》第 12 卷，人民文学出版社 1992 年版，第 203 页。

③ 同上书，第 203—204 页。

④ 郭沫若：《创造十年》，《郭沫若全集·文学编》第 12 卷，人民文学出版社 1992 年版，第 108 页。

⑤ 郭沫若：《创造十年续编》，《郭沫若全集·文学编》第 12 卷，人民文学出版社 1992 年版，第 204 页。

⑥ 黄淳浩编：《郭沫若书信集》（上），中国社会科学出版社 1992 年版，第 230 页。

⑦ 郭沫若：《创造十年续编》，《郭沫若全集·文学编》第 12 卷，人民文学出版社 1992 年版，第 205 页。

于正确理论的信心，而同时产生的一个副作用，便是使我对于文艺怀抱了另外一个见解”，“这些觉悟便是使我生出了‘一个维系着生命的梦想’，‘把研究生理学的志愿抛弃了’的”。①

需要指出的是，郭沫若并不完全同意河上肇的观点。例如，1924 年 8 月 9 日致成仿吾的信提到：河上肇不赞成早期的政治革命之企图，主张资本主义私有制要充分发展之后才能施行社会主义革命，郭沫若表示怀疑，认为这不是马克思的本意。②

四 何种语言本子是郭沫若拟译《资本论》的底本

早在 20 世纪 20 年代初，郭沫若对学界人云亦云、不求追根刨底地谈论社会主义就表示不满，他 1921 年 6 月 14 日致信郑振铎：“谈社会主义的，今天一篇马克司，明天一篇河上肇，我恐怕连能如河上肇一样，取敬虔的态度，直接向《资本论》中去求马克司的精神者，国内怕莫有几个。”③ 又因他不完全赞成河上肇的观点，故而要到马克思原著中一探究竟，于是想到翻译《资本论》，尽管其翻译计划在商务印书馆未获通过。问题是他计划的翻译依据何种语言的底本呢？

郭沫若不懂法语、俄语。1920 年 7 月 26 日，郭沫若给时为上海新潮社成员的陈建雷写信，信中说“法文我不懂”。④ 1945 年 6 月 9 日到 8 月 16 日访问苏联，其日记名为《苏联纪行》，《前记》中说：在苏联期间“言语不通，要全靠朋友翻译”。⑤ 日记中还载，去苏联途中经德黑兰“有伊朗文报纸，自然看不懂。也有俄文报纸，也还是看不懂”。⑥

郭沫若懂日文、德文和英文。1922 年 1 月 11 日，他在给父母的信中说：“日本医学是承受于德人，所以在日本学医的人非学德文不可。中国人来日本学医又非先学日文不可”，“高等学校预科一年（目的在补习日本文）本科三年（目的在研习德文）”。⑦ 又据《创造十年》说法，在日本准备学医的要学德语、英语、拉丁语。⑧ 不过，他的文章未见说学过拉丁语，只见他说德语教学使用德语文学作品，他有机会接触歌德和海涅。他由于喜欢歌德，便和泛神论接近了，并把少年就喜欢的《庄子》

① 郭沫若：《创造十年续编》，《郭沫若全集·文学编》第 12 卷，人民文学出版社 1992 年版，第 206—207 页。

② 黄淳浩编：《郭沫若书信集》（上），中国社会科学出版社 1992 年版，第 230 页。

③ 同上书，第 194 页。

④ 同上书，第 173 页。

⑤ 郭沫若：《苏联纪行》，《郭沫若全集·文学编》第 14 卷，人民文学出版社 1992 年版，第 266 页。

⑥ 同上书，第 295 页。

⑦ 黄淳浩编：《郭沫若书信集》（上），中国社会科学出版社 1992 年版，第 60 页。

⑧ 郭沫若：《创造十年》，《郭沫若全集·文学编》第 12 卷，人民文学出版社 1992 年版，第 51 页。

再发现了。[①] 他还说："我自己自然也是学过英文的人，但我的英文仅仅能够看书"，"参考着日本文或者德文译本也勉强能够翻译翻译"。[②]

按照《创造十年续编》的说法，他打算用五年时间把《资本论》译成四百万字汉文。将《资本论》译成日文，日本学者福田德三、河上肇都做过。而且两人的译本郭沫若都读过。郭沫若译河上肇的《社会组织与社会革命》用时两月，想来他把日文《资本论》译成汉文完全不需要五年，因此可以推论的是，他拟译《资本论》当不以日文本为底本。

按照《创造十年续编》的说法，当时任商务印书馆庶务主任的何公敢，从东方图书馆把必须参考的英译本《资本论》替他借了出来。既然只能勉强翻译英文，且把英文本作为参考本，这说明他所依据的底本一定不是英文本。

若排除日文本、英文本成为底本的可能性，则就只剩下德文本了。事实上，他从1919年夏天开始译歌德的《浮士德》，后来还翻译歌德的另一作品《少年维特之烦恼》，依据的都是德文本。甚至他译俄国屠格涅夫的作品，都从德文转译而来。这些说明，翻译德文为汉文，对他来说驾轻就熟。可以旁证的是，1933年11月到1934年1月的《现代月刊》，发表郭沫若的《离沪之前》，载录他1928年1月15号到2月23号的日记，其中提到《资本论》第一卷脚注25的一段话，德文是："Man erinnert sich，dass China und die Tische zu tanzen anfingen，als alle uebrige Welt still zu stehen schien——um die andern zu ermuntern"。郭沫若说，其中的"China"，福田德三译为"支那"，河上肇都译成"陶器"，他和成仿吾认为应该译为"支那"。[③] 这段德文怎么译是另外一回事，暂时不考虑，可以得出的结论是：至少在1928年初郭沫若手头是有德文版《资本论》且认真读过的。

鉴于以上，因郭沫若日记中还有其他相关文献尚未面世，故一时难以有直接证据证明郭沫若拟译《资本论》使用何种语言的底本，但通过上述建立的证据链，可以推论出他打算依据的底本为德文本。

总之，1924年5、6月间，郭沫若转变为马克思主义者。之前多次发表激进言论，并不表明他已经是马克思主义者。泛神论、生理学原理、河上肇的思想促成郭沫若接受马克思主义唯物史观。郭沫若不满当时国内学者不求甚解的做法，不赞成河上肇反对早期社会革命的主张，就有汉译《资本论》的计划，证据链表明他拟依据的底本为德文本。

（原载《史学理论研究》2017年第3期）

---

① 郭沫若：《创造十年》，《郭沫若全集·文学编》第12卷，人民文学出版社1992年版，第66—67页。

② 同上书，第127页。

③ 郭沫若：《离沪之前》，《郭沫若全集·文学编》第13卷，人民文学出版社1992年版，第276—277页。

唯物史观指导下的甲骨学研究

——以郭沫若早年甲骨文研究为例

黄益飞　刘春强

新文化运动兴起前后，史学界也发生一件大事，即甲骨文的发现及研究的不断深入。随着新文化运动的不断发展，尤其是新文化运动后期马克思主义在中国的广泛传播，对中国社会产生了深远的影响。马克思主义尤其是唯物史观对包括甲骨文在内的史学研究也产生了重大影响，郭沫若的《中国古代社会研究》即其代表作。除了《中国古代社会研究》，郭沫若早年其他甲骨文研究著作也与唯物史观有着千丝万缕的联系。本文即对郭沫若早年甲骨文研究与唯物史观的相关问题进行讨论。

一　郭沫若对罗振玉、王国维的继承和批评

郭沫若早年的甲骨文研究，是在批判地继承罗振玉、王国维等学者甲骨文研究的基础之上开展起来的。郭沫若从事古代历史和甲骨文研究受到罗振玉和王国维的影响，已为学界共识。在《中国古代社会研究》一书中，郭沫若曾言道："欲论中国的古学，欲清算中国的古代社会，我们是不能不以罗、王二家之业绩为其出发点了。"①"罗、王"即罗振玉、王国维。所谓"出发点"就是，郭沫若从事的古代社会研究即是在罗、王的基础上并有所突破。

1. 罗振玉、王国维甲骨文研究的贡献

这里有必要简略回顾一下罗、王甲骨文研究的贡献。1899 年甲骨文始为学者所识并开始收藏，1903 年第一部甲骨文资料汇编《铁云藏龟》印行，1904 年第一部甲骨文研究专著《契文举例》出版。罗振玉 1901 年开始接触王懿荣所藏甲骨，鼓励刘鹗将所藏《铁云藏龟》印行，并亲为之序②。自此之后，罗振玉在甲骨文资料整理和研究上付出了巨大的心血，也做出了不少贡献，其贡献大约可以归纳为几个方面：其一，确定甲骨文出自安阳小屯，确认甲骨文系商代晚期遗物。罗振玉从古董商处得知

① 郭沫若：《中国古代社会研究》，人民出版社 1982 年版，第 8 页。

② 罗振玉：《殷商贞卜文字考·序》，清宣统二年（1910）玉简斋石印本。

甲骨文的出土地点为安阳小屯而非河南汤阴，并派人实地进行考察，最终确定甲骨文真正的发现地点为安阳小屯，“又于刻辞中得殷帝王名谥十余，乃恍然悟此卜辞者，实为殷室、王朝之遗物。”[①] 其二，罗振玉通过研究，先考证出甲骨文所见大量商王名号，如示壬、示癸、大乙、大丁、大甲、大庚、小甲、大戊、中丁、祖乙、祖辛、祖丁、南庚、小辛、小乙、武丁、祖庚、祖甲、武乙、文丁诸王[②]，其后又识出外丙、外壬、盘庚、庚丁、报乙、报丙、报丁[③]，至此《史记·殷本纪》所载商王名号基本全部在甲骨文中得到落实，为甲骨文的分期断代、殷商史的研究打下了坚实的根基。其三，罗振玉搜集甲骨拓片，广为传布，对甲骨文研究起到了很大的推动作用；罗振玉对甲骨文字的考释研究，也做出了重要贡献，《殷商贞卜文字考》《殷虚书契考释》《增订殷虚书契考释》等著作为甲骨文研究的深入奠定了坚实基础。

王国维则以殷卜辞为史料来正经补史，首先在《殷卜辞中所见先公先王考》《殷卜辞中所见先公先王续考》[④]，考证出了殷先公“上甲”，并以罗振玉所考证殷先公、先王名号为据，通过相关卜辞的缀合，将卜辞所载商王世系与《史记·殷本纪》对照，进而指出除个别次序有误之外，《殷本纪》所记商王世系大致可信。除了考订商王世系之外，王国维还以卜辞为史料，探讨商代制度，如《殷礼征文》。

唐兰先生评价罗、王的贡献说：“卜辞研究，自雪堂导夫先路，观堂继以考史，彦堂区其时代，鼎堂发其辞例，固已极一时之盛。”[⑤] 对罗、王的评价切中肯綮。

2. 郭沫若对王国维的批评

郭沫若的甲骨文研究是在罗、王的基础上开展的。郭沫若认为罗、王之学“在几千年来的旧学的城垒上，灿然放出了一段异样的光辉。”“异样的光辉”是指上述学术贡献能够打破“御用学者”对“封建制度以前的古代”之“湮没、改造、曲解”[⑥]。但在郭沫若看来，王国维学问的基础仍是“旧学”，仍受封建思想限制。郭沫若说：

> 王国维研究学问的方法是近代式的，思想感情是封建式的。两个时代在他身上激起了一个剧烈的阶级斗争，结果是封建社会把他的身体夺去了。[⑦]

在郭沫若眼中，王国维生命的陨落主要是时代错位所致，其封建思想已经不能适应新时代的社会潮流。

---

① 罗振玉：《殷商贞卜文字考·序》，清宣统二年（1910）玉简斋石印本。

② 罗振玉：《殷商贞卜文字考》，清宣统二年（1910）玉简斋石印本。

③ 罗振玉：《殷虚书契考释》，1914 年石印本；1927 年东方学会石印增订本。

④ 王国维：《观堂集林》，河北教育出版社 2003 年版，第 209—230 页。

⑤ 唐兰：《天壤阁甲骨文存自序》，北京辅仁大学影印本 1939 年版。

⑥ 郭沫若：《中国古代社会研究》，人民出版社 1982 年版，第 6 页。

⑦ 同上书，第 6—8 页。

郭沫若的这一认识得到了广泛的认同，陈梦家即云：

> 此文（《殷周制度论》）之作，乃借他所理解的殷制来证明周公改制的优于殷制，在表面上似乎说周制是较殷制为进步，事实上是由鼓吹周公的“封建”制度而主张维持清代的专制制度。此文在实际上是王氏的政治信仰，它不但是本末颠倒地来看周代社会，而且具有反动的政治思想。①

撇开郭、陈对王国维的意识形态批评，郭沫若、陈梦家评论的共同点即指出王国维治学的致用本质。同为清华国学院四大导师之一的陈寅恪与王国维颇有私交，陈氏认为王国维殉清是其学术思想使然。因为王国维是“为文化所化之人”，其学术代表了其时代的“文化精神”。他说：

> 凡一种文化值衰落之时，为此文化所化之人，必感苦痛，其表现此文化之程量愈宏，则其所受之苦痛亦愈甚；迨既达极深之度，殆非出于自杀无以求一己之心安而义尽也。……盖今日之赤县神州值数千年未有之巨劫奇变；劫尽变穷，则此文化精神所凝聚之人，安得不与之共命而同尽，此观堂先生所以不得不死，遂为天下后世所极哀而深惜者也。②

无论是维持封建制度的批判，还是“为文化所化”的赞赏，都说明了王国维的学术研究具有较为强烈的经世致用目的，这是中国传统学问的特点。这一特点彰显了学问的时代性，同时也制约了其研究的客观性和研究视野。为了拥护周公之制和封建制度，王国维即认为宗法制是周公创始的，这些认识也尚有可讨论的余地。“王氏所论商继统法……若细加考察，则无论就《殷本纪》本身或就卜辞所见来说，他的基本论定是有着严重缺陷的。”③借助近代史料四大发现之一的甲骨文，罗、王之学取得了巨大的学术成绩，但甲骨文史料的学术价值仍然有待发掘。

3. 甲骨文研究的新路径

在1921—1922年间，罗、王的甲骨文研究在国内学术界声誉日隆，并已经发展到令人无法忽略其业绩的地步。④ 然而，因其思想的保守性，罗、王的社会知名度远不如其在学术界的地位崇高。在《密勒评论》报举办的名人票选活动中，罗振玉只得四票，而王国维一票也没有。⑤ 1928年以后才开始从事甲骨文研究的郭沫若，其

① 陈梦家：《殷虚卜辞综述》，科学出版社1956年版，第630页。

② 陈寅恪：《王观堂先生挽词》，《陈寅恪集·诗集》，生活·读书·新知三联书店2001年版，第12页。

③ 陈梦家：《殷虚卜辞综述》，科学出版社1956年版，第370页。

④ 陈以爱：《胡适对王国维“古史新证”的回应》，《历史研究》2008年第6期。

⑤ 胡适：《谁是中国今日的十二个大人物?》，《努力周报》第29期，1922年11月19日，第4页。

《中国古代社会研究》所博得的社会声望远非罗、王可比拟。罗、王与郭沫若社会声望差距如此之大，实是时势使然。

郭沫若的甲骨文研究主要是在唯物史观的指导下进行，并将这项研究视为恩格斯《家庭、私有制和国家的起源》的续篇。[①] 与罗、王通过甲骨文研究巩固“旧学的城垒”不同，郭沫若研究甲骨的目标是要清理中国古代社会。郭沫若言道：

> 我们现在也一样地来研究甲骨，一样地来研究卜辞，但我们的目标却稍稍有点区别。我们是要从古物中去观察古代的真实的情形，以破除后人的虚伪的粉饰——阶级的粉饰。得见甲骨文字以后，古代社会之真情实况灿然如在目前。[②]

罗、王的甲骨文研究不符合新文化运动批判传统的潮流，故而没有在社会上产生很大的影响。而此时郭沫若在思想上选择马克思主义，并用唯物史观来指导甲骨文和古史研究，顺应了马克思主义在中国传播的潮流，并推动了唯物史观的传播。郭沫若甲骨文研究可以说是时代潮流的产物。

二　唯物史观指导下的《甲骨文字研究》

郭沫若早年甲骨文研究的著作有《中国古代社会研究·卜辞中的古代社会》《甲骨文字研究》《卜辞通纂》《殷契粹编》。毋庸置疑，《卜辞中的古代社会》是以唯物史观来研究商代社会的经典著作[③]，《甲骨文字研究》为其姊妹篇，二者侧重点虽有不同，然唯物史观的思想贯穿于两者之中。

1.《甲骨文字研究》的版本问题

《甲骨文字研究》先后有两个重要的版本，第一个版本是1931年由上海大东书局出版；第二个则是1952年由人民出版社刊行的，这个版本的《甲骨文字研究》曾经郭沫若增删并补写《重印弁言》。后者曾于1961年作为《考古学专刊》甲种第十号，由科学出版社重印，后又收入《郭沫若全集·考古编》。这两个版本的内容差异较大，但是唯物史观的指导思想则是一贯的。郭沫若在1931年版《甲骨文字研究》序中言道：

> 余之研究卜辞，志在探讨中国古代社会之起源，本非拘拘于文字史地之学，

① 郭沫若：《中国古代社会研究》，人民出版社1982年版，第9页。

② 同上书，第195页。

③ 郭沫若：《中国古代社会研究》，人民出版社1982年版。《中国古代社会研究》自1930年出版以来，先后有许多不同的版本问世，诸多版本中本文所要讨论的《卜辞中的古代社会》内容没有发生变化，故而本文参考《郭沫若全集·历史编》这一版本。

然识字乃一切探讨之第一步，故于此亦不能不有所注意。且文字乃社会文化之义要征，于社会之生产状况与组织关系略有所得，欲进而求其文化之大凡，尤舍此而莫由。前者余既有《卜辞中之古代社会》以专论之，其关于文字考释之事者则汇集而为兹编，而所录固互为表里者也。①

郭沫若于1952年版的《甲骨文研究重印弁言》中写道：

这些考释，在写作时，是想通过一些已识、未识的甲骨文字的阐述，来了解殷代的生产方式、生产关系和意识形态。

可见唯物史观对《甲骨文字研究》的影响是深入骨髓的。

然而作为《卜辞中的古代社会》姊妹篇的则应是1931年由上海大东书局出版的《甲骨文字研究》。因为这个版本的《甲骨文字研究》无论从体例和内容上，都堪称《卜辞中的古代社会研究》的姊妹篇。

1931年版的《甲骨文字研究》共收单篇论文十八篇，详目如下：

释祖妣、释臣宰、释寇、释攻、释作、释封、释挈、释版、土方考、释耤、释朋、释五十、释龢言、释南、释繇、释蚀、释岁、释支干。

这十八篇论文在郭沫若于1952年重作修订时，只有九篇被保留了下来，另外九篇旧作，即释寇、释攻、释作、释封、释挈、释版、释南、释繇、释蚀，连同其旧版作于1929年8月1日之《序》，分别作于1930年8月10日与同年9月1日的两篇《一年以后之自跋》，以及作于1930年10月7日的《后记》，则统被郭老舍去。删除这十四篇旧作的理由，郭沫若虽在《重印弁言》中未加说明，但对旧作不满应是显而易见的原因②。

1931年版的《甲骨文字研究》有其自身的学术价值，正如冯时先生所言：

诚然，初版《甲骨文字研究》无疑客观地反映了郭沫若早年甲骨文研究的整体水平，事实上，仅从甲骨学史的角度而言，这也是一部了解郭沫若早期学术生涯的重要文献，因而具有其无可替代的学术价值。③

除对甲骨学研究史本身有重要价值之外，1931年版的《甲骨文字研究》更能系统地体现郭沫若以唯物史观为指导，研究殷代社会的治学思想，也是早期唯物史观一

① 郭沫若：《甲骨文字研究·序》，上海大东书局1931年版，第1页。

② 冯时：《郭沫若早期甲骨学研究的弃中之得》，《郭沫若学刊》2015年第3期。

③ 同上。

部重要著作。下文所讨论的即是1931年版的《甲骨文字研究》。

2. 唯物史观指导下的《甲骨文字研究》

郭沫若在《卜辞中的古代社会》附白一中云：

> 本文原拟分为三章，第三章论当时之精神文化。此命题内事当有文字、艺术、宗教、历数等。
>
> 艺术十分幼稚，……其见于卜辞中者有舞、有伐；乐器则有鼓、有磬、有龠、有小笙之和、有大箫之言（详见《甲骨文字研究·释龢言篇》）。
>
> 大抵宗教实起源于生殖崇拜，其事于骨文中大有启示。如祖先崇拜之祖妣字，实即牡牝器之象征（骨文“祖”字作“且”，妣字作“匕”）。一切神祇均称“示”，“示”字作“丅”，实即生殖器之倒悬。又如上帝之帝本象花蒂之形，其意亦重在生殖。凡此等详细论证可于《甲骨文字研究》中《释祖妣篇》以求之。
>
> 历数则于《甲骨文字研究·释五十》、《释干支》二篇言之甚详。

从中亦可见，郭沫若作《甲骨文字研究》其意即在有重点地对殷卜辞所见商代的经济基础、上层建筑即精神文化进行研究。除郭沫若在附白一中所言及的数篇，《甲骨文字研究》其他各篇按诸内容，可归类如下。

《释耤》属经济基础的讨论，是文云：

> 余谓此“”乃耤之初字，象人持耒耜而操作之形。……“令耤臣”、“令小耤臣”者，犹令鼎之“耤农”也。……耤，许书云“帝耤千亩也。”

其所论当属经济基础。

《释朋》所论涉及殷代商业，郭沫若以为贝、玉在充当货币以前，曾长期用作女性饰物。郭沫若又以为：

> 惟贝朋在为颈饰时，其来多得自实物交换，则虽有货币之形，尚无货币之实。其实际用为货币，即用为物与物之介媒者，余以为亦当在殷周之际。

该篇当归入社会经济状况之讨论。

《释臣宰》篇涉及阶级制度，郭沫若云：

> 臣民均古之奴隶也，……奴隶的产生由族与族之间的战争引发。甲族吞灭乙族，或虏获其成员而奴使之，于是同族之间始有阶级之分化，有阶级之分化则有

> 统制之必要，而政令于是生焉。血族集团至此始成为所谓“国家”。其国家中被支配者，即所谓臣民也。

所以该篇当归入上层建筑之讨论。

《释寇》《释工》《释作》《释封》《释挈》《释版》等篇均关乎战争。《释寇》郭沫若以为寇字有毁人宗庙、迁人彝器之义，其文云：

> 殷卜辞中多有“寇周”之事，可见帝乙以前殷周亦饶有交涉。……且言寇之例独于周，于他国均言征伐，可见周实大国，惟周方有可迁徙之重器也。此虽一二字，关系于史蹟者实大，故备论之。

在《释工》中，通过对卜辞的大量分析，郭沫若认为卜辞中工多假借为攻伐之攻，相关卜辞均与攻伐相关。《释作篇》中，郭沫若以卜辞之“作繇”即“作猷”，乃《盘庚》“听予一人之作猷，无有远迩，用罪伐厥死，用德彰厥善。”亦以“作”字卜辞有与战争相关者。《释封篇》中，郭沫若以为封乃古人之经界，又以“封建之事在古本树畿封建社壝之意，如今人所谓殖民，与爵图分封建立屏蕃之事有别”。是封字似亦与殖民、掠夺有关。《释挈篇》中，郭沫若认为挈字相关之卜辞多关乎师旅之事。《释版篇》中，郭沫若以卜辞“袭敦土版”，敦乃敦伐之义，土即土方（在今包头附近），亦与战争相涉。

关于精神文化的研究，除郭沫若在附白中所提到《释龢言篇》《释祖妣篇》《释五十篇》《释干支》之外，尚有《释南》《释蚀》《释岁》。《释南》中，郭沫若以南为钟镈类乐器，故可与《释龢言》归入一类。《释蚀》属天象与天文、历数相关，《释岁》涉及岁星之讨论，故而可与《释五十》《释干支》同属历数之讨论。

由上可知，初版的《甲骨文字研究》十八篇考释文章，实系对《中国古代社会研究・卜辞中的古代社会》有所侧重的补充，《卜辞中的古代社会》第一章分五节对商代的生产状况进行了较为详尽的讨论，故而《甲骨文字研究》中仅有《释耤》《释朋》以作补充。第二章仅有两节，只有第二节对殷代的阶级制度进行简要讨论，故而《释臣宰》《释寇》《释工》《释作》《释封》《释挈》《释版》诸篇所论奴隶、战争，则是对殷代阶级制度的相关问题进行补足。没有专门讨论的精神文化一部分，郭沫若着墨最多，其中《释祖妣》《释干支》内容最为丰富，二者结合文献对商代的祖先崇拜、干支起源进行了具体而微的分析，《释干支》篇洋洋乎近十万言，几可单独成书。从这个意义上讲，“《甲骨文字研究》与此（《卜辞中的古代社会》）自是辅车唇齿。”① 此语属实。

---

① 郭沫若：《中国古代社会研究》，人民出版社 1982 年版，第 248 页。

1952年再版删节后的《甲骨文字研究》，只保留了《释祖妣》《释臣宰》《土方考》《释耤》《释朋》《释五十》《释龢言》《释岁》《释支干》等篇，太半篇目被删去。原有完整的唯物史观体系被打破。值得一提的是，初版《土方考》一文附在《释版篇》之后，因《释版》一文中涉及到土方地望等问题，故郭沫若在《释版》文末附论了土方的问题。1952年版的《甲骨文字研究》（《郭沫若全集·考古编》因之）将《土方考》置于《释臣宰》之后，颇显支离。这都是割裂原来篇目所造成的。

三　唯物史观对甲骨文字研究的指导

郭沫若在文中以唯物史观的视角，对商代社会生产力及上层建筑进行了分析。他在1931年版《甲骨文字研究·序》中言道：

> 据余所见，殷代社会大抵已由原始状态跨入于文明之畛域。以其用具言，则金器虽兴，石器未废，耕、犁、戎器之类即于文字中亦犹可考见其石制之痕迹。……以产业言，则牧畜最盛，耕稼初萌，观其征战之由多因刍牧，用牲之数每至三百，即可得其梗概。与此相应之社会组织则母权制度犹有孑遗，先妣特祭、兄终弟及、多父多母，罕言子孙，均其明征也。阶级制度虽已萌芽。然如奴隶私有、财产私有之事，尚无可考见。故其一国之政长浑如一宗一族之家长，其所有事不外享祀、卜年、田游呼遣之类而已。

这些判断直接影响了郭沫若对具体卜辞的认识。

（一）经济形态认识与相关文字考释

1. 渔猎时代的影子

郭沫若认为商代的生产状况已经超越了渔猎经济，进入了畜牧业高度发达的时代①。而商代的文字尚在创造途中，未脱离原始畛域②。可以推断，虽然商代已经超越了渔猎经济，但是渔猎时代的种种记忆，却对尚在创造途中的甲骨文字产生了很大影响。因此，郭沫若在考释文字之时对“鱼”情有独钟。

（1）对“甲”“乙”“丙”“丁”的考释

郭沫若释甲、乙、丙、丁云：

---

① 郭沫若：《中国古代社会研究》，人民出版社1982年版，第197—209页。

② 同上书，第247页。

> 案此四字为一系统，乃最古之象形文字。……乙象鱼肠，丙象鱼尾，……丁则当系（鱼）睛之古文。……要之，乙、丙、丁均为鱼身之物，此必为其最初义。……甲亦鱼身之物也。鱼鳞谓之甲。
>
> 故甲、乙、丙、丁均为鱼身之物，其字象形，其义至古。[①]

郭沫若对甲骨文甲、乙、丙、丁的解释源自《尔雅》，而《说文解字》则有不同的训释。《说文解字》将甲乙丙丁与春夏秋冬四季植物的生长相联系，如，《说文解字·甲部》："甲，东方之孟，阳气萌动，从木戴孚甲之象。"《乙部》："象春艸木冤曲而出，阴气尚强，其出乙乙也。"郭沫若之所以从《尔雅》而舍《说文解字》，与他对商代所处社会阶段的认识直接相关。甲、乙、丙、丁最古象形文字，虽然出现在商代甲骨文中，但是它们产生的基因当远在渔猎时代。郭沫若即云：甲、乙、丙、丁当属于渔猎时代之文字。[②]

（2）对"脊"的考释

甲骨文中有一字作""，郭沫若以为该字象鱼脊骨之形，当为脊之初文[③]。有脊之物多不可胜数，然郭老必以其为鱼脊骨之象形者，盖因其文字之产生与渔猎时代的记忆有密切关系。

2. 金石并用时代的文字

郭沫若认为商代为金石并用时代，故而文字之产生于金石并用时代者，必有深刻的时代烙印，如戊、己、庚、辛、壬、癸诸字。《释干支》云：

> 戊为戚、己为雔缴、庚为钲、辛为剞劂为削、壬为镵、癸为戣。几于全部属戎器，而辛、壬亦刃器之类也。……钲、戚、戣、削则非金石并用之时代不能有。盖戚、削之为金为石虽不敢断言，而钲则决当为金器。

这也是在唯物史观指导下取得的认识。更进一步，唯物史观认为生产工具是生产力发展的决定性因素之一，因此将最古老的干支文字与工具建立起联系恐怕也有唯物史观的影子。

3. 殷代生产力的判断与文字考释

郭沫若认为，农业产生于畜牧业之后，其产生是由畜牧刍料的需要，其产生年代约略在商代中叶以后[④]。由于农业尚未十分发达，故而当时的生产工具必为石器。郭沫若在考释"辰"字时认为，辰乃古之耕器，其字作贝壳形者，为蜃器；其字作磬

① 郭沫若：《甲骨文字研究》，上海大东书局1931年版。

② 同上。

③ 郭沫若：《殷契粹编》，科学出版社1965年版，第361页。

④ 郭沫若：《中国古代社会研究》，人民出版社1982年版，第195—212页。

折形者，当为石器[①]。殷代文字还在创造的途中，其象形文必有所本。辰既像石器之形，则当时耕具犹用石刀。

4. 经济基础的认识对上层建筑的影响

郭沫若以为天帝之“帝”字乃花蒂之初字，进而认为：

> 帝之兴必在渔猎、牧畜已进展于农业种植以后，盖其所崇祀之生殖已由人身或动物性之物而转化为植物。

郭沫若于《释蚀》篇言道：

> 日蚀连文未见，而月蚀字面特多。……此因农业未盛，宫室居处之备不全，感日之惠甚少，受日之威过烈也，此事颇关系紧要，凡谈宗教之起源者不可不知。

这些都是典型的经济基础决定上层建筑的观点，也是经典的唯物史观的表述。

（二）上层建筑与甲骨文字研究

1. 上层建筑的判断与商代史实的解释

结合对恩格斯《家庭、私有制和国家的起源》对氏族社会的若干认识，郭沫若认为殷代处于氏族社会，其主要根据有四项：亚血族群婚、先妣特祭、帝王称毓、兄终弟及。基于对殷代社会上层建筑的认识，郭沫若对卜辞中若干问题展开了深入的讨论。

卜辞有称“多父多母”者，郭沫若认为由于商代为亚血族群婚制，故而自男、女而言为多夫多妻，自子女而言则谓之多父多母。伯叔称诸父，也是亚血族群婚制孑遗矣。[②]

卜辞中有先妣特祭的现象，郭沫若认为此系母权制氏族社会的孑遗。[③]

卜辞及史籍均有商代王位继承为兄终弟及，郭沫若认为这是在亚血族群婚制度之下的必然现象。因为亚血族群婚制中以母性为中心，男子连翩出嫁，女子承家，故父子不能相承，而兄弟可以相及。殷代帝王多兄终弟及者，正由此故。郭沫若甚至怀疑商代有真实的夫子——其或有父子相承，然所谓父子，实属疑问，盖母权时代之翁婿

---

① 参见郭沫若《甲骨文字研究·释干支》，上海大东书局 1931 年版。

② 同上。

③ 郭沫若：《中国古代社会研究》，人民出版社 1982 年版，第 230 页。

关系实如父子。①

此处不避繁琐引录郭老早年若干重要论断，其目的在于说明，郭老这些论断是建立在其对殷代社会整体认识的基础上，随着郭沫若对殷代社会性质认识的不断变化，对某些篇章进行了删节，但保留篇章中的某些观点并未进行更新。郭沫若在1952年版《甲骨文字研究·重印弁言》中云：

> 我在二十几年前曾有过错误的看法，便是把殷代看成金石并用时代和原始氏族社会的末期。……那种看法，在今天看来固然是错误，但其实在我作那种看法的当时，已经就觉得不大妥当的。特别在写这些考释里面的《释干支》的时候，看到当时天文智识的水平相当高，作为原始氏族社会，怎么也难说明。②

研讨甲骨学者对此应有警觉，避免断章取义，忽视这些结论产生的背景。

2. 阶级关系与文字考释

郭沫若在考释文字之时，时刻注意文字考释与对殷代阶级关系（如使用奴隶劳动）之间的联系。郭沫若认为辛、辛为一字，乃剞劂、削刀之象形，其所以有罪愆之义者，乃因阶级关系的变化引起的：

> 盖古人于异族之俘虏或同族中之有罪而不至于死者，每黥其额而奴使之。……此古代虐待奴隶之真相也。其留存于文字中者则为从辛之童、妾、仆等字。
>
> 仆字古有从辛者，……卜辞有此字，其形作“”。……余案此辛下之“”形，实乃有尾人形之头部。……仆字均于人头之上从辛。……余谓此即黥刑之会意也。有罪之意无法表示，故借黥刑以表示之。黥刑亦无法表现于简单之字形中，故借施黥刑之刑具剞劂以表现之。③

郭沫若这一深刻的推论与其对殷代阶级关系的认识密切相关。

郭沫若关于臣、宰二字的考释更别开生面，《释臣宰》云：

> 臣、民均古之奴隶也。……奴隶本来自俘虏，故奴隶字多有缧绁之象。……（臣象竖目之形），人首俯则目竖，所以象屈服之形者殆以此也。……（民字）

① 参见郭沫若《中国古代社会研究》，人民出版社1982年版，第234页；郭沫若：《甲骨文字研究·释祖妣》，上海大东书局1931年版。

② 郭沫若：《甲骨文字研究》，科学出版社1961年版，第8—9页。

③ 郭沫若：《甲骨文字研究·释臣宰》，上海大东书局1931年版，第3页。

均作一左目形而有刃物以刺之。……臣、民均用目形为之，臣目竖而民目横，臣目明而民目盲，此乃对于俘虏之差别待遇。……其柔顺而敏给者则怀柔之、降服之，用之以供服御而为臣。其愚戆者而暴戾者，初则杀戮之，或以之为人牲，继进则利用其生产价值，盲其一目以服苦役，因而命致曰民。

要之，臣民均古之奴隶，宰亦犹臣。……而臣宰则其中之携贰者，古人即用其携贰者以宰治其同族，故虽是罪隶而贵贱有分。①

这是用阶级关系分析甲骨文字的范例，其说至今仍有重要学术价值和影响。

总之，郭沫若早年甲骨文研究，是在史料考证的基础上，以唯物史观为指导思想进行的。其著作有鲜明的思想性，是早期马克思主义史学的经典著作。

四 结语

在早年甲骨文发现、传布、考释、研究的过程中，王懿荣、王襄、刘鹗、孙诒让、罗振玉、王国维等都作出重要的贡献。郭沫若则首次将唯物史观引入甲骨文研究之中，并以其为指导思想对甲骨文字进行研究，在开拓甲骨学研究领域方面无疑具有开创性意义。

从甲骨文的整理，到具体的甲骨文字考释，再到上古史研究，郭沫若都有系统的思考，也做出了卓越的贡献。这不仅得益于郭沫若深厚的旧学修养，更重要的是郭沫若善于运用马克思主义的方法论指导学术研究。郭沫若的诸多研究成果是运用唯物史观进行史学研究的典范之作，其在史料考证和运用方面也得到学界认同。史语所所长傅斯年被视为“史料派”代表人物，正是他以郭沫若的《卜辞通纂》《两周金文辞大系图录考释》《金文丛考》三部著述力推郭沫若为中研院第一届院士，充分说明了郭沫若中国古代研究中史观和史料并重的特点。

马克思主义是新文化运动后期传入中国的多种学说之一，经过理论和实践的检验，最终成为中国革命和现代化建设的指导思想。作为西方思想的马克思主义在进入中国之初，必然面临中国化的问题。兴起于二十世纪二三十年代的中国社会史论战，即是一场以唯物史观为方法论对中国革命和中国历史进行辩论的思想论争。郭沫若的中国社会史研究成为当时各派思想争论的重要思想资源，其对唯物史观的理解与运用或有可商榷之处，甚至流于逻辑的演绎②；另外，郭沫若早年关于商代经济基础和上层建筑的认识存在一定的偏差，这直接误导了其对一些甲骨文的考释和对甲骨文所反映的商代社会现象的认识。但是无论如何，郭沫若早年的甲骨文研究客观上推动了唯

① 郭沫若：《甲骨文字研究·释臣宰》，上海大东书局 1931 年版，第 4—6 页。

② 郭沫若：《十批判书》，人民出版社 1982 年版，第 3、7 页。

物史观与中国历史研究的结合。

郭沫若早年甲骨文字研究的相关论作，是以作为马克思主义方法论的唯物史观指导具体学术研究的伟大实践，是马克思主义史学的开山之作。这不仅奠定了郭沫若崇高的学术地位，也是郭沫若为马克思主义中国化所做出的卓越贡献。

（原载《郭沫若研究》第 13 辑）

第二篇

史料辑佚

郭沫若归国抗战80周年史料选登

由日本回来了

郭沫若

七月二十五日

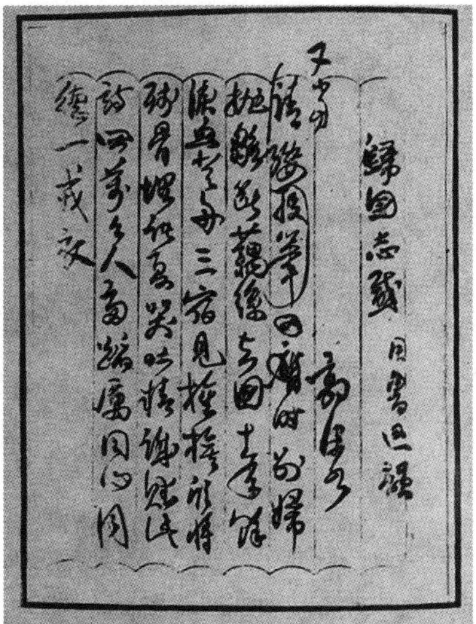

郭沫若手迹

今天是礼拜，最后出走的期日到了。自华北事变①发生以来，苦虑了十几天，最后出走的时期终竟到了。

昨夜睡甚不安，今晨四时半起床，将寝衣换上了一件和服，踱进了自己的书斋。为妻及四儿一女写好留白，决心趁他们尚在熟睡中离去。

昨晚由我的暗示，安娜及大的两个儿子，虽然知道我已有走意，但并不知道我今天便要走。我怕通知了他们，使风声伸张了出去，同时也不忍心看见他们知道了后的悲哀。我是把心肠硬下了。

留白写好了，连最小的六岁的鸿儿，我都用“片假名”（日本的楷书字母）替他

① 即卢沟桥事变。

写了一张纸，我希望他无病息灾地成长起来。

留白写好了，我又踱过寝室，见安娜已醒，开了电灯在枕上看书，自然是因为我的起床把她惊动了的。儿女们纵横地睡着，均甚安熟。

自己禁不住淌下了眼泪。

揭开蚊帐，在安娜额上亲了一吻，作为诀别之礼。她自然不曾知道我的用意，眼，没有离开书卷。

吻后蹑木屐下庭园。花木都静静地立在清晨的有凉意的空气中，尚在安睡。

栀子开着洁白的花，漾着浓重的有甜味的香。

儿们所掘的一个小池中，有两匹金鱼已在碧绿的子午莲叶间浮出了。

我向金鱼诀了别，向栀子花诀了别，向盛开着各色的大莲花诀了别，向园中一切的景物诀了别。心里默祷着妻儿们的和一切的平安，从篱栅缺口处向田陇上走出。正门开在屋后，我避开了正门。家前的篱栅外乃是一片的田畴。稻禾长已三四寸，色作深青。

壁圆的月，离地平线已不甚高，迎头望着我。今天怕是阳历六月十六日吧。

田塍上的草头宿露，湿透了我的木屐。

走上了大道，一步一回首地，望着妻儿们所睡的家。

灯光仍从开着的窗户露出，安娜定然是仍旧在看书。眼泪总是忍耐不住地涌。

走到看不见家的最后的一步了。

我自己毕竟是一个忍人，但我除走这条绝路之外，实在无法忍耐了。

自事变发生以来，宪兵、刑士、正服警察，时时走来监视，作些无聊的话语。这些都已司空见惯，倒也没有什么。但国族临到了垂危的时候了，谁还能安闲地专顾自己一身一家的安全?

处之死地而后生，置之亡地而后存。我自己现在所走的路，我相信正是唯一的生路。

妻儿们为了我的走，恐怕是要受麻烦的吧。这，是使我数日来最悬念的事。

昨晚，安娜知道了我有走意，曾在席上告戒过我。她说：走是可以的，只是我的性格不定，最足耽心。只要我是认真地在做人，就有点麻烦，也只好忍受了。

女人哟，你这话是使我下定了最后决心的。

你，苦难的圣母!

沿途的人家都还是关闭着的，街路上的电灯都还朦胧着做着梦的眼睛。

路上只遇着了些配报的人。配报者有的投我以颇含惊异一瞥。

电车还没有开动。走了两个车站，看见在站口上已有两三人在等车了，我也就走到月台上去等着。

儿们醒来，知道了我已出走，不知道是怎样的惊愕。

顶小的可爱的鸿儿，这是我心上的一把剑。儿，望你容恕你的父亲。我是怀抱着万一的希望的，在不久的将来，总可以再见。电车开来了，决绝地踏上了车去。

五点半钟的光景到了东京，又改乘汽车赶赴横滨友人家[①]，在那儿借了套不甚合身的洋服和鞋袜来改了装。九点半钟的时候，友人偕我到车站，同乘“燕号”特别快车，赶赴神户。

这位朋友，我现在还不好写出他的姓名，车票、船票、一切等等，都是他替我办的。我不知道应该怎样感谢他。

沿途都还在出兵。静冈驿有兵车一驾停着，正待开发。月台上有许多男女，手拿着太阳旗在送行。其中有许多穿着制服的高等学校学生和许多中、小学生。

沿途的人家也都插着旗帜表示欢送。有标语横张着，大书“欢送皇军出征”。

“燕号”车中也有不少的军人。我们坐的二等，在我旁边便坐着一位步兵少佐，手里拿着一卷油印的军事计划书，时而展阅。我偶然瞥见有“第一作战计划”“第二作战计划”等字样。

太阳正当顶，车中酷热。田里的农人，依然孜孜不息地在耘着稻草。

火车一过身，路线旁拿着小旗的儿童们有的在欢呼“万岁”。

下午五时半到达神户，坐汽车直达码头。平安地登上了坎拿大公司的“日本皇后号”（Empress of Japan）的 ADeck（头等舱）——平生第一次坐头等舱，有如身入天堂。但是，家中的儿女，此时怕已堕入地狱吧？假使在这样舒服的地方，得和妻儿们同路，岂不是也使他们不致枉此一生？

友人把我送上了船，他告辞先走了。

船是九点钟开的，自己因为含悲茹痛便蛰居在舱中，从开着的圆窗孔望出，看着在码头上送行的人们。也有些人在投纸卷，五色的纸带在码头与船间的空中形成着玲珑的缨络。

锵琅哐，锵琅哐，锵琅哐……

船终竟离岸了。

五彩的纸缨络，陆续地，断了，断了。

船上的人有的把纸带集成一团投上岸去，岸上的又想把它投上船来，然而在中途堕落了——落在了下面的浮桴上。

向住了十年的岛国作了最后的诀别，但有六条眼不能见的纸带，永远和我连系着。

七月二十六日

今天依然快晴，海上风平浪静。

---

① 指钱瘦铁（1896—1968），名厓，字叔厓，江苏无锡人，书画家。

一个人坐在舱中写了好几封致日本友人的信。对于日本市川市的宪兵分队长和警察署长也各写了一封，道谢他们十年来的“保护”的殷勤；并恳求对于我所留下的室家加以照顾。

寂寞得不能忍耐，想到三等舱里有一位C君①，他是在二十二日的夜里到我寓里来辞过行的。我们虽然将要同船，但我那时没有告诉他。

要听差的把他叫了来，C君吃了一惊。

——先生，你一个人吗?

——是的，我一个人。

以后好一会彼此都没有话说，连C君都有点泪潸潸了。

想起了十四日那一天，写给横滨友人的那首诗。那是写在明信片上寄给他的，用的不免是隐语。他的来片也是隐语，说青年会有西式房间十八、二十、二十四号等，设备均甚周全。青年会者神户也，西式房间者外国船也，号数者，开船的日期也。日本报虽然天天传着紧张的消息，但要和妻儿们生离，实在有点难忍。因此，我便选定了二十四号那最后的一只。实则二十四乃是横滨出帆的日期。

廿四传花信，有鸟志乔迁。
缓急劳斟酌，安危费斡旋。
托身期泰岱，翘首望尧天。
此意轻鹰鹯，群雏剧可怜。

想起了二十四日那一天，预想到回到了上海的那首七律。

又当投笔请缨时，别妇抛雏断藕丝。
去国十年余泪血，登舟三宿见旌旗。
欣将残骨埋诸夏，哭吐精诚赋此诗。
四万万人齐蹈厉，同心同德一戎衣。

这是用的鲁迅的韵。鲁迅有一首诗我最喜欢，原文是：

惯于长夜过春时，挈妇将雏鬓有丝。
梦里依稀慈母泪，城头变幻大王旗。
忍看朋辈成新鬼，怒向刀丛觅小诗。
吟罢低眉无写处，月光如水照缁衣。

---

① 指金祖同（1914—1955），笔名殷尘，浙江嘉兴人；著有《郭沫若归国秘记》。

第七句记得有点模糊，恐怕稍微有点错字。

原诗大有唐人风韵哀切动人，可称绝唱。我的和作是不成气候的，名实相符的效颦而已，但写的时候，自己确有一片真诚，因此工拙也就在所不计了。

细细考虑起来，真的登了岸后，这诗恐怕是做不出来的。民四（一九一五年）"五七"回同时的幻灭感，在兴奋稍稍镇定了的今天，就像亡魂一样，又在脑际飘荡起来。那时因日本下了哀的美顿书，我怆忙地回国，待回到上海而袁世凯已经屈服了。

一只爱用了十几年的派克钢笔，倒的确和着家室一同被抛在日本了。

但是，缨呢？如有地方可以请，该不会是以备吊颈用吧？

有妹子①在西湖，妹倩②在那儿经商，到了上海后或者就往西湖去看望我二十五年来不曾见过面的骨肉。

离开四川二十五年，母死不曾奔丧，兄逝不曾临葬，有行年九旬的老父，如可能，也想乘着飞机回去看望一次。

四川的旱灾也是该得去踏访的一件重要的事情。

立定大戒；从此不吃酒，不吸烟，不接近一切的逸乐纷华；但要锻炼自己的身体，要有一个拳斗者的体魄，受戒僧的清规。

我在心中高呼千万遍古今中外的志士仁人之名以为鉴证；金石可泐，此志难渝。

自己是很清明的，并没有发狂。

下午在小艇甲板上遇着一位阿富汉斯坦的商人，能操英语、日语。他约余投环作庭球式的戏，应之。

戏可一小时，流了一身大汗。海风吹荡，甚感快慰。

海水碧青，平铺直坦，略有涟漪。

阿富汉人连连说；跳下去游泳吧，跳下去游泳吧！

但怎样上船呢？我问他。

他把头偏了几下。

那人是摩罕默德教的信徒，据说该教中人反对跳舞。

洗了一次澡。

自己随身穿着的一条短裤，已被汗渍、岛行浆洗了一次，在电风扇上吹干之。

这短裤和一件布日本服，都是安娜替我手制的，我将要永远保藏着，以为纪念。

傍晚，C君邀了几位朋友来谈话。见我衣不合身，争解装相赠，但是，不是过肥，便是过瘦，不是过短，便是过长。据这样看来，我自己似乎最合乎"中庸"了。

---

① 指郭琬秋。

② 指胡灼三。

我这样说出了，惹到大家好笑。

船上的水手和听差的，几乎全部都是广东人。他们发起了一个“慈善会”，正在募捐。所谓“慈善”者乃是对于抗敌战士之慰劳。因为是在外国人的船上，不好明目张胆地使用救亡抗敌那样的名目。

执事的人到了我房里来，有一位男装的广东女士，普通话说得满好。

她说，他们要捐钱去慰劳华北的抗敌将士，到了上海立刻便要献给政府，请替他们送到前方去。

她说，船上的中国同胞都很关心，很想知道一些详细的情形，关于国际的和国内的，尤其关于日本的。本日晚他们要在三等舱中开一次大会，要请几位从欧美回国的人和从日本回国的人讲话，还有些余兴，要唱广东戏。

听了这些话，感觉着十分的愉快。他们要我捐，我也就捐了五元。这五元的“慈善”，实在是慈他人之善。我出家时，身上只带了五毛钱的电车费。然而我现在的钱包里已有五十块大洋了。这都是那位横滨朋友的慈善事业。

慈善会我没有出席，因为我并没有用本名。三等舱中客人最多，恐有面熟的，反感不便。

七月二十七日

晨五时起床。

昨夜十时半就寝，睡甚安稳。

吃早餐时，会普通话的广东女士走来报告。

她说，昨晚的会成绩很好，捐了四百块钱的光景。有一位参加了英王加冕礼回来的人最先演说。据说，中国和英国已有协商，中国政府将以最小的牺牲收回全部失地。(她在“最小的牺牲”那五个字上说得最用力)。上台时备受热烈的鼓掌欢迎，下台时却没有人鼓掌。大约因为听的多是广东人，不懂普通话的原故吧。

这位女士短小精干，而且说话也似乎颇懂得“幽默”。

清晨，在枕上又做了一首诗。

> 此来拚得全家哭，今往还当遍地哀。
> 四十六年余一死，鸿毛泰岱早安排。

吃中饭时广东女士又来报告，说下午二点半便要到上海了。

我顾虑到自己的衣履太不合身，问了问她：船上的卖店有没现成的可买?

她说：有是有的，但价钱很贵。他们用的美金，一条裤子买起来也要费你七八十块中国钱，你何苦把钱给外国人赚呢?我看你忍耐一下，到上海买合算多了。

我感谢了她的忠告。

她又问我：中国究竟打不打？

我说：论理呢，早就是应该打的；不过究竟能打不能打，我不得而知。

她有点失望的样子。

在上甲板上又遇着那位阿富汗商人，并排着在甲板上散了一回步。

我问他回教人普通行礼的方法是怎样。他把两手向胸前操着，把上身略略屈了一下。他说，就是这样，和中国的打拱差不多。

我请他唱首阿富汗的歌给我听。

他一面走着，毫不犹豫地便低唱了起来。人是那样的魁梧，歌声却清婉如女子。歌意我是不懂的，他替我用英语翻译了一下：

"I Love You，I Love You，

You are my sweet-heart……"①

盖乃情歌也。

—Have you sweet-heart?

—Yes，I have。

—Chinese or Japanese

—Chinese and Japanese。

—Oh，have you many，many?

—No，I have only one，because she is Japanese girl and become my wife。

—Oh，so but I like more Chinese girl than Japa-nese。

—Why?

—Because Chinese girl is very，very fine。②

阿富汗商人很愉快地谈着，但他却没有想到我自己的心里是含着悲戚的。

广东女士又走来了，她说，税关要检查行李了，请你把行李收拾好，叫听差的提到上甲板来。

我告诉她，我是什么行李也没有的。

她踌躕了一下，把手中卷着的一本便装书展开来，原来是我的《北伐》。

——好不？——她说，——请你替我签个名？

——你怎么知道我呢？

——我看见过你的相片。昨晚我们来捐钱，我早就认出你了，但我没对别人说。我看见你用的假名叫 Young Patming，我晓得这里一定是有原故的。这《北伐》上也

---

① 作者原注：这些是同阿富汗人用英语的对话。

② 作者原注：这些是同阿富汗人用英语的对话。（阿）你有爱人吗？（郭）有。（阿）中国人还是日本人？（郭）中国人和日本人。（阿）哦，你有很多，很多？（郭）不，我只有一个，因为她是日本人而成了我的太太。（阿）哦，那样的。但我，比起日本女人来更喜欢中国女人。（郭）为甚么？（阿）因为中国女人很美，很美。

有你的相片，不过是瘦得多。你现在壮了。

我自己没带笔，走进“纱笼”去，在《北伐》的第一面上替她题了两句旧诗句：“海内存知已，天涯若比邻。”

自己是壬辰年生的，今年四十六岁。想起了十几年前，在上海城隍庙曾被一位看相的人开过玩笑，说我四十六岁交大运。此事是记在我的一篇杂文《湖心亭》里面的。忽然忆及，顿觉奇验。所谓“大运”者，盖生死大运也。

海水呈着嫩黄的颜色了。

1937 年 8 月 1 日脱稿

（选自《郭沫若全集·文学编》十三卷，人民文学出版社 1992 年版）

（该资料载《郭沫若学刊》2017 年第 3 期）

“八·一三”前夕郭沫若先生归国经过*

崔万秋

整理者按：在《郭沫若归国秘记》（署名殷尘）中，第23、24、25、29部分，金祖同都谈到了七七事变后他到驻日大使馆与崔万秋商谈郭沫若归国的事情，但这只是“一家之言”。崔万秋在郭沫若归国抗战问题上到底做了什么事情，有必要看看他本人的说法。我们在收集回忆郭沫若作品过程中，偶然收集到了这篇发表于1941年11月16日《时事新报》的作品。迄今为止，该作品从未收入过任何集子，也未见有人引用过，因此决定整理发表。为了减少以讹传讹的现象发生，整理者对其中的一些错误史实、文字进行了纠正，并对其中的一处排版错误进行了校正。

——廖久明整理

今日——十一月十六日适当郭沫若先生五十寿庆，文化界同人为纪念他二十五年来的写作业绩举行种种庆祝节目，本刊为表示同庆起见，亦特发行专刊，以慰此文化界之“苦劳人”。

郭先生交友满天下，桃李满门墙，寿郭先生诗文，当然是琳琅满目，美不胜收，并用不着不文之我来画蛇添足，祸枣灾梨。不过，在抗战前一年，我编辑《大晚报·火炬》，曾无一面之缘的郭先生，于研究甲骨文及中国古代史的百忙中，曾为火炬撰述长篇《创造十年续编》，而抗战军兴之后又以同是从事宣传工作，郭先生又极诚恳地赐以种种助力与指导，公谊私情，都不允许我在这喜庆的日子，无一言以为祝。故叙述一段我身与其役的故事，以见郭先生为人之一斑。

我初识郭先生之名始于《三叶集》，而《三叶集》著者之一田寿昌兄我在民国十三年暑假便认识了，尔后十七八年来，友谊愈笃。当我从济南到上海看寿昌的时候，郭先生刚刚回到日本去，待我到了日本以后，郭先生就又回国任教广州中山大学及黄埔军校①，民国十五年从军北伐，而那一个时期我恰在日本读书，所以又没有见面的

---

* 原载1941年11月16日《时事新报》。

① 郭沫若1926年3月23日到广州，任国立广东大学文科学长，4月13、20、27日，5月11、18日，6月3、9、17日出席了中山大学筹备委员会第2—6、8—10次会议，6月19日被广东国民政府任命为中山大学筹备委员，7月21日随军北伐，8月17日，广东国民政府下令将国立广东大学改校名为国立中山大学。郭沫若未任职于黄埔军校。

机会。民国二十二年一月，我住在东京世田谷钱先铭君寓所，郭先生隐居在千叶县，市川，须和田，《朝日新闻》描写他的生活是“晴耕雨读”，我便亲自跑到市川访问郭先生。然而我与郭先生缘悭，有如此者，那一天他适巧到东京去了，我和他太太安娜夫人谈了好久，又和他的几位少君闲谈了一阵，但终于没有见着他。临行时他的第三个少君和令嫒××小姐（名字忘记了）送我到上电车的路上去。小姐那时候在小学三四年级读书。等到民国二十六年七月底，郭先生变装回到上海之后，曾有一个电报托在东京的我到他家看看，竹屋茅舍如故，小院子的花木菜畦如故，郭先生没有在家也如故，只是郭先生的儿女已长大，大少君已经进了大学，小姐亦进了高等女学（等于中国的女中），见面时有些含羞的样子。且安娜夫人及他的少君，令嫒谈到家长的出走，而面容抑郁，露出忧虑与不安的颜色，当我取出郭先生抵上海的电报时，全家的欢喜之情，真是没有法子形容。

我拜访是受郭先生之托而探问他家族的安否，然而这时候我们还未曾见面。

这时候，是在七七事变以后，八一三事变以前的中间。我以老友黄仲苏兄之介，随许大使静仁赴驻日大使馆服务，当我们从上海动身东渡的时节，已是七七事变发生后十日，七月十七日了，我们在神户登岸的时候，日本全国已充满战时气氛，我们从神户乘火车到东京，沿途大小车站俱站满了手执小太阳旗的男男女女，及排队站立的小学生欢送“皇军”到中国打仗，长长的旗子上大大书着“祈武运长久”，沿途快车停处，换一批警察看守我们的车厢，上来一批新闻记者要求许大使发表讲话。我的使命，便是为许大使任翻译。当我们到了大使馆，就更感到情况的严重，欢送“皇军”的大卡车，一辆接着一辆地从大使馆门口经过，照例高喊一声“马鹿”，发挥日本自诩的“大国民的襟度”，许老先生实在气不过，曾经命当时的大使馆参事杨云竹兄向外务省提出抗议。当时的日本外务省东亚局的事务官大田一郎狡辩道：“我们相信不至有此等事，但当使关系方面注意。”大使馆门口停着五六辆小汽车，大使馆的馆员一出去，便有一辆小汽车跟上去；大使馆门口设有警察楼，凡中国侨民及日本朋友出入大使馆者，俱一一加以盘查。在这样紧张的空气之中，我若是出去看看旧朋友，那可就把那位旧朋友害苦了，所以我便立下了一个原则：无事不出馆门一步，中日旧友一个也不去访问。还有一个原因，使我难于出门，那时我脚上患湿气甚剧，曾经开了一刀所以更没有法子出去。

不过有一件事情，似乎非自己出去跑一趟不可。就是从上海动身以前，陈子展、阿英诸兄曾和我计议过催郭先生回国。这工作分两个方面进行，一个在国内，因为抗战以前的政治环境，还需要疏通一下，于是便托了已故的蔡孑民先生，他老先生应承得很好，说只要郭先生回国来，安全与工作，都不成问题。当时的宣传部长邵力子先生也间接表示郭先生回国没有问题。国内的空气，既已发展到这个程度，我现在来到了东京，焉可不与郭先生一谈，传达国内希望他回国的殷切？而且我编《火炬》的时候，郭先生帮了许多忙，我也应该当面去致谢他。可是我一想到我后面许多“丁梢”的，我就不得不重新考虑了。

正在我为难的时候，师事郭先生的K君到大使馆来看我。K君也是研究甲骨文的，在上海通过阿英兄的介绍，我们往来得很熟。K君来的时候，有一位钱太太还有一位蔡小姐。K君对我说明他是代表郭先生来看我的，他说郭先生决定回国参加抗战，希望许大使帮忙，我听见这话真是高兴极了。我立刻带K君去见许大使，他自然十分赞成。而且取出了一笔小款子托K君转给郭先生以为安家及旅费之用。同时决定先由许大使个人名义，打了三个电报出去，一给邵部长力子，托他向中央疏通，一给上海警备司令杨虎，托他于郭先生到沪登岸时照料，一给福建省主席陈仪通知他[①]郭先生快回国，因为福建省政府参议郁达夫曾写信给郭先生，说陈主席和钱主任大钧都曾为郭先生向中央说过话，所以特别通知陈主席一声。

K君很高兴地回去了，约好回国日期决定后再来通知我。K君并且再三说郭先生近来非常焦急，他恐怕回去得晚了，日本警察会警戒他，弄得走不动，万一走不动，不惟要错过参加神圣的抗战机会，而且留在日本，后患将不堪设想，我和K君都深深地敬佩郭先生看事的机敏与行动的果断。

郭先生于七月三十日[②]安抵上海。他从离家到上海，曾经发表过简单的日记，以记其事[③]，而到上海后在《大公报》发表的那首步鲁迅原韵的诗[④]，最足以表现他归国前后的悲壮心境。

又逢[⑤]投笔请缨时，
别妇抛雏断藕丝。
去国十年余泪血，
登舟三宿见旌旗。
愿[⑥]将残骨埋诸夏，
哭吐精诚赋此诗。
四万万人齐蹈厉，

---

① “知他”原在“因为福建省”后面，今据上下文提前至此。

② 郭沫若于1937年7月25日离开日本，到达上海的时间是7月27日。

③ 郭沫若记叙从日本回上海经过的《由日本回来了》发表于1937年8月16日上海《宇宙风》半月刊第47期。

④ 最初以《归国志感》为题发表于1937年8月7日成都《新民报·百花潭》，在同年10月上海大时代出版社出版的《抗战与觉悟》中，作为代序收入了该诗《归国书怀（用鲁迅韵）》和《黄海舟中·此来拚得一家哭》手迹。

⑤ 在《代序·归国书怀（用鲁迅韵）》（郭沫若：《抗战与觉悟》，上海大时代出版社，1937年10月）中，“逢”作“当”。

⑥ 在《代序·归国书怀（用鲁迅韵）》（郭沫若：《抗战与觉悟》，上海大时代出版社1937年版）中，“愿”作“欣”。

一心一德[①]一戎衣。

郭先生抵沪之后，曾拍一电报致谢许静老，并托我到他家看看安否，我那次的市川之行，可谓煞费苦心，因为要摆脱“尾行”者的视线。我去的可谓正巧，若是再早去一天，正碰上警察宪兵搜查他的家屋，我怎么能够说脱离干系呢？幸而我去的那天上午，警察已向安娜夫人报告驻华日本大使馆已有“公电”致外务省，“郭沫若出现在上海”，所以对于他的家屋搜查告一段落。据那位警察的自白，他们是没有想到郭先生会离开日本参加中国抗战的。他们怕郭先生潜伏在东京与反战的日本人联合起来鼓动日本内乱。“愿将残骨埋诸夏”的郭先生的精神，岂是日本警察宪兵之流所能理解。“兄弟阋于墙，外御其侮”的中国人的政治情感，日本也未曾估计得到，所以他们的搜查，只限于东京，做梦都没有想到郭先生会回到国民政府去工作。郭先生之毅然回国，不惟表示了他个人的认识之透澈，行动之果断，且代表了中国人在国家民族大前提之下，牺牲一切的伟大精神。中国人与日本人的思想战，就郭先生这一行动，已决定了胜负，这是值得中国人骄傲的。

（原载《郭沫若学刊》2017 年第 3 期）

① 在《代序·归国书怀（用鲁迅韵）》（郭沫若：《抗战与觉悟》，上海大时代出版社 1937 年版）中，“一心一德”作“同心同德”。

安娜夫人

余　时

在《读书》杂志上介绍了殷尘写的《郭沫若归国秘记》以后，承范用同志送来这本书的初印本《鼎堂归国实录》一书的复印本。这是1941年10月上海说文社的印本。我没有见过此书，深愧自己见闻不广。在这本书里不仅有郭沫若在日本的造像，还有郁达夫致郭沫若信的影印件，以及郭沫若给金祖同，即殷尘的信片及诗稿墨迹。本书与后来改名为《郭沫若归国秘记》一书的内容果然有异同，但我来不及详加勘比，便将复印件归还原主了。

我最感兴趣的是一篇本书"后记"，这是作者殷尘写给安娜女士的一封信。信的开头便以民族解放的最敬礼向安娜夫人致敬！

"后记"中说，自从七七事变以后，安娜夫人每天焦急地读着报纸，探听中日战争的消息，希望着两国的和平，并相信日本军阀总会有覆亡的一天。可贵的是安娜夫人敢于把这些话说给到家里来监视丈夫郭沫若的市川警察和千叶队的人听。安娜夫人不愧是日本人民的代表。

作者殷尘还有一件不能忘怀的事：就在1937年的夏天，他在日本的警察亭无故被日本浪人袭击的那晚，是仗义的安娜夫人急急赶到菅野警察署据理向警长理论，责备他们不知道保护一位外国学生，反而唆使浪人干那不名誉的勾当，使异国学生受到惊吓。这种义愤和勇敢的行为令人起敬。最后她又作了担保，把殷尘君保释出来。日本警察当局在一个普通的日本妇女面前显得多么渺小！

深夜里，安娜夫人伴着殷尘君穿过那鬼也似的一片松林，护送着他回到了寓所。殷尘君深深地感受到一位异国慈母般的深情和安慰了。中日两国人民的感情和利益是一致的。

殷尘君是回族，那次他陪了凤子到郭沫若家吃饭时，安娜夫人特意把自己从小养大的鸡亲自杀掉款客。郭沫若风趣地说："为了回教徒的关系，杀鸡时口中还念念有词。"

最使作者难受的是，当他设计好同郭沫若一起秘密归国的头天晚上，他还去敲开了郭家的玄关，安娜夫人开了电灯来启门，已是快要入睡的样子了。即使夜这么深了，安娜夫人依然如平时一样地端了茶和果子出来款待殷君。谁知殷君正是来促行的。第二天清晨丈夫便万不得已地不辞而别了。

“天上星星也没有，庭园里黑暗得像盖上一块幕，只有四野的虫声和远处传来几声狗吠。你一直送我到大门口，说：殷样（君），明天会！”

在祖国和家庭不能两全的时候，郭沫若同志毅然地舍弃了家室儿女，他的心情是复杂的，后人将永远尊敬他的这种选择。然而，对于安娜夫人的敬意又何止限于殷尘君一人呢？殷尘写的这篇“后记”是一篇动人肺腑的至情文字，让我们看到了日本人民的善良和真诚。同时也让我们看到了殷尘写作散文的才能。（殷尘：《郭沫若归国秘记》1945 年言行出版社）

（原文载 1982 年 10 月 5 日《羊城晚报》）

编者附记：这篇短文是 1984 年 12 月金祖同的胞弟从《羊城晚报》剪下送我的。报纸背面写道：“赠锦厚同志参阅金贵南赠 1984 年 12 月。”得到这份剪报后，我们便开始寻觅初印本《鼎堂归国实录》，至今无着。切盼读到本刊文章的朋友代为出力，能够找到初印本《鼎堂归国实录》。

（该资料载《郭沫若学刊》2017 年第 3 期）

郭老为我画上题诗的回忆

金德娟

抗战前，我的二哥金祖同曾赴日本留学，并从师郭沫若先生研究甲骨文，同时还协助郭老编辑《殷契粹编》等重要的甲骨文著作。他们朝夕过从，反复研讨，师生间结下了深厚的友谊。

1937 年“七七”卢沟桥事变发生，郭老眼见国家存亡关头，民族灾难深重，就不顾个人和一家安危，毅然回国参加救亡工作。当时我兄金祖同曾冒着很大的风险护送郭老同船回国。关于郭老归国前后情况，金祖同遗著《郭沫若归国秘记》中已有详细叙述。这里不再重复。现在所要谈的是郭老在我的一幅山水画上题诗的经过：

> 记得郭老回国以后，暂住上海高乃依路（今皋兰路）一所公寓内。我和妹妹金淑娟、侄女金欧莼雅号，幼承家学，喜爱山水、花卉等国画，当年八月的一个上午，祖同让我们三人各携自己的习作，去拜访郭老，郭老看到我画的一幅青绿山水图后，触景生情，便在画上写了小序，并题了一首五言律诗：
>
> 民廿六年夏，日寇我平沫，余一人别妇抛雏，只身返国，从事救亡运动。对此图画，与余往日生活有相仿佛之处，不禁有感，故末句云尔。
>
> 郭沫若
>
> 小隐堪宜此，山居即是诗。禅心来远岫，逸兴发疏篱。
>
> 有酒还当醉，无鱼不足悲。天伦常乐叙，回首羡康时。

人非草木，孰能无情，从郭老的序和诗里，正看到了这位无产阶级文化战士也有他的天伦之乐的向往，但当他目见国族垂危之际，同胞受难之日，就毅然抛弃一切私情，全心为国效劳，而不为儿女柔情所屈服。这是他的英雄品质之特点。郭老的序和诗以及他所表现的崇高的革命精神，长时期给予我很大的鼓舞和教育。当时的情景也一直在我脑海里萦迴着，到目前还是记忆犹新，遗憾的是，我的原画竟在十年动乱中被抄走了，现在还不知下落，致使我无法重温郭沫若先生的亲笔书写，心里感到怅惘。现在根据记忆把这幅原画的大致情景描绘下来，也算是敬怀郭老一个小小纪念吧。

1983 年 5 月 15 日于上海

编者附记：这篇稿件，80 年代由金贵南寄来，当时未见“原画”，因此没采用。1998 年 1 月山西教育出版社出版了郭平英主编的《郭沫若题画诗存》，收录了这幅画。值此郭沫若归国抗战八十周年，特将回忆文及画一并刊载①，以示纪念。

（该资料载《郭沫若学刊》2017 年第 3 期）

① 编者注：经查，原刊未见此画。

第三篇

研究综述

2017年郭沫若史学研究综述

王　静

据不完全统计，2015年、2016年每年公开发表的郭沫若史学研究论文大约在十六七篇。相较于前两年，2017年郭沫若史学研究成果在数量上有了较大的增长，达到近30篇，学术旨趣主要集中在以下几个方面：马克思主义史学及唯物史观、先秦诸子研究、甲骨金文研究以及其他。现就这几个主题的研究分述之。

一　郭沫若与马克思主义史学

郭沫若是中国马克思主义历史学科的创始人，他运用马克思主义史学方法即唯物史观研究中国古代社会的学术成果，以及新中国成立后在史学界发挥的领军作用，都为中国马克思主义史学做出了卓越的贡献。研究郭沫若的史学成就，必定以此为出发点与础石。2017年，郭沫若与马克思主义史学研究获得了较为丰硕的成果，总体可分为三个方面。

1. 总述郭沫若与中国马克思主义史学

《史学理论研究》的编者观察到"近年来学术界就郭沫若在20世纪中国史学史上的地位与影响出现了一些争议"。因此，他们在2017年3月辟出一个"郭沫若与中国马克思主义史学"专题，收录了5位学者的论文，希望探讨如下问题："如何评价郭沫若的马克思主义史学研究？新时期马克思主义史学又将如何获得健康发展？"①

其中，邹兆辰的《郭沫若与中国马克思主义史学的诞生与发展》分别从新中国成立前、新中国成立后、改革开放以来的新时期三个历史阶段论述和总结了郭沫若对中国马克思主义史学的贡献，认为研讨郭沫若也是总结中国马克思主义史学的一个很好的机会。② 何晓明《郭沫若和中国马克思主义史学的成就与不足》认为郭沫若作为史学工作者的楷模实践了马克思主义史学的基本内涵，作为最有影响力的学人，使中国马克思主义史学成为中国共产党领导的革命和中华民族复兴大业的坚强理论支撑。他与中国马克思主义史学"同甘苦，共命运"，可以被质疑批判，但不能被歪曲

① 《郭沫若与中国马克思主义史学·编者按》，《史学理论研究》2017年第3期。

② 邹兆辰：《郭沫若与中国马克思主义史学的诞生与发展》，《史学理论研究》2017年第3期。

践踏[①]。

专题中还有两篇文章并不专述郭沫若，而是将其纳入中国马克思主义史学史的整体叙述，由宏观角度论及个体史家的贡献作用。赵国华的《中国马克思主义史学论析》从概说、发展阶段、主要特征几个方面来论述中国马克思主义史学，认为其将历史认识上升到历史哲学，是较近现代史学其他方法的先进之处，包括郭沫若在内的马克思主义史家，不仅重视历史研究，而且重视史学理论和方法的创新，提高了中国史学的整体水平[②]。尤学工的《重塑科学性："文化大革命"后中国马克思主义史学的转向》认为，以郭沫若为代表的中国早期马克思主义史家追求"科学性"与"革命性"的统一，为马克思主义史学的"科学性"奠定了基础，同时也有力地推动了唯物史观与中国历史的深度结合，从而为实现马克思主义史学的"革命性"提供了保证[③]。

朱春龙《述论新中国成立初期史坛中的郭沫若（1949—1957）》考察了一个历史阶段即新中国初期，身兼政治家、领导人和学者几种身份的郭沫若在史坛的影响，作为政治家其言行举措，也带有"风向标"的指向性影响；作为领导人，在新中国初期新的学术机制创设过程中，发挥了重要领导作用；作为学者，在如古史分期等问题的研究中，激活当时史学研究氛围，本身是新中国史学繁荣的重要体现[④]。

此外，戴波发表了两篇相关文章《郭沫若对马克思主义中国化的贡献》[⑤]《郭沫若的马克思主义哲学思想研究综述》[⑥]，前者论述了郭沫若对马克思主义思想的研究，以及其在将革命文艺理论与马克思主义相结合方面做出的开拓和创新；后者梳理了若干国内外学者对郭沫若之马克思主义思想的研究。

2. 聚焦郭沫若之唯物史观

2017 年，涌现了一批对郭沫若的唯物史观进行研究的文章，其中又可分为探求郭沫若接受唯物史观的心路与经过的思想史研究，与分析郭沫若如何运用唯物史观于其学术研究的专门性探讨。

李勇的《郭沫若唯物史观接受史》也是《史学理论研究》专题收录的文章之一，该文考证了郭沫若转变为马克思主义者之确切时间在 1924 年 5、6 月间，认为促成其接受马克思主义唯物史观的学理乃泛神论、生理学原理、河上肇的思想，并列出证据

---

① 何晓明：《郭沫若和中国马克思主义史学的成就与不足》，《史学理论研究》2017 年第 3 期。

② 赵国华：《中国马克思主义史学论析》，《史学理论研究》2017 年第 3 期。

③ 尤学工：《重塑科学性："文化大革命"后中国马克思主义史学的转向》，《史学理论研究》2017 年第 3 期。

④ 朱春龙：《述论新中国成立初期史坛中的郭沫若（1949—1957）》，《郭沫若研究》2017 年第 1 辑。

⑤ 戴波：《郭沫若对马克思主义中国化的贡献》，《赤峰学院学报（汉文哲学社会科学版）》2017 年第 6 期。

⑥ 戴波：《郭沫若的马克思主义哲学思想研究综述》，《赤峰学院学报（汉文哲学社会科学版）》2017 年第 9 期。

链证明郭沫若拟依据德文底本翻译《资本论》[①]。

郭沫若的唯物史观接受过程离不开河上肇的影响，2017 年，周海林与李斌两位学者分别对郭沫若与河上肇的思想碰撞和结出的思想果实进行了精彩论述。周海林的《郭沫若与河上肇：在相遇与分歧的路上》首先对比了河上肇与郭沫若的人生经历，认为二者同有“探索拯救人类真理的精神”，随后分析了二者的分歧及其来源，指出郭沫若并没有通过对马克思主义的学术性研究来检验马克思主义是否是具有真理性的实践，而是通过苏联社会主义的胜利确定了马克思主义的绝对性。文章用相当的篇幅论述了郭沫若的马克思主义转向对其艺术思想和文学创作的影响，清算否定过去之自己，最终认可写实主义[②]。李斌提出，学界此前对郭沫若批判性吸收河上肇思想过程的研究中，缺乏对其“思想究竟如何转变、‘定型化’后的思想究竟呈现何种面貌”的深入探讨，他在《河上肇早期学说、苏俄道路与郭沫若的思想转变》一文中对比了周佛海、郭心崧、林灵光对河上肇学说的阐发与郭沫若对列宁理论和苏俄道路的倾心，认为郭沫若坚持只能通过社会革命建立无产阶级领导的“新国家”，然后发展国家资本主义才是正确的道路，而个人应以高度的组织纪律性，像“蚂蚁”一样积极投入无产阶级集体的革命实践中去，如此完成了向马克思主义者的转变[③]。

关于郭沫若对唯物史观的运用，孙寿涛、周德丰在《郭沫若早期文史研究中的唯物史观新探》中做了考察并总结，认为郭沫若用人民本位标准、历史主义眼光、全面辩证法清算中国过往社会，并用历史唯物主义的方法处理古今中西的关系问题，是一种“努力创造出更高一级的新的文化”的文化会通说[④]。黄益飞、刘春强的文章《唯物史观指导下的甲骨学研究——以郭沫若早年甲骨文研究为例》认为，郭沫若批判性地继承罗振玉、王国维，以唯物史观为指导，开辟了甲骨文研究的新路径。文章考察了其《甲骨文字研究》如何运用唯物史观，利用卜辞史料，对商代的社会生产（经济基础）、精神文化（上层建筑）进行研究[⑤]。

值得一提的是，在郭沫若文学研究领域，也有学者关注到唯物史观对其文学作品的影响。张克非《唯物史观走向民众的重要途径——论民国时期郭沫若历史剧的贡献及其启示》认为郭沫若历史剧中渗透的唯物史观思想具有传统的根基、民族的样式和高度艺术化的形式，促进了民众的思想启蒙[⑥]；郭士礼《唯物史观与郭沫若的古典文学研究——以〈诗经〉研究、屈原研究为例》认为郭沫若以唯物史观为指导，

---

① 李勇：《郭沫若唯物史观接受史》，《史学理论研究》2017 年第 3 期。

② 周海林：《郭沫若与河上肇：在相遇与分歧的路上》，《郭沫若研究》2017 年第 1 辑。

③ 李斌：《河上肇早期学说、苏俄道路与郭沫若的思想转变》，《文学评论》2017 年第 6 期。

④ 孙寿涛、周德丰：《郭沫若早期文史研究中的唯物史观新探》，《理论与现代化》2017 年第 4 期。

⑤ 黄益飞、刘春强：《唯物史观指导下的甲骨学研究——以郭沫若早年甲骨文研究为例》，《郭沫若研究》2017 年第 1 辑。

⑥ 张克非：《唯物史观走向民众的重要途径——论民国时期郭沫若历史剧的贡献及其启示》，《湖北社会科学》2017 年第 11 期。

对古典文学研究对象的历史背景进行全景式的阐释与解读是其最突出的特色①。

3. 经典与经典问题研究

郭沫若一生中的学术工作主要是围绕中国古代社会形态问题进行的，而他正是在研究中国古代形态问题时，开创性地运用了马克思主义方法，从而创作了《中国古代社会研究》等经典史著，引出了中国马克思主义史学中的经典问题“古史分期”的大讨论。这类经典与经典问题的研究，在郭沫若史学研究中历来是重中之重，即使在学术语境不断变迁的背景下，也能够常探常新。2017 年，也有学者在这两个问题上做了再探讨。

张越《“例示研究古史的一条大道”——再论郭沫若〈中国古代社会研究〉》一文指出，《中国古代社会研究》具有“例示研究古史的一条大道”的作用，不仅在于郭沫若超越了“整理国故”的方法，运用唯物史观研究中国社会，更创新在将卜辞金文用到社会史的研究中，即以新材料为依据划分中国古史的不同阶段。《中国古代社会研究》中的两篇运用甲骨文、金文研究古代社会性质的文章，在材料和研究方法上有创新，从而建立了马克思主义史学的雏形，即顾颉刚所谓“摸着了一些边际”。该文以较长的篇幅论及对这部经典史著的批评，其后指出其存在缺陷的原因，最终评价该书是开创性地将“怎样解释历史”落到实处。这篇文章的启示性在于，对《中国古代社会研究》跨越时代的新评价，也应当启发人们对马克思主义史学理论和研究方法的创新性的重视②。

周书灿《改革开放初期学术界对郭沫若古史分期理论的论辩》从史学史的角度研究了改革开放初期历史学界对于郭沫若“战国封建论”的古史分期和中国古代社会形态理论的论辩，从反对者如“西周封建论”“秦统一封建说”“魏晋封建论”“无奴说”等学派对郭沫若陆续提出新的质疑、商榷与批判，再到“战国封建论”者对于前者的回击以及对郭沫若理论的修正，作者认为这个过程总体上是平等融洽地进行的，但也出现了对郭沫若史学的“两极评价”，一定程度上影响到学术评判的客观与公正③。

二　郭沫若与先秦诸子研究

郭沫若的先秦诸子研究是其中国古史研究中除古代社会形态之外的又一重要组成部分，是其研究经济基础、社会结构与社会性质之后，随之对上层建筑、意识形态的

---

① 郭士礼：《唯物史观与郭沫若的古典文学研究——以〈诗经〉研究、屈原研究为例》，《湖北社会科学》2017 年第 11 期。

② 张越：《“例示研究古史的一条大道”——再论郭沫若〈中国古代社会研究〉》，《中共党史研究》2017 年第 5 期。

③ 周书灿：《改革开放初期学术界对郭沫若古史分期理论的论辩》，《史学理论研究》2017 年第 1 期。

探索。郭沫若史学研究向来在先秦诸子研究上成果层出，2017 年也有以下若干论文。

杨胜宽先生近年来接连发表郭沫若与先秦诸子研究的成果，已论及的有法家、孔子与儒家、墨子、荀子、公孙尼子等。2017 年他继续这一领域的研究，发表了《郭沫若的韩非子批判评析》，详细分析了郭沫若对韩非的研究与观点，探究了郭沫若对韩非全面否定的原因，认为郭沫若将韩非学说直接等同于“法西斯式的理论”，将其构建法家思想体系的功绩一笔抹杀并不十分公允，影响到他学术理性思考与评价的客观性①。

比较研究的方法在历史人物研究中是十分必要的，李勇与崔庆贺均使用了这样的方法，将郭沫若的先期诸子研究与其同时代学者进行对比研究。李勇的《同道异趣：郭沫若和范文澜的先秦诸子研究》考察了同为马克思主义史家的郭沫若和范文澜的“异趣”，郭沫若关注无神论和革命性，推崇孔子而贬低墨子，视老子落后于孔子而进步于墨子；范文澜则因秉持经学传统，以孔子和儒家为大宗，把老子和墨子作为孔子及其儒家的理论对立者，又因关注下层劳苦大众的意识，从而推崇墨子而贬低孔子，尤其攻击老子②。他在《杜国庠和郭沫若在孔墨研究上的学术分歧》中考察了同样“同道异趣”的杜国庠与郭沫若，指出二者在孔子与墨子看法上的分歧，与杜国庠批判“新理学”和郭沫若支持“叛党”精神有一定关系③。崔庆贺《思想史与学术史交错下的“说儒”之争——以胡适、郭沫若、钱穆为例》分析了胡适、郭沫若、钱穆关于“说儒”争论，认为胡适《说儒》即是思想史与学术史交错的产物，其学术论证框架是将儒之起源与演变比附基督教历史，以完成其“再造文明”的救国思想主张。郭沫若《驳〈说儒〉》与钱穆《驳胡适之〈说儒〉》都是这种交错的产物，即其均有救国之志，但都受到自身思想主张的影响，前者是信仰辩证唯物论，后者则是希望阐扬儒学④。

此外，还有王宁的《〈易传〉的制作时代及作者再探——兼评郭沫若易学史研究的相关问题》，该文认为郭沫若关于《周易》是战国初年的作品、孔子与《周易》《易传》无关、《易传》都是荀门弟子的作品、制作时代在秦始皇三十四年以后等观点都是可信的，但认为《周易》的作者是馯臂则不可信⑤；娄梦然《论郭沫若对荀子的批判》考察了郭沫若荀子批判的渊源与内容，并总结了学界对《十批判书》的学

① 杨胜宽：《郭沫若的韩非子批判评析》，《郭沫若学刊》2017 年第 1 期。

② 李勇：《同道异趣：郭沫若和范文澜的先秦诸子研究》，《河南师范大学学报（哲学社会科学版）》2017 年第 5 期。

③ 李勇：《杜国庠和郭沫若在孔墨研究上的学术分歧》，《淮北师范大学学报（哲学社会科学版）》2017 年第 1 期。

④ 崔庆贺：《思想史与学术史交错下的“说儒”之争——以胡适、郭沫若、钱穆为例》，《郭沫若学刊》2017 年第 3 期。

⑤ 王宁：《〈易传〉的制作时代及作者再探——兼评郭沫若易学史研究的相关问题》，《郭沫若学刊》2017 年第 1 期。

术、政治和理性评判[①]。

三 郭沫若与甲骨金文研究

古文字研究为郭沫若的古代社会形态研究提供了新史料，而郭沫若运用科学方法整理和研究甲骨金文等材料，也为这些学科本身做出了开创性的贡献。每年在郭沫若的古文字研究方面，也不断地出现一些新成果，说明在这些学科中郭沫若的研究方法与成果持续发挥着影响力。

王世民先生曾在中国科学院考古研究所、在夏鼐先生身边长期从事秘书工作，先后几次面见郭老，曾任中国郭沫若研究会副秘书长和顾问，是郭沫若研究学界的前辈学者。他的文集《考古学史与商周青铜器研究》[②] 于2017年出版，收录了他对考古工作的回忆文章与学术研究的多篇论文，其中既有《郭沫若与夏鼐》等珍贵史料，也有《郭沫若的殷周青铜器铭文研究》这样全面而详细梳理郭沫若金文成就的论作，将郭沫若的贡献总结为："革新研究方法，建立断代体系""勾画中国青铜器时代的发展轮廓"，是一篇兼具高度与深度的学术评述。

黄思贤在《郭沫若的古文字研究思想与方法》中总结了郭沫若古文字研究的方法，即：研究社会历史的目的决定了他的古文字学的研究方法与学术定位，科学唯物史观则指引着古文字的研究方向，敢于批评的精神让其不断的前进，传统与现代研究理论让他的研究更加科学。同时文章也提出，郭沫若古文字研究浓郁的"历史色彩"，也掩盖了文字学本身的特质，使得他往往以预设的社会背景去看古文字[③]。

甲骨文研究方面，冯雷在《郭沫若何以跻身"甲骨四堂"》中提出，郭沫若汲取了前人丰富研究成果的精华，深刻把握"由经学而入史学，其史学可信"这一科学的治学规律，创造性地将马克思主义唯物史观作为指导思想，并与甲骨学研究的具体实际相结合；加之其在不断勤学攀登中培养了深厚卓越的甲骨才华与学识，终于后来居上，取得丰硕可人的成就，得以享誉"甲骨四堂"的美名[④]。山东师范大学刘琳珊的硕士论文《郭沫若甲骨文字考释研究》从郭沫若的生平及学术研究、古文字研究概述、甲骨文字考释汇纂和考释方法特点这四个方面对郭沫若的甲骨文字研究进行了系统分析和论述，是一篇扎实之作[⑤]。

金文研究方面，罗业恺的《郭沫若海外十年金文文献整理研究述要》从文献学的角度，并加以详例，梳理了郭沫若整理金文文献的成就，即开创金文文献分类著录

---

① 娄梦然：《论郭沫若对荀子的批判》，《华中师范大学研究生学报》2017年第2期。

② 王世民：《考古学史与商周青铜器研究》，社会科学文献出版社2017年版。

③ 黄思贤：《郭沫若的古文字研究思想与方法》，《理论月刊》2017年第9期。

④ 冯雷：《郭沫若何以跻身"甲骨四堂"》，《郭沫若学刊》2017年第3期。

⑤ 刘琳珊：《郭沫若甲骨文字考释研究》，硕士学位论文，山东师范大学，2017年。

的新方法，重视金文文献的版本，对金文文献进行辨伪、整理、考校与辑佚[①]。李红薇的《郭沫若初读〈贞松堂集古遗文〉时间考》就郭沫若金文研究史中的一个小问题，以郭沫若与容庚的往来书信为切入点，钩沉相关史料，考证出郭沫若第一次读到《贞松堂集古遗文》的大致时间是1931年9月[②]。

四　其他方面的研究与总结

历史人物研究方面，谢保成《"照着我写"与"替曹操翻案"的纠结——看程派名剧〈文姬归汉〉想到郭沫若写〈蔡文姬〉》认为，"蔡文姬就是我！——是照着我写的"是郭沫若创作《蔡文姬》的内在思想基础。评价曹操的文化思潮和迎接建国十周年的社会热潮，营造了"替曹操翻案"和"重睹芳华"的氛围，是创作《蔡文姬》的外部因素。周恩来的口头建议，促成郭沫若撰文"替曹操翻案"、创作《蔡文姬》"替曹操翻案"。三者交融，使郭沫若的《蔡文姬》表现出了创作心境的纠结。文章认为，只有不苛责前人，"神游"郭沫若原创的年代，与之精神相通，方能求出不存"隔阂"、又非"肤廓"而接近事实的认识[③]。李斌的《郭沫若〈李白与杜甫〉著述动机发微》亦是一篇探索郭沫若创作心路的文章，回顾了《李白与杜甫》发表以来学界对郭沫若写作动机的析解，如"政治迎合说""情感寄托说"，并一一加以辩驳。作者认为对于李杜，郭沫若要双双祛魅，而《李白与杜甫》的写作动机，是出于对几十年的新的文化运动仍然没有改变的对李杜的传统意识的愤激。[④]

2017年，郭沫若史学研究成果不但在数量上显著增长，刊载成果的"阵地"也有所延展。2015年至2016年，一半甚至一多半的成果见于专门性郭沫若研究刊物《郭沫若学刊》。2017年随着《郭沫若研究》的复刊，专门性的成果发表平台又增加了一处，而有六成的成果发表于这两个专刊之外。

其中，郭沫若与马克思主义史学的研究又是一个"增长点"，这有赖于2016年10月15日至16日在武汉召开的"郭沫若与中国马克思主义史学"学术研讨会的直接影响，有若干篇2017年发表的研究成果提交于这一次的研讨会[⑤]。学者们的汇集、思想的碰撞，激发了"郭沫若与中国马克思主义史学"这一主题研究成果的涌现。2017年4月21日至22日，中国郭沫若研究会第三届青年论坛在海南省海口市召开。可以预见的是，提交于此次论坛的相关论文，以及会上学术观点的交流，将在短期内

---

① 罗业恺：《郭沫若海外十年金文文献整理研究述要》，《郭沫若学刊》2017年第3期。

② 李红薇：《郭沫若初读〈贞松堂集古遗文〉时间考》，《郭沫若学刊》2017年第3期。

③ 谢保成：《"照着我写"与"替曹操翻案"的纠结——看程派名剧〈文姬归汉〉想到郭沫若写〈蔡文姬〉》，《郭沫若学刊》2017年第2期。

④ 李斌：《郭沫若〈李白与杜甫〉著述动机发微》，《首都师范大学学报（社会科学版）》2017年第4期。

⑤ 如张越、周书灿、朱春龙、何晓明、冯雷的论文，见贾怡萍《郭沫若与中国马克思主义史学学术研讨会综述》，《郭沫若研究年鉴2016》，中国社会科学出版社2017年版。

结出成果。

总之，2017 年郭沫若史学研究呈现出成果增加、阵地扩大的态势，令人鼓舞。不过，在研究内容上仍然存在着范围固化、新意不足的缺点，有待学术界同仁共同努力，发掘新史料，寻找新问题。

（作者系中国社会科学院郭沫若纪念馆馆员）

郭沫若的马克思主义哲学思想研究综述

戴　波

2016年5月17日，习近平总书记出席哲学社会科学工作座谈会，并在会上强调："许多进步学者运用马克思主义进行哲学社会科学研究。在长期实践探索中，产生了郭沫若、李达、艾思奇、翦伯赞、范文澜、吕振羽、马寅初、费孝通、钱钟书等一大批名家大师，为我国当代哲学社会科学发展进行了开拓性努力。"习近平总书记的这段讲话，肯定了郭沫若运用马克思主义进行研究所做的历史贡献。现将郭沫若把马克思主义运用到他的研究中的概况梳理如下：

一　国内研究概况

郭沫若的思想在经历了中国传统文化和西方"泛神论"的影响后，最后掌握了马克思主义思想，从而向马克思主义者转变。郭沫若的思想转变是经历了一段过程，因此，其马克思主义思想的研究一方面从跨学科领域研究中探求，另一方面是从其"泛神论"和"人民本位"思想中探知。

（一）跨学科研究

1. 历史学

学界对郭沫若运用马克思主义观点系统阐述中国古代社会，从而开创史学研究的新方法，对史学研究具有创造性的贡献给予了充分的肯定。

蔡震对郭沫若在史学方面的贡献给予了充分的肯定。其在《"郭沫若与日本"在郭沫若研究中》一文讲到：郭沫若在流亡日本的十年中，为中国古代社会研究和古文字研究拓展了一片新的学术天地，成为中国马克思主义史学派的创立者，点出了郭沫若对史学研究的贡献。

邱少明在《郭沫若摘译〈德意志意识形态〉述论》中认为，在抗战之中，郭沫若重拾学术研究。之前在日本的10年间，郭沫若利用唯物史观去研究我国古代社会性质和古文字学，现在又将唯物史观应用到研究我国古代历史和先秦诸子百家。秉承着唯物史观理念，他相继著书《青铜时代》《历史人物》和《十批判书》等，都是马列史学的丰硕成果。

潘光哲在撰写《郭沫若与中国马克思主义史学的发展——以中国古代社会研究为中心》一文时，深刻分析了大陆关于郭沫若研究的概况，从而站在史学原则的基础上，客观、公正、辩证地阐释了郭沫若的《中国古代社会研究》这本书中关于史学思想的发展历程、演变过程和争论细节，其中也存在着马克思主义史学在中国化的过程中所遭遇的困境，其对马克思主义史学发展过程中史学方法与思维的追问作了深刻的反思。

除此之外，张剑平的《郭沫若向马克思主义者转变史料略论》，吴建良的《郭沫若对中国马克思主义史学的创造性贡献》，贾振勇的《意识形态想象与郭沫若史学研究》，谢保成的《郭沫若史学研究三十年》等，这些文章均论述了郭沫若对马克思主义史学所做的贡献。从中可以看出，学者们对郭沫若与马克思主义史学的关注度极高。

2. 考古学、古文字学

郭沫若将唯物史观引入考古、古文字学，创设了全新的研究方法。对此，徐明波在《唯物史观视野下的甲骨学——郭沫若的甲骨文研究》一文中指出：为证明史实之间的关系，郭沫若从历史发展的整体和普遍联系的角度出发，将甲骨卜辞看作一个整体的，互为因果、互有联系的部分来进行研究。并且郭沫若以王国维的二重证据法为理论基础，并引入唯物史观。在唯物史观的指导下，郭沫若重视从整体出发，用发展的、联系的方法看待甲骨文资料，在取舍中创立了许多新方法、新学说。这些新的创举，不仅拓宽了甲骨文的研究视野，而且深化了对甲骨文的研究。

3. 文学

郭沫若主要在摘译马克思列宁著作中不断提升自身的马克思主义思想理论素养，从而逐渐树立起为无产阶级服务的文艺观。对此，邱少明在《郭沫若摘译〈德意志意识形态〉述论》中说道：郭沫若在摘译《德意志意识形态》的过程中，加深了他对马克思主义思想的理解。郭沫若在全民抗战时期始终坚持历史唯物主义，以历史剧和史论为载体，为发扬抗战文化贡献出自己的力量。并且郭沫若将唯物史观与抗战具体实际相结合，先后创作了六部著名的历史剧。这六部著名的历史剧，造就了郭沫若马克思主义文艺创作上的巅峰。

贾剑秋在《郭沫若思想转向之逻辑辨》中指出：郭沫若通过吸取马克思列宁主义学说的精华，从而建立起文艺为无产阶级革命服务的左翼文艺观。并且在对马列主义思想融会贯通后，郭沫若写出了《穷汉的穷谈》《共产与共管》《革命与文学》等倡导无产阶级革命文学的文章。通过这些文章可以窥探出，郭沫若已真正完成向“马克思的信徒”转变的过程。

马超、刘晓林在《表现主义——促使郭沫若由浪漫主义者走向马克思主义者的催化剂》一文中指出：郭沫若在这段时期已经迅速接近了马克思主义，自从1924年开始翻译河上肇的《社会组织与社会革命》，这本书让郭沫若对马克思主义产生了浓厚的兴趣。但是由于各种原因，郭沫若没有按规划完成翻译马克思的《资本论》，但从中可以看出，郭沫若已经完全转变成了一个坚定的马克思主义的追随者和信仰者。

（二）“泛神论”和“人民本位”思想

“泛神论”思想和“人民本位”思想是郭沫若转向马克思主义者前期的重要阶段。在未接触马克思主义之前，郭沫若主要受到斯宾诺莎、尼采等泛神论影响，尚处在尊崇唯心主义阶段。到其“人民本位”思想时，表明郭沫若早已逐渐接受了马克思主义思想，摒弃了唯心主义学说，进而转向唯物主义，成为马克思主义者。

1. 郭沫若的“泛神论”思想

郭沫若的“泛神论”思想更多的是体现在其文学作品中，也是其早期哲学思想的主要内容。对此，朱自清发表在《中国新文学大系·诗集·导言》的一篇文章中，首先点出郭沫若在诗歌作品创作的初期，表现出了与众不同的开创性。他以当时大环境为背景，客观公正地指出，在郭沫若的诗中有两样我们传统里没有的新东西，一个是泛神论，一个是反抗的精神。从朱自清的话语中可以分析出，在郭沫若诗歌创作中，泛神论思想具有重大的影响作用。

卜庆华在《郭沫若研究新论》一书中，在总论一节的《论郭沫若早期的哲学思想》一文中指出，郭沫若正是在自然知识和社会知识的基础上加以概括和总结，形成一种系统的、理论的世界观的。这个世界观包含以下四个方面，即自然观、认识论、辩证法思想和社会历史观。虽然郭沫若曾多次谈到了受到过泛神论的影响，有的研究者甚至把泛神论当作郭沫若早期思想的核心，但我很同意周扬所说郭沫若早期泛神主义是“自我表现主义”的极致和“个性主义之诗的夸张”，以及“他在一种泛神主义的外衣之下歌颂了自己所要歌颂的一切”的说法。也很同意张光年提出的“泛神论在郭沫若的思想中间，并不构成一个完整的哲学体系”以及“泛神论不过是这位诗人的革命的浪漫主义精神的一种诗意体现”的观点。

除了上述学者外，伍世昭的《郭沫若早期哲学思想新说》，陈永志的《郭沫若思想整体观》，宫富、刘骋的《“五四”时期郭沫若思想新说》，张琢的《郭沫若“五四”时期的“泛神论”思想简论》，李斌的《郭沫若思想中的尼采资源新探》中都对郭沫若的“泛神论”思想进行了论述。

2. 郭沫若的“人民本位”思想

“人民本位”思想不仅是郭沫若的文艺思想，实际上也是他塑造马克思主义世界观和人生观的重要影响因素。对此，张剑平在《论郭沫若的“人民本位”思想》一文中指出：从郭沫若关于“人民本位”思想的众多论述中可以深刻地体会到，郭沫若始终坚持文艺应当为人民服务的宗旨。郭沫若的“文艺为人民服务”的思想和他的“人民本位”思想有着千丝万缕的联系。正是以“人民本位”思想为蓝本，郭沫若才大力倡导“文艺为人民服务”的宗旨。其基本内涵为：第一，郭沫若认为人民是主人，所以人民的文艺就是要坚持以人民为本位，采用大众喜闻乐见的形式，反映新时代反帝反封建的内容。第二，从文艺的起源和本质的角度，郭沫若阐发了人民文艺的地位和重要性，阐发了新文艺的宗旨。第三，郭沫若对于鲁迅、闻一多等具有人民意识的作家予以热情的赞颂，倡导作家要甘当人民的孺子牛，为人民而创作。“人民本位”思想不仅是郭沫若的文艺思想，实际上成为他的马克思主义世界观和人生观的重要方面。

蔡震在《谈郭沫若的“人民本位”观念》中指出：就其表达的历史观而言，郭沫若的“人民本位”说是马克思主义的唯物史观。事实上，从流亡日本时期开始，郭沫若在潜心于中国古代史的研究中，便接受并掌握了历史唯物主义的认识论和方法论。不过，郭沫若的“人民本位”意识并非简单地从“表现自我”走向它的对立面，特别是就个人与历史的关系而言。“把人当成人”扬弃了那个“开辟鸿荒的大我”所表达的涵盖一切、主宰一切的主体意识，在相互尊重、相互认同作为人的价值、权利的社会关系结构中强调个人参与历史进程的巨大作用。

二　国外研究概况

国外研究学者在对郭沫若的研究中，虽然也涉及到跨学科研究和郭沫若受到“泛神论”和马克思主义思想的影响。但自从“五四运动”和抗战发生以后，外国学者更多的是将注意力转移到郭沫若的民族精神、革命精神和反抗斗争精神的研究上来。

大山岩在1934年撰写的《作为诗人的郭沫若》一文中，认同田汉对郭沫若创作时期的分法。郭沫若的创作应当分成三个时期：第一，是从“五四”到“五卅”时期；第二，是从“五卅”到大革命失败时期；第三，是1928年以后。他还认为一股反抗精神始终贯穿于郭沫若的诗中，这种精神既是一种让其重生的武器，也是无产阶级所应具备的开拓利器。

1953年费得林出版了《郭沫若选集》。在此书的绪论部分中，费得林明确强调：郭沫若的早期戏剧作品中反映的最大特点就是和所有旧的迂腐现象战斗到底。费得林特别推崇《屈原》一剧，认为此剧表明了郭沫若具有高超的创作才华，他选取历史悲剧这个新的题材，及时反映当时国内独裁的危急局势。同时，郭沫若在文学创作方面最鲜明的特点在于和政治活动相联系，和人民斗争相联系，从而反映人民的诉求。

戴维·托德·罗伊出版的《郭沫若》中，对郭沫若的研究开辟了新的视角。在《从浪漫主义到马列主义》（1918—1924）一章中，指出：由于浪漫主义思想的影响，郭沫若在1924年接受马列主义时，并不是要摒弃中国传统，而中国传统的存在，能更好地促进郭沫若接受马克思主义。

经过梳理之后发现，国内外学者都从不同的角度对郭沫若有所研究，内容涵盖各个方面。虽然学者在研究中均提及到郭沫若与马克思主义的各种联系，但从马克思主义角度研究郭沫若或是从郭沫若与马克思主义中国化角度来研究的内容还相对较少，有较大的研究空间。

［原载《赤峰学院学报（汉文哲学社会科学版）》］

参考文献

［1］习近平：《在哲学社会科学工作座谈会上的讲话》，人民出版社 2016 年版。

［2］邱少明：《郭沫若摘译〈德意志意识形态〉述论》，《郭沫若学刊》2013 年第 1 期。

［3］潘光哲：《郭沫若与中国马克思主义史学的发展——以中国古代社会研究为中心》，（台湾）《国立政治大学》1998 年第 6 期。

［4］徐明波：《唯物史观视野下的甲骨学——郭沫若的甲骨文研究》，《郭沫若学刊》2008 年第 4 期。

［5］贾剑秋：《郭沫若思想转向之逻辑辨》，《西南民族大学学报（人文社会科学版）》2013 年第 3 期。

［6］马超、刘晓林：《表现主义——促使郭沫若由浪漫主义者走向马克思主义者的催化剂》，《乐山师范学院学报》2015 年第 3 期。

［7］卜庆华：《郭沫若研究新论》，首都师范大学出版社 1995 年版。

［8］张剑平：《郭沫若向马克思主义者转变史料略论》，《郭沫若学刊》2010 年第 3 期。

［9］蔡震：《谈郭沫若的“人民本位”观念》，《中国现代文学研究丛刊》1992 年第 4 期。

［10］大山岩：《作为诗人的郭沫若》，1934 年。

［11］［俄］费得林：《郭沫若选集》，莫斯科国家文艺出版社 1953 年版。

［12］［美］戴维·托德·罗伊：《郭沫若》，哈佛大学出版社 1971 年版。

郭沫若海外十年金文文献整理研究述要

罗业恺

郭沫若是公认的文学家、历史学家和诗人，在文学和史学领域开创颇多。从1928年2月赴日到1937年抗战爆发后归国，在这十年间，郭沫若在文学、史学、古文字研究和考古学上取得了卓著成就，写成皇皇巨著十五部。其中，有关金文研究的有《殷周青铜器铭文研究》《金文丛考》《古代铭刻汇考》《古代铭刻汇考续编》《两周金文辞大系图录》《两周金文辞大系考释》等。周恩来在《我要说的话》中就中肯地指出："十年内，他的著译之富，人所难及。他精研古代社会，甲骨文字，殷周青铜器铭文，两周金文以及古代铭刻等等，用科学的方法，发现了古代许多真实。"他以甲骨文、金文为切入点，探究中国上古时代的历史，在文字学和史学上取得了巨大的成果。"海外十年，也是他的学术研究最辉煌的时期。"①

世人公认这十年间郭沫若在文字学和史学上取得的成就，但这些成就的取得是郭沫若综合运用文字、音韵、文献等学科知识的结果，他曾经在《十批判书·后记——我怎样写〈青铜时代〉和〈十批判书〉》中说："秦汉以前的材料，差不多被我彻底剿翻了。考古学、文献学、文字学、音韵学、因明学，就我所能涉猎的范围内，我都作了尽我可能的准备和耕耘。"② 而郭沫若以研究古代历史为目的，对金文文献的识读、利用过程中"切实地感觉着有研究考古学以及和考古学类似的那类学识的必要。我对于甲骨文字和殷周金文的研究，便从这儿开始了起来"③，从而开始对金文文献加以整理。这些对于金文文献的整理成果，展现在海外十年的一系列著作中，显示出郭沫若文献学大家的风范。

一　开创金文文献分类著录的新方法

文献学中的目录之学就是将书籍分类，以利于学者"即类求书、因书究学"。郭沫若以前的研究者对于金文文献的著录大都按照器型异同和铭文文字多寡进行分类。薛尚功《历代钟鼎彝器款识法帖》、阮元《积古斋钟鼎彝器款识》虽以朝代著录青铜

---

① 秦川:《郭沫若评传》，重庆出版社1993年版，第223页。

② 郭沫若著作编辑出版委员会:《郭沫若全集·历史编》第2卷，人民出版社1982年版，第46页。

③ 郭沫若著作编辑出版委员会:《郭沫若全集·考古编》第10卷，科学出版社1982年版，第10页。

器，但分类标准比较混乱，方濬益《缀遗斋彝器款识》以文字笔势为青铜器分期，科学性不够。郭沫若发现彝器铭文著录混乱，不利研究的情况后，在德国人米海里斯（A. Michaelis）所著《美术考古学发现史》的影响下，将“主要根据文献考证对古代文物任意进行漫无标准的解释，转变为主要根据文物本身的样式分析再辅之以文献考证和铭刻资料，形成一种新的方法”。[①] 在《两周金文辞大系图录考释》中，郭沫若创立了根据器型、花纹和铭文相结合的青铜器研究方法体系，经过研究将西周 162 件彝器与东周 161 件彝器区分，并将东周器归入 32 国，仿《诗经》之《国风》体例，又由长江、黄河流域溯流而上的顺序先后排列。这一新分类思路，结合了时代、地域和铭文，开创了金文文献分类著录的科学新方法。商承祚曾评价：“郭老研究古文字，能以辩证的观点，抓主要矛盾，用发展的眼光来看待原始材料，分析这些材料。即以金文而论，自宋代以来，学者们长于编图录，释文字，著录的铜器及铭文数以千计。与他同时的另一些学者，也多以主要精力用于收集拓本，编撰图录上，很少注意将图录、铭文融会沟通，做综合性的分析研究。郭老能于数千件铜器中选出若干有代表性的、能断定时代的器作为标准器，研究其花纹、形制，而后加以扩大，联系在一起，把几百年间的几百件青铜器按其时代与国别编为《两周金文辞大系》，并加以考释。这部书的出版，标志着我国关于铜器铭文研究已开始了新阶段，进入了新的时期，标志着马克思主义的研究方法已开始运用于金文研究的领域。”[②]

此外，在《两周金文辞大系图录表》目录中，郭沫若对每一器的诸家著录情况进行了记录，以利后学“辨章学术，考镜源流”，可谓目录学传统的延续。

刘向、刘歆在整理文献时就曾给文献定名以利于加以著录，郭沫若在整理金文文献时也对金文文献进行过定名。如在《殷周青铜器铭文研究·杂说林钟、句鑃、钲、铎》考证余冉钲，“‘余冉’乃徐方之后王，作钲者乃余冉之敌人，余冉非作钲者也。故本器不当题名为‘余冉钲’”。[③] 又《殷周青铜器铭文研究·晋邦韵读》驳诸家著录之名后，定器名为晋邦。[④]《金文余释之余·壴卣释文》考证壴卣，“壴作器者名，故本器当称为壴卣”。[⑤]

二　重视金文文献的版本

研究金文文献离不开青铜器，但青铜器皿多为公私珍藏，非常见之物。另外，青铜器皿普遍器型较大，与纸质文献相较，不利于流通，所以金文文献研究者多据拓本

① 王世民：《郭沫若同志与殷周铜器的考古学研究》，《考古》1982 年第 6 期。

② 商承祚：《缅怀郭沫若同志》，《中华文史论丛》第 8 辑，上海古籍出版社 1978 年版，第 1—35 页。

③ 郭沫若著作编辑出版委员会：《郭沫若全集·考古编》第 4 卷，科学出版社 1982 年版，第 79 页。

④ 同上书，第 114 页。

⑤ 郭沫若：《金文丛考》，人民出版社 1954 年版，第 311 页。

开展研究。拓本之外，金文文献还有模仿笔画的摹写本，金文文献形成了原器——拓本——摹写本的版本体系。拓本能较好保留文献原貌，但由于拓印技术，时有模糊的情况，如《两周金文辞大系录编》第十九页著录小孟鼎，锈蚀斑斑，字迹剥落，加之器物裂痕，实难辨认。相较于拓本，摹写本比较清晰，但摹写过程中笔画容易失真。郭沫若整理金文文献，如其在《殷周青铜器铭文研究·序》所言“于古器物实少接触之机会，所得接触者仅少数之图像与铭文而已”①，他收集、著录的金文文献以拓本为主，仅采纳少量摹写本。两周金文辞大系图录中收入摹写本金文文献仅有：中齋、中觶、中甗、小臣静彝、𪉖卣、伯戜𣪘、牧、师毛父、走钟、望、成鼎、敔、伯克壶、师㲃、师晨鼎、何、微䜌鼎、寰鼎、虢叔旅钟、师訇、量盨、𢦏、鄦、楚王钟、楚王畬章钟、伯盏盘、伯盏、鄀公鼎、许子钟、宋公戌钟、薛侯鼎、曩公壶、庆叔匜、叔夷鎛、叔夷钟、壶、陈逆簠、晋姜鼎、伯父鼎、虢姜𣪘、秦公钟四十一器，仅占著录323件器物的12%。郭沫若在整理、研究过程中，还尽量多保存金文文献版本，以利于比较研究，敔𣪘、鄦𣪘、庳壶在摹写本之外还附录了原器或残缺、或模糊的拓本，壶拓本批注“此壶铭拓本，远不及摹本之清晰，故并存之”。②

在考证过程中，郭沫若注意各版本间的差异。匡卣一器著录了两种拓本，“右匡卣二拓本同一铭，因互有显晦，故并录之”。③ 晋姜鼎著录了啸堂、薛氏两种摹写本，在啸堂本下注“第五行‘鲁’字，它本均做譌，此盖刊失”。④

郭沫若在研究中多次指出摹写本的错误，如：《者减钟韵读》指出辛器（鸅）字原刊作[illegible]，释为“择”……当是鸅字半侧睪之误摹。⑤

林氏壶，“此与末车字，贞松堂本误摹，释为登于身，非是”。⑥

走，“用下一字原刻作‘考’，当是事字之误摹无疑”。⑦

伯戋盘，“‘王月’疑正月字之误摹”。⑧

另一方面，郭沫若也指出拓本不可尽信，如陈侯午錞，“此铭初为《攈古》所著录，三字夺去上画，误释为三。[illegible]之下体虽微泐，仍从立。母字亦无痕迹可见。徐中舒所著录《陈侯四器考释》录周季木藏器一具，其铭与余所得者同。与《攈古》所录亦相仿佛。唯容庚《武英殿彝器图录》所附周氏器铭，则[illegible]下立字鲜明，母字亦完好。闻是藏家欲求与《攈古》所著录契合，而后自剔去之者。余疑《攈古》所著录与周氏所藏不必是同一器，盖同由一范铸成，故文字虽同而有显晦之

① 郭沫若著作编辑出版委员会：《郭沫若全集·考古编》第4卷，科学出版社1982年版，第2页。
② 郭沫若著作编辑出版委员会：《郭沫若全集·考古编》第7卷，科学出版社1982年版，第250页。
③ 同上书，第68页。
④ 同上书，第267页。
⑤ 郭沫若著作编辑出版委员会：《郭沫若全集·考古编》第4卷，科学出版社1982年版，第103页。
⑥ 郭沫若：《金文丛考》，人民出版社1954年版，第143页。
⑦ 郭沫若著作编辑出版委员会：《郭沫若全集·考古编》第8卷，科学出版社1982年版，第80页。
⑧ 同上书，第171页。

异。或据《攈古》所录仅据拓本，两拓本有未精，故不免有夺字夺画也。”① 《谥法之起源》中指出趞曹鼎“龏字《周金文存》本拓不精，前人均未注意，余谛案之，则分明作，与金文其它龏字无别，今见《集古遗文》摹印本，亦正作，足证余见之不孤”。②

三　对金文文献辨伪

青铜器作伪由来已久，“其有作伪以乱真者，盖亦始于春秋”③，明清大盛。真假混淆的金文文献对于研究者而言是极大的挑战，剔除伪器，检出真实的金文文献是研究者的重要任务。

《两周金文辞大系》完成于1932年，收录彝器251件，其中西周器137件，东周器114件。“目验既多，则心犀自启。铭之真赝大率触目可辨也。”④后几年中，郭沫若对《大系》一书进行了增订，增收了一些重要的铭文，同时删去了原来收入的伪器铭文。⑤ 可以说，1934年11月完成的《大系图录》和1935年完成的《大系考释》，是郭沫若对金文文献辨伪的成果。

在郭沫若整理金文文献的过程中，不时发现伪器伪铭，均加以指出。前人对此研究已详，可参看陈仕益《郭沫若考古文论》第一章第二节《辨伪》。其中，海外十年中对金文整理的辨伪成果有：

周公作戈，“有胡之戈，由其有铭者观之，大率皆东周以后物。有刻款作‘周公作戈’云云者，伪也。”⑥

仲龏父甗，“今案仲龏父甗乃伪器，《周金文存》与《集古遗文》均著录之，甚可怪。”⑦

国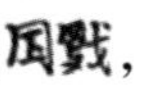，“今案皇‘且…公父…于’五字均伪刻，字迹之异一望可知。”⑧

吕不韦戈，“第二面亦有‘诏吏’二字横书，旧读为‘诏事’，云是铸款。案此二字不伦不类，疑是后人仿刻者也。”⑨

奠井叔钟，“出世已久，《积古》首著录之，误解‘妥（绥）宾’二字为蕤宾。《周金文存》著录二器，铭同。唯第二器‘妥宾’相连，刻于右鼓。案乃伪刻也。钟

① 郭沫若著作编辑出版委员会：《郭沫若全集·考古编》第8卷，科学出版社1982年版，第217页。
② 郭沫若：《金文丛考》，人民出版社1954年版，第92页。
③ 朱剑心：《金石学》，文物出版社1981年版，第168页。
④ 郭沫若著作编辑出版委员会：《郭沫若全集·考古编》第4卷，科学出版社1982年版，第2页。
⑤ 赵诚：《二十世纪金文研究述要》，书海出版社2003年版，第91页。
⑥ 郭沫若著作编辑出版委员会：《郭沫若全集·考古编》第4卷，科学出版社1982年版，第181页。
⑦ 同上书，第312页。
⑧ 同上书，第382页。
⑨ 同上书，第420页。

铭款式当由钲而接左鼓，不得刻在右鼓。作伪者乃先有蕤宾观念，故连刻之，而未知刻失其位，自露马脚也。该伪器又见《双玉鉨斋吉金图》，有形，其形制舞上有纽而非甬，篆间有枚浅圆而非夫銑，乃春秋中叶以后之器。盖器真而铭伪也。”还列举《周金文存》卷一著录铭文“師贅作龢鐘，夷则”之器，“前五字在钲，‘夷则’二字亦在右鼓”，推测“二伪器盖同出于一人之手”。①

无㠱，“此铭文字草率，以马字为尤甚可疑。……则恐器真而盖伪。”②

师兑段，“此铭即前器器铭之仿刻，姑揭出之，以资读者比较。”③

鲁太宰原父，“《周金文存》另列一器，乃仿盖铭伪錞器。”④

王子申盏，“罗振玉藏一簠，文为‘王子申乍嘉嬭其眉寿期永保用’，即切去此铭盏盂无之四字而仿刻者，文既不备，期其二字亦混乱，为伪无疑。”⑤

陈侯午錞，“[illegible]之下体虽微泐，仍从立。母字亦无痕迹可见。徐中舒所著录《陈侯四器考释》录周季木藏器一具，其铭与余所得者同。与《攈古》所录亦相仿佛。唯容庚《武英殿彝器图录》所附周氏器铭，则[illegible]下立字鲜明，母字亦完好。闻是藏家欲求与《攈古》所著录契合，而后自剔去之者。”⑥

吴龙父，“传世有‘吴季子剑’，乃伪器也。”⑦

另一方面，郭沫若也用金文文献证明传世文献之伪。如在《正考父鼎铭辨伪》中辨《左传·昭公七年》和《史记·孔子世家》所记正考父鼎铭伪；⑧ 在《周彝中之传统思想考》中辨《尚书·尧典》伪⑨；在《汤盘孔鼎之扬榷》中辨《尚书·汤誓》伪⑩；《彝铭名字解诂》证《左传》中文字为刘歆作伪⑪、证《尔雅》中有汉人窜入文字⑫。郭沫若利用四时、朔晦、地、九州、畿服、五等爵禄、三皇五帝、八卦五行这八个方面的线索，以“古文献中有习见之事物而为金文所绝无者此可为判别典籍之真伪及时代先后之标准”⑬ 为思路，考证《禹贡》《周书》等文献，认为“《皋陶谟》《王会篇》均非实录，《左氏》内外传多经刘歆改窜”。⑭

① 郭沫若著作编辑出版委员会：《郭沫若全集·考古编》第7卷，科学出版社1982年版，第72页。
② 同上书，第109页。
③ 同上书，第147页。
④ 同上书，第227页。
⑤ 郭沫若：《金文丛考》，人民出版社1954年版，第167页。
⑥ 郭沫若著作编辑出版委员会：《郭沫若全集·考古编》第8卷，科学出版社1982年版，第217页。
⑦ 同上书，第216页。
⑧ 郭沫若著作编辑出版委员会：《郭沫若全集·考古编》第6卷，科学出版社1982年版，第1—6页。
⑨ 郭沫若：《金文丛考》，人民出版社1954年版，第17页。
⑩ 同上书，第88页。
⑪ 同上书，第116页。
⑫ 同上书，第123页。
⑬ 同上书，第29页。
⑭ 同上书，第38页。

四　对金文文献加以整理和考校

结合其他文献对金文文献加以考校，是金文研究者所使用的普遍方法。我们以《殷周青铜器铭文研究·大丰𣪘韵读》为例，郭沫若为释读大丰，引用甲骨文献考“亡尤”“衣祀”“房”“𠧟”；引用金文文献邢侯尊考“大豊”或当作“大禮”，引虢叔旅钟、叔氏钟、井仁钟、番生𣪘、齐侯鎛、𢽎狄钟考残文当为“监”字，引公达鼎、公达钟、盂鼎、豆闭、散氏盘、宗周钟等金文文献比较“相”“𠹘”二字，引秦公钟、秦公𣪘释“房”“庆”；引传世文献《周礼·春官大宗伯》考“大豊”或当作“大禮”，引《吕氏春秋·慎大览》释“衣祀”，引《大雅·文王有声》证“相”字，引《鲁颂·閟宫》《明堂位》释“房”，引《易·丰》《易传》《鲁颂·閟宫》《礼·射义》考“庆”；引古玺、汉封泥等文献释“房”。郭沫若对金文文献整理、研究每一篇论文，都是综合各种文献加以考证、校释的结果。除此之外，郭氏在整理金文文献还有一些独到之处：

（一）指出韵读以整理金文文献

部分青铜器上铭文为有韵之文，郭沫若在研究中指出铭文韵读，有利于对金文文献的整理。指出铭文韵读的专文如《大丰𣪘韵读》《者瀘钟韵读》《晋邦韵读》《秦公𣪘韵读》《国差𦉜韵读》《韵读补遗》等，对彝器铭文的韵读进行解释。

在整理过程中指出铭文为有韵之文的，如《杂说林钟、句鑃、钲、铎》指出郐䣄尹句鑃，“此铭字多残阙，不可识，然细读之乃有韵之文也”①；《谥法之起源》指出庳壶“案此乃有韵之文，壶、鼓、者、所、马为韵，除此以外，绝无第二种读法”②；《彝铭名字解诂》指出秦公“铭与盄和钟大同小异，‘高弘有庆’字亦正作[illegible]，亦与疆方为韵，从鹿从文”③；《臣辰盉铭考释》指出“召伯虎𣪘第二器乃韵语”。④

《韵读补遗》中还总结出铭文韵读的一般规律，“凡铭多以、宝、孝为韵”。⑤

在《两周金文辞大系》中，郭沫若指出宗周钟、微䜌鼎、井人妄钟、宗妇鼎、郐王糧鼎、沇儿钟、王孙遗者钟、郐王义楚鍴、僕儿钟、郐䛭尹钲、曾姬无卹壶、[illegible]大史申鼎、许子钟、子璋钟、召叔山父簠、陈公子甗、曾伯霥簠、曾伯陭壶、曾子仲宣鼎、邾公牼钟、邾公华钟、邾大宰钟、邾大宰簠、㠱公壶、齐大宰盘、叔夷钟、庳

---

① 郭沫若著作编辑出版委员会：《郭沫若全集·考古编》第4卷，科学出版社1982年版，第75页。

② 郭沫若：《金文丛考》，人民出版社1954年版，第96页。

③ 同上书，第121页。

④ 同上书，第139页。

⑤ 同上书，第139页。

壶、𬭚镈、齐𨟻氏钟、陈𬶆、陈侯午𬭚、因𬭚𬭚、郾侯庳、晋姜鼎、晋公盦、邵钟、秦公𣪘、秦公钟、越王钟等金文文献的韵读。

（二）指出文例以整理金文文献

金文文献是当时语言的记录，要遵守当时语言的语法约束，郭沫若在整理金文文献中，注意总结文例、语法，并按其开展整理工作。

戊辰彝，"'十月一'，甚奇特，卜辞及其它彝铭中均无是语法。月字下一横撇复带丝纹，疑是锈蚀。"①

令彝，"'敢扬明公尹人宄'，宄字以金文常例按之当是休字。"②

晋邦盦，"'虩虩在□'，在下所阙一字，依金文常语，定为'上'字无疑。"③

齐侯壶，"知上天子、大舞司誓、大司命、南宫子必为对文者，由其文例可以证之。其文例于'于南宫子'一项，可知为'于某某用某某'，故知'于上天子用璧玉备一嗣'必为句，'于大无司誓于大司命用璧两壶八鼎'，亦必为句。"④

孔悝鼎，"盖金文通例，称镐京为宗周，称洛邑为成周，卫成公时镐京已覆灭，且铭中所言明系洛邑，宗周字殆亦后人所改。"又"彝铭恒语，每言'对扬王休'或'对扬天子不显休命'。其稍冗赘者，则有如叔夷钟之'对扬朕辟皇君之锡休命'。此即同例语也。"⑤

麦尊，"二'侯易'语均言井侯被锡于王，与下'侯乍册易金于辟侯'同例，言侯之作册之麦被锡金于我主井侯也。古文动词用例，主动与被动无别。"⑥

沈子，"彝铭通例，凡生人言飨，死人言享、言格。"⑦

伯𢦏，"'隹用妥神褱唬寿文人'，当作一句读，谓'惟用绥神怀于前文人'也。同例语亦见善鼎，曰'隹用妥福唬前文人'，唬字均用为前置介词。"⑧

吴彝，"彝铭通例，大抵先言王在某庙或某宫，后言旦格于大室。"⑨

南季鼎，"彝铭言'足某人嗣某事'者有承继之意，大率乃师俗死后事。"⑩

吴王元剑，"'元用'……盖兵器铭之习用语，用谓器用，元用犹言元器也。"⑪

---

① 郭沫若著作编辑出版委员会：《郭沫若全集·考古编》第4卷，科学出版社1982年版，第12页。
② 同上书，第13页。
③ 同上书，第118页。
④ 同上书，第150页。
⑤ 郭沫若：《金文丛考》，人民出版社1954年版，第86页。
⑥ 郭沫若著作编辑出版委员会：《郭沫若全集·考古编》第8卷，科学出版社1982年版，第41页。
⑦ 同上书，第49页。
⑧ 同上书，第65页。
⑨ 同上书，第75页。
⑩ 同上书，第114页。
⑪ 同上书，第155页。

蔡姞𣪘，“绰绾乃金文恒语，或作绾绰。”①

和其他古代文献一样，金文文献一般都是从右往左写，读法也是从右往左、从上往下，但也有极少数铭文例外，如中国历史博物馆藏栾书缶。② 郭沫若在整理金文文献时，跳出传统思维，注意到读法的特例，如《器铭考释·壴卣释文》“此铭乃右行，前人均由右至左读之，故迄未得其解。”③

（三）指出谬误以整理金文文献

青铜器铸造工艺复杂，过程谨慎，错误极少，但极少数金文文献仍然存在谬误。郭沫若在整理金文文献时，勇于破除对金文文献的迷信，指出不少金文文献的谬误。

1. 夺：盘，“姬上夺一奠字。”④

2. 衍：趞曹鼎，“盧下所缺二字当是‘□百’之合文。‘敢对’三字衍文。”⑤

伯克壶，“末句重一克字而又不作重文符，疑第二克字乃铸范时误衍。”⑥

3. 倒：献彝，“‘乍朕文考光父乙’当是作朕文考父乙光，文误倒。”⑦

郑虢仲，“此凡二具，一具器文‘十又一月’作‘十一又月’，一又二字倒，而又字多一横钩，此金文钩倒之确例。”⑧

4. 讹：南季鼎，“左右之左，原铭误写为，乃又字，此亦彝铭误字之一确例。”⑨

谏𣪘，“‘𣪘立’字盖文如是，器文上字右旁不明，不知是即是𣪘。𣪘或系即之笔误。”⑩

郑虢仲𣪘，“又一具盖文‘子子孙孙’误作‘孙孙孙孙’”。⑪

五 对金文文献辑佚

金文文献历时久远，锈蚀严重，字迹模糊不清，同传世文献存在散佚的情况相仿，郭沫若在整理金文文献的过程中，利用金文文献之间的关系，对锈蚀模糊的铭文

---

① 郭沫若著作编辑出版委员会：《郭沫若全集·考古编》第8卷，科学出版社1982年版，第178页。

② 《中国美术全集·书法篆刻编》1：《商周至秦汉书法》，人民美术出版社1987年版，第22页，图版21。

③ 郭沫若：《金文丛考》，人民出版社1954年版，第311页。

④ 郭沫若著作编辑出版委员会：《郭沫若全集·考古编》第8卷，科学出版社1982年版，第126页。

⑤ 同上书，第70页。

⑥ 同上书，第112页。

⑦ 同上书，第46页。

⑧ 同上书，第181页。

⑨ 同上书，第114页。

⑩ 同上书，第118页。

⑪ 同上书，第181页。

进行辑佚，如者盪钟，“癸器（作）字原夺，原刊及拓片均无此，然有庚器足以补之。”①

者沪钟，“此钟最大，铭见著录者仅此二钲。而文不衔接，盖鼓上有铭，为锈所掩，故未为人所觉察也。”②

鄀公敄人钟，“此铭残泐过半，然与敄人𣪘合校，虽东鳞西爪，犹可以仿佛其全文。”③

庚壶，“‘玉嗣’玉字泐甚，仅存中直之一笔，洹子孟姜壶有‘玉二嗣’语，今据补”。④

同时还注意对于金文文献各版本间补足，如叔夷钟，“七器，铭辞相衔接，啸堂本缺第二、四、七三器，今以薛本补足。”⑤

对于一些一时间无法找到佚文的金文文献，郭沫若在整理过程中也留下了以后辑佚的线索。如：

虢叔旅钟，“当尚有一器文方能毕，此器尚未见。”⑥

单伯钟，“此铭文例与虢叔旅钟、叔向父𣪘、番生𣪘等相同。全文当在百言左右，盖分刻于数器，而它器尚未出世，此仅存一钲一鼓，全文恐尚未及半也。……《攈古》所录前后二钲残文适紧接，或误以为存钲四行，非是。”⑦

蔓盨，“此器失盖，铭之前半乃分铸于盖上者，与秦公同例。”⑧

者減钟，“近时《善斋吉金录》著录其铭长者一具，据所揭尺度与《甲编》所著录者均有异，论其大小当在所谓‘太簇’者之次，而铭文之存泐亦复不同，意者当时所出实十二枚，发掘者有所掩匿也”。⑨

者汈钟，“前钲自‘隹戉’至‘不淫’，后正自‘□□制疾’以下十六格，可辨者仅五六字，而自‘思□’以下至‘毕有’之三十二格无着落，盖分铸于左鼓之前后二面，面各四行，行各四格，以泐甚，故不为人所觉察也。準此知右鼓前后二面亦当有铭，铭末尚缺三十二格也。……就上所述，可知全铭当有九十六格，合以重文当在百字左右。又其编钟之分刻全铭，所存均是铭首文，则钟之佚失或尚未出土者，亦当在十具左右也。”⑩

① 郭沫若著作编辑出版委员会：《郭沫若全集·考古编》第4卷，科学出版社1982年版，第103页。
② 郭沫若著作编辑出版委员会：《郭沫若全集·考古编》第7卷，科学出版社1982年版，第164页。
③ 郭沫若著作编辑出版委员会：《郭沫若全集·考古编》第8卷，科学出版社1982年版，第176页。
④ 同上书，第210页。
⑤ 郭沫若著作编辑出版委员会：《郭沫若全集·考古编》第7卷，科学出版社1982年版，第250页。
⑥ 同上书，第123页。
⑦ 郭沫若著作编辑出版委员会：《郭沫若全集·考古编》第8卷，科学出版社1982年版，第119页。
⑧ 同上书，第141页。
⑨ 同上书，第154页。
⑩ 同上书，第158页。

六　结语

郭沫若对金文文献的整理，为其后的金文研究打下了基础。世人公认郭氏对金文研究的巨大成就，对其在金文文字学、史料学方面的成就给予了很高的评价，这些成就的取得和郭沫若对金文文献扎实、认真整理有着极大的关系。而郭沫若在金文文献整理过程中明韵读、指谬误，更是极大推动了金文文献研究，对后世学者的金文研究指出了方向和奠定了坚实的基础。郭沫若对金文文献的整理还给文学、文字学、史学等领域的研究者提供了极大便利。

当然，郭沫若在金文文献的整理、考释中也留下了一些值得商榷之处，如上文中秦公“‘高弘有庆’字亦正作[illegible]，亦与疆方为韵，从鹿从文。”郭沫若释“慶”下为“文”，当误，《说文》释庆：“行贺人也。从心从夂。”瑕不掩瑜，这些小误无损郭沫若作为文献学家的风采。

（原载《郭沫若学刊》2017 年第 3 期）

第四篇

论文选编

郭沫若早年若干史料的考订、考辨

蔡　震

致五哥信稿

“五兄大鉴：来函备悉。鼠疫延至成都系一时说传，不足信，祈母罣念也。画像者锦城多有，但均系铅笔画。价之高低，则视片之大小。大约片长尺四五吋，则价在八九元之上下。近来少仪三哥曾画大孃像一幅价尤廉，但画得近似而已。顾其（?）识我兄求之，欲彼来嘉否，抑寄像来画者？依弟意来嘉则多一层交涉，不如寄像之为直切了当也。”（原稿无标点）

这是一册郭沫若（准确地说是郭开贞）在成都高等分设中学堂就读时的笔记上留下的一段文字。首先可以确定这是郭沫若的手迹。之所以要强调这一点，是因为在保存下来的所谓郭沫若读书时期的“笔记本”中，就我所见过的，至少有一本从其内容可以断定不是郭沫若的。

从这段文字的内容看，他应该是郭沫若拟写给其五哥郭翊新的一纸书信草稿，且未写完。这纸拟作书信稿写在什么时间呢？笔记本封面印有“高等分设中学堂讲录”，手写“郭开贞”等字，但没有写明年级班次，据此，我们只能够知道一个大概的时间范围，即，应该是在 1910 年 3 月郭沫若经补试插班进入高等分设中学堂丙班（三年级）后，至 1911 年 12 月 25 日放寒假他返回沙湾之间（寒假后 1912 年初，学校再开学时郭沫若转入成都府中学）。

信稿中的一句话，可以让我们缩小考察书写的时间范围，即：“鼠疫延至成都系一时说传，不足信”一句。关于发生鼠疫一事的“说传”，其实不是空穴来风，而是实有其事。1910 年 10 月 25 日，东北满洲里地区爆发鼠疫，11 月初即传至哈尔滨。之后，疫情迅速蔓延开来，很快横扫东北地区，而且波及河北、山东等地。这是当年社会公共医疗卫生方面的一件大事。一年之后疫情才得以结束，死于这次鼠疫者达六万余人。信稿中提及的鼠疫传言，应该就是指此事。考虑到疫情蔓延的过程，有传言鼠疫延至远在西南地区的成都，应该是转过年的事了，那么该信稿应书写在 1911 年初。能否有更确切一点的时间呢？这里暂且搁置一下。

我之所以关注郭沫若这一段拟作书信稿，不仅因为有关郭沫若与其五哥郭翊新书信往来的史料非常之少（郭沫若曾写给郭翊新的书信实际仅能在其留学家书中见到一函），但凡有一点就值得发掘，更因为这一手稿可能就是曾实际寄出的一封信函的草稿 。而且从手稿的行文看，虽为未完稿，但要写的事情（回复五哥询问画像之事）已经写完了，也就是说，这基本上是一纸完整的书信稿。当然，没有实寄信函的实物存在，要证实这一点是比较困难的。那么，我们从郭沫若的自传中是不是可以寻找到一些线索呢？

在郭沫若少年时代的生活经历中，他与五哥的关系中有一个重要因素存在，就是王师韫——他的五嫂。在郭沫若自传少年时代部分里，他记述了家族中多位女性人物，而五嫂王师韫，是除母亲之外他使用笔墨最多所写到的一位女性，比写那位后来成了他小说人物的三嫂所用笔墨多得多。按自传所记，王师韫与郭沫若阴差阳错没能成为夫妻而成了他的五嫂，郭沫若是颇觉遗憾的。王师韫因病故去的临终之际口中念叨着“八弟！八弟！你回来了”的呓语。自传中那些情节的叙述和描写（这里不一一列举），说明郭沫若对于五嫂的记忆是包含着一份情感记忆的，所以二十年之后写作自传，他能把许多历史情节记得那样清晰，其中就包括一幅画像。这是在郭沫若结婚前夜的情节中写到的：

> 我迟疑了一会，母亲又催促了我几番，我也就起身进厢房里去了。
>
> ……
>
> 窗子的西边一堵粉壁上挂着一张死了的五嫂的画像，那是五嫂死后五哥在成都找人用铅笔画的，在前本挂在他自己的房里。但不久五哥便续了弦，新五嫂怕看见死人，五哥便把她取来挂在这厢房里了。画像相当朦胧，总带着十分凄凉的情调。①

五嫂的画像，五哥在成都找人画的，且是铅笔画，这分明就与上述信稿手迹中写到的画像事相关联。再看时间。王师韫 1909 年 3 月初与郭翊新成婚，是年 12 月末生下一子，“产后仅仅三个月便吐血死了”。② 那应该是在 1910 年 3 月间。按郭沫若记述，当初郭翊新（那时尚在日本）在家里给他与王师韫订婚时，原本是很不满意并且极力反对的，但“出乎意外的是他们结婚之后，伉俪之笃真真正正如胶似漆了”。③ 可惜王师韫因病早逝，一段美好姻缘断了线。

我们回过去再看信稿书写的 1911 年初这个时间段，3 月间，就是王师韫病逝的周年祭，这当然是怀念故人的一个时间节点，特别是周年祭。曾伉俪情深的五哥想到

① 《黑猫》，上海现代书局 1931 年 12 月。

② 《我的幼年》，上海光华书局 1929 年 4 月。

③ 同上。

要给五嫂画一幅像，那不是很合乎情理的事吗？所以信稿中提及五哥欲找人画像一事，应该只能是为其故去的妻子画像。在这个时间点上他不可能想到要为其他什么人画像。

所有细节都能一一相呼应，郭沫若自传中写到的这幅五嫂画像，应该就是他在笔记本上的信稿中所写到的画像一事后续的结果。即，无论五哥是请人至嘉定，还是寄照片至成都（锦城），像是画成了。只不过他再见到这幅五嫂画像时，已经不在五哥房里了，因为那时五哥已经再婚。信稿是专门写给五哥说画像之事的，又有这样一幅画像的存在，那郭沫若给五哥的这封信函应该是寄出了，虽然文字可能有差异。而其书写时间，也可以更进一步确定在 1911 年 2 月间（五嫂周年祭之前不久）。

在郭沫若的生平史料中，有关他与郭翊新关系往来的历史信息非常少，郭沫若在家乡读书时期笔记本上留下的这一纸拟作书信手稿，也算难得了。这样的史料看似不那么重要，但如果它们足够丰富，我们对于郭沫若的生平，譬如他少年时代的生活，才能有更真切和更完整的了解。

好恶评韩愈

郭沫若在五岁时便开始发蒙习读唐诗，他最早写作的旧体诗，也是模仿唐诗作品，所以很早，他就在唐代诗人中有了自己喜欢的和不喜欢的对象。人们最熟知的，是他在自传《我的幼年》里写的这样一段话：

> 唐诗中我喜欢王维、孟浩然，喜欢李白、柳宗元，而不甚喜欢杜甫，更有点痛恨韩退之。韩退之的诗我不喜欢，文我也不喜欢，说到他的思想我更觉得浅薄。①

这段话其实有点奇怪之处：前一句，郭沫若就唐代诗人历数了喜欢的和不喜欢的，但只是点名而已。后一句却转而数说韩愈，不仅说他的诗，还说他的文、他的思想，且均为差评，甚至用了“有点痛恨”这样情绪化的词句。这是何故呢？并且这段评说几位唐代诗人的话语，倒好像主要就为的数落韩愈，其他几人只是顺便说到而已，令人费解。

事实上，在存留下来的郭沫若少年时代的笔记本中，一段他书写的文字却传达了另外的意思。这段文字写在他于成都高等分设中学堂“第七学期”所使用的一册“几何题证”笔记本上。高等分设中学堂的“第七学期”即乙班（四年级）的第一个学期，文字应写于 1910 年下半年至 1911 年春之间。内容是这样的：“李商隐评韩

① 《我的幼年》，上海光华书局 1929 年 4 月。

退之平淮南[①]（西）碑云：点窜尧典舜典字，涂改清庙生民诗。此二语者，非愈孰能当之，然亦少褒矣。”“点窜尧典舜典字，涂改清庙生民诗”，是李商隐《韩碑》一诗的诗句（“清庙”“生民”系《诗经》中的篇名）。韩愈的平淮西碑记述了唐宪宗元和十二年裴度平定淮西藩镇吴元济的战事，其文当时曾声噪一时，后来因宫斗之故被推倒，由段文昌重写，但韩文却流传下来。“此二语者，非愈孰能当之”，郭沫若在这里藉李商隐的诗句，至少是表达了对于韩愈的文体、韩愈为文的气魄和风格的赞赏。这显然与《我的幼年》中的回忆相左。

此后，在多次谈及与韩愈相关的文字中，郭沫若也再没有表达过贬义更不要说差评的文字了。譬如：

在纪念鲁迅逝世四周年时，郭沫若写了《写在菜油灯下》一文，发表于《抗战文艺》12 月第 6 卷第 4 期“鲁迅先生逝世四周年纪念特辑”。他评价鲁迅的文体像“文起八代之衰而道济天下之溺”的韩愈。这是在 1940 年。

1947 年，他为傅抱石的一次画展撰文，以韩愈“自标举”其为文的“沉浸浓郁，含英咀华”，称赞傅抱石的为人和画作“才力丰裕，学力深厚，工力稳健，作画大作气魄而不荡逸规矩，时新机杼而不卖弄才气。”[②]

至晚年（1970 年），郭沫若在《读诗札记四则》之《形夭无千岁》中引韩愈诗《学诸进士作精卫衔石填海》，赞扬韩愈对精卫的歌咏，认为“对于精卫的评价，韩愈见解高于陶渊明。精卫填海有类愚公移山，古代留下了这个传说是很富有教育意义的，精神十分可取。”[③]

郭沫若这些文字虽然说不上推崇韩愈，至少没有贬损之意。像《写在菜油灯下》，就因为以韩愈做比来评价鲁迅的文体，甚至遭到一些人的批评，以为是贬低了鲁迅。是不是贬低了鲁迅姑且不论，至少说明郭沫若这样做比对韩愈的评价还是颇高的。

《我的幼年》写于郭沫若流亡日本之初的 1928 年 4、5 月间。把前后连接起来（少年时代至中年时代再至晚年），我们似乎看不到郭沫若对于韩愈的评价有经历过一次大反复的因由。那么《我的幼年》对韩愈的差评，或者因为作者写作时带着什么情绪吧，就如同《黑猫》之于新婚之际对张琼华的书写明显有情绪的渲染[④]。郭沫若的自传作品，是我们记述其生平活动重要的文献史料依据。但郭沫若自传作品在写作时对于史料的取舍和臧否，是包含了作者主观考虑和情感因素在内的这一点，是我们需要注意的。

郭沫若少年时代就学读书时的笔记本，是其早年生平活动最重要的一批史料，早

---

① 手迹原文如此。

② 《勖抱石——为傅抱石画展作》。发表于 1947 年 10 月 23 日《大公报·大公园》。

③ 见《文艺报》1982 年第 11 期；又见《郭沫若古典文学论文集》，上海古籍出版社 1985 年版。

④ 见蔡震《郭沫若生平文献史料考辨》，社会科学文献出版社 2014 年版。

在上世纪70年代末，就整理出了《郭沫若少年诗稿》（乐山市文管所编，四川人民出版社1979年10月初版）。但此后，便再无其他史料被发掘整理出来。应该说，这一批笔记本中还包含有许多有关郭沫若少年时代活动的历史文化信息，它们是需要经过甄别、识读、整理的，尽管这是很困难的一件事。不过，三十余年（距《少年诗稿》整理出版）过去，郭沫若研究文献史料工作的水平也早已有了很大的提升。当然，真要整理这批史料，其实还应该包括郭沫若早年的家书，首先需要这些史料（完整的、不完整的、甚至残缺的）能够公之于众（研究者），仅凭一些照片资料，很难展开精细的、完整的整理研究。

若干史料考辨

出版于2012年的《敝帚集与游学家书》① 一书，将上世纪80年代前后整理出版、发表的郭沫若早年的几种诗文、书信汇集起来，重新做了整理、校订、注释，可谓集大成。书中大量释文校订的工作，订正了包括原稿、原信手迹，以及《郭沫若少年诗稿》《樱花书简》释文中的一些疏误、错漏。但是有若干处对于原稿手迹文字的改正或识读有误，也有一些史实或需要再予推敲。这里不揣冒昧，据原稿手迹（图片）做一些考辨。因为正如该书编注者所言，研究者们多没有机会接触原稿，只能依据整理出版的史料，若其中有差错，则可能长期被沿用。

（一）诗歌部分

《澡室狂吟》中“我已久成厌世心，每思涤虑脱尘俗”句，“成”字原稿为“存”，“我已久存厌世心”。

《代友人答舅氏劝阻留学之作　次原韵》中“编户非弱弦”句，“户”原稿作“磬”，“编磬非弱弦”。“磬”是古代的打击乐器，用玉或石制成。一组声调高低不同的“磬”组合成“编磬”，其玉石之音的声调和力度当然非弦乐可比。“编户”则指“编入户口的平民”，与乐器和乐器之声无关。

《感时 八首》第一首中“频来感觉兴衰事，极目中原泪似麻”句，“感觉”原稿为“感觸”，“觸”即“触”，“频来感触兴衰事”。第二首中“波兰遗事不堪懑”句，“懑”原稿为“悫”。《敝帚集与游学家书》注意到原稿手迹作“悫”，但以为“悫”即“懑”，注曰：“规范校改，意为烦闷。”事实上“悫”的异体字为“慤”，与“懑”的字义不同。“懑”是烦闷的意思，“悫（慤）”则是哀痛的意思。诗句表达的显然是后者之意，即“波兰遗事不堪悫”。

---

① 郭平英、秦川编注：《敝帚集与游学家书》，中国社会科学出版社2012年版。

《夜泊嘉州作》最初被整理收入《郭沫若少年诗稿》[①]，编者订定其“作于1907年”。《敝帚集与游学家书》则考证《夜泊嘉州作》作于1910年夏，否定了《郭沫若少年诗稿》的说法。其说明这样写道：“此诗殆作于1910年夏。据首句末尾‘下嘉州’三字，可知其间作者在成都四川高等学堂分设中学堂读书，暑假由成都回沙湾途径乐山，在船上夜宿时写。”

由“下嘉州”三字即推断诗作于作者从成都走水路经嘉州（乐山）返乡途中，似过于草率，因为从沙湾走水路到嘉州（嘉定），也称“下嘉州”。前者沿岷江顺流而下，后者沿大渡河顺流而下。郭沫若在自传中多次述及从沙湾往嘉定府城都是这样写的：“我们一共包了三只船，一同驶下嘉定”。“从大渡河下嘉定是一船下水”。“我下府城其实也不开始在这一次”[②]。所以“下嘉州”并不能作为判断诗写作时间的“因”，而要从诗的内容去寻找线索。

其实《敝帚集与游学家书》的编注者也意识到“下嘉州”亦“可指从沙湾沿大渡河顺流而下，至嘉州”。（见该书“附录2　解读之二”）这与“说明”的文字就矛盾了。所以，该书又从“夜泊嘉州”可以作两种解释：“一为留宿嘉州，作短暂停留；一为行船至嘉州，靠岸停泊过夜”，来论证该诗不可能是1907年作者升学至嘉定府官立中学堂时作，因为作者是时由沙湾船行至目的地嘉定，应下船入住嘉定府城内就读，与上述两种解释均不符。然而，该书对于“夜泊”的解释是不准确的。“泊”的本义是“停船”，“舟附岸曰泊”。“夜泊”，即（行船至）夜晚停船，停船的地点是嘉州，故曰“夜泊嘉州 ”。至于是停船上岸住宿，或是留宿船上，上岸是短暂停留，还是已行至终点靠岸，均非“夜泊”所表达的意思。所以，不好以此为由来否定作者从沙湾乘船至嘉定，并作此诗的可能。

比较一下另一首诗《晨发嘉州返乡舟中赋此》，《敝帚集与游学家书》断定此诗作于1910年。《夜泊嘉州作》的文笔较之要稚嫩一些，摹仿的痕迹亦重，（《敝帚集与游学家书》的编注者也注意到这种情况）。其与《晨发嘉州返乡舟中赋此》一诗，似不会作于同时。《夜泊嘉州作》的末句作“借此扁舟宜载酒，明朝当作凌云游”，在苏东坡载酒泛舟处一游这种风雅之事，对于自1906年起就在嘉定府城读小学，1907年起读中学的郭沫若而言，应该早就失去了新鲜感。也即是说这样的句子入诗，怕是早几年的事。从这层意思上看，《夜泊嘉州作》的写作时间，仍按《郭沫若少年诗稿》所言作于1907年为好。

（二）家书部分

第22函，1914年11月27日致元弟信结尾处一句是“蕉新孔嘉，博议可成否?”

---

① 乐山市文管所编：《郭沫若少年诗稿》，四川人民出版社1979年版。

② 见《我的幼年》，上海光华书局1929年4月。

《敝帚集与游学家书》推测“蕉”字系“其”字笔误，将其改正。“其新孔嘉”出自《诗经·豳风·东山》“其新孔嘉，其旧如之何!”编注者将诗句解读为“愿幸福和美的时光始终如初，直到地老天荒”。认为郭沫若在信中“借此语表示祝福”，祝福刚刚完婚的郭开运。但对《东山》几句诗的解读似乎不大恰切。

《东山》是一首写久戍的兵卒在归家途中思家的诗。全诗四节，第一、二节写思念家园，第三、四节写思念自己的妻子。“其新孔嘉，其旧如之何”是全诗的结句。如果只看第四节的几句诗，编注者的解读或者也可作为一种释义，但这几句诗不能脱开全诗释读，“其新孔嘉，其旧如之何”的意思应该是：（兵卒忆及）新婚时的妻子非常美丽，（思虑）这么多年过去了，不知现在会怎样呢！那么，用这样的诗句来祝福郭开运新婚，恐怕是不合适的。

将“蕉”改为“其”字失之轻率了，该句或另有其意。当然“蕉”字及该句在信中的确费解，但以“蕉”字之义解，该句也并非不通，“博议”亦可指一篇文章。所以，在没有找到相关史料可以让我们确切了解“蕉新孔嘉”句所言何事，或是与何事有关，“蕉”字是否为笔误？那还是保持文字原状为好，即便做存疑处理。

该信还有“此吾情之所以倦倦于弟，而有不能自解者”一句，其中“倦倦”，手迹实为“惓惓”。“倦”乃疲乏、厌倦之意。“惓”同“拳”，恳切之意。“此吾情之所以惓惓于弟”。

第38函，1915年10月21日致父母信，其中一句“所住的地方，房主人系六旬老妪一人，颇为清切”。《敝帚集与游学家书》改“清切”作“情切”，以为是笔误。

以“情切”来述说一位六旬老妪的房东对自己的热情、关照，怎么看这用词都有些别扭。而一个六旬老妪，声音清切——清亮急切，自然会被格外注意到，并且用“颇为”来向他人描述，这是不是更合乎生活和语言的逻辑呢。我以为不改为好。

第41函，1916年2月19日致父母信，其中“其叶长青，喻吾亲寿如东海，长青不老”句，“长青不老”的“青”手迹为“春”，“长春不老”。

第48函，1917年1月12日致父母信，其中“现刻已移寓，拟踅住三两月”句，“踅”应为“蹔”。“蹔”同“暂”，“拟蹔住三两月”。“踅”则是来回走的意思。“有名大根菜者，乃白萝蔔也”句，“萝蔔”手迹作“蘿葡”。“蘿”即“萝”，“葡”当系误笔，应为“蔔”，即“卜”。“乃白萝蔔也”何不一并改简体字作“乃白萝卜也”。

第51函，1917年2月24日致父母信，其中“遂至国交断矣”，“矣”手迹为“绝”，“遂至国交断绝”。

第64函，1920年3月15日致父母信，其中“叨父母恩祜”句，“祜”手迹为“祐”，“叨父母恩祐 ”。

第68函，1923年1月21日致父母信。这是一封为安娜生下第三子，给父母报平安的信。信中写道：“查旧历，今日是仝月五日，属午。‘一白佛灭’，遂命名之为

‘佛生’。”《敝帚集与游学家书》将“属午”改作“属牛”，复在注释中说：“壬戌年生人属性为狗，信中推算有误。”看原信手迹，“属牛”的“牛”字确系“午”字，而且非常清晰，不会误识。显然是编注者有意做了改动，但却没有予以说明，反而就改动后的“属牛”，认为是“信中推算有误”。其实编注者在这里将“属午”理解错了，以为郭沫若是要告知父母三子佛生的属相。佛生出生的壬戌年是牛年，这对当时的人们是无需赘言的，郭沫若也没有必要特意告知父母亲孩子属牛。“属午”的“属”，在这里不是属相之谓的“属”，而是时辰五行属性之谓的“属”。信中报告佛生出生的情况：“全月”即农历腊月，“五日”即初五，“属午”当然是该报告时辰了，即“午时”。“午时”是指上午11时至下午1时。佛生出生的时间“上午十一时四十分顷”，正是午时。

时辰与五行有对应关系，是时辰的属性，这不同于属相的五行。午时的五行属火。旧时中国人都有一个很重要的个人信息需要知道，即：生辰八字与其五行属性。所谓生辰八字，就是以干支所记的生辰年、月、日、时。郭沫若告知父母，三子出生时辰“属午”，当是为让家中知道孩子出生时辰的五行属性，他自己应该是不知道或不记得午时与五行的对应关系。事实上，当时的人们也无需记得生辰与五行的对应关系，但农历的生辰年、月、日、时是需要记住的，这样，需要时（譬如，订婚、看相）自会有人给你查找。

此外，书中所用一张郭沫若在房州海滨的照片说明文字：“1915年夏”，应为“1914年夏”。照片右侧有文字：“甲寅夏日避暑房州”。甲寅年是1914年。

总之，对于以手迹呈现的原始资料的识读，解读，不要轻易改动其文字，尤其是在不能绝对肯定其为错笔或笔误的情况下。即使疑其有误，也以保持原状出注为好。留给阅读使用者去斟酌，或日后有其他史料发现辅之，可以做进一步考订。

（原载《郭沫若学刊》2017年第4期）

关于《文工会签名轴》二三事

王锦厚

《文工会签名轴》，是在文化工作委员会庆祝成立举办的一次盛大招待会上全体出席者的签名，全称应该是“政治部招待陪都文化界、新闻界晚会来宾题名”。签名事项由当时的经办单位文化工作委员会负责，因此，习惯称“文工会签名轴”。它是一件极其珍贵的国家一级文物，记载着周恩来、郭沫若抗战期间的一次重大活动，透露了不少的历史信息，是研究抗战史，特别是文化工作委员会的绝好材料。

“失而复得”的故事

“四人帮”垮台后，上海文物清查小组一直在努力寻找《签名轴》，经过不懈努力，终于在一九八三年七月找到，十六日归还给原珍藏者翁植耘。翁立即在长轴的左眉写上了如下话语：

> 一九四五年郭老嘱保存，一九六六年遭劫，一九八三年七月十六日失而复得，谨献北京郭沫若故居。
>
> 末尾盖有收藏者印章　翁植耘藏

短短的几十个字，却包含了无限的感慨。

据翁植耘说：招待会后，《签名轴》一直悬挂在天官府七号文化工作委员会的大厅里，另一边则挂着田汉手书的一幅顶天立地的行书大中堂。行书气冲霄汉，备受周恩来和其他文化界同志的赞赏。一次周恩来来到文工会，看了郭沫若和田汉补题的两首诗，不禁发出感慨，说：“郭先生的‘笔剑无分同敌忾，胆肝相对共筹量’这一联好!”“寿昌的诗更富感情，‘天下几人锅有米？川中今亦食无盐’一联道出了人民的疾苦”。1945 年 4 月 1 日，文化工作委员会被迫解散，在安排善后工作时郭沫若和冯乃超同志将《签名轴》等文物交时任文工会秘书的翁植耘保管。新中国成立，翁向郭沫若汇报过《签名轴》珍藏的情况，郭叫他继续保管。1958 年，翁被错划为右派，失去了与外间一切联系。但仍然将它珍藏着，“文化大革命”期间，他家先后五次被抄，珍藏文物，散失殆尽。《签名轴》也被抄走，下落不明……

《签名轴》的珍藏者翁植耘，何许人？名泽永，字植耘。浙江宁波人。文工会首任秘书，一个很有背景的秘书。所谓背景，原来他是陈布雷的亲外甥。陈布雷，当时身为国民党中央宣传部次长，蒋介石侍从二室主任，国民党中央政治会议副秘书长……如此背景，翁本可以在仕途上升官发财，然而，他放弃了，投向了进步事业，作了郭沫若在文化工作委员会首任秘书，与郭沫若“共事数载”。对郭沫若有密切接触，有较多了解，……喜爱书法，特别是郭沫若的书法。如他寄给笔者的一个复印件中所说：“郭沫若的书法手迹，我保存好几幅，见到过的则难以计数，很多是在当面看着郭老挥毫的。”

《签名轴》原件已捐献给了重庆市博物馆。2014 年 9 月 3 日起，重庆市将它作为国家一级文物在三峡博物馆陈列展出，引起观众的普遍注意和重视。9 月 4 日，《重庆日报》还在《“抗战岁月”还原真实战时重庆》文中对它作了重点报道。

空前绝后的《签名轴》

一九四〇年十二月八日重庆《新华日报》以“文化界空前盛会　政治部招待文化新闻界”为题对“盛会”作了报道，说：

> 政治部部长张治中、副部长梁寒操、王东原、文化工作委员会主任委员郭沫若、第三厅厅长何浩若五氏，昨晚假中国电影制片厂招待渝市文化新闻界人士举行空前热烈之盛大晚会。到于右任院长孙哲生院长及黄炎培、沈钧儒、章伯钧、周恩来诸等文化新闻界人士共三百五十余人。

其实远远不止三百五十余人。这里说的是记者发稿时“轴”上的签名人数。到底是文化新闻界的哪些人？尽管有人对《签名轴》进行过研辨，由于签名者字体不一，大小各异，很难研辨，到目前为止，似乎尚无准确答案。

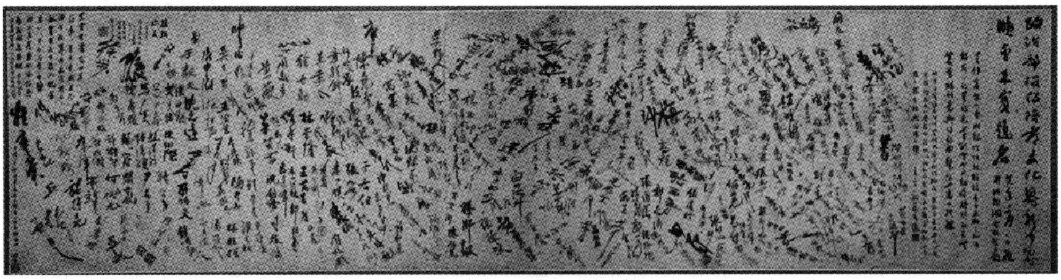

文工会签名轴

然而，弄清签名者将是一件十分有意义的工作。我再作了一点尝试，对参加签名的人作了辨认。他们是：

周恩来、黄炎培、沈钧儒、陶行知、于右任、章伯钧、阎宝航、邹韬奋、邓初民、陈望道、张申府、冰 心、黄少谷、阳翰笙、李公朴、史 良、曾虚白、田 汉、冯乃超、洪 深、茅 盾、老 舍、郑伯奇、马宗融、翦伯赞、沈志远、尹伯休、胡 风、蓬 子、吕霞光、叶籁士、徐 步、蔡家桂、凌 鹤、李可染、丁正献、光未然、柳 倩、臧云远、安 娥、沙 梅、王 琦、蔡 仪、朱洁夫、尚 钺、罗髫渔、朱海观、施白芜、胡仁宇、高 植、石啸冲、翁植耘、钱文桢、黄序庞、力 扬、乐嘉煊、霍应人、先锡嘉、白 薇、万迪鹤、李广才、邢逸梅、绿 川、刘 巍、韩 光、秦侠农、王孝宠、徐进之、于立群、丁月秋、杨鸿礼、陆坚毅、谭文选、常任侠、何公敢、徐寿轩、马彦祥、孙师毅、刘明凡、陈乃昌、刘启光、辛汉文、刘希宁、李 嘉、赵启海、高龙生、郑用之、傅承谟、罗真理、孙 杰、郭宝祥、张宗元、黄芝冈、李泽普、卓云林、吴作人、舒 展、高 集、徐 盈、余克稷、王伯龙、陈尧圣、吕志澄、戈 令、冯当波、王忍之、朱茂生、章骏锜、周光驰、黄 微、吴茂荪、彭子岗、吴树琴、浦熙修、汪日章、史 靖、黄洛峰、唐性夫、苏 怡、黄印文、张良马、杨丙初、曹谷冰、陆晶清、林 辰、滕 杰、萨空了、陈和山、张维龙、闻廷耀、吴子游、唐国祯、周家岳、林桂园、许詠平、吴藻溪、张元松、李廷英、丁 聪、吕少春、杨炳长、胡秋原、刘尊棋、吴 敏、张元松、李绍林、郭春涛、吴遵明、沙 夏、应云卫、梅 林、王德亮、张光宇、金长祐、陈廷怀、孙炳炎、胡树琴、宋如海、华 林、许 超、彭 哈、何联奎、朱世训、李小梅、关 良、王绍维、宋裴如、徐辅德、陈北鸥、韩 鸣、孟君谋、卫聚贤、叶以群、林国华、葛一虹、杨邨人、朱德如、谢友兰、汪竹一、王炳南、王德亮、吴文藻、徐仲年、许君武、刘清扬、罗 教、张书旂、王卓然、郭宋泽、高 兰、张道行、刘 芳、范 扬、郭秀仪、于毅夫、陈纪滢、吴 毅、赵汉行、吕少春、何树元、许涤新、谷正冈、康 泽、施复亮、长 虹、丘 哲、陈赓雅、李季谷、王泊生、林明哲、光未然、鲍 宕、张如海、孟健民、王乃吕、亦 五、张 颖、潘梓年、罗 荪、谢仁钊、李长之、王芃生、何 容、白 萍、李剑华、赵鹏升、曹靖华、朱洁之、童世纲、张白山、张西曼、赵敏生、沙 林、石部带代子、王云阶、任 钧、陈鲤庭、侯外庐、张道藩、郭一予、李仲华、林贤予、方 殷、王觉源、张九如、叶飞岚、刘雪庵、李仲平、潘刁农、吴道明、郭泽华、赵慧深、张德流、陈烟桥、胡 绳、沙 夏、沈起予、徐世勋、王平陵、周 文、杨毅夫、吴克坚、凤 子、王炳南……

这个无法辨认全部人员的名单，几乎揽括了当时各党各派及无党无派各行各业在重庆的所有名流。在抗战史上，即使新文化运动史上，如此众多，不分党派、不分行业的名流同时出席一个招待晚会，实属罕见，不但可谓“空前”，而且完全可以说“绝后”。

据翁植耘说：可惜签名台仅设两只，因此有一部分人漏签。看来有五分之一左右的人漏签了，一望便知的如孙科、张治中，轴中就没有名字。又如曾家岩五十号和《新华日报》社的同志在我的记忆中：董老、邓颖超同志、章汉夫、徐冰、石西民、陈家康等同志，那天都参加了，而未见他们的名字。郭老题诗中说“晚会来宾题名者四百余人”是准确的。横轴裱成时郭老加题了“政治部招待陪都文化界新闻界晚会来宾题名”，“廿九年十一月七日于纯阳洞电影制片厂”（应该是十二月七日）两行字。12 月 21 日郭老和田汉兴来，各赋七律一首，并加说明，裱在一起，内容如下：

四百余宾聚一堂，水银灯炷竞辉煌。
慰劳血战三杯酒，鼓舞心头万烛光！
笔剑无分同敌忾，胆肝相对共筹量。
醉余豪兴传歌曲，声浪如涛日绕梁！

晚会来宾题名者四百余人，宾主相洽，极一时之盛，酒后寿昌、老舍、浅哉、彦祥诸兄先后曼声作歌，佐以话剧及电影，直至夜阑始散，至今思之，犹有余兴，因赋此律。

十二月二十一日郭沫若题

田汉同志在横轴后面也题了一首七律，如下：

紫电银涛发四檐，一时群彦见毫纤。
果然酒令如军令，敢说枪尖逊笔尖。
天下几人锅有米？川中今亦食无盐！
诸公且尽盈杯绿，好为民间达苦甜。

当夜部长演说，盛称笔杆之功，孙院长谈及食粮问题，尤得举座同感，盖各人都有一把辛酸泪也。

田　汉

两首七律，生动准确地写出了“晚会”盛况空前，热烈气氛，充分表达了参会者的政治热情和抱负。

晚会是对蒋介石妄图“羁縻”进步文化人的阴谋的一次绝妙反击，更是全中国文化人抗击日本帝国主义到底的一次宣誓。

这些签名者都是历史最好的见证人，更是历史的参与者、创造者。《签名轴》不愧为一篇鲜活的历史教材！

堡垒是怎样建成的

文工会是国共两党斗争的特殊产物。从诞生到解散，每一步都充满了斗争。张治中称它为“租界”，文化人称它为“解放区”，左翼人士视它为战斗堡垒。就是这个在敌人心脏的战斗堡垒，以特殊的方式为抗日战争和世界反法西斯的胜利做出了特殊贡献！

文工会成立于何时？如何成立的？怎样向外界宣布的？

下面我们来看看事件的进程吧：

九月一日

新任政治部长已于昨日到部视事。（中央社发布消息，9 月 2 日重庆各报相继刊载。）张上任的第一件事就是着手处理原三厅的人马。

九月初

张治中一上任，周恩来便去找他，对他说：“第三厅这批人都是无党无派的文化人，都是在社会上很有名望的。他们是为抗战而来的，而你们现在搞到他们头上来了。好！你们不要，我们要！现在我们准备请他们到延安去。请你借几辆卡车给我，我把他们送走。”张治中听后就说：“等我报告了蒋委员长再说。”（阳翰笙：《风雨五十年》，人民文学出版社 1986 年 10 月版。金冲及主编：《周恩来传》中央文献出版社 1998 年 2 月 1 版）

九月初

没隔几天，蒋介石突然召见郭沫若、阳翰笙、冯乃超、杜国庠、田汉等原第三厅的主要负责人。对他们说：现在正是国家用人之际，你们不能离开。我们想另外成立一个部门，还是由第三厅的人参加，仍然请郭先生主持。接着，蒋介石的机要秘书李维果对他们说：委员长的意思，部里成立一个文化工作委员会，委员会的宗旨是对文化工作进行研究，现在研究工作也很重要，仍然请郭先生主持，请诸公参加，这样也就是离厅不离部嘛！（阳翰笙：《风雨五十年》）

九月初

阳翰笙等向周恩来汇报蒋召见的情况后，说：“蒋介石分明要把我们圈起来，怕我们去延安，你看怎么办？”周恩来听后，断然回答：“就答应他吧！他划圈圈，我们可以跳出圈圈来干嘛！挂个招牌有好处，我们更可以同他进行有理、有利、有节的斗争，展开我们的工作。”他鼓励阳翰笙等说：“我们处在无权无势时，还能在地下干，现在有一个地盘给我们站住脚，难道还怕干不成事吗？”（阳翰笙：《风雨五十年》）

九月七日

张治中约谈周恩来。

（1）解释撤销三厅内幕；（2）探知蒋介石召见郭沫若、阳翰笙、田汉、冯乃超、杜国庠等三厅主要人员情况及谈话内容；（3）告知欲组建文工会，直属部长，专管文艺、对敌工作；（4）欲请郭沫若主持。

九月八日

周恩来致郭沫若，如下：

沫若我兄：

顷间张文白部长约谈三厅事。我告以文化界朋友不甘受党化之约束，故当郭先生就三厅长任时，即向辞修声明，得其谅解，始邀大家出而相助。今何浩若就任三厅，无疑志在党化，与郭先生同进退之人，当然要发生联带关系，请求解职。文白当解释全部更换，系委座意见，王系陈荐，梁为公推，袁、徐虽黄埔，但新识，何则最后决定，亦非自荐，只滕杰任办公厅主任，乃文白旧识。文白又询兄见委座经过，我当据实以对。彼言翰笙等辞职已准，但仍须藉重，必不许以赋闲。最后征我意见，我以在文艺和对敌方面仍能有所贡献，只不便在党化三厅方针下继续供职，但决非不助新部长。文白乃言可组文化工作委员会仍请郭先生主其事，直属部长，专管文艺对敌工作。我答以此容可商量，最好请文白亲与郭先生一商。彼言明晨下乡作纪念周，将顺道访兄一谈此事。我意文白谈及此事，当为奉命而来，兄不妨与之作具体解决。盖既名文委，其范围必须确定，文艺（剧场剧团仍宜在内）与对敌工作倒是两件可做之事，然必须有一定之权（虽小无妨）一定之款（虽少无妨）方不致答应后又生枝节也。除此，在野编译所仍宜继续计划，因文委即使可行，定容纳不了全部人员，而文化界留渝一部分朋友亦宜延入编译部门。究如何请兄酌之！

早安！

周恩来

九月八日夜

（周恩来：《文艺和对敌工作仍能有所贡献——致郭沫若》，《周恩来书信选集》，中央文献出版社 1988 年 1 月 1 版）

九月九日

张治中于赖家桥晤郭沫若，商谈关于文化工作委员会事宜。

郭沫若根据周恩来信中指示精神，接手组织文化工作委员会。

九月十日

郭沫若完成《文化工作委员会组织大纲　拟议》

一、机构

直属于部长（据张部长口头指示）。设主任委员一人、副主任委员一人、委员若干人，下分三组（一）文献编纂组，（二）艺术改进组，（三）对敌工作组。外加主任办公室。全体机构仿厅之组织而较小。

二、工作范围

关于编纂方面：

1. 负责编纂较基本、较高级之战时文献。如《抗战一年》《抗战二年》《抗战三年》之类。

2. 负责编辑一种巨型之综合刊物。

3. 负责编辑较基本、较高级之文化丛书。

关于艺术方面：

1. 负责研究各种艺术部门（美术、音乐、戏剧、电影等）之改进与实验。

2. 负责指导本部直属各艺术团队之业绩并供给资料。

3. 完成中国万岁剧场之建立，并负责经理。

关于对敌方面：

1. 担任本部一切之对敌工作。

2. 日本在华反战同盟划归本委员会监督指挥。

3. 担任对敌工作人员之训练与督导。

三、经费

除一定之办公费经常费外，希望每月能有事业费（此乃最低限度，能多当然更好）二万元，在此范围之内编配应进行之工作限度。

四、人选

除三厅被撤换同事得以参加并以原级待遇（据张部长口头指示）之外，得酌量延纳外界人士以充实工作。

党籍不限。（此据张部长口头指示）

以上四项，如蒙核准，当再进行详细之组织方案。

廿九年九月十日于赖家桥

郭沫若　拟

（原件藏重庆市档案馆）

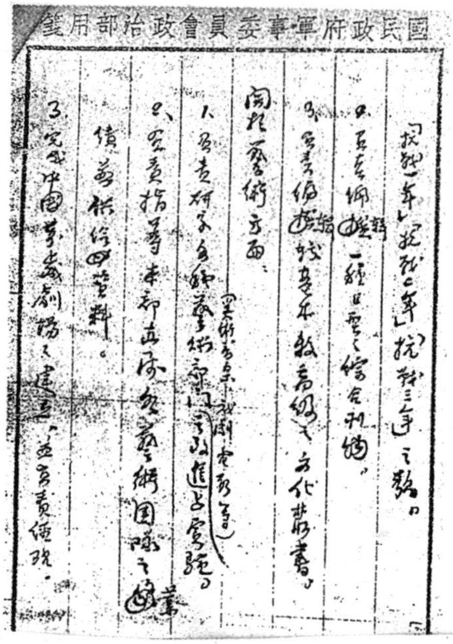

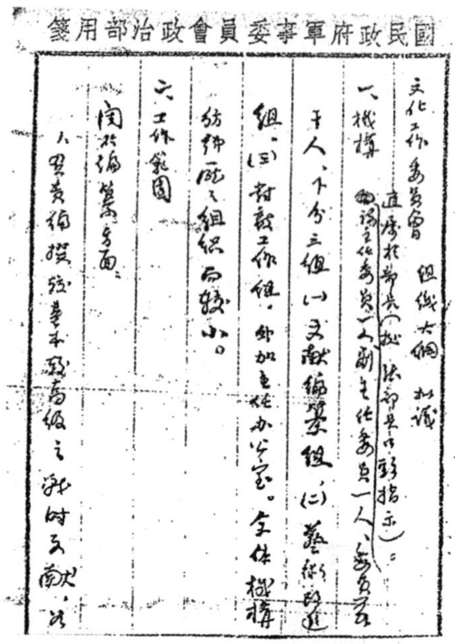

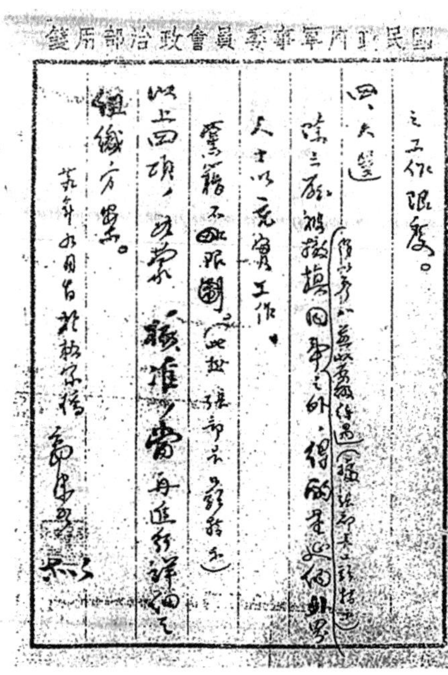

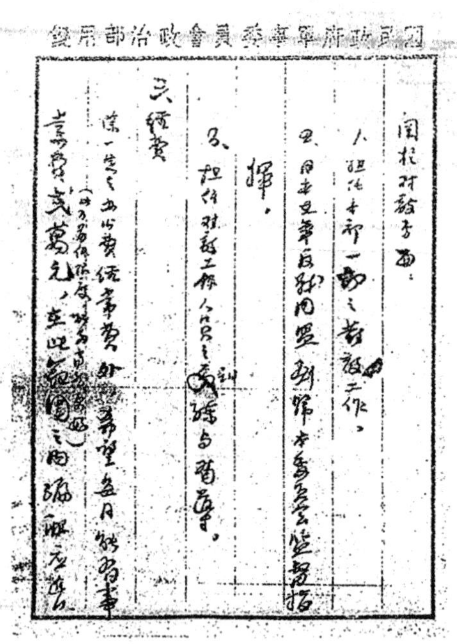

九月十三日

郭沫若致函张治中，谓：“本部直属电影放映总队总队长一职本由沫若兼任，兹以本部改组，沫若原兼职务理应联带解除，敬请命令公布。至总队业务，向由副总队长郑用之同志负责，所有移交手续应否责成该副总队长代为处理之处并乞钧裁。”张治函覆道：“大函敬悉，电影放映总队长职务应准解除，并派何厅长接充，函交接事宜，已分令何厅长及郑副总队长分别办理矣。”（转引蔡震：《郭沫若生平史料摭拾》，台湾花木兰文化出版社 2013 年 9 月）

九月中旬

郭沫若拟订组织规程、编制及工作计划草案等，呈周恩来征求意见。

九月二十一至十月二日

政治部以“治用巴字 19200，19201，19203 号公文分别发出派令，办理任免交接事宜。

十月八日

“治用巴字”19764 号文拟设文化工作委员会并派郭沫若兼任主任委员、组织规程等件呈报国民政府军事委员会蒋委员长

拟设文化工作委员会并派郭沫若兼任主任委员呈文

一、事由：本部拟设文化工作委员会并派郭沫若兼任主任委员，检呈组织规程等件请核示由

本部为发扬战时文化，加强对敌宣传并提供关于国际问题之研究，拟设置文化工作委员会，并派本部指导委员郭沫若兼任主任委员，是否有当？理合连同组织规程及编制草案一并呈请

鉴核示遵。

谨呈

委员长蒋

附呈文化工作委员会组织规程及编制草案各六份

政治部部长　张〇〇

二、事由：函请贵指导委员兼任本部文化工作委员会主任委员即希尅日组织成立由

本部为发扬战时文化，加强对敌宣传并提供关于国际问题之研究，特设置文化工作委员会并请

贵指导委员兼任主任委员，除呈会备案及加委外，相应核同组织规程及编制草案函请

查照即希尅日组织成立为荷

此致

郭指导委员沫若

附组织规程及编制草案各一份

部长　张〇〇

十月中旬

蒋介石以军事委员会指令令政治部

二十九年十月八日治用巴字第一九七六四号呈一件本部拟设文化工作委员会并派郭沫若兼任主任委员检呈组织规程等件。请核示由。

呈件均悉。准予备案。惟组织规程内尚有错字，编制表内官佐总数不符，经予修正。除饬函知军政部铨叙厅外，修正规程编制随令颁发，仰即知照。此后呈核附件，务须缮印清晰，校对无讹，然后上呈，以免贻误！是为至要。此令。

附发修正文化工作委员会组织规程及编制表各一份

委员长　蒋中正

十月十七日

张治中下达手令

聘　郭沫若先生为本部文化工作委员会主任委员

治中　十、十七[①]

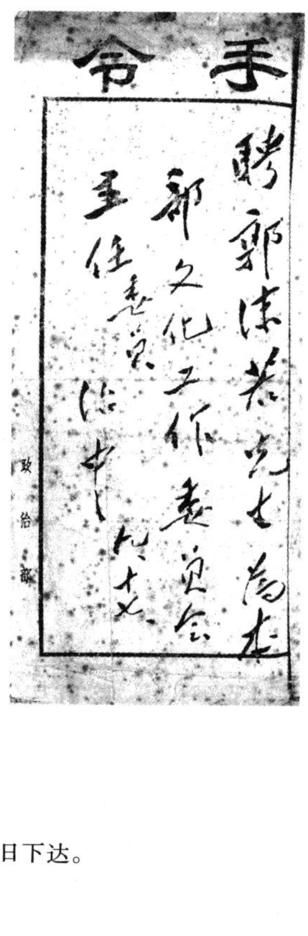

① 手令，九月十七日签，十月十七日下达。

十月十八

国民政府军事委员会政治部命令

治机任字第十九号

二十九年十月十八日

本部

一、聘任杜国庠　尹伯休　洪深　孙师毅　□□□　沈雁冰　胡风　郑伯奇　姚蓬子　沈志远诸先生为本文化工作委员会委员

二、聘田汉　舒舍予　马宗融　吕振羽　黎东方　孙伏园　熊佛西　王芸生　张志让　王昆仑诸先生兼任本部文化工作委员会委员。

右令

第三厅

部长　张治中

（以上关于文工会文件，源自2011年第2期《郭沫若学刊》）

十月三十一日

《大公报》抢先发表消息：

军委会政治部文化工作委员会现已正式成立。大部人员均将移至城内办公。该委员会业张治中部长聘定。主任委员郭沫若，副主任谢仁钊、阳翰笙，委员有张志让、孙伏园、胡风、茅盾、洪深、沈志运、马宗融、王昆仑、尹伯休、吕振羽、吕光霞、老舍、蓬子、郑伯奇、熊佛西、杜国庠、孙师毅等。依负责之可能改变，分专任兼任二种。又该部前副部长周恩来　顷又被聘为指导委员云。（1940年10月31日重庆《大公报》）

十一月一日

文化工作委员会在重庆通元门天官府七号正式成立。

张治中说：

在文化委员会成立的时候，我还和他们谈了几个钟头。给他们解释安慰，并还约定和郭沫若两周谈话一次。谈话是在和谐友好的气氛下进行的，大家都觉得满意。

当时我还曾和郭沫若先生说过一句笑话：“我特意为我们左派文化人建立了

一个租界！”这是笑话，但也可以反映出我的心意。（张治中：《张治中回忆录》中国出版集团公司华文出版社 2014 年 4 月）

十二月初

根据周恩来指示：要造一个声势，以显示我们的力量。

经与张治中协商，并得到他同意，以政治部名义召开陪都文化界、新闻界晚会，正式宣布文工会成立，并庆贺。

积极筹办十二月招待晚会。

十二月八日

《新华日报》以《文化界空前盛会　政治部招待文化新闻界》为题对“招待晚会”作了报道。席间张部长首先致词，“深望今后诸先生更能努力在抗战建国两方面加强文化领导，则三民主义新中国之建立当在不远，希望诸先生多多与政治部联络”。最后举杯祝来宾健康！便请郭沫若主任讲演，“抗战本身即为文化运动之发展，我文化界同人抗战以来，精诚团结，以发挥其无比力量，今后更盼加强团结，笔杆一致对外，打倒日本帝国主义。文化工作委员会更望能与大众合作，并请多多帮助，本人愿全力追随”。郭沫若讲毕，张治中部长复请孙科院长讲话，孙院长在热烈掌声中致词，“人生须要两种粮食，一为物质食粮，另一为精神食粮，我们要靠工农大众给我们物质食粮，工农大众须要文化，要诸位给以精神食粮。正如张部长所说，抗战之所以必然胜利，是由于诸位在文化上给以启蒙与鼓动……抗战即是革命，因为我们抗战建国的主要方向是实现民有民治民享之三民主义。……我文化界人士掌握供应人民大众精神粮食之重责，如何教导人民建立民有民治民享之三民主义新中国，而与敌寇汉奸，贪污发国难财者作无情战斗，实为文化同人之唯一方向。”孙院长讲毕，鼓掌之声持久不息，全体来宾都感奋不已。

讲演毕，晚会开始，田汉、老舍、洪深、马彦祥等同志先后登台慷慨高歌。救亡歌曲、诗歌朗诵等，节目一个接一个。最后中国万岁剧团演出了独幕话剧《未婚夫妻》，放映了一场魔术电影。至深夜始尽欢而散。

从这个过程，可以断定：文工会经过了两个多月的艰难筹备，十一月一日成立，十二月七日政治部举行招待会正式向外界公开宣布。一个红色保垒建成，从此在国民党反动派的心脏展开了一场特殊的战斗，到 1945 年 4 月 1 日被迫解散。为抗日战争和世界反法西斯斗争的胜利作了特殊贡献！

（原载《新文学史料》2017 年第 1 期）

郭沫若归国与庐山会议筹备工作关系考

廖久明

在中国现代历史上，庐山谈话会具有非常重要的意义：一、“庐山谈话会对于推动国民政府走上对日抗战道路起了积极的作用”，二、“庐山谈话会是抗日时期各党各派各界代表人物共商国是的最早的一种方式，成为后来国民参政会议政的先声”，三、“庐山谈话会提出了许多主张和建议，其中不乏真知灼见和匡时济世之言，有助于国民党当局内外政策的重新调整和确立”。[①] 考察一下郭沫若归国问题便会发现，以下两件事情都与庐山谈话会的筹备工作有关：一、时任行政院政务处长（当时的行政院院长是蒋介石）的何廉1937年3月前后将郭沫若列入“参加在庐山举行的讨论国事问题的会议”的名单，二、1937年5月17日，何廉再次向蒋介石建议允许郭沫若归国。搞清楚郭沫若归国问题与庐山谈话会筹备工作之间的关系，不但能够换一个角度证明郭沫若归国“共产党功不可没”[②] 的说法值得怀疑，并且能够弥补人们对庐山谈话会筹备工作了解之不足问题。

一　1937年3月：何廉将郭沫若列入参会名单

关于此事，何廉曾在回忆录中如此写道：

> 3月前后，在孔祥熙出使英国之前，委员长要翁文灏和我去上海见他。在这之前，当他离家乡来南京参加国民党中央执行委员会的会议时，他对我们指示说：“准备一张名单，你们认为政府应邀请哪些人来参加在庐山举行的讨论国事问题的会议。”我们拟就了一张名单，包括各行各业的人士。去上海见他时，我们递交了这张名单的草案。我记得，名单上有郭沫若的名字，但我们并不清楚他是个共产党人。委员长看到郭沫若的名字说：“啊，好得很，我对此人总是十分清楚的。”他问我们此人现在哪里，我说1933年在东京时我曾看到过他，但不了

① 余子道：《论七七事变后的庐山谈话会》，《档案与史学》1995年第3期。

② 沈鹏年：《共产党功不可没——再论郭沫若的归国问题》，《行云流水记往（上）》，上海三联书店2009年版，第183—184页。对此，笔者在《郭沫若归国抗战缘由考》（《中国现代文学研究丛刊》2013年第9期）中提出了自己的看法。

解他现在何处。名单上我们也列入了上海帮会头子杜月笙，看来委员长对此感到高兴。①

根据“当他离家乡来南京参加国民党中央执行委员会的会议时”可以知道，蒋介石由奉化回到南京之前，已经打算在庐山举行“讨论国事问题的会议”。

现在，我们根据《蒋中正总统档案：事略稿本》（以下简称《事略稿本》）来考证蒋介石指示翁文灏、何廉起草“参加在庐山举行的讨论国事问题的会议”的名单的时间：1936 年 12 月 26 日，“上午九时四十五分，公与夫人及宋子文、张学良，由洛阳乘机起飞，午十二时二十分抵南京”；12 月 30 日，“考虑应注意各项：一、对倭对俄态度，二、对共方针，三、对力行社方针，对从新组织之干部”；② 1937 年 1 月 2 日，“公上午七时半约各同志处置一切后，于八时半由京乘飞机回里”；1 月 4 日，“公连日考虑对共产党策略，特书之日记中。谓对共党应与之出路，以相当条件收容之，但令其严守范围耳。又考虑干部重新组织，各党各派与名流融洽，国民代表大会日期，改组政府及本党老者亲者之安置等问题”；2 月 2 日，“十时半，由慈庵出发。十二时半到新昌大佛寺，实一胜境也。下午四时后到杭”；2 月 10 日，“公昨日由杭到沪”；2 月 14 日，“上午，由上海乘飞机回京”；2 月 15 日，“本日第五届中央执行委员会第三次全体会议开幕，公以背脊伤痛，未参加。下午，见戴传贤、居正、叶楚伧、邵力子、陈布雷等，商议提案与宣言”；3 月 6 日，“晚，乘舰向上游行驶”。③结合何廉的回忆文字可以推知以下两点：一、至迟于 1937 年 1 月 4 日，蒋介石已经考虑举行旨在“各党各派与名流融洽”的庐山谈话会问题，根据本日的“公连日考虑”和 1936 年 12 月 30 日的文字记载，我们甚至可以将蒋介石考虑举行庐山谈话会的最初时间确定为 1936 年 12 月 30 日④；二、蒋介石指示翁文灏、何廉起草“参加在庐山举行的讨论国事问题的会议”的名单的时间范围是 1937 年 2 月 14 日至 3 月 6 日，由于翁文灏时任行政院秘书长，何廉任政务处长，在行政院院长蒋介石回到南京时，他们理应尽快去谒见，所以，可以断定蒋介石指示翁文灏、何廉起草参会名单的时间是 1937 年 2 月中旬后期。

现在，我们来考察翁文灏、何廉将郭沫若列入参会名单的原因。

---

① 朱佑慈、杨大宁、胡隆昶译：《何廉回忆录》，中国文史出版社 1988 年版，第 124 页。

② 高素兰编注：《蒋中正总统档案：事略稿本》第 39 卷，国史馆 2009 年版，第 618—659 页。

③ 王正华编辑：《蒋中正总统档案：事略稿本》第 40 卷，国史馆 2010 年版，第 8—242 页。

④ 余子道在《论七七事变后的庐山谈话会》认为，蒋介石考虑召开庐山谈话会的由来可以追溯到他离开西安前：“西安事变时张学良、杨虎城两将军向全国发出通电提出的八项政治主张中，就列有‘开放民众爱国运动’‘保障人民集会结社一切政治自由’和‘立即召开救国会议’等三项主张。1936 年 12 月 23 日，张学良、杨虎城、周恩来与宋子文谈判时，周恩来代表中共提出的六项主张中，也明确要求国民党当局‘保障民主权利’‘召开各党各派各界各军救国会议’。蒋介石在离开西安以前，对这些条件在口头上都作了承诺。这是蒋介石考虑召开庐山谈话会的最初的由来。”

1937 年 2 月 22 日，国民党五届三中全会闭幕。会后，蒋介石接受了中央社记者关于开放言论、集中人才、赦免政治犯的提问。在回答集中人才这一问题时，蒋介石如此说道：

> 从政治方面说，中央十年以来，延揽党外有能力之分子，不知凡几。事实上对于民国十三年以前之各党派，早无歧视，更无排斥之意。尤其是对国内具有真实学问与爱国热忱之知识分子，与大学教授，更是虚心咨访，极意尊重，切望其在教育文化上、在政治经济各种建设上尽量贡献，培育有用之青年，完成建国之大业。所以集中人才一层，可以说是中央一贯之方针，今后必更进一步的期其充分实现。凡真正爱国而愿在同一目标之下为国家尽力者，自必与以尊重，且亦欢迎不暇。①

次日，《大公报》以《蒋委员长发表重要谈话：中央尊重言论自由谈话集中人才致力建设政治犯悔过自新可予宽免》为题发表了蒋介石的谈话。有学者认为，加着重号部分的文字“可以看着是举行庐山谈话会的缘由”②。

前面根据《事略稿本》的记载推断蒋介石指示翁、何起草参会名单的时间是 1937 年 2 月中旬后期，蒋介石发表重要谈话的时间是 2 月 22 日，两者结合起来，可以将指示时间确定为 1937 年 2 月中下旬。

根据何廉的回忆可以知道，在指示翁、何起草名单时，蒋介石应该没有专门提起郭沫若，不过，何廉知道郭沫若属于邀请对象，因为他们 1933 年在东京见过面。关于此次会见，何廉除在回忆录中说“1933 年在东京时我曾看到过他”外，再无其他文字记载。不过，笔者认为小田岳夫的《郁达夫传》中的 P 应该是何廉：

> 译书③出版后的翌年，有一天我邀一位中国经济研究家 P（因忘记了姓名，姑且这样称呼）一道去拜访郭沫若。P 虽然有些不大愿意，但还是一起去了。沫若是在那次蒋介石背叛革命以后逃亡日本的，现住在千叶县市川国府台。从押上这一站乘坐京成线的电车，在真间车站下来，再步行七八分钟，就到了他的家。
>
> ……
>
> 他把我们让进正中的那间有六张日本席那么大的房间里。刚坐下，P 就提到沫若的金石研究专著（在日本出版）得到西园寺公望赞誉一事（在一份报纸的

---

① 王正华编辑：《蒋中正总统档案：事略稿本》第 40 卷，国史馆 2010 年版，第 170—171 页。

② 徐希军：《理想主义：胡适国际政治思想研究》，合肥工业大学出版社 2008 年版，第 111 页。

③ 1932 年，小田岳夫翻译了郁达夫的《过去》《春夜》（即《春风沉醉的晚上》）《一人行》（即《一个人在途上》）《香奠》（即《薄奠》）《血泪》《南迁》《爱恋日记》（日记的一部分），以《过去》为题由春阳堂作为《世界名作文库》中的一册出版。

> 社会栏里曾加了照片作过介绍)[①]。沫若并没有表示谦虚，风趣地说："得到了西园寺的赏识，将会成为满洲国的陆军大臣吗？"说罢，豪爽地哈哈大笑起来。[②]

笔者认为P是何廉的理由为：一、何廉1926年6月在耶鲁大学获得经济学博士学位后，一直到1936年6月都在南开大学从事经济学的教学与研究工作，所以称他为"中国经济研究家"当之无愧；二、小田岳夫说自己是1933年的一天"邀一位中国经济研究家P一道去拜访郭沫若"，何廉说自己"1933年在东京时"曾看到过郭沫若，时间上也相吻合。

根据小田岳夫的叙述可以知道，何廉1933年到日本时，应该看见过（至少是听说过）当年1月6日《朝日新闻》发表的《于爱妻之国晴耕雨读——抛弃革命斗士之梦想，藉著述得园公知遇》的新闻。郭沫若的金石研究专著竟然得到了西园寺公望[③]的赏识，这样的人毫无疑问属于蒋介石所说的"具有真实学问与爱国热忱之知识分子"，所以，在蒋介石指示翁文灏、何廉起草参会名单时，何廉想到了自己1933年在东京见过的郭沫若。当何廉建议将郭沫若列入参会名单时，翁文灏应该没有反对，否则，蒋介石便不可能在最初拟定的参会名单中看到郭沫若的名字。

有研究者指出，国民政府邀请胡适参加庐山谈话会"具有象征意义"："在出席会议的知识分子和大学教授里，胡适可以算得上是'持不同政见者'了，是一个不受国民党欢迎的人物。'人权论战'是从理论上颠覆国民党专制统治的合理性和合法性；《独立评论》在国共两党的评判上也是更多地同情共产党而批评国民党，刊物因此遭到查封。就是对于蒋介石、汪精卫等国民党领袖也有毫不隐讳的批评。他以王者师自居，劝诫蒋不要事无巨细，躬亲自问，大权独揽；责备汪精卫没有自知之明，不懂英语、不谙外交，却兼任外长，无异于滥竽充数。圈定胡适这样一个自由主义知识分子参加庐山谈话会，表明国民党在民族危难的关头不得不有限度地容忍社会的批评，不得不尊重知识分子的社会地位和他们的才智，共赴国难。"[④] 相对于胡适而言，

---

① 1933年1月6日《朝日新闻》曾发表题为《于爱妻之国晴耕雨读——抛弃革命斗士之梦想，藉著述得园公知遇》的新闻。旅日学者武继平最先发现该新闻，并在《"日支人民战线"谍报网的破获与日本警方对郭沫若监视的史实》公之于众。该文原载《新文学史料》2006年第1期、《文化与抗战：郭沫若与中国知识分子在民族解放战争中的文化选择》（中国郭沫若研究会、郭沫若纪念馆编：巴蜀书社2006年版），现收入《郭沫若研究文献汇要·史实卷》（廖久明主编，上海书店出版社2012年版）。

② 小田岳夫、稻叶昭二著：《郁达夫传记两种》，李平、阎振宇、蒋寅译，浙江文艺出版社1984年版，第89—90页。

③ 西园寺公望是战前日本帝国议会元老，在日本有着非常崇高的地位："1849年生于长州藩，在明治维新时显露头角，立过军功。明治三年（1870年）被派往法国考察政治体制和社会民情，并在法居住多年。回国后曾任政友会总裁、内阁首相等要职。大正8年（1919年），以日本首席全权委员身份出席了巴黎和会。大正以来，西园寺作为政界上层的重臣和元老，辅佐天皇、参与决定总理和大臣人选以及重大政策的制定，对内阁及议会均有较大影响。有关天皇决策的'重臣制度'就是根据他的提议建立起来的。生前曾被授予公爵勋位。"（张友渔主编：《世界议会辞典》，中国广播电视出版社1987年版，第153页）

④ 徐希军：《理想主义：胡适国际政治思想研究》，合肥工业大学出版社2008年版，第112页。

郭沫若的象征意义应该更大：1927 年 3 月 31 日，写作《请看今日之蒋介石》，以自己的亲身经历揭穿蒋介石的假面具，号召“有革命性，有良心、忠于国家、忠于民众的人”“起来反蒋”；5 月 7 日，“始被国民党南京政府通缉”；8 月 1 日，“被在南昌召开的国民党部分中央委员及各省区特别市海外党部代表联席会议批为中国国民党革命委员会委员、主席团成员，同时被革命委员会主席团任命为宣传委员会主席兼委员以及政治部主任”；8 月 17 日，“由周恩来、李一氓介绍，与贺龙、彭泽民一同加入中国共产党”；1928 年 2 月 24 日，“为躲避敌人耳目，化名吴诚，假借往东京考察教育的南昌大学教授的身份，独自乘日本油船‘卢山丸’”前往日本。[①] 如果能够邀请郭沫若回来参加庐山谈话会，无疑可以昭告天下，国民政府现在确实愿意“捐弃前嫌、共赴国难”了，其象征意义应该远远大过胡适！这应该是蒋介石看见翁文灏、何廉起草的“参加在庐山举行的讨论国事问题的会议”的名单上有郭沫若后说“啊，好得很，我对此人总是十分清楚的”的原因。

二 1937 年 5 月 17 日：何廉再次向蒋介石建议允许郭沫若归国

1937 年 5 月 18 日，郁达夫致信郭沫若：

> 今晨因接南京来电，嘱我致书，谓委员长有所借重，乞速归。我以奔走见效，喜不自胜，随即发出航空信一，平信一。一面并电南京，请先取消通缉，然后多汇旅费去日，俾得早日动身。强邻压迫不已，国命危在旦夕，大团结以御外患，当系目下之天经地义，想兄必不致嫌我之多事也。此信到日，想南京必已直接对兄有所表示，万望即日整装，先行回国一走。临行之前，并乞电示，我当去沪候你，一同上南京去走一趟。这事的经过，一言难尽，俟面谈。[②]

在这封信中，郁达夫难以抑制自己因“奔走见效”而“喜不自胜”的心情，这与郁达夫之前“奔走”的艰难程度有关：

> 前月底，我曾去杭州，即与当局诸公会谈此事，令妹婿胡灼三，亦亟亟以此事为属，殊不知不待伊言，我在去年年底返国时，已在进行也。此事之与有力者，为敝东陈公洽主席，及宣传部长邵力子先生，何廉处长，钱大钧主任，他们均系为进言者。我在前两月函中，已略告一二，因事未成熟，所以不敢直告。大

① 龚济民、方仁念：《郭沫若年谱（1892—1978）》，天津人民出版社 1992 年版，第 201—226 页。
② 《郁达夫书信集》，浙江文艺出版社 1987 年版，第 167 页。

约此函到后，南京之电汇，总也可到，即请马上动身，先来上海。①

1936年底，在日本政府“对支文化事业”（或译为“东方文化事业”）基金项目资助下，郁达夫前往日本②。在日本期间，“11月中旬、11月24日、11月29日与郭沫若的三次接触一定使郁达夫产生了这样的印象：心怀祖国的郭沫若在日本受到宪警监视，精神郁闷，生活困窘，对现状非常不满。12月5日自己的讲演被禁止，一定会加深这样的印象。在这种情况下，郁达夫产生请郭沫若回国的想法便是顺理成章的事情了。”③ 回国后，郁达夫即为郭沫若归国事“奔走”。第一次的“奔走”结果为：

一九三七年三月间一天上午将下班时，达夫先生手拿一卷宗袋走到我办公桌前说，近日因写文章与社交应酬甚忙，有一急件命我代拟函稿。我翻开卷宗一看，原来是绝密文件。一张是陈仪给当时行政院政务处长蒋廷黻的信稿，请他向蒋介石请示可否允许郭沫若先生回国居住，另一张是旋得其复信，内云：经蒋介石许可，惟不得有“越轨行动”，在福州居住由陈仪监视。达夫先生命我代拟一封便函告诉蒋廷黻说，已择定乌山路从前蒋光鼐任闽省主席所住私邸（已属公产）为郭住所，并负责保护与监视。同时说明该屋系洋式两层楼房一栋，孤立在乌山之麓。信中具体内容系按陈仪“手谕”抄录。拟好之后即交达夫先生审核送判，以后情况不得而知。可是很久没有听说郭老回国的消息。我也不便询问——此事知者不多。④

郁达夫1936年12月6日在日本劝郭沫若归国时，郭沫若反而劝郁达夫“与其为俗吏式的事物所纠缠，宁应该随时随地去丰富自己的作家的生命”⑤。现在何廉给陈仪信的内容为：“经蒋介石许可，惟不得有‘越轨行动’，在福州居住由陈仪监视。”郁达夫知道，按这样的条件郭沫若是不会回国的，因此在随后的两次信件中只好

① 《郁达夫书信集》，浙江文艺出版社1987年版，第167页。

② 武继平：《1936年郁达夫访日史实新考》，《中国文化研究》2010年第1期；李丽君：《郁达夫1936年访日新史料——近年日本外务省解密官方档案考》，《现代中文学刊》2011年第5期。

③ 廖久明：《郁达夫1936年底的日本之行与郭沫若归国关系考》，《中国现代文学研究丛刊》2010年第2期。

④ 蔡圣焜：《忆郁达夫先生在福州》，《回忆郁达夫》，湖南文艺出版社1986年版，第369页。需要说明的是，陈仪写信的对象应是何廉而非蒋廷黻：一、此时的行政院政务处长是何廉而非蒋廷黻——曾任该职的蒋廷黻此时出任驻苏联大使，二、不管是郁达夫1937年5月18日给郭沫若的信还是郭沫若的《再谈郁达夫》都提到何廉而没有提到蒋廷黻。同时需要说明的是，陈仪与何廉通信的时间应该为翁文灏、何廉将名单提交蒋介石之后，理由为：一、根据第一部分的分析可以知道，何廉将郭沫若列入参加庐山谈话会的名单是由于他1933年在东京见过郭沫若，知道郭沫若属于蒋介石所说的“具有真实学问与爱国热忱之知识分子”，而不是由于陈仪的游说；二、当蒋介石看见参会名单上的郭沫若而问翁、何郭沫若“现在哪里”时，何廉的回答是“1933年在东京时我曾看到过他，但不了解他现在何处”，如果在这之前何廉已收到陈仪来信，他应该会提到陈仪来信。

⑤ 郭沫若：《达夫的来访》，《抱箭集》，海燕书店1949年版，第269页。

"略告一二，因事未成熟，所以不敢直告"。

在这种情况下，郁达夫只得再次"奔走"："1937年4月28日，郁达夫从福建马尾出发，前往杭州参加航空学校毕业典礼，到达杭州的时间是4月30日。据《回程日记》记载，在4月30日至5月4日这五天时间里，郁达夫曾与军事委员会委员长侍从室第一处主任兼侍卫长钱大钧、国民党宣传部部长邵力子、浙江省教育厅长许绍棣、国民政府航空委员会主任委员（委员长由蒋介石兼任）周至柔等党政要员一起宴游。其中与钱大钧一起宴游的次数最多：5月1日，'中午约慕尹主任夫妇在楼外楼小饮，适逢力子先生自上海来，遂邀同席，至午后三时散'；5月2日，'晚上由绍棣作东，约慕尹主任夫妇在三义楼吃饭，饭后并去东南日报馆看演《狄四娘》话剧，至十时始散'；5月3日，'傍晚，钱主任约去王润兴吃晚饭，同席者皆航空健将，饮至九时左右，乃大醉'。"① 经过这次"奔走"，终于于5月18日早晨得到了这样的"南京来电"："嘱我致书，谓委员长有所借重，乞速归"，郁达夫因此"喜不自胜"。

不过，令人奇怪的是，作为军事委员会委员长侍从室第一处主任兼侍卫长的钱大钧于1937年3月销假后一直伴随蒋介石左右②，如果他要为郭沫若归国事进言的话，用不着等这么长的时间才有结果。

看看以下回忆文字可以知道，5月18日晨的"南京来电"仍然与何廉有关：

> 5月底前后，委员长回南京复任行政院长时，我去看他并做汇报，除其他事外，主要谈我所了解到的资源委员会的有关情况。……
>
> 委员长上牯岭之前，在南京只呆了几天。夏季最热的几个月，委员长和政府，特则是行政院，就上牯岭这块避暑胜地办公。还在南京的时候，委员长要我去见他，只要离得开，就让我赶紧上牯岭去，和他及其他人为牯岭国事会议作准备。翁文灏和我曾草拟过一份这次会议参与者的名单。③

结合何廉的回忆文字，我们来看看《事略稿本》中的相关记载：5月16日，"十一时半由沪飞京。下午约王部长宠惠等来谈"；5月23日，"正午，上舰，由京航浔"；5月26日，"由金井上牯岭"。④ 由此可以知道，蒋介石5月16日回到南京以后，何廉去看望并汇报了情况。在蒋介石谈到"牯岭国事会议"时，何廉再次说起了郭沫若，并得到了蒋介石的许可。根据"南京来电"的时间是5月18日晨可以推知，何廉为郭沫若归国事再次向蒋介石进言的时间是蒋介石回南京后的第二天，即5

---

① 廖久明：《郭沫若归国与郁达夫所起作用考》，《新文学史料》2010年第3期。

② 陈布雷：《陈布雷回忆录》，王家出版社有限公司1989年版，第167页。西安事变后一段时间，钱大钧"因胸部枪伤，在家养病"（陈布雷：《陈布雷回忆录》，第164页）。

③ 朱佑慈、杨大宁、胡隆昶译：《何廉回忆录》，第125—126页。

④ 王正华编辑：《蒋中正总统档案：事略稿本》第40卷，国史馆2010年版，第325—351页。

月 17 日。

结合下面一段文字可以进一步肯定，5 月 18 日晨的“南京来电”是何廉发出的：

一九三六年夏秋之交，南京行政院政务处长何廉（字淬廉，安徽人），奉蒋介石之命，要郭沫若回国，电请陈仪就近征询达夫意见，陈仪以原电交我与达夫阅后拟复。我持电至“官巷”达夫寓所向其出示，达夫阅后，毫不犹豫地说“可以的”，于此可见达夫与郭沫若相知之深，当场就由达夫主稿。他放下酒杯、诗集（似是《四灵集》，记不清了）拟好电稿，一是要求先“取消通缉令”，二是汇寄归国旅费，我把原电及复稿带回省政府誊清后请陈仪批复，交行政院政务处办理郭沫若回国手续。陈仪主席还电请驻日本大使许世英照料郭沫若回国事宜，予以便利。①

根据郁达夫 1937 年 5 月 18 日给郭沫若的信可以知道，蒋授谦虽然将时间误记为 1936 年夏秋之交，事情本身却是正确的。在这段回忆文字中，明确说“电请陈仪就近征询达夫意见”的人是何廉。

三 1937 年 6 月上、中旬：因取消通缉令问题郭沫若最终未被列入参加庐山谈话会名单

郁达夫 5 月 18 日给郭沫若去信后的第二天，又给郭的七妹夫胡灼三去信一封：

来函拜悉。扇面待空一点后再写。沫若事，已向中央说妥，取消通缉，并命即日来华供职。弟昨已有信发出，嘱中央多汇点款去。中央恐他疑虑，要我写信给他，我曾写去两封快信。你接此信，望亦去一快信使他得安心回来。只说郁某决非卖友之人，可以回来矣。勿复，顺颂时绥！②

6 月 21 日，郭沫若在给胡灼三的信中如此写道：

前月二十三日手札及最近七妹来信均收到。郁君自福州亦曾有信来（五月十八日），唯所言事，以后迄无消息，故久未作复，恕罪恕罪。

……

出处进退我自有权衡，请不必为我过虑。将来如归国时，自当函告，以图良

---

① 蒋授谦：《我与达夫共事》，《回忆郁达夫》，湖南文艺出版社 1986 年版，第 363—364 页。

② 《郁达夫书信集》，浙江文艺出版社 1987 年版，第 168 页。

晤也。[①]

从该信可以知道，胡灼三得到郁达夫信后，于5月23日给郭沫若去信一封，由于郭沫若归国事“以后迄无消息”，所以“久未作复”，于是郭沫若的七妹郭葆贞又写去一信。在这种情况下，郭沫若只好回信，在表示歉意的同时告诉他们：“出处进退我自有权衡，请不必为我过虑。将来如归国时，自当函告，以图良晤也。”从该信还可以知道，尽管郁达夫给何廉发去了回电，结果却是“以后迄无消息”。

这到底是什么原因呢？看看下面两段文字便能明白其中究竟：

> 今年五月（按：当为农历），在庐山，和慕尹，公洽，淬廉诸位谈起了你，大家都想把你请回来。但关于取消通缉的事情，不免踌躇了一下：因为如果早取消了，恐怕你不能离开日本吧。[②]
>
> 6月初，我和教育部政务次长周炳琳一起乘机自南京飞牯岭。在参加政府工作之前，周是国立北京大学的教授，他是国民党员，还是个十分开明的人。跟着，许多人如陈立夫、陈布雷和潘公展等也来了。我们开了一系列会议，拟定庐山谈话会应邀与会者的最后名单及安排会议的日程等等。[③]

首先，结合蒋介石在庐山正式签发召开庐山谈话会的决定的时间是6月19日可以断定，张群、何廉等人在庐山谈起郭沫若的时间是6月上、中旬，而不是第一段引文中的“五月”（如果是农历五月便是正确的）：“6月19日，蒋介石在庐山正式签发召开庐山谈话会的决定，由国民党中央政治委员会秘书长张群任谈话会秘书长，负责具体筹备工作；中政会副秘书长曾仲鸣任谈话会秘书主任，军事委员会办公厅秘书处长罗君强和侍从室二处四组组长陈方两人任谈话会秘书。谈话会的出席代表，不是以会议名义发出通知的，而是以中政会秘书长张群的名义发出请柬，另附汪精卫和蒋介石两人联名的‘茗叙候教’的请柬。因为谈话会决定由‘中央政治委员会’发起，故中政会主席汪精卫主持谈话会，蒋介石之名排在汪精卫之后。”[④]

其次，这两段引文告诉我们，在6月上、中旬召开一系列“拟定庐山谈话会应邀与会者的最后名单及安排会议的日程等等”的会议时，张群与钱大钧（慕尹）、陈仪（公洽）、何廉（淬廉）等人谈到了郭沫若，都想把郭沫若“请回来”，但是，“关于取消通缉的事情，不免踌躇了一下：因为如果早取消了，恐怕你不能离开日本吧”。

---

① 黄淳浩编：《郭沫若书信集》上册，中国社会科学出版社1992年版，第434页。

② 郭沫若：《在轰炸中来去》，抗战出版部1937年版，第25页。

③ 朱佑慈、杨大宁、胡隆昶译：《何廉回忆录》，第125—126页。

④ 熊炜：《庐山谈话会始末》，《文史大观》1996年第1辑（庐山申报世界自然与文化遗产专辑）。

正因为如此，在6月23日向全国231位国民党中央党部和国民政府各院部主管人员、在野各党派各社团的领导人员、高等教育和学术界的知名人士、新闻出版界人士、工商财界人士发出参加庐山谈话会的邀请函时[①]，名单中没有郭沫若。所以，郭沫若归国事再次不了了之。

综上所述，郭沫若归国问题与庐山谈话会筹备工作的关系为：1936年12月30日，蒋介石开始考虑举行庐山谈话会的问题；1937年2月中下旬，从家乡来到南京参加国民党中央执行委员会会议的行政院院长蒋介石，指示行政院秘书长翁文灏、政务处长何廉起草参加庐山谈话会名单；由于何廉1933年在东京见过郭沫若，知道郭沫若属于蒋介石所说的“具有真实学问与爱国热忱之知识分子”，于是建议将其列入参会名单，翁文灏没有反对，蒋介石看见后说“啊，好得很，我对此人总是十分清楚的”。1937年5月17日，何廉在蒋介石谈到“牯岭国事会议”时再次说起了郭沫若，并得到许可，何廉于第二天清晨致电陈仪：“谓委员长有所借重，乞速归”。陈仪将该电报转给郁达夫后，郁达夫“喜不自胜，随即发出航空信一，平信一。一面并电南京，请先取消通缉，然后多汇旅费去日，俾得早日动身”。6月上、中旬，在庐山召开一系列“拟定庐山谈话会应邀与会者的最后名单及安排会议的日程等等”的会议时，何廉与张群、钱大钧、陈仪等人一道谈到了郭沫若，都想把郭沫若“请回来”，但是，“关于取消通缉的事情，不免踌躇了一下：因为如果早取消了，恐怕你不能离开日本吧”。因此，在6月23日向全国231位各界知名人士和陪客（国民党中央和政府的官员）发出参加庐山谈话会的邀请函时，名单中没有郭沫若。于是，郭沫若归国事再次不了了之。

（原载《郭沫若学刊》2017年第3期）

---

① 余子道：《论七七事变后的庐山谈话会》，《档案与史学》1995年第3期。

再谈郭沫若致张煌的两封佚信

熊飞宇

《郭沫若学刊》2006年第3期，曾发表刘政江的《郭沫若致〈创作季刊〉张煌的两封佚书》（以下简称“刘文”），该文在第二段中写道：“佚书是1942年郭沫若写给《创作季刊》张煌的复信，收录于桂林普及出版社7月初版《当代作家书简》一书第99、100页。”① 根据这一句的叙述，可以推断出两个结论：一是郭沫若的复信作于1942年，结合后文的移录，两信的具体时间为1942年9月11日和1942年10月6日；二是《当代作家书简》是在1942年7月，由桂林普及出版社初版。是则出版在前，写信在后，而已经出版的书还能将两三个月之后才写的信收入，实在有些不可思议。

对此两函，蔡震在《致李石岑信写于何时?》一文中也曾提及：“由卫明编辑，上海普及出版社1943年7月初版的《当代作家书简》”，“收录了郭沫若的三函书简，除致李石岑信外，另两函是郭沫若写给张煌的，在该书出版前、后，均未见刊出过。两信是郭沫若于1942年9月11日与10月6日为《创作季刊》向其约稿事，先后致信张煌。《当代作家书简》给两信都冠以篇题：9月的一函作《祝与献》，10月的一函作《创作长假可以满期了》。”② 由此可知：《当代作家书简》是出版于1943年，郭沫若两函的写作时间是1942年。这样，至少在事理逻辑上，不至于前后抵牾。

两种说法的共同点在于，均一致认为郭沫若的复信是作于1942年。但事实是否如此？笔者认为还有必要结合信件内容，经过细致的考辨，再加以确认。

首先来看《当代作家书简》。据该书版权页，其编者：卫明；校者：知勉；发行者兼出版者：普及出版社。“民国三十二年七月初版”，即其出版时间为1943年7月。普及出版社，封面作“上海普及出版社”，但实际上，此书出版地在桂林。全书分五辑：“为战斗与苦难所承受的”“创作的讨论”“实践的抒发”“挚情底心声”“真理的回响”。郭沫若致张煌的两函，收入第四辑“挚情底心声”。编者在“四月四日”所作的《题记》中说，该书“征求到郭沫若，熊佛西，张天翼，鲁彦，等诸家十五封未经过发表的信件”，这也印证了蔡震所谓“在该书出版前、后，均未见刊出

① 刘政江：《郭沫若致〈创作季刊〉张煌的两封佚书》，《郭沫若学刊》2006年第3期。

② 蔡震：《郭沫若生平文献史料考辨》，社会科学文献出版社2014年版，第346页。

过”。至于刘政江的移录，今参照原书核对，文字无误，可直接引用。

《祝与献》中提到“《创作季刊》一期二十五万字，必能成为洋洋大观，诚恳地祝你们的成功”①，这也是刘文题目中“《创作季刊》张煌”一说的由来。今检万忆、万一知编著的《广西抗战文化史料汇编·第1辑·文艺期刊卷》（人民日报出版社，2013年），其中并无《创作季刊》。事实上，“创作季刊”只是张煌在筹办时初拟的刊名，正式创刊时，则定名为“创作月刊”。第一卷第一号出版于“民国三十一年三月十五日”，其编辑人：张煌；发行人：马扬生；出版者：现代出版社；发行所：华侨书店（桂林二二九信箱，昆明一四七信箱）；东南各省及贵州省总经售者：三户图书社（桂林中北路）。在一九四二年“一月尾”撰写的《发刊词》中，编者宣称：“刊名‘创作’，暗示出一条新路径，挥别旧的探寻新的正是求进步的不二法门。”“好作品得靠作者的别出心裁。”“我们是在追求着完美：希望着今后本刊能够担当起介绍好作品，研究创作上诸般问题的责任。”封底有“特别启事”一则：“本刊筹备将近一年，中间逢遭困难甚多，迟至今日创刊，殊非得已。在本刊出版前，不料成都亦有创作月刊出版，由向希金先生主编，该刊与本刊毫无关系。不敢掠美，特此声明。”而成都的《创作月刊》，据《四川报刊五十年集成（1897—1949）》，则是“1942年2月创刊，成都创作月刊编辑部编辑出版，发行人黄大白，社址在成都祠堂街中国文化服务社。第2期洪涛主编，同年4月停刊，共出两期”②。具体而言，该刊创刊号是在1942年2月1日出版，署主编：希金；编辑委员：苏雪林、雷石榆、袁昌英、叶菲洛、李广田、蒂克、谢冰莹、黄大白；发行人：黄梦元；发行所：中国文化服务社四川分社（成都祠堂街一一九号）。4月25日，出版第二期，编辑人：洪涛，发行人：黄梦元、黄大白。

桂林《创作月刊》创刊号的封面，列有“本期执笔者”的名单：杨丙辰、郭沫若、李霁野、李广田、马耳、曾卓、何其芳、邹荻帆、熊佛西、蹇先艾、刘白羽、李辉英、冀汸、东郭（正文署“南宫东郭”，刘澍德笔名）、史放、缪崇群、方敬、张煌。郭沫若的论文，题作《今天创作底道路》，作为首篇刊发，篇名中的“创作”与刊名中的“创作”，二者正好呼应。值得注意的是，该文末署“卅、九、六、于重庆”，即其完稿时间为1941年9月6日。再反观《祝与献》，其中说道：“你要我写的文章，我费了几天工夫写了出来。”③不难看出，发表在《创作月刊》创刊号上的《今天创作底道路》，就是郭沫若应张煌之约所写的文章。至此，郭沫若致张煌的两封佚书，其写作时间定为1941年，应无疑问。根据两信的内容，还可勾勒出二人信件往返的过程，即1941年9月6日，郭沫若写好《今天创作底道路》之后，于9月

① 卫明：《当代作家书简》，普及出版社1943年版，第99页。

② 王绿萍：《四川报刊五十年集成（1897—1949）》，四川大学出版社2011年版，第620页。

③ 卫明：《当代作家书简》，普及出版社1943年版，第99页。

11 日，复函张煌。张煌收信后，在 9 月 21 日，再度致函郭沫若，便又有了郭沫若 10 月 6 日的回信。

在《祝与献》中，郭沫若提到“文字写成后，此间的朋友看见，也想要去，我暂时按留着了。将来撇不过朋友的浓情说不定会在当地发表，想来是不妨事的。我在这边尽可能把时间延迟一点便不致有所妨害了”[①]。后经张煌恳请，打消了这一念头，于是在《创作长假可以满期了》做出承诺：“拙稿决遵嘱不在重庆发表，请释念。”[②]果然，在《创作月刊》刊出之前，未见郭沫若转让它刊。不过，这之后，《今天创作底道路》又发表过一次，是在中华全国文艺界抗敌协会成都分会出版部主办的《笔阵》[③] 新三期上，1942 年 6 月 1 日出版，而该刊的编辑者，则是叶圣陶与牧野。有趣的是，1942 年 5 月 1 日，《笔阵》新二期第 29 页“出版杂讯”的首条，即是：“张煌主编的《创作月刊》创刊号，已在桂林出版。内容颇为充实，有郭沫若的论文，李霁野杨丙辰的译文，李广田，马耳，杨朔的小说，邹荻帆曾卓的诗以及张煌的记述等。”由此推测，也许是《笔阵》的编者见到《创作月刊》创刊号之后，才向郭沫若提出了要求。有别于《创作月刊》的是，《笔阵》在发表此文时，标题和作者的字体，都采用了郭沫若的手迹。

在 10 月 6 日的信中，郭沫若还提到：“二期或许可以写些东西寄你，但目前尚难定。”[④] 这一心愿，最终未能兑现。此后的《创作月刊》，再未查见郭沫若的文章。

《创作月刊》在 1942 年 12 月 15 日出版二卷一期之后，于 1943 年初被查封而停刊，共出七期。创作月刊社还出版了一套“创作文丛”，由张煌主编，华侨书店发行。《创作月刊》创刊号的第 9 页，有“创作文丛第一辑书目”，包括：杨朔的《疮痍》（长篇小说）、孙陵的《小歌女》（短篇小说集）、张煌的《雷丽娜》（短篇小说集）、李广田的《回声》（散文集）、方敬的《保护色》（散文集）和邹荻帆的《流火的键盘》（诗集）。其中部分书目，如《雷丽娜》，未见相关的出版信息。后来还有茅盾的《烟云集》（短篇小说集）、端木蕻良的《花开时节》（短篇小说集）、田涛的《牛的故事》、张煌的《密（蜜）味的忧郁》（短篇小说集）等。[⑤]

最后，关于受信人张煌，笔者本希望能向读者完整地介绍其人其事，但苦于资料所限，目前只找到一篇“挽澜”的《悼念一位被海吞没的青年作家——张煌

---

① 卫明：《当代作家书简》，普及出版社 1943 年版，第 99 页。

② 同上书，第 100 页。

③ 《笔阵》的发行者为莽原出版社（成都祠堂街一二五号）姚树南；经售者有重庆：华中图书公司、上海杂志公司、读书出版社、进文书店、文学书店（但据第二期，有中国作家出版社，无读书出版社），沙坪坝：互生书店，昆明：华侨书店，桂林：集美书店，天水：青年书店，汉中：大汉书店。

④ 卫明：《当代作家书简》，普及出版社 1943 年版，第 100 页。

⑤ 魏华龄：《抗日战争时期桂林书店出版社简介》（下），《桂林文史资料》第 8 辑，中国人民政治协商会议桂林市委员会文史资料研究委员会 1985 年版，第 119 页。

(续)》，发表于1949年3月25日的《海啸》半月刊[①]第一卷第三期（第19—21页）。文章是1948年3月18日作于厦门，据此可略知张煌生平：

张煌，学名张鸿基。在天津发表诗作时，署名张洛英。抗战时期到南方后，始用张煌一名。天津时，因“主编刊物，宣传抗日”而被捕，“倍受酷刑”。出狱后，到北平考入辅仁大学美术科，与张秀亚（陈蓝）同学，因文艺活动和追求爱情，“引起敌探的注意”，再度被捕。两次“入狱的经过情形”，写入其小说《死的抗辩》。从“平津脱险”后，张煌乘船到达粤东，转抵桂林。经“挽澜”介绍，到湖南邵阳，参加政治工作队。1939年冬，再回桂林，住青年会的一家“搁楼”，无事可做。后搬到施家园，与王鲁彦、艾芜等同住“文协”，以“文协的干事资格”，评阅“各处寄来的诗和小说”。通过作品，结识广西大学的女生张珠妹（学名），即其后来的妻子张鲁琳。1940年秋，到重庆，与臧云远等同住南温泉“文协”。后由谭金凯和徐威廉介绍，在“伤兵之友”社当编辑，其间，有小说在《大公报》上连载。不久，去潼南一中学作国文教师。次年春，到昆明。与晓黛即杨静如（杨苡）过从甚密，引起其丈夫赵瑞蕻的不满。1940年冬，张煌“与昆明的一家书店”即华侨书店，签订“出版《创作月刊》的合同”，“刊物由书店出资印刷及发行”，张煌负责编辑，于是又到了桂林，住艺术馆对面的一家旅馆，并与鲁琳结婚。“《创作月刊》上的作品，都是由中国第一流的作家：郭沫若、胡风、茅盾、巴金、熊佛西、艾芜、沈从文、陈波儿等执笔，成为西南方面唯一的最有分量的文艺刊物。销路很大，书店的利润也极可观”。为“避免出版商的剥削”，张煌决定自创出版社，即“春潮出版社”。其出品，除“自己的著作：《抒情诗》《种子》和《花嫁》（小说）和鲁琳译的一本俄国小说外，还有李广田，方敬诸人的散文集”。因出版业的不景气，至1944年初夏，张煌与鲁琳已同在桂林一所新办中学任教。湘桂大撤退时，再到重庆。抗战胜利后，随《益世报》赴上海，并为该报编辑副刊。北上天津后，任《益世报》采访主任。约在1948年初，为海吞没。

作者“挽澜”，据其文中所述，1945年11月12日，“由长汀到福建厦门，除了在报界服务，并与雷石榆，许虹，库伦，天问诸兄合办了一份刊物《明日文艺》，刊首登载着编辑委员会的名单”。再看《明日文艺》第二期（1946年5月1日出版）刊首的编委名单，计有：雷石榆、许虹、洪辛、王云波、柳虞慧、库伦（吴静吟）、叶显祺、诸葛军，主编：赵天问。其中叶显祺曾是江西新闻社驻汀记者，较为吻合，故“挽澜”可能就是叶显祺。

（原载《郭沫若学刊》2017年第4期）

---

① 《海啸》，其发行人：庄观澜；社长：杨澈尘；主编人：黄著道；发行所：厦门开元路门牌八十三号。

一个“自由主义者”的碰壁

——关于萧乾与郭沫若恩怨的考辨

赵洪星　孙基林

1947年5月，萧乾在《大公报》上以社评的方式发表《中国的文艺往哪里走?》一文引发了与郭沫若之间的一段纠葛，其中“近来文坛上彼此称公称老，已染上不少腐化风气，而人在中年，便大张寿筵，尤令人感到暮气”① 一句被认为是开罪郭沫若的主因，郭沫若也给予一系列的回击②。藉此，这场批判多被普遍认为是私人恩怨，亦有学者急于为当事一方正名③。而究其源头，私人恩怨一说实则出自于当事人之一的萧乾之口。④ 但实际上，这段由萧乾引起，郭沫若连续撰文加以回击，并且在萧乾晚年的回忆中承认甚至强化的文人之争是否仅仅是因为萧乾开罪郭沫若之后遭到的报复呢？郭沫若后来对于此事没有直接的言说。因此，惟有在时代背景下对这次恩怨的始末作对照性钩沉，才能得出更合理的判断。事实是，萧乾看似偶然的影射，郭沫若不乏夸张的批评虽难以避免私怨却都有着必然的过程。而萧乾所谓的私人恩怨不过是“以偏概全”而又不乏安全的策略，这体现了萧乾的思想特征和精神历程，根本上反映了一位抱有“自由主义”文艺观、政治与社会理想的知识分子的碰壁——这与其在《大公报》《新路》的活动密切相关。

一　恩怨的始末：从《中国的文艺往哪里走?》到《拟J·马萨里克遗书》

发生在1947—1948年（起止均在5月）的这段争论，虽私人恩怨一说流传甚广，

---

① 当时茅盾已被称作“茅公”，郭沫若则被敬称为“郭老’，“大张寿宴”则特指1947年3月庆祝田汉寿辰的活动。

② 见郭沫若《盲肠炎（题记）》《郭沫若论一年来中国文艺运动及其趋向》《斥反动文艺》《“自由主义”亲美拥蒋“和平攻势”配合美援》《提防政治扒手》。这一系列文章，并非仅由《中国的文艺往哪里走?》一文引发，但在萧乾的论述里，不仅认为这篇文章引发了其与郭沫若的私人恩怨，而且认为这一系列的批评是“称公称老”一句招致的报复。

③ 如傅光明《郭沫若与萧乾的恩怨》《纵横》2000年第2期；陈占彪《历史必然，还是私人恩怨？——怎样理解郭沫若的〈斥反动文艺〉》，《郭沫若学刊》2010年第1期。

④ 萧乾（包括其夫人文洁若）晚年在其回忆录、散文、书信中数次提及与郭沫若的纠葛，尚未发现事后郭沫若对此事的陈说，因此学界的论述涉及这段公案时普遍都采信萧乾的说法。

但现有材料对于这段公案的始末仍缺乏对照性的钩沉。不妨先勾勒一下这段“故”事，实际上可以分为三个阶段。

第一阶段，据萧乾夫人文洁若女士说，“称公称老”的社评文章发表（因是社评，所以未署名）以后，“萧乾次日就听到了强烈的反应。转年郭老就在香港《华商报》上对乾大张旗鼓地声讨起来”。[①] 实际上并非转年郭沫若才有所反应，不到半个月郭沫若就在《创世纪》创刊号上发表《盲肠炎（题记）》对这篇文章进行了直接的回应。郭沫若首先进行了自我清算，实际上是以批评自己的名义批评了萧乾，认为作者（显然郭沫若此时还不知道作者是萧乾）是“第三种人”的复活。而对于萧乾提到的“大张寿宴”的问题，郭沫若则回答更加直接：“老实不客气的说‘大张寿筵’的目的一半也就是要使某种人的‘毛骨悚然’一下的，今天可以说是收到实效了。”[②] 此时郭沫若对萧乾的批评还限于文学上“为写作而写作”的“第三种人”和“帮闲专家”的范围。

第二阶段，1948 年 1 月 7 日，郭沫若首次公开点名地批评萧乾：“反人民的文艺有四种，第一种是茶色文艺。搞这种文艺的一群中，有萧乾，沈从文，易君左，徐仲年等。萧乾比易君左还坏。他们有钱有地盘，更有厚的脸皮。硬是要打击他们才行……”[③] 之后，作为《大公报》编辑的萧乾分别于 1 月 8 日、2 月 7 日在《大公报》发表《自由主义者的信念——辟妥协骑墙中间路线》和《政党·和平·填土工作——论自由主义者的时代使命》两篇社评，代表其与《大公报》公开走“中间路线”。3 月 1 日郭沫若发表了“名文”《斥反动文艺》，将萧乾由“茶色文艺”上升到了如鸦片一般的“黑色文艺”。这篇“檄文”具有极其重要的作用，给当事人带来了难以磨灭的影响，萧乾更不讳言道：“它支配我的政治命运达三十年之久。”[④] 这是郭沫若对萧乾批评的最“有力”的一篇文章，此文及这一辑刊物不仅批评了萧乾，也以密集且有针对性的文章批评了“桃红色风流小生”沈从文、“蓝衣监察委员”朱光潜。这一阶段，郭沫若显然由文学观念的批评转向不乏夸张与暴力的政治批评。

第三阶段，1948 年 1 月萧乾赴北平参加中国社会经济研究会（以下简称“社经会”），并筹办该会刊物《新路》周刊。萧乾为此积极奔走，曾到沈从文处“邀沈从文参加刊物的筹办，并在发起人名单上签字”[⑤]；据姚可崑回忆，同年 2 月，萧乾和钱昌照也曾邀冯至参加“社经会”，冯至同意加入[⑥]。“社经会”在当年 3 月 1 日即告成立，然而不到半个月，郭沫若在《华商报》上说道：

---

① 文洁若：《生机无限》，北京十月文艺出版社 2003 年版，第 35—38 页。

② 郭沫若：《盲肠炎（题记）》，《创世纪》，1947（创刊号）。

③ 易君左在国共谈判期间充当御用文人，做批判毛泽东词的先锋，污蔑人民革命，曾遭受郭沫若、柳亚子等人的批判。引文见郭沫若《一年来中国文艺运动及其趋向》，《华商报》，1948 年 1 月 7 日。

④ 萧乾：《未带地图的旅人》，江苏文艺出版社 2010 年版，第 169 页。

⑤ 凌宇：《沈从文传》，东方出版社 2009 年版，第 289 页。

⑥ 姚可崑：《我与冯至》，广西教育出版社 1994 年版，第 128 页。

> 这个扒手集团（指“社经会”，是在美帝国主义授意之下组织起来的……政学系的宣传机关派出了开路先锋萧乾。萧乾被派去作《新路》的主编，……他们的更大的目标是在替蒋朝扒民意，扒人心，而最后呢是替美帝国主义扒中国的主权！。①

正如郭沫若批判的，“社经会”成立之初便招致了各方的猜疑和抵制，这受当时复杂社会背景的直接影响（详见后文）。萧乾虽为该会及《新路》积极奔走，但《新路》的主编并非萧乾，《新路》也没有明确的主编②。遭受了各方批评并经过中共地下党劝告的萧乾并未赴北平参加编辑工作。郭沫若言之凿凿的批判似乎也有“不问事实真相、先把人搞臭再说”③ 的色彩，更讽刺的是被郭沫若说成是“替蒋朝扒民意”的《新路》在当年12月便被国民党查封。这一阶段郭沫若对萧乾的政治批判明显过激且有失真。

已是惊弓之鸟的萧乾便写了散文《拟J·马萨里克遗书》（以下简称《拟遗书》）④ 发表在《观察》上，这篇散文实际上是萧乾借刚去世的捷克外交部长J·马萨里克之口抒写自己的心迹以及对诬陷的申辩。《拟遗书》是萧乾在这次争论中最重要的两篇文章之一，真实地反映了萧乾当时的思想、立场以及对两人之间矛盾的看法。在这篇散文里，萧乾显然借用“他者”之口进行了回应，承认了“我的死，是……一个政治哲学的碰壁，一个和平理想的破碎”，并且表达了对谣言的气愤。从这篇回应文章，可以看出萧乾对自己的处境以及碰壁的原因有着清醒的认知，然而借他人之口“拐弯抹角”地进行回应未免不乏世故之嫌，可能“左翼人”也并非完全明白，冯乃超则著《聪明误》一文略加批评，郭沫若对此似乎没有答复，据萧乾后来说是在周恩来的劝阻下郭沫若才就此偃旗息鼓。

这段纠葛以萧乾的《中国的文艺往哪里走?》社评开始，同样以其《拟遗书》而告结束。郭沫若的批评虽暴力、夸张却也有一个不断深化的过程，萧乾也承认我的死（失败）是一个“政治哲学的碰壁”。然而当作为当事人的萧乾回忆此事时却以单纯的私人恩怨以掩盖复杂的事件，尽管已无从得知郭沫若对这段争论的看法——难道郭沫若会说自己只因“称公称老”一句的影射怀恨在心而批判萧乾？恐怕郭沫若也会

---

① 上海图书馆，复旦大学分校中文系：《迎接新中国——郭沫若香港战斗时期佚文》，复旦学报（社会科学版）编辑部，1979年，第41页。

② 萧乾曾在书信中说道“确曾答应参加北平酝酿多时，早已确定由清华大学教授吴景超主编《新路》。……记得每份都标有‘吴景超主编’字样”（《萧乾全集（第七卷）》第758页），可能是萧乾回忆有误，“社经会”成立时没有宣布《新路》的主编，《新路》每一期上也未列主编，不过吴景超是《新路》最主要的创办者之一。

③ 萧乾：《大十字路口》，《萧乾全集：第5卷》，湖北人民出版社2005年版，第213页。

④ 萧乾：《拟J·马萨里克遗书》，《观察》1948年第4期。

认为这也近乎于一种“诬陷”了——但仍可以从萧乾前后的话语裂隙中分析出来：所谓私人恩怨作为一种明哲保身的策略，与其特殊的思想特征和在历次政治运动中的精神历程有着密切的关系。无论如何，人事冲突不可避免却也乃人之常情，而论者以耳代目、道听途说地以为此系单纯的私人恩怨实在不可取。

二 明哲保身的策略：基于萧乾思想特征及精神历程的考察

萧乾是唯一一个对《斥反动文艺》做出明确回应且到晚年在回忆文章中仍耿耿于怀的当事人。萧乾长期寄人篱下的生活使其对人际关系比较敏感，很早便懂得了“人在矮檐下，怎敢不低头”的道理。当然由于他的敏感以及对人际关系的重视，也使他“对社会认知也还嫌不透彻，多少个人的小小恩怨成分得涤去”。[①] 这在他为数不多的具有很强的自传色彩小说作品中表现得相当明显，尽管萧乾曾极力跳出自我，与现实搏斗，却并不是完全成功的。最是作者心爱的《篱下》与《矮檐》表达了一种寄人篱下、忍气吞声的生存状态，在唯一的一部长篇《梦之谷》里作者还不忘把在崇实（教会学校）半工半读时的“胖校长”和“瘦马猴”（斋务长）羞辱一番。时至1980年，萧乾在《开卷》杂志上为“猫案”[②] 辩护，为这些事巴金在1980年5月—1985年9月致萧乾的书信中有六封[③]提示萧乾“要大量些，想得开些，那都是很小的事（笔者按：指猫案）”“气量大总比气量小好……希望你在作文和做人两方面都更要深沉些”。“挚友、益友和畏友”[④] 巴金对萧乾的建议应该是中肯且忠厚的，说明萧乾过分重视私人的恩恩怨怨，缺乏深刻的洞察力。在一定程度上来说正是因为萧乾停留在自我的狭隘世界里，才不断提及这段往事。当然作为当事人的萧乾在后来对这一事件也不是“重提”那样简单，而是有所“建构”——其前后话语的裂隙，反映了一名抱有“自由主义”文学观念、社会、政治理想的知识分子的精神历程。

作为萧乾在这场论争中最重要的两篇文章之一的《拟遗书》，实际上借“他者”之口真实地表达了自己的心迹。在1988年致丸山昇的信中，萧乾说出了这篇散文的部分意指和含义：这篇以《大公报》社评名义发表的“称公称老”的文章未署名，因此不能负责；无论是“左翼”还是“右翼”，做人的原则是不变的，而为发泄“一时的私怨，散布恐怖的谣言攻势”，其作用也仅仅是让人有了戒心。从萧乾的解释来看，第一条解释不乏牵强，虽说没有注明作者，但这篇文章为萧乾所写不假，且与其归国以后的思想一以贯之，因此由萧乾负责是毋庸置疑的；萧乾晚年在回忆和给丸山

---

① 萧乾：《大十字路口》，《萧乾全集：第5卷》，湖北人民出版社2005年版，第379页。

② 萧乾：《猫案真相》，《萧乾全集：第3卷》，湖北人民出版社2005年版，第558—563页。

③ 即1980年5月30日、1980年6月7日、1980年*月21日、1980年9月19日、1981年11月16日、1985年9月6日巴金致萧乾的信（《巴金书信集》，人民文学出版社1991年版）。

④ 萧乾：《挚友、益友和畏友巴金》，《萧乾全集：第4卷》，湖北人民出版社2005年版，第248页。

昇的信中都在强调一点——即与郭沫若之间纯属私人恩怨，尤其是其在“新路问题”上对自己的“诬陷”，其原因也仅是“称公称老”引起的郭沫若的不满。然而从《拟遗书》中可以看出，尽管萧乾用狭隘的眼光来看待这一事件，但他也认识到了根本的问题，这篇文章的大部分也在论述这一核心问题——政治上的“自由主义”，并承认了失败的原因正是一个“政治哲学的碰壁”。这也是郭沫若在《盲肠炎（题记）》所批评的“第三种人”所带有的文艺上的“自由主义”的进一步深化。不带“地图”的“自由主义”观念给萧乾带来了不可估量的影响。但很快萧乾通过《大公报》的转变使自己从政治上一团漆黑“开始瞥见一线曙光”①，在 1951 年的《我决心做毛泽东文化军队里的一名战斗员》一文里对自己文艺上“满足艺术良心”的“自由主义”进行了全面的自我批判。时至 1957 年，萧乾在《人民日报》上相继发表了《“上”人回家》《“人民”出版社为什么成了衙门》《放心·容忍·人事工作》三篇文章，尤其是最后一篇使其被打为“右派”（在此之前萧乾的生活并未受到很大冲击）。在此文中萧乾仍然阐释“容忍”和“民主”的观念。到了新时期，萧乾在回忆录中游离于关键问题之外，片面强调所谓的“私人恩怨”以掩盖其精神深处的纠结与徘徊，确实是一种不乏“聪明”的做法：1948 年被斥为“黑色文艺”和 1957 年中“圈套”受打击使其两度饱尝“自由主义”所带来的消极后果。可以说，萧乾过分重视私人恩怨的心态与“大十字路口”下的选择以及之后的历次政治运动相互渗透，使包含有文学观念、社会理想以及政治立场的复杂事件被指认为单一的私人恩怨，似乎远比认同本质问题安全得多。

三 “不谙国情”的“他者”眼光：“自由主义”的乌托邦

留英七载，饱受“自由主义”浸染的萧乾回到国内以一种“不谙国情”的“他者”的眼光观察 1948 年前后国统区的现实确实产生了错位，这错位恰好体现了他理想化的“自由主义”观念。萧乾在《中国的文艺往哪里走?》一文里批评郭沫若的“称公称老……大张寿筵”，显然是以“萧伯纳去年九十大寿”为参照，甚至在一定程度上可以说是以英国文坛为本位的。这个批评在郭沫若的《盲肠炎（题记）》没有直接回答，却指出了这背后更加深刻的意味：“‘大张寿筵’的目的一半也就是要使某种人的‘毛骨悚然’一下的，今天可以说是收到实效了。”② 这句话实际上指出了在 20 世纪 40 年代的国统区的祝寿活动作为一种政治文化运动，已经成为共产党团结知识分子的方法，1948 年 3 月的田汉寿辰活动也不例外。萧乾 1946 年回国，对此前的情况并不熟悉，早在 1941 年的“郭寿”就已经是由中共南方局策划的一场寓于文化的政

① 萧乾：《往事三瞥》，《萧乾全集：第 4 卷》，湖北人民出版社 2005 年版，第 146 页。

② 郭沫若：《盲肠炎（题记）》，《创世纪》1947（创刊号）。

治运动。据阳翰笙回忆，给郭沫若祝寿的建议是周恩来提出来的。周恩来说道：“为你作寿是一场意义重大的政治斗争……通过这次斗争，我们可以发动一切民主进步力量来冲破敌人的政治上和文化上的法西斯统治。”① 从周恩来的话中可以明显看出祝寿的政治考量。想必郭沫若说的“使‘某种人’‘毛骨悚然’一下的”的意指也在这里。而祝寿在当时作为一种有组织、有目的的行为，萧乾以一种“不谙国情”的“他者”立场，颇“不识时务”地在文章中加以批评。事后，知道捅了娄子的萧乾也懊悔不已。但是，正是在祝寿这本无大碍的事件上观察的错位体现了其理想化的“自由主义”观念。这种“自由主义”的观念是使其在1948年前后乃至建国后遭受左翼文学批判的首因。

萧乾属于“京派”作家，在“京派”作家尤其是沈从文影响下形成一种原始的“自由主义”思想。其早期作品即有“京派”特色并得到沈从文、杨振声、林徽因的赏识，并且萧乾继沈从文之后主持的《大公报·文艺》更成为京派活动的重要阵地。然而，从其小说创作和交游上来看，萧乾作为一名真正的“京派”作家似乎并不长久，他早期的小说如《小蒋》《邓山东》《俘虏》《篱下》等，确实体现出一种京派“纯正的文学趣味”。但作为“京派”的后起之秀，他的小说在京派的创作中具有很强的辨识度，这使他在一定程度上跳出了“京派”，如1934年写的《邮票》是日本侵略东北的亡国之恨；1935年创作的《栗子》是写“一二·九”的学运；《皈依》《昙》《鹏程》《参商》则表现出丰富的反基督教意识。之后作为记者的萧乾写了一系列密切关注现实的特写和杂文，则更加体现了他的复杂性，虽未走上革命文学道路，却在巴金的指导下也做出了“从自我的小世界中闯出，写大时代体裁”② 的努力。和京派团体相比，萧乾与巴金、靳以的交往更密切，受到的影响似乎也更大。正如杨义先生在《萧乾全集》前言里说的：萧乾以真诚走入京派，同样也以真诚走出了京派。实际上，这恰恰体现了“天生就是个自由主义者”③ 的萧乾，在文学实践上做出的真诚选择。1946年回国以后，萧乾仍然以书评的方式阐释其文艺观，先后写了《詹姆士四杰作》《鉴赏的注脚》《小说家应有的几人格》《詹姆斯掌故录》等表达他的“自由主义”文艺观。然而饱受自由、民主观念浸染的萧乾，目睹国内现状，甚是愤懑，明显地表现出其社会、政治理想，先后写了《给英国老约翰》《红毛长谈》《中国舞台的歧路》《中国音乐往哪里走》等杂文佯作“旅华西人”讽刺战后的中国，尤其是《红毛长谈》里借无党无派的“西人”，批评了当时的政治现实，表达其政治、社会追求。萧乾虽是佯装“西人”，但毕竟留英七载，不可避免地对战后的中国也具有一种“他者”的眼光，直至写了《中国的文艺往哪里走?》，此文章在“祝寿”问题上的看法，不也正是“西人”的视角吗？这反映了萧乾看似偶然的批

① 阳翰笙：《回忆郭老创作二十五周年纪念和五十寿辰的庆祝活动》，《新文学史料》1980年第2期。

② 萧乾：《栗子》，《萧乾全集：第1卷》，湖北人民出版社2005年版，第185页。

③ 萧乾：《释地图》，《萧乾全集：第4卷》，湖北人民出版社2005年版，第787页。

评，实际上有其必然性。如果说作为“京派”的萧乾有一种自发的“自由主义”文艺观的话，归国之后的萧乾则自觉地将英国的“自由主义”政治、社会理想在中国进行重构。

20世纪40年代的中国，“自由主义”形成一股规模浩大的思潮。在“自由主义”知识分子的倡导下，出现了不同于国共两党的“第三条”道路（“中间路线”），萧乾正是“中间路线”的倡导者。先后在《大公报》发表的两篇关于“自由主义”的社评，使他成为当时相当活跃的“自由主义”知识分子。然而，随着“自由主义”运动的发展和共产党在解放战争中优势的逐步确立“自由主义”运动对于革命的消极影响越来越大，左翼对待“自由主义”的态度发生了由容忍到批判的转变。在这个背景下，萧乾高喊“自由主义的信念”和“自由主义者的时代使命”使他与左翼有了更大的隔阂与冲突。此后胡绳、邵荃麟、郭沫若等分别撰文批评自由主义和提倡自由主义运动的报纸。邵荃麟说道：“目前以《大公报》《观察》为中心在宣传的所谓‘新第三方面运动’，实质上却是四大家族和平阴谋的一部分”“目前一些伪自由主义的报刊上，正可看出一些他们搔首弄姿的风采”[①]；胡绳撰长文《为谁“填土”？为谁“工作”？——斥大公报关于所谓“自由主义”的言论》全面反驳萧乾执笔的《大公报》的社评；郭沫若也倡议道：“对提倡‘自由主义’运动的报纸也应作正面的挖根的打击”。[②] 像萧乾一样的“自由主义知识”分子处在一种尴尬的境地，左右受袭。因此，左翼对萧乾的批判实际上是对其“自由主义”观念的批判，归国不久的萧乾对于此时“左”和“右”以及“中间路线”的认识可以从其当时的申辩文章《拟遗书》里解读出来。萧乾借马萨里克之口阐述中国当时的政治问题以及自己的社会、政治理想。可见，萧乾清楚地知道自己当时的处境以及自己受批判的主要原因正是由于“自由主义”的“中间路线”。

四 倡导和践行“自由主义”文艺、社会观念的主要阵地：《大公报》与《新路》

作为倡导和践行萧乾“自由主义”文艺、社会观念的主要阵地《大公报》与《新路》也处于极其尴尬的境地。王芝琛认为郭沫若在《斥反动文艺》里把萧乾和大公报》一并批判，乃是打“车、马”，指“将、帅而已”[③]，重点在于王芸生和《大公报》。此说虽不乏片面，却也从一定程度上说明了《大公报》的处境。1947年，萧

① 北京大学、北京师范大学、北京师范学院中文系中国现代文学教研室：《中国现代文学史参考资料之文学运动史料选（五）》，上海教育出版社1979年版，第610页。

② 上海图书馆，复旦大学分校中文系：《迎接新中国——郭沫若香港战斗时期佚文》，复旦学报（社会科学版）编辑部，1979年，第55页。

③ 王芝琛：《百年沧桑——王芸生与大公报》，中国工人出版社2001年版，第135页。

乾主要负责欧美的社评，《大公报》1948 年 1 月召开社评会议，“会议决定打出自由主义旗号，并推定萧乾执笔，起草一篇自由主义宣言式的社评”①，走“中间路线”。这就是萧乾所写的《自由主义的信念——辟妥协骑墙中间路线》。标榜“不偏不倚”的《大公报》此时生存在《中央日报》和《人民日报》夹缝中间，《中央日报》说其是“新华社广播的应声虫”与“民族失败主义”；《人民日报》则认为它对国民党“小骂大帮忙”是“法西斯的帮凶”。而为《大公报》主笔两篇关于“自由主义”社评的萧乾此时受到左翼的攻击也在情理之中。萧乾通过 1948 年末《大公报》由“中立”转向“拥共”使自己“瞥见一线曙光”，这在一定程度上体现了萧乾对于《大公报》处境的深刻认识和反思。

从 1988 年文洁若致丸山昇的信来看，文洁若女士将郭沫若对萧乾的攻击归纳为以下两点：“1. 萧是叫做《新路》的杂志的总编辑。2.《新路》是美帝国主义及国民党的代言人。”② 如果抛弃成见和感情与精神的负累，应该说“新路问题”是萧乾感到“不公”或认定为“私人恩怨”的唯一具体的“证据”。郭沫若确实在 1948 年 3 月 15 日的《华商报》上说过，“萧乾被派去做《新路》的主编……（他们）替美帝国主义扒中国的主权！”但萧乾并非《新路》的主编，甚至经过杨刚的劝告之后并未参与《新路》的实际工作。然而从 1948 年 4 月发表在《国讯》上的《自由主义运动的批判在香港》一文可以看到，早在 1948 年 3 月 3 日邵荃麟就已经将萧乾认定为《新路》的主编③（但以公开发表的时间看，邵荃麟的说法确实晚于郭沫若）。如此看来，郭沫若最多负有失察之责，究竟是谁最先说萧乾是主编并不重要，问题在于为什么认定萧乾是主编而不是他人。从根本上来说，“主编”一事，虽为不实之言但也并非无中生有，萧乾的确热心“社经会”的成立及《新路》周刊的筹办，这从他邀请沈从文、冯至参与“社经会”的活动中可以看得出来。然而，为什么说其为“主编”反而成了“黑白颠倒，无中生有”④ 了呢？原因在于事情在接下来发生了变化，当《新路》被认为是美帝国主义及国民党的代言人（这在当时可以说是左翼甚至一些民主人士的共识，非独郭沫若这样认为）之后，这“主编”的黑锅“跳到黄河也再洗不清了”⑤，这是萧乾没有料想到的。《新路》当时面临着复杂的背景，包含有国民党党员等 59 位发起人在北平成立的“社经会”，被认为是帮助“岌岌可危的蒋介石政权赢得一点喘息的时间”⑥。倡导“自由主义”的《大公报》和“中国社会经济

---

① 王芝琛：《一代报人王芸生》，长江文艺出版社 2004 年版，第 166 页。

② 文洁若：《君子之交——萧乾、文洁若与丸山昇往来书简》，上海人民出版社 2015 年版，第 13 页。

③ 胡光：《自由主义运动的批判在香港》，《国讯》1948 年 4 月 2 日。

④ 萧乾：《大十字路口》，《萧乾全集：第 5 卷》，湖北人民出版社 2005 年版，第 213 页。

⑤ 同上。

⑥ 在茅盾的回忆录里仍留有萧乾出任《新路》主编一事，可见，这个错误的认识在“左翼”是有相当普遍性的，似乎萧乾担任主编一职是顺理成章的（见茅盾《访问苏联·迎接新中国——回忆录三十三》，《新文学史料》1986 年第 4 期）。

研究会”及其刊物《新路》都被认为是一个巨大的阴谋。从1948年3月《华商报》主持的座谈会上可以看出“自由主义者”兼《大公报》《新路》编辑的萧乾的处境：

> 邵荃麟：不久之前“和谈阴谋”正是这种“欺骗政策”的继续发展，所谓“自由主义运动”也就是这种“阴谋”的一部分……美国进一步策划“和平”的时候，上海《大公报》又发表了“自由主义者的信念”，……以及由钱昌照出钱，萧乾主编，创办刊物《新路》，这些所谓“自由主义者”，拿的是谁的钱？为谁填土？为谁工作？（按：指萧乾的社论）难道还不明白吗？至于目前这种所谓“自由主义运动”，则根本是美帝和××××的尾巴，是挂羊头卖狗肉的勾当……。[①]

据钱昌照回忆，“社经会”确实拿过宋子文和资源委员会的钱[②]，加之时局复杂，因此它在当时遭受争议和批评也不难理解。萧乾无论是在《大公报》的言论还是《新路》的活动都是他“自由主义”观念的体现。平心而论，假如没有“主编”一事，作为当时相当活跃的“自由主义”知识分子，在当时的背景下其依然会受批判，这是毋庸置疑的。但是“新路问题”在建国以后的历次政治运动中一直成为萧乾摆脱不掉的政治阴影，从而使“诬陷”的阴影也不断强化，于是郭沫若的“诬陷”反而成为一种避重就轻的借口。

战后的中国有着各种可能性，也充满着思想、理论、立场、政治乃至人事的冲突，就当事人来说似乎也是习焉不察和难以指认的。萧乾作为战后一名典型的“自由主义”知识分子，其言行同时也表现了战后“京派”文学尝试再生的努力。“京派”文学作为一种“自由主义”文学，在当时是一种极具可能性的路向。随着“京派文学”在重建和突围中的影响力不断扩大，经过短暂的繁荣之后，其不可避免地遭遇了左翼文学的政治批判与冲击。最终，象征京派文学在大陆走向终结的重要标志就是《斥反动文艺》一文[③]，而由萧乾则可以看到“自由主义”知识分子在转折时代的精神特征。

（原载《鲁东大学学报（哲学社会科学版）》2017年第3期）

① 胡光：《自由主义运动的批判在香港》，《国讯》1948年4月2日。

② 钱昌照：《钱昌照回忆录》，中国文史出版社2014年版，第123页。

③ 黄万华：《“京派”的终结和战后中国文学的转型》，《文学评论》2011年第2期。

对 2005 新版《鲁迅全集》一处注释的商榷

孟文博

人民文学出版社 2005 年新版《鲁迅全集》第一卷第 178 页有对《未有天才之前》一文中“崇拜创作”一语的注释，在此注释中有这样一段话：“郭沫若曾在 1921 年 2 月《民铎》第二卷第五号发表的致李石岑函中说过‘我觉得国内人士只注重媒婆，而不注重处子；只注重翻译，而不注重产生。’他的这些话，是由于看了当年上海《时事新报》副刊《学灯》双十节增刊而发的，在增刊上刊载的第一篇是翻译小说，第二篇才是鲁迅的《头发的故事》。”郭沫若确实在致李石岑信函中说过那样一句话，但这句话是不是“由于看了当年上海《时事新报》副刊《学灯》双十节增刊而发的”就值得商榷了。

编辑这条注释的学者大约是参考了郭沫若于 1946 年 10 月 1 日发表在《文艺复兴》月刊第 2 卷第 3 期上的《鲁迅与王国维》中的这段表述：

> 我第一次接触鲁迅先生的著作是在一九二〇年《时事新报·学灯》上，文艺栏里面收了四篇东西，第一篇是周作人译的日本小说，作者和作品的题目都不记得了。第二篇是鲁迅的《头发的故事》。第三篇是我的《棠棣之花》（第一幕）。第四篇是沈雁冰（那时候雁冰先生还没有用茅盾的笔名）译的爱尔兰作家的独幕剧。那时候我是日本九州帝国大学的医科二年生，我还不知道鲁迅是谁，我只是为作品抱了不平。为什么好的创作屈居在日本小说的译文的次位去了？那时候编《学灯》栏的是李石岑，我为此曾写信给他，说创作是处女，应该尊重，翻译是媒婆，应该客气一点。这信在他所主编的《民铎杂志》发表了。我却没有料到，这几句话反而惹起了鲁迅先生和其他朋友们的不愉快，屡次被引用出来作为我乃至创造社同人们藐视翻译的罪状。

从这段表述看来，郭沫若似乎确在为鲁迅抱不平，他的“处女”“媒婆”的话也是因此而发，但真实情况恐怕并非如此。

首先看十年前的 1936 年 11 月，郭沫若在东京《质文》杂志第 2 卷第 2 期上发表《我的作诗的经过》一文，其中又有这样一段话：

> 我在上面已经说过，李君对我每每加以冷遇，有一次把我一篇自认为煞费苦心的创作登在一篇死不通的翻译后面，因而便激起了我说“翻译是媒婆，创作是处女，处女应该加以珍重”的话。

那么郭沫若关于“处女”“媒婆”的话究竟是在为谁鸣不平？对此我们首先要找来一个旁证，郭沫若早在1930年便撰文谈及鲁迅《头发的故事》：“这可以说也是我第一次看见的中国的近代小说。我当时很佩服他，觉得他的观察很深刻，笔调很简练，大有自然主义派的风味。但同时也觉得他的感触太枯燥，色彩太暗淡，总有点和自己的趣味相反驳。——这话是我一点加减乘除也没有的表白，这假使值得说上‘批评’，我对于鲁迅先生的批评，截到他的‘呐喊’为止，就是这样。”① 平心而论，鲁迅的这篇《头发的故事》确实让人感觉有点“感触太枯燥，色彩太暗淡”，与鲁迅的其他小说作品相比，有着一定的差距，而这篇小说的“感触”与“色彩”与当时的郭沫若的“趣味”也的确是“相反驳”的，因此我们能够相信郭沫若说“这话是我一点加减乘除也没有的表白”，确为真实的“表白”。

另外我们也可以从历史的角度加以判断，郭沫若写作这篇《我的作诗的经过》是在1936年9月4日，其时距他写作那篇与鲁迅争论“两个口号”的著名论文《蒐苗的检阅》仅仅五天，在《蒐苗的检阅》一文中郭沫若是把鲁迅当作论敌对待的，且多有讽刺之语，而仅五天之后就为他那篇《头发的故事》的排序问题抱不平，显然不太可能。

看来，郭沫若最大的可能性是在为自己鸣不平，那么他在致李石岑函中说过那句“我觉得国内人士只注重媒婆，而不注重处子；只注重翻译，而不注重产生”是否便因此而发呢？笔者为此重新查阅了这封信函的最初版本，结果发现郭沫若在其中通篇都没有提及在《学灯》双十节增刊上所刊发的那篇“翻译小说”与《头发的故事》的排序问题，他关于“媒婆”“处子”的那句话的上下文是这样的：

> 年来对于我国底文艺界还有些久未宣泄的话，在此一并也一并说出了罢。去年双十节读先生《吾人第一义之生活》一文，中有“真人生之建设，不能不有待于艺术”一语，最称卓识！“吾国营第一义之生活者甚稀”亦最表同感。我觉得国内人士只注重媒婆，而不注重处子；只注重翻译，而不注重产生。一般在文艺界徂徕的文人概只夸示些邻家底桃李来逞逞口上的风光，总不想从自家底庭院中开发些花果来使人玩味。而一般新闻杂志底亦体裁亦默默地表示他差别的待遇。凡是外来的文艺，无论译得好坏，总要冠居上游；而创作的诗文，仅仅以之填补纸角。像这种体裁和趋向决不是所以提倡第一义生活，而鼓舞创造精神的好

① 郭沫若：《“眼中钉”》，《海燕》月刊第4、5期合刊，1930年5月10日。

消息！

从这段话看来，郭沫若去年双十节不仅读到了《学灯》上的“翻译小说”和《头发的故事》，更读了李石岑的《吾人第一义之生活》。他的那句话显然并非针对“翻译小说”和《头发的故事》的排序问题，而是对他“最称卓识”“最表同感”的李石岑文章所发的，是对这篇文章的附和。

不仅如此，郭沫若在这封信函中对李石岑还有“我这些刍荛之见，我想热心提倡第一义生活者如足下，当得不至吐弃么?”“这是久郁不宣的话，不知足下以为如何?”这样的恭敬言语，这就与他在 1936 年和 1946 年两次对李石岑兴师问罪的态度形成了明显反差。那么这种态度反差又因何而来？这又必须考察郭沫若表达不同态度时的不同历史语境。郭沫若二十年代初对于李石岑的恭敬乃是他基于自己当时在文坛的地位审时度势的结果。那时的郭沫若还“是日本九州帝国大学的医科二年生”，刚经前任《学灯》主编宗白华发现和提携，在《学灯》上发表几十篇作品，初露头角于文坛，是一个文坛新人。而李石岑却是四大副刊之一《学灯》的主编。郭沫若能够得到宗白华的发现与提携已属相当幸运，他自己也是倍加珍惜，甚至为此拒绝了宗白华所付的稿酬。而到了李石岑成为《学灯》主编之后，郭沫若对其虽然多有不满，觉得“李君对我每每加以冷遇”，但他显然不想因此便断了与《学灯》业已建立的良好关系，而是设法扭转自己“遇冷”的处境，就在这封郭沫若致李石岑的信函中，我们便可以看出他的心思。郭沫若在此信开头便指出了“胡怀琛先生《诗与诗人》一题”中的错误，并由此展开论述，先是用“毛诗序”和“近世欧西学者之研究”证明了自己的判断，接着进一步运用“自己在心理学上求得的一种解释”来阐发了他的“诗之精神在其内在的韵律”的理论，并颇有些自负地说：“前人已曾道过与否不得而知”，为此他还翻译了泰戈尔的一节诗，并列举了惠特曼、屈原、庄子、李白、杜甫、白居易等例子来加以证明，再接下来他又谈到“诗是人格创造的表现，是人格创造冲动的表现。这种冲动接触到我们，对于我们的人格不能不发生影响”，这比他一年前给宗白华的信中只论述“诗的生成，如像自然物的生存一般，不当参以丝毫的矫揉造作”的文艺“无目的性”观念更进一步，涉及到了诗歌在客观上对读者的影响与价值。因此总的来看，郭沫若写这封信是下了很大的功夫，他不仅指出了别人的错误，阐发了自我的观点，而且还利用古今中外大量的实例和理论加以论证，可以说达到了他当时最高的理论高度。这也就难怪李石岑要把这封信在自己所主编的《学灯》和《民铎》上同时加以发表，而郭沫若日后也把这封信和较早前给宗白华的两封谈论文艺理论的信都加以删改，列为了论文《论诗》的三个部分，而且把这封晚发表近一年的信作为了第一部分。

郭沫若扭转自己“遇冷”的努力很快便有回报，就在写完这封致李石岑信函后，他得以继续在《学灯》上发表作品，多少有些讽刺意味的是，第一篇便为翻译自

“邻家底桃李”：《屠尔格涅浦之散文诗》。自此一直到《创造》季刊的创办，《学灯》依然还都是他发表作品最主要的刊物。

那么郭沫若为何又把这句关于“媒婆”“处子”的话在1936年和1946年两次算作自己因李石岑当年对作品排序不公而发的呢？笔者以为这是在新的历史语境下，郭沫若对自己曾在李石岑那里“遇冷”而郁结的愤恨的宣泄。1936年，也就是李石岑在贫病交加中去世两年后，郭沫若发表了这篇《我的作诗的经过》一文，用了不少的篇幅数落李石岑的不是，甚至为那时自己所遭到的“冷遇”写下了这样一段话：

> 有些人说作家须得冷，这或许是一片真理，但无论是怎样冷的作家，他所需要的是自己的冷，而不是别人对于他的冷。对于一位作家的冷遇、冷视，对于一篇作品的冷言、冷语，对于作家是最可怕的毒。有些世故很深的人是有意识地利用这项冷毒为武器的。这比任何毒恶的谩骂还要厉害，这是一种消极的杀人法，继母虐待儿女，有不打不骂，而只不给以充分的粮食，使之渐进地饿死者，便是这一种。我自己是受惯了冷害的人，大约冷的免疫性是已经有了的，虽然时而仍不免其觳觫；而对于享有大名的人对于年青人的冷言、冷语，尤其感觉着不平。①

实言讲，李石岑当年对郭沫若的态度很难称得上是“冷毒”，他对郭沫若的“冷”，不过是宗白华对郭沫若异乎寻常的“热”所衬托出来的，而他从本质上“是把郭当作一个作者而不是一个‘天才’来对待”，② 远非郭沫若所说的“消极的杀人法”。具体到当年《学灯》上发表作品的排序问题，排在郭沫若前面的是周作人和鲁迅，他们早在几年前的文学革命中就暴得大名，其名气和地位显然不是郭沫若这个仅在不到一年前才开始发表文艺作品的文坛新人所能比的，因此无论是出于尊重名人，还是利用名人的考虑，李石岑把周氏兄弟的作品排在前两位，都是无可厚非的。在这里最关键的一点，还是郭沫若认为李石岑虽与宗白华同为《学灯》主编，但对他的态度却反差太大，以至于实在难以接受。刘纳女士曾就此假设：“倘若郭沫若此时是个初次投稿者，或者他没有遇到像宗白华那样激赏他以至向他破例敞开版面的编辑，或许他的怨气还不至于那么大。”③ 事实是郭沫若确实因此而产生了很大的怨气，关键是这怨气当时还不能发作，不但不能发作，还得向给他制造“冷遇”与怨气的人表达足够的恭敬，这对于一向惯于“昂首天外”心高气傲的郭沫若来说，无论如何是难以平复的。郭沫若对李石岑的怨气郁结了十数年，到了1936年在回忆自己“作

---

① 郭沫若：《我的作诗的经过》，《质文》（东京）第2卷第2期，1936年11月。

② 刘纳：《创造社与泰东书局》，广西教育出版社1999年版，第31页。

③ 同上。

诗的经过”时找到了一个宣泄口，他在这篇文章中不仅用很大的篇幅数落李石岑的“冷遇”“冷视”“冷言”“冷语”“消极的杀人法”，还把自己当年附和李石岑的言论改作是因对李石岑的“不公平”排序而发的。郭沫若的此处改动不仅掩盖了自己当年对李石岑的献媚，而且把引发那场创造社与文研会论战的根源祸水引到了李石岑头上，可谓一举两得。郭沫若应该在这篇文章的行文之中感到了宣泄的快感，乃至十年之后当他再次回忆当年《学灯》对四篇作品的排序问题时，把鲁迅又拉了进来，宣称自己是为鲁迅抱不平，并且还因此“写信”要求李石岑“尊重”“处女”，对“媒婆”“客气一点”，至于“这几句话反而惹起了鲁迅先生和其他朋友们的不愉快，屡次被引用出来作为我乃至创造社同人们藐视翻译的罪状”，那自然也要算到李石岑头上。

郭沫若作为文学和学术的大家，对李石岑其实并无过咎的行为竟有长达二十多年的耿耿“不平”，最后甚至不惜改编史实加以“栽赃”，不能不说令人遗憾。至于新版的《鲁迅全集》，对于这一史实的注释未能追根溯源，而是简单的引用郭沫若最后版本言论的一面之词，从而造成注释与史实有所偏差的情形，同样也是一种遗憾。

（原载《鲁迅研究月刊》2017 年第 11 期）

“中国题材”的政治:中日左翼文学交流中的《我的母国·作为日本文学课题》

熊　鹰

大革命失败后的 1928 年 2 月，郭沫若赴日避难，一住近十年①。郭沫若自称这段时间既没有适当的写作环境，写完也无处发表②。但是，随着近年来“郭沫若在日本史料挖掘”工作的推进，郭沫若流亡日本期间写作的发表情况也慢慢清晰起来。日本学者藤田梨那发现了一批郭沫若于这一时期发表在日本杂志上的日语作品，以及同时期日本学人对他的评论③。藤田梨那考察的主要是郭沫若发表于《历史科学》《同仁》《日本评论》的历史研究，而未涉及文学评论。与此同时，国内的郭沫若研究者蔡震也曾提到过，流亡期间的郭沫若曾在日本改造社的杂志上多次发表文章。但是，蔡先生对于这些文章未进行深入的分析，对郭沫若“与改造社之间究竟保持着一种什么样的关系”④ 也未充分解答。基于上述研究现状，本文将梳理并解读郭沫若在改造社《文艺》上直接用日语写作的文学评论：《我的母国·作为日本文学课题》(日文：「日本文学の題材・母国」，以下简称《我的母国》)，并进一步揭示其与日本文学界与出版界的联系。

《我的母国》作于 1936 年 5 月初，同年 6 月发表于《文艺》的“中国——现代日本文学的课题”⑤ 专栏。在此文艺专栏中，郭沫若和日本作家一起回顾了日本现代文学中的“中国题材”创作，并对当下日本作家如何继续“中国题材”给出了建议。中日两国一衣带水，文化交流频繁。日本文学中的中国主题并不罕见。正如郭沫若在《我的母国》中所说，中日两国“共领略着茶的清淡、丝的柔软、磁器的玲珑以及南画的渊默。我国对于日本文学的赠与——不，日本作家描写过她的作品，在日本文学上并不少”，日本作家森鸥外、夏目漱石、芥川龙之介、谷崎润一郎、佐藤春夫等都

---

① 王继权、童炜钢编：《郭沫若年谱》上，江苏人民出版社 1983 年版，第 242 页。

② 《沫若自选集》，乐华图书公司 1934 年版，第 1 页。

③ 藤田梨那：《郭沫若与日本杂志的关连》，《郭沫若学刊》2011 年第 1 期。

④ 蔡震：《“郭沫若与日本”在郭沫若研究中》，《新文学史料》2007 年第 4 期。

⑤ 「日本文学の題材・母国」的中文翻译题为《我的母国·作为日本文学课题》，非戈译，《文学丛报》1936 年第 4 期。

曾借用中国题材创作过历史小说和纪行文[①]。郭沫若所提到的这些“中国题材”的创作主要集中出现在明治末年及大正时期（1912—1926）。王向远曾指出，这一时期的近代日本作家总体来说对中国的历史文化表现出浓厚兴趣。与此同时，他们却对现实的中国社会感到失望，“对现实的中国人表示不屑乃至藐视”[②]。到了侵华战争期间，“中国题材”的纪行文和历史小说则干脆变成了从军记，甚至可以归入侵华文学或战争文学[③]。那么，中日文学交流的历史中，“中国题材”的文学有没有其他的可能性呢?

事实上，在“中国题材”的纪行文和1937年后的从军记之间，即在中日时局日益紧张的1936年，《文艺》杂志曾郑重地提起了日本文学中的“中国题材”这一命题。藤田梨那曾分析1934年《同仁》杂志上池田孝对郭沫若文学的介绍，并指出，“郭沫若以隐蔽的形式仍然与日本普罗文学保持一定的关系”[④]。郭沫若流亡日本期间正值日本无产阶级文学运动进入其1928—1932年间的全盛时期；1932年至1937年间则是日本无产阶级革命文学从盛到衰、军国主义代之兴起的时期。郭沫若在日期间亲历了日本无产阶级文学由盛至衰的全过程。与郭沫若一起参与《文艺》专栏讨论的日本作家藤森成吉曾担任“全日本无产者艺术联盟”的书记，是日本知名的左翼作家。据藤森成吉回忆，他与郭沫若在30年代仍不间断地有一些交往。与日本无产阶级文学的关系构成了郭沫若流亡日本时期生活和思想的重要组成部分。《文艺》上的这组专栏因此也可看作抗战全面爆发前中日左翼作家交往的一个环节。下面的论述还将进一步指出，当改造社开展以文学交流为中心的“国民外交”、试图用“中国题材”促进中日和解时，郭沫若在《文艺》上却通过《我的母国》与鲁迅及日本的左翼作家展开了一系列对话，直指“国民外交”的脆弱。《我的母国》体现的是这一时期郭沫若、鲁迅及日本左翼作家对中日关系、中日文学交流的历史与未来等问题所作的思考。而“中国题材”无疑成为中日双方争夺的话语空间。

一　改造社与中国

《文艺》杂志1936年的专题讨论曾引起学者的注意。王升远曾在其对卢沟桥事变前后日本人对华态度的研究中提到，在中日关系愈发难解之时，“文学界颇有影响的《文艺》杂志便发起过‘去描写支那吧!’专题讨论，约请逃亡在日的郭沫若、小说家藤森成吉以及日本评论家兼翻译家新居格撰文探讨”[⑤]。王升远的研究勾勒出了

① 郭沫若：「日本文学の題材・母国」，『文芸』1936年第6期。

② 王向远：《王向远著作集》第四卷，宁夏出版社2007年版，第6页。

③ 同上书，第7页。

④ 藤田梨那：《郭沫若与日本杂志的关连》，《郭沫若学刊》2011年第1期。

⑤ 王升远：《昭和初期日本文化人的北京体验及其政治、文化心态》，《山东社会科学》2016年第2期。

卢沟桥事变前后日本文化界及媒体参与对华事务方面的情况，并指出日本军部的意志与杂志社的利益以及读者的阅读趣味在侵华时期形成了高度的同向性①。但是，王升远关注的是《文艺》专栏中的日本作家藤森成吉的《描写中国吧!》和日本评论家新居格的《现代中国的题材性》，却未注意到与郭沫若及上述日本作家一起参与讨论的还有改造社社长山本实彦。山本实彦在该专栏发表了《从上海致S》，并在这组讨论、乃至1936年的中日文学交流中起着关键作用。

改造社对中国市场的开拓可以上溯到1928年。社长亲赴上海，约请著名的新感觉派作家横光利一撰写游记。从综合性杂志《改造》起步的改造社，在参与日本国内出版市场激烈竞争的同时，也希望通过拓展海外市场寻找新的出版商机②。1929年改造社成立十周年之际，山本实彦发表讲话，郑重表达了改造社对于介于“东洋”事物的决心③。山本实彦配合着张作霖之死、九・一八事变、一・二八事变等历史事件连续策划出版了一系列中国题材的读物，其中就有横光利一的《上海》。在《从上海致S》中，山本实彦告诫日本作家，“这数十年间，不管如何，中国已经成为了舞台的中心，引起了日、英、美、苏四个强国的关心”。而且，“这关心不止于政治、外交、经济等方面，各种文学问题也在列”④。山本实彦提醒日本作家，法国、美国、英国、苏联的作家都以“中国题材”进行了创作，以中国为舞台的题材对上述诸国都有巨大的魅力⑤。山本实彦清楚地认识到描写中国对于改造社开拓海外市场所具有的重要现实意义。后来《改造》邀请郭沫若用日文连载《武昌城下》大约也是延续这样一种拓展海外市场和题材的思路。当然，这也在一定程度上反映了日本向中国大陆实行军事侵略以后，日本读书界对中国事务新兴的兴趣⑥。

横光利一1928年拒绝了山本社长撰写游记的要求，转而发表了长篇小说《上海》。倒是山本实彦自身撰写了一系列的游记。发表于1936年6月《文艺》杂志的这篇《从上海致S》即是其中的一篇。1936年2月，山本实彦游览了沪、苏、杭、宁等地⑦。这组游记同年结集为一册《支那》，由改造社出版。从这一角度来看，《文艺》杂志上这组专栏文章并非如现有研究所指出的那样，仅仅是“日本文学界的反躬自省，旨在探求中国题材创作不振、水准低下之因由”⑧ 这么简单。而是饱含现实

① 王升远：《昭和初期日本文化人的北京体验及其政治、文化心态》，《山东社会科学》2016年第2期。

② 王中忱：《日本新感觉派文学：在殖民地都市里的转向——论横光利一的〈上海〉》，王中忱、林少阳主编：《重审现代主义——东亚视角或汉字圈的提问》，清华大学出版社2012年版，第348—349页。

③ 松原一枝：『改造社と山本実彦』，南方新社2000年版，第153页。

④ 山本実彦：「上海からsへ」，『文芸』1936年第6期。

⑤ 同上。

⑥ 山本实彦对于郭沫若左翼作家身份并不陌生。卢沟桥事变发生前，改造社能很好地平衡20年代末30年代初左翼思想带来的出版商机与政府之间的关系。

⑦ 山本実彦：「上海からsへ」，『文芸』1936年第6期。

⑧ 王升远：《昭和初期日本文化人的北京体验及其政治、文化心态》，《山东社会科学》2016年第2期。

的政治意义。至少应该看到，它延续了改造社的出版资本自1928年以来持续发展的方向。

那么，山本实彦的中国之旅与郭沫若所参与的“中国——现代日本文学的课题”的专栏讨论又有何联系呢?

二 “日华文化提携”促生的“中国题材”

赴德国参加奥林匹克运动会途中途经上海的横光利一在日记中透露了1936年山本实彦中国之行的一些细节。在“二月二十四日”中，他写道：

> 上午九时半，抵达上海。刚踏上朋友今鹰的楼梯，突然有人在下面大声叫喊，转身一看，是山本实彦。太意外了，本想下去说说话，但一想还没跟今鹰打招呼，就上了二楼，喝了杯茶后，去楼下的内山书店。书店里有鲁迅、实彦以及内山书店老板三人。鲁迅因为昨晚赶写《改造》的稿子，一直没睡，脸色苍白，胡须浓密，牙齿长得很整齐。他邀我一起上南京路新雅饭店吃午餐。①

横光利一还和1928年来上海时一样，借住在朋友今鹰琼太郎位于施高塔路千爱里45号的宿舍②。而内山书店也于1929年搬到了施高塔路。在那里，横光利一恰好碰到了山本社长和鲁迅的会面。鲁迅日记里也有相应记录，“1936年2月24日，午山本实彦君赠烟卷十二合，并邀至新亚午餐，同席九人”③。而横光利一所说的鲁迅“赶写《改造》的稿子”正是鲁迅2月23日晚为改造社写完的《我要骗人》的日语原文④。由此可见，山本实彦1936年的中国之行至少部分与鲁迅相关。

鲁迅与改造社的交往并非始于1936年。山本实彦关注鲁迅缘起于1932年4月《改造》刊载的《鲁迅传》。同年11月，改造社还出版了井上红梅翻译的《鲁迅全集》⑤。1933年，鲁迅曾帮助改造社，让改造社的记者木村毅顺利采访了萧伯纳。鲁迅自己还用日语在《改造》上发表了《看萧和‘看萧的人们’记》。自此之后，鲁

---

① 横光利一：《欧洲纪行》，张平译：《感想与风景》，四川文艺出版社2015年版，第71页。

② 王中忱：《日本新感觉派文学：在殖民地都市里的转向——论横光利一的〈上海〉》，王中忱、林少阳主编：《重审现代主义——东亚视角或汉字圈的提问》，清华大学出版社2012年版，第358页。

③ 鲁迅1936年2月24日日记，止庵、王世家编：《鲁迅编年著译全集》第二十卷，人民出版社2009年版，第69页。

④ 鲁迅：「私は人をだましたい」，《鲁迅编年著译全集》第二十卷，第65—69页。

⑤ 王中忱：《〈改造〉志与鲁迅的跨语际写作》，《作为事件的文学与历史叙述》，（台北）人间出版社2016年版，第120页。

迅在《改造》上一连发表了数篇日语文章[①]。这是一段由山本社长直接参与的、鲁迅与改造社的“交往史”。

此种“鲁迅热”一直延续到了1936年。在“中国——现代日本文学的课题”专栏刊出前一个月，1936年5月的《文艺》发表了鹿地亘的《谈谈鲁迅》[②]。刊登《我的母国》那一期的《文艺》刊登着《鲁迅全集》的广告。《我的母国》刊出一个月后《文艺》又刊登了山本实彦亲自操刀的《鲁迅》。由此可见，在郭沫若所参与的《文艺》专栏讨论背后有一个重要的历史脉络，那便是改造社对鲁迅自1932年以来的持续介绍。

就在“中国——现代日本文学的课题”在《文艺》上刊出的同时，《改造》上刊出了萧军的《羊》。《羊》为鲁迅亲自挑选，卷首还印有鲁迅撰写的序言[③]。特别值得注意的是，《羊》的卷末刊有“现代中国作家的力作续载”的广告[④]。广告宣称，“这次山本社长在南京和上海游历，与中国文坛的诸多作家会谈的结果，就是向日华文化提携迈出了一步，今后将尽力每月刊载一篇中国现代作家的作品”[⑤]。

事实上，在新雅午餐前，山本实彦和鲁迅就曾于2月11日，也即山本抵沪后的第三天见过一面[⑥]。在此之后山本实彦就拿着鲁迅所写的致蔡元培的介绍信赶赴苏杭、南京各地，拜访蒋介石、蔡元培、张群、孙科等人。在南京，山本以“国民立场”和新闻界、学术界等人举行了“日华问题讨论会”[⑦]。山本实彦因其改造社的出版资本、“曾当选过众议院议员”的政治光环，以及通过《满蒙》《蒙古》《小闲集》等一系列中国游记而获取的“作家”身份受到南京政府的高度重视。南京希望山本实彦能够以一个“进步文化人”的身份，正确认识中国、介绍中国，从事有意义的“国民外交”[⑧]。山本自己也在南京新闻界和文化界的座谈会上表达了希望“通过中日知识分子的努力，促进中日关系好转，实现远东和平”的想法[⑨]。

而所谓“中日知识分子的努力”自然包含作家的参与。山本实彦的《从上海致S》一文即作于南京之行之后。山本在行文中不断敦促日本作家“S”要重视文学在建设中日关系方面的作用。在山本实彦看来“将中国作为文学对象具有重大的意

---

① 王中忱：《〈改造〉志与鲁迅的跨语际写作》，《作为事件的文学与历史叙述》，（台北）人间出版社2016年版，第121页。

② 鹿地亘：「鲁迅と語る」，『文芸』1936年第5期。

③ 序言在《文艺》发表时并无标题。

④ 抗日战争爆发，这一构想没有能够兑现，《改造》一共只发表了6篇。1936年10月鲁迅逝世，“现代中国作家的力作续载”立刻被一个更大的商机所替代，那就是《大鲁迅全集》的出版。

⑤ 见『改造』1936年6月广告。

⑥ 鲁迅1936年2月11日日记，见《鲁迅编年著译全集》第二十卷，第51页。

⑦ 山本実彦：「南京のチヤーナリスト」，『支那』，改造社1936年版，第90—112页。

⑧ 同上书，第106页。

⑨ 同上书，第97页。

义"[①]。因为，"日本现在站在一个世界大舞台上，视野也应该相应地扩大，认识也应该更加实际和深入"[②]，和研究欧美相比，更迫切的是日本正确认识中国。而具体的"研究内容"，则是要探讨"未来年轻的中国如何崛起？如若不能崛起，则中国在民族、经济和社会方面又将如何"。在山本实彦看来，深入研究和预见这些问题对作家来说是一项有意义的工作[③]。也就是说，促进"中国题材"文学的创作——以了解中国、描写中国、研究中国为目的的文学创作——是山本实彦南京"国民外交"之行后的一项重大举措。但是，山本实彦很清楚，和20年代的情形不同，30年代中后期中日关系愈加复杂与紧张，"那些游览上海、南京、北平等地的纪行文是无法引起世界注意的，也不能满足我国知识阶级的期待"[④]。因而，改造社想到了约请鲁迅选编"现代中国作家的力作"，创造从文学上了解"现代中国"的机会。鲁迅所编选的"现代中国作家的力作"就这样成为了山本实彦"日华文化提携"实践的一部分。

三　鲁迅与郭沫若对"中国题材"的态度

对于用文学来实现"日华文化提携"，山本实彦和鲁迅设想不尽相同，甚至可以说是针锋相对。对于何种文学才能有效地研究中国，山本很坚定地说："以中国为文学题材的作品，和中国人自身的写作相比，我觉得中国以外的人才能从客观的角度把握当下，做出合适的描写。"[⑤]山本的设想自然是日本人应该比中国人更能客观地把握中国的局势，创作中国题材的文学。邀请鲁迅编选"现代中国作家的力作"无非是想听取中国方面的意见，更重要的则是引起日本作家的兴趣。但是，鲁迅在为《羊》所做的序言中开门见山地说，中国的新文学，尤其是短篇小说，尽管还称不上什么杰作，"要是比起最近流行的外国人写的，以中国事情为题材的东西来，却并不显得更低劣。从真实这点来看，应该说是很优秀的。在外国读者看来，也许会感到似有不真实之处，但实际大抵是真实的"[⑥]。鲁迅坚持的是中国左翼作家自己言说的"真实"中国，与山本的设想完全不同。

1936年4月，鲁迅接受改造社的约请，用日语写作《我要骗人》时，与改造社也保持一种既合作又持异见的微妙关系。鲁迅既知道"现在日本也不是可以说真话的地方"，但又要在日本的杂志上用日语写作以回应所谓的中日关系问题。鲁迅的策略是在日语文章中公开宣称："作为穷余的一策，我近来发明了别样的方法了，这就

① 山本実彦：「上海からsへ」，『文芸』1936年第6期。
② 同上。
③ 同上。
④ 同上。
⑤ 同上。
⑥ 萧军：《羊》，《改造》1936年第6期。

是骗人"[①]。鲁迅声称，因为正好"遇到山本社长，因为要我写一点什么，就在礼仪上，答道'可以的'。因为说过'可以'，就应该写出来，不要使他失望，然而，到底也还是写了骗人的文章"[②]。所谓的"骗人"则是一种"曲笔"，一种要说但又不能说真话的修辞方法。鲁迅用曲笔在"一・二八事变"后不断升级的中日矛盾中批评了所谓的"日支亲善"在日本和国民政府两方面的虚伪性[③]。鲁迅对用笔和舌就能促进彼此了解、就能借此"看见和了解真实的心"[④] 这种想法持怀疑态度。也就是说，此时鲁迅一方面在《改造》上选编"现代中国作家的力作"、发表日语文章，另一方面则并不相信山本实彦所倡议的"日华文化提携"真能实现[⑤]。

为了配合"现代中国作家的力作"的连载，更好地回答如何描写中国、创作"中国题材"文学，同一时期，山本实彦在《文艺》专栏上牵头展开了相关讨论，邀请郭沫若和藤森成吉等日本作家参与其中。和鲁迅一样，郭沫若的笔也不得不曲折起来：

> 我漫然地应诺下从文艺编辑部来的"作为日本文学课题的中国"这样的题目来写一点关于"写中国"的课题。可是当我拿起笔来，想写些什么的时候，实在苦了我。对于只要有一定立场和才能，便可以处置任意题材的、身在几乎绝对自由境地的作家，而强行要求他去写某种被限定的题材，这种事情，已经是够可怪了，还要我这个中国人来向日本文坛发出"你们写写中国吧"这样的号令，这不是更可笑吗？[⑥]

接着，郭沫若声称，因为"已经应诺下人家，不写些什么是不成的"，因而也是一篇不得已的文章[⑦]。和鲁迅一样，自到日本以后就一直受到监视甚至有入狱经历的郭沫若很清楚，日本并不是能说真话的地方。他在文章的一开头就讽刺日本并非"绝对自由境地"，而山本实彦想用文学研究中国，在现代日本文学中鼓励"中国题材"创作这种做法本身也是一件很可笑的事情。这显然与鲁迅同时期在《改造》上的日文发表形成了一种呼应关系。

郭沫若接着说到自己要把文章的标题从"支那"改为"中国"，传达了自己"为

---

① 鲁迅：《我要骗人》，《鲁迅编年著译全集》第二十卷，第94页。

② 同上书，第96页。

③ 王中忱：《〈改造〉志与鲁迅的跨语际写作》，《作为事件的文学与历史叙述》，（台北）人间出版社2016年版，第130—133页。

④ 鲁迅：《我要骗人》，《鲁迅编年著译全集》第二十卷，第97页。

⑤ 王中忱：《〈改造〉志与鲁迅的跨语际写作》，《作为事件的文学与历史叙述》，（台北）人间出版社2016年版，第133页。

⑥ 郭沫若：「日本文学の題材・母国」，『文芸』1936年第6期。

⑦ 同上。

了危难中的母国舍去生命都在所不惜"[①] 的决心。他告诫日本的读者，唯有这种心情可以代表今日的中国，希望日本作家能把这一点作为参考[②]。所谓的"从未有过的危难"当然是指九·一八、一·二八之后日本对中国的侵略，而在这样一个以"日华文化提携"为主旨的专栏里，郭沫若对日本作家和读者首先传达的却是为了救国不惜舍弃生命的决心和警告，不能不说具有讽刺意味。郭沫若的表述无疑与鲁迅的《我要骗人》有一定的相似性。郭沫若也用"曲笔"就改造社提出何为真实的中国、外国人描写中国的有效性以及山本实彦所构想的"日华文化提携"等问题作出了自己的回应。

四　日本左翼文学脉络中的"中国"

鲁迅和郭沫若的回答或许并非山本实彦所期待的回答，那么与郭沫若一起参与讨论的日本作家又是如何回应的呢？中日双方的左翼作家在1936年中日关系紧张之时，借助改造社提供的这次交流机会想传达的是什么信息呢？以下的讨论就将围绕着郭沫若在《我的母国》一文中指出的日本文学线索，揭示其与日本左翼作家之间的联系，并再次挖掘日本文学中"中国题材"的政治与历史。

虽然由出版资本推动的《文艺》专栏发表于1936年，但是，日本现代文学中，中国题材的出现绝非30年代中后期才有的现象。本文开头也提到，不断延伸的铁路网与新开通的日本邮船线路将森鸥外、谷崎润一郎、芥川龙之介等明治、大正作家送往上海，留下了一批中国游记[③]。然而，就像新居格在《文艺》专栏中的《现代中国的题材性》一文所说的那样，现代日本文学中，真正堪比世界水平的"中国题材"文学当属横光利一的《上海》[④]。横光利一的《上海》描绘了发生在上海的"五卅事件"对于生活在帝国延伸线上的日本人的触动，也提出了殖民地都市中日本人的国家认同问题，开创了与以往中国游记不同的叙述路径。王中忱和日本学者十重田裕一都曾指出过《上海》所体现出的日本向东亚地区殖民扩张的历史脉络[⑤]。本文还想指出，除了殖民扩张的脉络外，横光利一的《上海》还处于另一种重要的历史脉络中，它代表了现代日本文学乃至世界文学有关中国题材的转折点，那就是中国新兴的工人运动进入现代日本文学的开始。这也是郭沫若在《我的母国》一文中所提到的藤森成吉、前田河广一郎、村山知义等"用亲热的眼光凝视着而声援"中国"第三现实"

① 郭沫若：「日本文学の題材・母国」，『文芸』1936年第6期。

② 同上。

③ 刘建辉：《魔都上海》，甘慧杰译，上海古籍出版社2003年版，第87—103页。

④ 新居格：「現代支那の課題性」，『文芸』1936年第6期。

⑤ 王中忱：《日本新感觉派文学：在殖民地都市里的转向——论横光利一的〈上海〉》，王中忱、林少阳主编：《重审现代主义——东亚视角或汉字圈的提问》，清华大学出版社2012年版，第349页。

的日本左翼作家在30年代初所开拓的“中国题材”的传统[①]。

郭沫若所提及的这三位日本作家都是活跃在20年代末、30年代初的左翼文学家，他们的中国题材大多以“五卅”至大革命失败期间的工人运动为主要内容。1928年当选为全日本无产者艺术联盟（纳普）第一任委员长的藤森成吉，1930年1月渡欧，途经意、奥、德，最后于1931年11月进入苏联，参加在哈尔可夫举行的第二届国际革命文学大会[②]。除了参加大会外，藤森成吉的主要活动区域为德国柏林，并在那里参与第三国际领导的国际工人救援会的活动。他以1931年江淮大水为背景，创作了剧本《救救中国的兄弟》，揭露国民党长年在防洪筑堤方面的贪腐以及在救灾方面的无能[③]。这个戏剧的创作受到了国际工人救援会的影响，并于1931年10月在国际工人救援会组织的展览会上上演[④]。廖承志、王炳南以及从日本渡德的创造社成员成仿吾都参加了排演[⑤]。1925年以后，中国的工人运动因为五卅运动、广州起义等一系列运动的爆发而成为了世界无产阶级革命蓝图的重要部分。藤森在《描写中国吧!》中回忆到，在柏林的时候，“印度和中国南方的苏维埃运动是柏林劳动者中最大的话题”[⑥]。对于身处大革命风暴中的郭沫若和日本的左翼作家而言，虽然“被帝国主义的大海啸所席卷着”的中国“差不多在一切的分野上都呈现出总破产的状态”。可是，就在那儿“正有伟大的，任何地方都得不到俨然的现实活着”[⑦]。

自五卅运动到大革命失败为止，以工人运动为主要内容的中国无产阶级革命是世界无产阶级革命的一部分，赢得了来自日本、苏联、德国的国际援助和关心。中国的工人运动也成为世界无产阶级文学的描写对象；一个处于“巨大变革中”的中国正吸引着日本左翼作家。也正是在这样的无产阶级国际连带的背景下，1930年前后，日本现代文学涌现了一股“中国题材”热，它记录着中日左翼作家共同参与世界无产阶级革命的历史。

以京汉铁路同盟罢工和上海五一节同盟罢工为创作题材的日本左翼戏剧家村山知义在接受中国左联外围刊物《文艺新闻》采访时称，自己创作中国题材的戏剧无非因为中日两国的共同点很多，以中国的事件为题材，可使日本劳动大众同时发生“切身底”和“国际底”两种情感。中国的问题就是日本的问题[⑧]。身处世界无产阶级革命中的日本作家对中国革命的理解正如前田河广一郎所言那样，从压榨劳动者获

① 郭沫若：「日本文学の題材・母国」，『文芸』1936年第6期。

② 藤森岳夫：『たぎつ瀬：作家藤森成吉略伝』，中央公论事业出版1986年版，第96页。

③ 藤森成吉：「支那の兄弟を助けろ」，『ロート・フロント』，学艺社1933年版，第217—245页。

④ 这出剧本很容易让人联想到丁玲在同一时期创作的小说《水》，两者在题材上非常接近。

⑤ 藤森成吉：「支那の兄弟を助けろ」，『ロート・フロント』，学艺社1933年版，第215页。

⑥ 藤森成吉：「支那を描け!」，『文芸』1936年第6期。

⑦ 郭沫若：「日本文学の題材・母国」，『文芸』1936年第6期。

⑧ 本报东京通讯处：《日本文艺家访问：多以中国事件为戏剧题材的村山知义》，《文艺新闻》1931年11月9日。

利的资本家来看，中国和日本从根本上是一样的，恐怕中国的无产阶级运动也会发展到日本[①]。在这种信念的指导下，前田河广一郎 1930 年创作了长篇小说《不干涉中国》，描写了日本青年在东京参加“不干涉中国”游行，并逃亡中国的经历。藤森成吉《描写中国吧!》一文如此表述：“这并不单单因为她是我们的邻国。现在，对我们而言，中国是早已超越了邻国意义的存在。中国的命运与与我们的命运息息相关。”[②]

“中国的问题就是日本的问题”“中国的命运与我们的命运息息相关”——一种强烈的国际连带感连接着 20 年代末、30 年代初的中日左翼作家们。1930 年 6 月日本无产阶级作家同盟中央委员会作出了《关于艺术大众化的决议》，设定了能解决文学大众化问题的“题材”。其中的第十条便是要求日本无产阶级作家“创作描写殖民地无产阶级和国内无产阶级联合的作品。创作描写能激发无产阶级国际联合感情的作品”[③]。1930 年 11 月，在藤森成吉所参加的国际无产阶级作家联盟第二次大会上，国际无产阶级作家联盟做出了《关于日本无产阶级作家联盟的决议》。其中，第七条便要求中日两国的无产阶级文艺组织互相交流经验，互相支援，相互批判，加强组织联系[④]。因此，藤森成吉 1936 年在《文艺》上提出，“在中国作家要描述本国的真实景况而受阻之时，日本作家应担负起这项工作”[⑤]。这背后有着中日无产阶级文学国际连带的历史背景，和山本实彦呼吁日本作家描写中国的提法有着根本的区别[⑥]。我们可以将 1936 年《文艺》上郭沫若与藤森成吉的文章看作是 30 年代初中日无产阶级文学交流的一种延续——虽然此时借助的是改造社“国民外交”的出版资本。“中国题材”文学体现的是世界无产阶级革命蓝图中中国力量的崛起，以及像鲁迅、萧军那样在中国斗争的中国作家的声音。

结　语

如我们后来所知，30 年代，中国无产阶级革命与民族独立的道路从城市工人运动转向农村。在日本，藤森成吉和村山知义 30 年代初受世界无产阶级革命的鼓舞而创作的、以城市工人运动为主要内容的“中国题材”文学也遭受了挫折。1933 年 6 月，日本共产党最高干部佐野学和锅山贞亲共同发表了《告共同被告同志书》，声明崇拜天皇及其所代表的文化，支持日本对中国东北的侵略，并要求日本共产党脱离共

---

① 前田河広一郎:『悪漢と風景』，改造社 1932 年版，第 325 页。

② 藤森成吉:「支那を描け!」，『文芸』1936 年第 6 期。

③ 「芸術大衆化に関する決議」，『プロレタリア文学資料集年表』，新日本出版社 1988 年版，第 97 页。

④ 「日本におけるプロレタリア革命文学の問題に関する決議」，『世界プロレタリア文学運動』第四卷，三一书房 1973 年版，第 146 页。

⑤ 王志松:《20 世纪日本马克思主义文艺理论研究》，北京大学出版社 2011 年版，第 19 页。

⑥ 藤森成吉:「支那を描け!」，『文芸』1936 年第 6 期。

产国际[①]。1932 年 5 月刚从欧洲归国的藤森成吉不久就被捕了，并于 1933 年 11 月发表了转向宣言，宣布脱离作家同盟，放弃革命文学，转向历史小说[②]。根据藤森成吉的回忆，自己和六高时期的学生郭沫若再次取得联系大约也就是这个时期的 1934 年[③]。随后的 1934 年 2 月，日本无产阶级文化联盟宣布解散，日本无产阶级文学运动由此落下帷幕。同年 3 月，和创造社及中国颇有渊源的村山正义被判两年徒刑，缓刑三年，并获准转向[④]。此时，大部分日本无产阶级作家都通过转向放弃公开的共产主义信仰。

身在日本的郭沫若自然很清楚地感受着日本提出“满蒙生命线”之后“文艺的和亲力的表现却非常减少了”的局面[⑤]。1936 年，鲁迅和郭沫若虽能借助改造社的出版资本以一种“隐蔽的形式”与日本普罗文学界开展持续的交往、对出版资本与“国民外交”中的“中国题材”文学委婉地提出自己的批评，并重温二三十年代中日左翼作家共同参与世界无产阶级革命的历史，提出了左翼文学“中国题材”的历史与可能。但是，山本实彦的“国民外交”无法阻止时局的恶化。

抗战全面爆发后，改造社的出版资本不得不再次调整与政府及军部的关系。山本实彦又一次亲赴天津、北京、青岛等地。刚到塘沽，他便在《大公报》上读到了从日本回国的郭沫若在上海文艺界欢迎宴会上发表的用鲁迅《惯于长夜过春时》一诗的韵脚所作的七律：“又当投笔请缨时，别妇抛雏断藕丝。去国十年余泪血，登舟三宿见旌旗。欣将残骨埋诸夏，哭吐精诚赋此诗。四万万人齐蹈厉，同心同德一戎衣。”[⑥] 对于郭沫若，山本实彦很明确地感受到，“他和我们都已归属于各自民族的战场。而我也只能为我国的胜利祈祷”[⑦]。很明显，原本借助改造社出版资本进行的“文学外交”在 1937 年以后已不复可能。中日左翼作家共同参与的“中国题材”文学的讨论与鲁迅所主持的“现代中国作家的力作”连载为它画上了句号。

在谈到日本文学中的“中国题材”文学时，王向远曾指出，在世界文学史上，没有任何一个具有独自历史传统的文化和文学大国，像日本一样持续不断地从中国撷取题材[⑧]。日本文学中的“中国题材”本该成为研究的课题。可是，由于种种原因，郭沫若流亡时期发表的《我的母国》未引起学界的重视。无论对于 30 年代初日本左翼作家的“中国题材”，还是对于 1936 年鲁迅、郭沫若与改造社的交往、或是对于改造社资本中的“中国题材”，现今的文学史都未给予足够的重视。作为流亡时期与

---

① 王志松：《20 世纪日本马克思主义文艺理论研究》，北京大学出版社 2011 年版，第 19 页。

② 藤森岳夫：『たぎつ瀬：作家藤森成吉略伝』，中央公论事业出版 1986 年版，第 108 页。

③ 藤森成吉：「来日の郭沫若さん」，『赤旗』1955 年 11 月 30 日第 2 版。

④ 村山知義：『演劇自叙伝 4』，东京艺术座 1977 年版，第 104 页。

⑤ 郭沫若：「日本文学の題材・母国」，『文芸』1936 年第 6 期。

⑥ 山本实彦：《郭沫若》，《支那事变》，改造社 1937 年版，第 24 页。

⑦ 同上。

⑧ 王向远：《王向远著作集》第四卷，宁夏出版社 2007 年版，第 10 页。

日本文坛及日本读者的一种沟通方式，郭沫若这一时期的日语写作无疑透露了他的思想状况。我们由此也能挖掘出中日左翼文学从五卅运动一直到抗日战争全面爆发间围绕着何为中国、如何描写中国等问题所展开的文学交往史，以及种种政治和资本间的竞争角逐。从这个意义上讲，《我的母国》值得今日再读、再检讨。

（原载《文学评论》2017 年第 6 期）

郭沫若对河上肇的接受和修改

熊　权

1924—1926 年前后，郭沫若的创作及人生发生了一个重大转变，他一改“为艺术而艺术”的浪漫主义诗学主张、转而鼓吹斗争的文学，并且积极投身社会政治运动。已有研究颇多关注这一转向问题，通过细致考察、梳理史料产生了令人耳目一新的论述。例如从郭沫若转变前后的人际交往入手，追踪其思想变化轨迹①；例如从 1920 年代中国各种思潮的分化、冲突中阐释郭沫若转变的动力及意义。② 在这样的探讨之中，一向遭到忽略的“孤军社”“醒狮派”、国家主义思潮等进入研究视野，让人们充分意识到郭沫若转向远非简单的政治决定论所能概括。

从文学青年到投身社会运动，郭沫若不管是论战国家主义者，还是在北伐期间偏向并最终加入中国共产党，其思想根基都在翻译河上肇期间形成。已有研究虽然足够多地注意河上肇影响郭沫若，却很少辨析后者从前者那里究竟接受了什么、修改了什么，如何将之运用于理论与生活。③ 本文将以接受、修改河上肇为中心，重新探讨郭沫若转向问题。由于不可脱离的自身经验及语境，中国近现代知识分子接受马克思主义具有不可忽视的独特性和复杂性。郭沫若立足“自我”接受与反思河上肇，进而对话社会思潮、介入政党分化的历史过程当属其中典型个案，体现了中国革命文学与文化的“回心”现象。

一　翻译中的共鸣、接受与个人困境突围

1924 年 7 月，郭沫若在日本福冈用 50 余天的时间、一气呵成译完河上肇的《社会组织与社会革命》，他宣称“这书的译出在我的生命中形成了一个转换期”“我现在成了个彻底的马克思主义的信徒了!”④ 综观郭沫若谈论河上肇的言论，我们确知

---

① 代表研究如李怡《国家与革命——大文学史视野下的郭沫若思想转变》（《学术月刊》2015 年第 2 期）、陈俐《郭沫若政治转向过程中的人际关系探微》（《新文学史料》2011 年第 3 期）等。

② 小谷一郎作，周力译：《郭沫若与二十年代中国的“国家主义”“孤军派”》，收入王风、白井重范编《左翼文学的时代——日本“中国三十年代文学研究会”论文选》，北京大学出版社 2011 年版。

③ 在众多探讨河上肇影响郭沫若的研究中，刘奎《郭沫若的翻译及对马克思主义的接受（1924—1926）》（《现代中文学刊》2012 年第 5 期）是展开细致辨析的一篇，具体论述对本文有启发。

④ 郭沫若：《孤鸿——给芳坞的一封信》，《创造月刊》1926 年第 1 卷第 2 期。

他并非一味认同而有着鲜明的批判。那么，郭沫若对河上肇究竟接受了什么、反思了什么值得追问，其具体观念的形成深刻影响了他的日后言行。

《社会组织与社会革命》一书是河上肇根据自己在《经济论丛》《社会问题研究》发表的论文编纂而成。[①] 组织成书之际，河上肇调整篇目，编排成三个部分："（上篇）关于资本主义的若干考察""（中篇）社会组织与个人生活""（下篇）关于社会革命的若干考察"。从内容上看，上、中篇主要阐释马克思理论，用以分析资本主义条件下的社会及个人；下篇则重点介绍并分析马克思主义革命的"现实版"——苏俄革命。令郭沫若深度共鸣、欣然接受的，只有该书的上、中篇。下篇让他进一步了解从前只是略有耳闻的苏俄革命并产生敬仰之情，但反思、批判河上肇也主要由此生发。

基于切身问题，郭沫若翻译《社会组织与社会革命》进而对河上肇产生了深深共鸣。1924 年前后的郭沫若，刚刚结束在上海办创造社刊物的一段忙乱生涯，陷入了物质、精神的双重困境当中。随着前期创造社的三份刊物陆续停办，郭沫若已经无处领薪，仅靠一笔意外的留学生归国费用还清债务。一家五口没有分文收入，眼巴巴指望他卖译稿换柴米油盐。尤其可见窘迫的是，刚译完《社会组织与社会革命》，郭沫若立马就把手头的日文原著当了五角钱救穷。

从精神方面来看，郭沫若也处在一个分外煎熬时期："想起在上海的一年真是一场迷梦"。[②] 当初中断日本学业、抛妻别子前往上海，他无比热情地办文学刊物。一番奋斗、挣扎下来，刊物停办，人员四散，不仅"纯文学"之梦破灭，自己何去何从都成了问题。郭沫若返日后原打算专研生物学，也因养家糊口艰难而作罢。对"失败"的郭沫若而言，不仅眼前的贫困触目凄凉，过往一年中创造社光彩的"异军突起"也不过黑暗无比的"笼城生活"。一边是他与成仿吾、郁达夫几乎无休无眠地编辑杂志，一边是如同讨饭一样从泰东图书局老板赵南公那里领取微薄薪酬。不过，那时的郭沫若对这样的反差并无明确意识，还为自己伸手拿钱感到羞愧。例如他为了《创造季刊》出版事宜返日，赵南公临行付给路费并赠与一只金镯，他没觉得这是三个月工作的应有之义，却心生受人钱财的惭愧。其实当时的创造社同人个个强忍穷困、志行高洁，据郭沫若描述："达夫和仿吾的洁癖比我还厉害，要钱大概是叫我去破脸。我的脚自然也就有些羞涩，当去三次的至多只得去两次。"文艺青年觉得张口要钱极为可耻，但这种鄙弃"著书只为稻粱谋"的心理却正好被书商利用。赵南公对付他们，无非中国传统讲义气、攀交情的一套：作为朋友要多少钱用只管向我拿就是了，版税可以等将来再算。

---

① ［日］河上肇：《社会组织与社会革命·自序》，河上肇著：《社会组织与社会革命》，郭沫若译，嘉陵书店 1932 年版。

② 郭沫若：《孤鸿——给芳坞的一封信》，《创造月刊》1926 年第 1 卷第 2 期。

深受伯夷、叔齐饿死首阳山一类的传统教化影响，郭沫若等丝毫没有看到自己与书商之间已经构成了现代劳资关系，倒是后代研究者从文学生产、书商运营视角剖析早期创造社历史，多有犀利、深刻之论。[①] 这一时期，找不到问题关键的郭沫若唯有通过文学书写发泄苦闷，屡屡呼喊穷愁，动辄“泪浪滔滔”。弄得以情感丰富著称的徐志摩都批评他“假”，嘲讽“诗人的眼泪比女人的眼泪更不值钱些”。[②] 直到亲眼目睹上海民厚南里的生活一幕，徐志摩才着实被震惊了：“沫若自应门，手抱襁褓儿，铣足，敞服（旧学生履），状殊憔悴……沫若居至隘，陈设亦杂，小孩羼杂其间，领路须父抚慰，涕泗亦须父揩试，皆不能说华语。”他对郭沫若产生理解之同情，忍不住感叹：“以四手而维持一日刊，一月刊，一季刊，其情况必不甚愉适，且其生计亦不裕，或竟窘，无怪其以狂叛自居。”[③]

泛滥的穷愁情绪如一地鸡毛无法整合，更遑论解决方法，何去何从呢？直到一气呵成翻译完《社会组织与社会革命》，青年郭沫若豁然开朗。翻译抽版税只可救得一时之穷，但河上肇介绍、阐释的马克思理论却成了摆脱困境的无上法门。唯物论、资本主义内在矛盾、社会发展规律等新名词如同照亮黑暗的光芒，赋予了郭沫若审视过去生命的视角：轻易不向东家泰东图书局言利、不忍另谋高就，因为思想没有随着社会物质条件发展，还停留于封建社会的“礼”“义”道德。而且，郭沫若开始以全新的眼光评价那些曾经非常崇拜、把他引向“纯文学”之路的诗人歌德、托尔斯泰、泰戈尔：“他们不是贵族的附庸，就是贵族自己。他们幸好有这种天性才得以发展了他们的才能；没有这种天性的人只好中途无端地病死而死了。”[④] 重要的不是具体评价了什么，而是评价呈现了一种全新思路：文艺刊物无以为继，因为在物质、经济的条件没有实现充足之前，没有人能做一个纯粹的艺术家或科学家；办刊遭受种种盘剥，因为泰东书局原本就是资本社会中的压迫机构，那时的自己以及创造同人却是一群不屑言利的古典知识分子……郭沫若的这些自我梳理，呈现了现代经济学视角。

经历深重的心理危机，思想的拐点终于到来。当郭沫若激动地从正午到夜半给成仿吾写下倾诉、分享的长信，现实生活贫困没有变化，他仍是一个“面对高不满一尺的饭台、一盏孤黄的电灯、一个乱发蓬蓬的野人”，但因为理论武装变得透彻强大。译完《社会组织与社会革命》之后十三年，郭沫若仍旧大段引用1924年写给成仿吾的书信原文，回顾这次“高峰体验”：“这些觉悟便是使我生出了‘一个维系着生命的梦想’……我想一方面仍旧继续着自己的学艺生活，而在另外一方面从事实际活动……这，是决定了我日后的动向的。”[⑤] 正如所言，郭沫若译完河上肇不到两

---

① 参见刘纳《创造社与泰东图书局》，广西教育出版社1999年版。
② 徐志摩：《坏诗、假诗、形似诗》，《努力周报》1923年5月6日。
③ 徐志摩：《西湖记》，《徐志摩全集》（4），台北传记文学出版社1969年版，第499页。
④ 郭沫若：《孤鸿——给芳坞的一封信》，《创造月刊》1926年第1卷第2期。
⑤ 郭沫若：《创造十年续编》，《郭沫若全集·文学编》第12卷，人民文学出版社1992年版，第207页。

年时间，就前往广州大学任文科主任，亲身卷入国民革命浪潮。在河上肇引路之下，从认识世界到改造世界、从思想转折到行动实践，郭沫若奉行了马克思主义哲学的核心逻辑。

二　从反思河上肇到论战孤军社

郭沫若在个人生活困境中接受了河上肇，但相关反思也随即发生，并继而导致了他人际交往中的一次重大变故，与原是同人、朋友的孤军社发生论战以至于分道扬镳。论争中的郭沫若挟反思和批判之势，体现了与学院派出身、恪守理论的孤军社人截然不同的思路。

孤军社由一些留学日本的经济、法政专业学生组织成立，《创造十年续编》中介绍孤军社："他们大抵是从日本京都大学研究过经济学问的人，其中还有好些是河上肇的弟子。他们对于河上肇的初年的学说是实地信奉着的。"① 郭沫若一度与孤军社交往密切，堪称他们的"准同人"。② 尤其值得注意的是，他翻译《社会组织与社会革命》也主要经由孤军社人促成。郭沫若最早从李闪亭处听闻河上肇其人其作，翻译所用的原本《社会组织与社会革命》由林灵光提供，何公敢则帮助收集翻译所用的引文材料，这些人都是孤军社成员。

应该说，郭沫若与孤军社交往进而翻译《社会组织与社会革命》，与该社人员身为河上肇信徒、乐于传播相关思想理论有很大关系。1925 年，郭沫若却与孤军社的林灵光、郭心崧发生论争，并最终从这一知识群体脱离、分裂。追根溯源，二者的论争最先只是理论分歧。尽管都深受河上肇影响，郭沫若持反思批判态度，孤军社方面却视河氏言论为圭臬。

郭沫若反思河上肇，从翻译不完全忠实原著就可见一斑。《社会组织与社会革命》一书下篇第六章《政治革命后俄罗斯之经济的地位》非河上肇原创，而译自英文版列宁文章"the significance of the agricultural tax（农业税的意义）"。③ 颇有意味的是，此文最末一节"过渡到社会主义"，河上肇完全省略不译。了解这一细节后，郭沫若辗转找到同样刊发此文的"Soviet Russia"杂志，补译出被省略部分："由何公敢兄借'Soviet Russia'杂志一册来得以校对一遍，改正处殊不少，……惟最末处一节日译文中完全省略了，兹特意补译出来使其完整。"河上肇具体因何省略列宁原文

① 郭沫若：《创造十年续编》，《郭沫若全集·文学编》第 12 卷，人民文学出版社 1992 年版，第 275 页。

② 潘世圣：《关于郭沫若与"孤军社"关系的概略考察》，《广西师院学报》1986 年第 1 期。

③ 据郭沫若译文注：所见列宁此文有英文版两种，其一，发表在 1921 年 7 月的 Soviet Russia，Vol. V，No. 1，pp. 2 -7。其二，刊载于 The New Politics of Soviet Russia（Chicago，Charles H. Kerr & Co.）一书。相对原文，英文版第二种末尾有省略。河上肇《社会组织与社会革命》引用的是英文版第二种，末尾一节完全省略，有可能做了进一步删减。

无法确知，但从郭沫若的补译可以看到，他对马列原典发生了兴味，试图眺望一个更广阔、深远的世界。更可见一探究竟之冲动的是，郭沫若甚至计划花五年时间翻译皇皇大作《资本论》，但终因商务印书馆不支持出版而作罢。

在对待苏俄革命的态度方面，郭沫若与河上肇也明显不同。河上肇很客观理性，认为苏俄革命只进行了政治改革还未实现经济跃进，算不得马克思主义的胜利，仅仅属于尚在行进中的实验："在政治革命刚才发起，经济革命还未全实现的时候，我们只能说是社会主义的革命已经开始了，但我们不能说社会主义的革命已经实行了。"[①] 郭沫若通过阅读河氏书稿里介绍苏俄革命的内容，却生发了崇拜之心。在译作末尾注释中，郭沫若对列宁不吝赞美之词：

> 此文（指《农业税的意义》——引者注）于社会革命之道途上非常重要，国人对此颇多误解，有人以为列宁改宗，遂援引为例，欲于中国现状之下提倡私人资本主义者，这真是侮辱列宁，造害社会了。译此文竟，倍感列宁之精明和博大，追悼之情又来摇震心旌，不禁潸潸下也。（民国十三年七月一日，夜半校改后志也）

翻译完成后，郭沫若则开始明确表示不满河上肇。他在 1924 年 7 月初完成译稿，22 日就致信何公敢，说明自己的具体意见。在信中，郭沫若主要批判了河上肇书稿下篇的"时机尚早的社会革命之计划"一章。相对河上肇坚持一切从经济出发的唯物论，提出"时机尚早的革命招致生产力的减退""时机尚早的社会革命终归于失败"等观点，郭沫若针锋相对地说："我是相信在产业未进步、物质条件未具足的过度中以实现社会主义为目的之政治革命是愈早愈好的。"[②] 为此，他展开了细致论证：首先，河上肇否定时机尚早之革命，只举出英国解放殖民地奴隶失败的一个例子，论证薄弱结论仓促，缺乏说服力。郭沫若信手举出没有物质经济条件却飞跃、突变的例子：俄罗斯经十月革命从农奴制国家一跃进入社会主义初级阶段。至于河上肇的祖国日本，更加发生了两级飞跃：唐朝接受中国文化影响，从奴隶社会一跃进入封建社会；近代经明治维新，一跃成为资本主义国家。而且，郭沫若还抬出马克思本尊反驳河上肇。他发现马克思在《唯物史观》中强调物质、经济条件之必要却在《共产党宣言》里宣扬人为的、主观的动力将促成革命。他判断马克思并非死守经济决定论之人，进而批判河上肇"把共产革命解释为定要以资本主义之行将破产为前提，有失马克思的本意"。

何公敢当时对郭沫若没做正面回应，只说论证不充分、不宜在《孤军》发表。

---

① ［日］河上肇：《社会组织与社会革命》（下篇），第五章：《俄国革命与社会主义革命》，郭沫若译。

② 郭沫若：《社会革命的时机》，《洪水》1926 年 2 月第 1 卷第 10、11 期合刊。

如果对孤军社的思想脉络稍作了解，就知道何公敢的“冷处理”事出有因。作为弟子和信徒，孤军社人大多对河上肇尊奉有加。经济专业的学院背景又决定了他们观察现实社会时，非常重视物质条件。他们信服唯物论与河上肇如出一辙：“一个社会组织，对于一切的生产力尚有余地足以供其尽量发展时，（社会组织）是决不颠覆的，并且新的更高级的生产关系，在他物质的存在条件未含孕于旧社会的母胎之前，亦决不会出现。”① 另外，河上肇批判“时机尚早的社会革命”对孤军人影响很大，他们也认定在经济、物质未能发达的社会仓促推动政治变革，不仅必将失败而且将导致极大破坏。周佛海作为河上肇在京都帝国大学的亲传弟子、孤军社一员，曾批判中国的共产主义革命：

> 他（河上肇——引者注）极力反对“早熟的革命”，他以为时机过早的社会革命，不仅不能促进社会进步，而且要引起社会的退化，他并且引了许多事实，证明他的理论，因是我便感觉到在经济状态等于产业革命之英吉利的中国，企图共产主义的社会革命，实在“时机尚早”。②

无独有偶，林灵光批判郭沫若，也郑重其事地引用河上肇的革命时机论。③ 尽管孤军社内部对如何移植河上肇理论也存在不同声音，但整体上唯河氏马首是瞻。④

郭沫若与孤军社多有交往，自然明了他们的理论坚持，他认为这是认死理：“世界上没有他（马克思）所假设的那么纯粹的社会。”⑤ 到 1930 年代，郭沫若又一次直接批判《社会组织与社会革命》：“那书也有大缺陷，便是原作者只强调社会变革在经济一方面的物质条件，把政治一方面的问题付诸等闲了。”⑥

三 与社会思潮、政党组织“相遇”

同是接受河上肇，孤军社强调科学客观、恪守理论，而郭沫若重视以理论观照现实，他受河氏启发、从生活困境突围正是一个生动的例子。更加具有深远性的是，郭沫若以河上肇介绍的马克思为出发点，结合现实判断中国社会的独特性，提出了从经济到政治的国家道路想象。相对以往文学史叙述把郭沫若转向描述为一个政治事件，

---

① ［日］河上肇：《社会组织与社会革命》（下篇），第五章：《俄国革命与社会主义革命》，郭沫若译。

② 周佛海：《逃出了赤城武汉》，收入闻少华著《周佛海评传》，武汉出版社 1996 年版。

③ 郭沫若：《社会革命的时机》，《洪水》1926 年 2 月第 1 卷第 10、11 卷合刊。

④ 参见三田刚夫《留日中国学生论马列主义革命——河上肇的中国学生与〈孤军〉》，《徐州师范大学学报》2005 年第 5 期。

⑤ 郭沫若：《到宜兴去》，《孤军》1925 年 8 月第 3 卷第 3 期。

⑥ 郭沫若：《创造十年续编》，《郭沫若全集·文学编》第 12 卷，人民文学出版社 1992 年版，第 205—206 页。

笔者更倾向于认为这是一个思想事件：当时的郭沫若尚无明确政治立场，他是在借用外来理论解决中国内部问题的宏观视野中，“遇上”了1920年代的社会思潮、政党运动。郭沫若新的人生选择与社会定位，以其“自我之形成”为前提。

综观郭沫若与孤军社的矛盾冲突，最初只是关于河上肇的理论之争，但双方最尖锐的冲突集中在论争的延伸——如何运用理论解决中国现实问题。孤军社信服唯物论、尊奉河上肇的“革命时机论”，把发展中国社会的物质经济条件摆放在首位。他们并不反对中国将来可能实现共产主义，但认为社会发展必须按部就班。现阶段中国的任务先发展资本主义经济、提升国家实力，而不是贸然发动政治革命。郭沫若在反思河上肇的基础上强调中国的独特性，认为中国未必、也无法遵守循序渐进社会进化路线，那只是孤军社一厢情愿的假设。

尚未与孤军社矛盾公开之时，郭沫若曾接受该社团安排的“江浙战祸”调查任务。郭沫若这次远游，途经无锡、宜兴、蜀山、湖汊等太湖周边地区，目睹军阀混战造成的惨状，也对江南地区的经济情况有了进一步了解。尤其途中遇到一位杨姓友人谈江南地区的纱厂危机，令他感触很深。后来，他在《到宜兴去》《一个伟大的教训》等文章中，反复运用中国棉纱纺织业由盛变衰这一实例来驳斥孤军社发展资本经济的主张。欧战之中，中国棉纱纺织业在帝国主义混战的缝隙间生长，出现“工厂林立，销量日增”。一待欧战告终，列强从战争中抽身转而侵蚀中国经济，江南地区的纱厂就不得不纷纷倒闭。郭沫若由此判断，先发达的资本主义国家资本雄厚、组织庞大，已经形成垄断，他们虎视眈眈的存在令中国绝难获得从容发展自身资本主义的环境。为此，他向孤军社人喊话：“中国的情势不是两百年前的亚丹斯密时代的英国”，意在强调中国的经济发展多了一重来自先发达国家的压迫，无法再走欧美资本主义的既定路线。①

在郭沫若眼中，苏俄采取经济集中制、他称之为“国家资本主义”的，堪为中国榜样：“把全国的私有财产收集于国家手中，以国家为单位努力去提高产业……厉行国家资本主义，是共产革命在产业后发进的国度中所必然采取的形式。”② 郭沫若继而提出了对社会体制的设计：

> 我们假使不想永远做人奴隶，不想永远做世界资本主义国家的附庸，我们中国人只剩着一条路好走——便是走社会主义的道路，走劳农俄国的道路。③

至此，发展个人资本主义还是厉行国家资本主义的经济问题终于走向了选择何种

---

① 郭沫若：《到宜兴去》，《孤军》1925年8月第3卷第3期。

② 郭沫若：《共产与共管》，《洪水》1925年11月第1卷第5期。

③ 郭沫若：《一个伟大的教训》，《晨报副刊》1925年劳动节纪念号。

国家体制的政治问题，郭沫若与孤军社人的论争延伸、发展成了欢迎还是拒绝苏俄革命的矛盾冲突。概而论之，相对孤军社人奉行河上肇阐释的经典马克思主义，郭沫若在反思河上肇的过程中推崇经列宁改造的马克思主义。

1924—1926年间，不仅郭沫若等知识分子经历思想剧变，整个中国社会都进入了一个思潮分化、多党竞争的非常时期。在政治局势上国民党、共产党、青年党已成鼎足之势，社会思潮方面则出现了共产主义（共产党）与国家主义（青年党）互争短长、一竞高下。1923—1927年间，共产党的言论家恽代英、肖楚女、郑超麟等在《中国青年》共发表48篇文章批判国家主义；青年党方面也不甘示弱，在自办的《醒狮周报》展开宣传和反驳。二者呈犄角之势，角逐时代话语领导权。[①]

国家主义派与共产主义者之争激烈，固然掺杂"学权"争夺、人事纠纷等复杂因素，但二者主张的确存在根本差异。中共接受马克思的阶级斗争、平均共产等基本理论，以苏俄革命为榜样且与共产国际关系紧密，倡导"全世界无产者联合起来"的国际主义。然而，国家主义派有感于中国近现代以来主权、民心四分五裂，强调一国家、一民族之独立和崛起，且有明显反俄反阶级斗争倾向。

中国的"国家主义"（Nationalism）真正成为一种社会思潮，以1923年12月曾琦、李璜等在巴黎秘密组织成立青年党为标志。曾琦等法国留学生从西欧近现代民族国家兴起的历史中大受鼓舞，尤其赞颂德国的崛起，认为德国作为弱国却能在普法战争中获胜，并用三四十年时间就发展成世界一流强国，是费希特鼓吹德意志民族精神以及玛志尼"以国家主义者号召一切"发挥了巨大作用。他们转而在中国号召"国家主义"，按曾琦的说法：

> 国家主义者为何？在一定领土以内，其国民团结一致，以内求本土之进步，外御异族之侵凌者也。……国家主义之主旨，团结同居一地之民族，独立自主，以求生存发展。[②]

李璜则明确说："国家主义乃是反乎国际主义而言。"[③] 从国家主义派看来，苏俄打着联合、援助的国际主义旗号支持国共，实际干涉中国内政，是一心渔利的赤色帝国主义。就中国人群分化而言，国家主义者认为除了少数军阀，其他绝大多数都属于可团结的善良民众。马克思阶级斗争学说不仅不适用于尚无阶级分化的中国社会，也将造成不必要的内耗。所以，他们的主张是凝聚一国族之力量与精神，通过发动"全民革命"达到"内除国贼，外抗强权"的目标。

---

① 张燕：《〈中国青年〉（1923—1927）对国家主义的批判》，硕士学位论文，福建师范大学，2014年。

② 曾琦：《国家主义与中国青年》，《中国现代哲学史资料汇编续集·第八册》，辽宁大学出版社1984年版。

③ 李璜：《释国家主义》，《中国现代哲学史资料汇编续集·第十二册》，辽宁大学出版社1984年版。

一个师从日本，一个推崇德国，尽管孤军社与国家主义派的理论资源完全不同，但在反俄反共的具体观点上不谋而合，加上两派主要人员曾同在日本留学的渊源，二者迅速走向合流。1924 年 9 月，大批国家主义者归国创办醒狮社，通过社会活动、言论宣传扩大影响力。孤军社的何公敢、萨孟武等积极参与醒狮社的筹建活动，《孤军》杂志还发表了两个社团的联合宣言《本社与醒狮周报社对于时局之共同意见》①。而曾琦则多次在《孤军》杂志发表文章，孤军社还邀请他为“江浙战祸”的调查报告撰写前言，这也直接导致郭沫若一气之下拖延稿件，最终没有写完《到宜兴去》。

由于观念分歧，郭沫若成了孤军社、国家主义派这些昔日“四川同人”“留日同人”眼中的“异类”。然而人以群分、物以类聚，郭沫若驳斥林灵光等的言论引起了来自共产主义阵营的关注。尤其一篇《穷汉的穷谈》以被压迫阶级的“穷汉”自命，细说共产主义发展的“阶段论”，又从解说“集产”驳斥造成人心惶惶的共产恐慌。文章既显示个人立场又体现超出一般的理论水准，被正与国家主义派论战的《中国青年》转载。蒋光慈、瞿秋白等共产党人也开始对郭沫若另眼相看，蒋光慈引之为同道、盛赞他为“中国唯一的诗人”，瞿秋白亲自登门拜访，鼓励他多写此类文字。据郭沫若自述，他出任广州大学文科主任最初就得自瞿秋白推荐。可以说，介入 1920 年代的社会思潮分化、政党竞争之前，郭沫若已经具有了较为稳固的个人观点。

综观郭沫若接受河上肇并非照单全收，而在个人心理与处境、以及观察分析中国现实的基础之上加以反思、修改。尽管郭沫若考察具体经济、社会问题缺少专业知识支撑，在论争、论证过程中时时打破定理，但真实地展现了那一代知识分子追求实效、敢于质疑的精神。值得注意的是，相关思维一旦确立，就深深影响郭沫若日后的言行逻辑。例如在国民革命局势未明的情况下选择共产党，例如在史学研究中自觉运用马克思剖析社会的理论方法……都可以追溯到当初思想转向的“原点”。日本学者曾将鲁迅抵抗着接受现代西方、从而形成自己的方法描绘为“回心”，用以批判那种全然效仿他人、丧失自我主体性的文化态度。② 在这个意义上，郭沫若接受、修改河上肇很大程度地也体现了“回心”的意义。

当下多有“贬郭”“倒郭”之声，许多发言者习惯从郭沫若晚年行径种种鄙薄其人。不为长者讳，这样的批判自有道理，但也留下难以解释的问题。在思想言论多元对话、政党角逐尚未分明的年代，郭沫若以及一代知识分子选择共产主义道路充满各种复杂因素，权势压迫、利益吸引等显然无法覆盖全部内容。尝试打破从结论推导起点的习惯思维，才能深入历史现场，推进对中国革命文学与文化问题的研究。

（原载《中国现代文学研究丛刊》2017 年第 1 期）

---

① 《本社与醒狮周报社对于时局之共同意见》，《孤军》1924 年第 2 卷第 8 期。

② 参见竹内好著《鲁迅》，李心峰译，浙江文艺出版社 1986 年版。

河上肇早期学说、苏俄道路与郭沫若的思想转变

李　斌

跟那些批评郭沫若善变，或指责郭沫若仅凭权势转移而改变自己观念的看法不同，郭沫若本人在1924年、1951年、1959年等不同时期反复追认，认定自翻译完河上肇的《社会组织与社会革命》后，他的思想就定型了，再无变化。① 有关郭沫若与

① 郭沫若刚翻译完《社会组织与社会革命》后说，他相信“科学的社会主义所告诉我们的‘各尽所能，各取所需’的时代”终究会到来。（郭沫若《孤鸿——致成仿吾的一封信》，《郭沫若全集·文学编》（第16卷），人民文学出版社1989年版，第8页。）1951年，他在《社会组织与社会革命》再版《序言》和《郭沫若选集·序言》中两次指认：“我自己的转向马克思主义和固定下来，这部书的译出是起了很大的作用的。”（郭沫若：《序》，《社会组织与社会革命》，商务印书馆1951年版。）通过翻译《社会组织与社会革命》，他的思想“分了质，而且定型化了”，“自此以后便成为了一个马克思主义者”。（郭沫若：《序》，《郭沫若选集》，第9页，开明书店1951年版。）1959年，他又说：“我跑到日本去介绍马克思主义的书籍，找到了一把钥匙，以后思想就有了一个大转变，写作上，生活上都有了一个方向。宇宙观，比较认识清了；泛神论，睡觉去了。从此，我逐步成为了马克思主义者，以后参加了大革命。”（《郭沫若同志答青年问》，《文学知识》1959年5月号。）关于郭沫若向马克思主义者的转变，卜庆华《“飞向自由王国”——试论郭沫若成为马克思主义者的道路》（《湖南师院学报（哲学社会科学版）》1983年增刊），刘悦坦、魏建《苏俄无产阶级革命文化与郭沫若的思想“转换”》（《长白学刊》2002年第2期），张剑平《郭沫若向马克思主义者转变史料略论》（《郭沫若学刊》2010年第3期）等文章从史料上进行了分梳；廖久明《正题戏说——〈马克思进文庙〉之我见》（《郭沫若学刊》2005年第1期）、柳阳《“西来意”与“东土法”——郭沫若之马克思主义唯物史观的接受》（《郭沫若学刊》2008年第4期）、颜炼军《1925，马克思与孔子对话——以郭沫若小说〈马克思进文庙〉为中心》（《现代中文学刊》2013年第1期）等文章从中国传统文化与马克思主义理论融合的角度进行探讨；田居俭《郭沫若与中国马克思主义史学》（《历史研究》1992年第2期）、林甘泉《郭沫若早期的史学思想及其向唯物史观的转变》（《史学史研究》1992年第2期）等文章则从史学思想的角度展开探讨，而关于郭沫若对各种有关马克思主义理论的资源如何选择和探索，学界却缺乏更深入的梳理。

河上肇之关系，学界不乏探讨，[①] 但有一个关键事实却未引起重视：河上肇在自传中认为，在1928年前，包括1922年写作《社会组织与社会革命》时，他还不是一个马克思主义者。[②] 而郭沫若却从中获得了马克思主义者的自觉，背后是否有更为隐蔽的问题？

事实上，郭沫若是以列宁理论和苏俄道路为依据，通过对河上肇早期学说的批判和北伐战争的淬砺完成了向马克思主义者的转变。这一批判是他在1925—1926年间与孤军社的论战中具体展开的，[③] 因为他的主要论敌郭心崧、林灵光正是河上肇的学生，[④] “对于河上肇的初年的学说是实地信奉着的”[⑤]。他们十分熟练地引用马克思主义经典著作，自称“忠于马克思的唯物史观”[⑥]，甚至指责郭沫若没有读懂马克思著

---

① 关于郭沫若与河上肇的关系，就笔者所见，已有如下成果：朱受群《郭沫若与河上肇及其〈社会组织与社会革命〉》（《江西师院学报》1980年第2期）、靳明全《河上肇学说：郭沫若前期文艺思想转变的“中介”》（王锦厚等编《郭沫若纵横论》，成都出版社1992年版）、叶桂生《翻译〈社会组织与社会革命〉所起的影响和作用——为纪念郭沫若百年诞辰而作》（王锦厚等编《郭沫若纵横论》）、［日］中井政喜《有关郭沫若和〈关于社会组织与社会革命的若干研究〉的笔记——“革命文学”论证录》（《郭沫若与中西方文化》，当代中国出版社1998年版）、陈俐《郭沫若政治转向过程中的人际关系探微》（《新文学史料》2011年第3期）、蔡震《遗香犹自透尘埃——郭沫若纪念河上肇的若干佚诗文》（《现代中文学刊》2012年第5期）、刘奎《郭沫若的翻译及对马克思主义的接受（1924—1926）》（《现代中文学刊》2012年第5期）、李虹《河上肇与中国的马克思主义传播》第四章第二节（武汉大学博士论文，2013年）、熊权《郭沫若对河上肇的接受与修改》（《中国现代文学研究丛刊》2017年第1期）、周海林《郭沫若与河上肇：在相遇与分歧的路上》（《郭沫若研究》2017年第1辑）。但这些研究或传记式展开，即从郭沫若的生活境遇与人际关系去探讨他翻译该书的动机，以及根据他的自述去探讨他对该书的不满、“修改”和“分歧”之处，或探讨该书的翻译对于他文艺观转变的影响，而对他思想究竟如何转变、“定型化”后的思想究竟呈现何种面貌在理论上则缺乏更细致地探讨。

② 河上肇认为，1928年他的人生发生了重大转变，“在经济学的领域里完成了从最初出发点——地道的资产阶级经济学到它的对立物——马克思主义经济学的完全转化，在哲学的领域里完成了从掩盖着一层宗教的神秘云雾的最初出发点——唯心论到它的对立物——彻底唯物论的完全转化的。”（河上肇著、储元熹译、龙仁校《河上肇自传》（上），商务印书馆1963年版，第126页。）郭沫若对此也有清醒认识：“著者河上肇博士写这本书时，他还只是一位进步的经济学教授。”（郭沫若：《序》，《社会组织与社会革命》，商务印书馆1951年版。）已有研究中仅叶桂生在《翻译〈社会组织与社会革命〉所起的影响和作用——为纪念郭沫若百年诞辰而作》中意识到“《社会组织与社会革命》的作者写作此书时还不是一个真正的马克思主义者”，但他没有就此展开深入论述。

③ 关于郭沫若与孤军社的论战可参考潘世圣《关于郭沫若与“孤军社”关系的概略考察》（《广西师范学院学报》1986年第1期）、何刚《郭沫若对马克思主义的早期理解——以郭沫若与孤军社论战为主的考察》（《辽宁行政学院学报》2010年第7期）、小谷一郎《郭沫若与二十年代中国的“国家主义”“孤军派”》（白井重范、王风编《左翼文学的时代——日本“中国三十年代文学研究会”论文选》，北京大学出版社2012年版）、周文《郭沫若与“孤军派”——兼论其对国家主义的批判》（《新文学史料》2016年第2期）等。但这些成果事实层面的描述多于理论分析，且甚少将其与河上肇联系起来。

④ 三田刚史：《留日中国学生论马列主义革命——河上肇的中国学生与〈孤军〉杂志》，《徐州师范大学学报》2005年第5期。

⑤ 郭沫若：《创造十年续编》，《郭沫若全集·文学编》第12卷，人民文学出版社1992年版，第275页。

⑥ 郭沫若：《到宜兴去》，《郭沫若全集·文学编》第12卷，第333页。

作。[①] 郭沫若是如何批判他们的呢？其中涉及到哪些重要的理论问题呢？实际革命斗争给郭沫若带来了哪些不同于这些学院派经济学家的特质？鉴于这些问题在郭沫若思想发展中具有重要意义，而长期却没有得到认真讨论，故需郑重展开。

一

作为著名经济学家的河上肇，在《社会组织与社会革命》上篇《关于资本主义之若干考察》中运用《资本论》的观点，指出了资本主义必然灭亡，共产主义必然到来的社会发展趋势。河上肇认为，资本无限增殖，生产无限扩张，当全世界都包含在资本主义领域之中时，"资本之复生产便不得不绝对地停窒了"。[②] 所以，"资本主义组织自身是自动地准备着向社会主义推移的"。[③] 承认共产主义在将来必定实现，是当时包括河上肇在内的很多知识分子的共识。但共产主义如何取代资本主义？需要经过怎样的途径和条件？河上肇和经典马克思主义者的回答并不相同。

马克思主义理论在认识世界和改造世界上存在一定的张力。一方面，马克思在《政治经济学批判·序言》中认为："无论哪一个社会形态，在它所能容纳的全部生产力发挥出来以前，是决不会灭亡的；而新的更高的生产关系，在它的物质存在条件在旧社会的胎胞里成熟以前，是决不会出现的。"[④] 另一方面，马克思、恩格斯又希望政治革命能够尽早到来，尤其是在《共产党宣言》中，他们认为共产主义者的目的"只有用暴力推翻全部现存的社会制度才能达到"。[⑤] 前者将世界描述为一个决定论的体系，而后者却认为世界是可以改变的。马克思主义者究竟是先致力于生产力的发展以促进生产关系的变革呢？还是先改变社会制度以尽早实现无产阶级的解放？这是自第二国际以来，包括卢卡奇、李大钊、葛兰西和阿尔都塞在内的很多学者都曾探讨过的重要问题。

河上肇敏锐地抓住了这一张力。他认为，《政治经济学批判·序言》的作者"是沉着的进化主义者（evolutionist）"，《共产党宣言》的作者"却又成为狂热的革命主义者（revolutionist）了"。"在前他们是很像右倾，在后他们却很像左倾了。"[⑥] 河上肇是如何将"进化主义者"和"革命主义者"的马克思进行统一的呢？对于一些学者的看法——比如有学者认为《政治经济学批判·序言》体现了马克思的现实主义

① 郭心崧：《马克思主义与国家——评郭沫若先生的〈新国家的创造〉》，《独立青年》第1卷第3期，1926年。

② ［日］河上肇：《社会组织与社会革命》，郭沫若译，商务印书馆1925年版，第110页。

③ 同上书，第127页。

④ 马克思：《〈政治经济学批判〉序言》，《马克思恩格斯选集》第2卷，人民出版社2012年版，第3页。

⑤ 马克思、恩格斯：《共产党宣言》，《马克思恩格斯选集》第1卷，人民出版社2012年版，第435页。

⑥ ［日］河上肇：《社会组织与社会革命》，郭沫若译，商务印书馆1925年版，第210—211页。

精神，而《共产党宣言》则反映了“除受有力的敌人嘲弄，轻蔑，憎恶，侮辱及迫害之外什么也没有经验着”的“亡命客”马克思的“病的心理”[①]。——河上肇并不认同。他认为《政治经济学批判·序言》体现的是马克思主义的“一般的理论”，而《共产党宣言》则是“其原理之‘实际的应用’”。“一般的理论”是马克思主义理论不变的部分，具有真理性，而“实际的应用”则随着马克思、恩格斯对具体问题认识的变化而变化，在他看来，最明显的例子是恩格斯在《1848年至1850年的法兰西阶级斗争·序言》中对《共产党宣言》部分观点的否定。显然，河上肇肯定《政治经济学批判·序言》，委婉地否定了《共产党宣言》，而这正是河上肇尚未成长为马克思主义者的重要表征。

在区分“一般的理论”和“实际的应用”的基础上，河上肇将“革命”分为社会革命与政治革命。社会革命的结果是社会形态的变化，比如封建社会向资本主义社会的转变，资本主义社会向社会主义社会的转变，而政治革命不过是“政治之局面上所起的政权移动之一个历史的事件罢了”[②]。河上肇认为，当某一社会中生产力还有发展余地时，“马克斯主义者所当采取的手段是在助长使社会革命及为社会革命的政治革命促进的各种政策”，“在资本家的组织之下尽力迅速地使社会之生产力发达，这决不是马克斯主义者所宜妨害，宜是所大欢迎的了。马克斯主义者之利害与资本家之利害相一致处正在此点”[③]。同时，河上肇认为：“社会之经济组织立于不能由权力者之任意而变更的物质的基础之上”，以社会革命为目的的政治革命即使成功，“在目前只能是政治革命之成功而已”[④]。他称在生产力还有发展余地的资本主义社会进行无产阶级革命为时机未熟之革命，可能“会招致生产力之减退”，十月革命就是典型例子。

在《社会组织与社会革命》中，河上肇没有针对中国进行具体讨论。但他的中国学生们回到中国后，开始运用其学说讨论中国问题。

早期中共党员、1922—1924年间在京都帝国大学经济学部求学的周佛海，后来回顾河上肇影响时说：“本为共产党员的我，听了他的讲，反不赞成中国实行共产主义来了。”“他极力反对‘早熟的革命’，他以为时机过早的社会革命，不仅不能促进社会进步，而且要引起社会的退化，他并且引了许多事实，证明他的理论，因是我便感觉到在经济状态等于产业革命之英吉利的中国，企图共产主义的社会革命，实在‘时机尚早’。”在河上肇影响下，周佛海1924年刚毕业就脱离了中国共产党。他的同学萨孟武、李超桓等人“都是爱听河上的讲，爱读河上的书的人，然而都反对中

① ［日］河上肇：《社会组织与社会革命》，郭沫若译，商务印书馆1925年版，第214页。
② 同上书，第217页。
③ 同上书，第241页。
④ 同上书，第249页。

国采用共产主义"[①]。郭心崧和林灵光正是如此。

曾于1922—1925年在京都帝国大学经济学部求学的郭心崧在《中国经济现状与社会主义》中认为，像中国这样产业落后的国家，如果不经过资本主义的阶段直接跳进社会主义，会遇到很多困难，比如外部的帝国主义干涉、内部的反革命暴动、革命主体的阶级意识不够、作为社会主义基础的产业不完善，等等。所以，"中国内则产业还未发达，外则在于资本主义各国注视之下，欲蔑视环境，举行社会主义革命，非但成功之可能性很少，恐怕反会阻碍产业上之发展"[②]。不久，郭心崧又在《进化论与革命论》中说，中国的资本主义还在萌芽，生产力还有很大的发展余地，阶级矛盾不突出，因此没有立刻实行社会主义的可能。[③]

曾在东京帝国大学求学的林灵光根据河上肇学说，重申了马克思在《政治经济学批判·序言》中的观点。他认为这个观点是"基本原理"，至于其如何运用，各国可以有自己的特殊办法，比如中国进入共产主义的步骤跟列宁领导下的苏俄就应该不同。在他看来，俄国采取了新经济政策，所以十月革命失败了，中国应该吸取教训，"只须采用社会主义的社会政策，而不变更现经济制度，已可达到共产的目的，且可免除时机未熟之革命的危险了"[④]。

可见，河上肇早期学说给周佛海、郭心崧、林灵光等人深刻影响，后者用这一学说分析中国问题时，坚持认为中国不具备无产阶级革命的条件，当务之急是在不改变现有国家政权性质情况下发展国家资本主义。同样是以河上肇为媒介接触了马克思主义，郭沫若跟他们观点的不同之处何在？理论资源是什么呢？

二

关于时机尚早的革命可能导致生产力倒退的观点，郭沫若是不能接受的。

郭沫若明确表示："我对于河上先生所说的'时机尚早的社会革命是招生产力之减退，而终归于失败，即以此为目的之政治革命纵可成功，而其成功亦不外限于政治革命而已'的话，我是不敢赞成的。""河上先生把革命解释为定要以资本主义之行将破产为前提，我恐怕有失马克斯的本意罢？"[⑤] "我对于这书的内容并不十分满意，如他不赞成早期的政治革命之企图，我觉得不是马克思的本质。"[⑥] 他除了认为河上

① 周佛海：《逃出赤都武汉》，引自闻少华《周佛海评传》，武汉出版社1990年版，第50—51页。

② 郭心崧：《中国经济现状与社会主义》，《学艺》第5卷第5期，1923年。

③ 郭心崧：《进化论与革命论》，《孤军》第2卷第7期，1924年。

④ 林灵光：《读了〈穷汉的穷谈〉并〈共产与共管〉以后质沫若先生并质共产党人》，《独立青年》第1卷第1期，1926年。

⑤ 郭沫若：《社会革命的时机》，《洪水》第1卷第10、11期合刊，1926年。

⑥ 郭沫若：《孤鸿——致成仿吾的一封信》，《郭沫若全集·文学编》第16卷，人民文学出版社1992年版，第10、20页。

肇在论述时机不成熟的社会革命时论据不足，不足以说明问题外，还表明了自己的观点："时机尚早之社会革命，在我看来，不见得一定有招致生产力之减退，以此为目的之政治革命也不见得仅仅限于政治革命，就是时机未熟之社会革命不见一定有什么危险。""社会革命之成败并不专在乎时机之早迟，而在于企图的方策之完备与否。"[①] 也就是说，即便在生产力尚有发展余地之资本主义社会，如果通过政治革命的途径完成社会革命，只要方策完备，就能促进生产力的发展，争取共产主义的早日实现。

郭沫若反对河上肇有关政治革命作用的理论依据包括德国社会学家施陶丁格尔（Staudinger）在《道德之经济的基础》中的观点，其实这篇文章河上肇在《唯物史观研究》中曾有过节译。郭沫若根据施陶丁格尔的观点，将《政治经济学批判·序言》中所阐明的观点称为人类社会发展的"必然"，将《共产党宣言》中的政治革命诉求称为"当然"。"必然"指社会发展的客观规律，"当然"指主观能动性。人类在认清客观规律后，可以通过主观能动性加速社会的发展进程。所以郭沫若认为《政治经济学批判·序言》与《共产党宣言》之间并不存在矛盾："有一些学者（如象 Toenies，Sombart）以为完全是马克思思想的矛盾，但我们把自然的研究和当然的要求一划分明显出来，何尝能够说他是矛盾呢？"郭沫若进一步认为，《政治经济学批判·序言》是马克思"以纯粹自然科学的态度来研究社会进展的结果"。但人类社会"根本是'当然'（sollen）的世界，不是纯全的'必然'（sein）的世界"，"我们已经发见了这种社会的因果律，我们人类难道真是自然的死物，不能采用何种手段来使旧社会早早发展到了尽头，使新社会早早产生吗？"[②] 如此看来，郭沫若认为人类应该发挥主观能动性，通过政治革命促成社会革命，从而早日实现共产主义。也就是说，相对于河上肇及其弟子对《共产党宣言》的委婉否定，郭沫若高度认可《共产党宣言》对革命的召唤。

施陶丁格尔关于"必然"和"当然"区分，之所以被郭沫若吸纳过来批判河上肇，跟郭沫若一直以来的思想状态有关。郭沫若是浪漫主义诗人，他在《天狗》等诗歌所表现出来的气吞日月的精神充分体现了他对主体力量的张扬。他翻译接受过尼采，尼采的超人思想对他影响很大。超人的主要特点之一是超越了现实中的善恶观念，自己制定规则，是创造者。[③] 尼采强调"生命就是强力意志"[④]，郭沫若赞美"创造个光明的世界"[⑤]，都体现了对主体精神的高张。

马克思主义一方面坚持经济基础的决定作用，另一方面认为上层建筑对经济基础具有反作用，这两方面是辩证统一的。恩格斯在1890年的一封书信中表示："如果有

① 郭沫若：《社会革命的时机》，《洪水》第1卷第10、11期合刊，1926年。
② 同上。
③ 李斌：《郭沫若思想中的尼采资源新探》，《中国现代文学研究丛刊》2016年第4期。
④ 尼采著：《善恶的彼岸》，朱泱译，团结出版社2001年版，第205页。
⑤ 郭沫若：《创造者》，《郭沫若全集·文学编》第5卷，人民文学出版社1984年版，第402—405页。

人在这里加以歪曲，说经济因素是唯一决定性的因素，那么他就是把这个命题变成毫无内容的、抽象的、荒诞无稽的空话。经济状况是基础，但是对历史斗争的进程发生影响并且在许多情况下主要是决定着这一斗争的形式的，还有上层建筑的各种因素：阶级斗争的各种政治形式及其成果”①。《社会组织与社会革命》片面着眼于经济基础的决定作用，而忽略“上层建筑的各种因素”，忽视人民群众创造历史，这是对马克思主义基本原理的背离，也不符合作为接受过尼采影响的郭沫若的思想状态，正如郭沫若后来对它所批评的：“全书偏重于学究式的论争，对于马克思主义的骨干——辩证唯物主义，根本没有接触到”②。

河上肇及其弟子在否定十月革命、认为其他国家不适合进行社会革命时，主要以是否促进生产力的发展来判断革命的作用，而没有考虑无产阶级的阶级利益。郭沫若与他们的关键区别，是除了着眼于生产力之外，还着眼于无产阶级的命运：“在私人资本主义未到破产之前，早早企图有计划有目的的社会革命，以‘缩短’而且‘缓和’大多数无产阶级的痛苦，岂不是于理当然，而且事实上亦不见得是不可能的事体么?”③

对于无产阶级命运的关注，是郭沫若创作于1923年后来收到《前茅》诗集中的大部分诗歌的重要主题。在《上海的清晨》中，郭沫若悲愤地写道：

马路上，面的不是水门汀，
面的是劳苦人的血汗与生命!
血惨惨的生命呀，血惨惨的生命
在富儿们的车轮下……滚，滚，滚，……
兄弟们哟，我相信就在这静安寺路的马路中央，
终会有剧烈的火山爆喷!④

1924年底，郭沫若应孤军社邀请，到江苏宜兴一带调查浙江督军卢永祥与江苏督军齐燮元战争所产生的祸乱，亲眼看到阶级剥削和压迫的严重性。在写于1925年的《到宜兴去》中，他说道：“一个阶级吃一个阶级。有一个吃的阶级，同时便有一个被吃的阶级。田地里劳苦着的农民，一天一天地被城里的坐食阶级吃食，他们的血汗熬尽了，剩着的枯骨也还要熬出油来，滋润老爷、揪脚们的肠胃呢！这样明白的一个惨祸，最奇怪是有许多睁眼瞎子的学者（?）竟忍心说中国没有阶级，中国没有地主和农奴的区分。这是怎样瞎说八道的混账话哟!”⑤

---

① 《恩格斯致约瑟夫·布洛赫》，《马克思恩格斯选集》第4卷，人民出版社2012年版，第604页。
② 郭沫若：《序》，《社会组织与社会革命》，商务印书馆1951年版，第2页。
③ 郭沫若：《社会革命的时机》，《洪水》第1卷第10、11期合刊，1926年。
④ 郭沫若：《上海的清晨》，《创造周报》第2号，1923年5月20日。
⑤ 郭沫若：《到宜兴去》，《郭沫若全集·文学编》第12卷，第362页。

在这样的思想基础上，当郭沫若看到河上肇等人只考虑经济发展而不考虑无产阶级命运时，毅然提出了无产阶级的命运问题。其实，有没有阶级观念，这是区别马克思主义者与非马克思主义者的根本标准。恩格斯在马克思墓前的讲话中说："马克思首先是一个革命家。他毕生的真正使命，就是以这种或那种方式参加推翻资本主义社会及其所建立的国家设施的事业，参加现代无产阶级的解放事业，正是他第一次使现代无产阶级意识到自身的地位和需要，意识到自身的解放条件。"① 应该看到，河上肇及其弟子否定十月革命的重要意义，否定进行社会革命和阶级斗争的迫切性，他们的理论并非马克思主义的一种，② 更不是与"经过列宁改造的马克思主义"相对的"经典马克思主义"③，而是背离了马克思主义宗旨的非马克思主义。当郭沫若站在无产阶级的立场自觉抵制河上肇及其弟子的非马克思主义理论时，他的政治立场是坚定的。有些学者认为"当时的郭沫若尚无明确的政治立场"④，这种观点不符合实际。

三

河上肇的中国学生郭心崧、林灵光等人，反对在中国进行苏俄式革命，但郭沫若却跟列宁的观点相似，认为在中国这样的半殖民地国家进行社会主义革命，不仅是可能的，而且也是必要的。

郭心崧、林灵光等人认为中国产业落后，不具备无产阶级革命的条件。郭心崧认为："社会革命，照唯物史观看起来，以物质的经济的产业的诸客观条件具备为前提，只有人们的希望，决意，理想，之主观的动因，是不为实现的"，"现在中国真要开发利源，只好借用外资"，如果不借用外资，不但不能开发资源，"并且最初一般民众，一定陷于贫乏。"⑤ 所以不能用无产阶级革命断绝外援。林灵光认为："我对于社会革命是认为时机尚未成熟。'我们目前所能解决的只是我们所能解决的问题'，即社会革命的预备。"⑥ 其具体方案为："以国家为前提，确立一个公平无偏而最有益于国家的经济政策，一面保护资本家，使其发展产业，以与外国对抗，他面保护劳动者，使其生活提高，得为健全公民。"⑦ 他还对中国共产党进行污蔑，认为他们道德水平不高，拿俄国的卢布。这些观点根源于他的独特的理论。他认为帝国主义之间虽

---

① 恩格斯：《在马克思墓前的讲话》，《马克思恩格斯选集》第 3 卷，人民出版社 2012 年版，第 1003 页。

② 刘奎：《郭沫若的翻译及对马克思主义的接受（1924—1926）》，《现代中文学刊》2012 年第 5 期。

③ 熊权：《郭沫若对河上肇的接受与修改》，《中国现代文学研究丛刊》2017 年第 1 期。

④ 同上。

⑤ 郭心崧：《中国经济现状与社会主义》，《学艺》第 5 卷第 5 期，1923 年。

⑥ 林灵光：《读了〈穷汉的穷谈〉并〈共产与共管〉以后质沫若先生并质共产党人》，《独立青年》第 1 卷第 1 期，1926 年。

⑦ 林灵光：《评共产主义者的谬误并论中国的经济政策》，《孤军》第 2 卷第 12 期，1925 年。

有冲突，但一致仇视共产主义，中国可以利用帝国主义间的冲突发展自己的经济，如果中国贸然进行社会革命，列强就会联合起来干预，中国的经济更不能够发展。他说："现在我们若立脚于国家主义而不立足于共产主义，我们可以利用他们利害不同之点使其互相牵制，以自谋独立，俟内乱平定国防充实之后，再进而恢复我们的国权，等得国权恢复，中国完全成为独立国之后，爱怎么干再怎么干好了。"①

林灵光、郭心崧等人认为在不改变国家政权性质的情况下，可利用资本主义国家间的矛盾来发展中国资本主义，对于这些学说，郭沫若是如何看待的呢？

第一次世界大战期间，中国纱厂利用帝国主义无暇顾及的机会，发展态势如雨后春笋，但一战结束，中国纱厂陆续倒闭。郭沫若从这件事上得出教训："我们资本敌不过国际的大资本家们，我们不能和他们自由竞争"，"我们于发展资本主义最重要的自国市场，已经被国际资本家占领了。"②"我们中国人现在处的是什么地位呢？我们中国人的中国是全世界的唯一的商场，唯一的主顾"，国外资本家如"雄大的古木盘据在我们中国的身上，我们的几株嫩苗想起来和他们竞参天之势，这是能够的吗？"③ 五卅惨案爆发时，郭沫若就在现场。这次惨案不仅激发了他的民族情感，他还从经济角度进行分析："现在吞无可吞的列强与后进发展无地之日本都向着一个地大物博的中华来榨取我们的脂膏，吮吸我们的血液，我们身受他们的侵略已经快要满一个世纪了。"④ 从对中国纱厂兴衰的观察和五卅惨案的刺激这些切身经验出发，郭沫若认为身受帝国主义侵略和压榨下的中国，不可能在不革命的情况下自由发展资本主义。

除这一切亲身体验外，郭沫若的观点还同列宁的帝国主义论等理论有高度一致。

跟河上肇等人对于十月革命的观感不同，郭沫若在翻译《社会组织与社会革命》之前，就多次表达了对列宁和十月革命的敬意。他希望中国人民"如俄罗斯无产专政一样，/把一切的陈根旧蒂合盘推翻，/另外在人类史上吐放一片新光"⑤。列宁逝世后，他热情歌颂列宁："无衣无业的穷困人们/受了他从天盗来的炎炎圣火"，"四海的潮音那在同声哀悼。"⑥ 在翻译《社会组织与社会革命》过程中，他感叹列宁没有改宗。该书翻译完后，他给成仿吾写信并没有过多赞美作者河上肇，而是将最高的赞美给予了列宁："我费了两个月的光景译完了此书，译述中我所最感到惊异的是：我们平常当成暴徒看待的列宁，才有那样致密的头脑，才是那样真挚的思想家。"⑦

---

① 林灵光、一卒：《共产党与中国》，《孤军》第3卷第5期，1925年。

② 郭沫若：《〈帝国主义经济侵略下之中国〉序》，《郭沫若全集·历史编》第3卷，人民出版社1984年版，第303页。

③ 郭沫若：《一个伟大的教训》，《晨报副刊》1925年5月1日。

④ 郭沫若：《五卅案宣言》，《晨报副刊》1925年7月13日。

⑤ 郭沫若：《黄河和扬子江》，《郭沫若全集·文学编》第1卷，人民文学出版社1982年版，第314页。

⑥ 郭沫若：《太阳没了》，《创造周报》1924年第38期。

⑦ 郭沫若：《孤鸿——致成仿吾的一封信》，《郭沫若全集·文学编》第16卷，人民文学出版社1992年版，第10、20页。

对于列宁和十月革命，郭沫若与河上肇等人站在了完全相反的立场，他认同“走社会主义的道路，走劳农俄国的道路”①。

列宁在《帝国主义是资本主义的最高阶段》等经典著作中根据资本主义垄断阶段的发展特点，提出了帝国主义理论，他认为“帝国主义是资本主义的垄断阶段”，“帝国主义已经从萌芽状态生长为统治的体系，资本主义垄断组织在国民经济和政治中居于首要地位，世界已经瓜分完毕”。帝国主义国家剥削殖民地国家，“极少数最富有的国家享有垄断高额利润”②。根据列宁的帝国主义理论，帝国主义对“落后地区的兼并不是为了促进这些地区经济的发展，而是要拼命维持其落后的经济关系，以利其统治。”③ 列宁还在《论我国的革命》中认为：“世界历史发展的一般规律，不仅丝毫不排斥个别发展阶段在发展的形式或顺序上表现出特殊性，反而是以此为前提的。”“俄国能够表现出而且势必表现出某种特殊性，这些特殊性当然符合世界发展的总路线，但却使俄国革命有别于以前西欧各国的革命，而且这些特殊性到了东方国家又会产生某些局部的新东西。”④ 正如论者所说，列宁在《论我国的革命》等文章中论述了“在帝国主义战争造成的民不聊生的环境下，即使经济十分落后的国家夺取无产阶级革命的胜利，也是可能的。不仅如此，在这样的国家里，无产阶级夺取政权比那些发达国家更为容易。因为经济的落后使这些国家的资产阶级经济地位脆弱，其统治也就更易被摧毁。而这些国家劳动人民却因经济的落后和受封建主义、资本主义多重压迫与剥削革命性更强、更坚定。因此在特定情况下夺取政权更为容易些。”⑤

《帝国主义是资本主义发展的最高阶段》的部分译文于 1924 年 5 月在《民国日报·觉悟》连载，从郭沫若对列宁的关注和赞扬来看，他对这本著作的基本观点应该不会陌生，他在论战中的观点跟列宁的理论是基本一致的。郭沫若认为，处在帝国主义时代，唯一的出路就是反抗帝国主义的经济侵略，因为即便利用列强的矛盾，废除了不平等条约，“但他们外国人要发泄他们过剩的资本，他们还是要来侵略我们的。”所以最好的办法，就是在共产革命之后“厉行国家资本主义”⑥。跟列宁关于落后国家具有率先进行无产阶级革命的可能性的理论相似，郭沫若认为中国革命的成功可能促进世界革命高潮的到来：“我们中国的共产革命的成功，同时就是各个资本主义国家的失败，他们把商场失掉，过剩的资本没有地方发泄，他们

---

① 郭沫若：《一个伟大的教训》，《晨报副刊》1925 年 5 月 1 日。

② 列宁：《帝国主义是资本主义的最高阶段》，《列宁专题文集·论资本主义》，人民出版社 2009 年版，第 190 页。

③ 中国人民大学马列主义发展史研究所编：《马克思主义史》第 2 卷，人民出版社 1995 年版，第 600 页。

④ 列宁：《论我国革命》，《列宁选集》（第 4 卷），人民出版社 2012 年版，第 776 页。

⑤ 中国人民大学马列主义发展史研究所编：《马克思主义史》第 2 卷，人民出版社 1995 年版，第 678—679 页。

⑥ 郭沫若：《共产与共管》，《洪水》第 1 卷第 5 期，1926 年。

的内部愁他不起变化！那么，我们中国的共产革命的成功说不定就是世界共产的发轫呢。"①

河上肇之所以认为资本主义的发展还有余地，时机过早的社会革命会造成生产力的衰退，很大程度上是根据日本的经验。日本在明治维新后经济获得高速发展，所以很多具有民族主义思想的日本知识分子认为他们没有进行社会革命的必要。跟日本相似的是土耳其，它在1923年改变了自己的殖民地地位，建立了独立的资本主义国家。在郭沫若跟孤军社还保持着良好关系时，孤军社内部曾讨论过中国的经济路线，只有郭沫若和杜国庠赞成苏俄道路，其余人"有一个共同的信仰，便是学习日本和土耳其"②。

在郭沫若和孤军社论战时，瞿秋白和蒋光慈拜访郭沫若。在瞿秋白这位中国共产党的高级领导人面前，郭沫若力陈中国不能走日本的道路："那已经人满为患的几个岛子，在殖民价值上那里赶得上我们？因此在日本民族觉醒了、自行振作起来的时候，欧美人倒也满不在乎。他们乐得有我们这个太牢在手，无暇去争吃小鲜。"③ 在殖民者的眼中，日本只是"小鲜"，失去不可惜，中国才是美味可口量足够大的"太牢"，必定紧紧抓住，所以中国不能走日本的道路。郭沫若的观点，跟列宁的帝国主义论相似，是对中国道路所做的符合实际的分析。

中国只能走苏俄道路而不能走日本和土耳其的道路，郭沫若对于这一观点是始终坚持的。北伐失败后，他写了长篇小说《骑士》，以郭沫若本人为原型的主人公朱杰民在小说中说："日本之所以成功，土耳其之所以得到解放，都是因为有了我们中国。有了我们中国这样个伟大的殖民地，所以日本那蕞尔三岛可以暗渡陈仓，在短期间内未为先进资本国家所十分注意便把羽翼丰满了起来。土耳其之在近东问题的焦点位置，明明是因为有我们中国这个远东问题的焦点替它置换了的。"④ 1930年，郭沫若又在《文学革命之回顾》中认为："外来的资本主义要把中国束缚成一个恒久的乡村，作为发泄它们过剩资本，过剩生产的尾闾，同时便是把中国作为世界革命的缓冲地，有中国这个庞大的乡村存在，世界资本主义的寿命便得以延长。""中国的薄弱的资产阶级势力，受着内外的夹攻，不能够遂行它的使命，而始终是萎缩避易以图其妥协的存在。"⑤ 这都说明，郭沫若坚持列宁的帝国主义理论，坚持中国走苏俄道路的观点是一贯的。

---

① 郭沫若：《共产与共管》，《洪水》第1卷第5期，1926年。

② 郭沫若：《创造十年续编》，《郭沫若全集·文学编》第12卷，人民文学出版社1992年版，第275—276页。

③ 同上书，第277页。

④ 郭沫若：《骑士》，《郭沫若全集·文学编》第10卷，人民文学出版社1985年版，第74页。

⑤ 郭沫若：《文学革命之回顾》，《郭沫若全集·文学编》第16卷，人民文学出版社1992年版，第78页。

四

郭沫若与孤军社在排斥个人资本主义，发展国家资本主义这一经济方略上是相同的。[①] 只是如何发展国家资本主义，他们给出的路径不同：郭沫若主张学习苏俄，无产阶级先掌握国家政权，然后发展国家资本主义；而孤军社则主张在保持现政权不变的情况下发展国家资本主义。这就涉及到国家政权的问题。

郭沫若敏锐意识到国家政权的性质这一革命中必须面对的重要问题。“‘国家’这种制度可以有两种形式的成立：一种是旧式的国家，一种是新式的国家。旧式的国家是有产阶级所形成的，它是掠夺榨取的一种武器，它的本身就包含酝酿战争的毒素。新式的国家反对旧式的国家，它要采取公产制度，它当然只能由无产阶级领导，而它的目的是在实现永远平和。”“居今日二十世纪的世界，居今日深受资本帝国主义压迫的我们中国，无论从学理上，从经济上，从人道上，都没有再提倡旧国家主义的余地了。我们真真是爱国的，我们真真是想救中国，想救我们中国人民的，我们是只有采取新国家主义的一条路，就是实行无产阶级的革命以厉行国家资本主义！”[②] 郭沫若明确“新国家”为无产阶级领导的国家，这是跟“旧国家”的本质区别。[③] 郭沫若这一思想，跟列宁在《国家与革命》中的观点有相当的一致性。

列宁 1917 年在《国家与革命》中就已明确指出：“既然国家是阶级矛盾不可调和的产物，既然它是站在社会之上并且‘日益同社会相异化’的力量，那么很明显，被压迫阶级要求得解放，不仅非进行暴力革命不可，而且非消灭统治阶级所建立的、体现这种‘异化’的国家政权机构不可。”“整个觉悟的无产阶级将同我们一起进行斗争，不是去争取‘力量对比的变动’，而是去推翻资产阶级，破坏资产阶级的议会制，建立公社类型的民主共和国或工兵代表苏维埃共和国，建立无产阶级的革命专

① 郭沫若认为：“在物质后进的国家，比较先生出了对于社会主义的景仰。因种种经济以外的机缘，社会主义者得到政治革命的成功，要促进物质的生产力，舍国家资本主义而外没有别的道路！聪明的列宁，他所以指导俄罗斯的便是这样。我们中国正好学他，正好由有主义、有计划、当然是不赞成自由放任主义的人，纠合主义相同的人以实行社会主义的政治革命。革命成功之后再施行国家资本主义。舍此之外，我们也别无他法。”（郭沫若：《到宜兴去》，《郭沫若全集·文学编》（第 12 卷），第 334 页）叶桂生认为郭沫若此处对中国问题的认识有偏颇：“如果政治革命成功了，就是施行国家资本主义‘别无他法’，这一番话，实际上没有抓住中国的特点。农民问题乃是中国革命的中心。一切问题，包括革命胜利后的经济建设和改革，都以此为准绳。像中国这样的国情，高谈‘国家资本主义’是一种不合时宜”，郭沫若真正参加革命后，“实际上也就抛弃了这一主张。”（叶桂生：《翻译〈社会组织与社会革命〉所起的影响和作用——为纪念郭沫若百年诞辰而作》，王锦厚等编《郭沫若纵横论》，第 107—108 页。）

② 郭沫若：《新国家的创造》，《洪水》第 1 卷第 8 期，1926 年 1 月 1 日。

③ 关于郭沫若对“新国家主义”和“旧国家主义”的论述，参考李怡《国家与革命——大文学视野下郭沫若的思想转变》（《学术月刊》2015 年第 2 期）。

政。"[①] 这实际上为无产阶级改变自己的命运指明了方向。

但作为经济学家的河上肇似乎并不关心这部著作，他在著作中并没有对资产阶级的国家和无产阶级专政的国家做出区分，从而不可能认识到无产阶级打碎资产阶级国家机器，建立无产阶级专政的国家政权的重要意义。河上肇甚至诉求在保持现有政权不变的情况下，通过改良发展国家资本主义，从而以不流血的方式进步到共产主义。受河上肇的影响，他的中国学生都没有将国家资本主义限定在"无产阶级的革命"下，他们主张保持现有资本主义国家政权的性质不变，并在此基础上发展国家资本主义。虽然郭沫若对国家的认识还不可能达到列宁的高度。[②] 但他毕竟提出了国家政权的性质问题。对这一问题的不同认识也是区别马克思主义者和非马克思主义者的重要依据。

河上肇认为："俄国革命仅是以实现社会主义为目的的政治革命，革命以后还有一个时期之中社会主义之实现几乎是全未就绪的。"[③] "经济的经营期，尤其是在俄国，是应该要靡费长久的岁月的"。所以"听说俄罗斯起了社会主义的政治革命便以为社会主义是在俄罗斯国内实现了，这是大错而特错的。"这些观点被林灵光所发挥。林灵光认为十月革命失败了，理由是俄国采取了新经济政策。"我对于俄国的共产革命，则不能认为成功，其成功只是革命二字，他虽然作过一番共产的革命，其结果是新经济政策仍旧不能不行。""不必说土地国有，农人种地收成之后须纳若干成于国家，但其结果俄国大饥荒了"，"所以列宁不得已，一变而采用新经济政策，即承认私有财产，自是以后，俄国的产业才日有进步，同时而共产革命的颜色亦日以减退，号称共产革命，无产阶级专政的苏俄，至今日已变成新资本家阶级与特权阶级的专政了"。[④] 可见，在林灵光看来，列宁已经从无产阶级革命家变成资本主义国家领袖了。

《社会组织与社会革命》下编第六章是河上肇对列宁《农业税之意义》的芝加哥出版社的英译本的转译，而英译本相对于原文于"末尾处大有省略"。郭沫若翻译《社会组织与社会革命》时没有依据河上肇的译文，而是从何公敢处借得收有列宁该文完整版本的 *Soviet Russia* 杂志，他根据该杂志翻译并收入中译《社会组织与社会革命》。郭沫若于译后附白："日译与杂志原文稍有出入处，但无关紧要，故仍旧。惟最末处一小节日译本中完全省略了，兹特补译出来使成完璧。日译者所据英译单行本及德译本均未到手，殊引为遗憾。此文于社会革命之道途上非常重要，故人对此颇多

---

① 列宁：《国家与革命》，《列宁选集》第3卷，人民出版社2012年版，第115、219页。

② 比如他曾天真地邀请"有产阶级的衮衮诸公""前来实行新国家主义，前来作无产阶级的伴侣"（郭沫若《新国家的创造》）。

③ ［日］河上肇：《社会组织与社会革命》，郭沫若译，商务印书馆1925年版，第217页。

④ 林灵光：《读了〈穷汉的穷谈〉并〈共产与共管〉以后质沫若先生并质共产党人》，《独立青年》1926年第1卷第1期。

误解，有人以为列宁改宗，遂援引为例，欲于中国现状之下提倡私人资本主义者，这真是侮辱列宁，遗憾社会了。译此文竟，倍感列宁之精明和博大，追悼之情又来摇震心旌，不仅泪之潸潸下也。”① 所谓“列宁改宗”，所指应该就是林灵光所谓的列宁领导下的苏俄“变成新资本家阶级与特权阶级的专政了”的观点。那么，究竟是什么让郭沫若坚持认为列宁没有改宗的呢?②

在收入郭译《社会组织与社会革命》中的列宁《农业税之意义》的完整译文中，列宁谈到了产生社会主义的两个条件。第一是物质基础，“没有由科学上最新之智识所建的大规模之资本家的技术，没有系统的国家组织可以使数百万人服从于生产物之生产及分配的同一标准之严密的遵守时，社会主义到底是不可能的”；第二是政治保障，“没有国内的无产者之支配，社会革命也是不可能的。”③ 河上肇的日译本对于该文最末一节完全省略，④ 正是在被省略的该文的末尾处，列宁说：“我们不怕资本主义，因为资本主义底范围由于地主与有产阶级之经济的废灭，由于劳农政府之存在，已经十分受了限制，十分受了调节了。”⑤ 从这些表述来看，列宁强调了“无产者之支配”，“劳农政府之存在”，这都分明强调他的新经济政策是在无产阶级领导之下的“新国家”实现的。只要保证了国家政权的无产阶级性质，就不存在“列宁改宗”的问题。郭心崧等人没有强调这一点，曲解列宁，但郭沫若却通过对列宁作品的完整翻译，理解列宁的完整意思，并由此更加感到列宁的伟大。

五

早在翻译完《社会组织与社会革命》后，郭沫若就立即意识到“要回中国去了，在革命的途上中国是最当要冲。”⑥ 郭沫若后来指责《社会组织与社会革命》“对于马克思主义的实践——怎样来改造世界，更差不多采取回避的态度。”⑦“他没有从无产阶级革命运动出发，只强调社会变革在经济一方面的物质条件，而忽略了政治方面的问题。”⑧ 参与“改造世界”的革命运动和政治工作，

---

① ［日］河上肇：《社会组织与社会革命》，郭沫若译，商务印书馆 1925 年版，第 249 页。

② 刘奎在《郭沫若的翻译及对马克思主义的接受（1924—1926）》中对《社会组织与社会革命》下编第六章的版本有所注意，并作出了精彩分析，对本文有所启发。但由于论题不同，该文对郭沫若为什么认为列宁没有改宗这一重要问题没有进一步追问。

③ ［日］河上肇：《社会组织与社会革命》，郭沫若译，商务印书馆 1925 年版，第 275 页。

④ 日本学者中井政喜在《有关郭沫若和〈关于社会组织与社会革命的若干研究〉的笔记——“革命文学”论证录》中查出了被河上肇省略、而后却被郭沫若译出的列宁《农业税之意义》中的那段文字。

⑤ ［日］河上肇：《社会组织与社会革命》，郭沫若译，商务印书馆 1925 年版，第 288 页。

⑥ 郭沫若：《孤鸿——致成仿吾的一封信》，《郭沫若全集·文学编》第 16 卷，人民文学出版社 1992 年版，第 10、20 页。

⑦ 郭沫若：《序》，《社会组织与社会革命》，商务印书馆 1950 年版。

⑧ 《郭沫若同志答青年问》，《文学知识》1959 年 5 月号。

正是郭沫若翻译完该书的人生遵循。此后，参与革命是郭沫若人生的首要大事，只有在革命工作暂时受挫时，他才会将主要精力用于学术研究和文学创作，即便如此，其学术研究和文学创作也是为革命服务的。所以，相比于学者和文学家，革命家才是郭沫若的首要身份。

在与孤军社论战中，郭沫若明确表示："同是要有绝对的国家权力才能发达的东西，我们自然当采取较近的捷路走，在这一点上我赞成'孤军'的国营政策，但是这种政策的先决条件是要推倒现政府"，"我觉得现在所当讨论或者实行的便是如何造成一种势力以推倒政府，如何推倒政府以攫取政权"，"在我们现在是在社会革命的宣传期中，如何团聚势力以攫取政权，也正是这个时期应有的事。"① 多年以后，他还清楚地描述他当时的思想状态："我想一方面仍旧继续着自己的学艺生活，而在另一方面从事实际活动。"②

郭沫若对于参加实际革命工作的愿望，在1925年的《到宜兴去》中表现得也很明白。他这次调查经过黄渡与安亭时，车上一位杨姓朋友给他指点着附近的战迹，他看见了毁坏的农家房屋和田地里戴孝的女子，却并不像"五四"初期那样给这些女子以单纯的人道主义同情，而是对她们的不反抗表示遗憾："他们平时上粮纳税，要去供养一些猪，猪发了疯时要咬死他们，这有谁能够替他们流泪呢?"在蜀山镇上，郭沫若听人讲有两兄弟遇着拉夫的兵士，吓得跳了河，弟弟淹死了。郭沫若也不同情："我觉得商桥的兄弟是懦弱得连兔子也还不如的人，他们有胆量跳河寻死，为甚么不回头与兵士们决一死斗呢?"守寡的妇女和被拉夫的兄弟都处于社会底层，郭沫若希望他们不要听任别人宰割自己的命运，而是奋起反抗，自己掌握自己的命运："陈涉、吴广也是秦始皇的时候拉的夫子，他们终竟把天下推翻了。现在的夫子里面，就只有囫吞糟豆腐的人吗?"③

1926年，郭沫若南下广东，不久参加北伐，这是在列宁和十月革命影响下的思想使然——而并非如论者所说："虽然他的思想越来越倾向'共产主义派'，但并未表现出加入实际政治活动的意愿，他的姿态仍然是一个超越党派的独立批评家。"④ ——所以当他发现蒋介石破坏工人组织时，会不顾名利诱惑和个人安危，写下了《请看今日之蒋介石》这篇战斗檄文；当北伐失败，革命低潮时，他却毅然加入中国共产党，从此以中国共产党的组织纪律严格要求自己。

在北伐失败后蛰居上海的短暂时间里，郭沫若针对后期创造社成员理论上的繁

① 郭沫若：《社会革命的时机》，《洪水》第1卷第10、11期合刊，1926年。

② 郭沫若：《创造十年续编》，《郭沫若全集·文学编》第12卷，人民文学出版社1992年版，第207页。

③ 郭沫若：《到宜兴去》，《郭沫若全集·文学编》第12卷，人民文学出版社1992年版，第330、374、376页。

④ 程凯：《革命的张力》，北京大学出版社2014年版，第36页。

复，写了《战取》的诗歌，用“莱茵的葡萄”这一来自《浮士德》的隐喻，规劝年轻的朋友：“中国革命是当下正在发生的客观历史，也是正在不断充血的主观时间（‘血液不断涌上心头’），而不是外来的理论或话语，不是对西方现代性的摹写”，[①]表示自己“要酿出一片的腥风血雨在这夜间，/战取那新生的天阳，新生的宇宙！”[②]指向的是革命的实际行动。

单枪匹马的个人不能取得革命实际行动的胜利，必须“团聚势力”。经过北伐战争的洗礼，尤其是加入中国共产党后，郭沫若逐渐产生出高度的组织纪律观念，这突出表现在他对蚂蚁的角色认同上。

在南昌起义撤退途中所写的政治小说《一只手》中，郭沫若借小说人物的口吻说：“要想成就大业，不牺牲是没有办法的。你听见过那蚂蚁子过河的话没有？听说有甚么地方的蚂蚁子要搬家，路上遇着一条小小的河，那领头的蚂蚁子便跳下河去。一个跳下去，两个跳下去，三个跳下去，接接连连地都跳下去。跳下去的不用说是淹死了，牺牲了。但是，它们的尸首便在小河上浮成一道桥，其余的蚂蚁子便都踏着桥渡过河去了。我们现在就是要做这些跳河的蚂蚁的啦。”[③] 将自己与无数同伴的尸首铺成一座浮桥，让后死者踏着前进，这种牺牲精神表现了郭沫若高度的组织纪律性和党性原则。

“蚂蚁”的比喻后来多次出现在郭沫若的作品中，在1936年出版的《豕蹄》的《序言》中，郭沫若说：“最后因为想到要把这个集子献给我的一位朋友，一匹可尊敬的蚂蚁，于是由这蚂蚁的联想，便决心采用了目前的这个名目——《豕蹄》。”[④] 这位朋友就是正在参加长征的成仿吾。在初版本《豕蹄》的《序言》的后一页，有一首《献诗——给 C. F.》。在这首诗里，郭沫若将成仿吾比喻为蚂蚁，他和一大群蚂蚁“在绵邈的沙漠中”无声无息地砌叠“Aipotu”（乌托邦），它们摇旗呐喊，热心地把自己“塑成为雪罗汉的/春季”[⑤]。不久郁达夫来东京，带来成仿吾在长征中牺牲的谣传，郭沫若尽管不信，但还是写了他在《女神》之后最好的诗歌《怀 C. F.》，深情地“赞美那有纪律的军旗”，“赞美着成了蚂蚁的你”，表达对老朋友的诚挚思念，对中国革命的魂牵梦绕。郭沫若将成仿吾等人比喻成一大群蚂蚁，看重的是蚂蚁的牺牲精神、高度的组织纪律性和集体观念。郭沫若对蚂蚁的角色认同是长期一贯的，多年后他给云南大学附中学生自治会主办的《附中报》题词中还说：“非洲有一种蚂蚁，在集体行进的时候，如遇小溪阻隔，前面的蚂蚁便跳下水去，搭成一座蚁

① 王璞：《从“奥伏赫变”到“莱茵的葡萄”——“顿挫”中的革命与修辞》，《现代中文学刊》2012年第5期。

② 郭沫若：《战取》，《郭沫若全集·文学编》第1卷，人民文学出版社1982年版，第409页。

③ 郭沫若：《一只手》，《郭沫若全集·文学编》第10卷，人民文学出版社1985年版，第21页。

④ 郭沫若：《序言》，《豕蹄》，不二书店1936年版，第7页。

⑤ 郭沫若：《献诗——给 C. F.》，《豕蹄》，不二书店1936年版。

桥，让后续的蚁群从它们身上过去。这种蚁命，真可说是重于泰山了。”① 甘愿做一只蚂蚁，是郭沫若一生革命实践的形象写照，也是我们理解他在新中国成立后很多言行的一把重要钥匙。

郭沫若正是鲁迅所呼唤的“立意在反抗，指归在动作”的摩罗诗人，他以自己的实际行动，践行了马克思的“重要的不是认识世界，而是改造世界”这一革命者的重要信念，并以“蚂蚁”的姿态投入到无产阶级的革命和解放事业中。

（原载《文学评论》2017 年第 6 期）

① 李衡：《难忘的激情》，《云南日报》1979 年 12 月 9 日。

郭沫若“整理国故”的理论与经验

周晓平

“整理国故”运动在中国文化、文学史上留下了诸多颇具争议的话题。郭沫若是怎样身体力行地投入到这场运动中的？郭沫若对于当时整理国故的科学性提出了质疑，强调自己的“批判”与胡适等人的“整理”非常不同，胡适等只要“实事求是”，他却要在“实事之中求其所以是”。郭沫若旗帜鲜明地坚持以马克思、恩格斯辩证唯物论的态度对待“整理国故”，并对“整理国故”持未来式思考，即通过过去历史以确证理想的未来正在来临，认为只有运用唯物史于历史研究，才是真正科学。无论是在理论研究还是在实践操作的深度和广度上，郭沫若都深具真知与胆识，影响十分深远。

一　问题的提出：整理国故

20 世纪初，在新文化运动如火如荼之时，新文学阵容较早地注意到国故整理的问题。1919 年 1 月《新潮》第 1 卷 1 号在介绍与阐述对外新潮的译著与评述时就有涉及对“国故”及国故研究的问题。傅斯年的《清代学问的门径书几种》指出：“中国学问不论哪一派，现在都在不曾整理的状态下，必须加一番整理，有条贯了，才可给大家晓得研究。”他把“整理中国历史上的一切学问”当成是不可推卸的必须担当的责任，这标志着新文化运动整理国故的开端。① 1919 年 5 月，毛子水在《国故和科学精神》中谈到“一国的学术史和一国的民族历史，无论重要不重要，在世界学术史上总算占了一个位置；所以我们便可以去研究它”。时隔不久，傅斯年明确地提出了“整理国故”的概念。

当然，比较系统地阐述整理国故理论的应是胡适。“五四”之初，新文化运动气势非凡。各种主张、主义莫衷一是。也正是这个时候，胡适在《新青年》第七卷《“新思潮”的意义》中提出“研究问题、输入学理、整理国故、再造文明”的主张。在此基础之上，他阐发了一系列的“整理国故”的理论。他认为：“我们对于旧有的学术思想有三种态度。第一，反对盲从；第二，反对调和；第三，主张整理国

---

① 秦弓：《“整理国故”的历史意义及当代启示》，《文学评论》2001 年第 6 期。

故。”“积极的只有一个主张，一就是‘整理国故’。整理就是从乱七八糟里面寻出一个条理脉络来；从无头无脑里面寻出一个前因后果来；从胡说谬解里面寻出一个真意义来；从武断迷信里面寻出一个真价值来。”胡适又进一步阐发了四个具体步骤：一是“条理系统的整理”；二是“寻出每种学术思想怎样发生，发生之后有什么影响效果”；三是“要用科学的方法，作精确的考证，把古人的意义弄得明白清楚”；四是“各家都还他一个本来面目，各家都还他一个真价值”。①

应该怎样对待国学？怎样对待整理国故？当时的文人、学者各抒己见、见仁见智，并形成了尖锐的对立。

对于整理国故，梁启超非常活跃。他开具了一连串国学入门的带有指导性质的书籍，吴稚晖先是听说，后来进行了查阅，感到十分不满，予以猛烈的抨击。他于1923年7月23日《晨报副刊》刊载了《箴洋八股化的理学》，视梁启超开具的国学入门书为在胡适影响下玩弄手段的行径。而另一位文人梁实秋在看到吴稚晖的文章之后，于10月15日捉刀写下《“灰色的书目”》予以回击。他认为学习一些国学书籍有必要，但是学多少、如何学要因人而异，时间与精力都要视具体情况而定，“自夸”与“自卑”都无济于事。吴稚晖看了梁实秋的文章后，即兴回复反驳《答梁实秋先生》。认为：“不必泛求于许多祸国殃民的老国故”，“若真把线装书同外国文学，配合成了洋八股，当此洋功名盛到顶点的时代，那就葬送了中国，可以万劫不复”②。可见，吴稚晖与梁实秋之间关于胡适与梁启超的“整理国故”的矛盾观点十分尖锐。

对于整理国故，创造社作家的观点也不一，甚至态度迥异。成仿吾在1923年11月18日发表《国学运动之我见》，他认为现在研究“为时过早”。鲁迅先后于1922年、1924年发表了《所谓“国学”》和《未有天才之前》，指摘了在整理国故中社会上所出现的一些弊端，也表明对胡适等少数人去整理国学是无可厚非的。而现代评论派的陈西滢对此是持反对态度的。他在《现代评论》第5卷第119期上发表《整理国故与“打鬼”》，指出新文学运动需要胡适继续做“披荆斩棘的先锋”时，却“忽然立停了脚”，“杀回头去了”。其结果产生了不好的影响，很多人跟风到“钻到烂纸堆里去……弄得乌烟瘴气，迷蒙大地”。并认为，当前需要的是“开新的窗户，装新的地板”。③

二 郭沫若整理国故:“失事求似”与“小心求证”

那么，在这场整理国故的运动中，郭沫若是如何看待整理国故的？郭沫若对待整

① 杜蒸民：《胡适与郭沫若比较研究》，中共党史出版社2010年版，第63页。

② 刘炎生：《中国现代文学论争史》，广东人民出版社1999年版，第146—149页。

③ 同上书，第150—153页。

理国故的方法与态度是科学的、辩证的。首先，郭沫若对于当时整理国故的科学性提出了质疑，在《中国古代社会研究》中，郭沫若强调自己的“批判”与胡适等人的“整理”非常不同，胡适等只要“实事求是”，他却要在“实事之中求其所以是”。他认为仅仅只读古书是不够的，并旗帜鲜明地坚持：“应该知道还有马克思、恩格斯的著作，没有辩证唯物论的概念，连‘国故’不好让你轻谈。”[①] 胡适等对历史的思考是过去史式的，即认为过去的事实，即便是精神现象，也应该作为脱离于现在并独立于历史学家的既成的、绝对不变的事实。郭沫若则持未来式思考，即通过过去历史以确证理想的（或决心付诸现实的）未来正在来临，认为只有运用唯物史于历史研究，才是真正的科学。[②] 对于国学的整理，郭沫若认为：“各就性之所近，各尽力之所能，原不受第三者的干预。”整理“国故”是一桩心甘情愿的事情，不能勉强。另一方面，他又认为“国学”研究也是需要的，不要因噎废食。郭沫若认为：“只徒笼统地排斥国学，排斥国学研究者，这与笼统地宣传国学，劝人做国学研究者所犯的弊病是同一样的，同是超越了自己的本分而侵犯了他人的良心。”[③]

首先，郭沫若一开始投入到新文化运动之中时，就是以反对传统的封建文化的崭新面目而出现的，然而，在猛烈批判封建旧文化的同时，他并没有丢弃中国传统的优良文化。如在《三个叛逆的女性》以及《女神》等作品中，通过发掘中国历史中“有为”的女性形象，作为新时代的楷模。他认为中国文化并不以迷信专制为传统，需要吸取其精华而剔除其糟粕，“自由创造之精神”才是中国优良文化的真正源头，“我国古代的精神表现得最真切、最纯粹的当在周秦之际”，“我自由独创的精神亦遂永遭埋没于后儒训诂伪托之下而泥其真相”[④]。正是因为这样，他在“五四”新文化运动时期，就与当时“打倒孔家店”的口号唱反调，认为“我国的儒家思想是以个性为中心而发展自我全圆于国于世界的”[⑤]。其态度是激烈的，评判是辩证的。

在“九一八”事变以后，中国面临着对日本的双重斗争：武装与文化。郭沫若意识到在批判传统文化缺失的同时，有必要肯定和弘扬祖国优良的传统文化。因此，他在《复兴民族的真诗》《青年化，永远青年化》等一系列谈中国文化的论文和演说中，对中国的历史和文化做了充分的肯定。他指出“直到现在我们所固有的文化，依然在世界上焕发出灿烂的光辉，无论语言、文字、思想、文艺、学术、产业、生活，都有我们的民族的特色表现在里面”[⑥]。他指出“我们中国民族和中国文化，五

---

① 郭沫若：《中国古代社会研究》，人民出版社 1982 年版，第 102 页。

② 徐茜：《四面楚歌、腹背受敌——20 年代“整理国故”运动的困境》，《学术论坛》2008 年第 4 期。

③ 郭沫若：《整理国故的评价》，《文学运动史料》，北京大学、北京师范大学中文系中国现代文学教研室主编，上海教育出版社 1979 年版，第 332—333 页。

④ 郭沫若：《沫若文集》第 10 卷，人民文学出版社 1959 年版，第 8 页。

⑤ 同上书，第 9 页。

⑥ 同上书，第 332 页。

千年中永远保持着了它的一贯的进化体系”①，所以“我们的民族是不老的”，是“尽量发挥我们的力量去克服自然，我们因以创建与时俱进的优秀文化”②，因为如此，郭沫若把抗日战争看作是一场文化战争，他从中华民族文化的实质性出发，说明打赢这场文化战争的必要性和可能性。郭沫若抗战文化的选择有着深厚的传统文化的背景，国学文化的优良品格、忧患意识、爱国精神、思维方式、文化个性等对郭沫若的影响至深。③ 他认为爱国的具体表现就是爱中华民族的文化。如果连国家的文化都不甚了解，那是没有资格谈爱国的。

1949 年新中国成立以后，国人建设家园的内在的精神动力务必进一步得到鼓动。郭沫若肩负起文化的重任，他清醒地看到光大中华优秀文化进行爱国主义教育的迫切性需要：凤凰涅槃般的新中国，更需要厚重的优秀传统催新；国民性再造需要现代文明的洗礼；一个百废待兴的古老大地，更需要灿烂的精神文明的沐浴。他在多次不同的时间与空间阐释学习对中华文化的必要性。他啧啧称颂“中国有长远的、内容丰富的历史”，有浩如烟海的“文物和史籍”，鉴于此，“不仅应该加以尽心对待，而且应该加以爱护”。

关于“整理国故”，郭沫若于 1924 年 1 月 13 日出版的《创造周报》专门写了一篇《整理国故的评价》的论文，不仅在对待“整理国故”的态度上，而且在对待“整理国故”的研究方法上都提出了自己的看法。在此之前，吴稚晖的《箴洋八股化的理学》、成仿吾的《国学运动的我见》均以为对于“国学的整理”过早了。比如吴稚晖所言：“现今鼓吹一个干燥无味的物质文明，人家用机关枪打来，我也用机关枪对打，把中国站住了，再整理什么国故，好不嫌迟。”④ 针对如此观点，郭沫若均予以本质性的揭示。他认为：“国学研究家就其性近力能而研究国学，这是他自己分内事”，“国学研究也是这样，只要研究者有珍视的内在要求，那他的研究至少在他自己是至善。我们不能因为有不真挚的研究者遂因而否认国学研究的全部，更不能于自我的要求以外求出别项的势力来禁止别人”。郭沫若并且辩证地指出，国学研究“不可估之过高”，它只是“一张弓就价值的重新估评”，“在一个时代的文化进展上，所效贡献殊属微末”。这些观点闪现了他的真挚灼见。正是出于这种思想动机，郭沫若花费了十五年的心血，对中国古代社会的一些疑难问题，有的放矢地进行了厘清。

那么，郭沫若是如何身体力行地进行“国故”整理的呢？又取得了哪些成效呢？

众所周知，在“整理国故”的运动中，胡适也的确对中国几千年来的历史文化遗产进行了一些梳理。成绩是有的，但是也存在不少问题。有些严重问题的存在，甚

---

① 郭沫若：《沫若文集》第 10 卷，人民文学出版社 1959 年版，第 373 页。

② 同上书，第 374 页。

③ 参见秦川《浅析郭沫若的抗战时期的文化选择》，《郭沫若学刊》2005 年第 3 期。

④ 郭沫若：《整理国故的评价》，《文学运动史料》，北京大学、北京师范大学中文系中国现代文学教研室主编，上海教育出版社 1979 年版，第 332—333 页。

至影响到后人对历史问题的正确评价。正是出于这些考虑，郭沫若下大功夫对“国故”有关问题进行了反思，并着手整理。

在《中国古代社会研究自序》里，他因胡适的《中国哲学史大纲》而对整理国故发表了新的看法[①]：

> 胡适的《中国哲学史大纲》，在中国的新学界上也支配了几年，但那对于中国古代的实际情形，几曾摸着了一些儿边际？社会的来源既未认清，思想的发自无从说起。所以我们对于他所“整理”过的一些过程，全部都有重新“批判”的必要。[②]

在《中国古代社会研究》导论的《中国社会之历史发展阶段》的文章中，郭沫若把中国社会发展划分为四个阶段，即原始、奴隶、封建、资本制社会。他相信四种社会经济形态的发展囊括了整个世界人类社会的运动轨迹，在时间上有长有短，在空间上有大有小。任何一种社会形态的出现，乃是人类社会发展的必经之路，是人类社会发展的最一般规律，中国社会也不例外。人类社会是由简单到复杂、由低级到高级不断向前推进的。这实质上体现了郭沫若的进化论思想。其思想观点与马克思关于人类社会发展的基本形态的定论十分吻合。

在《中国古代社会研究》中，郭沫若对古籍如《周易》《诗》《书》，甲骨文、彝铭分门别类地进行考证。诸如典籍卷帙浩繁，而且真假难分，它远离当下时代。因此，郭沫若处理这些文献的时候十分慎重。如《尧典》《皋陶谟》《禹贡》，前人已指出其伪。他举出其七点证据加以论证，证明其系伪儒家的创作。特别是对《易》《诗》《书》的考释，蕴涵了诸多真知灼见。如《易经》中玄妙的八卦，古人作了不少的曲解。郭沫若则从中找出生殖器和数字的双重内涵，从卦辞和爻辞中描绘出一幅幅现实的图景，有理有据，观点新颖。

同时，郭沫若对于以儒家文化为主体的中国传统文化的具体评估上也均有个人的独到见解。如对孔子为代表的儒家学说，在新文化运动之初就有不为人云亦云所迷惑的深刻观点。他表明复古派用孔孟之道来安家治邦是不科学的，但对孔子为代表的儒家思想影响中国几千年的事实没有怀疑。他大胆地认为，孔孟之道可以用来作为接受马克思主义的一种过渡媒介。在“五四”新文化运动这么一个特殊的背景下，打倒孔家店的口号声响彻云霄，孔孟之道大有被批深批透之势。而郭沫若却能坚持个人的观点，能够辩证地看待儒家思想，表现了一代知识分子难能可贵的思想品质。

郭沫若对李白、杜甫、关汉卿等历史文化名人也进行了考证，写有《李白与杜

---

① 张越：《从对整理国故和“古史辨派”的评价看郭沫若的史学思想》，《郭沫若学刊》2005年第3期。

② 郭沫若：《中国古代社会研究》，河北教育出版社2000年版，第6—7页。

甫》专著。他对李白的出身、家庭、政治活动、宗教迷信、与杜甫的交往进行了考释；对杜甫的阶级意识、门阀观念、地主生活、宗教信仰及其与严武、岑参、苏涣的关系进行了考证。郭沫若说："杜甫应该肯定，我不反对，我所反对的是把杜甫作为'圣人'……李白，我肯定了他，但也不是全面肯定。一家注李，太不求甚解。"[①] 这部书看起来是"抑杜扬李"，其实是郭沫若在还原历史真实，对于历代过分地"抑李扬杜"这一事实存在的有意识的颠覆。《李白与杜甫》的价值"就在于其敢于打破因袭的见解，提出自己的独到看法，解决了或接近解决了一些人或同时代人没有解决或解决得不能令人满意的难题，提出了一大堆供人们思考，也值得人们思考的问题"[②]。他提出："无论作任何研究，材料的鉴别是最必要的基础阶段。材料不够固然大成问题，而材料的真伪或时代性如未规定清楚，那比缺乏材料还要更加危险。"同样，郭沫若发表过赞颂王安石、李岩、王国维、鲁迅等政治文化名人的论文。也是基于同样的估计，他对于中国传统文化的载体中国古代的典籍做过较为全面的肯定和积极的评估。针对当时文化界反对读经的思想意识，他表明"六经皆史"的观点，意在提醒人们对中国典籍重视的必要性。[③]

郭沫若的研究成果，带来了巨大的声誉，赢得了许多的赞扬。但是，郭沫若没有忘乎所以，而是对自己既有的研究成果进行了梳理与审思，不断地反思在研究国故过程中的失误，甚至出现的错误。为此，他写下了《十批判书》，对过去的研究进行了清算。"我首先要谴责自己我在 1930 年发表了《中国古代社会研究》一本书，虽然博得了很多的读者，实在是太草率，太性急了。其中有好些未成熟的或甚至错误的判断，一直到现在还留下相当深刻的影响。这个责任，现在由我自己来清算清算，我想是应该的，也是颇合时宜的。"[④] 郭沫若对于国故"整理"的目标是务实的，"批判"的目标是要在"事实之中求其所以是"。换言之，郭沫若在研究国学的过程中的注重前后相承的两个步骤：即主要是通过史料整理的手段，弄清历史真相；然后在前一阶段研究的基础上，竭力发掘其发展的依据，弄清其"所以然"，表现了一个文学家对历史的尊重与敬畏。

三 郭沫若整理国故的当代意义

郭沫若对于整理国故并非赶时髦，为了整理而刻意去做。他整理国故是出于对现实与未来的思考，即通过过去的历史以关照现实，或确证未来理想的来临。这种理念

---

① 郭沫若 1977 年 1 月 28 日复胡曾伟信，《东岳论丛》1981 年第 6 期。

② 王锦厚：《〈李白与杜甫〉的得失》，《郭沫若学术辩论》，成都出版社 1990 年版，转引自郭沫若著《李白与杜甫》，中国长安出版社 2010 年版，第 302 页。

③ 杜蒸民：《胡适与郭沫若比较研究》，中共党史出版社 2010 年版，第 63 页。

④ 郭沫若：《十批判书》，东方出版社 1996 年版，第 1、441 页。

也始终表现在他的诗歌、戏剧等一系列的文学创作中。从《凤凰涅槃》一直到《屈原》表现了古代士人的理想主义情怀。无论是《凤凰涅槃》《炉中煤》，还是《屈原》都能辨认出古典式的忧国忧民情怀，以及对现实与未来的关切，将古典人文情怀贯注以新的生命。[①]《中国古代社会研究》则以全新的思路展示了中国史学的新方向，用全新的观点解释了旧史料，从新出现的甲骨文以及金文中发现出社会史料，真正起到以古鉴今之功效，以警钟长鸣：前事不忘，后事之师。

因此，在对待传统文化问题上，郭沫若一方面承认文化的发展有其历史继承性；但同时承认，任何时代对文化遗产都不会无条件地原封不动地兼容并蓄，而是经过加工改造予以吸取。怎样加工改造，摒弃哪些，发展哪些，这在根本上是由社会存在的现实情况和需要所决定的，最终取决于社会存在所提供的需要及可能。[②] 由于郭沫若具备了新的指导思想，使其对于整理国故的目的具有个人的真知灼见。他在前人留下的材料、文献以及思想的基础上，发掘其历史发展的规律，以其深厚的国学功底阐述了考证学的历史意义，他是马克思主义唯物史观在整理国故中的鲜活代表。他还批评一些所谓的新史学家"对于旧文献的批判根本没有做够，不仅《古史辨》派的阶段没有充分达到，甚至有时比康有为、阎百诗都要落后，这样怎么能够扬弃旧史学呢?"[③] 因此，"考证乃研究工作必经之初步阶段，如能'实事求是'，可不失为作进一步研究的坚实基础"，这无疑是充分肯定了考证学的意义价值。郭沫若在"整理国故"运动中，用现代眼光清理中国故有资料，为传统文化研究的现代化进程提供了较高的起点。借助整理国故检讨历史，新文化阵容主动反省自己的文化主张，更增强了新文化运动人士的底气，这对新文学运动的发展及其圆满结束、文化革命与建设的新时期临近都有不同凡响的意义。

在当代中国，从上世纪70年代末至今，思想与学术、国学与文学都有各自的一席之地。这个历史性的转型，是从传统到现代的转型，是思想、学术与文学的结合。它的历史过程，凸显了现当代的人们在这方面的挣扎与激烈的论争。当中国现当代文学在一旦离开中国传统学术资源背景之后，则走入社会大众并龟缩在狭隘的领域里，它就失去了本来的光芒。直至20世纪末，人们才有了一定的客观评价。[④] 新时期以来的30多年间，中国社会走出了过去那种封闭保守的僵化状态，思想活跃，学术争鸣。随着中国经济的腾飞以及与国际社会的接轨，中国人更加需要知己知彼，以表明自己民族所具有的独特价值的东西，以实现强大的中国梦。正如郭沫若所说："在现代要恢复古代的东西，无论所恢复的是哪一家，事实上都是时代的错误。但人类总是在向前发展的。在现在以前的历史时代虽然都是在暗中摸索，经过曲折迂回的路径，

① 参见徐肖南《走向世界的客家文学》，华南理工大学出版社2001年版，第69页。
② 邵青：《哲学·人文科学·社会科学》，《南京大学学报》2011年第4期。
③ 郭沫若：《郭沫若全集》第2卷，人民出版社1982年版，第3页。
④ 参见王本朝《整理国故与新文学秩序的建立》，《湖北大学学报》2004年第6期。

却也和蜗牛一样在前进。因而古代学说也并不是全无可取，而可取的部分大率已溶汇在现代的进步思想里面了。”①

郭沫若在国故的整理中，对有些既成研究的模糊或错误产生了一种冲击，提出了建设性意见，或是在思想方法论方面提供了反面教训。如果我们有像郭沫若先生那样对待国学的思想态度、对待国学整理那样的手段方法与整理热情，那么国学再起、民族复兴则指日可待。

（原载《中国现代文学研究丛刊》2017 年第 3 期）

① 郭沫若：《青铜时代》，中国人民大学出版社 2009 年版，第 248 页。

情感教育剧:《屈原》的形式与政治

刘　奎

抗战时期，与郭沫若就屈原的历史真实性问题展开反复辩论的侯外庐，最终不得不承认，“结果是文学和艺术战胜了史学和哲学。今天，已经抹不去中国人心目中郭沫若所加工的屈原形象”①。郭沫若的话剧《屈原》，对他个人而言是《女神》之后的又一文学高峰，就20世纪40年代的左翼文化政治实践来说也是极为重要的收获。该剧生成于皖南事变后国民党与共产党摩擦升级的历史语境。事变后共产党在国统区的活动逐渐转向以文化斗争为主，并有意识有组织地展开文艺活动②，如纪念郭沫若五十大寿与创作生活二十五周年的系列活动，上演《棠棣之花》是其中一项③。《屈原》的写作与演出紧随其后，与这个背景密切相关。正如此前《棠棣之花》的演出是共产党策划的文化活动一样，《屈原》的演出也得到共产党的大力支持。无论是演员的选择、场地的接洽，还是最终的宣传与评论，中共及部分左翼文人都有参与④。因此，历史现场的《屈原》是一个与政党政治直接关联的产品。这也带来一种较为常见的文学史叙述，即以周恩来为代表的中共南方局如何领导《屈原》的演出，从而将《屈原》视为国共政治斗争的产物与武器。

但这个被政治解读的文本，在郭沫若自己的叙述中又有着非政治化的一面。在《写完〈屈原〉之后》一文中，郭沫若对他的写作过程有详细的介绍：在《棠棣之花》上演时，他便有写作屈原的拟议，其最初计划是仿照《浮士德》的写法，分上下两部写屈原的一生，但在具体写作时，这计划却“完全被打破了”；“目前的《屈原》真可说是意想外的收获”，“各幕及各项情节，差不多完全是在写作中逐渐涌出来的。不仅写第一幕时还没有第二幕，就是第一幕如何结束都没有完整的预念。实在也奇怪自己的脑识就像水池开了闸一样，只是不断的涌出，涌到了平静为止。”⑤ 这

① 侯外庐：《韧的追求》，北京三联书店1985年版，第134页。

② 《中央关于发展文化运动的指示》，南方局党史资料编辑小组编：《南方局党史资料》，重庆出版社1990年版，第6卷，第4页。

③ 阳翰笙：《战斗在雾重庆——回忆文化工作委员会的斗争》，《新文学史料》1984年第1期。

④ 张颖：《雾重庆的文艺斗争》，《人民文学》编辑部编：《怀念敬爱的周总理》，人民文学出版社1977年版，第154页；阳翰笙：《阳翰笙日记选》，四川文艺出版社1985年版，第25—27页；相关研究可参考段从学《“文协”与抗战时期文艺运动》，北京大学出版社2012年版，第234页。

⑤ 郭沫若：《写完〈屈原〉之后》，《中央日报》1942年2月8日。

是一种类似写作《女神》时灵感爆发的天才经验，因而该剧本的形式独创性也不容忽视。

无论是政治文化的视野，还是创作论的视野，对解读《屈原》都有一定的有效性，但又都略显不足。前者忽略了这部作品的美学形式，后者则无视其与时代语境之间的深层互动，因而难以回答如下问题：在抗战时期数百部话剧中，为何是《屈原》能在战时文化与政治运动中取得如此成就。除了郭沫若当时在文坛的地位以外，《屈原》的形式创造是否也是一大因素。或许后者才是郭沫若参与抗战时期政治与文化对话的独特方式，即他在与其他人一道参与政治、文化活动的同时，还以美学的方式回应了时代的问题，时代精神也孕育成较具特色的文学形式。因此，探讨《屈原》美学形式的创新之处，及这种形式所具有的文化政治意涵也属必要。本文认为，《屈原》开创了现代情感教育剧的形式，而这种形式又与郭沫若的历史意识和革命道路有着内在的关联。

一　舞台与教育

相对来说，《屈原》的第一幕是为学界较为忽略的部分。这是一个教育场景：布景是在“清晨的橘园”[①]，情节是屈原将刚写就的《橘颂》传授给他的学生宋玉。从师生的对话来看，教育的内容主要包括道德情操、历史与伦理等方面。屈原先是因物起兴，由于橘树的生长习性较为独特，屈原进而赋予其“独立不迁”的道德意义，并以之作为教育宋玉的材料，正如他所说：“你看那些橘子树吧，那真是多好的教训呀！它们一点也不矜持，一点也不怯懦，一点也不懈怠，而且一点也不迁就。……有人欣赏，它们并不叫苦，没有人欣赏，它们也不埋怨，完全是一片的大公无私。但你要说它们是——万事随人意，丝毫也没有一点骨鲠之气的吗？那你是错了。它们不是那样的。你先看它们的周身，那周身不都是有刺的吗？（又向橘树指示）它们是不容许你任意侵犯的。”[②] 宋玉的回答是：“经先生这一说，我可感受到了极深刻的教训。”[③]

这个场景平常而近乎乏味，但从戏剧的思想和美学资源来看，至少以下几个方面是值得留意的：一是教育对象宋玉是“年可十八九”[④] 的青年，屈原也从代际的角度赋予了他们不同的意义，他自己是“年青时代受过典谟训诰，雅颂之音的熏陶的”，因此“文章一时不容易摆脱那种格调”，但宋玉一代则不同，他们的诗“彻内彻外，

① 郭沫若：《屈原》，《中央日报》1942 年 1 月 24 日。
② 同上。
③ 同上。
④ 同上。

都是自己在作主人”[①]，这几乎是“五四”一代知识分子的夫子自道，而宋玉则是导师所召唤的新青年；其次，教育的内容是浪漫主义的人格想象，一种纯洁而独立的精神状态，正如伯林对这种精神的归纳：“人们所钦佩的是全心全意的投入、真诚、灵魂的纯净，以及献身于理想的能力和坚定性。”[②] 类似的浪漫人格想象，与郭沫若“五四”时期所作诗剧《湘累》一脉相承；最后，从教育的方式来说，它继承了中国的诗教传统。这不仅在于屈原以“作诗”和“教诗”作为“言志”方式[③]，还在于他对诗歌的解读方式也贴合六艺之教。而从剧作者的角度着眼，则又多了一重“著述引诗”的传统[④]，不过，这里的“诗”不能按儒家诗教具体化为《诗经》，而应从“变风、变雅”的视角指向楚辞；至于为何会变，则不仅与战国时期的屈原相关，也与抗战时期的剧作者郭沫若有关。

伦理教育之外，还有历史教育，这主要是对楚文化进行溯源的工作。屈原对宋玉讲到，殷商是华夏文明的源头，纣王并不昏庸，只是在经营东南时为周人“乘虚而入”，殷人败而南下，作为其同盟的楚国，则继承了正宗的华夏文明。因而，楚文化不仅不是南蛮，相反，它才是华夏文明的正统。历史教育的重要性在于，它不仅是知识性的，而且是为当下的身份寻求文化认同的根据，因此，《橘颂》中的南方也不仅仅是诗意的，而是具体的“地方”，是抗战时期行都所在地区。

不过，屈原之所以不惮烦地引入这段故实，不单是为南方争正统，也是为拯救伯夷叔齐的节义精神。当屈原以橘树为例，教导宋玉不要同乎流俗时，他也认为不必过分矜持，重要的是“遇到大节临头的时候”，“丝毫也不可苟且，不可迁就”，要学“那位古时候的贤人，饿死在首阳山的伯夷那样，就饿死也不要失节”[⑤]。宋玉的疑惑是，纣王既为暴君，伯夷的饿死便毫无意义，因此屈原需要从历史的角度赋予伯夷之死以正当性，而这也成为他历史教育的伦理内核，正如他对宋玉所说：

> 在这战乱的年代，一个人的气节很要紧。太平时代的人容易做，在和平里生了来，在和平里死了去，没有什么波澜，没有什么曲折。但在大波大澜的时代，要做成一个“人”实在是不容易的事。重要的原因也就是每一个人都是贪生怕死。在应该生的时候，只是糊里糊涂的生。到了应该死的时候，又不能慷慷慨慨的死。一个人就这样糟蹋了。（稍停。）我们目前所处的时代，也正是大波大澜的时代，所以我特别把伯夷提了出来，希望你，也希望我自己，拿来做榜样。我

① 郭沫若：《屈原》，《中央日报》1942 年 1 月 24 日。

② ［英］以赛亚·伯林：《浪漫主义的根源》，吕梁等译，译林出版社 2011 年版，第 16 页。

③ 朱自清：《诗言志辨》，开明书店 1947 年版，第 20、29、114 页。

④ 同上。

⑤ 郭沫若：《屈原》，《中央日报》1942 年 1 月 24 日。

们生要生得光明，死要死得磊落。[①]

屈原对伯夷“守节”的重新肯定，再次提醒我们《屈原》与郭沫若早期创作的关系，除了《湘累》之外，“五四”时期他曾创作《孤竹君之二子》，歌颂“原人的”纯洁、真诚与自由，诅咒制度的危害与人类的堕落[②]，这是浪漫主义与无政府主义思想的杂糅。而《屈原》中的伯夷，虽然也高悬着一个抽象的“人”，但所指已不是与制度相对立的“原人”，而是易代之际的守节者：伯夷从一个无政府主义者转变成了抗战时期具有民族归属的政治人和伦理人。但也有不变的成分，这就是人的抽象性及其蕴含的纯洁、高尚的特质，这是浪漫精神的延续。从《屈原》与《湘累》《孤竹君之二子》之间的这重关系可以看出，浪漫主义对完满人性的向往，与儒家对非常时期节义的伦理诉求，二者之间有着内在的通约性，郭沫若“五四”时期的浪漫主义借助儒家思想得以复归，不过美学视域中的纯洁也由此濡染了传统气节的伦理内涵。因此，从剧作来看，伦理教育与美育从一开始就纠缠在一起。

无论是伦理教育还是审美教育，都表明《屈原》具有浓厚的训谕色彩。这除第一幕戏本身就是教学场景以外，还在于戏剧本身与教学之间的同构性。正如有论者所指出的，“教学就是演示”，而“教学的戏剧性再现就是演示的演示，演示你如何演示和展示”[③]，也就是说，舞台上的戏剧演出，本身也是一种广义的教学形式。因此，问题的关键便在于《屈原》是如何演示，演示要传达何种理念，这涉及到戏剧的形式与主题问题。

第一幕的教学场景，其形式的特殊性在于，首先它是一个美学空间，是由戏剧人物屈原和宋玉组成的戏剧空间，但他们开辟的训谕空间又具有普遍性，在舞台这个教学元语言的作用下，被具体化为戏剧与观众之间的教育形式。也就是说，训谕空间既是话剧内部屈原与宋玉所身处的橘园，同时又是敞开的教学空间，在特殊与普遍、审美与伦理、古与今之间任意游走，从而突破了戏剧美学空间的封闭性，使训谕的内容可以经由舞台、观众等传播媒介扩展到社会空间。因此，屈原这个人物形象也具有了双重性，他既是楚国的三闾大夫，将《橘颂》传授给他的学生宋玉；同时，他又是一位传统政治文化的代言者，直接显现于战时重庆的舞台，对读者或观众传达经由新文学重新肯定的伦理道德。而从接受美学的角度来看，读者和观众不仅是拟想的教育对象，事实上也只有他们的现实参与，这个教学活动才能最终完成。读者或观众就像期待的学生一样，参与到了第一幕的教学场景，及其后的戏剧进程之中。

这种时空的自由流转及其教育特质，与该剧作为历史剧的文体特征密切相关。对

① 郭沫若：《屈原》，《中央日报》1942 年 1 月 24 日。

② 郭沫若：《孤竹君之二子》，《创造》文学季刊第 1 卷第 4 期，1923 年 2 月。

③ ［美］杰姆逊：《布莱希特与方法》，陈永国译，中国社会科学出版社 1998 年版，第 101 页。

于历史剧创作，郭沫若有一个常被征引的说法：“历史研究是‘实事求是’，史剧创作是‘失事求似’”[①]，他将历史剧作家归于诗人一类，因此，他也引证了亚里士多德《诗学》对史家与诗家的区别：“诗人的任务不在叙述实在的事件，而在叙述可能的——依据真实性，必然性可能发生的事件。史家和诗家不同！”[②] 对于史剧家来说，重要的不是发掘历史精神，而是“发展历史的精神”[③]，这就赋予了历史剧以某种抽象的品格，使它既依托于具体历史事件，同时与事件背后的历史观有着更为本质的关联。历史剧这种往返于具体历史事件与抽象史观之间的辩证，使它天然地具有额外的寓意，正如杰姆逊所指出的：

> 历史剧是特别具有寓意同时又是反寓意的，因为它的确设定一个现实，和它所要求的外在于它的一个历史指涉物，不管这种要求强烈与否，它都将这个外物作为一个启示的因而也是阐释的表象；与此同时，历史存在的纯粹事实似乎又拉直了这个循环，关闭了这个过程，它意味着如果表象的确最小限度地意味着别的什么，即实际存在的历史事件，那么，那就是它所意味的一切，在进行补充阐释的过程中就不必再附加什么了。[④]

历史剧之所以是寓意的，在于它的表达往往不仅指向历史事件本身，而是存在意义的剩余，这意味着它必然意指它物。中国抗战时期的史剧大多属于此类，这种意义的剩余要在历史事件之外去寻找，这便是郭沫若所说的发展历史精神，或是对现实的影射等方面；即便是封闭的史剧，剧作家对题材和演出时机的选择，也可能具有特定的言外之意：因此，历史剧所具有的具体性与抽象性，使它天然具有寓意性，而寓意正是教育所要传达的内容。

二　话剧与教化传统

教育剧的视角，打开的是《屈原》美学与伦理的双重空间；然而，它之所以具有教育剧的特征，不仅在于第一幕的教育场景或历史剧的寓意性，也在于《屈原》与传统戏曲间的联系。该剧虽为现代的话剧形式，但从戏剧情节模式和主题学的视角，可以发现它与旧戏之间的深层关联。

---

① 郭沫若：《历史・史剧・现实》，《戏剧月报》第1卷第4期，1943年4月。

② 亚里士多德：《诗学》，转引自郭沫若《历史・史剧・现实》，《戏剧月报》第1卷第4期，1943年4月。按，罗念生的译文为：“诗人的职责不在于描述已发生的事，而在于描述可能发生的事，即按照或然律或必然律可能发生的事。”（亚里斯多德：《诗学》，罗念生译，上海人民出版社2005年版，第39页。）

③ 郭沫若：《历史・史剧・现实》，《戏剧月报》第1卷第4期，1943年4月。

④ ［美］杰姆逊：《布莱希特与方法》，陈永国译，中国社会科学出版社1998年版，第139页。

就情节模式来看，该剧的矛盾主要集中于屈原与郑秀、靳尚等人之间：在战国七雄争霸的历史背景下，楚国的左徒屈原从国家利益出发，主张齐、楚合纵以拒秦；南后郑秀、上官大夫靳尚则立足个人利益，在秦国使者张仪的挑拨下要求楚王绝齐以联秦。为了达到目的，郑秀设计陷害屈原，屈原因此遭到罢黜。从情节看，其主要着眼点在忠奸之辨，而屈原遭到南后陷害的一场，也被李长之从情节发展的角度视为全剧的高潮①。除情节的善恶模式以外，人物形象设计也较为脸谱化，如屈原的大公无私、靳尚的奸佞、张仪的狡诈、郑秀的阴险等，性格轮廓极为清晰，虽无京剧的脸谱而胜似脸谱。这种黑白分明的特征，在人物的服饰上得到了进一步强调，如屈原是“着白色便衣”，其对手则服色多夹杂不清，而宋玉的“没骨气”也主要从他早晚不同的服饰上体现出来。无论是忠奸之辨，还是人物的脸谱化，都是传统戏剧常见的形式特征，对此，当时就有论者指出：

> 把《屈原》搬上舞台我想不独中国一般老百姓爱看，士大夫们也一定爱看。不但对于读过史书的人对于这有考据、来历的故事、人物、用具服饰感到兴趣，而本剧取材也正是百分之百的中国的作风，佞臣宠姬蒙蔽国主，陷害忠良，“国丈”助虐，忠臣有口难辩，弱女骂奸，侠士救忠，都是爱看旧戏的人所熟习，瞧惯了的，作者复通过人物性格的描写，这正是“深入浅出”的典型作品。②

论者的现场观感，印证了该剧与旧剧之间的关联。而这重关联，也有着更为复杂的文学史意义。该论者进一步指出，《屈原》“殆全在可作民族形式的示范”。就它与旧戏之间的这重关联，确实符合毛泽东所提倡的“中国作风”，可从文学史的视野归入创造“民族形式”的范例。因为1940年郭沫若在参与民族形式讨论的文章——《“民族形式”商兑》中，就已不具名地引用了毛泽东《论中国共产党在民族战争中的地位》对“中国作风”的相关论述，因而，他虽然坚持了新文学的传统，驳斥了向林冰等人的以“民间形式”为民族形式源泉的说法，但也不得不在士大夫传统、民间形式与外来形式之间作调和，正如他所指出的：

> 中国新文艺，事实上也可以说是中国旧有的两种形式——民间形式与士大夫形式——的综合统一，从民间形式取其通俗性，从士大夫形式取其艺术性，而益之以外来的因素，又成为旧有形式与外来形式的综合统一。而且凡中国近百年来的新事物，比较上“中国化”了的，还当推数文艺这一部门。③

---

① 李长之：《屈原》，《大公报》1942年5月25日。

② 北厂：《诗剧〈屈原〉——话剧底民族形式的新基石》，《新民报》1942年4月18日。

③ 郭沫若：《“民族形式”商兑》，《大公报》第二版“星期论文”，1940年6月9日。

除与民族形式等问题的关联外，或许还要考虑到战时民众教育与社会动员的实际需求，这既包括重庆这个内地城市文化新旧杂糅的特征，也包括动员对象文化程度的差异。因此，无论是从文学创作的风格追求，还是社会现实的需求，从旧戏汲取资源都较为适宜。更何况传统戏剧，本来就承担了伦理教化的社会功能，积累了一些较为有效的教育程式。对传统戏剧的这种优势，文人学者自 20 世纪初期起便已自觉意识到，并曾积极提倡。南社诗人陈去病从伦理教育和社会动员的角度对旧戏进行了肯定：

> 其词俚，其情真，其晓譬而讽喻焉，亦滑稽流走，而无有所凝滞，举凡士庶工商，下逮妇孺不识字之众，苟一窥睹乎其情状，接触乎其笑啼哀乐，悲欢离合，则鲜不情为之动，心为之移，悠然油然，以发其感慨悲愤之思，而不自知。以故口不读信史，而是非了然于心；目未睹传记，而贤奸判然自别。①

南社诸人所强调的是传统戏剧中的种族识别因素，这一点，在抗战的民族主义氛围中也被重新激活，为《屈原》所继承。这可从主题角度加以辨析，如第一幕中，屈原所强调的主要是气节问题，涉及的是存亡之秋士人的出处问题，而在抗日战争的语境中，激活的则是气节、忠义和华夷之辨等思想传统，如孙伏园就很自然地将其誉为“新正气歌”：

> 郭先生的《屈原》剧本，满纸充盈着正气。有人说郭先生的“屈原研究”的态度和方法是“新朴学”，那么他的“屈原剧本”实在是一篇“新正气歌”。②

《屈原》初刊于《中央日报》的《中央副刊》，是应编者孙伏园之请，因该剧存在争议，故甫一载完，孙伏园便率先为《屈原》定调，这当然不免有为《中央日报》刊载此剧正名的意味，但这也确是《屈原》所明确发挥的主题，故孙伏园此说为当时论者征引较多，其认可度也不小，可见这种思潮在当时具有一定的普遍性，而无论是气节还是华夷之辨的思想，与传统戏曲的伦理观都是一脉相承的。不过，新文人强调气节者也非只郭沫若一人，如吴祖光便有话剧《新正气歌》，南明戏也一度成为风潮，可见，所谓的正气问题并非关乎题材或戏剧主题，它也是郭沫若等人在战时面临的时代与现实。

主题不仅关乎戏剧的思想层面，也涉及到传统戏剧的教育程式问题。传统戏剧的部分模式虽有老套之嫌，但它也培养了一种程式化的“观看—反应”模式，正如陈

---

① 陈去病：《论戏剧之有益》，《二十世纪大舞台》1904 年第 1 期。

② 孙伏园：《读〈屈原〉剧本》，《中央日报》1942 年 2 月 7 日。

独秀所指出的，“观《长坂坡》《恶虎村》，即生英雄之气概；观《烧骨汁》《红梅阁》，即动哀怨之心肠；观《文昭关》《武十回》，即起报仇之观念；观《卖胭脂》《荡湖船》，即长淫欲之邪思；其他神仙鬼怪，富贵荣华之剧，皆足以移人之性情”①。对于普通市民来说，这种程式化的回应模式无疑使接受效果更为理想，实际上这也是郭沫若以文艺动员民众的主导方式。如果将《屈原》置于40年代重庆新旧文化交融的氛围中，那么旧剧的套路为普通市民接受该剧的寓意无疑提供了某种前理解。

较之陈去病对种族观念的兴趣，陈独秀关注更多的是戏曲“触人之情感”的独特方式与效果：

> 戏曲者，普天下人类所最乐睹、最乐闻者也，易入人之脑蒂，易触人之感情。故不入戏院则已耳，苟其入之，则人之思想权未有不握于演戏曲者之手矣。使人观之，不能自主，忽而乐，忽而哀，忽而喜，忽而悲，忽而手舞足蹈，忽而涕泗滂沱，虽些少之时间，而其思想之千变万化，有不可思议者也。……由是观之，戏院者，实普天下人之大学堂也；优伶者，实普天下人之大教师也。②

然而，在新文化运动期间，新青年大多极力宣扬废弃旧戏，其善恶分明的一面反而成了它的不足。如傅斯年便认为：“中国人恭维戏剧，总是说，善恶分明；其实善恶分明，是最没趣味的事。善恶分明了，不容看戏的人加以批评判断了。新剧的制作，总要引起看的人批评判断的兴味，也可以少许救治中国人无所用心的毛病。”③从启蒙视野观之，旧戏的脸谱化使观剧者不必思考便能轻易分辨善恶，因而不具备发人深思、启人觉悟的思想教育功能。傅斯年与陈独秀之间的分歧，是思想启蒙与革命动员之间的差别。

然而，新剧也并非都排斥戏剧的教化功能，如早期文明戏的倡导者李叔同就认为，戏剧的教化功能兼有演说和报纸二者之长：“第演说之事迹，有声无形；图画之事迹，有形无声；兼兹二者，声应形成，社会靡然而向风，其惟演戏欤?”④ 可见，为梁启超所忽略的戏剧，也是传播文明之利器，在宣传新思想方面大有可为，新旧冲突只在戏剧形式及其宣传的思想不同而已。因此，对于《屈原》来说，重要的便不仅是教育剧与旧戏的本质关联，这在上文已从情节模式和人物形象作了勾连，更为重要的是剧作者的教育理念，是侧重思想启蒙还是情感动员。

---

① 三爱（陈独秀）：《论戏剧》，《新小说》，1905年第2卷第2期；转引自阿英编《晚清文学丛钞小说·戏曲研究卷》，中华书局1960年版，第52页。

② 同上。

③ 傅斯年：《论编制剧本》，胡适编：《新文学大系·建设理论集》，良友图书印刷公司1935年版，第291页。

④ 李叔同：《春柳社演艺部专章》，《北新杂志》第30卷。转引自阿英编《晚清文学丛钞·小说戏曲研究卷》，中华书局1960年版，第635页。

对于郭沫若来说，较之思想，他可能更关注情感。《屈原》中的人物，不仅善恶分明，而且往往慷慨陈词，情绪激昂而少转圜余地，这在第四幕所模拟的审判场景中，已体现得较为明显：

张仪（故作镇静）你发泄够了吧！我是在国王和南后面前，不愿意和你这病人多作纠缠，你是愈说愈不成话了！

屈原 不成话？你简直不是人！你戴着一个人的假面具，到处替秦国破坏中原的联合，你怕我没有看透你！你想谋害我们楚国，你离间我们齐楚两国的国交，好让秦国来坐收渔人之利，我相信我们的国王绝对不会被你愚弄的。

张仪 哼，你口口声声要说齐国好，当然有你的理由，据我所知道的，你死了的太太是齐国人，似乎还丢下了一位陪嫁的姑娘跟着你，而且齐国近来也送了很多贿赂啦。

屈原 哼，你这信口雌黄的无赖，要你才是到处受贿，专门卖国的奸猾小人！你怕我不知道，你昨天晚上都还领受了我们南后一千五百个刀币吗？

南后（决然）简直是疯子，满嘴的胡说八道！[①]

正如张仪所用“发泄”一词所显示的，屈原并不是在讲理，而是在抒情——愤懑之情，因而言辞激烈，情感充沛。而从信息层面来看，这个场景并未带来多少新信息，屈原所指责的张仪之离间、南后之行贿，这些内容在前面早就交代过，因此，这场辩论并不是为了讲理，而是为屈原寻找一个抒情和发泄的机会。正如郭沫若后来在写《南冠草》时，一定要让夏完淳当面痛骂洪承畴一样，这都是直接诉诸情感力量的表达方式。而这在战时大后方的语境中，也似乎比说理更受观众欢迎，阳翰笙在日记中就曾提到他对沈浮戏剧《重庆二十四小时》的观感：“此剧演出时，竟意外的得到很多观众的爱好。主要的原因，据我看，多半是剧本的内容充满了‘出气主义’，在这闷人欲死的后方，只要能够当场‘出气’，小市民们自然就会哈哈大笑的了。”[②]可见，诉诸情感的方式具有更好的社会效果。

审判这出戏虽然缺乏新的信息量，但它本身所带来的话语错位，却有效激起了观者的反应。这表现为，极富正义感的屈原，却被楚王、张仪等视为“疯子”和“病人”；更关键的是，“疯子”揭示了阴谋和真相，楚王不惟不能体察，反将屈原囚禁到东皇太一庙。但读者、观众与剧中人不同，他们接受的信息是全面的，故而在辩论中，忠臣的形象显得更为高大，奸佞就愈加可恶，而楚王的决断也成为他昏庸的证明，这种错位就可能导致受众的群情激奋；同时它也使人物的脸谱更为明晰，使观众

---

① 郭沫若：《屈原》，《中央日报》1942年2月5日。

② 阳翰笙：《阳翰笙日记选》，四川文艺出版社1985年版，第24页。

更容易接受其教化意义。可见审判场景的演示效果要优于教学场景，因此，教育剧多采用此类方式，如布莱希特的《四川好人》《伽利略传》等剧中均有审案或法庭场景。

然而，《屈原》虽吸纳了部分旧戏的元素，但毕竟是现代话剧，无论是主题还是情节模式，都超出了传统戏剧的范围。就主题来看，南后、张仪与屈原之间的矛盾，虽可从忠奸的角度理解，但按郭沫若自己的看法，则还涉及历史正义的问题，这是需要将《屈原》置于一个更大的时空语境，尤其是郭沫若的战国研究中才能理解的；而从情节模式来看，《屈原》是一个悲剧，而剧作者对悲剧结局的处理，也是极为独特的，最后一幕“雷电颂”尤其如此。

三　情感与形式

在第三幕的模拟审判场景中，屈原当面申斥张仪，并揭露其与南后之间的阴谋，因而被楚王囚禁在东皇太一庙。第五幕第二景，屈原再次出场，戴着镣铐，独自徘徊在“光甚昏暗”的正殿里，“时而伫立睥睨，目光中含有怒火”[①]。此外并无其他情节，屈原似乎只是在酝酿情绪，紧接着便开始了他的激情独白：

> 屈原（向风及雷电独白。）风！你咆哮吧！咆哮吧！尽力的咆哮吧！在这暗无天日的时候，一切都睡着了，都沉在梦里，都死了的时候，正是应该你咆哮的时候，应该尽力咆哮的时候！
>
> ……
>
> 但是我!! 我没有眼泪。宇宙!! 宇宙也没有眼泪呀！眼泪有什么用呵？我们只有雷霆，只有闪电，只有风暴，我们没有拖泥带水的雨！这是我的意志，宇宙的意志。鼓动吧，风！咆哮吧，雷！闪耀吧，电！把一切沉睡在黑暗怀里的东西，毁灭，毁灭，毁灭呀![②]

无论是从浪漫抒情的诗学，还是戏剧学的情节来看，这段物理时间长达半个小时的独白，都逸出了戏剧的情节进程，它占据的叙事时间极少，以极大的情感密度突破了以行动为旨归的戏剧时间，事实上形成了情节的中断。对此，注重情节的戏剧学理论显然无法处理。如署名“何为”的评论者就认为“剧中唯一的缺点，就是叙述多而动作少”，进而怀疑“《屈原》是否是‘舞台艺术’”，“它的成功是否是戏剧的成

① 郭沫若：《屈原》，《中央日报》1942 年 2 月 6 日。
② 同上。

功”[①]；而徐迟读完该剧后，便致信郭沫若，认为这“虽是光辉的诗句”，但“不主张这一段独白存在于《屈原》剧中”[②]。因为郭沫若的回信，徐迟的要点往往被理解为这一幕与《李尔王》（*King Lear*）的差异问题，实际上徐迟强调的是屈原疯狂之后，“他不会审判，但一定会问”，因而建议改用《天问》的哲学方式。徐迟是从屈原性格发展的角度来看待这一幕的，因而才对屈原的审判式语调感到不适。

然而，当我们重返教育剧的视野，情节中断反而必不可少。情节剧往往让读者或观众沉溺于情节，使之成为被动的体验者，相对缺乏探究悲剧根源的意识。但“雷电颂”对情节的突破，恰恰提供了这样一个契机，使观众停留在屈原被囚禁时的心理瞬间，感受其情感的强度、愤怒的力量，对浪漫的崇高主体形成某种心理认同，而这种认同也要经历一个复杂的心理过程。正如朱光潜指出的，一般在面对崇高事物时先是“霎时的抗拒”，这种抗拒“唤起内心的自觉”，“使我们隐约想到外物的力量和体积尽管巨大无比，却不能压服我们的内心的自由；因此，外物的‘雄伟’适足激起自己焕发振作”[③]。这不仅从美学心理学的角度揭示了情感教育的过程，也提请我们思考《屈原》作为教育剧的独创性。

提及教育剧，一个不可或缺的对话者是布莱希特。无论中外，教育剧历来都是戏剧的重要形式，但布莱希特的贡献在于试验了史诗剧（Epic），不仅创造性地将教育融入了娱乐之中，而且开拓了审美教育的新空间，将教育剧的重点从内容转向了形式[④]。所谓的史诗剧是指以间离手法为主的表演体系，即演员要保留自己的个性，阻碍共鸣的发生，“演员自己的感情，不应该与剧中人物的感情完全一致，以免使观众的感情完全跟剧中人物的感情一致。在这里观众必须具有充分的自由”[⑤]；观众的自由表现在不必沉溺剧情，从而可以保持判断与批判的清醒，“剧院不再企图使观众如醉如痴，让他陷入幻觉中，忘掉现实世界，屈服于命运。剧院现在把世界展现在观众眼前，目的是为了让观众干预它”[⑥]。本雅明对这种间离效果评价极高，认为这足以“同以亚里士多德的理论为代表的狭义的戏剧性戏剧分庭抗礼”，而“至于表演方式，史诗剧演员的任务是在他的表演中向观众表明，他保持着清醒的头脑”[⑦]。因而可以说，布莱希特的教育剧是一种思想教育剧，是通过打破移情与认同，让观众思考并获

---

① 何为：《诗的〈屈原〉》，《扫荡报》1942 年 4 月 27 日。

② 徐迟：《徐迟先生来信》，《新华日报》1942 年 4 月 3 日。按，本文原载于《新华日报》“屈原公演特刊”，作为郭沫若复信《屈原与厘雅王》的“附录”发表。

③ 朱光潜：《刚性美与柔性美》，《文学季刊》第 3 期，1934 年 7 月 1 日。

④ ［德］布莱希特：《布莱希特论戏剧》，丁扬忠等译，中国戏剧出版社 1990 年版，第 72 页。

⑤ 同上书，第 25 页。

⑥ 同上书，第 63 页。

⑦ ［德］本雅明：《什么是史诗剧?》，君余译，阿伦特编：《启迪：本雅明文选》，北京三联书店 2008 年版，第 160、164 页。

得自觉意识的教育，正如罗兰·巴特所指出的，这“是一种与观众一起思考的戏剧”①。

作为同时代的左翼知识分子，郭沫若与布莱希特都试图以美学为中介，探讨人的解放的可能性，这个共同的时代问题让他们的戏剧都自觉带有教育色彩；然而，《屈原》对情节性戏剧的突破方式，却与布莱希特不同：在剧情的中断处，出现的不是布莱希特式的间离效果，而是情感的爆发，是抒情主体的顽强显形，召唤的是同化与共鸣。“雷电颂”这段天才式独白，延续了《女神》中《晨安》等诗章的抒情风格，呼唤、命名并命令雷电的姿态，呈现的是浪漫主义式的抒情主体及其自然政治学②，诗人内在的愤怒、激情等强烈情感，不仅经由独白而得到宣泄，也转化为了驱使万物的动力，情感因而有可能成为一种有效的政治或社会能量。而这种高强度的情感抒发，剧作者并不是为了让观众保持清醒，而是让他们认识、感受情感的驱力，进而认同这种情感的操作模式。

这一点似乎也为观者的回应所证实。罗荪的感受是“被一种激越的情绪刺激着，这种激越的情绪，恰正是充沛在整个剧本中的凛然的气节，和光明磊落的正义感”③；而屈原的扮演者金山，则指出当时观众的印象：“特别是在青年、中年以及老年的知识界中，人们在教室内外，在马路上，在轮渡上，常常会发出‘爆炸了吧……’的怒吼声”④；当时甚至有将这段独白坐实为压迫者反抗情绪的，如署名“沈”的论者就认为，屈原“对雷电愤怒的呼喊”，“代表了被压迫者的呼喊”⑤。基于《屈原》的形式特征和观者的反应模式，进而可以说，《屈原》是一出情感教育剧，它通过情感引导观众学会如何蓄积、抒发情感。其意义或许正如论者所指出的，“为观众提供一种孕育感情的方法”，“比对感情做出判断是更为基本的”⑥。从这个角度来看，上世纪30—40年代产生了两类教育剧，即布莱希特的思想教育剧与郭沫若的情感教育剧。值得一提的是，二人的教育剧与中国传统戏曲都有关联。前文曾论及傅斯年从启蒙的视野否定旧戏，从思想解放的视野提倡新剧。郭沫若所创作的新剧，不仅保留了旧戏的教育方式，而且也具有强烈的抒情性，而布莱希特则通过对中国旧戏的创造性误读，创立了史诗剧，而且与傅斯年一样是诉诸思想层面的。

这种分歧并非不重要，它与剧作者的历史意识和对革命道路的选择有关。教育剧是一种美学形式，它为《屈原》提供了某种整体性视野。但正如“教育”所显示的，

① ［法］罗兰·巴特：《罗兰·巴特文集：文艺批评文集》，怀宇译，中国人民大学出版社2010年版，第92页。

② Pu Wang, The Phenomenology of "Zeitgeist": Guo Mo ruo and the Chinese Revolution, Ph. D dissertation, New York University, 2012, p. 299.

③ 罗荪：《读〈屈原〉》，《新蜀报》1942年4月5日。

④ 金山：《痛失郭老》，新华月报资料室编：《悼念郭老》，北京三联书店1979年版，第238页。

⑤ 沈：《屈原和利尔王》，《新民报》1942年4月18日。

⑥ ［美］苏珊·朗格：《情感与形式》，刘大基等译，中国社会科学出版社1988年版，第457页。

这种美学形式同时也是实践形式。对于思想教育剧，布莱希特从来不掩饰他的政治目的，他认为“真正的、深刻的、干预性的间离方法的应用，它的先决条件是，社会要把它的境况作为历史的可以改进的去看待。真正的间离方法具有战斗的性质”[①]；罗兰·巴特也认为它“具有一种助产术的能力”[②]，即有助于培养观众的某种历史意识，因而是通向自我解放的艺术[③]；而对于《屈原》来说，情感教育也并非是为了再度宣扬浪漫主义，强调非历史性的纯洁，或构筑一个无政府主义的乌托邦，情感教育也有着极为明确的历史含义和社会功能。然而，同为教育剧，二者在教育理念和方式上的差别，则显示了二者革命理念和道路的不同。

布莱希特是从马克思对统治阶级的虚假意识形态的批判出发，进而通过美学的间离方式，让演员和观众保持清醒，并培养其独立思考、判断和批判能力。然而这种批判是建立在自我意识的自觉基础之上的，因而教育剧也指向自我，美国剧作家托尼（Tony Kushner）就认为教育剧的主题是“要革命，就必须痛苦地抛开自我”[④]，即对个人主体的反思性理解与确认。因此，布莱希特更为注重激发人的自我潜能，确立解放者的自我意识。相对于布莱希特对思想层面自我意识觉醒的侧重，郭沫若则更看重情感层面的社会动员和阶级认同[⑤]。这既来源于浪漫主义对情感认同的偏重和他参与革命的历史经验，如北伐时期他在政治部的宣传动员经验，也与他的社会史研究相关。他的社会史研究使他更多地从社会关系层面来考虑人的解放问题。对此，我们可先回到他对屈原时代的研究，从某种意义上说，他对战国史的研究，为他的教育剧提供了历史视野，也潜在地规定了他的教育理念和文学形式。

经过研究，郭沫若发现战国是一个变革的时代：“中国的古代社会在春秋战国时代确实是进行着一个很大的变革，即便是由奴隶制逐渐移行于封建制，而这个变革的完成是在嬴秦兼并天下以后。”[⑥] 而这种变革的历史意义，就是人的社会关系的改变，尤其是生产奴隶的地位得到了极大的提升，因此，知识分子才提出了“仁”的思想。自然，战国的变革从一开始就是当下问题的隐喻，在他看来，其不同处只在于，战国是从奴隶社会走向了封建社会，而当时则是从封建社会转向资本主义社会。屈原这个悲剧形象，为他的历史哲学提供的是感性外观。这种社会学的解放视角，对他战时文学观的影响是，在普及与提高两者间，他更倾向于前者，也就是文学的社会动员作用，这不仅见于他的文学批评，也见于他对悲剧教育价值的定位。正如他日后所说：

---

① ［德］布莱希特：《布莱希特论戏剧》，丁扬忠等译，中国戏剧出版社 1990 年版，第 46 页。

② ［法］罗兰·巴特：《罗兰·巴特文集：文艺批评文集》，怀宇译，中国人民大学出版社 2010 年版，第 40 页。

③ 同上书，第 45 页。

④ Tony Kushner：《美国天使》，台北时报文化 1996 年版，第 442 页。

⑤ 按，这种分歧也内在于中国现代左翼知识分子的革命理论和实践，而且与卢卡契相关理论在中国的传播相关。参考艾晓明《中国左翼文学思潮探源》，北京大学出版社 2007 年版，第 73—93 页。

⑥ 郭沫若：《屈原思想》，《新华日报》1942 年 3 月 9 日。

> 悲剧的教育意义比喜剧的更强。促进社会发展的方生力量尚未足够壮大，而拖延社会发展的将死力量也尚未十分衰弱，在这时候便有悲剧的诞生。悲剧的戏剧价值不是在单纯的使人悲，而是在具体地激发起人们把悲愤情绪化而为力量，以拥护方生的成分而抗斗将死的成分。①

可见，被激发出来的情绪，是要被引向社会斗争层面的，这既来自他研究战国史的社会进化史观，更直接地来自于国民革命时期的斗争经验。虽然较之布莱希特或后期创造社的意识形态批判，郭沫若对阶级意识的自觉有所忽略②，但也不得不承认，他有着对历史发展脉络和现实问题的深刻把握，其对社会关系的分析和情感动员的重视，从某种程度上也通向阶级意识和集体归属感的生产。

回到话剧，从情节中逸出的激情并未消失于40年代的上空，而是深嵌于当时的历史、社会和政治结构之中。从历史的角度来看，“五四”时期的抒情模式，从来就未退出历史舞台，脱序的力比多能量时刻都在寻找重新安放的空间，无论是“革命加恋爱”，还是郭沫若的战时浪漫主义均如此，在社会和政治运动的影响下，青少年的冲动逐渐转化为了具体的社会动员的能量，这在抗战初期的社会动员中，如郭沫若所策划的“七七”纪念周大游行等活动中，更得到了明显体现。而具体到政党政治，尤其是对共产党来说，情感也始终是他们进行社会动员的方式，正如论者所指出的，解放区政治动员的“情感的模式”：“人们先是流泪和发泄心中的愤怒，接下来就是诉诸革命行动。”③ 情感教育不仅是动员的有效途径，也为大众的阶级意识和集体意识提供了情感的维度。这不仅意味着政治和社会动员利用了文学的情感调节机制，或者说，浪漫主义的情感机制本身就具有社会动员的潜在力量，还在于，政治从本体上就具有诗性的情感维度。因此，只有通过情感教育的镜框，我们才能明了，对于缺乏戏剧性的《屈原》，为何在左翼的文化政治实践中占据如此重要的地位，这不仅在于它的美学形式，也在于这种形式——情感教育剧本身所内涵的实践意义。

（原载《文学评论》2017 年第 3 期）

---

① 郭沫若：《由〈虎符〉说到悲剧精神》，《福建日报》第四版，1951 年 8 月 4 日。

② 程凯：《当还是不当“留声机”？——后期创造社“意识斗争”的多重指向与革命路径之再反思》，《中国现代文学研究丛刊》2006 年第 2 期。

③ 裴宜理：《重访中国革命：以情感的模式》，《中国学术》第 8 辑，2001 年 4 月。

重识《女神》

魏 建

2016年是《女神》创作肇始（不是出版）100周年①。许多学者都意识到，这部诗集的文学史价值大于它本身的文学价值，只是这种价值我们至今还认识不足。它究竟是新诗发展史上的一座里程碑，还是整个中国诗歌发展史上的一个重要标志，抑或是其价值不限于文学呢？

一　被遮蔽和被扭曲的《女神》

100年前中华大地上掀起的新文化/文学运动，后人简称为“五四新文化运动”或“五四文学革命”。运动的领导人被称为“五四先驱”或“五四新文化先驱”，一般是指陈独秀、胡适、李大钊、周作人、钱玄同、刘半农等人。事实上，这一运动真正的“先驱”有两类：一类是思想的先驱，另一类是创作的先驱。前者是在思想上批判旧的意识形态、倡导新的意识形态，后者是在创作上批判旧的意识形态、实践新的意识形态。前者的代表是陈独秀和后来的胡适，后者的代表是鲁迅和郭沫若。可惜，有关的研究成果和文学史叙述只把前者当成先驱，后者被视为响应前者的主将。这是不符合历史事实的。

出现这样的认知误差的原因是鲁迅最早的新文学创作《狂人日记》发表于1918年，郭沫若的《女神》出版于1921年，而陈独秀等思想先驱的行动早在1915年就开始了。鲁迅投入新文化运动与那些思想先驱相比，的确有一个时间上的滞后期，而且他自己也说过“听先驱者的将令”之类的话。但郭沫若可不是这样，早在1916年，当时留学日本的郭沫若就开始了实践新意识形态的白话新诗创作。这些新诗后来大都被收入《女神》，只是当时没有发表而已。需要说明的是，郭沫若的这些创作与国内的新文化运动几乎没有什么关系。郭沫若正式发表白话新诗是在1919年，到了这时候，郭沫若也并不清楚国内的新文化倡导者在做些什么，即使到了他的白话新诗创作进入爆发期的时候，他也与国内的思想先驱处于几乎完全隔膜的状态。当时的郭沫若

---

① 《女神》中最早的作品源于郭沫若与佐藤富子（即郭安娜）的恋爱，而这段爱情发生在1916年。本文后面将有专门的解说。

基本上是“一个人在战斗”，几乎是独立地用《女神》的创作参与到这场伟大的历史变革之中。

对于《女神》与新文化运动的关系，学术界存在两种偏向：一方面是被遮蔽的无知，另一方面是被扭曲的过度阐释。

对于郭沫若和《女神》在当时文坛的影响，大多数后来的学人都不知情。某些学人不知内情也就罢了，却貌似“知人论世”地把郭沫若这时期的创作与国内的新文化运动联系起来，生造出了新文化运动对郭沫若的感召力，也夸大了《女神》或其中的诗篇在当时文坛的影响力。如十几年前出版的一部号称“用21世纪的观点重新图释和发现中国文学的魅力”的插图升级版中国现当代文学教科书中说：“随着《地球，我的母亲》《匪徒颂》《凤凰涅槃》等诗篇的相继问世，郭沫若这位新诗的巨人已是名满文坛，蜚声华夏了。”① 而历史的事实却是，这些诗作发表的1919年和1920年，五四思想先驱和一般读者并没有怎么关注郭沫若，即使到了1921年8月《女神》出版以后，连出版《女神》的上海泰东图书局都没有认识到《女神》和郭沫若的价值。从1921年初到1924年初，郭沫若一直为泰东图书局编书、编刊。泰东图书局并没有特别看好郭沫若。直到1924年初，泰东图书局还没有为郭沫若下聘书、定薪水。后来郭沫若等人要与泰东图书局分手了，泰东老板才不得不为他明确工资标准②。郭沫若在其自传中说：“泰东老板对于我们采取的便是‘一碗饭，五羊皮’的主义，他知道我们都穷，自然有一碗饭给我们吃，时而也把零用钱给我们用，这些饭和这些钱是主人的恩惠，我们受着他的买活，便不能不尽我们奴隶的劳力。”③ 为什么泰东老板如此待他？无非是因为当时的郭沫若还算不上“名人”，尽管此时《女神》已经出版两年多了，最能代表《女神》艺术水准的“第二辑”中的所有诗篇已发表三年以上了。连对市场最敏感的出版商都如此轻视郭沫若，可见，至少到1924年初这部诗集和作者远没有“名满文坛，蜚声华夏了”。

关键是那些新文化运动的思想先驱，如胡适、鲁迅和周作人等人起初也并没有看重郭沫若及《女神》。据郭沫若在《创造十年》中回忆，《女神》出版不久，郭沫若与胡适在上海的一个宴会上第一次见面④。席间，胡适问郭沫若“你近来有什么新作没有呢？”郭沫若正要问胡适是否看过自己的某篇作品，胡适“插断了我说：‘你在做旧东西，我是不好怎样批评的。’”⑤ 二人会面后，胡适在日记中记下了对郭沫若新

---

① 龚宏、王桂荣主编：《文学大教室·中国现当代卷》，南方出版社2002年版，第43页。

② 《郭沫若全集·文学编》第12卷，人民文学出版社1992年版，第185页。

③ 同上书，第151页。

④ 郭沫若：《郭沫若全集·文学编》第12卷，人民文学出版社1992年版，第130页。郭沫若回忆这次见面是在1921年9月初，胡适日记所记录的二人会面时间是1921年8月9日。无论两人谁的记忆有误，但有一点是共同的：此时《女神》已经出版了。

⑤ 郭沫若：《郭沫若全集·文学编》第12卷，人民文学出版社1992年版，第133页。

诗的印象："他的新诗颇有才气，但思想不大清楚，工力也不好。"[1] 1921 年 8 月 29 日，鲁迅给周作人的信中说，听说"郭沫若在上海编《创造》（?）。我近来大看不起沫若田汉之流。又云东京留学生中，亦有喝加菲而自称颓废派者，可笑也。"[2] 从中我们能够看出当时的文坛尚未认可郭沫若，《女神》在当时也并没有取得后人所想象的热捧。

当时为《女神》叫好的只限于郭沫若的几个"铁哥们"。《女神》出版以前，最懂郭沫若及其新诗的应是宗白华。他以过人的美学才识和对诗歌的敏锐感受力，在他致郭沫若的书信中预言郭沫若是"一个东方未来的诗人"，说"你有 lyrical 的天才"，"你的诗意诗境偏于雄放真率方面，宜于做雄浑的大诗"[3]。可惜似这般精彩的评论只是在朋友之间以书信的形式交流，当时并没有公开发表。最早为《女神》发表正式评论文章的是创造社发起人之一郑伯奇。文章写于《女神》出版的第二天[4]，名为《批评郭沫若的处女诗集女神》，在《时事新报》副刊《学灯》上连载了三天[5]。这篇文章分别从郭沫若的个性、《女神》的诗歌形式、郭沫若的泛神论思想等方面全面肯定了《女神》。这篇文章最大的优点是贴近《女神》，贴近郭沫若。郑伯奇在文中说："作者的自我，完全是情感统一的，作者是一个 Passional，我希望读者须用 Passion 去读才可以。要是求知识的根据，理性（狭小的）的满足，读这书的只有堕于不可解之渊而大叫失望罢了。"[6] 这是当年一篇难得的导读文章，但没有引起当时读者和日后研究者的关注。

第一个对《女神》做出高价值定位的人是闻一多。《女神》出版不久，闻一多给朋友的信中说"生平服膺《女神》几于五体投地"。1923 年闻一多接连发表了两篇长文评论《女神》，一篇是《〈女神〉之时代精神》，另一篇名为《〈女神〉之地方色彩》。《〈女神〉之时代精神》开头第一句话就成为后人不断引用的经典表述："若讲新诗，郭沫若君底诗才配称新呢，不独艺术上他的作品与旧诗词相去最远，最要紧的是他的精神完全是时代的精神——二十世纪底时代底精神。有人讲文艺作品是时代底产儿。女神真不愧为时代底一个肖子。"[7] 后人引用这段话时都把《女神》与时代精神联系起来了，但后来的引用者大都曲解了闻一多所说的"时代精神"的含义。闻一多在这篇文章中所说的"时代精神"分明是以下含义：一是动的精神（相对于"结庐在人境，而无车马喧"的"静"的精神）；二是反抗的精神；三是科学的精神；四是开放的精神，五是青春的精神。这一切就是闻一多发掘出来的《女神》里的 20

① 胡适：《胡适的日记》（1921 年 8 月 9 日），中华书局 1985 年版。
② 鲁迅：《鲁迅全集》第 11 卷，人民文学出版社 1981 年版，第 395 页。
③ 郭沫若：《郭沫若全集·文学编》第 15 卷，人民文学出版社 1990 年版，第 10—15 页。
④ 该文第一句是："郭沫若君的处女诗集《女神》已于昨天出版了。"
⑤ 此文分别载于 1921 年 8 月 21 日、22 日、23 日《时事新报·学灯》。
⑥ 郑伯奇：《批评郭沫若君的处女诗集女神》，《时事新报·学灯》1921 年 8 月 21 日。
⑦ 闻一多：《〈女神〉之时代精神》，《创造周报》1923 年 6 月第 4 号。

世纪的、近代[①]文明造就的“时代精神”。从此，“时代精神”成了后人研究《女神》最重要的阐释框架，只是运用这一框架所阐释出的“时代精神”越来越显得过度阐释，与《女神》的实际精神内涵越发偏离了。

说到偏离，必然提到的一篇文章就是周扬的《郭沫若和他的〈女神〉》。从对《女神》的肯定来说，这篇文章的评价应是最高的。文章第一段浓缩了全文的主旨：“郭沫若在中国新文学史上是第一个可以称得起伟大的诗人。他是伟大的‘五四’启蒙时代的诗歌方面的代表者，新中国的预言诗人。他的《女神》称得起第一部伟大新诗集。它是号角，是战鼓，它警醒我们，给我们勇气，引导我们去斗争。”[②]“时代精神”在闻一多那里主要是20世纪的、现代文明造就的先锋的精神，到了周扬这里替换为“五四”启蒙运动的时代精神。然后周扬谈了三个问题，一是《女神》对自我的歌颂。连泛神论也被解读成“自我表现主义的极致，个性主义之诗的夸张”。二是《女神》对民族的歌颂。说郭沫若“个人反抗在他是与民族反抗分不开的，他是一个真正的爱国诗人”。三是《女神》对大众的歌颂。说他“正可以称为中国无产阶级的最初的歌手”[③]。周扬的这篇文章用“自我的歌颂，民族的歌颂，大众的歌颂，这三者的融合”重新建构了《女神》的内容和价值。一部充满激情的个人化的诗集被揉进了太多的理性内涵和政治内涵。更加不可思议的是，周扬的解读明明偏离了《女神》，后来的研究者却都热衷于这种“跑偏了”的研究路径，好像这样有政治的“高度”的研究才显得研究者更有水平似的，于是这种研究模式很快发展成为一种思维定式。

“改革开放”以后的《女神》研究，“周扬模式”并没有终结，区别只在于后来者诠释《女神》政治“高度”的少了，诠释其思想“深度”的多了，在“跑偏了”的研究路径上继续进行过度阐释，依然没有能够“在心理上重新体验作品作者的心境与精神状态”[④]，因而与历史事实有较大的出入。施莱尔马赫认为：“我们必须想到，被写的东西常常是在不同于解释者生活时期和时代的另一时期和时代里被写的；解释的首要任务不是要按照现代思想去理解古代文本，而是要重新认识作者和他的听众之间的原始关系。”[⑤] 从以上材料可以看出，郭沫若与《女神》读者之间的原始关系，需要重新评说。

二 “小我”与“大我”之辩

如前所说，鲁迅和郭沫若是新文化运动在文学创作方面的先驱。他们作为先驱者

① 闻一多在这里使用的“近代”如同我们以后所说的“现代”。

② 周扬：《郭沫若和他的〈女神〉》，《解放日报》1941年11月16日。

③ 同上。

④ 殷鼎：《理解的命运》，三联书店1988年版，第228页。

⑤ 转引自洪汉鼎主编《理解与解释——诠释学经典文选》，东方出版社2001年版，第55—56页。

的意义绝不只是“听将令”，而是各有自己对中国新文化建设的原创性贡献。再细分，鲁迅与郭沫若也不相同。鲁迅侧重于对旧文化的表现和批判；郭沫若侧重在新意识形态的倡导和实践，这种新的倡导和实践主要体现在《女神》中。

首先，《女神》空前地彰显“小我”及其能量。

在以往的研究成果和文学史著作中，《女神》中的“我”大都解读成“大我”。文学史著作中至今流行的观点是“创造了一个体现五四时代精神的现代‘自我’形象”[①]，更离谱的说法是“这‘自我’是‘五四’时代人民革命理想的化身，是时代英雄的群体。”[②] 然而，《女神》中最初的诗篇纯粹是郭沫若私人化的情诗写作，所以诗中的“我”只能就是“小我”。对此，郭沫若多次提到，如他在《我的作诗的经过》中说：

> 因为在民国五年的夏秋之交有和她[③]（指安那——引者注）的恋爱发生，我的作诗的欲望才认真地发生了出来。《女神》中所收的《新月与白云》《死的诱惑》《别离》《维奴司》，都是先先后后为她而作的。《辛夷集》的序也是民五的圣诞节我用英文写来献给她的一篇散文诗，后来把它改成了那样的序的形式。[④]

《五十年简谱》中“民五年（一九一六年）”下郭沫若是这样说的：

> 暑假中在东京与安那相识，发生恋爱。作长期之日文通信并开始写新诗。（《残月黄金梳》及《死的诱惑》等为此时之作。）读歌德之作品。十二月迎安那至冈山同居。[⑤]

《残月黄金梳》收入《女神》时改题为《别离》。这一切都说明：《女神》中最早的作品源自1916年郭沫若与佐藤富子的恋爱，还有比恋爱时写情诗的作者更“小我”的吗？也许，你以为“小我”只在1916年热恋时期，在《新月与白云》《死的诱惑》《别离》《维奴司》等这些短诗之中。事实却是，连写于1920年的《凤凰涅槃》这样的大诗，也是一次“小我”的写作。就在创作《凤凰涅槃》期间，1920年1月18日，郭沫若给宗白华写了一封信，信中说：

---

① 朱栋霖、朱晓进、吴义勤主编：《中国现代文学史（1917—2013）》第三版，高等教育出版社2014年版，第78页。

② 党秀臣主编：《中国现当代文学》，高等教育出版社1994年版，第70页。

③ 此处她指郭安那。——作者注

④ 郭沫若：《我的作诗的经过》，《郭沫若全集·文学编》第16卷，人民文学出版社1989年版，第213页。

⑤ 郭沫若：《五十年简谱》，《郭沫若全集·文学编》第14卷，人民文学出版社1989年版，第545页。

慕韩，润屿，时珍，太玄，都是我从前的同学。我对着他们真是自惭形秽，真是连 amoeba 也不如了！咳！总之，白华兄！我不是个“人”，我是坏了的人，我是不配你“敬服”的人，我现在很想能如 Phoenix 一般，采集些香木来，把我现有的形骸烧毁了去，唱着哀哀切切的挽歌把他烧毁了去，从那冷净了的灰里再生出个“我”来！可是我怕终竟是个幻想罢了！①

1920 年 2 月 9 日，田汉在致郭沫若的信中提到：

你的《凤凰涅槃》的长诗，我读过了。你说你现在很想能如凤凰一般，把你现有的形骸烧毁了去，唱着哀哀切切的挽歌，烧毁了去，从冷净的灰里，再生出个“你”来吗？好极了，这决不会是幻想。因为无论何人，只要他发了一个“更生”自己的宏愿，造物是不能不答应他的。我在这里等着看你的“新我”New Ego 啊！②

可见，郭沫若创作《凤凰涅槃》的动机与“五四时代精神”基本无关，诗中的“我”也不可能是“‘五四’时代人民革命理想的化身”或是什么“时代英雄的群体。”

这种重视“大我”、轻视“小我”的观念来自儒家传统的道德要求，至今具有强大的生命力。它已经是渗透在中国人文化血液里的一整套价值准则——责任先于自由，义务先于权利，群体高于个体，和谐高于冲突，从而维持了文化共同体的平衡和稳定。按照这样的伦理准则，群体的“大我”越大越有价值，个体的“小我”必须服从“大我”，甚至可以牺牲“小我”。郭沫若显然是自觉或不自觉地颠覆了这种传统的自我价值观。《女神》空前地强调个人的主体地位。这是郭沫若新的伦理原则给中国新诗带来的重主观、重表现、重情绪的新的美学原则。

为什么以往的研究成果和文学史著作中总是把“小我”解读成“大我”呢？这主要因为《女神》中的抒情主人公被作者空前放大了。《女神》中的“我”是现代人自由心灵的大发现，是现代人主体自我的大扩张。例如，《天狗》中的“我”起初是一个“小我”，当这个“我”“把月来吞了，”“把日来吞了，”“把一切的星球来吞了，”“把全宇宙来吞了”……之后，“我便是我了！”从一个被压抑缩小了的“我”，变成一个可以气吞日月的“我”了；从一个“非礼勿视，非礼勿听，非礼勿言，非礼勿动”的“我”，变成一个可以燃烧、可以狂叫、可以飞跑的自由的“我”了；从一个普普通通、没有尊严的“我”，变成一个具有全宇宙能量的无比高大的“我”

① 郭沫若等：《三叶集》，《郭沫若全集·文学编》第 15 卷，人民文学出版社 1990 年版，第 18 页。
② 同上书，第 37 页。

了；从一个小写的“我”，变成一个大写的“我”了。这时虽然“我的我要爆了!”但依然是一个“小我”，不是群体的“我”，而是个体的“我”。不能把主体心灵大发现、主体自我大扩张的觉醒的“我”等同于“大我”。

五四时期，个性主义的思想原则在文学艺术中需要与之相适应的美学原则来充实。在五四思想先驱那里，个性主义是理论层面的指导思想；到了郭沫若这里，个性主义已经发展成为内在化了的艺术原则，即“自我表现”的抒情文学原则，是“人”的情感、欲念、意志的自由宣泄和重铸理想人格的文学追求。《女神》中的“我”虽是一个“小我”，经过郭沫若诗化的表达，“小我”不再渺小，而是被赋予了极大的主体能量。这一个人都是一个世界!

郭沫若最初写《女神》的时候，曾得到泰戈尔和泛神论的启示。泛神论是从16世纪起流行于欧洲大陆的一种哲学学说。这一学说否认世界上存在超自然的主宰和精神力量，认为宇宙本体即是神，神存在于自然万物之中。泛神论来到刚刚脱离封建政体的中国时，对国人观念的冲击，正如它出现在刚刚走出中世纪的欧洲时所产生的影响。由于它具有抗击宗教神学和封建专制的意义，所以不能以它存有与先进世界观的差距而否定其历史作用。

从郭沫若大量有关接受泛神论影响的回忆文字可以看出：郭沫若与泛神论的关系主要不是一种哲学认知，而更多的是一些宗教认知和诗学认知，更像是在宗教与诗之间的精神漫游。当时郭沫若的悟“道”是和感受诗美联系在一起的。因此，只看到泰戈尔泛神论思想与郭沫若思想之间的关联是不够的，只看到泰戈尔诗歌与郭沫若诗歌之间的关联也是不够的。郭沫若从泰戈尔那里获得的是一种境界的升华，这是宗教境界与艺术境界相互造就的升华。“道”使郭沫若进入“诗”的堂奥；“诗”使郭沫若悟得“道”的真谛。因为，对于一个优秀的诗人而言，只有对“道”的发现才能“感受着诗美以上的欢悦”。对“道”的言说就是“诗”，这也是“诗”的最高境界。

当时的郭沫若是以诗人的角色和作为诗人最理想的宇宙观来认同泛神论的。因此真正被郭沫若吸收了的泛神论，与其说是哲学的，不如说是诗学的；与其说是他掌握神与自然关系的方式，不如说是他掌握艺术与世界关系的方式。从接受的角度来看，郭沫若拿来的是泛神论，收获的却是诗。如果说他的泛神论具有哲学内涵，那也是一种高扬主体性的人生哲学，更像是一种追求物我同一的艺术哲学。接受了泛神论以后，郭沫若非但没有成为无处不在的“神”的奴隶，反而好像获得天启神授一般的自由。这是优秀诗人才能享有的精神自由。当诗人郭沫若把“神”拉到与自己和万物平等的地位，“一切的偶像都在我面前毁破”；当诗人把自我也奉为“神”，“一切自然都是我的表现”，于是，郭沫若的诗歌获得了广袤无垠的自我表现世界：“自我”可以气吞日月、志盖寰宇，社会万物可以“不断的毁坏、不断的创造”。这种泛神的宇宙观，也是一种诗性思维方式。它既为郭沫若提供了个人心灵和情感驰骋的空间领地，又为他诗的运思铺展了自我和万物能够通古达今，能够不断超越、不断更生的时间隧道。这种诗性思维方式，也是郭沫若成为一个大诗人的重要基础。

三 《女神》对中国诗歌究竟贡献了什么

《女神》最初的诗篇距今已经一百年了。近一个世纪以来，不知为什么，研究者总是向《女神》索求诗歌以外的东西，比如至今还有很多学者聚焦于《女神》中有多少“五四”启蒙运动的思想力量。然而，郭沫若在这部诗集中所唤起的主要不是理性的思考，而是情感的撞击，是旺盛的感觉力和丰富的想象力，是新的诗美规范。与《女神》新的伦理原则和美学原则同时诞生的，还有郭沫若发现并创造的适应现代中国人思想情感、适于新诗表现的新的艺术法规——“内在律”。从诗歌本体来说，《女神》对中国诗歌的最大贡献，就是以“内在律”的发现和创造开了一代诗风。

中国的古典诗歌是中华民族的骄傲。在长期的艺术实践中，中国古代诗人创造并遵从着一套精致的形式体系。这一体系是东方古典式的生活情调、生活方式和审美理想的产物。当国门不得不向世界洞开，“亚细亚的生产方式”和以“和谐”为美的文艺理想也就不得不随之改变。就诗歌而言，中国旧体诗的“外在律”（即讲究平仄、对偶、韵式、句法等规则的以声调为核心的格律体系），已经无法适应现代中国人现代情绪的自由抒发。早期白话诗人虽然实现了白话入诗并致力于“诗体大解放”的初步尝试，但他们并没有找到从根本上取代旧诗“外在律”体系的新诗的诗美理想和艺术规则。

郭沫若发现并创造了适应现代人思想情感表现的新诗的艺术法规——“内在律”是什么呢？他说：“诗之精神在其内在的韵律（lntrnsic Rhythm），内在的韵律（或曰无形律）并不是什么平上去入，高下抑扬，强弱长短，宫商徵羽；也并不是什么双声叠韵，什么押在句中的韵文！这些都是外在的韵律或有形律（Extraneous Rhythm）。内在的韵律便是‘情绪的自然消涨’。”① 郭沫若比早期白话诗人的高明之处在于，他从一开始关注的就不是白话能否入诗，而是为新诗寻找取代旧诗艺术规范的“诗之精神”。

依照“内在律”创作的《女神》，在意象、想象、节奏等诗体方面，为后世中国新诗树立了成功的艺术典范。

由于“内在律”是以情绪表现为核心，所以现代人内在的自由开放情绪就需要与之相吻合的外在的寄托形式。中国古典诗歌中常见的意象如“杏花”“春雨”“晨钟”“暮鼓”“晓月”“清风”等都难以传达郭沫若的现代诗心，在他的《女神》中

① 郭沫若：《郭沫若全集·文学编》第15卷，人民文学出版社1990年版，第337页。

取而代之的是，一个个巨大的意象——“太阳”“地球”“无限的太平洋”“雪的喜玛拉雅”……这些意象在诗中是强大生命的象征，是宇宙能量的象征，是郭沫若庞大诗心的理想的寄托形式。在它们身上，郭沫若既注入了时代所匮乏的青春生命热情，又传达出变革中国所需要的“动”之源和“力”之源。

郭沫若充满激情，又善于抒情。他深知“纯粹的感情是不能成为诗的”，要把实情提升为诗情，离不开想象的参与。他的《天狗》就是想象艺术的杰出范例。诗作表现的是扩张自我和破坏旧世界的思想情绪，但诗中并没有说教，丰富的理性意蕴全部隐藏在通过奇特想象所创造的意象中。诗的开头以幻觉让实我进入幻我——“我是一条天狗呀！……我把全宇宙来吞了……我是全宇宙底 Energy 底总量！……我的我要爆了！”在这一连串的想象活动中，张扬自我可谓达到极致，青春的热情光彩无比，一切旧的事物荡然无存。正是这丰富神奇的想象的力量，使《女神》提高了新诗的艺术品位，并为现代人自由情绪的抒发插上了飞翔的翅膀。

在郭沫若的“内在律”体系中还有一个重要的因素是节奏。在他看来，情绪是诗歌最核心的内容，节奏是传达情绪的最主要的形式。郭沫若还说：“节奏之于诗是它的外形，也是它的生命。”与中国古典诗歌讲究炼字炼句相反，《女神》中每一诗行所独立具有的审美意义是很小的，即使抽出《女神》优秀诗篇中的一两行，也会觉得如口号般的缺乏诗意。然而，就是这些“缺乏诗意”的句子经郭沫若的组合，便大放新诗特有的光彩。其中奥秘之一，就是节奏的力量。《女神》中的代表作《凤凰涅槃》以“情绪的自然消涨”结构全诗，形成一曲节奏动人的乐章。从序曲的沉郁、凤歌的愤懑、凰歌的凄婉，直到凤凰同生歌的沸腾激昂，形成了“弱—强—弱—特强”的节奏起伏，把对旧世界的诅咒、对新生的渴望和新生后的欢快逐层次地尽情渲染。诗中的节奏形成了新诗特有的宏大气势，是诗人炽热、奔放的青春热情的外化，让读者从中感到生命的力量、自由的力量、不可阻挡的青春的力量。

自由体新诗不是郭沫若首创，却是在他手里成熟。《女神》中的许多名篇是自由体诗歌。《女神》中的自由体诗歌实现了对前人的超越。郭沫若让这一解放了的诗体自由而不随意。他的自由体不受“外在律”的束缚，却受“内在律”的支配；不受理性规范的约束，却受情绪表现的支配。《女神》中许多非自由体诗作也都服从这一规律。《女神》的诗体是根据“情绪的自然消涨”设计诗歌形式的“女神体”。“女神体”的自由，主要不是诗歌外形上的自由，而是创作主体根据“内在律”的需要自主支配诗作形体的自由。《女神》中的作品篇与篇行数不等，行与行长短不一，但都有“情绪的自然消涨”。《天狗》中连续出现的“我飞跑”，每行 3 个字，以飞奔的诗行传达急于自我超越的迫切之情。在《立在地球边上放号》中，郭沫若却可以用长句子表达另一种急切之情，如：

无数的白云正在空中怒涌，

啊啊！好幅壮丽的北冰洋的晴景哟！
无限的太平洋提起他全身的力量来要把地球推倒。
啊啊！我眼前来了滚滚的洪涛哟！
啊啊！不断的毁坏，不断的创造，不断的努力哟！
啊啊！力哟！力哟！
力的绘画，力的舞蹈，力的音乐，力的诗歌，力的律吕哟！

全诗“情绪的自然消涨”与海啸的波涛汹涌的节奏相契合。诗人把这种生命激情凝聚在对“动”与“力”的呼唤上，凝聚在一个觉醒的人要“不断的毁坏，不断的创造，不断的努力”的豪迈姿态中。诗中那空中的白云、那滚滚的波涛、那无限的太平洋、那似乎要被推倒的地球，都成了传达诗人生命力怒涌、激情奔腾的最好的意象载体。于是，诗句的形式编排都服从人与自然形成的“律吕”。当表达呼唤“动”与“力”急切心情的时候，需要一口气读出，所以诗行变长：“无限的太平洋提起它全身的力量来要把地球推倒”一行竟多达21个字，并且故意不加标点停顿。当赞美咏叹的时候，需要增加停顿，所以诗行变短，助词多，还要加上感叹号（当时的诗歌极少有人用感叹号），如“啊啊！力哟！力哟！”一行实际只有一个有理性意义的音节——“力”，其他都是表达情绪的辅助工具。所以“女神体”的自由并不是放任自流，而是为了扩大新诗的抒情手段，使如何分行、怎样设计顿数、各行字数的多少、标点符号的有无和怎样使用标点都起到了特殊的抒情作用。正是郭沫若这种自由而有“体”的诗形，从此引导了近一个世纪中国新诗形体的主流。

郭沫若倡导和实践新的东西，却不排除郭沫若大量运用旧的东西。

关于《女神》对中国新诗的意义，已有的文学史叙述多有疏漏。就诗体而言，前人特别强调《女神》对于自由体新诗的开创性，忽视了他对中国新诗诗体的多方位探索，尤其不应忽略郭沫若对新格律诗的尝试。郭沫若说自己写新诗最厌恶形式，以自然流露为上乘。后人便把郭沫若在特定语境中的语言当成他《女神》时期的全部诗歌追求，导致绝大多数文学史著作只是以《女神》中的《天狗》《凤凰涅槃》等作品为例，说明郭沫若如何彻底突破了中国诗歌格律的樊篱，追求新诗形式上“绝端的自由，绝端的自主”。这样的文学史叙述就给读者造成了片面的印象——似乎《女神》中的诗篇大都是《天狗》和《凤凰涅槃》式的狂放不羁的自由体。

其实，《女神》中的诗体是多样化的，大致可以分为四类：一是自由体，诗行和诗节的字数不固定，基本不押韵、不对称的自由诗。这一类在《女神》中数量并不太多。二是半自由体，部分地讲究用韵、音步、分行、形体等规律。这一类在《女神》中数量较多。三是歌剧体，如《凤凰涅槃》《棠棣之花》《湘累》等。这一类在《女神》中数量较少。四是新格律体，在《女神》中不在少数，如《沙上的脚印》《新阳关三叠》《Venus》《三个泛神论者》《别离》《新月与晴海》等。这些作品都是地地道道的现代汉语新诗，但是外在形式整饬，每一节的行数完全相同，每一节首尾诗句的用词和字数基本相同，全诗韵脚一致，句式对称或基本对称，节奏感明显。另外，像《炉中煤》和《匪徒颂》等名篇也都不是自由体诗，而是类似《死水》那样的新格律诗。以上提到的郭沫若这些诗作均发表于1919年至1920年初，比朱自清在《中国新文学大系·诗集·导言》认定的新格律诗开山之作——陆志韦的《渡河》早了三年多。

郭沫若对诗体的多方探求，也是在不断地实践他“内在律”的诗歌理念。因为内在情绪的不同，所以一首诗应有一首诗的形式，不应以任何的外在形式作为束缚。这时期郭沫若所尝试的所有诗歌体式，是他开放性的多向度探索追求的体现——为中国诗歌的未来发展探求多种可能性。这是郭沫若贡献给中国诗歌的更重要的东西。

（原载《郭沫若研究》第13辑）

一个未完成的“成品”

——《我国思想史上之澎湃城》考论

周海波

留学日本时期，郭沫若发表过一系列中国文化研究方面的论著，诸如《三叶集》中有关讨论中国传统文化的书信，《我国思想史上之澎湃城》《读梁任公〈墨子新社会之组织法〉》《伟大的精神生活者王阳明》《中国文化之传统精神》等，这些论著既是我们研究郭沫若早期文化思想的重要文献，又是探究“五四”时期知识分子对待中国传统文化态度的不可或缺的文献。其中，《我国思想史上之澎湃城》是不应忽视的一篇，这不仅在于这篇文献是构成郭沫若研究传统文化的思想体系的重要一篇，而且在于这篇文献所涉及的郭沫若研究的一些基本问题。

上篇　缺憾：也许只是一个思想史的略图

考察《我国思想史上之澎湃城》，有两个不能忽视的背景。一是 1919 年毛子水发表《国故与科学的精神》、胡适发表《新思潮的意义》，这两篇文章是在新文化进行到一定程度时的具有纲领性意义的文献，掀开了“新国学”的历史性的一页。整理国故或新国学对郭沫若产生了一定的影响，使这位新诗人在新诗创作兴趣逐渐淡漠的时候，转向中国传统文化的关注和研究。二是郭沫若受邀参加中华学艺社。为什么郭沫若创办了创造社的同时，又要参加另一个社团？这里不仅仅是友情，而是这时郭沫若的人生取向有所变化。中华学艺社的前身是丙辰学社。丙辰学社创办于 1916 年 12 月，是中国近代三大民间科学机构之一，主要成员多为留学日本的学生，如陈启修（陈豹隐）、王兆荣、吴永权等。该社以“研究真理、昌明学艺、交换知识、促进文化”为宗旨，1923 年 6 月改名为“中华学艺社”。中华学艺社创办之初，创始人吴永权和陈启修就曾邀请郭沫若入社，郭沫若接受了介绍状，而且还使用了丙辰社的“一大卷原稿纸”。从这些材料来看，郭沫若加入“中华学艺社”的愿望比较强烈，他的想法也比较真实地反映出《女神》之后郭沫若思想、情感及其发展方向的某些变化。郭沫若不想空手入社，“我因为想做一篇文章，做成了后和我一齐入社，然而至今犹未做成；所以把入社的机会失掉了。后来曾慕韩君又介绍我入社，我因为有前一次的蹭蹬，所以又推卸了”①。郭沫若在信中所说要写作的文章，就是《我国思想史之澎湃城》。由于种种原因，这篇文章并没有在当时写作完成。一直到半年之后，郭沫若才完成了文章的写作，并加入中华学艺社。

《我国思想史上之澎湃城》发表于1921年5月30日出版的《学艺》第3卷第1号，是一篇讨论中国传统文化思想发生史的文章，主要以意大利的澎湃城为借鉴，以秦始皇焚书坑儒为研究对象，进一步考察秦以前中国思想文化的形成与发展。此前，在给张资平的信中，郭沫若已经比较系统地阐述过自己的观点，描绘了这篇思想史论文的大体框架。郭沫若认为，“我国古代思想之运命与澎湃城的相同”，“嬴秦焚书正等于维书勿喷火”，将中国文化传统焚烧并掩埋于地下。所以，秦以后的中国文化，只有“甚么经解、清谈、训诂、笺注，都是些熔崖灰”，“我们的传统思想埋没在地底者已两千余年了”。在郭沫若的文化史思想构建中，秦以前和秦以后，是两个重要的历史时期，是中国思想文化发生重大变化的分界线。从这封书信中，能够看出郭沫若文化史研究的大体构想，这就是要通过文献整理和历史发掘，探究被埋没了两千多年的传统文化，而且“在前五六年便设定了个发掘计划”，而且“自信颇有为前人所未见到处”。在这个比较系统的计划书中，郭沫若几乎涉及了先秦以前以儒家文化为中心的中国文化的各个方面，上篇“泛论之部”，主要涉及到“滥觞时代之社会组织”“哲学思想之宗教化”“私产制度之诞生与第一次政教专制时代”“神权思想之动摇与第一次平民革命之成功”“我国之‘文艺复兴’”等方面的问题，这些问题主要研究先秦以前中国思想的发生、发展，在与欧洲古代思想的联系与比较中，寻找到中国传统文化的“文明之黄金时代”。下篇“各论之部”则主要涉及“易之原理”“洪范中之思想”“文艺复兴之先觉者——老聃”“孔子之晚年定论”“墨子之宗教改革”“唯物思想之勃兴”等，主要讨论春秋战国时代诸子百家的学术文化思想。从这个计划书中，可以看到留学时期郭沫若所关注与思考的问题。

郭沫若复张资平的信写于1921年1月24日，与他的《湘累》同时发表于《学艺》第2卷第10期（1921年4月1日）上。1921年5月30日出版的《学艺》第3卷第1号又同时发表了郭沫若的《我国思想史上之澎湃城》和《艺术的象征》两篇文章。随后，郭沫若在《学艺》上连续发表《苏武与李陵》（第3卷第2号）、《洪水时代》（第3卷第8号）等作品。如此密集地在同一个刊物上发表作品、论文，既说明郭沫若与中华学艺社的关系，在他加入该社后，以积极的态度研究参加该社的活动，为社刊撰写文章，也说明郭沫若在这一时期的创作爆发。

随后，郭沫若将致张资平的信中所涉及的研究构想付诸实践，完成并发表了《我国思想史上之澎湃城》。值得注意的是，发表于《学艺》上的这篇文章最后注明“未完”。这个“未完”既是对于论文的写作框架而言，发表出来的只是其中的一部

① 郭沫若：《郭沫若先生来函》，《学艺》1921年第2卷第10号。

分，也是指郭沫若计划写作而未写作的其他内容而言。无论从哪个角度说，这篇讨论中国传统思想文化的论文都是一个等待完成的未完成品。

这篇论文所设计的写作框架除个别表述的方式有所变化外，其他内容与复张资平的信中所设计的框架基本一致。在已经发表的《我国思想史上之澎湃城》中，郭沫若只写了“导言”和上篇的前三个问题，即“上之一”（《滥觞时代政治之起源》）、“上之二”（《玄学思想之宗教化》）、“上之三”（《私产制度之诞生与第一次黑暗时代》），这三个部分涉及到郭沫若所发掘的“我国澎湃城之略图”中的一小部分，是对太古到春秋战国时期“思想与政治交错”的思考，但更多的内容并没有得到真正充分的展开。而且，这三小节的内容以及郭沫若所设计的研究框架，也只是“前四五年时所得之表象以事描写，为余日后再加详细研究时之草案耳”。从这封信中已经看到郭沫若试图构筑一个庞大的、系统的中国古代思想文化研究体系。这个构想是郭沫若加入中华学艺社交出的一份学术计划表，也是他研究中国传统文化的一个起点。但这个起点刚刚开始就戛然而止，不能不说是郭沫若研究的一个缺憾。杨胜宽就曾这样说过：“可惜这篇本来计划分十节系统阐述先秦思想史发展的论文，只写了导言和上篇的前三节就无限期搁置下来了，不知此时刚刚涉猎中国古代思想史发展宏大课题的郭沫若，将怎样分析论证惠施的唯物思想。”① 这种遗憾同样存在于郭沫若对孔子、庄子等古代历史人物的思想文化研究方面。

从郭沫若在《我国思想史上之澎湃城》中提出的问题来看，主要涉及古代思想的“玄学的”“宗教的”和“科学的”三个方面，这三个方面又分别延伸引出不同时期的代表人物。郭沫若在“上篇”中所要探讨的问题主要就是中国古代的思想与政治的交错，即在玄学、宗教和科学的形成与发展史上进行基本的描绘，为中国传统文化形成寻找其思想源头，为其研究的思想人物打下思想的基础。下篇所要探讨的则主要是玄学、宗教和科学方面的主要人物，这三个方面的人物除第一时期的伏羲是玄学的代表、第二时期的夏禹是宗教的代表之外，其他人物基本都处于第三时期，即春秋战国时期，这就是玄学方面的老聃、庄周和孔子，宗教方面的墨翟以及科学的惠施。这个“略图”从纵和横的方向，对中国传统文化进行了学术勾勒。

我们知道，郭沫若的性格比较活跃，兴奋点比较多，同时也比较分散，转移速度较快。但已经占据郭沫若 1920 年代初期兴奋点的，依然是他的中国传统文化思想的研究。这兴奋点是由秦以后中国文化已经被埋没但基础仍在引发的，“汉以后学者之一切训诂伪托等于灰质熔岩，其由喷火地震等直接原因已被焚毁消灭后之建筑物”，所以需要对秦以前的中国传统文化进行深入的探究，寻找到中国文化的传统精神。但我们还必须注意到，郭沫若开始对中国传统文化产生兴趣，是身体原因开始静坐修养，阅读王阳明，并由王阳明而发现了庄子，进而开始研习中国传统文化。这个兴奋

① 杨胜宽：《郭沫若评惠施论析》，《郭沫若学刊》2013 年第 3 期。

点由 1920 年初致宗白华的信引发，到他写作《我国思想史上之澎湃城》已经被燃烧起来，形成了郭沫若文化思想的主体部分，也是他以后从事中国古代史研究的一个起点。但这个起点还远远没有达到郭沫若的兴奋顶点，还在“略图”的构想中。

当这个基础性的工程完成部分建构之后，他本来还要继续研究中国文化的“第一次”转型，他的注意力仍然在先秦之前的文艺复兴运动，即“第一次平民革命”以及由这次革命而导致古代神权思想的动摇。他把这一时期称之为中国的“第一次再生时代”，或者说中国的文艺复兴运动。遗憾的是，郭沫若的兴奋点又转向了，因此我们没有看到郭沫若如何进一步建构这个“文艺复兴”的思想体系。他的学术思想在文章中只是一个大纲，一个雏形。尽管如此，我们还是在《我国思想史上之澎湃城》中，从一个侧面看到了郭沫若对中国传统文化的研究及其对中国文化未来发展的基本设想。

下篇　弥补：拓宽研究领域的疆界

以《我国思想史上之澎湃城》为主的古代思想文化研究，是郭沫若经过了激情澎湃的《女神》时期在文学上已经占据一席地位之后，在文化研究方面所开垦的又一块处女地，是从诗的方式转向学术的方式的重要一步。也可以说，诗的写作和文化思想史的研究，是郭沫若情感与思想表达的不同形式，两种不同文体都同时指向中国传统文化的开端，呈现出特异的文化立意。

如果以《女神》的生命创造作为起点，可以看到郭沫若突出的“生命的文学”观念。他在诗作中寻找生命与精神世界的自由状态，将情感抒发引向远古的神话传说和历史人物。《女神之再生》《湘累》《棠棣之花》《凤凰涅槃》《天狗》等作品，不仅是借古人的酒杯浇胸中的块垒，而且也是诗的精神探求和文化命题的朝代指向。在将视野引向洪荒时代的女娲以及春秋战国时期的屈原、聂政时，郭沫若试图对历史人物进行挖掘，试图发现传统文化所蕴含的生命能量。在稍后出版的《星空》中，郭沫若同样将诗的激情倾泻于“头上的星空”和“心中的道德律”，在《星空》《洪水时代》《孤竹君之二子》等作品中，也表现出了对古代历史人物和思想文化的浓厚兴趣。因此，诗人、美学家宗白华于 1920 年 1 月 3 日在写给郭沫若的信中，就认为“你的诗是我所最爱读的。你诗中的境界是我心中的境界。我每读了一首，就得了一回安慰。因我心中常常也有这种同等的意境”，因为这其中的“清妙幽远的感觉”也正是宗白华心中常常有的一种“诗意诗境”。在这封信中，宗白华鼓励郭沫若“一方面多与自然和哲理接近，养成完满高尚的‘诗人人格’，一方面多研究古昔天才诗中的自然音节，自然形式，以完满‘诗的构造’”①。正是宗白华的这封信，使郭沫若写

① 田汉、宗白华、郭沫若：《三叶集》，亚东图书馆 1920 年版，第 2—3 页。

了一封关于诗的创造以及孔子与歌德的文化比较的长信。郭沫若同年同月 18 日给宗白华回复了一封长信，在这封信中，郭沫若从论诗的创作出发，进一步论及诗人的人格，特别推崇德国的歌德和中国的孔子，认为他们都是理想中的“球形天才”。在这封信中，郭沫若主要不是论述孔子思想的，而是借孔子论诗人的人格问题来回答宗白华所说的“完满高尚的‘诗人人格’”。也就是说，在郭沫若的眼中，孔子的完满的人格，落脚于诗人的感情世界，着眼于“诗人人格”。所以，郭沫若这封信中论述的以下问题就值得关注：“我想诗人与哲学家底共同点是在同以宇宙全体为对象，以透视万事万物底核心为天职；……无论什么人，都是有理智的动物。无论什么人，都有他自己的宇宙观和人生观。诗人虽是感情底宠儿，他也有他的理智，也有他的宇宙观和人生观的。”① 从这个意义上说，郭沫若对孔子以及中国传统文化的论述，是他对诗的问题以及生命哲学思考的延伸，《我国思想史上之澎湃城》也正是延续了《女神》《星空》时期的文化思想，或者从中国传统文化思想的角度，进一步思考完满的人格与诗人的关系。

可以说郭沫若写作《我国思想史上之澎湃城》的时候，对中国传统文化研究的思路有了新的变化、新的框架，这就需要有新的方式、新的论著，更深入、系统地解决中国传统文化中的一些重要问题。应该说，郭沫若所设想的发掘民族文化传统的努力，是他在留学时期甚至此后相当长一个时期的学术追求，正如蔡震所说：郭沫若如同他这一时期所写的介绍瓦特·裴德的《文艺复兴期之研究》的书评中所说，“也是借这个历史的再生时期以表示他自己性灵的复活”，“他不但要借赞扬孔子表示‘自己性灵的复活’——对于自我觉醒与个性解放的期待，他更要借此复活他认为早已经丧失了的中国文化这传统精神”②。因此，郭沫若在《我国思想史上之澎湃城》中的构想就不可能轻易放弃，只不过因为研究兴趣或因其他外力的作用而改变了写作的方式，原来的研究兴趣也进行了重新的文化编码。这个思想城被重新编码后，大体包括以下两个部分：第一，中国思想文化的复兴时代；第二，中国文化传统的个案分析。

这些被重新编码后的中国传统文化思想，虽然没有成为他此后陆续发表的《中国文化之传统精神》（《创造周报》，1923 年第 2 号）、《论中德文化书》（《创造周报》，1923 年第 5 号）、《读梁任公〈墨子新社会之组织法〉》（《创造周报》，1923 年第 7 号）、《惠施的性格与思想》（《创造周报》，1923 年第 32 号）、《伟大的精神生活者王阳明》③（《文艺论集》，上海光华书局，1925 年版）等论著之一种，但可以说，

① 田汉、宗白华、郭沫若：《三叶集》，亚东图书馆 1920 年版，第 15—16 页。

② 蔡震：《文艺越境的行旅——郭沫若在日本二十年》，文化艺术出版社 2005 年版，第 92 页。

③ 本文系郭沫若为上海泰东图书局于 1925 年 1 月出版的《阳明全书》写的序，收入同年 12 月出版的《文艺论集》初版本，1929 年作者在《文艺论集》订正版中改题为《儒教精神之复活者王阳明》，1959 年出版的《沫若文集》再改为《王阳明礼赞》。

郭沫若在《我国思想史上之澎湃城》一文中未能完成的文化探寻，在这些论著中得到了比较充分的论述，从不同的侧面对“我国思想史上之澎湃城”的构造进行了补充、修正，将一个未完成的作品通过分解的方法，基本上完成了这座思想之城的最后构造。如果我们重读郭沫若这时期的文化论述，在他并不太成体系的著述中理出一个头绪，在零乱中整理出一个体系。在《中国文化之传统精神》《论中德文化书》《读梁任公〈墨子新社会之组织法〉》《伟大的精神生活者王阳明》《惠施的性格与思想》等著述中，甚至在他的书信、诗歌、戏曲等不同文体的写作中，郭沫若都可以指向秦以前的思想文化，在展示一个中国文化历史的“洪荒时代”的同时，为我们建筑了中国思想史上的“澎湃城”。

如果说在《我国思想史上之澎湃城》一文中，郭沫若着重探究中国思想文化的形成与发展，着力于“澎湃城”的构建，而在此后的《中国文化之传统精神》等论著中，郭沫若则一改其构建的思路，更多的是为文化复兴而进行的发掘。如果说在“澎湃城”的构建中，郭沫若更多的是为了寻找一种完满的“诗人人格”，所以他在文章中特别强调“思想自身为人类自由精神至高之产物，当超越于一切实际之上以引导人生；使思想而失去其自由，严为实际所束缚时，是为人类精神之化石时代”①，那么在此后的论著中，他则更多的致力于中国文化根本精神的发掘。所以，他特别突出这样的观点：“我国的固有精神表现得最真切最纯粹的总当得在周秦之际。那时我国的文化如在旷野中独自标出的一株大木，完全没有受些儿外来的影响。”② 正如李怡所研究的那样，“郭沫若不仅执著地探索了中国古代的文化传统，而且这种探索更直达了古代文化的最前端”，从而建立起了郭沫若“三代以前”的文化渊源学术思想：“郭沫若以‘三代以前’作为中国文化的理想范型，并以此为基点重新梳理中国文化传统的脉流。”③ 五四时期，当新文化运动的倡导者表现出积极的反对传统文化的姿态时，远在日本留学的郭沫若表现出保守传统文化的态度，致力于发掘传统文化的价值，构建中国思想史上的“澎湃城”，这也许只是身处异国他乡的游子面对异域文化时的文化姿态。所以，我们既可以看到一个叛逆的“凤凰涅槃”的“天狗”般的郭沫若，也可以看到创造新鲜生命的“女神”式的郭沫若，当然也可以看到尊崇传统文化的郭沫若。不过，无论是哪一种姿态的郭沫若，都是一个与“五四”之风迥然不同的创造者、建设者。

（原载《郭沫若研究》第 13 辑）

① 郭沫若：《我国思想史上之澎湃城》，《学艺》1921 年第 3 卷第 1 号。

② 郭沫若：《论中德文化书》，《创造周报》1923 年第 5 号。

③ 李怡：《复兴什么，为什么复兴?》，《中国现代文学研究丛刊》2016 年第 4 期。

《北伐途次》与“幽灵出版社”

——盗版对民国作家生存与创作影响之管窥

周　文

《北伐途次》是郭沫若自传中较为知名的一部作品。它不仅是作为参与者的郭沫若对“北伐”这一重大政治、社会历史事件的回顾，更涉及国共两党众多风云人物，对贺胜桥、汀泗桥等著名战役亦有精彩描述，郭沫若文学家的特殊视角和细节描写也为后人还原北伐盛况提供了想象的可能。这部作品最初连载于《宇宙风》半月刊第20—34期（1936年7月至1937年2月），并于1937年6月由北雁出版社将其与《宾阳门外》《双簧》一起以《北伐》为名出版单行本。在单行本的“后记”中，郭沫若这样说道：

> 本篇在发表“中途”，上海有一家幽灵出版社，把前二十五节盗取了去，作为《北伐途次——第一集》而“出卖”了。那儿公然还标揭有“版权所有翻印必究”的字样。①

这便是讨论郭沫若著译作品版本问题时经常提及的“幽灵出版社”事件。不过，以往研究多局限于郭沫若个人，其实如果循此线索，考问“幽灵出版社”即潮锋出版社的相关细节，结合《北伐途次》“序白”“小引”“后记”等副文本当可从细节上揭示民国时期著作者与书局的共生关系以及图书盗版翻印的具体情形，乃至对作家创作可能产生的影响。

一　稿费与纸型

《北伐途次》最初在《宇宙风》上连载时，篇首有“序白”。《郭沫若全集》在收录该作时依据北雁出版社的单行本，在篇尾增加“后记”，删去了“序白”，并作注解说“最初发表时，篇首有《序白》，写于一九三六年六月一日，说明本篇原题

---

① 郭沫若：《郭沫若全集·文学编》第13卷，人民文学出版社1992年版，第125页。

《武昌城下》，曾应日本某杂志之约用日文缩写，发表在该刊上。”[①] 有些研究在为《武昌城下》做注解时甚至说：“《武昌城下》……由上海晓明书店1936年出版，此文原系日文稿，内容与《北伐途次》雷同。”[②] 《郭沫若全集》的注释表述不严谨，节略了大量信息，而认为《北伐途次》与《武昌城下》内容雷同更是一种误解。兹补录“序白”于此：

> 1933年七月12日写成了一部六七万字的回忆录，原名为“武昌城下”，本是应沪上某书店写出的，因为该书店欠我的版税不付，这部东西也就没有交去刊行。去年日本的改造社请我把那精粹处提出来，用日本文缩写成一万五六千字的短篇，我也照办了。在该社出版的“改造”杂志五月号上所发表的“武昌城下”便是那缩写出来的东西。近来听说这篇缩写由国内的一种杂志翻译了出来，并宣称是经过我的同意和删定的。译者究竟是谁，译文究竟怎样，（此处为删除文字，依稀可辨为“因为我连那杂志的面孔都还没见过”——引者注）我都不知道，究竟经过了怎样的“删定”，那可出于我的想像之外了。
>
> 我现在率性把这母体的“武昌城下”取了出来，改题为“北伐途次”在本刊上分期发表。这和缩写的日文“武昌城下”各有不同，因为后者是稍稍经过了一道创作过程的。
>
> 1936年6月1日，作者识

郭沫若在“序白”中说得很清楚，《北伐途次》原题虽为“武昌城下”，但因书店欠版税未能如期发表，期间经日本《改造》杂志约稿，又“缩写”出了日文版的《武昌城下》。是时，国内杂志在未征得郭沫若同意的情况下，很快将日文版《武昌城下》翻译发表，正因如此郭沫若才不得已将《武昌城下》改题为《北伐途次》，以示区别。因此，严格说来中文版只有《北伐途次》或“武昌城下”，称“《武昌城下》”是不严谨的。两者就内容而言，也有五万字左右的差别，更难说雷同了。

经查，郭沫若在“序白”中提到的“沪上某书店”实为上海光华书局。光华书局在1933年5月13、14、26日就在《申报》上打出广告，称“《武昌城下》为郭沫若先生最近完成之名著，与以前自传式的《幼年时代》《创造十年》等迥然不同。以前沫若先生所著的小说，以抒情的居多，而本书所写，却完全是一个真实的革命故事，内容系以革命阵营里的同志们怎样共同努力为主，而反映出中国大革命中的某一个大时代来。题材崭新，笔法流丽，全书凡十余万言，准六月中出版，定价平装每册九角，精装一元二角，预约优待特价七五折。”在1933年4月19日郭沫若致叶灵凤

① 郭沫若：《郭沫若全集·文学编》第13卷，人民文学出版社1992年版，第4页。

② 苏川、倪波：《郭沫若著译系年》，《吉林师大学报》（1979年增刊），第33页。

的信中也提到："光华寄了稿费千元来约写《武昌城下》，现在已经写了百余页。"①但随后，郭沫若便与光华书局发生了版税、版权纠纷，"武昌城下"未能在光华付梓与读者见面，而他们之间的纠纷则是民国时期出版界较为典型的版权案例。

郭沫若与光华书局的创办者沈松泉和张静庐本是泰东书局的同事，一起吃过半年的"大锅饭"，郭沫若自称其平生唯一一次行医即是给沈松泉的父亲免费看病。五卅之后，张、沈创办光华书局，郭沫若便鼎力支持，将《三个叛逆的女性》《文艺论集》交给他们出版。在郭沫若看来，光华书局"可以说是作为创造社的托儿所的形式而存在的，这关系在后来创造社被封以后是尤其显著"。因光华书局"出版的书刊大多为左翼作家著作和译文，遭到国民党政府的查禁，加之主持人另办现代书局、上海联合书店，乃于 1935 年盘给大光书局"②。创造社出版部被查封后，流亡日本的郭沫若生活来源主要靠稿费，其对光华、现代书局颇为倚重，此番光华经营不善转卖大光，对郭沫若来说不仅是一种经济损失，更有些情绪上的失落，在回忆中郭沫若感叹说"可怜创造社所托的儿，或者仅是我自己的儿，竟遭了那不良的褓母辗转的卖身，到了现在有好些竟连下落都不知道了"③。紧随光华其后，现代书局也因洪雪帆、张静庐的分歧而经营不善于 1936 年停业。

其实，光华、现代二书局在倒闭之前，便与郭沫若因版税问题多生龃龉。从目前保存的资料来看，自 1932 年 7 月开始，郭沫若为流亡生活所迫在稿费问题上就显得格外小心，一般要求书局预付稿费，或"分月先纳"才肯动笔。因为在混乱且竞争激烈的民国图书市场，好友关系提供的信誉保障实在薄弱得很。郭沫若在 1932 年 8 月 29 日致叶灵凤的信中便质问道："《黑猫》只得稿费一百元，究竟作怎么算?"并对接下来的书稿要求用现金交易，对《创造十年》后编，则要求"三个月内将一千五百元交足，每月分交五百元……如仍照从前不爽快，那就不能说定。"④ 预约郭沫若"武昌城下"书稿，光华书局已预付稿费五百元，本计划 1933 年"准六月中出版"，但到了九月剩下的五百元却迟迟不见踪影，于是郭沫若便在给叶灵凤的信中说"只要你们有诚意，转由现代出版亦可"⑤。但这件事情，接着便没有了下文，"武昌城下"直到 1936 年才以《北伐途次》为名发表。预付五百元并做广告宣传后却无力再寄五百元付梓，足见 1933 年下半年以后光华、现代书局经营之艰难。

1935 年前后，光华、现代书局面临倒闭，郭沫若剩下的稿费自然难以结清。但郭沫若似乎并未因此与张静庐交恶，对张静庐为其出全集的提议，郭沫若表示"只

---

① 黄淳浩编：《郭沫若书信集》（上），中国社会科学出版社 1992 年版，第 388 页。

② 孙树松、林人主编：《中国现代编辑学辞典》，黑龙江人民出版社 1991 年版，第 339 页。

③ 郭沫若：《郭沫若全集·文学编》第 12 卷，人民文学出版社 1992 年版，第 237—238 页。

④ 黄淳浩编：《郭沫若书信集》（上），中国社会科学出版社 1992 年版，第 383 页。

⑤ 同上书，第 389 页。

要他改变从前的态度，我是可以同意的。”[①] 从郭沫若的反应来看，这笔不小的经济损失并未彻底破坏他和张静庐的友谊，这种理解和心理准备，既是流亡生活的无奈之举，若往更深层上说，则是郭沫若作为一名作家，在民国文艺图书市场生存多年而“在商言商”的一种正常反应。从郭沫若对著作版权的重视态度也可看出他对图书出版界的熟悉和灵敏。稿费可以不过分计较，但版权则必须保护，为防止其著作被盗版翻印或被转卖他处，郭沫若要求叶灵凤替他将纸型[②]取回，以将现代光华版权版税事宜“告一段落”。然而，即便是这样一种基本的权利诉求，维护起来亦颇费周折。叶灵凤虽然本人即是现代书局的编辑，但也未能如愿要回纸型，以致不得不与郭沫若一起聘请律师并登报申明：

> 顾苍生律师代表叶灵凤郭沫若警告侵犯著作权启事
>
> 兹据叶灵凤郭沫若二君委称，灵凤有著作物《灵凤小说集》《灵凤小品集》二种，交现代书局出版；沫若有著作物《中国古代社会研究》《沫若诗集》《水平线下》《橄榄》《黑猫》《浮士德》《少年维特之烦恼》《银匣》《法网》《石炭王》十种，交现代书局出版；《文艺论集》《沫若小说戏曲集》二种，交光华书局出版。以上各书，著作权均属著作人所有。去岁光华书局及现代书局因营业亏损相继停业，积欠本人等版税甚巨，迄今尚未清偿。兹闻有人拟将上开各书旧有纸板私自抵押变卖翻印出版，本人等为顾全著作权蒙受不法侵犯起见，为特委请贵律师登报警告。如有人未征得本人等之同意，擅将上开各书用旧纸版或改换形式翻印发卖，定予严究等语前来。据此合亟代表登报警告如上。[③]

聘请律师登报维权，并非真正的在走法律程序，其姿态表达大于实际意义。被告是谁？作为被通缉者，郭沫若的著作权是否受到国民政府的法律保护？起诉后法院会履行怎样的法律程序，能否真正保护他们的著作权？今天的诸多疑问其实正是郭沫若当时所要面临的实际问题。值得我们今天追问的是，郭沫若和叶灵凤为何会选择以这样一种方式来维护自己的权益？

二 版权共同体

作为一名作家，郭沫若在民国出版界其实有着极高的参与度。他自弃医从文

---

① 黄淳浩编：《郭沫若书信集》（上），中国社会科学出版社 1992 年版，第 391 页。

② 也称“纸版”，“即浇铸铅版用的模型。为了提高耐印率，把活字制成纸型，再用纸型浇铸铅版，用铅版印刷。纸型是用一种很薄的燕皮纸经活字版打制而成。一副活字版可以翻出许多副纸型，一张纸型又可浇铸许多副铅版。纸型便于保管，可以送到各地浇铸铅版同时印刷。”（孙树松、林人主编：《中国现代编辑学辞典》，黑龙江人民出版社 1991 年版，第 72 页）

③ 《顾苍生律师代表叶灵凤郭沫若警告侵犯著作权启事》，《申报》1936 年 5 月 27 日，第 4 版。

归国，便入泰东书局，后来又参与组建创造社出版部，抗战胜利后又出资群益出版社，其流亡日本期间与光华、现代书局之间版权、版税的纠葛不过是其在文艺界、图书出版界活动之一隅。郭沫若在民国图书出版界深度浸染，不仅深谙市场规律，更有丰富的人脉，但即便如此，郭沫若在维护自己的著作权上也未能真正如愿，其重视维护自身权益并对盗版翻印多有抗议之举，但亦有颇多无奈。以上述《北伐途次》"序白"为例，对国内杂志翻译其日文版《武昌城下》，郭沫若的态度表现得并不激烈，甚至连杂志和译者的名字都未直接指出。郭沫若既然知晓翻译的事情，虽然杂志未必见到，但至少杂志的名称他应是知道的。而且值得注意的是，郭沫若写下"连那杂志的面孔都还没见过"之后又将这句话删去。仅从文字上看，郭沫若对国内杂志未经其授权私自翻译《武昌城下》之事顺带提及，轻描淡写几句，但若仔细观察手稿，可以感受到郭沫若思虑在此处应有较大的停顿，其主要原因可能有二：

其一，如果追究此事，从法律的角度来讲，郭沫若缺少维权的法律依据，即尽管郭沫若是日文版《武昌城下》的作者，但其著作权在中国并不受法律保护。相反，翻译其作品的人，如果履行法律程序即依法享有著作权。郭沫若日文版《武昌城下》著作权在中国不受法律保护，并非政治原因，即便他不被通缉，其发表的日文作品之著作权同样也不受中国法律保护。中国近代著作权保护的法律依据，依次主要有清末的《大清著作权律》（1910），后有北洋政府颁布的《著作权法》（1915），再到南京国民政府的《著作权法》（1928）。姑且不论这些法律的具体执行效率如何，仅在其立法过程中，就存在诸多争议。在部分上层知识分子看来，著作权的保护对开启民智、文化启蒙和提高中国民众的文化素质不利。例如，蔡元培就对美、日要求中国加入万国版权同盟持反对意见，认为这是日人诡计，"微直障我国文化之进步，即于彼亦复何利也"。蔡元培认为"东书译述，于今方滋，文明输入，此为捷径，版权一立，事废半涂"。[①] 蔡元培的观点并非只是其个人的见解，而代表着很大一部分近代中国知识精英的观点。自近代中国有倡著作权开始至今，这种想法都有广泛的市场。事实亦是如此，与蔡元培的观点相对应，1910 年颁布的《大清著作权律》第四章第二十八条规定："从外国著作译出华文者，其著作权归译者有之"，[②] 至于译者是否需与外国原著作者达成契约，如无契约是否侵权，则未作任何规定。北洋政府 1915 年颁布的《著作权法》第二章第十条规定："从外国著作适法以国文翻译成书者，翻译人得依第四条之规定享有著作权。"[③] 虽然加入了"适法"二字，但译者以何种渠道翻译何种文字或何人作品，是否侵权等仍未有明确规定。南京国民政府 1928 年颁布

① 蔡元培：《蔡元培全集》第 1 卷，中华书局 1984 年版，第 159—160 页。

② 杜学亮主编：《著作权研究文献目录汇编》，中国政法大学出版社 1995 年版，第 172 页。

③ 同上书，第 175 页。

的《著作权法》第二章第十条规定："从一种文字著作以他种文字翻译成书者，得享有著作权二十年。"国民政府不仅沿袭了既有的翻译保护政策，更在1936年1494号司法解释中强化了翻译著作权的合法性："在二十年注册期内，未注册的著作一旦注册，注册前的盗版、翻印均系侵害著作权，但惟有翻译，不在此限。"[①] 举例来说，郭沫若翻译《少年维特之烦恼》未经歌德授权，但外国书商却无权在中国申请禁止郭沫若翻译作品的发行销售。同理，郭沫若在日本以日文发表的作品，国内若有人翻译自然也可以不经过郭沫若的授权，这也是郭沫若在《宇宙风》上发表原"武昌城下"时必须改名为《北伐途次》的一个重要原因。

其二，查彼时将郭沫若日文版《武昌城下》翻译出版的杂志是"汉出《人间世》"，后改名为《西北风》，编者史天行，由华中图书公司刊行，翻译者为陈琳。不仅仅是刊物命名，史天行的办刊风格和趣味都高仿林语堂。据在《西北风》上发表过作品的谢蔚明先生回忆，该杂志"版式、装帧设计都仿效林语堂创办的《人间世》《宇宙风》"[②]。郭沫若与陶亢德、林语堂的合作在当时本就备受质疑而多有曲折，[③] 远在日本的郭沫若恐怕很难短时间内理清史天行与林语堂等人的关系，又不便多问，此处顺笔一提，当有间接询问之意，而《宇宙风》原迹封面影印郭沫若之"序白"，也算是一种回应。

著作权法律法规的不完善和具体执行的艰难，使得走法律程序维护著作权或版权的效率很低。著作权、版权不仅关乎作者的权益，更是书店、书局的直接商业利益，所以书业同业公会尤其是上海书业同业公会在实际的著作权、版权保护中发挥着重要作用，诸多版权纠纷、翻印查究案多是在书业公会的协助下完成。[④] 郭沫若流亡日本，其著作权保护已很难走正常的法律途径，根据当前的统计，"郭沫若著译作品盗版本书最初的出现，以及大量的盗版本印行，主要是在郭沫若流亡海外期间"[⑤]。这使得郭沫若在国内著作权的维护更加依赖书业公会的力量。实际上，光华、现代书局在版权维护上也颇为用心出力，于1928年成立的上海新书业公会，在筹备过程中张静庐、洪雪帆都是骨干力量。1928年11月28日《申报》相关筹备新闻中称："昨晚假同兴楼召集各同业举行第一次筹备会议。到，泰东图书局赵南公、南新书局李志云、光华书局张静庐、太平洋书店张秉文、现代书局洪雪帆、开明书店章锡琛、眞美善书店曾虚白、卿云书局陆友白、亚东图书馆汪孟邹（赵南公代）等；赵南公主席，由张静庐提出会章草案，大体讨论，决交章锡琛修正复议……"在正式的成立公告

---

① 杜学亮主编：《著作权研究文献目录汇编》，中国政法大学出版社1995年版，第182页。

② 谢蔚明：《那些人，那些事》，上海远东出版社2013年版，第197页。

③ 蔡震：《一组书简，一段历史——与林语堂和〈宇宙风〉》，《郭沫若生平文献史料考辨》，社会科学文献出版社2014年版，第371—377页。

④ 吴永贵、李明杰编：《中国出版史》（近现代卷），湖南大学出版社2008年版，第353—356页。

⑤ 蔡震：《郭沫若著译作品版本研究》，东方出版社2015年版，第271页。

中，共有21家书局参与，“创造社出版部”亦是其中之一，赵南公、张静庐等与郭沫若关系更是极为密切。不难推测，这一出版网络和同业组织为郭沫若在流亡期间的稿费生存提供了某种无形的支持和保障。

民国时期，相对上海而言，北平地区的盗版翻印略严重一些。郭沫若在1931年8月24日致容庚信中曾询问“前门外杨梅竹斜街中华印刷局系何人所经营，兄知否？该局盗印弟旧著多种，且将日人夏目漱石之《草枕》译成汉文，竟盗用弟名。今日于求文堂始得见其赃物。国人如此不重道义，殊足令人浩叹也”[①]。或许正是基于此种盗版猖獗的情形，上海新书业公会于1932年5月即派现代书局洪雪帆前往平津地区与北新书局史佐才一起查禁图书盗版翻印。据《洪雪帆谈北平破获翻版书机关经过》记载，仅在琉璃厂查获的翻版书就数量甚巨，书籍搬运从晚八点持续到第二天凌晨六点。根据《中国新书月报》所列“六月十八日在西单商场刘荣光书摊上查获翻版各书”名单，其中郭沫若的作品有：《黑猫与塔》《桌子的跳舞》《橄榄》《沫若创作集》等，[②] 足见是时盗版翻印之猖獗。

显然，郭沫若与泰东、光华、现代之间是一种相互依存的关系。郭沫若从弃医从文，到在文艺界立名，其前期著述生涯与“泰东同事圈”有着十分密切的关系。中国近现代的出版印刷业在“民国文学”的生产、“民国机制”的生成中起着至关重要的作用，相对于其他行业其现代化程度还是比较高的，但其手工业者行帮传统的遗留仍是其商业规则的重要构成。郭沫若将书局与作者之间形容为“主奴”关系并不过分，作者在与书局的内部博弈中处于十分弱势的位置，光华、现代倒闭后，纸型的索要即是典型案例。在郭沫若看来，纸型理应归著作者所有，但实际是，书局老板也将纸型视为自己的财产。郭沫若在与泰东书局决裂后，泰东一直继续印行郭沫若的作品，赵南公晚年的生活即是“靠着几副创造社丛书的纸型租给别人印，收一分钱一本书的租金过日子”[③]。赵南公在事业的辉煌时期做过上海四马路商界联合会的会长，是上海商界的核心人物之一，其“江湖式”的经营手法不仅扶植了郭沫若、郁达夫等优秀作家，也培养了沈松泉、张静庐、黄济惠、方东亮、张一渠等一批出版家。从某种程度上说，赵南公本身即是一段时期上海图书出版业运行规则和发展的缩影。不难想象，即便是请律师登报启事，郭沫若与叶灵凤也是要不回来纸型的。一个可资借鉴的先例，郭沫若《水平线下》本由光华书局出版，后来张静庐将纸板从光华拿到现代书局出版而未通知郭沫若，为此郭沫若在致叶灵凤信中表示“老张岂有此理”。[④] 足见，关于纸型，张静庐与郭沫若意见并不一致，其做法深得赵南公的真传。

---

① 黄淳浩编：《郭沫若书信集》（上），中国社会科学出版社1992年版，第338页。

② 《洪雪帆谈北平破获翻版书机关经过》，《中国新书月报》第2卷第6号，1932年6月。

③ 吴永贵、李明杰编：《中国出版史》（近现代卷），湖南大学出版社2008年版，第179页。

④ 黄淳浩编：《郭沫若书信集》（上），中国社会科学出版社1992年版，第383页。

其实，在弃医从文后的早期（1924 年前后）郭沫若即深深为“卖文为生”的生活所困扰，三个孩子的生活压力和不甘于此的精神痛苦长期折磨着他。正是有过如此切身的生活体验，郭沫若对“游戏规则”的认识可谓通透：“更公平地说，我们之为泰东服务，其实又何尝不是想利用泰东……我们在创造社的刊物上也算说了不少的硬话”，所以从某种程度上讲，“在这些地方也正该应该感谢泰东”①。正是基于这种考虑，郭沫若在与“泰东朋友圈”的交往中，往往能够跳出经济利益的限制，而着眼于思想和文化的事业考量。

三 充满敬意的盗版

光华、现代书局在“剥削”郭沫若的同时，更是郭沫若在国内著作权免受他人侵犯的一道屏障。所以，郭沫若在与光华、现代的版权纠纷中，尽管语气十分严厉，但往往留有合作的余地。1935 年前后，光华、现代先后倒闭，失去书局的屏障后，郭沫若著作权被侵犯的情形更加严重，以至于出现《北伐途次》在发表“途中”被盗印这一极端但在民国时期却又较为普遍的典型案例。

郭沫若将盗印《北伐途次》的潮锋出版社指斥为“幽灵出版社”，一个可能的原因是这家出版社的背景信息非常模糊。即便是现在，关于潮锋出版社成立于何时何地，仍存有较大的分歧。有些工具书认为，潮锋出版社“1936 年由卢春生创办。设于上海。主要出版文艺翻译读物及社会科学书籍。翻译苏联名著和中国革命作家的著作为多，如《钢铁是怎样炼成的》《暴风雨诞生的》《奥斯特洛夫斯基书信、演讲集》《列宁画传》《人的新世界与新世界的人》等。解放后出版苏联的反特惊险小说《匪巢覆灭记》等。1956 年并入上海新文艺出版社。”② 但也有研究者认为“潮锋出版社成立于 1934 年，社址在上海江西路（今江西中路）170 号 238 室，经理卢春生。”③ 笔者查阅潮锋出版社在《申报》上的广告，其地址信息概览如下：

1937 年 1 月 14 日，特约发行所是四马路永华书店
1937 年 5 月 4 日，总发行所暨预约部上海牯岭路 44 号
1939 年 1 月 2 日，上海二马路 210 号
1939 年 4 月 29 日，九江路 210 号内 405 号
1946 年 11 月 4 日，后又改为九江路 210 号内 414 号

---

① 郭沫若：《郭沫若全集·文学编》第 12 卷，人民文学出版社 1992 年版，第 185—186 页。
② 孙树松、林人主编：《中国现代编辑学辞典》，黑龙江人民出版社 1991 年版，第 359—360 页。
③ 张泽贤：《民国出版标记大观》，上海远东出版社 2008 年版，第 20 页。

其间，即1942年10月潮锋出版社还与天马书店因房屋租赁发生过纠纷，[①] 所以“九江路210号内405号”应是潮锋出版社与天马书店合租，搬到“九江路210号内414号”后，1949年以前潮锋出版社的地址便没有再发生大的变动。建国后，潮锋出版社在公私合营中并入新文艺出版社，卢春生任新文艺出版社印制科副科长。[②] 综上，笔者比较赞同第三种观点，即潮锋出版社“1936年夏卢亚平（春生）创设于牯岭路44号。卢亚平任经理，段洛夫任编辑。出有黄莎译木刻本《列宁画传》、新波木刻集《路碑》、郭沫若《北伐途次》和奥斯特洛夫斯基著段洛夫译《钢铁是怎样炼成的》等。抗战后，迁往汉口、重庆。胜利后，返回上海，迁入九江路210号。出有周萼编《成语大辞典》、聂绀弩《关于知识分子》和东平《火灾》等。1949年后迁入福州路汉弥顿大楼，孙肇堃任编辑。1952年迁至沙市路中央大楼，陈福庵、包也直任编辑，以出版惊险翻译小说为主，甚为畅销，著名的有《匪盗覆没记》《秘密之路》等。1955年并入上海新文艺出版社。”[③]

潮锋出版社甫一成立便盗版郭沫若的作品，后来又出版了不少与苏联相关的翻译作品，其中最为出名的是首次出版《钢铁是怎样炼成的》（1937年6月），[④] 足见其立足于左翼的经营策略。这似乎是自己人在抢自己人的饭碗，而这恐怕正是民国时期图书盗版翻印的另一个侧面：在大量无名的地下盗版翻印存在的同时，同业者甚至是同道者的变相窃取更令作者心伤和无奈。

这些盗版者往往对郭沫若充满敬意，但却又不肯尊重郭沫若的著作权，这在郭沫若看来是“一等的幽默”。故而，在《北伐途次》后记中，他引用潮锋出版社盗版本“代序”中的话作为后记的结尾：“一九二五——二七年的大革命，中途虽然被人出卖了，但不论怎样，他在中国民族解放革命的历史上的烙印，是永远不能磨灭了的。”显然，郭沫若对潮锋出版社盗版《北伐途次》“代序”中的评价还是非常认可的。

这种充满敬意的盗版在日文版《武昌城下》的翻译中同样存在，译者在文后“附笔”中说道，“沫若先生这篇小说，与其称做（当为“作”，原文如此，后文同此——引者注）一篇艺术完美的作品，不如称做一首纪实的伟大史诗。他不单描写当日国民革命军进展的情形，并且说明是那些人在流着宝贵的血。我译时被他那种特有底热情、豪迈的笔调所感动，我尤感谢他将被歪曲了的可歌可泣的先烈史实提示给

---

① “因与天马书店代表委称，敝店前委郭少卿与潮峯出版社卢春生合租，上开房屋有帐册可稽。近因卢君企图出顶，除已委贵律师具函业主哈同，经租处阻止外，深恐第三人不明其相，私相授受，特请登报公告等语，前来合代刊载如上。事务所爱文义路平和里廿号电话三三七五五号。”《申报》1942年10月2日。

② 朱晋平：《中国共产党对私营出版业的改造（1949—1956）》，中共中央党校出版社2008年版，第205页。

③ 熊月之主编：《上海名人名事名物大观》，上海人民出版社2005年版，第675页。

④ 丁言模：《瞿秋白、吕伯勤“合译”高尔基论文集〈为了人类〉》，见《瞿秋白研究文丛》第5辑，中国文联出版社2011年版，第273—283页。

我们后辈。”[①] 这种“充满敬意”的侵权行为，在现代中国之所以被大众所接受，其根源还在于社会民众著作权意识的淡薄，无论侵权者是无知还是明知故犯，侵权都几乎没有成本，而其收益却是可观的。

当然，这种出版界的复杂情势，也为后人留下了一些充满时代韵味的副产品。比如，以《北伐途次》为例，就有多个不同的版本值得参考，除了日文版《武昌城下》，还有陈琳翻译的中文版《武昌城下》，而在这中间，郭沫若还另外受国内某杂志之约，改写了一部小说《宾阳门外》。小说《宾阳门外》最初发表于上海《光明》杂志第1卷第5号（1936年8月10日），正值上海《宇宙风》连载《北伐途次》期间。在内容上，《宾阳门外》是《北伐途次》第十九至二十二节的“缩写”，初发表时有小序：

> 这篇东西本来是《北伐途次》的缩写，在为日本《改造》杂志用日文缩写的《武昌城下》之前。原是应上海某杂志的征文写的。因该志停刊，原稿留在上海友人处已历年余。内容是怎样我自己已不大记忆，但那写法和《北伐途次》与日文的《武昌城下》都小有不同。这在自己的作品的制作过程上，是一项颇有趣的资料。读者或许会嫌与《北伐途次》重复，但内容虽是一事，而结构并不全同，我是认为有独立的性质的。
>
> 一九三六年七月十九日[②]

这些文本为考察现代作家的创作留下了宝贵的线索，通过对比其细节上的不同，不仅能够体察文本背后的微言大义，更能考察作者驾驭不同文体的能力以及背后的文体观。郭沫若曾在大夏大学教授过“文学概论”，也曾立意要建构一种“文艺的科学”，其小序中称《宾阳门外》是其作品制作过程中一项颇为有趣的资料，可见其文体意识是鲜明的，也有意为研究者提供线索。可惜，这并未引起研究者的足够重视，甚至很多研究连最基本的版本问题都未厘清。有些著作将1936年8月上海晓明书店出版的《武昌城下》视为“郭沫若著”，[③] 显然不够严谨。有些著作则将上海潮锋出版社1937年1月《北伐途次》视为初版，并称该著“为长篇传记，其前身是作于1933年7月的自传《武昌城下》（上海晓明书店1936.8）。后收入《北伐》（北雁出版社1937.6）、《革命春秋》（上海海燕书店1947.5）。”[④] 可见，由于以往研究在作品版本问题尤其是盗版翻印问题上重视不够，以至于郭沫若的声明并未得到尊重，有大量文献仍将盗版翻印或私自翻译的作品视为郭沫若的作品，这不能不说是一种遗憾。

---

① 郭沫若：《武昌城下》，陈琳译，《西北风》（半月刊）1936年7月16日第6期。

② 郭沫若：《郭沫若全集·文学编》第10卷，人民文学出版社1985年版，第79页。

③ 徐迺翔主编：《中国现代文学词典》第2卷，广西人民出版社1989年版，第179页。

④ 林非主编：《中国散文大辞典》，中州古籍出版社1997年版，第504页。

从郭沫若尴尬而又无奈的遭遇中可以看出，民国时图书盗版翻印的情形十分复杂，既有大量印刷厂的盗印翻印，也有书局、出版社的私自出版和翻印。尽管政府颁布有《著作权法》，但执行的效率极低，而同业公会只是一种商业团体，政府支持的力度有限，比如1928年成立的上海新书业公会就未得到政府的认可。更重要的是，社会自上而下，著作权保护意识十分淡薄，不少从业者也利用公众认知薄弱的社会环境，进行“充满敬意的盗版翻印”行为。这自然会对作者创作造成不利的影响甚至破坏。因稿费问题，郭沫若几部欲创作的作品，未能与读者见面，如《紫薇花》《江户川畔》。更可惜的是，《同志爱》这部被郭沫若自称“此书乃余生平最得意之作”①的作品在出版过程中几经周折最后原稿遗失，这不能不说是一种很大的遗憾。

（原载《中国现代文学研究丛刊》2017年第4期）

① 黄淳浩编：《郭沫若书信集》（上），中国社会科学出版社1992年版，第383页。

"照着我写"与"替曹操翻案"的纠结

——看程派名剧《文姬归汉》想到郭沫若写《蔡文姬》

谢保成

去年养疴在家，看程砚秋先生和程门弟子演出的《文姬归汉》录像，联想到郭沫若的《蔡文姬》，从更广的视角提供一些未曾见或注意不够的资料，供有兴趣的读者、观众参考。

一

从现代戏剧史角度看，把"蔡文姬戏剧化"，在郭沫若之前的名家是程砚秋先生。1926 年金仲荪先生写就《文姬归汉》，成为程派代表剧目之一。从郭沫若创作《蔡文姬》前 6 年的程砚秋先生 1953 年演出本看，有两点是明显的。

一是对曹操没有"翻案"的意思，但曹丞相两次出场也没有"宁我负人，无人负我"的奸诈，有的却是浓重的人情味。第一次出场的念白："老夫，曹操。自讨灭群雄，迁都许昌，自为首相，这且不言。今日故旧凋零，复痛桥公之墓。最可叹者，蔡中郎伯喈与我十分交好，又无子嗣。闻得他女文姬，流落南匈奴，为左贤王匹配。此女才学，颇有父风。老夫准备厚礼，赎她回国。使蔡中郎有后，以继香烟。想周近熟悉胡情，不免命他前往。"随后对周近重复道："老夫今日想起一事，想蔡中郎与老夫交好，又无嗣子。闻得其女文姬，流落南匈奴，为左贤王妃。命你去往胡营，将她赎回国来。老夫准备黄金千两，彩缎百段，送与那单于。我想此事，定能办到，只是有劳大夫远行了。"下场时有两句"西皮摇板"："记当日拜桥公过世腹痛，喜此番赎文姬定庆成功。"第二次出场在终场，四龙套、曹操同上，四兵丁、周近引蔡文姬同上。曹操对周近说："大夫歇息去吧。"文姬叩见曹操："叩见伯父。"曹操答道："免礼，快快请起。一路劳乏，歇息去吧。"文姬拜谢："容侄女回家探视，再来叩府谢恩。"曹操："好，回府歇息去吧。"文姬念道："正是：我生不辰逢离乱，幸叫生入玉门关。"曹操："回府!"

二是认定《胡笳十八拍》是蔡文姬所作，把十二拍的"去住两难"、十三拍的"一步一远兮足难移"、十六拍的"旧怨平兮新怨长"等句借用来作为唱词或念白。

特别是归汉途中，夜宿馆驿，驿外胡笳声引起文姬思绪，念白“想我在胡中多年，感胡笳之声，用琴写之。曾制有胡笳第十三拍，今夜千愁万恨并在心头，我不免再制成胡笳第十四拍，也好稍抒幽愤。人生到此，怎不凄凉人也”过后，紧接着用“二黄慢板”唱出整段的第十四拍：“身归国兮儿莫之随，心悬悬兮长如饥。四时万物兮有盛衰，唯我愁苦兮不暂移。山高地阔兮见汝无期，更深夜阑兮梦汝来斯。梦中执手兮一喜一悲，觉后痛吾心兮无休歇时。十有四拍兮涕泪交垂，河水东流兮心是思。”这一唱段，成为程派唱腔的名段之一，被程门弟子和“程迷”们久久地传唱着。

二

从郭沫若本人经历看，“我写这个剧本是把我自己的经验融化了在里面的”，坦白地说出自己隐藏、深埋了数十年的情感经历。

在《蔡文姬·序》开头，郭沫若写发蒙时“早就接触到‘蔡文姬能辨琴’的故事，没有想到隔了六十多年，我却把蔡文姬戏剧化了”。发蒙过后，郭沫若曾经想把蔡文姬戏剧化，在写了《卓文君》《王昭君》之后有过这样的表述：

> 本来还想把蔡文姬来配上去，合成一个三部曲的。蔡文姬陷入匈奴左贤王，替胡人生了两个儿子了，曹操后来遣发使臣去以厚币金璧把她赎了回来。她一生前后要算是嫁过三嫁，中间的一嫁更是化外的蛮子。所以她在道德家，如象朱熹一样的人看来，除她的文才可取之外，品行是“卑不足道”的，顶“卑不足道”的要算是她“失身陷胡而不能死节”了。这是素来的人对于蔡文姬的定评。但是在我看来，我觉得是很有替蔡文姬辩护的余地。本来结婚的先决条件要看两造有没有爱情。有爱情的结合才能算是道德的结婚，不管对手者是黑奴，是蛮子，都是不成问题，一切外形的区别在爱情之前都是消灭罄尽的。没有爱情的结合，就算是敬了祖宗，拜了神明，喝了交杯酒，种种仪式都是周到至十二万分，然而依然只是肉体的买卖。不论两造就是王侯将相的少爷小姐，这种的结合依然是不道德的。我们认清了这一点，再来研究蔡文姬对于胡人的结婚，究竟是不是有爱存在。
>
> 蔡文姬的《胡笳十八拍》我觉得比她的《悲愤诗》要高超得多。有人说十八拍是后人伪造的，但我觉得那样悲壮哀切的文章，不是身经其境的人，怕不易做到罢。……假使曹操不去赎她，她定然是甘居于异域不愿回天汉的。不幸的是曹操去赎她，而胡人竟公然卖了她，这儿才发生了她和胡人的婚姻的悲剧来。胡人的卖她就是证明其不爱她，前日的外形的“宠”到此才全部揭穿，所以文姬才决然归汉，而且才把她两个胡儿都一道弃了。我们看她十八拍中那样思儿梦儿，伤心泣血的苦况，那她终至弃了她的儿子的苦衷，决不是单单一个思乡的念

> 头便可以解释的。她父亲已经死了，前夫当然是没有存在，（看她归汉后又另外嫁了人便可以知道），她归了汉朝又有什么乐趣呢？我想她正是愤于胡人的卖她，愤于胡人以虚伪的爱情骗了她，所以她才决心连儿子都不要了。她那时候自量是没有养儿子的力量，或者也是胡人不许她带起走，所以她后来才那样梦魂萦绕痛心号泣的了。儿子她既不能养，留在匈奴转是他们的幸福，这也是以反证她假如不受卖，不受欺，她也会终生乐著她异域的家庭而不自悲悔的呢。所以在我看来，我的蔡文姬完全是一个古代的“诺拉”。我想把她表写出来的已经有三四年，然而终竟没有写成。于是乎所谓“三不从”的标本便缺少了一不从，我的三部曲的计划当然是没有成功的……①

这中间丝毫没有“替曹操翻案”的意思，倒是在替蔡文姬辩护，颇有“替蔡文姬翻案”的意味，埋下创作《蔡文姬》的伏笔。不过，此时的郭沫若虽然认为《胡笳十八拍》“那样悲壮哀切的文章，不是身经其境的人，怕不易做到罢”，却还没有“身经其境”的直接感受。

十多年过去了，1937年7月郭沫若“别妇抛雏”自日本归国，真真切切地有了“去住两情兮难具陈”的体验。在国难当头之际，除了短短的几首《归国杂吟》外，又能向谁倾诉呢？“今别子兮归故乡，旧怨平兮新怨长”的情感只能隐藏、深埋。有一件书法作品透露出郭沫若此时此刻的心境，就是1938年7月书写的绢本《胡笳十八拍》（45cm×147cm）。②

书罢《胡笳十八拍》之后，郭沫若写道：

> 胡笳十八拍余素嗜读，日前偶一翻阅，倍感亲切。曾为立群朗诵一遍，伊亦甚为感动。今日出此残绢，曰曷不为我书之。余欣然应之，书至途中，有警报至，邻居多往防空壕避难，余仍手不辍笔。立群颇为余担忧，促我下楼。但整饬衣履，步下楼时，警报已解除矣。因复上楼，继续书成此轴。立群其保之。
>
> 一九三八年七月十日时寓珞珈山　沫若（印文：沫若長年　郭沫若）

这不也很有些郭沫若在《谈蔡文姬的〈胡笳十八拍〉》一文中解释唐代刘商《胡笳曲序》“后嫁董生以琴写胡笳声为十八拍”的意味吗？

---

① 郭沫若：《写在〈三个叛逆的女性〉后面》，上海光华书局1926年版，第20—23页；《郭沫若全集·文学编》第6卷，第142—143页。

② 影自《郭沫若书法集》，四川辞书出版社1999年版，第207页。

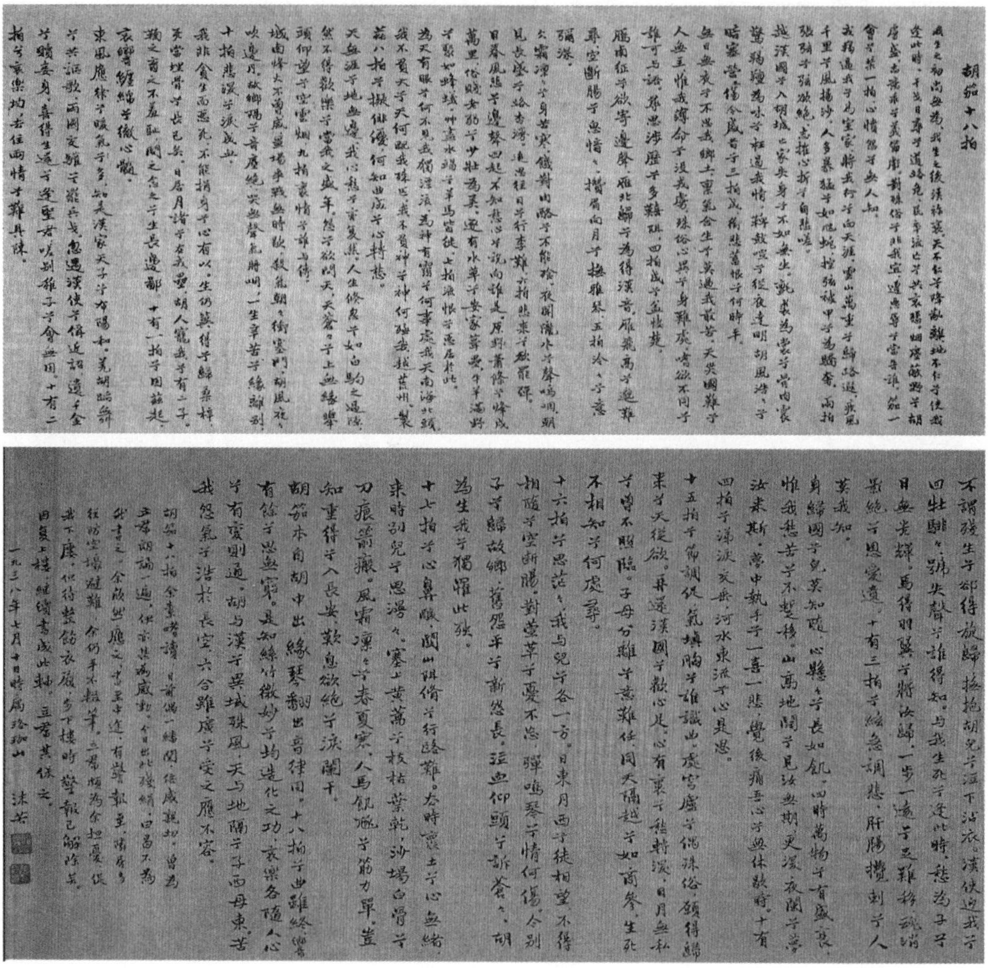

郭沫若为于立群绢书胡笳十八拍（1938 年 7 月 10 日）

自 1937 年 7 月以来，20 多年的时间过去了，始终没有抒发内心的恰当时机，这段情感一直深深地隐埋着。

比较而言，京剧《文姬归汉》自文姬守宁在家开场，写文姬被匈奴虏去，为左贤王妃，生下一双儿女，十余年后曹丞相派周近携重金赎文姬，文姬辞别儿女归汉，途中祭奠王昭君，以曹丞相亲迎文姬归来终场，“归汉”仅占演出一半的场景。《蔡文姬》自“归汉”始，帷幕拉开，蔡文姬即置身于第十二拍“喜得生还兮逢圣君”与“去住两情兮具难陈”的矛盾心情之中。回到长安郊外、父亲墓前，长年流离的悲苦，缅怀生父的深情，母子分离的断肠，第十四拍、十七拍中“梦中执手呵一喜一悲，觉后痛吾心呵无休歇时”，“去时怀土呵心无绪，来时别儿呵思漫漫”，“岂知重得呵入长安？叹息欲绝呵泪阑干”等诗句，使蔡文姬形象而真实地再现于第三幕。郭沫若的创作没有到此为止，又用了两幕来写文姬“归汉”以后。明明知道“蔡文姬归汉后究竟做了些什么工作，除掉《后汉书》的本传中说她凭记忆记录出了他父亲蔡邕的作品四百余篇之外，别无资料可考”，也承认剧本添进“曹操要她帮助修《续汉书》”是“出于虚构”，为什么还要写蔡文姬“归汉”以后呢？因为郭沫若所“体会到蔡文姬的一段生活感情”不仅仅是“胡与汉兮异域殊风，天与地隔兮子西母东”的“经历”，回国后的郭沫若与“归汉”后的蔡文姬仍有“类似的经历”和“相近的感情”。文姬“归汉”后再嫁董祀有了新的家庭，整理父亲遗作，从事文化工作，看到“社会逐步安定”，流离失所的人们“得到安居乐业”。郭沫若回国后很快也有了新的家庭，而且主盟文坛，成为继鲁迅之后新文化运动的一面旗帜，到50年代末看到“伟大的十年”的成就。尤其是1958年10月经周恩来、聂荣臻介绍重新入党①，12月27日《人民日报》正式公布。这一切，能说不比蔡文姬写第十二拍“东风应律兮暖气多，知是汉家天子兮布阳和”，“喜得生还兮逢圣君”的感受更深？所以，增写文姬再嫁董祀、“重睹芳华”两幕，既是郭沫若发自内心的感受，也是有相同经历的人们的共同感受。或许从郭沫若与田汉等人当年的通信中可以分辨，但不论当时还是如今的世人是分不清“重睹芳华”诗中哪句为郭沫若所写，哪句由田汉等人加进去，恰好印证剧作是当时社会思潮下的产物，是获得解放的人们的共同心声，这也就不难理解郭沫若在《替曹操翻案》第一部分最后为什么会写“我们如果体贴一下那被解救了的十几万户人的心理，他们对于曹操是会衷心感谢的”一句了。《蔡文姬序》最后强调“这部《蔡文姬》应该说是一部集体创作”，正是郭沫若把自己和经历相同的人们的感受融化在一起的表白。

三

从学术研究角度看，上世纪50年代，在郭沫若之前提出公正评价曹操的历史论文至少有三篇：袁良义《曹操论》（《光明日报》1953年11月1日），万绳楠《关于曹操在历史上的地位问题》（《新史学通讯》1956年第6期），崔谦、陈之安《略评曹操》（《文史哲》1958年第9期）。

1957年初毛泽东诗词发表，《浪淘沙·北戴河》中的“魏武挥鞭，东临碣石有遗篇”调动起文史两界评价曹操热。1958—1959年，戏剧界将已拍成电影的京剧经典《群英会》《借东风》改编成《赤壁之战》，翦伯赞借《赤壁之战》在《光明日报》发表《应该替曹操恢复名誉——从〈赤壁之战〉说到曹操》（2月19日），比郭沫若发表《替曹操翻案》要早一个多月。紧接着，《光明日报》一连发表北京师范学院古典文学教研组《不要把曹操涂成大白脸》（3月1日）、袁良骏《要客观地评价曹操》（3月5日）、刘亦冰《应该给曹操一个正确的评价》（3月5日）、

① 中国科学院党组致周恩来（1958年10月30日），卷存中国科学院。

王昆仑《历史上的曹操和舞台上的曹操》（3 月 10 日，郭沫若在《替曹操翻案》一文中谈到此文）、吴晗《谈曹操》（3 月 19 日）等 5 篇文章。《人民日报》3 月 23 日发表郭沫若《替曹操翻案》，同时发表《关于如何评价曹操问题的讨论》。曹操研讨不断升温，至 1960 年初发表论文 80 篇左右，三联书店选取有代性的名家论文 20 余篇汇集为《曹操论集》出版。这一切说明：上世纪 50 年代末评价曹操潮涌，“弄潮儿”郭沫若正当其时，表现出比文史两界学人更为积极的热情，成为“替曹操翻案”的具有时代性的代表！

四

从写作的具体进展看，郭沫若念念不忘的首先是蔡文姬和她的《胡笳十八拍》。

1958 年 11 月某晚，在鸿宾楼晚饭，周恩来当面建议郭沫若“不妨写一个剧本替曹操翻案”①。12 月，郭沫若即采辑旧本《胡笳诗》进行校订，认为“真是好诗，百读不厌。非亲身经历者不能作此”，“坚信确为琰作”，写成《蔡琰〈胡笳十八拍〉》一文。这与 1938 年 7 月书写绢本《胡笳十八拍》间隔了整整 20 年，不同的是此时不仅抒怀，而在为“翻案”、创作做准备。

1959 年 1 月 7 日，写成《蔡文姬的〈胡笳十八拍〉》一文（《光明日报》1 月 25 日发表），形成“替曹操翻案”的完整思想。文章末段明确写道：“从蔡文姬的一生可以看出曹操的业绩。她是曹操把她拯救了的”，“可以作为一个典型”。进而，对曹操作出全面评价：“曹操虽然是攻打黄巾起家的，但他却受到了农民起义的影响，被迫不得不采取一些有利于生产的措施”，“他锄豪强，抑兼并，济贫弱，兴屯田，费了三十多年的苦心经营，把汉末崩溃了的社会基本上重新秩序化了”，“中国北边的大患匈奴，到他手里，几乎化为郡县。他还远远到辽东去把新起的乌桓平定了”，“他在文化上更在中国文学史中促成了建安文学的高潮”。最后这样作结：“曹操对于民族的贡献是应该作适度的评价的，他应该是一位杰出的历史人物。然而自宋以来，所谓‘正统’观念确定了之后，这位杰出的历史人物却蒙受了不白之冤。自《三国志演义》风行以后，差不多连三岁的小孩子都把曹操当成坏人，当成一个粉脸的奸臣，实在是历史上的一大歪曲。”②

2 月 3—9 日，写出五幕史剧《蔡文姬》，送周恩来、陈毅、周扬及文艺界、戏剧界广泛征求意见。3 月 14 日，写成《替曹操翻案》一文（《人民日报》3 月 23 日发表），认为“在旧戏的粉脸中透出一点红色来，解决不了问题”。随后，《蔡文姬》进

① 郭沫若致周恩来（1959 年 2 月 16 日），卷存郭沫若纪念馆。

② 郭沫若发表在报刊的这些文章，后来“略有删改”，本文所引文字均以收入《蔡文姬》（文物出版社 1959 年第 3 版）为据。

入排演阶段，郭沫若一面观看排演，一面与田汉、曹禺、焦菊隐等不断交换修改意见。5 月 1 日五幕史剧《蔡文姬》定稿，写《序》正式发表。其间，连续发表再谈、三谈、四谈、五谈、六谈蔡文姬的《胡笳十八拍》，直至 8 月。5 月 21 日《蔡文姬》首场公演，至 11 月 5 日演满百场。

五

分别审视之后再综合来看，序《蔡文姬》中的“蔡文姬就是我！——是照着我写的”，“除掉我自己的经历使我体会到蔡文姬的一段生活感情之外，我没有丝毫意识，企图把蔡文姬的时代和现代联系起来”，“我写《蔡文姬》的主要目的就是要替曹操翻案”三段文字，是完全符合郭沫若实际的自白。

“蔡文姬就是我！——是照着我写的”，是创作《蔡文姬》的思想基础、内在基因。正因为此，在观看《蔡文姬》首场公演时，郭沫若才会流着泪对曹禺说：“《蔡文姬》我是用心血写出来的，因为蔡文姬就是我。”①

公正评价曹操的文化思潮和迎接建国十周年的社会热潮，营造了“替曹操翻案”和“重睹芳华”的浓厚氛围，是创作《蔡文姬》的外部因素或曰客观环境。尽管郭沫若表示“我没有丝毫意识，企图把蔡文姬的时代和现代联系起来”，但谁又能否认，在那搞“领袖崇拜”的年代，绝大多数人或多或少都怀有某种“喜得逢圣君”的心态呢！

周恩来的口头建议，最终促成郭沫若撰文“替曹操翻案”、创作《蔡文姬》“替曹操翻案”。

内在的思想基础、外在的客观氛围和周公的口头敦促，三者交融，成就了郭沫若的《蔡文姬》。没有内在的思想基础，蔡文姬曾是郭沫若认为的“三不从”的形象，或许是其他什么形象，绝不会是这五幕史剧中的形象。郭沫若“替曹操翻案”，没有像写其他史剧那样，围绕曹操的业迹——兴屯田、锄豪强、抑兼并、统一北方、平定乌桓、促成建安文学高潮等进行创作，而是转借《胡笳十八拍》写蔡文姬的经历，根子就在这深埋了数十年的思想基因！

后来，郭沫若强调“要‘依据真实性、必然性’，总得有充分的史料和仔细的分析才行。仔细的分析不仅单指史料的分析，还要包括心理的分析。入情入理地去体会人物的心理和时代的心理，便能够接近或者得到真实性和必然性而有所依据。”② 把“人物的心理和时代的心理”看得比单纯“史料的分析”更重要，通过“人物的心

---

① 曹禺：《郭老给予我们的教育》，《人民戏剧》1978 年第 7 期。

② 郭沫若：《我怎样写〈武则天〉?》，《郭沫若全集·文学编》第 8 卷，人民文学出版社 1987 年版，第 245 页。

理”反映“时代的心理”，认识那一段历史、评价对那一时代有贡献的人物，正是创作《蔡文姬》的“自己的经验”的总结。然而，“归汉”后的蔡文姬并没有郭沫若那么多经历和感受，实不足以反映曹操的历史功绩，结果形成人们对剧作的不同认识。

六

一个时代有一个时代的学术，一个时代有一个时代的文艺创作。

1958 年 3 月 9 日程砚秋先生去逝，郭沫若作为程砚秋治丧委员会主任，13 日在嘉兴寺殡仪馆主持公祭，并送程砚秋灵柩往八宝山公墓安葬。

如今的戏剧舞台，有京剧、话剧、粤剧三台写蔡文姬的经典剧目演唱不衰，是因为都抓住“家国情重，儿女情长，心灵呐喊”的深刻内涵。同时，随着时代变迁，又都在赋予创新色彩和认知理念，使之常演常新。

《文姬归汉》的演出，出现不同版本。除了身段表演是保留“骑马归汉”还是改为“坐车归汉”之争外，对于剧本虚构“送儿女”，结局“大团圆”，表现“民族团结”，包括原创金仲荪先生后人、程砚秋先生后人与改编者之间，意见并不一致。纪念程砚秋先生诞辰 110 周年，演出改编本的唱腔和念白都增加了《胡笳十八拍》的诗句，或许是受郭沫若《蔡文姬》启发。文姬得知归汉消息，新增一段唱腔，“蹈舞共讴歌”地唱出整段的第十二拍——“东风应律兮暖气多，知是汉家天子兮布阳和。羌胡蹈舞兮共讴歌，两国交欢兮罢兵戈。忽遇汉使兮称近诏，遗千金兮赎妾身。喜得生还兮逢圣君，嗟别稚子兮会无因。十有二拍兮哀乐均，去住两情兮难具陈。”归汉途中，唱罢第十四拍之后增加念白——第十八拍的“苦我怨气兮浩于长空，六合虽广兮受之应不容”，“十八拍兮曲虽终，响有余兮思无穷”。

新的时代，创作需要赋予时代新意，这不仅无可厚非，而且必须如此。但研究郭沫若的原创思想，就不能用今天的观念去苛责半个多世纪前的郭沫若和与他经历相似的同事，不能用今天的生活感受去体会郭沫若那个时代人们的感受，只能从郭沫若所处年代的实际出发进行考察、分析，也就是陈寅恪所说的“真了解”法：“所谓真了解者，必神游冥想，与立说之古人，处于同一境界，而对于其持论所以不得不如是之苦心孤诣，表一种之同情，始能批评其学说之是非得失，而无隔阂肤廓之论。”①

“神游”郭沫若原创的年代，与之精神相通，“进入”所处“境界”，以“同情”心“冥想”他为什么不循着“魏武挥鞭，东临碣石有遗篇”的最高指示的思路“替曹操翻案”，为什么不管任务完成得如何，对周恩来表示“案是翻了，但翻得怎样，

① 陈寅恪：《金明馆丛稿二编》，上海古籍出版社 1981 年版，第 247 页。

有待审定”[①]，却一心要把蔡文姬作为被曹操拯救的一个“典型”来进行创作的“苦心孤诣”，方能求出不存“隔阂”、又非“肤廓”而接近事实的认识：“蔡文姬就是我！——是照着我写的。”

（原载《郭沫若学刊》2017 年第 2 期）

① 前引郭沫若致周恩来（1959 年 2 月 16 日）。

《茶馆》与《屈原》之戏剧美学比较论析

谢昭新

郭沫若和老舍堪称中国现代文学史上的两座丰碑，而《屈原》和《茶馆》则是中国现代戏剧史上的双璧，双璧生辉，光照中外剧坛。它们在戏剧的题材、主题、人物、结构形式、语言艺术等方面，为后代戏剧创作提供了学习、借鉴的经典范式。本文拟从历史与现实、情感与人物、结构与冲突等方面，比较论析《茶馆》和《屈原》之相同或相异的戏剧美学特征，以此显示这两部戏剧经典的艺术价值。

一　历史与现实性

谈到戏剧创作，郭沫若是以历史剧创作为主，老舍则以现实题材的剧作为主。《屈原》是郭沫若最著名的历史剧。老舍的《茶馆》算不算历史剧呢？按照郭沫若的解释："只要是用历史的题材写的剧本，就可以叫做历史剧。"① 《茶馆》是用历史题材写成的剧本，自然也是历史剧。虽然《茶馆》和《屈原》同是历史剧，但它们在历史与现实的关系上，则体现出两位剧作家不同的审美理想和审美情趣。

老舍没有全面系统的历史剧的专论，但从他的《文学概论讲义》对戏剧的审美认知上，以及新中国成立以来的两次历史剧讨论前后所发表的演讲和论文中，可以看出他的史剧观是以"真实"为核心建立起来的。老舍认为"中国的戏剧差不多是取材于历史的"，② 而取材于历史，写历史的重要处"多在于表现真实，而真实是多于生命的"，"戏剧总是表现人生真实的，而不是只表现一些日常的事实"③。写历史不能违背历史的真实，"历史是历史，我们若忠实于历史，便很难找到恰足以影射现今的故事。若在故事中更添上原来所没有的，使月下老人提倡婚姻自由，或叫王昭君去团结少数民族，就都成了笑话"④。可见"真实"是其历史剧创作最核心的审美观念。

---

① 王训昭等编著：《郭沫若研究资料》（上），《中国文学史资料合编》现代卷，知识产权出版社 2010 年版，第 296 页。

② 老舍：《文学概论讲义——第十四讲〈戏剧〉》，《老舍文集》第 15 卷，人民文学出版社 1990 年版，第 146 页。

③ 同上书，第 147 页。

④ 老舍：《新文艺工作者对戏曲改进的一些意见》，《老舍文集》第 16 卷，人民文学出版社 1991 年版，第 255 页。

按照这样的戏剧美学观念来审视《茶馆》，那么《茶馆》的确达到了历史的真实与现实的真实的统一。

《茶馆》共三幕，“叙述了三个时代的茶馆生活，头一幕说的是戊戌政变那一年的事”，“那时候的政治黑暗，国弱民贫，洋人侵略势力越来越大（包括大量鸦片烟），弄得农村破产，卖儿卖女”①。第一幕叙述的大事件是通过庞太监的台词：“天下太平了，圣旨下来，谭嗣同问斩！告诉您，谁敢改祖宗的章程，谁就掉脑袋！”这就宣告了“中国光绪年间现代政治改革的第一次尝试，结果以失败告终”②。戊戌政变失败这一历史大事件真实地告诉了读者和观众。这一幕所有的剧情，也都是那个时代的社会生活的真实写照：一群地痞流氓恶棍为争一只鸽子打群架；乡下农妇卖女儿，人的命运还不如一只鸽子值钱；善扑营当差的、特务们横行霸道，到茶馆打人、砸东西；吃洋饭信洋教的马五爷以镇住二德子而彰显洋人威风；社会腐败到了连庞太监都出钱娶老婆的地步；常四爷因讲了一句“大清国要完了”的话被特务抓捕；秦仲义“讲维新”要办工厂却遭到庞太监的反讽；最精明能干的茶馆老板王利发已感到了生意的“危机”重重。你看“头一幕说的是戊戌政变那一年的事”全都真实地呈现出来。虽然有一些带有荒诞、夸张的情节，像太监娶老婆，但在那个黑暗、腐败的年代，也让人感到是真实的社会存在。

同样，第二幕写的也都是历史的真实。这一幕写到了民国军阀混战的时期。其中的剧情也不少：长辛店开战，在战乱中，为要自保，茶馆做了改良，后面设了公寓，招住大学生，可是“改良！改良！越改越凉，冰凉！”巡警、大兵来茶馆敲诈；年头越乱，看相算命的唐铁嘴生意越好，他穿上了绸缎大衫，由抽大烟改抽“白面”了；常四爷改做小买卖，以卖菜求生，吃皇粮的松二爷也为衣食担忧了；军阀的特务胡作非为，来茶馆诈钱；庞太监失势，被侄子们给饿死；庞太监一死，康顺子、康大力被太监的侄子们轰出门，只好到茶馆谋生；俩逃兵合买一个女人做老婆，未买成，现大洋却被特务诈去。第二幕正如老舍所说：“这一幕的事情虽不少，可是总起来说，那些事情的所以发生，都因为军阀乱战，民不聊生。”③“军阀乱战，民不聊生”正是民国初期军阀混战的真实的社会情景。

第三幕写的是1945年抗日战争胜利后的国民党统治时期的北平，老舍说这一幕“最惨，北京被日本军阀霸占了八年，老百姓非常痛苦，好容易盼到胜利，又来了国民党，日子照样不好过，甚至连最善于应付的茶馆老掌柜也被逼得上了吊。什么都完了，只盼着八路军来解放”④。这一幕大致写了9个大小事件：贫穷饥饿威胁着人们，王利发的孙女连热汤面也吃不上了；说评书、唱戏的上不了座，卖画的画卖不出去；

---

① 老舍：《谈〈茶馆〉》，《老舍文集》第16卷，人民文学出版社1991年版，第470页。

② 老舍：《作家谈写作》，《老舍全集》第14卷，人民文学出版社2008年版，第666页。

③ 老舍：《谈〈茶馆〉》，《老舍文集》第16卷，人民文学出版社1991年版，第470页。

④ 同上。

党部特务镇压学生运动；国会议员退隐念经修持，三皇道坛主想登基做皇帝；小刘麻子建立统管妓女的“托拉斯”；特务、打手以抓乱党为名残酷敲诈茶馆；秦仲义的工厂破产；茶馆被曾做过日本宪兵队的沈处长霸占；三个老人撒纸钱自祭。从这些事件中体现出来的真实的社会现状的确是“最惨”的，在这“最惨”的社会表象下，由康大力到西山参加游击队以及学生的反抗、罢课运动，“人们已经能够感到正在兴起的革命浪潮”①。总之，《茶馆》三幕，写了三个时代，五十多年的历史，剧作家并没有正面详述那些大的事件，只是通过一个茶馆和一些下茶馆的小人物来反映，而反映出来的半个世纪的历史，恰恰是老舍一生经历过的历史，这个历史是以过去时态的现实表现出来的，它不像郭沫若那样追求的是在古代的历史与现代的现实的相似相合处，而是在真实的历史陈述中，让生在当今社会的人们将历史与现实相对照，从而“明白为什么我们今天的生活是幸福的”②，以此体现历史与现实的统一。

与老舍不同的是，郭沫若一直从事历史剧创作，而且在每一部历史剧创作的基础上，都能提炼、总结其创作经验，表达他对历史剧创作的独特的美学认知，形成了他在处理历史与现实关系上的较全面系统的史剧观。郭沫若于1923年创作了《卓文君》《王昭君》，1925年创作了《聂嫈》，这3部历史剧后来续集出版时，合称《三个叛逆的女性》。它们以历史故事为触媒，表现反帝反封建的五四时代精神，洋溢着强烈的现实倾向性。到了抗日战争时期，1942年12月至1943年3月，他创作了《棠棣之花》《屈原》《虎符》《高渐离》《孔雀胆》《南冠草》6部历史剧。这个时期他更追求历史与现实的结合，借古讽今，写古代历史为现实斗争服务。历史剧写“历史”与史学家研究历史不是一回事，“历史研究是‘实事求是’，史剧创作是‘失事求似’”。“史学家是发掘历史的精神，史剧家是发展历史的精神”③。“剧作家的任务是在把握着历史的精神而不必为历史的事实所束缚。历史的事实并不一定是真实”。剧作家要“具体地把真实的古代精神译到现代”④。郭沫若结合自己研究历史的结果，认为“战国时代是中国历史转变最重要的关键，最重要的转折点。那时正是由奴隶生产社会转变到封建社会的历史阶段”。他在创作《屈原》时也处在社会的转变期，“目前的社会转变和战国时代的社会转变，有着某种程度的相似，也正是历史人物创造大悲剧的时代。从今推古，在战国时代的史实去找寻给予现代深刻教训的题材”⑤。“失事求似”，“从今推古”，借古讽今，从历史与现实的时代精神的契合上，“去找寻给予现代深刻教训的题材”，这在《屈原》剧本中充分体现出来。历史上的

---

① 老舍：《作家谈写作》，《老舍全集》第14卷，人民文学出版社2008年版，第667页。

② 老舍：《谈〈茶馆〉》，《老舍文集》第16卷，人民文学出版社1991年版，第471页。

③ 郭沫若：《历史·史剧·现实》，1943年4月重庆《戏剧月报》1卷4期。

④ 郭沫若：《我怎样写〈棠棣之花〉》，王训昭等编著：《郭沫若研究资料》（上），《中国文学史资料合编》现代卷，知识产权出版社2010年版，第254页。

⑤ 郭沫若：《抗战八年的历史剧》，王训昭等编著：《郭沫若研究资料》（上），《中国文学史资料合编》现代卷，知识产权出版社2010年版，第298页。

屈原所处的时代正是战国后期，那时的秦国为了吞并关东六国，首先要打破楚齐联盟，对楚国一方面采取诱降分化的策略；一方面屯兵以向，虎视眈眈。因此，合纵与连横的斗争，反映在楚国内部，就形成了抗秦还是降秦，爱国还是卖国的斗争。由于秦国派张仪在楚国大搞离间活动，使得四周群小包围了楚怀王。怀王听信谗言，贪图小利，怀疑屈原，于是改变国策，由联合关东六国抗秦，变为亲秦、降秦。郭沫若紧紧把握历史时代特点，进行了提炼加工。舍弃了关东六国之间的错综复杂的关系，从楚国被侵略这一方，集中描写了爱国与卖国，反抗侵略与妥协的斗争，特别突出怀王转变国策这一关键。这不仅反映了历史的本质与特征，而且极有针对性地影射一九四三年前后一段时期中国的政治形势。

当时，日本帝国主义早已改变了策略，对国民党反动派以军事进攻为辅，以政治诱降为主，他们把矛头集中对准中国共产党。国民党反动派也为了适应日本侵略者的需要，专门研究一套对付共产党的办法，确定了反共、溶共、限共、灭共的反动方针，一连发动了三次反共高潮。郭沫若执笔写《屈原》时，正值第二次反共高潮，国民党发动了“皖南事变”。在国统区，特务横行，白色恐怖浓重，人们好像完全是生活在一个庞大的集中营里。郭沫若后来回忆这段情况时说：“我写这个剧本是在一九四三年一月，国民党反动派的统治最黑暗的时候，而且是在反动统治的中心——最黑暗的重庆。不仅中国社会又临到阶段不同的蜕变时期，而且在我的眼前看见了不少大大小小的时代悲剧。无数的爱国青年、革命同志失踪了，关进了集中营。代表人民力量的中国共产党在陕北遭受着封锁，而在江南抵抗日本帝国主义的侵略最有功劳的中共所领导的八路军之外的另一支兄弟队伍——新四军，遭了反动派的围剿而受到了很大的损失。全中国进步的人们都感受着愤怒，因而我便把这时代的愤怒复活在屈原时代里去了。换句话说，我是借了屈原的时代来象征当前的时代。”① “借了屈原的时代来象征当前的时代 ”，以实现历史与现实的时代精神的契合，这正是《屈原》与老舍的《茶馆》将历史与现实相对照，从而让人们认识到旧时代必然灭亡，以达到埋葬旧时代的创作旨意之不同处。

二　情感与人物

戏剧创作最重要的是塑造人物，而剧作家在塑造人物时，必然伴随着自身的情感投入，剧作家会将自己的情感自觉或不自觉地融入人物身上或具体的情境中去。从情感表现与人物塑造的关系上可以看到，郭沫若与老舍有着共同的审美情感：即崇尚真善美，批判假恶丑，扬善惩恶，扬忠惩奸，以此审美情感设置人物，便形成了他们剧本中的忠奸分明、善恶对立的两种类型人物。虽然他们在审美情感倾向上相同，但他

---

① 郭沫若：《序俄文译本史剧〈屈原〉》，《郭沫若全集》第 17 卷，人民文学出版社 1992 年版，第 250 页。

们在审美情感的表现方式以及人物塑造的方法上不同，郭沫若以浪漫主义的主观抒情为主调，老舍则以现实主义的客观描写为依托。

郭沫若说他是在读了希腊悲剧和莎士比亚、歌德等的剧作后，受他们的影响而从事史剧和诗剧创作的。他说："我读过了些希腊悲剧和莎士比亚、歌德等的剧作，不消说是在他们的影响之下想来从事史剧或诗剧的尝试的。"① 他早期的诗剧主要受歌德的影响，抗战时期的历史剧既有歌德又有莎士比亚的影响。歌德、莎士比亚都是浪漫主义的大师，郭沫若是具有强烈浪漫气质的诗人、戏剧家，他的戏剧想象丰富，热情奔放，具有强烈的理想色彩。《屈原》塑造了屈原这一伟大爱国诗人和政治家的光辉形象。这个艺术形象，既有历史上屈原的原型，又融进诗人自身的审美思想和感情，因此，他带有郭沫若式的影子。郭沫若自己也承认：屈原就是我。解放后他写《蔡文姬》时，他又对别人讲：我就是蔡文姬，"蔡文姬就是我!"② 当然，这样说并不是把屈原完全等同于郭沫若，而只是强调屈原已不完全是历史上的屈原，已是郭沫若审美思想和感情化了的屈原，是剧作家借着屈原完成了他在抗战时期的爱国情怀和民族精神的自我表现。

郭沫若为了表现自己的爱国主义和民族精神，在剧中采用了诗歌与散文相间的写法，随着主观情感和审美理想的涌动，时而插入诗歌，使剧本更富诗意，情感更加浓烈。譬如，全剧以屈原朗诵《橘颂》开始，结合屈原对于《橘颂》内容的阐发，展现了屈原的人生抱负："在这战乱的年代，一个人的气节很要紧。太平时代的人容易做，在和平里生，在和平里死，没有什么波澜，没有什么曲折。但在大波大澜的时代，要做成一个人实在不是容易的事……我们生要生得光明，死要死得磊落。"因此，屈原时时以橘树的"内容洁白""植根深固""秉性坚贞"自励并教育宋玉等人，要他们"志趣坚定""心胸开阔"，气度"从容""谨慎""至诚"，特别是要"不挠不屈，为真理斗到尽头!"而到了婵娟牺牲后，《橘颂》再次出现，首尾呼应，形成了为突出"不挠不屈，为真理斗到尽头"的主旋律。尤其到了第五幕全剧的高潮，屈原囚身于东皇太一庙，剧作家给他安排了长段的诗独白《雷电颂》，使诗人积蓄在内心的痛苦与愤怒全部迸发出来。诗人在这里控诉了黑暗的统治者，歌颂象征革命暴力的雷、电、风，渴望革命暴力把黑暗的宇宙摧毁。屈原在漆黑的牢狱里发出了震撼人心的怒吼：

> 电，你这宇宙中的剑，你劈吧，劈吧，……把这比铁还坚固的黑暗，劈开，劈开，……

---

① 郭沫若：《我怎样写〈棠棣之花〉》，王训昭等编著：《郭沫若研究资料》（上），《中国文学史资料合编》现代卷，知识产权出版社 2010 年版，第 250 页。

② 郭沫若：《〈蔡文姬〉序》，王训昭等编著：《郭沫若研究资料》（上），《中国文学史资料合编》现代卷，知识产权出版社 2010 年版，第 236 页。

屈原大骂太阳神及其喽啰没有德能，“只是产生黑暗的父亲和母亲”。他高呼：

> 鼓动吧，风！咆哮吧，雷！，闪耀吧，电！把一切沉睡在黑暗怀里的东西，毁灭，毁灭，毁灭呀！

屈原的呼声“比雷霆还要有威势”，冲破了牢笼，响彻云霄。他身在监狱，还思念着祖国人民。他焦虑楚国被人出卖了，他说：“我真不忍心活着看见它会遭遇到悲惨的前途呵。”这说明他始终是忧国忧民的。

《雷电颂》不仅表现屈原强烈地诅咒黑暗，埋葬黑暗的坚定意志，而且也表现了他战取光明，渴望光明的坚强信念。他希望在炸毁旧世界中，迎来灿烂炫目的光明，他说：

> 光明呀，我景仰你，我要向你拜手，我要向你稽首。
> 我知道你就是宇宙的生命，你就是我的生命。
> 我这快要使我全身炸裂的怒火，难道就不能迸射出光明了吗?

在这里，我们看到了诗人二十年代在《女神》中表现出来的反抗黑暗、追求光明的汹涌澎湃的爱国激情，发展到了抗日战争时期，其爱国主义精神更加高扬，革命意志、民族品格更加坚定。《雷电颂》具有狂飙突进的气势，我们读了屈原的这些台词，我要爆炸，我要用剑把黑暗的世界劈开！劈开！劈开！我们的心胸也像要爆炸似的，有一种气吞山河之感。全剧就在这种强烈的抒情气氛中，把屈原的思想性格推到一个高峰，从而完成了这一形象的塑造。总之，郭沫若是以浪漫主义的主观抒情为主调来塑造屈原形象的，《屈原》是剧更是诗，是一部洋溢着浓郁深厚而又热烈奔放的爱国主义的抒情史诗。

与诗人、戏剧家郭沫若的浪漫抒情不同，老舍是小说家、戏剧家。他是在小说创作取得成就后从事话剧创作的。老舍说：“我写惯了小说，我知道怎样描写人物。一个小说作者，在改行写戏剧的时候，有这个方便，尽管他不大懂得舞台技巧，可是他会三笔两笔画出个人来。”① 他是用现实主义的客观写实的方法来写人的。当然，客观写实并不是不渗透剧作家的审美理想和审美情感，只是剧作家把自己的审美理想和审美情感隐含于人物的言语动作之中，这样就形成了老舍塑造人物的审美情感的流露具有幽默含蓄的特点。《茶馆》第一幕一开始写了二德子在茶馆里横行霸道，他动手打人，还砸茶馆，就在这时，从角落里出现了马五爷，于是发生了这么一段对话：

---

① 老舍：《〈龙须沟〉的人物》，《老舍文集》第16卷，人民文学出版社1991年版，第242页。

马五爷：（并未立起）二德子，你威风啊！

二德子：（四下扫视，看到马）喝，马五爷，您在这儿哪？我可眼拙，没看见您！（过去请安）。

马五爷：有什么事好好地说，干吗动不动地就讲打？

二德子：嗻！您说的对！我到后头坐坐去。李三，这儿的茶钱我候啦！（往后面走去）

常四爷：（注：是二德子吵架的对方）（凑过来，要对马五爷发牢骚）这位爷，您圣明，您给评评理！

五爷：（立起来）我还有事，再见！（走出去）

马五爷是“吃洋教”的，很有势力。他只对二德子说了句“你威风啊”的话，便把二德子给镇住了。“你威风啊！”这句话是含蓄的，如果换成“你给我住手！”或是“你要什么威风！”那就显得锋芒毕露了。像马五爷这种狗仗人势、“吃洋教”的人，在这种场合，也不必露出凶狠的真相，何况是对二德子这么一个小小的无赖、打手呢？他随口那么一说，二德子就住了手，这不正说明马五爷的威风吗？“你威风啊！”正是马五爷要在众人面前表露自己的“威风”。要知道，马五爷要威风不是为了助弱惩强，而是要通过治强者更进一步地治弱者。因为在前面，常四爷痛斥了二德子“要要威风，跟洋人干去，洋人厉害！”这其实已戳到马五爷的要害处，眼下，马五爷把二德子给镇住了，也是让常四爷看看他马五爷的“威风”，也即是洋人的“威风”，以洋人的“威风”来恐吓常四爷。这段对话既刻画了人物性格，又显示了作者对社会丑恶势力的憎恨情感。

老舍用对话刻画人物，在刻画人物中显露自己的审美情感。在第二幕里，王利发将茶馆作了一番改良，还未开张，宋恩子和吴祥子这两个军阀的特务，便来进行敲诈勒索了。于是，出现这么一段对话：

王利发：二位，二位！您放心，准保没错儿！

宋恩子：不看。拿不到人，谁给我们津贴呢？

吴祥子：王掌柜不愿意咱们看，王掌柜不会给咱们想办法！咱们得给王掌柜留个面子！对吧？王掌柜！

王利发：我……

宋恩子：我出个不很高明的主意：干脆来个包月，每月一号，按阳历算，你把那点……

吴祥子：那点意思！

宋恩子：对。那点意思送到，你省事，我们也省事！

王利发：那点意思得多少呢？

吴祥子：多年交情，你看着办！你聪明，还能把那点意思闹成不好意思吗？

这段对话既幽默又含蓄。这两个流氓并没有向王利发泼口大骂，他们是在嘻笑中说出来的，语气很轻松，但又非常霸道。表面看来，不怎么凶狠，把钱说成了“意思”。其实，这“意思”一说出口，人们就不难听出他们是在诈钱，而且这“意思”前面还加上“那点”，显得轻松。但不要忘记他们的确是为“那点意思”而来，为了捞到“那点意思”，还警告王利发不要“把那点意思闹成不好意思”，这句出现两个“意思”，内涵不同，软中包着硬，凶狠、贪婪、无情。语调是商议的口气，说要给王利发留面子，其实却死死卡住王利发的脖子，让他透不过气。王利发也跟着他们的说法，他并不是不明白那“意思”是什么，他只顺着他们的意思能应变多少就给他们多少“意思”。王利发是怯弱的，善于应变但处于无奈。所以，围绕“意思”这么一段含蓄幽默的对话，把冲突双方的人物性格充分展示出来。在这后面，当两个流氓要离开茶馆时，他们对王利发说“别忘了”这件事时，王利发回答的也很含蓄：“我忘了姓什么，也忘不了你二位这回事！”言下之意，我永远忘不了你们干的坏事。“这回事”，含有对他们的刻骨仇恨，但这种仇恨，又不能向外发泄，还必须表面装得平和，面带笑容地应付他们，你看，复杂的心理状态，人物的精神面貌，以及剧作家的同情、憎恶的情感也就在这段含蓄凝炼的对话中表达出来。

不仅是对话，《茶馆》的情节穿插，也是自然谐和、情感蕴藏的。到第三幕时，王利发决心把儿媳、孙女送走，因为茶馆要面临一场大的灾难，他也做好了与茶馆一起灭亡的准备，因此，这次的离别，既是生离，又是死别。这是一个小悲剧。剧作家没有在舞台说明中写他此时的心情，但从他将所有的钱和一张旧照片交给儿媳、孙女的动作，以及“都别难过”的台词，显示了王利发欲悲不能而强作轻松以忍住那“悲”的心情，在这里，老舍为演员留下了充分地再创作的余地。北京人艺著名演员于是之在演王利发时，成功地创造了王利发此时对“悲”的控制，以强作欢笑的含蓄感人的表演姿态出现，将观众的情感，很快拉进具体的戏剧情境中去。最后，三个老头撒纸钱的情节更是悲愤蕴藉忧伤含藏的。秦仲义、常四爷、王利发三人为祭奠自己，竟在舞台上撒起纸钱来了，而且是边喊边撒。剧作家没有让他们大声斥骂、奋力诅咒那个社会，而让他们以撒纸钱的特殊的方式，尽了送葬旧时代的义务。三个老头在人生道路上走的路子不同，但他们的归宿却是相同的。秦仲义这个民族资本家，企图以实业救国，奋斗一辈子，结果破了产；常四爷是个好人，但那个社会偏偏容不得他的存在；王利发走改良主义道路，但走不通，最后彻底失败。旧社会葬送了他们，他们也在诅咒旧社会。如果说他们撒纸钱是为了祭奠自己，那么，老舍让他们撒纸钱，则是为那个社会唱葬歌。他向人们预示：旧时代必然灭亡，新时代必将诞生。虽然剧中人物退场的时候离新中国建立还有一些年，但剧作家根据的是自己对过去那个时代和那些人物的新的认识、新的评价，所以在撒纸钱的片断中，又渗透了老舍自己独特的审美理想和审美情感，这就使三个老头的艺术典型，既是生活真实的某些本质方面的形象反映，又是作家在他所能达到的思想高度上对过去的时代生活所作的独特认识和评价。

三 结构与冲突

在结构与冲突方面，《茶馆》与《屈原》更为我们提供了不同的美学经典范式。《茶馆》运用人物展览式戏剧结构，不是以一人一事为主要线索构成贯穿始终的情节，而是以人物带动故事，把众多人物的生活片断巧妙地同作品的主题罗织在一起，组成若干幅时代的剪影，表现了鲜明的时代特征和社会心理。全剧的整体冲突是人民与旧时代的矛盾，人物与人物之间以矛盾交接点的碰撞而随即散开，从不让矛盾冲突尖锐化、激烈化；《屈原》中的“屈原的悲剧身世太长。在楚怀王时代做左徒时未满三十，屈原在楚襄王二十一年郢都陷落而殉国时，年已六十有二。三十多年的悲剧历史，怎样可以使它被搬上舞台呢？这实在是一个大问题！”[①] 郭沫若则把屈原长达三十年的政治生涯加以高度概括，从一天之内的冲突落笔，采取环环紧扣的结构方式，以屈原与南后、靳尚、张仪的主要矛盾斗争线索贯穿始终，达到情节结构的高度集中、统一。

首先结合剧本，具体分析《茶馆》的结构与冲突的美学特征。老舍运用人物展览式戏剧结构，充分发挥了小说家展示人物、刻画人物性格的特长。“一个大茶馆就是一个小社会”[②]，剧中的人物三教九流，各色人等，计 70 多个，出场人物就有 50 多个。每个人物的三言两语都能体现其性格，话到人到，人到性格到；每个人物的登场离去，又都在统一的主题意图下进行。第一幕幕启后即让我们看到了戊戌初年老北京裕泰大茶馆面貌格局：屋子非常大，摆满了茶座儿。后院高搭着凉棚，棚下也有茶座儿。屋里和凉棚下都有挂鸟笼的地方。各处都贴着“莫谈国事”的纸条。到了第二幕，民国军阀混战时期的裕泰已改变了样子和作风，前部仍卖茶，后部却改成了公寓。茶座减少且一律用小桌与藤椅。“莫谈国事”的纸条仍然存在。可见，茶馆每况愈下，面貌日非一日。到了第三幕抗日战争胜利后的国民党统治北平时期，茶馆更加暗淡无光，而“莫谈国事”的纸条更多，字也更大了，在其旁边还贴上了“茶钱先付”的新纸条。茶馆老板尽管不忘改良：卖茶不行开公寓；公寓没添评书；评书不叫座，添女招待。但他却改不了茶馆的衰落日甚一日，到最后彻底被反动势力霸占，

---

① 郭沫若：《写完五幕剧〈屈原〉之后》，王训昭等编著：《郭沫若研究资料》（上），《中国文学史资料合编》现代卷，知识产权出版社 2010 年版，第 257 页。

② 老舍：《答复有关〈茶馆〉的几个问题》，《老舍文集》第 16 卷，人民文学出版社 1991 年版，第 472 页。

老板自杀身亡。以茶馆的日渐衰败，展现了三个时代的社会越来越黑暗，越来越腐败。

当然，老舍展示的不单是茶馆，更重点描绘的是在茶馆里活动的三教九流的各色人物。对这些小人物和剧情的安排，老舍采用了四个办法，而这四个办法也是他在运用人物展览式戏剧结构上的创新。第一，“主要人物自壮到老，贯穿全剧”①。裕泰茶馆的掌柜王利发善于经营、谨小慎微，虽然有着买卖人的自私，为人却还本分。为了在那个社会里求得自己的一席生存之地，他苦心改革自己的经营方式，使之跟得上社会风气的流变。他“作了一辈子顺民，见谁都请安、鞠躬、作揖”，但最后他还是没能争得自己的生存，被那个社会逼上了绝路。常四爷是一个“旗人”，是属于享有“铁杆庄稼”（吃皇粮）特权的一类人。他性格耿直、刚强，富于强烈的正义感和爱国心。面对清朝的腐败，他激愤地说：“大清国要完！”因而坐了牢。他参加过义和团的反帝战斗，后来成为一个自食其力的卖菜人；和“作了一辈子顺民”的王利发不同，他“一辈子不服软，敢作敢当，专打抱不平”。他“只盼国家像个样儿”，但结果是“一事无成”！最后他说的一句充满感愤的话，对他的性格作了生动的总结：“我爱咱们的国呀，可是谁爱我呢?”王利发的房东秦仲义，原是一个掌握着相当家产的血气方刚的阔少，后来主张“实业救国”，成了一个立志维新的资本家。但由于半殖民地半封建社会的反动统治，尽管他惨淡经营几十年，最后还是彻底破产。他在“事业”失败后自我嘲讽地说：“应当劝告大家，有钱哪，就该吃喝嫖赌，胡作非为，可千万别干好事！告诉他们哪，秦某人七十多岁了才明白这点大道理！他是天生来的笨蛋！”用这三个自壮到老的主要人物的命运，既联结了三个时代，又实现了他“葬送三个时代”② 的创作目的。第二，“次要的人物父子相承”③，用这类父子相承的次要人物也帮助联结了三个时代。第三，剧中“每个角色都说他们自己的事，可是又与时代发生关系”④。像第一幕庞太监买康顺子做老婆，而康顺子又饿又气昏过去了，庞太监的一句话：“我要活的，可不要死的！”正显露了戊戌变法失败，太监得势的时代特点；唐铁嘴的“大英帝国的烟，日本的‘白面儿’，两大强国侍候着我一个，这点福气还小吗?”正是这位靠算命相面欺骗诈钱的人，年头越乱生意越好的写照；像名厨而落得去包办监狱的伙食，顺口说出这年月就是监狱里人多；像说书的先生抱怨生意不好，也顺口说出这年头就是邪年头，真玩意儿要失传。这些都能反映时代的面貌。第四，“无关紧要的人物一律招之即来，挥之即去，毫不客气”⑤。这样，老舍

① 老舍：《答复有关〈茶馆〉的几个问题》，《老舍文集》第 16 卷，人民文学出版社 1991 年版，第 472 页。

② 同上书，第 473 页。

③ 同上书，第 472 页。

④ 同上书，第 473 页。

⑤ 同上。

用四个办法，组织安排了所有的人物和故事情节，使之在其创作观意图和审美旨意的统率下，实现了结构的完整与统一。

《茶馆》不仅在戏剧结构上创新，而且在戏剧冲突上也独具特色。老舍说他的“温情主义多于积极的斗争”①，说他天生的不爱打架，因而也写不出斗争激烈的戏。他的戏多不以尖锐、激烈的矛盾冲突取胜，大都以矛盾交接点的碰撞而随即散离见长。《茶馆》设置人物与人物之间的矛盾交接点，从不让他们把矛盾充分展开、交织发展成尖锐、激烈的一线贯穿的冲突。请看第一幕：先出现的是王利发与唐铁嘴关于“相面”的对话，含有引领读者观众“相世面”的意思，并没形成王、唐之间的冲突；由“鸽子事件”引出常四爷与打手二德子的矛盾，二德子要动手打常四爷时，老舍根本不让他们之间的矛盾继续发展，纠缠下去。这时候，从角落里来了个马五爷，马五爷讲：“二德子，你威风啊！”二德子这时慌了手脚：“喝，马五爷，您在这儿哪！我可眼拙，没看见您！”马五爷说“有什么事好好地说，干吗动不动就讲打？”马五爷是“吃洋饭的”，有钱有势，在任何场合下都要显示一下威风，他喝令二德子，好显示一下马五爷的威风，也顺带敲打了常四爷。刘麻子上场引出康六卖女儿，庞太监买康顺子做老婆，在这里，刘麻子与康六，康六、康顺子与庞太监的矛盾，也未形成贯穿发展下去的冲突。秦仲义来茶馆巡视，先是带出房东与房租之间的矛盾，可王利发的巧于应付又化解了他与秦仲义的矛盾。而秦仲义遇见庞太监，庞秦二人各代表顽固派与维新派的利益展开了一场唇枪舌剑，但这一对冲突以互为反讽消解，也没有纠缠发展下去。常四爷讲了一句“大清国要完”的话，被特务宋恩子、吴祥子抓捕；黄胖子出场，分明是报告“鸽子的纠纷”已被他调解，并没把双方的冲突由内里拉向外表。与第一幕相似，全剧中的人物与人物之间的冲突，也都以矛盾交接的方式呈现一对一对的冲突点，闪耀着众多冲突点的火花，又都在“茶馆”这一地点和三个时代的时间顺序中集中、统一起来。

其次结合剧本，具体分析《屈原》的结构与冲突的美学特征。与老舍温情主义不善于写斗争激烈的戏不同，郭沫若是积极乐观的战斗者，激情奋发的革命者，他善于写充满革命激情、具有很强的战斗力的戏，善于组织尖锐、激烈的矛盾冲突刻画人物。《屈原》表现的是以屈原为代表的楚国爱国力量与以楚怀王为代表的卖国统治集团之间的一场尖锐斗争。戏剧以屈原与南后、靳尚、张仪之间的矛盾冲突为主线，且这条矛盾冲突主线步步推进，不断强化，直达高潮，完成了屈原这一光辉形象的塑造。

戏剧第一幕拉开，屈原还处在“顺境”之中，表面看起来还比较平静。屈原正在叫宋玉誊写致齐王敦睦邦交的国书。这一幕是以《橘颂》作为细节贯穿起来。通过《橘颂》，初步展现了屈原的至诚坚贞、独立难犯的精神情操。婵娟上场，言南后

---

① 老舍：《〈老舍选集〉自序》，《老舍文集》第16卷，人民文学出版社1991年版，第224页。

的剧情，说南后准备调她进宫。其中必有文章，让人看到“外状若宁，暗流乃伏”的情状。子兰上场报告消息，说他妈妈要请先生去，又说张仪没有面目回秦国，准备到魏国选美人送给楚王。这一场戏，也使屈原感到，“那些鬼家伙在作怪”。可见，第一幕的“顺境”情势开始波动。到了第二幕，屈原被推向“逆境”之中。写屈原遭诬陷。由诬陷而带来极大痛苦，在痛苦中坚持向楚怀王陈辞，规劝楚王。陈辞的结果并没有使楚怀王醒悟，结果带来极大打击。屈原被罢官。罢官后斥南后。第三幕安排了群众为屈原“招魂”的场面，群众有一部分是受了蒙蔽，而大多数人抱着怀疑态度，因为他们不相信屈原会做出那般无耻之事，定是那伙奸佞小人的蓄意诬陷。第四幕，屈原明白了他遭陷害的真相后，与南后、张仪等在桥头相遇，直接交锋。南后羞辱屈原，屈原斥张仪，并揭露南后贿赂张仪，结果被囚禁。第五幕写屈原被囚禁，在东皇太一庙。南后、张仪等要加害他，要毒死他。结果婵娟替先生饮了毒酒。在全剧的高潮中，剧作家给屈原安排了《雷电颂》，把痛苦、愤怒全部喷吐出来，抒发了他的满腔的爱国主义情怀。从以上分析可见，剧情开展的方法是由“顺境”到“逆境”，而且在“逆境”中不断加“逆”的成份，步步紧逼，愈演愈烈，直至高潮。而高潮后的结尾，则代表了郭沫若的审美理想，他让屈原受婵娟献身精神及卫士的援救和鼓励，感到了人民的力量，决心和楚怀王集团决裂，出走汉北，到人民中间去，更升华了屈原形象的精神境界。总之，郭沫若将屈原一生高度概括集中于一天，从主题的中心直入，把屈原置身于爱国与卖国的尖锐冲突中，从而在激烈的冲突中，一步一步揭示屈原性格，完成屈原形象的塑造，这种戏剧结构和戏剧冲突方式，与老舍《茶馆》在人物展览式戏剧结构和戏剧冲突上的创新，均成为戏剧创作和戏剧美学的经典范式。

（原载《安徽师范大学学报（人文社会科学版）》2017 年第 3 期）

郭沫若《英诗译稿》的艺术特色和多重内涵

张 勇

1969 年 3、5 月间，郭沫若从日本学者山宫允编选的《英诗详释》中选取了 50 首短诗进行翻译，后经编辑整理以《英诗译稿》为名出版。这部译诗集是郭沫若一生大量译作的结语之作。译作全书共 5 万字，是郭沫若全部译作中字数最少的一部，出版后影响不大，从问世到现今很少被研究者关注。虽然如此，这部译诗集却是郭沫若译作中疑惑最多的一部。成仿吾在为《英诗译稿》所作的“序”中有一问：“在他将近晚年的时候回到翻译这种短的抒情诗，虽然是由于偶然的原因，但是，难道我们就不能从他的这种经历中得出某些可能的推理呢?”[①] 有研究者认为：《英诗译稿》是“困惑着研究者的一个‘谜’。从 20 世纪 30 年代开始，郭沫若未曾翻译过英国文学作品，何以郭老会在文化大革命中重操译笔？何以郭老会在晚年时选译这些多为写景之作、政治色彩淡薄的英美短抒情诗呢？还有那些随手写下的简短评语，有没有什么寓意呢?”[②] 这些问题是解读《英诗译稿》的关键，又因其译于“文革”初期，这又是解析晚年郭沫若的一个重要关口，可惜目前还未有相关的研究成果触及到这些重要的论题。

一 《英诗译稿》之特：蕴含多重未解码的译作

在郭沫若的翻译作品中，《英诗译稿》无论是翻译的时间、翻译的手法以及选取的内容都有很多独特性。《英诗译稿》和郭沫若之前所译作品的心境是完全不同的，而这部译作中的诗歌几乎全部都是对春天的歌颂和向往，以及对人类原始生命活力的追寻和灵魂考问式的诗歌。这何尝不是久经情绪压抑、渴望自由生活、已近暮年的郭沫若的真实心声呢？

首先，《英诗译稿》是郭沫若在 1947 年 5 月完成了《浮士德》第二部的翻译之后，时隔 22 年后又一次集中的翻译活动。郭沫若从 1916 年开始翻译诗歌，随后他的翻译视角和内容便由诗歌逐步向外拓展，小说、戏剧、社会政治，甚至

---

① 成仿吾：《英诗译稿・序》，上海译文出版社 1981 年版，第 2 页。

② 石燕京：《郭沫若与英国文学研究述评》，《郭沫若学刊》2005 年第 3 期。

自然科学方面的译作相继完成。以前我们关注《英诗译稿》更多的是这部译作与上一部诗歌译作《浮士德》第二部相隔时间之久的问题，但是我觉得《英诗译稿》与郭沫若1929年翻译出版的《新俄诗选》之间的关联更为重要。郭沫若的翻译活动由诗歌开始，又以诗歌作结，这其中是否蕴含了我们以前所忽略的意义呢？

其次，《英诗译稿》是郭沫若生前唯一一部没有公开出版的译作。有学者指出："在那样的时代环境下，这样一些诗歌作品是决没有可能出版的。"[①] 诚然，在"文革"结束之前，类似于《英诗译稿》这种纯文学的译作是没有办法出版的，但考虑到《沫若诗词选》在1977年9月由人民出版社出版，《英诗译稿》保存的完整性，以及译诗本身的篇幅并不长、易于整理等方面的因素，郭沫若在"文革"后决定出版此译作其实也不无可能，但是这部译作在译者生前最终没有问世，其中又能说明什么问题呢？

再者，从《英诗译稿》的内容看，郭沫若在这部译作中所选取的诗歌都是"英美文学中平易，有趣的，短的抒情诗，是早有定评的世界著名的部分诗人的佳作"[②]。通读《英诗译稿》，给人最直观的印象也的确如此，这是一部短小清新的译作，没有任何的修饰，更多的是直抒胸臆的表白。如："我想，永不会看到一首诗，可爱得如同一株树。/一株树，他的饥渴的嘴，吮吸着大地的甘乳。"这部诗歌译作与同时期郭沫若创作的作品有着非常鲜明的差异，同一时期郭沫若所创作的诗歌作品多为对时事的歌咏，如1968年所创作的《满江红·毛主席去安源》："日出东方，安源矿金光先到。正前进，气吞玉宇，志凌仓昊。革命雷霆深鼓动，工人阶级真领导。靠拳头打破山河，从新造。"[③] 同时期的译作和创作的艺术水准相差如此之大，也是值得深思的问题。

从这些角度来看，这部不足5万字的短小译诗集，竟然还有这么多未解之谜，那么这些编码究竟应做如何解释呢？透过这些编码我们能够扑捉到一个怎样的郭沫若呢？要阐释这诸多疑问，还是要回到《英诗译稿》译作本身。

二　《英诗译稿》之妙：意蕴技巧完美呈现的译作

通读《英诗译稿》，感觉这仿佛是郭沫若"女神时期"译诗的重现，这里面有《鲁拜集》的清新自然，有《雪莱诗选》的浪漫气息，还有《德国诗选》的文化韵律。具体来讲，《英诗译稿》应是郭沫若诗歌翻译思想和技巧的延续和总结。

---

① 蔡震：《郭沫若画传》，江西人民出版社2011年版，第214页。

② 成仿吾：《英诗译稿·序》，上海译文出版社1981年版，第1页。

③ 郭沫若：《郭沫若全集》第5卷，人民文学出版社1984年版，第128页。

（一）“风韵译”翻译技巧的升华

翻译最主要的是技巧，特别是在诗歌翻译方面，如何保存原诗歌独有的文化韵味和节奏韵律是最为重要的。从这个角度来讲，诗歌的翻译要难于小说、戏剧等其他文体作品的翻译。

作为一个诗人，郭沫若对诗歌的翻译标准和技巧有着自己独特的认知，他在早期的诗歌翻译的实践中便提出了成熟的诗歌翻译理论，那就是著名的“风韵译”理论，他强调：“译诗的手腕决不是在替别人翻字典，决不是如像电报局生在替别人翻电文。诗的生命在它的内含的一种音乐的精神。至于俗歌民谣，尤以声律为重。翻译散文诗、自由诗时自当别论，翻译歌谣及格律严峻之作，也只是随随便便地直译一番，这不是艺术家的译品，这只是言语学家的解释了。我始终相信，译诗于直译、意译之外，还有一种风韵译。字面，意义，风韵三者均能兼顾，自是上乘。即使字义有失而风韵能传，尚不失为佳品。若是纯粹的直译死译，那只好屏诸艺坛之外了。”①

《英诗译稿》的翻译处处体现出了这种“风韵译”思想的精华，如：“青春的热情尚未衰逝，愉悦的流泉但觉迟迟，有如一道草原中的绿溪，静悄悄地蜿蜒着流泻。”② 这些句式无论是诗歌的韵律、句式甚至是内蕴都是典型的现代白话诗作。对于《英诗译稿》的“风韵译”的手法已有很多论述，但是《英诗译稿》绝不是简单的“风韵译”翻译思想的重复，而是一个升华和提高。“风韵译”更多的是针对“五四”时期在诗歌翻译上过分注重内容而忽略形式的直译方式而提出的，因此它自然而然地将诗歌外在形式的创造放在了首位，这必然造成了为“形式而形式”的弊病。如《德国诗选》中的《五月歌》：

大地何嫣妍！
太阳何灿烂！
自然何伟丽
照我心目间！

群木发繁枝，
枝枝花怒迸，
林莽阴森处
鸟啭千种声。③

① 郭沫若：《批判〈意门湖〉译本及其他》，《创造》季刊，第1卷第2期。
② 郭沫若：《英诗译稿》，上海译文出版社1981年版，第11页。
③ ［德］歌德：《五月歌》，郭沫若译，《德国诗选》，创造社出版部1927年版，第5页。

这首《五月歌》的诗歌译作无论是外在形式，还是内在意蕴，都改变了当时诗歌翻译过于注重内容的弊端。但另一方面，当你读完之后也会觉得有些刻板，甚至有些有意而为之的呆滞，从而失去了西方自由体诗歌的自由和灵活。当时的外国诗歌翻译处于初始阶段，理论界对如何翻译外国诗歌还在论争当中，白话诗歌的创作也并不成熟，因此，“风韵译”翻译的思想和方法还有待改进和提升。

《英诗译稿》的翻译是对早期“风韵译”翻译思想的完善和实践，特别是在注重诗歌外在形式、内在韵律的前提下，兼顾了诗歌哲理性的特质。如《英诗译稿》中的《今昔吟》：

我还记省，我还记省
我所诞生的门庭，
墙上有小小的窗，
朝阳从那儿窥进，
不觉得它是匆匆一瞬，
也不觉得日子长得闷人；
然而如今我常常怨恨，
长夜不使我一眠不醒。
……
我还记省，我还记省
枞树林浓郁森森，
我常想着那尖削的树顶
直撑着和天接近；
那自然是儿时的无知。
我如今只好悲悯：
我和天是愈加远隔，
不像我在童年时分。①

读以上的诗句，首先从外在的观感上，现代白话诗句长短不齐的句式所带来的视觉快感，改变了过去整齐句式所带来的凝固、生硬的感受。从内在韵律上，郭沫若也改变了早期诗歌翻译过于注重传统文学韵律的问题，改为了清晰畅快的白话抒情，更加注重字句之间的内在关联，借助于现代汉语的语言张力阐释自我内在的情感，当你读到“我和天是愈加远隔，不像我在童年时分”的诗句时，那种淡淡的忧伤便会油然而生。借助于自由的句式构造，郭沫若完善了他早期“风韵译”翻译的技巧和理论，

① ［英］妥默司·胡德：《今昔吟》，郭沫若译，《英诗译稿》，上海译文出版社 1981 年版，第 15、17 页。

使其更加具有时代性和适用性。

（二）一部流露心曲的译作

《英诗译稿》中最具特色的方面除了语言、诗句外，要算译作中的8处附白。这些附白在有关前期的研究成果中虽有所提及，但是都没有作为解读《英诗译稿》的重要元素。对于这些附白，《英诗译稿》的编者郭庶英、郭平英认为："这些批语，文字很简短，却能反映父亲对于诗歌创作的一些见解，不仅对我们了解原作，而且对了解父亲本人的创作风格也有一定的帮助。"① 从这个角度来看，附白是《英诗译稿》不可或缺的组成部分，对于解读该译作具有十分重要的意义。

所谓的附白，其实就是批注，它是郭沫若在阅读并翻译《英诗译稿》时在文中空白处对这些译诗所作的批评和注解，这些批注对于郭沫若掌握这些诗歌的内容起到了提示作用。这8处批注都是郭沫若直接对原作的评判，多是些切中肯綮、直白简短的短词断句，是他自身阅读的直观感受的笔录，体现着他真实的审美眼光和评判标准。这些评判既有对原作不足的直接批评，也有对原作水准的溢美之词，如《荷恩林登之战》译诗后的附白是："这首诗并不好，没有什么写实，也没有什么目标，只是些空响的壮语而已。"② 而《爵士约翰·摩尔在科龙纳的埋葬》译诗后的附白却是："这首诗好，比前面一首好得多，好在写得实在而不做作。但很感动人。"③ 从这些附白中，我们能清晰地看到在诗歌翻译上郭沫若始终坚持的原则，那就是"外国诗译成中文，也得像诗才行……如果把以上这些一律取消，那么译出来就毫无味道，简直不像诗了。这是值得注意的。本来，任何一部作品，散文、小说、剧本，都有诗的成分，一切好作品都是诗，没有诗的修养是不行的。"④

附白的存在还表明了郭沫若翻译这些诗作的初衷，也就是为审美而译，为自我而译。郭沫若之前所翻译的作品大多是有直接的目的性的，或为学习而译，或为生活而译，但是《英诗译稿》可以说是为内心而译。从现存的资料可以看到，《英诗译稿》中诗歌的翻译都是"留在书页上的手迹"⑤，更为直接的佐证便是附白的写作。如《黄水仙花》译诗后写到："这诗也不高明，只要一、二两段就够了。后两段（特别是最后一段）是画蛇添足。板起一个面孔说教总是讨厌的。"⑥"就够了""讨厌"等词语都是典型的口语性质，在一般的书面语中、特别是评论性的语言中很少会出现这种词语。再如《默想》译诗后附白为："这首诗很有新意，的确有破旧立新的感觉。

① 郭庶英、郭平英整理：《英诗译稿·后记》，上海译文出版社1981年版，第147页。
② 郭沫若：《英诗译稿》，上海译文出版社1981年版，第131页。
③ 同上书，第135页。
④ 郭沫若：《郭沫若全集·文学编》第4卷，人民文学出版社1984年版，第75页。
⑤ 蔡震：《郭沫若画传》，江西人民出版社2011年版，第214页。
⑥ 郭沫若：《英诗译稿》，上海译文出版社1981年版，第25页。

我自己也曾有过这样的感觉，但不纯。”[①] 这是郭沫若译完这些诗歌后第一直观的感受，同时也是最真实的心声，是一种典型的随感式批评。这种批评方式同时也折射出了郭沫若翻译这些诗作时的心境，那就是渴望审美创作的冲动，渴望真实情感的抒发，渴望永恒青春的重现。从这个角度来看，这些译作何尝不是一次再创作呢？

（三）预想远离现实的译诗

《英诗译稿》是一部有选择的诗歌译作。既然是有选择的，那么就有取舍的标准。哪些主题的诗作该留，哪些主题的诗作该舍，这其中便可以窥见译者的审美取向。

“青春讴歌”和“人生哲理”是《英诗译稿》译诗反复吟唱的两大主题，从“青春的热情尚未衰逝，愉悦的流泉但觉迟迟，有如一道草原中的绿溪，静悄悄地蜿蜒着流泻”[②] 这样的诗句中，我们能够又一次体会到“女神时期”那个赞美青春、呼唤未来的青春诗人的形象。但是，接下来你读到的却是“但待颊上的红霞褪尽，忧愁的征箭愈飞愈频，星星哟星星，你们大小司命，你们的运行为何愈来愈迅？/当快感失去了花时和吸引，生命本身有如一个空瓶，当我快要临到死境，为什么退潮更加猛进？”[③] 这又明显异于“女神时期”那个敢于破立、浴火重生的叛逆诗人的内质，这分明就是充满疑惑不安、徘徊不前的心声表露，译者此时内心的矛盾心情可见一斑。通过这些译诗我们体会到了郭沫若此时试图寻找五四“女神时期”诗歌创作中对青春的颂扬、对生命的赞叹的努力，也感受到这些努力终将不得而引发的内心的困苦和矛盾。

三 《英诗译稿》之喻：晚年郭沫若的多重解读

郭沫若翻译《英诗译稿》时已年近八旬，从生理年龄上来看，毫无疑问已经是他人生的晚年岁月。从学理的角度来看，晚年郭沫若“作为现代知识分子的一种类型，对他的个案研究，如同鲁迅、胡适、陈寅恪等人物一样，有着‘说不尽’的吸引力。”[④]

（一）《英诗译稿》：一个不为人知的郭沫若

如果仅仅从翻译的标准来看，《英诗译稿》在郭沫若翻译的成果中既不是翻译分量最重的，也不是翻译技巧最好的，更不是对历史发展有重要价值的译作，那么它的

---

① 郭沫若：《英诗译稿》，上海译文出版社 1981 年版，第 115 页。
② ［英］妥默司·康沫尔：《生命之川》，郭沫若译，《英诗译稿》，上海译文出版社 1981 年版，第 11 页。
③ 同上。
④ 冯锡刚：《郭沫若的晚年岁月》，中央文献出版社 2004 年版，第 3 页。

价值体现在哪里呢？我觉得《英诗译稿》的最大价值在于：它隐含了一个我们大众视野之外的不一样的郭沫若，凸显了一个在“文革”之中未被公众所认知的郭沫若。从这个角度来讲，《英诗译稿》的价值就不仅仅只是一部译作这么简单了，它承载了晚年郭沫若的审美理想，折射了这位一直处于风口浪尖的知识分子难以言说的痛楚。

晚年郭沫若留给公众的印记大多是：从事各种政治活动的国家领导人；和毛泽东唱和的诗人；写下《李白与杜甫》的历史学家。正是由于这些历史事项的存在，晚年郭沫若一直处于政治漩涡之中，成为很多人诟病的对象。但是，这仅仅只是郭沫若的某一方面，作为青春诗人、本性率真的郭沫若在晚年同样存在，只不过没有被我们所认知而已。

对于晚年郭沫若，我们现在认识中所普遍存在的问题，是用他外在单一的言行遮掩了他内心复杂的情感。诗性和本真是郭沫若一生追求和恪守的生存准则，只不过有时是显性的表现，有时又是隐形的存在。“女神时期”青春自由的呼唤，“北伐时期”革命文学的倡导，“流亡时期”毁家纾难的情怀，“建国时期”和“玄黄翻覆”[①] 的奔波，无一不是这种情感外化的具体表现。而到了“文革时期”，因为特殊的社会政治环境，郭沫若只能将这种情感和思绪用潜隐的方式表达出来，《英诗译稿》的翻译便承载和展现了这些信息。郭沫若翻译《英诗译稿》并没有很正式地进行工整的翻译，更没有出版问世的打算，这更应该是一次自我私人的译作行为，也是一次审美情趣的自由表达，更是一次情感性格的真实展现。通过《英诗译稿》，我们可以看到郭沫若以往的诗性和本真的性格没有改变，创造性和跳跃性的思维依旧。

《英诗译稿》完成两年之后，《李白与杜甫》由人民出版社出版发行，很多人批评这部著作“缺乏真正的反潮流精神，渗透全书的那种带有‘文革’印记的拔高或苛求历史人物的思维方式，在实际上迎合了这股潮流”[②]，或“缺少学术著作所要求的严谨与郑重”[③]。现今有关《李白与杜甫》的研究，多从政治学和社会学的角度来阐释，少从诗歌和创作者本体的角度来认识，这就造成了目前“对此书的纯学术性质产生了疑问”[④] 的局面。如果孤立地从当时社会的情形看《李白与杜甫》，难免会有以上的误解，但如果把这部作品与同时期的《英诗译稿》结合起来看，“也许包含着作者某些隐晦曲折的情怀和寓意”[⑤]。

《李白与杜甫》与《英诗译稿》有着诸多相似点：首先，《李白与杜甫》与《英诗译稿》一样“原本是自己悄悄在做，但一个偶然的原因，其写作为外界所知”[⑥]。

---

① 蔡震：《郭沫若画传》，江西人民出版社 2011 年版，第 154 页。

② 冯锡刚：《郭沫若的晚年岁月》，中央文献出版社 2004 年版，第 276 页。

③ 刘纳：《重读〈李白与杜甫〉》，《郭沫若学刊》1992 年第 4 期。

④ 杨胜宽：《〈李白与杜甫〉研究综述》，《郭沫若学刊》2009 年第 2 期。

⑤ 同上。

⑥ 蔡震：《郭沫若画传》，江西人民出版社 2011 年版，第 213 页。

其次，《李白与杜甫》开始写作于1967年，完成于1971年，从时间上看与1969年所译《英诗译稿》属同一时期的作品；从内容上看，两者都是关于诗歌的。因此《英诗译稿》中也必然包含着《李白与杜甫》的创作思想和动机。《李白与杜甫》中有关“扬李抑杜”的叙述，其实从根本上来讲还是郭沫若对诗歌创作的思想和审美标准的评价问题。他在《英诗译稿》中《黄水仙花》的附白中表示：诗“板起一个面孔说教总是讨厌的”①；对《虹》一诗则认为：“这诗也没有大妙处，肤浅的说教，未免可笑”②。可见，郭沫若评诗是反对“说教”的，他自己的一些应时之作沦为“说教”应该有其特定的历史原因。因此，《英诗译稿》与《李白与杜甫》都是郭沫若内心隐曲情感的集中展现，其中显现的是另外一个真实的、不为世人所熟知的郭沫若，也是一个丰富真实的郭沫若，更是一个晚年痛楚生存的耄耋老者的自我独白。

（二）《英诗译稿》：复杂政治环境夹缝中的遗珠

《英诗译稿》的翻译环境，也是以往研究者们所忽略的一个重要方面。这部作品译于北京前海西街18号郭沫若晚年的寓所中。从生活环境来讲，《英诗译稿》之前的翻译都是在颠簸流离的境遇中抗争的产物，而《英诗译稿》却是在一个稳定安静的居所中思索的结果；从翻译的心境来看，《英诗译稿》之前的翻译更多的是在自由心态支配下的译作，而《英诗译稿》则是在多重政治夹缝中的遗珠。

前海西街18号是一个占地面积7000多平方米的庭院式两进四合院，能够入住其中是彰显郭沫若被主流意识形态所认可的一个重要标志。搬进这所院子之前，郭沫若不是没有犹豫过。据现存资料记载：郭沫若自己不愿来此居住，最终周恩来总理出面劝说，说明这座宅子并非简单供郭沫若私人居住，也是考虑他作为人大副委员长、政协副主席、科学院院长办公和接待国内外友人的需要才分配给他使用的。如此郭沫若才改变初衷，同意搬来居住。这也许是一个理由，但我更愿意相信郭沫若的犹豫并不仅仅只是因为这个，因为在搬进这所院子之后便会注定了，他行将会作为一个政治形象、一个官方代表而存在，这必将与过去那个充斥着个性自由呼喊和天马行空想象的自我告别。郭沫若在与友人的通信中也委婉地表达了这样的意思：“建国以后，行政事务缠身，大小会议，送往迎来，耗费了许多时间和精力。近年来总觉得疲倦。国家对我的待遇过于丰厚。前年搬家，住到这样的大地方，占了这么多的房子，心里确实非常不安。晚年只想找个小小的清净的角落，安下心来好好读些书，约几个好朋友谈谈心，度此余生。”③

事实情况也印证了郭沫若的这种担心，虽然这所院落宽敞精致，但在这里真正属

① 郭沫若：《英诗译稿》，上海译文出版社1981年版，第25页。

② 同上书，第35页。

③ 黄淳浩编：《郭沫若书信集》，中国社会科学出版社1992年版，第162页。

于郭沫若个人思考和活动的空间却寥寥无几，甚至有些小得可怜。现在按照郭沫若生前的原貌保存下来的原状展厅便清晰地印证了这些：透过展厅的玻璃窗你会发现会客室、办公室兼书房、卧室被分隔得清晰明确，在这明晰的分隔中郭沫若个人的空间其实已经被压缩得所剩无几了。从空间上来看，从会客室到办公室兼书房再到卧室，面积空间是逐步缩小的，单就完全属于个人空间的卧室来讲，这里的布置相对于前两者来讲已经十分简朴，甚至是朴素得不能再朴素了——一张棕床，一张单人沙发，一套衣柜，一整套带木盒的《二十四史》，单就这几件简单的物品都已经让本来就已狭小的卧室显得更加局促了。在这里唯一能够体现出郭沫若个人性情的便是这套《二十四史》，我们可以想象得到：每当处理完各种繁杂的政务和公文，当一天归于平静的时候，郭沫若一人安静地躺在床上顺手拿起《二十四史》中的一本认真研读的场景，此时再无喧嚣的吵闹，再无无绪的争斗，生活回到了自我沉思的空间，但这属于自我沉思的空间和时间是那么的狭小和短暂。

相对于个人空间的狭小，作为会客室和办公室的公共空间却是非常的宽大。这个会客厅是郭沫若用来会见重要客人的场所，面积大约有卧室面积的 3 倍还要大些——呈马蹄铁型摆置的半圆型沙发占据了这间会客厅绝大部分的空间，靠墙角摆放着钢琴，沙发后面的墙壁上悬挂的是傅抱石专为郭沫若“量墙定作”的巨幅山水画《拟九龙渊诗意》，描绘的是郭沫若笔下朝鲜金刚山九龙渊的美景。总之，这间会客厅中摆设的物品都追求着“大”的原则。这里所有的摆设和陈列其实与其他人的会客厅别无二致，更多的是为了待客之道，属于个人的空间几乎没有。

《英诗译稿》便诞生在这种生活环境和心理感悟之中，在一个逐步被挤压的生存空间和心理空间中，郭沫若依然借助于翻译的方式表达了自己对青春美好的向往和老之将至的无奈，进而传达出渴望冲破周围的重重藩篱却不得的悲凉。难怪郭沫若会借译诗发出这样的哀叹：“我们也只有短暂的停留，青春的易逝堪忧；我们方生也就方死，和你们一样，一切都要罢休。你们谢了，我们也要去了。”①

四 《英诗译稿》之思：郭沫若翻译研究问题症结及对策

《英诗译稿》是郭沫若最后一部译作，通过它的传播和研究，可以折射出目前郭沫若翻译研究问题的症结。郭沫若翻译的研究与其翻译活动和译著出版是不同步的，直到 1978 年后才有相关研究成果出现。截止到目前为止，有关郭沫若翻译研究的论文有大约 200 多篇。这些成果多集中在对郭沫若翻译情况的介绍、翻译方法和技巧阐释、翻译思想和观念论析等方面，研究的方法基本上采取比较文学研究的方式，按照

---

① ［英］罗伯特·赫里克：《咏黄水仙花》，郭沫若译，《英诗译稿》，人民文学出版社 1981 年版，第 19—21 页。

语种和国别的分类方式，主要分为郭沫若与德国文学翻译、郭沫若与英国文学翻译、郭沫若与苏俄文学翻译、郭沫若与东方文学翻译等几个方向。虽然从研究成果的数量上来讲比较丰富，但统观现有的研究成果不难发现，许多研究仅仅是停留在对郭沫若译作进行简单的对比研究的层面上。另外，现有郭沫若翻译研究成果还多是停留在对其某一部译作或某部译作的某一方面的研究，还缺乏整体性、系统性的梳理。对于目前所存在的问题怎样才能全面有效地解决，如何走出当前郭沫若研究乃至翻译文学研究的困境，找到新的研究生长点？我认为主要应注意以下两个方面：

（一）构建系统完整的郭沫若翻译研究体系

“翻译研究者只注意其中的语言现象，而不关心它的文学地位。而文学研究者一方面承认翻译文学对民族文学和国别文学的巨大影响，另一方面却又不给它以明确的地位——他们往往认为这是外国文学的影响，而没有意识到翻译文学作为一个相对独立的文学现象的存在。”① 这是翻译文学目前研究的症结，同样也是郭沫若翻译文学研究的问题所在。

翻译文学是郭沫若文学活动的重要组成部分，郭沫若研究是不能缺少翻译文学研究的，但目前郭沫若翻译文学研究还停留在单篇作品的语言翻译研究上，还没有建立起一套完整的体系。从整体上看，郭沫若的翻译活动与他的创作有密切的关联，仅以历史剧创作为例，不难发现郭沫若的文学翻译对其创作的重要意义：

首先，在创作时间上，郭沫若的历史剧创作与其同类体裁作品的翻译具有同步性。如郭沫若对《浮士德》的翻译，就不仅仅是对这部作品的简单译介，更为重要的是通过这部作品的翻译将诗剧这种创作形式引入了中国现代文学。歌德创作《浮士德》用了64年的时间，是其一生思想意识和艺术探索的结晶，而郭沫若翻译《浮士德》也用了近30年的时间——从1919年始至1947年止。《浮士德》的翻译可以说是他美学思想和艺术创作的凝结。这部作品翻译的时间跨度恰好是郭沫若历史剧创作由初始走向高峰的阶段。郭沫若的早期诗剧《棠棣之花》是在翻译《浮士德》第一部之后完成的，1927年11月完成了《浮士德》第一部的翻译之后，《聂嫈》《三个叛逆的女性》等经典剧目也陆续完成，郭沫若迎来了他第一个历史剧创作的高峰期；随着30年代流亡日本时期的《华伦斯太》和《赫曼与窦绿苔》等诗剧的陆续翻译完成，以《屈原》为代表的一批经典史剧作品又相继问世，郭沫若迎来了他历史剧创作的又一个高潮。由此看来，郭沫若历史剧的创作和他对西方诗剧的翻译是同步的，《浮士德》等著作的翻译对他创作的影响是显而易见的。

其次，在艺术手法上，郭沫若历史剧的创作与其所翻译的诗剧作品具有内在的一致性。郭沫若的历史剧创作在中国现代戏剧史上是非常独特的，以《屈原》为代表

---

① 谢天振：《译介学》，译林出版社2013年版，第3页。

的历史剧不同于《雷雨》等注重借鉴西方戏剧结构的现代话剧，也不同于老舍《茶馆》等以人物命运传承为中心的戏剧创作。郭沫若的历史剧“提出了‘古为今用’和‘失事求似’的历史剧创作原则……创作方法上具有浓郁的抒情色彩，使得历史剧创作富有激情和想象力”①。郭沫若的历史剧创作具有鲜明的美学特征，它是以某个重要的历史人物作为创作的主线，辅以真实的历史事件，重点凸显历史人物的存在价值和社会意义，在表现手法上也都是以诗性的语言展示人物的性格特征，这些特征都与其所翻译的《浮士德》等诗剧作品具有内在的一致性。诗剧创作要求既有诗歌的凝练性和内蕴性，又有歌剧的音乐性和节奏性，具有诗人气质的郭沫若恰恰以其诗性的翻译还原了《浮士德》等诗剧作品特殊的艺术魅力。

再次，翻译与历史剧在创作和理念上的同源性，只是郭沫若翻译活动的一个侧面，翻译与文学、翻译与学术研究、翻译与艺术理论等方面都还有着丰富的资源。对郭沫若翻译活动进行纵深的研究，应该借助译介学的理论，探究这些翻译活动及其成果对他的创作、学术领域的重要影响。从语言学或传统的翻译学角度出发，文学翻译只是一种语言文学符号的转换；从文学研究和译介学的角度出发，文学翻译还是文学创作的一种形式，也是文学作品的一种存在形式。郭沫若用自己丰富的翻译成果，睿智的翻译理念，建构了一个完整的翻译体系，具备了世界的眼光和发展的思路，从而引领了中国新文化的发展航向。我们只有建构起一套系统完整的翻译研究体系，才能真正探究郭沫若翻译的丰富内涵。

（二）收集、整理、出版相关的原始资料

郭沫若被誉为中国现代著名翻译家，可是自 1960 年来只有《少年维特之烦恼》《浮士德》《新时代》《生命之科学》和《鲁拜集》再版发行过，仅仅只有这么几部作品可能很难将郭沫若与翻译家的称号联系起来。相对于 8 卷本《鲁迅译文全集》（福建教育出版社 2008 年版）和 11 卷本《周作人译文全集》（上海人民出版社 2012 年版），近年来能够在书店中见到的郭沫若译作寥寥无几，这不能不让人对郭沫若著名翻译家的称谓有所质疑。其实，从 1920 年代到 1970 年代的 50 多年间，郭沫若一共翻译出版了以《少年维特之烦恼》《浮士德》为代表的 500 多万字、多达 289 种译著，翻译活动贯穿了郭沫若文化活动的全过程。就郭沫若翻译作品原作者的国籍来讲，涉及欧洲、北美洲、亚洲等 9 个国家，作品以德国、英国、美国、俄国等欧美国家为主，同时还包括波斯、印度、日本等东方国家，总计共有 98 位作者的作品。另外，就郭沫若翻译作品所涉及种类来讲，既有文学类作品（含诗歌、戏剧、小说），如歌德的《少年维特之烦恼》《浮士德》；又有艺术史类的著作，如《美术考古一世纪》；还有科学史著作，如《生命之科学》；还有马克思和恩格斯的经典著作《政治

① 朱德发、魏建主编：《现代中国文学通鉴 1900—2010》（中卷），人民出版社 2011 年版，第 886 页。

经济学批判》。不仅如此，郭沫若通过自己的翻译实践活动，还提出了诸如“译文应同样是一件艺术品”等翻译思想和观点。因此，无论从那个角度来讲，郭沫若都无愧于中国现代文化史上一个伟大的翻译家，对郭沫若的这些译作及相关的翻译理论类文章理应进行收集、整理和出版。

郭沫若在从事文学创作和学术研究的过程中极为注重摄取世界各国的文化养分，善于与中国传统文化借鉴交融，形成了具有自身特点的艺术风格，阐发前人未能破解的古代史与古文字研究中的奥秘，形成了影响后世的学术体系。如 1922 年译成的《少年维特之烦恼》就有 34 个版本之多，其中涉及到上海泰东图书局、创造社出版部、上海联合书店、上海现代书局、重庆群益出版社、上海群益出版社、上海新文艺出版社、人民出版社等出版机构，这些不同版本从 1922 年至 1959 年跨越 30 多年，对每一次出版情况、版本变动情况以及读者接受情况等方面的考察，都会呈现出一幅丰富多彩的《少年维特之烦恼》的研究图景。因此，对这类资料的收集和整理，不仅能够为郭沫若研究提供新的线索和途径，而且对于中国现代文学的研究也不无启示作用。

《英诗译稿》只是郭沫若诸多译作中的一部，由于其特殊的译作时间和译介背景，使得对它的研究具有超出文本范畴之外的价值和意义，我们从中既可以探究晚年郭沫若复杂隐曲的文化心态，也可以阐释他一生多元丰盛的创作世界。

（原载《齐鲁学刊》2017 年第 1 期）

“风韵译”视野里的《屠场》译文研究

戚立强

一 郭沫若的“风韵译”及“风韵译”视角下的翻译批评

郭沫若是“风韵译”的首倡者。凡关注中国现代文学翻译问题的，都无法忽视郭沫若的“风韵译”。1920年3月15日，田汉在《少年中国》月刊上发表《歌德诗中所表现的思想》，文后有“沫若附白”：“诗的生命，全在他那种不可把捉的风韵，所以我想译诗的手腕于直译意译之外，当得有种‘风韵译’。顾谫陋如余，读歌德诗，于文辞意义已苦难索解；说到他的风韵，对于我更是不可把捉中之不可把捉的了。”[①] 这是郭沫若最早在文字中明确提出“风韵译”。1922年郭沫若在《批判意门湖译本及其他》一文中再次重申：“我始终相信，译诗于直译，意译之外，还有一种风韵译。”[②] 有时候郭沫若也说“气韵”：“我们相信理想的翻译对于原文的字句，对于原文的意义，自然不许走转，而对于原文的气韵尤其不许走转。原文中的字句应该应有尽有，然不必逐字逐句的呆译，或先或后，或综或析，在不损及意义的范围以内，为气韵起见可以自由移易。”[③] 风韵，“多指诗文书画的风格、神韵。”气韵，“（诗文或书画的）意境和韵味。”风韵、气韵说法虽异，但郭沫若用这些词汇谈及文学翻译时所表达的内在思想是一致的，都是努力地想要呈现原作品“活的精灵”。[④]

在为田汉文章所写的“附白”中，郭沫若固然明确地提出了“风韵译”，却只是一个粗略的提法，并没有像一些学者所说在这简短的“附白”中“阐发”了“风韵译”思想。这段“附白”更像是《创造》季刊上填补空白位置的“曼衍言”，属于感兴类的文字，而不是阐发类的文字，较为完整地阐述“风韵译”思想，且配以翻译批评实践的文字是《批判意门湖译本及其他》。《意门湖》（郭沫若与钱君胥合译所用译名为《茵梦湖》，后文叙及此书时统一使用汉译名《茵梦湖》）的原作者是德国的特奥多·施托姆（1817—1888）。1921年上海泰东图书局出版了郭和钱的合译本，

---

① 郭沫若：《沫若附白》，《少年中国》1920年第1卷第9期，第86页。

② 郭沫若：《批判意门湖译本及其他》，《创造》季刊1922年第1卷第2期，第28页。

③ 郭沫若：《讨论注译运动及其他》，《创造》季刊1923年第2卷第1期，第28页。

④ 李行健主编：《现代汉语规范词典》，外语教学与研究出版社、语文出版社2004年版，第393、1029页。

后来又有唐性天、梁遇春、巴金等人的译本问世。创造社小伙计周全平还曾模仿这部小说创作了《林中》。《茵梦湖》讲述的是青梅竹马的男女主人公莱茵哈德和伊丽莎白之间的故事。长大后的莱茵哈德外出求学，而伊丽莎白则依从母亲的心愿嫁给了莱茵哈德的好友艾利希。多年之后，莱茵哈德应好友艾利希的邀请去做客。在茵梦湖畔艾利希的庄园里，莱茵哈德和伊丽莎白重逢。余情未了的两人经历了种种痛苦的煎熬之后，莱茵哈德远走他乡，孤独终老。

在《批判意门湖译本及其他》一文中，郭沫若将译作分出了“上乘”“佳品”和“艺坛之外”三种。“字面，意义，风韵，三者均能兼顾，自是上乘。即使字义有失而风韵能传，尚不失为佳品。若是纯粹的直译死译，那只好屏诸艺坛之外了。”“字面”“意义”和“风韵”三者能兼顾的译作为“上乘”，“字面”和“意义”有失而“风韵”能传达出来的译作为“佳品”。这两种翻译又被郭沫若视为“艺术家的译品”。第三种“艺坛之外”的译作又有两类：一类是纯粹的直译死译，一类则误译连绵的“梦梦然翻译”。“字面”“意义”和“风韵”三者，郭沫若首重“风韵”。“上乘”和“佳品”两类的判断基点都是“风韵”，有“风韵”自成艺术品。若无“风韵”，即便“字面”“意义”不错，也被摒弃在“艺坛之外”，因为在郭沫若看来，“译诗的手腕决不是在替别人翻字典，决不是如像电报局生在替别人翻电文”。

译者如何才能在翻译过程中传达出原作的“风韵”？郭沫若谈雪莱诗的翻译时说：“译雪莱的诗，是要使我成为雪莱，是要使雪莱成为我自己。译诗不是鹦鹉学舌，不是沐猴而冠。……他的诗便如像我自己的诗。我译他的诗，便如像我自己在创作一样。”具体地来说，郭沫若是以创作的标准要求翻译。“译”如“创作”同时也应该就是“创作”，这是理解郭沫若“风韵译”思想的核心。怎样的翻译才吻合郭沫若的翻译理想？郭沫若在《批判意门湖译本及其他》一文中谈到了“完美的译品”这一概念，被他视为“完美的译品”的是英国翻译家兼诗人爱德华·菲兹杰拉德（Edward Fizgerold，郭沫若译为斐池傑罗德）译的 Rubaiyat。郭沫若说：“斐池的英译是读了原诗所得的感兴用自己的文字写出来的。原文的一节有时分译成三四节，原文的三四节又有时合译成一节的。”既然是有时候“三四节又有时合译成一节”，“字义”就没有办法保证不出现“有失”，然而郭沫若仍将其作为“完美的译品”，而不仅仅是“佳品”。这些都说明郭沫若对译者发挥主观能动性，在翻译过程中积极介入。但是这个自由又是有限度的，“要使我成为雪莱，是要使雪莱成为我自己”，译者的自由应该是理解原语文本及作者基础上的自由，是在这个基础之上的加工再创作。

在《批判意门湖译本及其他》一文中，郭沫若不仅从内容到形式明确了“风韵译”的某些要求，同时还以《茵梦湖》中一首民谣（即《我的妈妈所主张》）的翻译为例做了剖析。对郭沫若译的这首民谣，国内也有学者曾从“风韵译”的角度做过分析，可惜有些分析与郭沫若“风韵译”的本意并不十分吻合，甚或背道而驰。

因此，有必要重新从郭沫若自己作为“风韵译”批评案例的译文梳理和剖析郭沫若的“风韵译”思想。下面是《我的妈妈所主张》的第三节：

	《我的妈妈所主张》德语原文	唐性天译文	郭沫若、钱君胥译文
1	Für all mein Stolz und Freud	代了我的一概骄气和快乐	纵有矜荣和欢快，
2	Gewonnen hab ich geschehen,	就是一场痛苦。	徒教换得幽怨来。
3	Ach，wär das nicht geschehen	唉！但愿不致发生这事，	若无这段错姻缘，
4	Ach，könnt ich betteln gehen	唉！还是愿意做乞丐	纵使乞食走荒隈，
5	Über die braune Heid!	在一片旷野地方！	我也心甘爱！

郭沫若谈到这首民谣的翻译时说：“对于原文的音调如何，格律如何，我们姑且不论”，“单就译字的当否来研究”，[①] 认为 Wollen、Entschluss 和 Verlangen 等词的汉译都出现了错谬，进而判定唐性天的翻译是“失败”的。郭沫若在《论翻译的标准》一文中说：“张东荪氏说翻译没有一定的标准，这在问题上是可以说得过去：譬如你要用文言译，我要用白话译，你要用达意体译，我要欧化体译，这原可说没有一定的标准。但是这些所争的是在甚么？一句话说尽：是在‘不错’！错与不错，这是有一定的标准的。”[②] 也就是说，郭沫若承认翻译批评在某些方面“没有一定的标准”，“有一定的标准的”是在“错与不错”。《批判意门湖译本及其他》在指摘了唐性天民谣翻译的错误之外，郭沫若还特别捻出了《意门湖》译本其他各处错译误译 42 项。“字面”“意义”和“风韵”三者中，郭沫若虽然首重“风韵”，批评实践却重在“字义有失”。除了批评策略的考量外，郭沫若应该是将“字义有失”与“风韵”关联起来，即“字义有失”不是简单的对译错误，而是源于对原语文本理解和体味的错讹。

批评错译和误译占据了《批判意门湖译本及其他》一文绝大部分篇幅，只有对本文上述所引《我的妈妈所主张》第三节的分析，笔锋所向重在“气韵”。郭沫若将自己的译文、唐性天的译文、德语原文都列出来，通过这种比照，意在表明唐性天的译文是“在替别人翻电文”，属于纯粹的直译，这样的翻译缺少译者主体的创造，属于“艺坛之外”的产物。相比较而言，郭沫若的译文则是“读了原诗所得的感兴用自己的文字写出来的”。所谓“写出来”，首先表现在译者主体对原语文本的主观选择上，如扔掉了原语文本中的感叹词（在唐性天译文及后来译者的译文中，都有感叹词 Ach 的汉译）。其次是表现在揉入了译者主体的“感兴”。“纵有矜荣和欢快”

① 郭沫若：《批判意门湖译本及其他》，《创造》季刊，1922 年第 1 卷第 2 期，第 26—28 页。

② 郭沫若：《论翻译的标准》，《创造周报》1923 年第 10 号，第 14 页。

这个诗句在郭沫若的行文中也有“所有的矜荣和欢快”这样的表述，相比较之下，“所有的矜荣和欢快”显然在字面和意义上更吻合原文，而郭沫若译诗最终选择的却是“纵有矜荣和欢快”。郭沫若谈到“纵有矜荣和欢快”这一诗句的翻译时说：“我以为‘所有的矜荣和欢快’是在说处子时代的，君胥以为不然，以为宜解作现时所有的物质上的。我以君胥的解释更觉深永，所以我们译诗时从了他。”翻译其实也是一种阅读，而译者对于原语诗句的阅读“感兴”，见仁见智，可以有种种的不同。诸多“感兴”中，很多时候也能分出“深永”等差别。郭沫若觉得钱君胥的理解更为“深永”，说的就是这个问题。不同的译者对原语作品的“感兴”及传达有优劣深浅，这些也就决定了译作在艺坛内外的位置。翻译的“创作”不是脱离原文的自由创作，而是植根于对原作的理解。理解愈深，“风韵”的传达便愈妙，能愈好地传达原作品“活的精灵”。

在白话新诗创作中展现了真正的诗体大解放的郭沫若，在诗歌翻译中却比较重视押韵等问题。郭沫若说：“诗的生命在它内容的一种音乐的精神。至于俗歌民谣，尤以声律为重。翻译散文诗、自由诗时自当别论，翻译歌谣及格律严峻之作，也只是随随便便地直译一番，这不是艺术家的译品，这只是言语学家的翻译了。”[①] 毫无疑问，在郭沫若眼里，“风韵译”也需要考虑原语文本的体裁形式。何俊在《从郭沫若翻译〈茵梦湖〉看其风韵译》一文谈到《我的妈妈所主张》第三节诗的翻译时说：“郭沫若的译诗完全遵循原诗的外在形式，但在韵脚上与原诗相比则随意得多，比如译诗每一小节的第三、四句都没有押韵，而第三节的最后一句也没有跟首二句押韵。”“完全遵循原诗的外在形式”这样的评述完全不知所谓，也与郭沫若“风韵译”的追求不相符。谈到郭沫若这首译诗的押韵问题，何俊的引文将“我也心甘爱”错引成了“我也心甘受”，如此一来，郭沫若译诗看起来就成了，“第三节的最后一句也没有跟首二句押韵”。于是，在译诗的押韵问题上，郭沫若的表现似乎就是自由随意：“有时为了押韵而采用归化的翻译策略，有时为了保留原诗的‘神韵’而舍弃韵脚。”[②] 从表达的逻辑上来说，这样的结论很辩证。但是从《从郭沫若翻译〈茵梦湖〉看其风韵译》一文所分析的郭沫若三首译诗来看，这样的结论首先因为译文本引用的错误而出现了分析上的偏差：郭沫若的三首译诗都押韵，译者并没有“舍弃韵脚”，只是韵脚的处理方式与原诗稍有出入，相比之下更契合国人的韵律审美罢了。郭沫若《我的妈妈所主张》第三诗节最后一句跟首二句是押韵：首句尾字是“快”，第二句尾字是“来”，第三句尾字是“爱”，押 ai 韵。之所以要指出这些，乃是因为在笔者看来，押韵但并不完全遵循原诗外在格律形式恰恰是郭沫若在《茵梦湖》译诗中呈现其“风韵译”的地方。“风韵译”不是“替别人翻电文”，而是“在不损及意义的

① 郭沫若：《讨论注译运动及其他》，《创造》1923 年第 2 卷第 1 期，第 39 页。
② 何俊：《从郭沫若翻译〈茵梦湖〉看其风韵译》，《郭沫若学刊》2014 年第 1 期。

范围以内，为气韵起见可以自由移易。”[①] 而“自由移易”的前提便是对原语文本的理解和体味，对于中西诗学能够入乎其内出乎其外。

二 风韵译视角下的郭译《屠场》

《屠场》（*Jungle*）是美国著名作家厄普顿·辛克莱（Upton Sinclair）撰写的长篇小说，叙述一个从立陶宛移民美国不久的家庭的悲惨遭遇。尤吉斯一家满怀憧憬来到美国，在芝加哥的屠宰场工作，强壮的尤吉斯（Jurgis）和娇小的奥娜（Ona）结婚了，期待中的幸福生活还没出现便因各种灾祸陷入绝望的泥淖：先是买房子被骗，尤吉斯在工作中伤了脚踝却被辞退，接着是妻子奥娜被工头奸污，愤怒的尤吉斯暴打工头后入狱，随后妻子难产而亡，儿子安特纳斯淹死在街上的泥潭中。辛克莱想要通过《屠场》揭露工人们的悲惨生活，但真正引发美国社会强烈反响的却是小说暴露的肉类食品加工的卫生状况，这直接影响和推动了美国 1906 年《卫生食品与药品法案》的通过。小说开篇聚焦在奥娜的伴娘玛丽（Marija）身上，以她的眼睛叙述尤吉斯和奥娜的婚礼，从教堂转到酒店大厅的过程。

《郭沫若学刊》2015 年第 4 期刊登了张慧《“风韵译”再探索》一文，以《屠场》的两个汉译本为例，分析了郭沫若译《屠场》的“风韵译”之“手腕”。笔者读后深受启发，但在某些具体问题的分析上却并不敢苟同。张慧《“风韵译”再探索》用以为分析案例的，是辛克莱《屠场》这部长篇小说的开篇第二自然段：

> This was unfortunate, for already there was a throng before the door. The music had started up, and half a block away you could hear the dull “broom, broom” of a cello, with the squeaking of two fiddles which vied with each other in intricate and altitudinous gymnastics. Seeing the throng, Marija abandoned precipitately the debate concerning the ancestors of her coachman, and singing from the moving carriage, plunged in and proceeded to clear a way to the hall. Once within, she turned and began to push the other way, roaring, meantime, “Eik! Eik! Uzdaryk-duris!” in tones which made the orchestral uproar sound like fairy music. [②]

在《“风韵译”再探索》一文中，上面这段引文有多处不准确，如“broom, broom”被引成了“room, broom”, started up 被引成了 started u, precipitately 被引成了 reciitately, plunged in and proceeded 被引成了 lunged in and roceeded。《郭沫若学刊》

① 郭沫若：《讨论注译运动及其他》，《创造》1923 年第 2 卷第 1 期，第 39 页。

② Upton Sinclair. The Jungle [M]. New York: Simon Schuster, Inc., 2004, p. 1.

的读者如果不读 The Jungle 的小说原文，只是对照上述这段引文和紧跟在后面的郭沫若译文和肖乾、张梦麟、黄雨石、施咸荣等的译文，恐怕根本无从理解所谓的“风韵译”到底有何“风韵”，因为错误的英语原文引文径直让人读不懂意思是什么。

上述英语原文，郭沫若的译文（下面简称郭译）如下：

> 不幸的是门口已经有一群人聚集着了。音乐已经在弹奏，远远你可以听见一只舍罗琴的“布弄，布弄”的黄牛一样的声音，还有两只四弦琴也在杀鸡一样的叫，就好像有两个拳斗师在费尽九牛二虎之力地苦斗。玛利亚一看见门口的人群，她把关于马车夫的祖先八代的言论抛弃，马车还没有停止她便跳了下来，跳进那人群里去，开出一条道路向礼场里走去了。她一跳进去便横冲直撞起来，不绝的叫着“喂！喂！你们让开！”她的声音使那室内的音乐变成为仙乐一样了。①

肖乾等的译文（下面简称肖译）如下：

> 不幸的是，礼堂门口也早已聚集一大群人。音乐也开始演奏，从门外老远的地方就可以听到大提琴单调的“布隆、布隆”声和两把相互竞赛、各显神通的小提琴发出的一片音响。玛利亚一眼望见围在门外的那群人，就顾不得再与马夫争论他的祖宗三代究竟是何等样人，急急忙忙从尚未停下的马车上跳下来，一下钻入人群，推推搡搡地直往礼堂挤去。刚一挤到里面，她又翻身挤出来，一边大声喊：“Eik！Eik！Uzdaryk-duris！”那声音震耳欲聋，相形之下乐队奏出的音响就如仙乐一般。②

《“风韵译”再探索》在引用郭沫若译文的时候，也出现了一些失误：“费尽”误为了“费劲”；漏掉了“黄牛一样的声音”和“还有两只四弦琴”之间的逗号（原译文是“……黄牛一样的声音，还有两只四弦琴也在杀鸡一样的叫”）；“祖先八代”误为了“祖宗八代”；“变成为”误为了“便成为”。在引用肖乾等人译文的时候，失误较少，只是将“直往礼堂里挤去”这一句中的“里”遗漏了，将“返身挤出来”误为了“翻身挤出来”。《“风韵译”再探索》声称其目的在于“考察‘风韵译’的‘手腕’，以及这‘手腕’背后蕴藏着的翻译大家郭沫若深厚的国学功底和美学思想。”可是将郭沫若一段 200 多字的译文引错四处，且这些错引之处并非无关紧要的字眼。《“风韵译”再探索》全文用作案例以供分析的只有这样一段文字，在 400 多页的译文中，这段文字无论如何都难以代表郭沫若译文的整体面貌，这样的分

① ［美］辛克莱：《屠场》，易坎人译，南强书局 1929 年版，第 4 页。

② ［美］辛克莱：《屠场》，肖乾、张梦麟、黄雨石、施咸荣译，人民文学出版社 1979 年版，第 1 页。

析难以令人信服。

《“风韵译”再探索》剖析的是“风韵译”而不是《屠场》的译文整体，因而从《屠场》中寻找一两个段落作为分析的案例似乎也并无不妥之处。然而，笔者想要商榷的，恰恰也正是《“风韵译”再探索》对于这段译文“风韵译”的具体解析。《“风韵译”再探索》精确统计了上述三段所引文字的字符数：Upton Sinclair 的 The Jungle 开篇第二自然段全文共 624 个字符（其实应该是 634 个左右的字符数），郭沫若译文字符数为 206 个，肖乾等的译文字符数为 231 个。但是，英文计算的字符数其实是字母的个数，如果以 word 作为计算单位，共 106 个词。汉字一字一音，英语单词有时候一个字可以由几个音节组成，如果以音节作为划分单位，这段英语原文大约也是 200 多个音节。郭沫若的译文和肖乾等人的译文看起来似乎相差 20 多个字符，其实差距主要在于肖乾保留了原文中的立陶宛语“Eik！Eik！Uzdaryk-duris！”也就是说，从字符的计算上看，其实三段文字相互之间非常接近，不存在使用凝练的语言简省地进行翻译的问题。

《“风韵译”再探索》从引文中摘出四个句子，“分析郭沫若的文学翻译所寓有的再创造精神”。

1. This was unfortunate，there was a throng before the door.

郭译：不幸的是门口已经有一群人聚集着了。

肖译：不幸的是，礼堂门口也早已聚集一大群人。

两种翻译，没有大的差异。郭译 16 个字，肖译 17 个字，12 个相同，郭译取消了中间的逗号，肖译在门口前加了“礼堂”，“群人”前加了形容词“大”，至于“聚集”的附着词“着了”和“已”的修饰词“也早”等方面的差异，属于无关紧要的小差异。译文总要受原文的制约，太过于自由的翻译也就超出了翻译的本义。在上述这个例子中，unfortunate、throng、door 这些关键词在翻译时并没有多少选择的余地。相反，那些原文中看似无关紧要的方面呈现出来的差异，更容易能够见出译者个人的鲜明的主观印记。

《“风韵译”再探索》以这个句子的汉译为例说明郭沫若翻译中模糊语言的使用。认为郭沫若用“一群”翻译 a throng 是“保留了原词语的模糊性”，而肖乾等的译文“一大群”用“大”字作前置定语，则是弱化了原词语的模糊性。就语意理解来说，“一群”的确比“一大群”表达得更为模糊。“一群”可以是一大群，也可以是一小群，或者是不大不小的群。但是，这中间的区别在这一段文字中真的很重要吗？阅读前后文，可知聚集在门口的人很多，所以郭沫若在后面的译文中说玛利亚“开出一条道路”，而肖乾等的译文才使用了“挤进去”这样的字眼。换言之，虽然原文中只是 a throng，并没有“大”的对应词，但是，“一大群”才是对于 a throng 的准确理解。此外，郭沫若将 before the door 译为“门口”，而，肖译则是“礼堂门口”，从表达的准确性上来说，郭译显然也比肖译模糊。但若就此认定郭沫若的翻译为了使词义更模糊，从而更吻合“风韵译”的追求，这种推论是难以令人信服的。郭沫若的“风韵译”思想中，绝对没有对模糊性的侧重，虽然模糊美学自有其魅力，但是对于强调翻译要有“感兴”且兴味要“深永”的郭沫若来说，这些都不是词义模糊能够实现的。相反，肖乾等人的译文似乎更吻合郭沫若“风韵译”的追求，是理解之后“写”出来的。

对于 the door 的翻译，也存在类似的问题。与 door 对应的是 hall，hall 虽然没有出现，但是定冠词 the 却限定了 door 的所属关系。郭沫若用“宴会场”对译 hall，肖乾等用“举行婚宴的礼堂”对译 hall，the door 指的就是 hall 的门口，并没有什么异议。the 在英语原文表达中不可或缺，但在汉语译文中则不必一定要对译。很多时候，汉译并不对译不定冠词或定冠词，如 the door，在同一段文字里面，door 与 hall 只隔开了一个句子，汉语译文即便不明确点出是礼堂门口，汉语自身表达的内在逻辑结构，足以让人准确地理解“门口”的所属，在阅读上自然也会被认定是礼堂门口。如果一定要对译，将内在的含义译出来，就是肖译的“礼堂门口”。郭译更贴近汉语自身的表达习惯，而肖译则将英语原文内在的意义呈现出来。但是，这绝不意味着肖译就更追求准确性，而郭译就比较侧重表达的模糊。从表达的清晰还是模糊判断肖译和郭译委实没有必要。但这并不意味着这些细微的区别不重要。如前所说，这些细微的区别呈现出来的是两个译本译者主体风格的差异。a throng 与 the door 等汉译的差别，显示的其实是两位译者主体风格的不同。一个通过译文语言的文本网络编织准确传达原文意思，一个通过对原文本语言表达内蕴的外显准确传达原文意思。同归而殊途，说的就是这种情况。

译者对于原文阅读接受的侧重点的差异，也就使得他们在选词用句等方面表现各不相同。当肖乾等人使用了定语“大”的时候，后面的译文就出现了“挤进去”“推推搡搡”等字眼，这些翻译用词一起共同向读者呈现了门口的拥挤程度，婚礼现场来人之多。肖乾等的译文更多地倾向于将这一段作为礼堂门口的环境描写，拥挤是其关注的重心，这种关注和后来婚礼刹不住车的开销自然关联在一起，这种翻译选择自然有其合理性。郭沫若自己的译文没有使用“大”这样的限定语，不是有意模糊人群的大小，而是他对这个问题不敏感，或者说他注意的焦点不在于此。郭沫若后面译文中使用了“开出一条道路”“横冲直撞”等字眼，与肖乾等人的译文相比，张慧认为郭沫若这里的用词表现出一种天狗似的精神，无疑更有利于表现“玛利亚风风火火的男人气质”,[①] 对此，《“风韵译”再探索》的作者感知非常敏锐。郭沫若更关注的是玛利亚这个女性，他的译文也将更多的词汇用在玛利亚身上，使得玛利亚原文中隐含的意思被彰显出来，而这个人物形象也就被凸显了出来。

2. ……you could hear the dull “broom, broom” of a cello, with the squeaking of two

---

① 张慧：《“风韵译”再探索》，《郭沫若学刊》2015 年第 4 期。

fiddles which vied with each other in intricate and altitudinous gymnastics.

在上述所引整段文字中，两个译本对于这一句的翻译差异最大，原因则是郭沫若的诗人情绪喷发，充分调动自己的想象，在译文中添加了许多自己的“私货”，如“黄牛一样的声音”“杀鸡一样的叫”“两个拳斗师在费尽九牛二虎之力”。形象化的译文，并没有使得原文中相对应的 dull、squeaking 等词语变得更容易理解，反倒有可能更加含混复杂起来。毕竟，每个人想象中的黄牛的叫声、杀鸡的声音恐怕都不会很一致。这种连续添加“私货”的翻译，在郭沫若的文学翻译历程中其实并不多见。郭沫若将 with the squeaking of two fiddles which vied with each other in intricate and altitudinous gymnastics 译成两个小句子：还有两只四弦琴也在杀鸡一样的叫，就好像有两个拳斗师在费尽九牛二虎之力地苦斗。相比于复杂的复合句式，汉语更习惯于使用简单的小句子。但是当把英语里复杂的句子译成一个接一个的简单小句后，随之而来也就产生一个问题，容易混淆相互之间的关系。肖乾等将上面这个句子译为：“从门外老远的地方就可以听到大提琴单调的‘布隆、布隆’声和两把相互竞赛、各显神通的小提琴发出的一片音响。”明确可以知道“相互竞赛、各显神通”形容的是两把小提琴发出的“音响”。郭沫若将其译为：“远远你可以听见一只舍罗琴的‘布弄，布弄’的黄牛一样的声音，还有两只四弦琴也在杀鸡一样的叫，就好像有两个拳斗师在费尽九牛二虎之力地苦斗。”两个拳斗师指的是两只四弦琴，还是两只四弦琴和舍罗琴？句子本身的表述并不是很清晰。毕竟，在阅读的感知上，“黄牛一样的声音”与“杀鸡一样的叫”由于都位于两个小句的末尾，语法上构成对位，更容易被想象成“两个拳斗师”。对于郭沫若的这种翻译处理，笔者觉得最好视为天才译者的乱蹈，在直译的过程中，创作欲望禁不住地要爆发一下。

3. Once within, she turned and began to push the other way, roaring, meantime, “Eik! Eik! Uzdaryk-duris!” in tones which made the orchestral uproar sound like fairy music.

郭沫若将“Eik! Eik! Uzdaryk-duris!”译为“喂！喂！你们让开！”肖乾等选择了保留原文，而以注释的方式说明这是立陶宛语，意思是：去，去，把门关上。窃以为，其实郭沫若并没有将“Eik! Eik! Uzdaryk-duris!”译为“喂！喂！你们让开！”现在的人将后者视为前者的汉译，很可能是对郭沫若译文的误读。就在婚宴过程中，玛利亚还唱了一首立陶宛语的歌曲，郭沫若径直以“唱完了一首病相思的哀歌”将其一笔带过，将原文中的四行歌词删掉了。郭沫若在《译后》中说，“本书开端第一章，由玛利亚口中有立陶宛的一节恋歌唱出，因译者不解立陶宛语，故于译文中略去。”① 很可能郭沫若没有花费力气弄清立陶宛语“Eik! Eik! Uzdaryk-duris!”的意思，但是这句话又不能略掉，否则前后几句话就衔接不上，玛利亚喊出来的这句话很

① ［美］辛克莱：《屠场》，易坎人译，南强书局 1929 年版，第 406 页。

可能是郭沫若按照上下文情景自己创造出来的。也正因为如此，所以这句话出现在译文中，毫无违和的感觉。

《“风韵译”再探索》的作者借助于原小说开篇第四自然段的起始句：She stood in the doorway，shepherded by Cousin Marija……认为“奥娜和玛利亚一起乘马车赶往宴会场的”，故而玛利亚一进大厅就喊“关门”不符合事理逻辑，由此认为郭沫若“对原文本做出了能动改造”。[①] 郭沫若译文和原文大不相同，需要对改动的原因进行解释。但是，从郭沫若的汉语译文推断英语原文不合逻辑，认为郭沫若的改动是源于他的理解更符合事理逻辑。这种反推并不能够显示郭沫若翻译的创造性叛逆，只能掩盖真实的问题。如果推断原文不符合逻辑。不合逻辑的原因可能是原作者没有处理好，小说留下了纰漏，还有就是玛利亚太过于匆忙以至于语无伦次，出现了口误。其实，这种看似有道理的理解乃是建立在没有仔细阅读原语文本的基础之上，同时又先验地将郭沫若的译文判定为优秀，因此遇到不相符合的问题，便从郭沫若译文合理性的角度寻找合适的诠释。这样的诠释只能离开事实越来越遥远。

《屠场》英语原文开篇提到从教堂到宴会场的马车时，用的是复数 carriages，而第一自然段叙述玛利亚时说：She had left the church last of all，and，desiring to arrive first at the hall。在教堂里，新娘的父亲将新娘交给新郎，离开教堂去宴会场的路上，一般来说新郎和新娘会同乘一辆马车。虽然不能确定马车上还有没有他人，但可以确定的是玛利亚应该没有和新娘同乘一辆马车，否则的话就不会说玛利亚是最后一个离开教堂的人。至于小说第四自然段叙述玛利亚和新娘子一起挤进宴会场，很可能说明玛利亚虽然未必如她自己所愿是第一个到达宴会场的，但却比新娘子早到。或者新娘早一步到了，却因为某些原因还停留在外面，等到玛利亚来到之后，两个人才一起进去。至于玛利亚喊的是“关门”，需要注意的是玛利亚不是在往宴会场里面挤的时候喊的，而是从宴会场往外挤出来的时候喊的。所以，不是一进大厅便喊“关门”。一进一出，玛利亚喊“关门”，应该是玛利亚挤到里面之后，发现新娘子不在里面，故此赶紧挤出来，在外面找到新娘子之后，然后搀扶着新娘子两人一起进去。挤出来的时候喊“关门”，应该就是为新娘子的进入亮相做准备！明乎此，我们就能理解小说原文 turned and began to push the other way 的意思。在郭沫若的译文中，他偏偏将这句话译为“横冲直撞”。笔者以为，郭沫若的译文不宜视为创造中的叛逆，其实就是译者对原文的误读。Turn 可译为转身，估计郭沫若将其理解为转向了另外一个方向，而不是一百八十度的转身，故而有了“横冲直撞”的译文。按照郭沫若译文的表述，似乎是玛利亚勇往直前，在人群中开出了一条道路，终于带着新娘子一起“从人群中挤出来”，“立在门口”。这种理解似乎比前面的解释简单直接，有其合理性。其实不然。首先，对“关门”的理解太想当然；其次，既然玛利亚已经进了宴会场，而

---

① 张慧：《“风韵译”再探索》，《郭沫若学刊》2015 年第 4 期。

且“一跳进去便横冲直撞起来”，怎么又在接下来的文字中说她和新娘子“立在门口”（She stood in the doorway，shepherded by Cousin Marija，breathless from pushing through the crowd）？总不能是宴会场内横冲直撞的玛利亚在场内找到了新娘子，然后两个人又走到门口处立在那里吧？在这一点上，肖乾等人的理解是正确的，玛利亚和新娘子是“刚从门外挤进来”。[①] 相比之下，郭沫若的译文“从人群中挤出来”虽是直译，也与自己译文前后逻辑能够一致，实际上却是在模糊原文本的表述。因为他不能像肖乾等的译文那样说玛利亚两人“刚从门外挤进来”，那样的话就和前面的译文相冲突了。

对于郭沫若的上述译文，首先，笔者以为应该毫不犹豫地承认译作中存在误译。郭沫若在《译后》中说自己的翻译“于力量不到处或偶尔疏忽时庸或有误译之处”。[②] 这并非只是谦虚之词，事实就是如此。郭沫若是伟大的翻译家，指出其译作中的错误无损于其翻译成就。其次，应该承认作为文学家的郭沫若进行翻译时所具有的敏锐的文学感知力，对原语文本有自己的把握方式，能够按照自己的文学感知解决译文中可能存在的一些矛盾瑕疵。诗人郭沫若在进行文学翻译时，凭借自身强大的语感和文学再创造能力对译文所作安排，甚或译文中有郭沫若“用自己的文字写出来的”“所得的感兴”。若是从直译的角度看，这些“感兴”可能并不令人感到特别满意，在字句上与原文并不十分吻合，但从“风韵译”的角度看，却正是郭沫若对原语文本“风韵”的再创作和呈现。

（原载《郭沫若学刊》2017 年第 2 期）

---

① ［美］辛克莱：《屠场》，肖乾、张梦麟、黄雨石、施咸荣译，人民文学出版社 1979 年版，第 2 页。

② ［美］辛克莱：《屠场》，易坎人译，南强书局 1929 年版，第 406 页。

“例示研究古史的一条大道”

——再论郭沫若《中国古代社会研究》

张　越

《中国古代社会研究》一书中各篇文章的撰写时间大约在1928年8月至1929年11月间，全书结集出版于1930年初，距今已经有80多年了。《中国古代社会研究》自问世伊始，恰值国内知识界正在进行中国社会史大论战，论战各方对该书的各种评价和议论蜂拥而至，这在客观上进一步扩大了《中国古代社会研究》的影响①。此后，郭沫若本人也在不断提及该书存在的问题、纠正该书存在的错误，而随着唯物史观史学在中国史坛的发展壮大，《中国古代社会研究》一书的价值与地位愈发明确地显现出来。20世纪后半期，《中国古代社会研究》中的学术观点（主要是古史分期观点）被郭沫若本人不断修正并在古史分期问题的讨论中受到各种质询与批评，然而该书被视为“中国史学史上第一部试图以马克思主义解释中国历史发展全过程的著作”②，“标志着中国马克思主义新史学的诞生”③，也基本形成共识。20世纪末至21世纪以来，尽管对郭沫若的评价出现了多种不同声音，但《中国古代社会研究》的学术地位并未受到明显影响，不仅如此，随着对20世纪以来中国史学发展的研究特别是对中国马克思主义史学研究的不断深入，《中国古代社会研究》一书的学术价值、对中国史学所产生的影响、值得中国史学积极借鉴和深入思考的特点，反而更值得进一步总结和研究。

一　从“以罗、王二家之业绩为其出发点”到“例示研究古史的一条大道”

写于1929年9月20日的“自序”，是郭沫若将之前完成的五篇研究中国古史的文章及若干研究札记汇编成《中国古代社会研究》一书之后的“感言”，简明扼要地

① 参见何刚《他者叙述与自我“作为”——郭沫若〈中国古代社会研究〉“经典之路”再析》，《郭沫若学刊》2011年第3期。

② 白寿彝主编：《史学概论》，宁夏人民出版社1983年版，第334页。

③ 尹达主编：《中国史学发展史》，中州古籍出版社1985年版，第522页。

写出了作者对新的历史学研究方向的认识、对当时中国史学发展趋向的评价和对运用唯物史观研究中国历史的意义的强调。郭沫若在“自序”中提到了他对于“整理国故”的看法。

郭沫若十分关注新文化运动中对国学的讨论和“整理国故”运动的兴起。1924年1月，他在《创造周报》发表了《整理国故的评价》一文，不满于“整理国故”成为“运动”的现象。他指出，“大凡一种提倡，成为了群众意识之后，每每有石玉杂糅，珠目淆混的倾向。整理国故的流风，近来也几乎成为了一个时代的共同色彩了”，“这种现象，决不是可庆的消息”，整理国故“充其量只是一种报告，是一种旧价值的重新估评，并不是一种新价值的重新创造，他在一个时代的文化的进展上，所效的贡献殊属微末”。这说明郭沫若是以“新价值的重新创造”为标准来评价“整理国故”的。对于“整理国故”的前景，他持观望态度：“国学究竟有没有研究的价值？这是要待研究之后才能解决的问题。”①

经过对中国古代社会的潜心研究之后，郭沫若对国学及“整理国故”的认识较《整理国故的评价》一文所表达的观点有了较大变化，即如在《中国古代社会研究》“自序”中所说的：“我们要跳出了‘国学’的范围，然后才能认清所谓国学的真相”，“没有辩证唯物论观念，连‘国故’都不好让你们轻谈。”② 很明显，结合使用对新旧材料中的古文字研究和唯物史观理论对古代历史的探索后，以《中国古代社会研究》为标志，郭沫若作出的对胡适等人倡导的“整理国故”的评价，从之前的持观望态度发展到持否定态度③。

既然不认为“整理国故”能够认清历史的“真相”，郭沫若转而强调研究中国古史的有效途径应该是以罗振玉、王国维为代表的、通过新史料去廓清古代社会的真相：“大抵在目前欲论中国的古学，欲清算中国的古代社会，我们是不能不以罗、王二家之业绩为其出发点了。”④ 在《卜辞中的古代社会》一文中，他更明确表示：“谓中国之旧学自甲骨之出而另辟一新纪元，自有罗、王二氏考释甲骨之业而另辟一新纪元，决非过论。言‘整理国故’，言‘批判国故’而不知甲骨文字之学者，盲人摸象者之流亚而已”，“我们是要从古物中去观察古代的真实的情形……得见甲骨文字以后，古代社会之真情实况灿然如在目前”⑤。

在这里不难看出郭沫若研究中国古代社会的基本思路：首先，他在“自序”中

---

① 郭沫若：《整理国故的评价》，《创造周报》1924年1月13日第36号。

② 郭沫若：《中国古代社会研究》，河北教育出版社2000年版，第8、9页。

③ 郭沫若批评胡适提倡的“整理国故”的原因，一些学者多从当时郭沫若欲与胡适一争高下的角度来解读，如逯耀东《胡适与当代史学家》（东大图书出版公司1998年版）、余英时：《历史人物与文化危机》（东大图书出版公司1995年版）等。笔者认为，此缘由未必没有一点儿道理，然而也并非尽然。郭沫若如果没有经过学术层面的悉心研究而仅凭意气之争便遽然批评“整理国故”之说，恐难成立。

④ 郭沫若：《中国古代社会研究》，河北教育出版社2000年版，第8页。

⑤ 同上书，第185—187页。

两次强调“对于未来社会的待望逼迫着我们不能不生出清算过往社会的要求”；其次，“欲清算中国的古代社会，我们是不能不以罗、王二家之业绩为其出发点”，因为“罗振玉的功劳即在为我们提供出了无数的真实的史料”，王国维的学术则“多是近代的科学内容”，而他们的工作才算得上是“在中国的文化史上实际做了一番整理功夫”，符合“‘整理’的最终目标是在‘实事求是’”、“‘整理’的方法所能做到的是‘知其然’”的要求；再次，尽管“恩格斯的《家庭、私有制和国家的起源》上没有一句说到中国社会的范围”，但是“在‘国故’的了解上，都是有莫大的帮助”，借助于唯物史观能够达到由“知其然”到“知其所以然”、由“实事求是”到“实事之中求其所以是”的目的，“没有辩证唯物论的观念，连‘国故’都不好让你们轻谈”①。这样的研究途径产生的效应，当是张荫麟所说的，《中国古代社会研究》为“例示研究古史的一条大道”②。

已有学者指出：“郭沫若对于‘国学’的认识，划出了与胡适为代表的‘整理国故’一派的界限，但同时又表现出了对王国维为代表的‘考古证史’一派的直接继承。”③ 此说表明郭沫若以《中国古代社会研究》为标志的研治古史路数的特点，即超越“整理国故”，在王国维等人开辟的古史考证的基础上，结合对新材料的考证和解释，运用唯物史观探讨中国古代社会的“真相”。应该怎样理解这样的特点具有“例示研究古史的一条大道”和“开了一个新纪元”④ 的意义？

20 世纪初，梁启超呼吁“史界革命”，倡导建立中国的“新史学”，“《中国史叙论》与《新史学》两篇文章，可以说是近代新史学的里程碑”⑤，标志着中国近代史学的开始。梁启超在《新史学》中激烈批判旧史学，主张用进化论解释中国历史的发展，给“历史”下的定义是“历史者，叙述人群进化之现象而求得其公理公例”⑥，提出了一系列新的史学理念。在《中国史叙论》中，将“中国史之范围”“中国史之命名”“地势”“人种”“纪年”、史前时代及中国历史不同阶段等近代意义的历史研究中必须涉及的基本问题，一一作了阐述。梁启超“新史学”对于开创中国近代史学固然功莫大焉，然而也为人们留下了一系列未能解答的问题和诸多在近代中国史学发展中将会不断出现的问题。这其中，有两个问题是首先需要面对的：第一，怎样对待梁启超曾抨击的旧史学？即怎样处理新旧史学的关系？第二，参照西方史学、致力于融入史学“求真”和“科学”理念的近代中国史学，在研究层面究竟应该如何展开，即新的中国史学的研究路径、研究方法、研究目标是什么？

---

① 郭沫若：《中国古代社会研究》，河北教育出版社 2000 年版，第 6—10 页。

② 素痴（张荫麟）：《评郭沫若〈中国古代社会研究〉》，《大公报》1932 年 1 月 4 日。

③ 谢保成：《郭沫若学术思想评传》，北京图书馆出版社 1999 年版，第 105 页。

④ 何干之：《中国社会史问题论战》，上海生活书店 1937 年版，第 104 页。

⑤ 王汎森：《近代中国的史家与史学》，香港三联书店 2008 年版，第 7 页。

⑥ 梁启超：《新史学》，《饮冰室合集·文集之九》，中华书局 1989 年版，第 10 页。

前一个问题，对于包括“旧史学”在内的传统学术，在新文化运动中被称之为“国故”“国学”并对此展开讨论，胡适主张“用历史的眼光来扩大国学研究的范围”“用系统的整理来部勒国学研究的资料”“用比较的研究来帮助国学的材料的整理与解释”[①]，“整理国故”运动随之兴起。其直接后果是以所谓“科学方法”整理和研究传统学问一时成为风气，一些高校纷纷成立国学门、国学院等国学研究机构，相应产生的负面作用亦十分明显，如胡适所说：“现在一班少年人跟着我们向故纸堆去乱钻，这是最可悲叹的现状。我们希望他们及早回头，多学一点自然科学的知识与技术：那条路是活路，这条故纸的路是死路。”[②] 其间接后果，如胡适所说：“国学的使命是要使大家懂得中国过去的文化史；国学的方法是要用历史的眼光来整理一切过去文化的历史；国学的目的是要做成中国文化史。国学的系统的研究，要以此为归宿。一切国学的研究，无论时代古今，无论问题大小，都要朝着这一个大方向走。”即把“国学”纳入史学的范围，用近代“文化史”的新概念统整传统学术文化。[③] 周予同说：“胡氏与其说用西洋的思想来整理‘国学’——其实只是广义的史学，不如说集合融会中国旧有的各派学术思想的优点，而以西洋某一种的治学的方法来部勒它，来涂饰它。”[④] 胡适所说的“文化史”包括民族史、语言文字史、经济史、政治史、国际交通史、思想学术史、宗教史、文艺史、风俗史、制度史等十个方面，是一种广义的文化史范畴，是新式的历史学的专史分类，即将经史子集的“国学”纳入现代学术的各分支学科中，这对于近代中国史学的意义更为深远[⑤]。

然而，“整理国故”却无法解决第二个问题，这正是郭沫若批评“整理国故”的原因。“新史学”之后，学习和借鉴西方史学理论与方法是中国学术界的共识，但是怎样将其落实于具体的研究层面尚不明确，如期而至的新史料的发现，吸引了王国维等学者对甲骨文的整理、释读、考证，用之于研究上古历史，并根据研究心得总结出“二重证据法”。郭沫若认同用甲骨文等新材料研究中国古史的方法，认为新史学研究应该“以罗、王二家之业绩为其出发点”。为了“知其然”“实事之中求其所以是”，他将唯物史观用于解释中国古代社会，这比仅求得认清历史的“真相”更进了一步。然而使用唯物史观研究中国社会，郭沫若并非第一人，如陶希圣在1929年已经出版了《中国社会之史的分析》和《中国封建社会史》，郭沫若的创新在于“因为研究中国社会而研究甲骨金文，将卜辞金文用到社会史的研究”[⑥]，并且以新材料为依据划分出中国古史的原始社会、奴隶社会、封建社会等不同阶段，这可能才是张荫

① 胡适：《国学季刊发刊宣言》，《国学季刊》1923年1月第1卷第1号。

② 胡适：《治学的方法与材料》，《胡适文存》三集卷二，上海亚东图书馆1930年版，第205页。

③ 胡适：《国学季刊发刊宣言》，《国学季刊》1923年1月第1卷第1号。

④ 周予同：《五十年来中国之新史学》，《周予同经学史论著选集》，上海人民出版社1983年版，第544页。

⑤ 参见张越《“最低限度的国学书目”之争与文化史观》，《史学史研究》2004年第3期。

⑥ 齐思和：《近百年来中国史学的发展》，《燕京社会科学》1949年第2卷第12期。

麟把《中国古代社会研究》评价为“例示研究古史的一条大道”的出发点。

二　从“几曾摸着了一些儿边际”到“才摸着一些边际”

郭沫若写就于1929年9月20日的“自序”，评价胡适的《中国哲学史大纲》“在中国的新学界上也支配了几年，但那对于中国古代社会的实际情形，几曾摸着了一些儿边际?”[①] 实际上，1919年，胡适的《中国哲学史大纲》上卷出版，在学术界引起了巨大反响，“也支配了几年”这样轻描淡写般地表述并非完全符合实际。

及至1930年4月《中国古代社会研究》出第二版时，作者在书中原有的三篇“附录·追论及补遗”中又先后增补了七篇，其中一篇是写于1930年2月7日的《夏禹的问题》，该文开头提及“顾颉刚所编著《古史辨》第一册，最近始由朋友寄来”[②]，说明郭沫若在写《中国古代社会研究·自序》的时候尚未见到《古史辨》第一册，而在他写作《夏禹的问题》时则已经读到了。《古史辨》第一册收入了堪称与顾颉刚首次提出“层累”说的《与钱玄同先生论古史书》一文同样重要的另一篇文章——《答刘胡两先生书》，后文引用了胡适给顾颉刚的信，胡适在信中表示他“古史的大旨”是“商民族”为“石器时代”，“应该向‘甲骨文字的系统的研究’里去寻史料”；“周民族”“秦民族”“楚民族”是“铁器时代”，主要史料来源是“金文”和“诗”[③]。郭沫若从《古史辨》第一册中读到胡适的这些话，尽管并不同意胡适所理解的商为石器时代、周秦楚为铁器时代的观点，但是仅凭胡适使用了这些“术语”，并且提到以甲骨文字、金文为史料的主张，还是得到了郭沫若的部分认可，在《夏禹的问题》中他写道：“便是胡适对于古史也有些比较新颖的见解，如他以商民族为石器时代，当向甲骨文字里去寻找史料；以周、秦、楚为铜器时代，当求之于金文与诗。”据此可知，在时隔不到半年的时间里（1929年9月至1930年2月），郭沫若对胡适的评价便发生了一些变化：“我前说他在《中国哲学史大纲》中‘对于中国古代的实际情形，几曾摸着了一些儿边际’，就《古史辨》看来，他于古代的边际却算是摸着了一点。”[④] 这个变化至少说明郭沫若对于使用新史料的重视程度，在他看来，只有使用新史料才有可能认识到古代社会的“真相”。

还是在读过《古史辨》第一册后，郭沫若表示出极大兴趣，“我发现了好些自以为新颖的见解，却早已在此书中由别人道破了”，继而坦率承认“这些见解与鄙见不期而同，但都是先我而发的”。他由此称赞顾颉刚的疑古学说：“顾颉刚的‘层累地造成的古史’，的确是个卓识……在前曾哄传一时，我当时耳食之

① 郭沫若：《中国古代社会研究》，河北教育出版社2000年版，第7页。

② 同上书，第290页。

③ 顾颉刚：《答刘胡两先生书》，《古史辨》第1册，上海古籍出版社1982年版，第97—98页。

④ 郭沫若：《中国古代社会研究》，河北教育出版社2000年版，第290、291页。

余，还曾加以讥笑。到现在自己研究了一番过来，觉得他的识见是有先见之明。"① 郭沫若肯定顾颉刚疑古学说的原因主要是认为"旧史料中凡作伪之点大体是被他道破了"，为使用新史料去"摸到"古代社会的"真相"创造了条件。在十几年后的1947年1月出版的《当代中国史学》一书中，顾颉刚评价道："郭先生应用马克思、莫尔甘等的学说，考索中国古代社会的真实情状，成《中国古代社会研究》一书，这是一部极有价值的伟著……中国古代社会的真相，自有此书后，我们才摸着一些边际。"②

从"几曾摸着了一些儿边际"到"于古代的边际却算是摸着了一点"，再到"才摸着一些边际"，可见一种新的研究模式从出现到逐渐被肯定的过程，也说明了《中国古代社会研究》逐渐得到承认的、对古代社会的真相"摸着一些边际"的学术价值。

《中国古代社会研究》包括五篇论文和若干篇"追论与补遗"。在五篇论文中，初稿完成的时间先后为《〈周易〉时代的社会生活》(1927年8月)、《〈诗〉〈书〉时代的社会变革与其思想上之反映》(1928年8月)、《中国社会之历史的发展阶段》(1928年10月)、《卜辞中的古代社会》(1929年9月)、《周代彝铭中的社会史观》(1929年11月)。新文化运动前后，经王国维等人通过甲骨文对殷商世系、殷周制度的研究和顾颉刚提出的疑古学说所引发的古史论辩，对上古三代历史的研究成为热点。郭沫若从《周易》《诗》《书》入手研究商周时期的社会生活、社会变革、精神生产(《〈周易〉时代的社会生活》原题《〈周易〉的时代背景与精神生产》)，这样的选题在当时有着明显的创新性。《〈周易〉时代的社会生活》所考察的"社会生活"包括"生活的基础"(渔猎、畜牧、商旅、耕种、工艺)、"社会的结构"(家族关系、政治组织、行政事项、阶级)和"精神的生产"(宗教、艺术、思想)。如此开阔的研究视野，展现了一幅丰富多彩的社会历史景象。郭沫若通过这项研究后认为："在《易经》和《易传》的研究中我们发现出中国古代社会的两个变革的时期：便是《易经》是由原始公社制变为奴隶制时的产物，《易传》是由奴隶制变为封建制时的产物。第一个变革是在殷、周之际达到完成，第二个变革的完成，是在东周以后。"③ 在接下来撰写的《〈诗〉〈书〉时代的社会变革与其思想上之反映》中，郭沫若着力讨论了中国古代社会"由原始公社制向奴隶制的推移"和"由奴隶制向封建制的推移"的社会经济形态的变迁，以生产工具、农业、畜牧业、工商业、宗教思想、社会关系等方面的变化因素为依据，尝试用唯物史观的社会经济形态说来解释古代社会的历史发展阶段。随后写出了专门论证这一研究思路和研究结论且之后用作本

① 郭沫若：《中国古代社会研究》，河北教育出版社2000年版，第290、291—292页。

② 顾颉刚：《当代中国史学》，《顾颉刚全集·顾颉刚古史论文集》卷十二，中华书局2010年版，第407页。

③ 郭沫若：《中国古代社会研究》，河北教育出版社2000年版，第87页。

书“导论”的《中国社会之历史的发展阶段》一文，阐述了他最初的古史分期观，即“殷代——中国历史之开幕时期”“周代——铁的出现时期——奴隶制”“周代以来至最近时代之概观”“中国社会之概览”，提出殷周之际为奴隶社会、周秦之际开始为封建社会、清末为资本制的分期观点，从生产力和生产关系等因素出发，探究几种社会形态在中国历史进程中的接替演进过程，“就中国的思想，中国的社会，中国的历史，来考验辩证唯物论的适应度”。①

郭沫若说：“以上三篇大率均是我在未十分研究甲骨文字及金文以前的作品，在发表当时很有一些分析错误或论证不充分的地方。”② 他大约在 1928 年 8 月开始研读甲骨文，一年后完成了《甲骨文字研究》初稿，同时结合对古文字研究的心得，实践其“以罗、王二家之业绩为其出发点”的愿望，先后写出了《卜辞中的古代社会》《周代彝铭中的社会史观》两篇文章，成为《中国古代社会研究》中以甲骨文、金文为史料研究古代社会“真相”的重要篇章。《卜辞中的古代社会》的写作持续了近一年时间，是本书五篇论文中研究用时最长的一篇，且“稿成全部更易者亦四五次”。然而潜心于古文字研究毕竟还不是最终目的，他说：“我们现在也一样地来研究甲骨，一样地来研究卜辞，但我们的目标却稍稍有点区别。我们是要从古物中去观察古代的真实的情形，以破除后人的虚伪的粉饰——阶级的粉饰。本篇之述作，其主意即在于此。”③ 文章通过卜辞的记载，从渔猎、牧畜、农业、工艺、商贾几方面叙述古代“社会基础的生产状况”，又根据摩尔根的《古代社会》和恩格斯的《家庭、私有制和国家的起源》对原始社会与氏族社会的阐述，以卜辞中有关“母权中心”“氏族会议”“私有财产的发生”“阶级制度的萌芽”等材料与之对应，描述殷商时期“上层建筑的社会组织”。《周代彝铭中的社会史观》则是以金文为材料，证明西周为奴隶制。《中国古代社会研究》中这两篇用甲骨文、金文研究古代社会的社会性质的文章，从材料和研究方法上都对前三篇文章的观点作了更有力的证明，从而建立起来中国马克思主义史学的雏形，董作宾评价说：“唯物史观派是郭沫若的《中国古代社会研究》领导起来的……他把《诗》《书》《易》里面的纸上材料，把甲骨卜辞、周金文里面的地下材料，熔冶于一炉，制造出来一个唯物史观的中国古代文化体系。”④ 从当时对古代历史的研究状况看，说《中国古代社会研究》对“中国古代社会的真相，自有此书后，我们才摸着一些边际”，便可以大致理解了。

---

① 郭沫若：《海涛集》，《沫若文集》第 8 卷，人民文学出版社 1958 年版，第 312 页。

② 郭沫若：《中国古代社会研究》，河北教育出版社 2000 年版，第 11 页。

③ 同上书，第 237、187 页。

④ 董作宾：《中国古代文化的认识》，《中国现代学术经典》（董作宾卷），河北教育出版社 1996 年版，第 614 页。

三 关于对《中国古代社会研究》的批评

《中国古代社会研究》自问世之后，就伴随着巨大争议，这不仅表现在社会史论战期间许多参加论战的人对该书观点的批评，也表现在置身论战之外的人士对该书观点的批评，即如郭沫若的古史分期及相应观点，在马克思主义史学阵营中的商榷之声也一直没有停息，更在新中国建立后中国马克思主义史学居主导地位之时形成了更大规模的讨论，成为“十七年时期”史坛“五朵金花”问题之首。

对《中国古代社会研究》提出批评的各种观点在社会史论战期间表现得十分复杂。何干之在《中国社会史问题论战》中介绍“郭沫若的新见解与旧见解”时说：“各位参战的朋友，对于历史方法论的了解，大多数是在水平线之下”，“更可惜的是论争的态度不好，有些参战的人，不一定很热心的去探求真理，往往只闹意气，争高下”①。水平有限、意气之争反映在对《中国古代社会研究》的批评中十分明显。顾颉刚也认为：“这部书的影响极大，可惜的是：受它影响最深的倒是中国古史的研究者，而一般所谓‘社会史的研究者’，受到它的影响却反不大，这是因为当时的‘社会史研究者’，大部分只是革命的宣传家，而缺少真正的学者，所以郭先生这部伟著，在所谓‘中国社会史的论战’中，反受到许多意外的不当的攻击。”② 这里的“社会史研究者”当主要指部分活跃在社会史论战中的“参战者”，而非专门研究古史的学者。还有很多基于学术层面的批评意见，十分尖锐地指出了《中国古代社会研究》中的问题。如张荫麟认为：“摩尔根和他同时许多人类学先驱者的根本错误，在以为社会的演化有一定之程序与方式，为各个社会所必经……可惜郭先生不出此，竟无条件地承受了那久成陈迹的、十九世纪末年的‘一条鞭式’（Unilinear）社会进化论，并担任用中国史来证明它，结果弄出许多牵强穿凿的地方。”③ 对比郭沫若下面的说法，可见张荫麟的批评是被承认并接受的：“我的初期的研究方法，毫无讳言，是犯了公式主义的毛病的。我是差不多死死地把唯物史观的公式，往古代的资料上套，而我所据的资料，又是那么有问题的东西。我这样所得出的结论，不仅不能够赢得自信，而且材料的不正确，还可以影响到方法上的正确。”④ 再如法国学者马伯乐认为郭沫若的古史研究“在中国人该认为最是创获的地方，比如根据西方社会学的理论来解释中国社会的某几点，对于一个欧洲的读者自然没有同样的兴趣，尤其因

① 何干之：《中国社会史问题论战》，上海生活书店 1937 年版，第 59—60 页。

② 顾颉刚：《当代中国史学》，见《顾颉刚全集·顾颉刚古史论文集》卷十二，中华书局 2010 年版，第 407 页。

③ 素痴（张荫麟）：《评郭沫若〈中国古代社会研究〉》，《大公报》1932 年 1 月 4 日。

④ 郭沫若：《海涛集》，《沫若文集》第 8 卷，人民文学出版社 1958 年版，第 339 页。

为郭先生的社会学的材料似乎陈旧了一点；再者，他考释古文字的假设，有时也太大胆”①。郭沫若致函答复：“马伯乐先生是法国研究东方学问的权威，我的著作蒙他亲切地加以批评，并在大体上是得到了他的称许……马先生的指摘有很多地方是整整针对着那些缺陷的，但是好些地方作者在目前尚疑难表示同意。”②

已有学者指出：“由于时代的局限，《中国古代社会研究》也确实存在某些缺陷。而对这些缺陷进行最清楚明确的反思，不是出自别人，正是出自郭沫若自己。”③ 上文已经提及，郭沫若为即将出版的《中国古代社会研究》撰写的“解题”就已经提到，在尚未认真研究甲骨文、金文时写就的本书前三篇“在发表当时很有一些分析错误或论证不充分的地方”④。此后郭沫若在许多地方不断提及并修改书中存在的错误，如1944年7月，郭沫若作《古代研究的自我批判》（收入《十批判书》），在时隔大约15年后对《中国古代社会研究》进行了认真检讨：“我首先要谴责自己。我在一九三〇年发表了《中国古代社会研究》那一本书，虽然博得了很多的读者，实在是太草率，太性急了。其中有好些未成熟的或甚至错误的判断，一直到现在还留下相当深刻的影响。有的朋友还沿用着我的错误，有的则沿用着我错误的征引而又引到另一错误的判断，因此关于古代的面貌引起了许多新的混乱。这个责任，现在由我自己来清算，我想是应该的，也是颇合时宜的。”⑤ 该文还对《周易》等文献材料的使用、卜辞和青铜器的处理中存在的问题作出修正。1947年4月，《中国古代社会研究》新版面世，郭沫若在“后记”中提到书中存在的缺陷：“在材料的鉴别上每每沿用旧说，没有把时代性划分清楚，因而便夹杂了许多错误而且混沌。”⑥ 1954年《中国古代社会研究》再次改排出版，郭沫若在“新版引言”中表示：“主要由于材料的时代性未能划分清楚，却轻率地提出了好些错误的结论”，“错误是人所难免的，要紧的是不要掩饰错误，并勇敢地改正错误”⑦。

事实上，郭沫若的确是一直在“勇敢地改正错误”的，其中既有许多考察古代社会过程中因材料问题而导致的具体错误，也有对其古史分期观点方面的重大改变，如将原始氏族社会结束于殷代末期或殷周之际改为殷代和西周为奴隶社会，将周秦之际为封建社会逐步明确为春秋战国之际为封建社会的开始。观点变化的前后包含了大量的对史料理解的修正、对生产工具使用的各种认定、对土地制度的辨析、对生产方式的不同判断乃至对分期标准深入讨论的研究过程，成为中国马克思主义史学研究的

① ［法］马伯乐：《评郭沫若近著两种》，陆侃如译，《沫若近著》，上海北新书局1937年版，第61—62页。

② 郭沫若：《答马伯乐先生》，《沫若近著》，上海北新书局1937年版，第53页。

③ 李红岩：《正确评价〈中国古代社会研究〉》，《光明日报》2003年1月7日。

④ 郭沫若：《中国古代社会研究》，河北教育出版社2000年版，第11页。

⑤ 郭沫若：《十批判书》，人民出版社1954年版，第1页。

⑥ 郭沫若：《中国古代社会研究》，河北教育出版社2000年版，第297页。

⑦ 同上书，第3、4页。

核心问题之一。

郭沫若古史研究存在缺陷的原因主要表现在两个方面：一方面是结合社会经济形态理论划分中国古史不同阶段时出现的不同观点和不同理解；另一方面是在使用新史料时，因解读甲骨文、金文而出现的问题导致在使用时出现的误判。无论是使用新史料还是结合新理论，“这是‘用科学的历史观点研究和解释历史’的草创时期的东西”①，《中国古代社会研究》因此而存在着诸多缺陷是十分正常的，这并不能影响到《中国古代社会研究》的学术价值和创新意义。尽管在研究中不断修正自己的观点，但是郭沫若一直认为本书“在我自己是一部划时期的作品”，“我用的方法是正确的”，甚至认为“本书在思想分析的部分似有它的独到处，在十七年后的我自己也写不出来了”②。

王汎森指出，近代中国史学经历过三次革命，“第三次革命是马克思主义史学的勃兴，重心是‘怎样解释历史’”③，《中国古代社会研究》真正将“怎样解释历史”落到了实处。“怎样解释历史”的首要条件是要有支持解释历史的理论，20 世纪初梁启超“新史学”试图用进化论解释历史，限于种种原因而进展有限，然而“解释历史”的学术基因已经植入了近代中国史学中，用唯物史观解释中国历史既可以视为是以“新史学”为特征的学术传承的一个新阶段④，也是现实政治的需要（如郭沫若所说“对于未来社会的待望逼迫着我们不能不生出清算过往社会的要求”），还是近代中国史学在学术层面寻求进一步发展的尝试（如郭沫若所说“我们是要从古物中去观察古代的真实的情形”）。回顾《中国古代社会研究》所引发的较长时间的批评与争论固然非常必要，但是在学术语境有了很大变化的 21 世纪的今天，我们还需超越这些批评与争议，从更长远的眼光去看待《中国古代社会研究》及由此开启的中国马克思主义史学的意义。如一直以来人们都在批评中国马克思主义史学存在着公式化、教条化的问题，然而在一本回顾 20 世纪中国史学的著作中，赵世瑜在论及《中国古代社会研究》时却认为：“郭沫若的突出贡献是把对古文字的研究与古代史研究有机结合，新的理论认识是在学术考证和解释的基础上得出的，而不是空对空的。”⑤笔者理解，这个评价既应该是对比当时社会史论战时出现的“空对空”现象而言，也应该是对比此后中国马克思主义史学在发展过程中教条化现象有所严重的情况而言，《中国古代社会研究》作为中国马克思主义史学的开山之作，尽管“新的理论认识”存在着各种各样的问题，但是研究者在主观和客观上的确“是在学术考证和解释的基础上”尝试“把对古文字的研究与古代史研究有机结合”。又如，许多人认为

① 郭沫若：《中国古代社会研究》，河北教育出版社 2000 年版，第 3 页。

② 同上书，第 297、298 页。

③ 王汎森：《近代中国的史家与史学》，香港三联书店 2008 年版，第 6 页。

④ 参见李红岩《中国近代史学史论》，中国社会科学出版社 2011 年版，第 2—4 页。

⑤ 刘新成主编：《历史学百年》，北京出版社 1999 年版，第 114 页。

用社会经济形态理论解释中国历史“不合潮流”、唯物史观史学观点陈旧，而阎步克在论述中外历史会通的一篇论文中说：“郭沫若等马克思主义史学家，把唯物史观引入中国学界，由此令中国人知道了母系氏族、父系氏族、奴隶社会、封建社会等概念，它们都是清以前的史家梦想不及的。又如，以铜器论述夏国家起源，以铁器论述战国剧变，‘奴隶制与封建制的更替之发生在春秋、战国之交，铁的使用更是一个铁的证据’，均令人耳目一新，学术创新度相当之大。”[①] 这番话应该使我们更加深刻地认识到何为真正的“学术创新”。

今日中国史学了解西方学术理论的条件和程度，已远非郭沫若撰写《中国古代社会研究》时可比，而对于中国历史发展整体进程作出更加符合中国历史实际的宏观概括与解释，找到在理论和研究方法上真正具备学术创新之途径并非易事。在此种意义上，郭沫若的《中国古代社会研究》在当年所例示出的“研究古史的一条大道”所带给我们的启示，仍然值得高度重视。

（原载《中共党史研究》2017 年第 5 期）

---

① 阎步克：《一般与个别：略谈中外历史的会通》，《史学调查与探索》（2016 年卷），北京师范大学出版社 2016 年版，第 5 页。

改革开放初期学术界对郭沫若古史分期理论的论辩

周书灿

自20世纪30年代起，郭沫若对中国古代社会形态与古史分期问题进行了长达四十多年的学术探索，迄改革开放前夕，郭氏“战国封建论”成为古史分期理论中最具影响力的学术论点之一，“在全国范围内广泛流行，并为多数人所接受”。①然而，中国古史分期问题的讨论历经20世纪70年代的短期沉寂之后，迄改革开放之初再度掀起新的高潮，“西周封建论”“魏晋封建论”“秦统一封建说”乃至“无奴”理论，活跃纷呈，在此学术背景下，郭沫若的“战国封建论”不断受到学术界的激烈辩难。与此同时，“战国封建论”学者亦对来自不同学派的论辩不断予以回击与反驳。这一时期学术界对郭沫若中国古史分期理论的论辩，将中国古代社会形态与古史分期理论的讨论推进至一个新的阶段。辩论也暴露出一系列突出问题，使得中国古代社会形态与古史分期大讨论再度陷入沉寂与停滞局面。与此同时，“无奴说”昙花一现，或多或少地影响到新时期中国古代社会形态与古史分期理论讨论的学术走向。从中国现代学术史的视角，对改革开放初期学术界对郭沫若中国古史分期理论的论辩所取得的成就和存在的突出问题重新进行深入、系统的考察和审视，对新时期中国古代社会形态与古史分期理论的科学建构，无疑具有重要的理论价值和启发意义。

一　对郭沫若“战国封建论”的质疑、商榷与批判

新时期中国古史分期问题大讨论发端于中共十一届三中全会召开前夕。1978年10月，《历史研究》杂志社和《社会科学战线》杂志社联合召开了中国古代史分期问题学术研讨会。会议贯彻“百花齐放、百家争鸣”的方针，内容丰富，形式多样，有质疑，有商榷，有答辩，“与会代表都力图完整、准确地理解马克思主义经典作家的有关论述，联系中国的历史实际，注意克服某些教条主义习气，警惕机械地照抄照

---

① 金景芳：《中国古代史分期商榷（上）》，《历史研究》1979年第2期。

转马克思主义经典作家的片言只语。在研究方法上，也尽力防止简单化、片面化，努力对古代社会的生产力和生产关系、经济基础和上层建筑做全面的考察，注重对古文献、考古发掘成果（特别是“文化大革命”以来的新成果）、少数民族社会调查材料（如四川凉山彝族、云南西双版纳傣族等）的综合研究，从而在相当程度上加强了上一次讨论中曾经存在的薄弱环节”。与此同时，“各种观点未能在会上进行充分的交锋，对分期所依据的标准也未来得及深入讨论，对某些史料的理解和应用亦欠深入地相互斟酌”等不足亦引起学术界的普遍重视。在这次讨论中，除了坚持“西周封建说”“春秋封建说”“秦统一封建说”“东汉封建说”“魏晋封建说”的各家各抒己见外，持“战国封建说”的专家“基本上同意郭沫若同志把奴隶制和封建制的界限划在春秋、战国之交的意见，但又有所变动”。① 从某种意义上讲，此次研讨会已经拉开了新时期学术界对郭沫若“战国封建论”的质疑、商榷乃至批判的序幕。

尽管在改革开放初期，把奴隶社会与封建社会的分界线定于春秋战国之际，仍是学术界“很流行的说法”，② 甚至可以称为“通行的古史分期法”，③ 但“西周封建论”的支持者仍不在少数。④ 赵光贤《周代社会辨析》一书第五章专列一节“论春秋战国之际不能作为奴隶社会与封建社会的分界线”。赵氏对以郭沫若为代表的西周奴隶社会论者的种种论点逐一提出质疑和批判后指出，把奴隶社会与封建社会的分界线定于春秋战国之际，“这个说法有很多的困难”，⑤ “不论在理论上和事实上都证明是很难成立的”。⑥ 总的来看，该阶段质疑和商榷的重点在于西周是否是奴隶社会的问题，诸家对郭沫若西周奴隶社会论发难的证据基本大同小异。不少学者对郭沫若判定《尚书·大诰》“民献”与金文“人鬲”为奴隶，把周代农民看作“黑劳士”、称之为“种族奴隶”等论点的质疑与商榷，总体上为20世纪50年代以后中国古代社会形态与古史分期大讨论的余绪，材料、观点与方法均缺乏创新，质疑与商榷尽管也触及郭沫若西周奴隶社会论的若干实质性问题，但尚难以从总体上彻底否定郭氏对战国社会性质的判定，加之学术界普遍赞同“战国者，古今一大变革之会”⑦ 的客观事

---

① 《历史研究》记者，《社会科学战线》记者：《冲破“禁区”，百家争鸣——中国古代史分期问题学术讨论会综述》，《历史研究》1978年第12期。

② 赵光贤：《周代社会辨析》，人民出版社1980年版，第205页。

③ 同上书，第203页。

④ 代表性的论著有王玉哲：《西周春秋时代的“民”的身份问题——兼论西周春秋时的社会性质》，《南开学报》1978年第6期；徐中舒：《对古史分期问题的几点意见》，《四川大学学报》1979年第1期；胡寄窗：《对古代史分期问题的一点意见》，《学术月刊》1979年第6期；赵光贤：《周代社会辨析》；皮高品：《评郭沫若的〈西周也是奴隶社会〉兼及〈科图法〉〈中图法〉》，《武汉大学学报》1981年第2期；杨公骥：《评郭沫若的〈奴隶制时代〉（一）》，《东北师范大学学报》1981年第6期；杨公骥：《评郭沫若的〈奴隶制时代〉（二）》，《东北师范大学学报》1982年第1期；杨公骥：《评郭沫若的〈奴隶制时代〉（三）》，《东北师范大学学报》1982年第2期，等等。

⑤ 赵光贤：《周代社会辨析》，人民出版社1980年版，第203页。

⑥ 同上书，第205页。

⑦ 王夫之：《读通鉴论》卷末《叙论四》，中华书局1975年版，第1112页。

实，因此以上质疑与商榷很难从根本上动摇郭沫若中国古代社会形态与古史分期的论点体系。

较之“西周封建论”“秦统一封建说”和“战国封建论”呈现出异中有同的特点和较为独到的学术旨趣。白寿彝认为，从公元前770年至公元前221年的整个春秋战国时期为“奴隶社会逐渐解体，封建社会逐渐形成的时期，是奴隶社会向封建社会过渡的时期。……公元前二二一年，秦始皇建立了第一个皇朝，同时也标志着封建制在全国占支配地位的时代开始了”。① 值得注意的是，白氏申论“秦统一封建说”，并未对传统的“战国封建论”作出回应，而金景芳则在对郭沫若古史分期理论所赖以建立的八个问题逐一进行分析，批评郭沫若“认为马克思主义所说的奴隶社会只有典型的古典的，即希腊罗马型的一种，不包括亚细亚的或东方的形态”的说法“与事实不符”；“全盘否定文献史料，单纯依靠地底下掘出的史料来讲古史”；“坚持用地下发掘物说明古史，把有大量的人牺人殉作为殷代是典型的奴隶社会的证明……不是马克思主义的观点”；“郭老所说的‘井田制’，既没有马克思主义理论根据，也没有历史事实根据，纯粹出于主观臆造”；引用周诗讲土地所有制“不是实事求是的态度”；由“对公田、私田的错误解释”逻辑推论出初税亩的“社会变革”意义；“置上下文义于不顾，只是根据自己的需要，摘取若干词句”，对《左传》上的“三分公室”“四分公室”作“随心所欲的解释”；郭氏“鲁三家、齐田氏是完成社会变革的新兴地主阶级”的观点“难以令人同意”。② 在此基础上，金氏断言：“郭老的中国古代史分期说是不能成立的。”③ 金氏结合经典作家的论述及中国古代文献，对中国奴隶社会的特点、中国奴隶社会的阶级和阶级斗争两个问题进行深入系统的论述，判定“中国的奴隶社会是典型的，而希腊、罗马的奴隶社会是非典型的”，从而提出“夏、商和西周是中国奴隶社会的上升期……至春秋，则是中国奴隶社会的衰落时期，战国则是由中国奴隶社会向封建社会的转变时期”，④ “自秦始皇统一中国，中国已跨入封建社会”。⑤ 金氏对郭沫若中国古代社会形态与古史分期理论中若干重要论点的商榷，有助于在准确把握马克思主义经典作家理论与中国古代史料基础上判定中国古代奴隶社会形态，然而金氏阐发的“秦统一封建说”同郭氏的“西周奴隶社会论”及“战国封建论”的理论体系总体上异中有同，其更加强调了春秋战国时期在奴隶社会向封建社会的“过渡”意义，因此，“秦统一封建说”大体上可看作对传统“战国封建论”的纠偏。

---

① 白寿彝：《中国历史的年代：一百七十万年和三千六百年》，《北京师范大学学报》1978年第6期。

② 金景芳：《中国古代史分期商榷（上）》，《历史研究》1979年第2期。

③ 同上。

④ 金景芳：《中国古代史分期商榷（下）》，《历史研究》1979年第3期。

⑤ 金景芳：《中国古代史分期商榷（下）》，《历史研究》1979年第3期。此后，金氏继续申论：“至秦统一中国，中国历史开始进入封建社会。”金景芳：《论中国奴隶社会的阶级和阶级斗争》，《中国社会科学》1980年第3期。

改革开放初期，一度受到压制的“魏晋封建论”异军突起，尚钺[①]、何兹全[②]、陈连庆[③]、罗祖基[④]等学者不断对旧说进行补充完善，从而对郭沫若“战国封建论”继续提出新的挑战。总的来看，该阶段“魏晋封建论”学者的旨趣略有差异，尚氏、何氏重在“立”，而罗氏则重在“破”。罗氏批判“战国封建论”认定“井田制即奴隶制”，“别出心裁”地把金文中的“人鬲”、文献中的“民献”解释为奴隶；尤其指明批判郭沫若“把西周时代所俘获的殷民，都说成是奴隶”；力驳“战国封建论”者“把秦汉专制主义政权的重本抑末政策，解释为上层建筑已经封建化的理由”；力证“没有找到春秋战国时代已经废除奴隶制，确立封建制的任何征象”。[⑤] 陈氏指出：“在南朝社会中奴隶劳动仍然不是可有可无的……这种现象应归结为奴隶制的残余……它是用西周封建说、战国封建说无法解释的现象。”[⑥] “魏晋封建论”者对郭沫若中国古代社会形态和古史分期理论若干重要学术论点的批判，和“西周封建论”“秦统一封建说”者，异中有同。显然，罗氏对郭氏的某些批判似乎已成为改革开放初期各家的“共识”。随着田野考古工作的全面展开与古史研究的不断深入，“魏晋封建论”者“西周春秋时期是……原始公社解体到发达的奴隶制社会的过渡时期”[⑦] 之社会阶段划分，的确存在不少疑问，这直接影响到其整个论点体系的可信度。

除“魏晋封建论”外，持“东晋封建说”的梁作干批判“战国封建论”者“把私有制的产生（它是商品经济发展的前提）与封建制的产生等同起来是没有理由的——没有经济依据和社会依据的。这是战国封建说在理论上的最大错误”。[⑧] 此外，“春秋封建说”[⑨]、“西汉封建说”[⑩]、“东汉封建说”[⑪] 者虽未与郭沫若“战国封建论”直接交锋，但他们对不同古史分期理论的发挥，在某种意义上讲，也从不同程度上对以郭沫若为代表的传统的“战国封建论”不断提出新的疑难。

---

① 尚钺：《关于中国古代史分期问题》，《中国史研究》1979 年第 3 期。

② 何兹全：《汉魏之际封建说》，《历史研究》1979 年第 1 期；《汉魏之际的社会经济变化》，《社会科学战线》1979 年第 4 期。

③ 陈连庆：《试论汉代的社会性质》，《吉林师范大学学报》编辑部编：《中国古代史论文集》1979 年第 1 辑；《南朝奴隶考》，《社会科学战线》1983 年第 2 期。

④ 罗祖基：《论与战国封建说的分歧》，《学术月刊》1979 年第 10 期。

⑤ 同上。

⑥ 陈连庆：《南朝奴隶考》，《社会科学战线》1983 年第 2 期。

⑦ 何兹全：《汉魏之际封建说》，《历史研究》1979 年第 1 期。

⑧ 梁作干：《古代社会性质与财产形态问题》，《暨南学报》1983 年第 4 期。

⑨ 祝瑞开：《春秋初中期齐晋楚的封建主革命》，《西北大学学报》1979 年第 1 期。

⑩ 赵锡元：《试论中国奴隶制形成和消亡的具体途径（续）》，《吉林大学学报》1979 年第 2 期；马植杰：《从奴婢在工商业中的地位看两汉的社会性质》，《史学月刊》1981 年第 3 期。

⑪ 郑昌淦：《井田制的破坏和农民的分化——兼论商鞅变法的性质及其作用》，《历史研究》1979 年第 7 期。

二 “战国封建论”者对各种质疑、商榷、批判的回击、反驳及对郭沫若古史分期理论的补充和订正

改革开放初期，绝大多数学者对郭沫若的中国古代社会形态与古史分期理论并未简单地采取全盘否定的态度，相反，仍有相当多的学者充分肯定郭氏古史分期理论的学术价值。林甘泉认为，郭沫若曾经指出，“初税亩”的历史内容，是表明鲁国正式宣布废除井田制，合法地承认公田和私田的所有权而一律取税，“这个意见是正确的”。① 黄烈指出，从1928年到1952年的二十多年中……郭老关于奴隶制与封建制分期具体划线上虽有改变，但他的一个基本思想是前后一贯的，就是他始终认定春秋战国时期是我国古代史上的一个大变革时期，无论从经济基础到上层建筑都在进行变革，“这是历史事实”，“郭老的主张比较符合历史的真实，比较有说服力”。② 总之，从中国现代学术史的视角，人们不难看出：“郭沫若对战国封建说理论的系统化，不仅把自己对中国古代史分期问题的研究加深了一步，而且也促进了对立面关于这个问题研究的深化”，③ “在从五十年代初到七十年代初的二十多年里，潜心于中国古史研究的郭沫若，在积极参与中国古史分期问题的争鸣中，力图完整、准确地理解马克思主义经典作家的有关论述，分析中国古代的历史实际……努力对中国古代社会的生产力和生产关系，经济基础和上层建筑进行全面考察，注意对古典文献材料、考古发掘成果、少数民族调查资料做综合研究，逐步丰富和完善他所创立的一派学说，同时又不断地以‘一家之言’去促进‘百家争鸣’，使参加古史分期问题讨论的其他学派‘蜂起并作’、著书立说。……推动中国古史分期问题的逐步深入”。④ 正因如此，仅仅抓住郭氏中国社会形态与古史分期理论中在对马克思主义经典作家论述的理解和中国古代文献材料运用方面的若干缺失，就彻底否定郭氏中国古代社会形态和古史分期的理论价值，显然并不公允。

不同学派对郭沫若“战国封建论”的质疑、商榷与批判，也屡屡暴露出不少新的问题。因而，学术界对郭沫若中国古代社会形态与古史分期理论的辩难，也受到一些支持郭氏学说的学者的回击与反驳。从侯绍庄对金景芳所作辩难的回击与反驳中，约略可见一斑。侯氏批判“金先生对马、恩关于‘古代东方’的学说的理解是片面的”；“金先生不去具体分析作为东方专制制度基础的农村公社的土地分配……而是仅仅抓住它们仍然执行着土地分授这个表面现象，就断然宣布它是古代东方奴隶制的‘铁证’，这不但没有说服力，而且理论逻辑上也是混乱的”；“金先生断章取义地解

① 林甘泉：《从出土文物看春秋战国间的社会变革》，《文物》1981年第5期。

② 黄烈：《郭沫若在史学上的贡献》，《郭沫若研究》学术座谈会专辑，1984年8月。

③ 田居俭：《立一派学说，促百家争鸣——读郭沫若〈奴隶制时代〉》，《历史知识》1982年第2期。

④ 同上。

释了郭老的论述”；“违背了具体问题具体分析的原则”；“金先生为了全盘否定郭老的古史分期学说，不惜贬低地下资料的价值，以期置郭老的古史分期学说于空虚贫乏苍白无力的境地。这种‘釜底抽薪’的办法，不能认为是科学的、公允的”；“金先生认为……‘三分公室’‘四分公室’，都是讲的兵制，同‘初税亩’毫不相干……既不看事件的前后联系，又不深入分析问题的本质，只是以‘兵制’二字敷衍了事”；“金先生……根本不谈生产力的发展及其与生产关系的矛盾，不谈生产关系的性质如何变化的情况，不谈劳动群众如何反对统治阶级的斗争及其历史作用。而是把这个充满尖锐复杂的社会性质变化过程，简单地归结为从‘井田制’到土地私有、从分封到郡县、从以儒家思想为指导到以法家思想为指导”；“由于金先生为了反对郭老的论述，硬要否定当时新兴地主阶级已经登上历史舞台这一事实”。通过对金氏《商榷》一文的系统批判，侯氏得出结论：“金先生对郭老的学说，从理论指导、研究方法到具体论述，采取了全盘否定的态度……难以令人同意”；“金先生指责人们对郭老的学说‘习非为是，积重难返’，则是论据不足的”。在批判金氏《商榷》的同时，侯氏极力为郭氏古史分期学说辩护，“郭老正是把殷墟的大量人牺人殉放在生产关系的领域里来考察，从这些牺牲者与生产资料的联系上来说明他们的性质。这完全符合马克思主义的观点”；“是十分精辟的见解”；“郭老对商、周社会里存在的‘井田’的论述，实质上体现了马、恩的‘古代东方’奴隶制的学说”；“中国的古代社会怎样从奴隶制过渡到封建制，郭老的论述非常详细……体现了马克思主义关于社会发展的学说，见地精辟，论证详尽，具有很强的说服力”；“郭老的学说体现了马克思主义的立论，符合中国的历史实际”。[①] 从学理逻辑上讲，侯氏对金氏辩难的回击与反驳，彰显了对郭沫若“战国封建论”极力辩护和充分肯定的旨趣。

在我们今天看来，和金氏对郭沫若古史分期学说的全盘否定类似，侯氏对郭沫若古史分期学说的近乎全盘肯定，同样存在不少问题。因为连侯氏本人也承认：“郭沫若同志……把奴隶社会与封建社会的分界线定在春秋、战国之交。这个结论当然还不能说就是最后真理，尤其是郭老在有的具体论述中，确实还存在一些不够完善之处。”[②] 郭沫若关于商代直接生产者身份、商代人殉和商周土地所有制形态等问题的论断，在中国古代社会形态与古史分期的讨论中，几乎成为众矢之的。又如，林甘泉在肯定郭沫若关于“初税亩”的历史内容表明鲁国正式宣布废除井田制、合法地承认公田和私田的所有权而一律取税“这个意见是正确的”同时，也强调“郭沫若的意见也有欠周到的地方，因为他否认中国古代有农村公社，从而就把私田完全说成是新兴地主阶级利用奴隶劳动垦辟出来的土地”。[③] 值得注意的是，改革开放初期，“战

① 侯绍庄：《怎样理解郭沫若同志的古代史分期学说——兼评金景芳先生的〈中国古代史分期商榷〉》，《历史研究》1979 年第 8 期。

② 同上。

③ 林甘泉：《从出土文物看春秋战国间的社会变革》，《文物》1981 年第 5 期。

国封建论”学者对郭沫若的若干论点亦在不断进行局部的补充订正。自20世纪50年代以来长期坚持“战国封建论”的白寿彝、田昌五等学者均就古史分期问题提出新的见解。早在1977年，白寿彝即曾指出：“春秋战国，是中国中原地区由奴隶制向封建制过渡的时代，封建社会开始的绝对年代不好定。”[①] 从以上文字可以看出，白氏的这一“不好定”显然和此前郭沫若“社会的发展阶段并不是斩钉截铁地可以划分的，各个阶段之间有相当长期间的游移”、[②]“社会制度的变革是由量变逐渐进展到质变，并不是刀切斧断的。因此，在中国历史上的奴隶制的下限实在很难得划定”[③] 等旨趣大体一致，但其认定整个春秋战国时期只是“中国中原地区由奴隶制向封建制过渡的时代”，强调了社会发展的区域不平衡性，所作结论明显比郭氏此前的一些论断，如“奴隶制与封建制的更替之发生在春秋、战国之交”，[④]“春秋和战国是截然不同的两个时代。春秋和战国之交恰好是古代社会的发展由量变达到质变的时期”，“春秋和战国的不同，无论在经济基础上，政权性质上，意识形态上，都有划时代的区别”[⑤] 等论述增加了更多科学的因素。此后，斯维至明确提出“我国古代社会的分界线可以定在商鞅第二次变法之年，即公元前350年。即在此以前为早期奴隶社会，在此以后为封建社会”；[⑥] 田昌五“基本上同意郭沫若同志的观点，而主张以战国时期的七国变法运动作为划分前后两个不同社会形态的界限”；[⑦] 邓廷爵“赞同郭老的中国封建社会始于战国之说”，但“不同意他以所谓‘严格意义的地主阶级’存在与否作为古史阶段划分的标准”。[⑧] 综上可知，郭沫若“战国封建论”论点体系中暴露出若干缺陷与不足，就连“战国封建论”学者也实事求是地予以承认。“战国封建论”者对郭沫若古史分期理论的补充、订正，进一步打破了新中国成立以后相当长时期“战国封建论”几成“定论”的一尊格局。总的来看，改革开放初期的中国古代社会形态与古史分期讨论，“诸家立论有所深化，讨论范围有所扩大，研究方法上有新的尝试，对某些史料、史事的诠释、考订获得进展”，[⑨] 对新中国成立后的中国古代社会形态与古史分期大讨论，在一定意义上起到了积极的拓展与深化的作用。

然而，学术界普遍赞同，改革开放初期以金、侯二氏为代表的史学家对郭沫若中国古代社会形态和古史分期理论辩论过程中所暴露出的不足，“基本上还是理论上的

---

① 白寿彝：《关于中国封建社会的几个问题》，《白寿彝史学论集》上，北京师范大学出版社1994年版，第8页。

② 郭沫若：《中国古代社会研究》，《郭沫若全集·历史编》第1卷，人民出版社1982年版，第311页。

③ 郭沫若：《奴隶制时代》，《郭沫若全集·历史编》第3卷，人民出版社1984年版，第33页。

④ 同上书，第8页。

⑤ 同上书，第12页。

⑥ 斯维至：《论庶人》，《社会科学战线》1978年第2期。

⑦ 田昌五：《中国古代奴隶制向封建制过渡的问题》，《社会科学战线》1979年第2期。

⑧ 邓廷爵：《关于我国古史分期的标准问题》，《文汇报》1979年3月30日第4版。

⑨ 张广志：《中国古史分期讨论的回顾与反思》，陕西师范大学出版社2003年版，第219页。

公式主义和史料运用上的实用主义那些老问题”。[①] “战国封建论”者虽然在中国古代社会形态与古史分期理论研究中作了一些史料扩充与视角转换，但其补正基本上没有突破郭沫若“战国封建论”已有的理论框架。张广志对该阶段古史分期讨论作出较为中肯的评价：“新时期的古史分期讨论，虽在某些方面有所深化，有所进展，但从根本上说，并无大的突破，不管是在理论上，方法上，还是基本史料的凭借上，都没有脱出50年代的格局、框框。”[②] 张氏这一评论是符合当时的历史实际的。自20世纪80年代末，学术界对马克思主义理论的理解和运用逐渐摆脱公式化、简单化倾向，断代史及社会史、文化史、经济史、民族史等专史研究蓬勃发展并不断向纵深方向推进，为重塑中国古史新体系、再构中国史新框架起到了积极的支持和推进作用。传统的中国古代社会形态与古史分期的讨论，似乎从总体上再度陷入沉寂与停滞局面，“几乎无人再提及这个话题”。[③] 尤其值得注意的是，被学术界认为“新时期对战国封建说论证有力，并对郭说有所补充、发展”、[④] “战国封建论自成体系”[⑤] 的田昌五，自20世纪90年代中期，已不再坚持用五种形态论来对中国古史进行阶段划分，提出了五帝和夏商周为“族邦时代”、战国至清消亡为“封建帝制时代”的新的“中国历史体系”。[⑥] 以后，田氏又明确提出“用五种生产方式斧削中国历史，是不适宜的”，“必须放弃用五种生产方式套改中国历史的做法”。[⑦] 张广志评论说，田氏中国历史“新体系”的建立，“实无异于把自己此前多年来的看法连根拔、一风吹了”。[⑧] 从新时期中国古代社会形态与古史分期讨论的总体走向看，20世纪80年代末以后，重塑中国古史新体系的理论尝试，在某种意义上是中国学术界思想觉醒和理论思维水平提高的表现。因此，改革开放初期中国古代社会形态与古史分期的讨论，在20世纪中国现代学术史上明显具有承上启下、继往开来的意义。

三　“无奴说”昙花一现及对郭沫若古史分期理论的影响

严格地讲，“无奴说”并非改革开放初期的新论点，从学术史的视角看，“中国无奴隶社会说”可以追溯至20世纪30年代的社会史论战时期。新中国成立初期，惟

① 张广志：《中国古史分期讨论的回顾与反思》，陕西师范大学出版社2003年版，第219页。

② 同上书，第220页。

③ 王彦辉、薛洪波：《古史体系的建构与重塑——古史分期与社会形态理论研究》，河南大学出版社2010年版，第114页。

④ 张广志：《中国古史分期讨论的回顾与反思》，陕西师范大学出版社2003年版，第202页。

⑤ 臧知非：《田昌五先生与中国古史分期问题》，《山东大学学报》2002年第3期。

⑥ 田昌五：《中国历史体系新论》，《文史哲》1995年第2期。

⑦ 田昌五：《中国历史体系的新构想》，《历史研究》2000年第2期。

⑧ 张广志：《中国古史分期讨论的回顾与反思》，陕西师范大学出版社2003年版，第206页。

雷海宗[①]、李鸿哲[②]两人仍在继续申论"无奴说"，但不久随着反右运动扩大化，"无奴说"被当成"政治问题"受到了学术界的猛烈责难，迄20世纪70年代，"中国社会空白了奴隶制，在原始公社的废墟之上建立起封建社会的议论，早已被吹送到九霄云外去"。[③]

早在20世纪30年代初，郭氏《中国古代社会研究》一书已较早将"中国社会之历史的发达阶段"区分为原始公社制、奴隶制、封建制、资本制几个不同的阶段，将西周时代划定在奴隶制阶段。[④] 新中国成立后，在此前研究的基础上，郭氏不断重申其对中国古代社会形态的看法：

> 中国社会的发展，曾经经历了原始公社、奴隶制和封建制，和马克思主义所划分的社会发展阶段完全符合。[⑤]
>
> 中国历代的生产方式，经过了原始公社制、奴隶制、封建制等，一直发展到现阶段，在今天是无可争辩的事实了。[⑥]
>
> 中国社会的发展是经过了原始公社制、奴隶制、封建制而来，证明马克思学说确实是放诸四海而皆准。虽然在今天，我们在划分阶段上还不能取得一致，那是由于我们所占有的古代材料还不充分，也由于还须得有一段时间来等待大家的意识的澄清。[⑦]

综上可知，在长期的学术探索中，郭氏始终坚持奴隶社会是人类社会发展的必经阶段，并肯定中国古代经历过类似于古希腊、罗马的奴隶社会的论点。

改革开放初期，几乎在古史分期大讨论如火如荼进行的同时，由于对亚细亚生产方式的讨论引发部分学者对传统五种社会形态单线演进模式的质疑与批判，在此背景下，"中国无奴隶社会说"（以下简称"无奴说"）再度"活跃"，并直接对包括郭沫若"战国封建论"在内的传统古史分期理论大讨论的学术走向或多或少地产生了一定的影响。

改革开放初期，"无奴说"的最主要代表人物是黄现璠和张广志。作为黄氏、张氏立论前提的"由原始社会到阶级社会，最初……不是奴隶社会，乃是人类社会发展规律，各国历史必经之路，是世界的通例。欧洲的希腊、罗马由奴隶制社会变为奴

① 雷海宗：《世界历史分期与上古中古史中的一些问题》，《历史教学》1957年第7期。

② 李鸿哲：《"奴隶社会"是否社会发展必经阶段?》，《文史哲》1957年第10期。

③ 郭沫若：《奴隶制时代》，《郭沫若全集·历史编》第3卷，人民出版社1984年版，第109页。

④ 郭沫若：《中国古代社会研究》，《郭沫若全集·历史编》第1卷，人民出版社1982年版，第30页。

⑤ 郭沫若：《奴隶制时代》，《郭沫若全集·历史编》第3卷，人民出版社1984年版，第3页。

⑥ 同上书，第14页。

⑦ 同上书，第112—113页。

隶社会，就不是人类社会发展规律、世界通例，而是历史特例”、[①]“奴隶社会并非人类历史发展的必经阶段……不经过奴隶社会，见之于广大地区，是通例，经过奴隶社会，见诸极个别地区，是变例，以变例为通例，是以偏概全”[②] 等论述，几乎是 20 世纪 50 年代雷海宗“历史上真正的奴隶主国家只能是例外的，不可能形成通例”、[③]李鸿哲“真正有成为支配生产方式的奴隶制存在的只有地中海沿岸的少数国家……与世界其他地域的众多国家来比，他们只是极少数。这些极少数国家的发展情况，我们应把它当作例外，而不能认为是一般的情形”[④] 等论述的翻版。黄氏的“奴隶制社会”、“奴隶社会”[⑤] 表述及“殷代是奴隶制封建领主社会雏形”[⑥] 等论点，则明显呈现出论证的粗糙和学理概念、逻辑的新的混乱。加之和郭沫若相比，黄氏对马克思主义经典作家理论的理解，及对中国古代文献尤其是甲骨文、金文资料的运用，多转引自第二手材料，明显缺乏一定的说服力。

按照学理逻辑，“无奴说”显然是对从新中国成立初期到改革开放初期 30 年间五种社会形态理论主导下的传统古史分期理论讨论基础的全盘否定。例如，张氏论及：“先一口咬定中国有奴隶社会，再以此为据进行奴隶社会与封建社会的分期，是十分荒谬的。只有抛弃这种荒谬而徒劳的作法，中国的古史研究才能从‘分期’的死胡同中走出来。”[⑦] 以后，张氏继续论及：“聚讼半个多世纪的中国古史分期问题，至今未获解决，而且也看不到解决的任何希望。……从根本上说，就在于我们所争论的是一个失去大前提的问题，一个本不存在的问题。……无可否认，古史分期的三大派在一些具体历史问题的研究上，是有成效的，但由于大前提错了，所以诸家在立论持说上不可避免地会露出破绽，遇到不可克服的困难。”[⑧] 张氏不断批判以往的学术界“先认定中国有奴隶社会，再以此为据去进行什么奴隶社会同封建社会之间的分期断限，是荒谬的，是永远不能讨论出什么结果的”。[⑨] 张氏对古史分期中三大派“在立论持说上不可避免地会露出破绽，遇到不可克服的困难”一一进行了论述，并特别强调“战国封建论”者所面临的“三个不可克服的难题”，批判他们的论述“距离中国史的实际那么遥远，或干脆是歪曲”。[⑩] 显然，改革开放初期，“无奴说”者批判 20 世纪 50 年代以来学术界有关中国奴隶社会与封建社会的分期大讨论“荒谬”

① 黄现璠：《我国民族历史没有奴隶社会的探讨》，《广西师范学院学报》1979 年第 2 期。
② 张广志：《略论奴隶制的历史地位》，《青海师范学院学报》1980 年第 1 期。
③ 雷海宗：《世界历史分期与上古中古史中的一些问题》，《历史教学》1957 年第 7 期。
④ 李鸿哲：《“奴隶社会”是否社会发展必经阶段?》，《文史哲》1957 年第 10 期。
⑤ 黄现璠：《我国民族历史没有奴隶社会的探讨》，《广西师范学院学报》1979 年第 2 期。
⑥ 黄现璠：《我国民族历史没有奴隶社会的探讨（续）》，《广西师范学院学报》1979 年第 3 期。
⑦ 张广志：《略论奴隶制的历史地位》，《青海师范学院学报》1980 年第 1 期。
⑧ 张广志：《奴隶社会并非人类历史发展必经阶段研究》，青海人民出版社 1988 年版，“前言”，第 4 页。
⑨ 同上。
⑩ 同上书，第 5 页。

“徒劳”“露出破绽”，根本原因在于“大前提错了”，而其所认定的“大前提”正是“中国无奴隶社会说”。

经过20世纪80年代的集中讨论，有学者认为，中国没有奴隶社会的看法，呈现出从信奉与宣传者“越来越多”① 和看法“比较一致”② 到“或许已经成为人们的共识”③ 的总体态势，然迄今为止，“无奴说”不仅不是学术界的“最后定论”，相反，“无奴说”存在的学理疑问与逻辑疑难日益引起学术界的高度关注。④ 甚至连改革开放初期“无奴说”的代表人物之一的张广志也实事求是地承认，“无奴说”距它在整个史学界得到更多人的认可，“尚差得很远”。⑤ 因此，从中国现代学术史视角看，改革开放初期的“无奴说”，基本上可以视为中国古代社会形态与古史分期问题讨论中的一家之言，至于最近有的学者所说，进入20世纪90年代，“中国无奴隶社会说的优势进一步确立”，⑥ 并非历史事实。到20世纪90年代，“无奴说”已很少有人再提及。因此，从严格意义上讲，改革开放初期的“无奴说”并未彻底推翻包括郭沫若“战国封建论”在内的传统古史分期理论。但自20世纪90年代以后，不少学者不再以传统五种社会形态理论对中国古代社会进行阶段划分，“无奴说”又或多或少地影响到改革开放以后中国古代社会形态与古史分期理论的讨论。

四 如何看待新时期对郭沫若史学论著的“两极评价”问题

在中国现代学术史上，无论是在文学界还是史学界，郭沫若都是备受争议的学者之一。郭沫若的《中国古代社会研究》自发表以后的八九年间，学术界、理论界“附和他的人极少，而反对他的人却极多”。⑦ 在长期的社会史论战过程中，郭氏《中国古代社会研究》屡屡成为“研究攻击的目标”，⑧ 他这部“富有精深独到的见解”⑨ 之“极有价值的伟著”，⑩ 不断“受到许多意外的不当的攻击”。⑪ 今天看来，社会史

---

① 张广志：《奴隶社会并非人类历史发展必经阶段研究》，青海人民出版社1988年版，“赵光贤序”。

② 晁福林：《先秦社会形态研究》，北京师范大学出版社2003年版，“自序”。

③ 王彦辉、薛洪波：《古史体系的建构与重塑——古史分期与社会形态理论研究》，河南大学出版社2010年版，第198页。

④ 周书灿：《“氏族封建”说与先秦社会形态再思考》，《史学理论研究》2012年第3期；《郭沫若与古史分期论争——兼论中国古代社会形态的未来路向》，《河北师范大学学报（哲学社会科学版）》2012年第6期；《“求同”与“辨异”——以郭沫若、徐中舒中国奴隶社会形态研究为中心的考察》，《浙江社会科学》2014年第2期。

⑤ 张广志：《中国古史分期讨论的回顾与反思》，陕西师范大学出版社2003年版，第240页。

⑥ 沈长云：《新时期中国社会形态问题讨论的回顾与前瞻》，《史学月刊》2016年第6期。

⑦ 何干之：《中国社会史问题论战》，上海生活书店1937年版，第95页。

⑧ 王凤庭：《对于中国社会史论战的意见》，《读书杂志》1932年第2卷第9期。

⑨ 顾颉刚：《当代中国史学》，上海古籍出版社2002年版，第96页。

⑩ 同上。

⑪ 同上书，第97页。

论战期间，由于中国社会科学研究起点还较低，论战中存在的理论脱离实际、从概念到概念的倾向也极为明显。辩难中出现的种种论点，疑问颇多，辩难中呈现的宗派情绪和非学术因素，并无学术价值。①

1978 年郭沫若去世后，学术界长时间呈现出对其充分肯定与彻底否定的“两极”评价。魏建指出，“这既是一个文化现象，也是非常重要的学术现象”，“长时间地存在‘两极’评价，只能说明直至今日的郭沫若研究仍然停留在科学含量较低的学术层次”。② 事实上，魏氏揭示的近年来文学界郭沫若研究中所呈现的这一“文化现象”和“学术现象”，在史学研究中也同样明显存在着，尤其是 20 世纪八九十年代，学术界对郭沫若古史研究的种种批判乃至彻底否定的浪潮，一浪高过一浪，其性质颇为复杂，很有必要对这一特定时期的文化与学术现象继续作一番全面的审视。

有别于社会史论战期间学术界对郭沫若《中国古代社会研究》的辩难，改革开放初期学术界对郭沫若中国古代社会形态与古史分期理论的论辩，总体上是在平等、融洽的气氛中展开的，但从金景芳对郭沫若古史分期学说的全盘否定及侯绍庄对郭沫若古史分期学说的近乎全盘肯定可以清晰发现，学术界对郭沫若史学的“两极评价”的旨趣已格外明显。可以说，自改革开放初期到 20 世纪 90 年代，金景芳、杨公骥等学者对郭沫若中国古代社会形态与古史分期理论的批判乃至全盘否定，以及侯绍庄、谢济③对金景芳、杨公骥等学者的回击与批判，多有张大其词、矫枉过正、偏激武断之处，辩论中以论带史、意气争胜的倾向非常明显，这在一定程度上影响到学术评判的客观与公正。

（原载《史学理论研究》2017 年第 1 期）

① 周书灿：《社会史论战背景下学术界对〈中国古代社会研究〉的辩难》，《河南社会科学》2014 年第 2 期。

② 魏建：《郭沫若“两极评价”的再思考》，《山东师范大学学报（人文社会科学版）》2012 年第 6 期。

③ 谢济：《金景芳先生为何如此评论郭沫若史学》，《郭沫若学刊》1991 年第 1 期；《金景芳等评郭沫若史学的命运》，《郭沫若学刊》1993 年第 2 期；《金景芳等评郭沫若史学的命运（续）》，《郭沫若学刊》1993 年第 3 期。

思想史与学术史交错下的“说儒”之争

——以胡适、郭沫若、钱穆为例

崔庆贺

一　引论

近代中国的“说儒”之争，是考察这一时期学者对于儒学与外来思想态度的重要视角，也是近代思想史、学术史转型中的重要一环。胡适、郭沫若、钱穆的“说儒”之争颇具典型性。胡适以“整理国故、再造文明”为鹄的，其《说儒》带有显明的比附色彩。郭沫若以辩证唯物论“谈谈国故”，与胡适立异，然其“说儒”同样犯了“公式主义”的毛病。钱穆一生“为故国招魂”，阐扬儒家价值的观念渗透在其“说儒”之中。三人“说儒”同在回应时局之变，其争论反映出当时三人思想主张与学术路径之不同。故三人“说儒”的不同路径，可以在思想史与学术史交错的背景下得到清理。

三人“说儒”影响长久，孰是孰非，学者仍在争论。傅剑平略述了胡适的《说儒》与钱穆的《驳胡适之〈说儒〉》，认为胡适关于“儒”“柔”相通的说法太拘泥于《说文解字》。钱穆在此点上对胡适的驳论则受到傅剑平的认可，儒多刚而道尚柔。[①] 邓广铭对胡著《说儒》与郭著《驳〈说儒〉》作持平之论，他强调《说儒》乃《中国哲学史大纲》发展而来并受到傅斯年《周东封与殷遗民》与基督教《圣经》的影响，认为《说儒》证据不够过硬，难以服人。[②] 邓广铭同意郭沫若对殷人行三年之丧的否定。从学术史的角度讲，郭胡“说儒”各有千秋，但对两人争论的思想主张邓广铭并未详论。陈来重点从方法论的角度分析胡适、郭沫若、钱穆等人“说儒”之得失，指出应从思想史的立场“说儒”才能解决问题。[③] 陈来的着眼点在于如何“说儒”，而不在于分析“说儒”者的思想主张与学术路径。王尔敏注意到了近代学

---

① 傅剑平:《原儒新论》,《暨南学报（哲学社会科学版）》1990年第2期。

② 邓广铭:《胡著〈说儒〉与郭著〈驳《说儒》〉平议》,《邓广铭全集》第10卷，河北教育出版社2005年版，第190—197页。

③ 陈来:《说说儒——古今原儒说及其研究反省》，陈明主编:《原道》第2辑，团结出版社1995年版，第319—323页。

者之“说儒”与时代思潮的关系，并分析各派“说儒”之得失。[①] 然对于胡适、郭沫若、钱穆“说儒”之争背后的思想主张及其与学术研究的关系，并未作详细分疏。

故目前关于三人“说儒”的研究多在学术史的梳理，而少涉及思想史的背景。对于三人“说儒”之争的思想主张与学术研究的纷杂关系更是少有论述。而这种思想史与学术史交错下的“说儒”之争即是本文着力探讨的问题。

二　“新思潮的意义”之产物:《说儒》的建立

对于1934年写成的《说儒》的价值，胡适自己曾说过：“《说儒》一篇提出中国古代学术文化史的一个新鲜的看法，我自信这个看法，将来大概可以渐渐得着史学家的承认，虽然眼前还有不少怀疑的评论。”[②] 晚年的胡适谈到此文仍然自信地认为：“那篇《说儒》却提出一个新的理论。根据这个理论可将公元前一千年中的中国文化史从头改写。”[③]

在这两句自我评价中，胡适提到《说儒》之作不仅是学术史的，也有文化史的意义。这种改写其实扎根于《新思潮的意义》中所宣扬的“研究问题、输入学理、整理国故、再造文明”[④]。此十六字为胡适一生志业之所在，《说儒》亦其志业实施之一端。文学革命使得胡适在思想史上“暴得大名”，余英时则强调《诸子不出王官论》则使得胡适在学术史上取得重要地位。[⑤] 观诸当时学者对《说儒》的讨论，此论亦有“大名”。《说儒》提出的学术观点与研究路径影响、甚至规范了日后其他讨论儒之起源的研究。故《说儒》之于胡适，亦可说树立了他在论儒起源这个学术园地上的大名。

《说儒》在胡适学术生涯中既非偶然之思，又非后无继者。在其前有《中国哲学史大纲》之开拓，在其后亦有子学研究以呼应，故研究《说儒》当明了此文前后胡适之学术研究与其相互关系，这也涉及胡适的整体思想发展与为学路径。

1.《中国哲学史大纲》的思想主张与研究方法

邓广铭在评论胡适《说儒》与郭沫若《驳〈说儒〉》时追溯《说儒》的学术

---

① 王尔敏虽然指出了《说儒》受到基督教的影响，然并未梳理《说儒》方法论的其他来源及其与傅斯年《周东封与殷遗民》的关系。对于郭沫若与钱穆的驳论，王尔敏亦未深入分析其思想背景与学术研究的交错关系。参见王尔敏《当代学者对于儒家起源之探讨及其时代意义》，《中国近代思想史论》，社会科学文献出版社2003年版，第404—407页。

② 胡适：《〈胡适文存〉四集自序》，欧阳哲生编：《〈胡适文集〉5 自序》，北京大学出版社1998年版，第7页。

③ 唐德刚译注：《胡适口述自传》，华东师范大学出版社1993年版，第256页。

④ 胡适：《新思潮的意义》，欧阳哲生编：《胡适文集》2《胡适文存》卷四，北京大学出版社1998年版，第551页。

⑤ 余英时：《中国近代思想史上的胡适》，联经出版事业公司1984年版，第38页。

脉络：

> 胡适先生于1934年发表了一篇《说儒》，是在他的《中国哲学史大纲（上卷）》的基础上，又结合一些新的材料，新的见解而写成的一篇专题论文。因为这是把《中国哲学史大纲》讲述儒家的部分加以改造和提高的，所以文章的局面广阔，见解比较开朗、新颖，成为当时很受学术界重视的一篇论著。[①]

《中国哲学史大纲》是胡适在近代中国学术史上的成名之作，甚至也可以说是近代中国哲学史学科成立的标志。[②] 日后胡适许多学术论著之方法与思想上的起源都可以追溯到此书，《说儒》自不例外。

诚如蔡元培之评论，《中国哲学史大纲》有几处特长，“证明的方法”“扼要的手段”“平等的眼光”“系统的研究”。[③] 其中证明的方法发掘诸子之思想来源，扼要的手段截断众流从老子、孔子讲起，平等的眼光齐平诸子之地位而不独尊儒家，系统的研究论诸家学术演进大势。这些研究路径与胡适的思想根源紧密相连。胡适自言其思想受无穷恩惠于赫胥黎、杜威：

> 我的思想受两个人的影响最大：一个是赫胥黎，一个是杜威先生。赫胥黎教我怎样怀疑，教我不信任一切没有充分证据的东西。杜威先生教我怎样思想，教我处处顾到当前的问题，教我把一切学说理想都看作待证的假设，教我处处顾到思想的结果。这两个人使我明了科学方法的性质与功用，故我选前三篇介绍这两位大师给我的少年朋友们。[④]

胡适所描述的思想来源真可与蔡元培之评论相照应，赫胥黎与杜威的影响既是思想层面的也是学术研究方法层面的即胡适常说的“大胆的假设、小心的求证”。而论胡适之思想来源只关注其西学来源显然是不够的。“输入学理”受思想于西学，“整理国故”则在于发现中国传统思想之价值，而其总目的是“再造文明”即融合中西思想。胡适毕竟长于晚清国势衰退、传统式微之大环境下，故其志在于融合中西思想，而根源则在于急国势之阽危。王尔敏在论述近代学者探讨儒家起源之背景时对此点有所说明。[⑤]

---

① 邓广铭：《胡著〈说儒〉与郭著〈驳《说儒》〉平议》，《邓广铭全集》第10卷，第190页。

② 胡适撰，耿云志等导读：《中国哲学史大纲·导读》，上海古籍出版社1997年版，第1页。

③ 胡适撰，耿云志等导读：《中国哲学史大纲·序》，第2页。

④ 胡适：《介绍我自己的思想——〈胡适文选〉自序》，欧阳哲生编：《胡适文集》5《胡适文存》四集卷五，第507—508页。

⑤ 王尔敏：《当代学者对于儒家起源之探讨及其时代意义》，《中国近代思想史论》，第417—418页。

2. 思想史与学术史交错的产物:《说儒》

胡适自言《说儒》之写作实与章太炎《国故论衡·原儒》有关,“二十多年前,章太炎先生作《国故论衡》,有《原儒》一篇”。这篇《原儒》,“现在看来,也还有可以修正补充之处。”[①] 胡适认为章太炎此文对“儒”字历史意义变化的描述颇有贡献,然仍存颇多问题:

> 不曾说明广义的儒究竟起源于什么时代,他们的来历是什么,他们的生活是怎样的,他们同那狭义的孔门的儒有何历史的关系,他们同春秋战国之间的许多思想潮流又有何历史的关系。[②]

章太炎之疏漏即是胡适之问题意识。针对这些问题胡适采取了相应的研究方法予以解决,而研究方法又反映了胡适的思想主张,故《说儒》乃是思想史与学术史交错的产物。

胡适的总体论证框架就是把儒之起源与演变比附于犹太民族灭于罗马之后而建立基督教的历史。胡适在《说儒》中以“救世圣人”的传说为线索论证了儒起源于殷商,其服饰、宗教、人生观都缘于殷之亡国。殷商亡于西周,而成为遗民,儒保持本民族服饰即殷服。儒之柔,乃是因为亡国之形势。“儒乃柔懦之人,不但指那逢衣博带的文绉绉的样子,还指那亡国遗民忍辱负重的柔道人生观。”[③] 章太炎引《说文》论达名之儒为术士,胡适亦引《说文》证儒之古义为术士。然其论超出章太炎者则在运用训诂之法后抓住“柔”字而进一步与周灭殷商联系起来。胡适的高足傅斯年在《周东封与殷遗民》中论证周人对殷商遗民的怀柔政策:“周初东征的部队中当不少有范文虎、留梦炎、洪承畴、吴三挂一流的汉奸。周人以这样一个‘臣妾之’之政策,固速成其王业,而股民藉此亦可延其不尊荣之生存。”[④]

胡适据以论证苟延残喘且柔懦之殷人与儒得名之关系,进而以为儒乃殷商遗民。这里来源于杜威的“祖孙的方法”,其大意是一种制度或学说必有其源又有其流即上有祖下有孙。[⑤] 既然殷商遗民受周人之统治,胜国的“祝宗卜史”就成为亡国的奴隶而不能不以柔道求生存。故以“祖孙的方法”“说儒”也是其思想发展的表现,亦可归之于思想史。

《说儒》引《周易》“需”卦以证明:儒“靠他们的礼教的知识为衣食之端,他

---

① 胡适:《说儒》,欧阳哲生编:《胡适文集》5《胡适文存》四集卷一,第5页。

② 同上。

③ 同上书,第15页。

④ 傅斯年:《周东封与殷遗民》,欧阳哲生主编:《傅斯年全集》第3卷,湖南教育出版社2003年版,第240页。

⑤ 胡适:《杜威先生与中国》,欧阳哲生编:《胡适文集》2《胡适文存》卷二,第280页。

们都是殷民族的祖先教的教士，行的是殷礼，穿的是殷衣冠。”[①] 此论之展开，不独是祖孙的方法，更是“大胆的假设”了。胡适疑心“儒”与“需”卦相关，就以之为起点而论证“需”可以“作一种人解”，接着直接把“需”换成“儒”字而证成其说。此论之“假设”不可谓不“大胆”，然其“求证”则甚不“小心”。下文胡适进一步根据《系辞传》两处内容而推测《周易》卦爻辞之作是“在殷亡之后，殷民族受周民族的压迫最甚的一二百年中”[②]，其作者也是殷人。推测卦爻辞之时代、作者，与需卦相参政，胡适之结论就是作为因民族教士的儒以其宗教知识为其衣食之端。这个论证过程可谓是“祖孙的方法”加“大胆的假设”。而把儒与宗教连在一起论证则不出其以犹太民族复兴预言比附儒之起源与演变的论证框架。

这也是胡适所说的应该提倡的“比较的研究”[③]。胡适强调研究国学在方法和材料上都应该参考比较西洋学者。引进西洋学说属输入学理，论儒之起源属整理国故，此段之分析正合《新思潮的意义》之所言。正如前文之所论，清季民初传统式微，儒家作为传统思想之主流其价值“自应重估”，此重估即是研究问题，而“重新估定一切价值”之目的则在于再造文明。刘巍研究“诸子不出王官论”时对胡适再造文明的使命与其学术研究的关系有较为可信的论述。[④] 再造文明就属于思想史的内容、整理国故之下的《说儒》则在学术史的脉络里。所以，《说儒》之证儒为殷商遗民以“商祝”为生活之端反映了《说儒》是思想史与学术史交错的产物。

在论证广义之儒如何变为孔门私名之儒的过程中，胡适凸显了他把中学比附于西学的研究方法。胡适的看法是：

> 但在那殷商民族亡国的几百年中，他们好像始终保存者民族复兴的梦想，渐渐养成了一个“救世圣人”的预言，这种预言是亡国民族里常有的，最有名的例子就是希伯来（犹太）民族的“弥赛亚”（Messiah）降生救世的悬记，后来引起了耶稣领导的大运动。[⑤]

孟子“五百年必有王者兴”的说法与“圣人之后必有达者”的预言相参证，胡适推其时间而证成孔子即预言中的救世圣人。于是犹太的耶稣变成了殷商的孔子，犹太教之后的基督教变成为殷商部落性的儒之后的以天下为己任的儒。此段论证乃全篇之主干，其方法包括以祖孙的方法论悬记之变预言，以比较的方法比孔子于耶稣，以

① 胡适：《说儒》，欧阳哲生编：《胡适文集》5《胡适文存》四集卷一，第 23 页。

② 同上书，第 21 页。

③ 胡适：《〈国学季刊〉发刊宣言》，欧阳哲生编：《胡适文集》3《胡适文存》二集卷一，北京大学出版社 1998 年版，第 16 页。

④ 刘巍：《“诸子不出于王官论”的建立、影响与意义——胡适“但开风气不为师”的范式创新一例》，《近代史研究》2003 年第 1 期。

⑤ 胡适：《说儒》，欧阳哲生编：《胡适文集》5《胡适文存》四集卷一，第 32 页。

系统的方法述新儒行之来龙去脉。

在此文的最后部分胡适论述了儒的宗教性，正是儒对于宗教的理论态度与较少的宗教情感，“决定了这一儒家运动的历史的使命了。这个五百年应运而兴的中国‘弥赛亚’的使命是要做中国‘文士’阶级的领导者，而不能直接做那多数民众的宗教领袖。”[①] 孔门之宗教上之缺乏正为墨家兴起之条件，墨子成为民间的宗教领袖。儒墨两家各有其长，故同为中国古代有价值之学。在与日本学者小柳司气太的笔谈中，胡适强调：“我们只认儒教是一大宗，但不认他为唯一大宗。儒家固有真理，老、庄、墨翟也有真理。”[②] 胡适“整理国故”之志业正在以“评判的态度”发掘诸子之价值，先秦时代儒家之实用，墨家之宗教对当时历史上之人亦分别有价值。历史的眼光、平等的态度，胡适在宗教层面对儒墨两家价值之论述即是其思想主张在学术研究上的展现。[③]

总而言之，胡适学术研究之思想来源于中西两个系统，其总根源在于急国势之阽危而树“再造文明”之志业。《说儒》虽为学术研究之成果，似与思想关涉不多，但推其研究方法与结论则实渊源于其思想主张。故《说儒》乃思想史与学术史交错之产物。

三 “说儒”之争：以郭沫若、钱穆为例

《说儒》发表之后，引起了诸多学者的讨论，赞成者有之、反对者亦复不少。[④] 然无论赞成或反对，当时讨论此文的学者或多或少均受其影响。思想主张与学术研究的交错亦在讨论中表现出来，本文以郭沫若《驳〈说儒〉》与钱穆“说儒”之论为例进行探讨。

1. “严密的批判”：郭沫若《驳〈说儒〉》之思想来源与研究方法

郭沫若 1937 年写成的《驳〈说儒〉》（原名《借问胡适》）即表明其要在“说儒”问题上与胡适争胜。[⑤] 早在 1929 年完成的《中国古代社会研究》中郭沫若就讽刺胡适：“胡适的《中国哲学史大纲》，在中国的新学界上也支配了几年，但那对于

---

① 胡适：《说儒》，欧阳哲生编：《胡适文集》5《胡适文存》四集卷一，第 65 页。

② 胡适著，曹伯言整理：《胡适日记全编》3，安徽教育出版社 2001 年版，第 366 页。

③ 胡适之研究墨学亦在于发掘墨学中的逻辑思想，关于此点可参见杜蒸民《胡适与墨学》，耿云志、闻黎明编：《现代学术史上的胡适》，生活·读书·新知三联书店 1996 年版，第 19 页。胡适发掘墨学之逻辑思想乃在求其于“再造文明”之价值。论墨家之宗教价值则在发掘其在古代之价值，此亦“整理国故”齐平诸子应有之义，与“再造文明”亦有关联。

④ 当时学者对《说儒》的讨论，可参见王尔敏《当代学者对于儒家起源之探讨及其时代意义》，《中国近代思想史论》，社会科学文献出版社 2003 年版，第 430 页。

⑤ 1942 年郭沫若有《论儒家的发生》一文，亦反对《说儒》，然其基本是对《驳〈说儒〉》的改写，故此处不赘。此文可参见郭沫若《史学论集·论儒家的发生》，《郭沫若全集·历史编》第 3 卷，人民文学出版社 1984 年版，第 382—397 页。

中国古代的实际情形，几曾摸着了一些儿边际？社会的来源既未认清，思想的发生自无从说起。"[①] 胡适之不明了中国社会的实际情形，乃因其只求其然，而不求其所以然。求其所以然则必须用辩证唯物论分析中国历史。郭沫若之学术路径即在此处：

> 我主要是想运用辩证唯物论来研究中国思想的发展，中国社会的发展，自然也就是中国历史的发展。反过来说，我也正是想就中国的思想，中国的社会，中国的历史，来考验辩证唯物论的适应度。[②]

以辩证唯物论为治学公式，运用于中国历史之研究，郭沫若之治学显然并非纯学术。"对于未来社会的待望逼迫着我们不能不生出清算过往社会的要求。目前虽然是'风雨如晦'之时，然而也正是我们"鸡鸣不已"的时候。"[③] "风雨如晦"其一在国势不张，其二在思想混乱，郭沫若所欲鸣者即辩证唯物论。以辩证唯物论"批判"中国传统，与"整理国故"之胡适等人立异：

> 谈"国故"的夫子们哟！你们除饱读戴东原、王念孙、章学诚之外，也应该知道还有马克思、恩格斯的著作，没有辩证唯物论的观念，连"国故"都不好让你们轻谈。然而现在却是需要我们"谈谈国故"的时候。[④]

"我们"来谈国故，就是从马克思、恩格斯"接手过来"辩证唯物论来批判中国的思想文化。儒学作为中国传统思想文化的主流，自然应该成为批判的重点。而胡适结合"清代学者的治学方法"与赫胥黎、杜威对其的影响而研究儒学的成果就是《说儒》，故《说儒》成为郭沫若"说儒"的批判对象。

郭沫若批判胡适把孔子与耶稣对比"是很成问题的"。[⑤] 接下来郭沫若批判胡适的主要论据。根据殷墟卜辞和以医学对"谅阴"的新释，郭沫若证明殷代不行"三年之丧"。据此，胡适所主张的儒的宗教全是殷礼则难成定论。郭沫若认为《周易》乃馯臂子弓作于战国前半期。尤为重要的是他指出《周易》中有不少积极的卦，[⑥] 以此可破胡适以"需"卦论证儒柔的观点。郭沫若强调正考父在宋国的谦恭不足以证明其奴性。以《玄鸟》为预言诗是胡适论证殷民族中兴的基本框架。与之针锋相对，

---

① 郭沫若：《中国古代社会研究·自序》，《郭沫若全集·历史编》第1卷，人民文学出版社1982年版，第7页。

② 郭沫若：《海涛集·跨着东海》，《郭沫若全集·文学编》第13卷，人民文学出版社1992年版，第331页。

③ 郭沫若：《中国古代社会研究·自序》，《郭沫若全集·历史编》第1卷，第10页。

④ 同上书，第9页。

⑤ 郭沫若：《青铜时代·〈驳《说儒》〉》，《郭沫若全集·历史编》第1卷，第436页。

⑥ 同上书，第442页。

郭沫若通过对《玄鸟》的重新标点证明其乃咏史诗。[①]“周末的东南经略”继续批驳胡适的预言说，然其意义则不止于此。殷纣王之经略东南，久不为史家所重。[②]郭沫若于此大力阐扬此举的重要意义，于中国古史之研究贡献尤大。在逐条批驳《说儒》的主要观点后，郭沫若批评胡适论述的出发点抄于其十年前的研究，不论郭此言是否属实，其背后反映的是“说儒”的思想根源与研究方法的不同。郭沫若认为《说儒》，“研究‘态度’正是所谓‘公式主义’，所谓‘观念论’的典型，主张实用主义的胡适，在这儿透露了他的本质。”[③]也就是说，胡适以犹太民族复兴之预言论证儒之起源与发展的研究方式属于牵强的比附，而非胡适提倡的“小心的求证”，与胡适后来提倡的“勤、谨、和、缓”更是相去甚远。[④]

在《驳〈说儒〉》中，郭沫若考释卜辞、金文，以医学论证“不言症”，说《周易》积极之卦，论述《玄鸟》等所用之方法与《说儒》之论证方式甚有相通之处。故《驳〈说儒〉》与《说儒》皆有得有失，各有千秋。更重要的是郭沫若“说儒”的思路框架来源于辩证唯物论，文中以“奴隶制”“社会阶级”的发展为主要论述线索，这与《说儒》“对比”“系统”的研究路径亦可相通，同样有“公式主义”的毛病。辩证唯物论正是郭沫若的思想信仰，郭之信仰又与其革命救国是分不开的。因此《驳〈说儒〉》也是思想主张与学术研究交错的产物，这也反应了胡适《说儒》的影响。

2. 阐扬儒学以导时局：钱穆“说儒”之思想来源与研究方法

1936年钱穆作《儒家之起源》当有反对胡适《说儒》之意，然此文不易寻得，故难以讨论。钱穆论儒之起源之较早者见于其1933年为《古史辨》（第四册）所作序言：

> 《说文》：“儒，柔也。术士之称。”柔乃儒之通训，术士乃儒之别解。后人不辨《说文》句读，以术士与儒两语并说。不知柔非美德，老子正言若反，故乃舍高趋下，弃刚从柔。儒家故不以柔为道。儒只是术士不论刚柔也。……故儒为术士，即通习六艺之士。古人以礼乐射御书数为六艺，通习六艺，即得进身贵族，为之家宰小相，称陪臣焉。孔子然，其弟子亦无不然。儒者乃当时社会生活一流品……[⑤]

---

① 郭沫若：《青铜时代·〈驳《说儒》〉》，《郭沫若全集·历史编》第1卷，第450—451页。

② 同上书，第452页。

③ 同上书，第456页。

④ 桑兵对胡适治学方法转向“勤、谨、和、缓”有较为细致的考察。可参见其《横看成岭侧成峰：学术视差与胡适的学术地位》，《历史研究》2003年第5期。桑兵此文论道《说儒》乃其捍卫学术地位的努力，但对此文中胡适所用的方法所论不多。

⑤ 钱穆：《古史辨第四册·钱序》，罗根泽编著：《古史辨》第四册，上海古籍出版社1982年版，第1页。

钱穆以为儒不论柔刚，与1934年胡适《说儒》之以儒为柔迥乎不同。儒以术士为进身之阶，更与殷商无关。故钱穆之论儒与胡适早成背反，① 不止后来“说儒”之争也。1935年《先秦诸子系年》出版，此书乃钱穆论诸子起源之代表作。此书以考辨为主，钩沉诸子来龙去脉。看似求其然，若细读该书《自序》，“然”之背后乃有“所以然”之微言大义存焉。于先秦诸子，钱穆用力累年：

> 一朝开豁，而后知先秦学术，惟儒、墨两派。墨启于儒，儒原于故史。其他诸家，皆从儒、墨生。要而言之，法原于儒，而道启于墨。农家为墨、道作介，阴阳为儒、道通囿。名家乃墨之支裔，小说又名之别派。而诸家之学，交互融洽，又莫不有其旁通，有其曲达。分家而寻，不如别世而观。寻宗为说，不如分区为论。反覆颠倒，纵横杂出，皆有以通其源流，得其旨趣，万变纷纭而不失其宗。然后反以求之先秦之史实，并世学者师友交游之渊源，与夫帝王贤豪号召罗致之盛衰兴替，而风会之变，潮流之趋，如合符节，如对契印。②

儒即术士之称，钱穆又申论之。③ 然其所强调者乃儒家为诸家之所从生。儒家之祖乃孔子，孔子之所绍述者绝非仅术士所习之六艺耳。钱穆论曰：“至于原本先王，称道《诗》《书》，以推见礼乐之因革，世变之流失，而欲以所谓文、武、周公者易当世，则其事必待于鲁。而孔子由此起。”④

孔子虽不自称为儒家，然儒家确为其开创，诸家起于儒家。儒家绍述文、武、周公，诸家之文化亦渊源于儒家也。钱穆所言之宗，即在此处。其与胡适“说儒”与诸子产生之不同亦在此处。钱穆之所以力称儒家乃诸家之导源，绝非仅为学术研究也。“易当世”即钱穆研究诸子起源用意之一。早在1926年开始编著的《国学概论》中，钱穆即言：“其用意在使学者得识二千年来本国学术思想界流转变迁之大势，以培养其适应开启新的机运之能力。”⑤ 此即学术救国之意，而在钱穆看来中国学术之最要者即在孔子与六经。故阐扬儒学以导时局，乃钱穆论儒之思想主张。所谓时局在钱穆看来应分两种，一乃外敌入侵，其重要者即日寇入侵。其二则在当时思想界所流行之种种外来学说思想及以之治中国史的学风。在《国史大纲·引论》中钱穆力驳

---

① 钱穆言：“适之先生倡九流不出于王官，而不信老子后出之说。近闻其谓老子即儒家，当亦知九流实导源于儒”。此点参见钱穆《古史辨第四册·钱序》，罗根泽编著：《古史辨》第四册，第2页。

② 钱穆：《先秦诸子系年·自序》，《钱宾四先生全集》5《先秦诸子系年》，联经出版事业公司1998年版，第46页。

③ 钱穆：《先秦诸子系年》，《钱宾四先生全集》5，第105—106页。此处所论儒即术士且以六艺为进身之阶，此与钱穆为《古史辨》第四册所作之序言基本相同，故不赘述。

④ 钱穆：《先秦诸子系年》，《钱宾四先生全集》5，第106—107页。

⑤ 钱穆：《国学概论·弁言》，《钱宾四先生全集》1《国学概论》，联经出版事业公司1998年版，第3页。

之近世“革新派”史学，即梁启超等提倡之“史界革命”、胡适为中坚之新考据学派、郭沫若执牛耳之马克思主义史学。① 钱穆批判此三派之主因，乃在三派以外来思想范围中国历史而扭曲之。

钱穆虽未直接反对郭沫若之“说儒”，然所批判之马克思主义史家治学方法与郭沫若“说儒”之法大体相同。在《国史大纲》中钱穆申论儒家继承文、武、周公，为百家之开先的说法。② 参之以其在“引论”部分对马克思主义史学之批判，则知钱穆之“说儒”确有与郭沫若相争之意。郭沫若以辩证唯物论、社会阶级之“说儒”与钱穆之“说儒”大异其趣，二人实有“说儒”之争。胡适、郭沫若之“说儒”方法与各自治中国史之方法同出一源，故为钱穆所反对。钱穆集中“说儒”之文乃《驳胡适之〈说儒〉》。与胡、郭以外来思想方法“说儒”不同，钱之驳胡则在以传统训诂之学攻《说儒》论证之不“小心”处。如论宋襄公争霸之“不鼓不成列”，③ 钱穆以之为“狂骛于想象而不顾事实”，则可攻胡适亡国柔道之说；论儒之习六艺，而可驳胡适儒以相丧为本业之说；论孔子在鲁而为殷商遗民，可攻胡适老子居成周为殷人之说。《驳胡适之〈说儒〉》乃儒家立场，就事论事之讨论，并未如郭、胡以外来系统来“批判”“整理”中国传统学问，也未如郭、胡以出儒家之外的态度“说儒”。

深思钱穆之“说儒”可知，其治学路径、研究方法之所以不同于郭、胡，正因为其对中国文化之一往深情，对儒学之尊崇态度。而钱穆的中国传统思想尤其是儒学温情与敬意则亦来源于其对国势的忧虑、对当时学风之不满，④ 对中西文化价值的关注。⑤ 故钱穆之《驳胡适之〈说儒〉》亦胡适《说儒》之后思想史与学术史交错之结果也。

海通以还，国势衰颓，西风东渐，传统式微，此乃近代学者论学之共同思想背景。清学由治经而及子、史、集，儒学一尊之地位逐渐衰落乃学术内部一潜流。至清季民国子学盛而经学衰，学者又引进外来学说以重评国故之价值，潜流而成巨河，其目的在“再造文明”、在“革命”者其实在学术救国也。学术救国之取径不同，其治学方法与结论、影响自不同，故产生诸多论争。胡适、郭沫若、钱穆之“说儒”之

---

① 钱穆：《国史大纲·引论》，《钱宾四先生全集》27《国史大纲》（上），联经出版事业公司 1998 年版，第 25—27 页。钱穆对三派治中国史之方法有较为详细的论述，此处不赘。仔细分析其治史之法与其“说儒”之法乃同根同源。

② 钱穆：《国史大纲》，《钱宾四先生全集》27《国史大纲》（上），第 105—114 页。钱穆：《驳胡适之〈说儒〉》，《钱宾四先生全集》18《中国学术思想史论丛》（二），联经出版事业公司 1998 年版，第 302 页。

③ 钱穆：《驳胡适之〈说儒〉》，《钱宾四先生全集》18《中国学术思想史论丛》（二），第 302 页。

④ 对国势之忧虑，对当时学风之不满，可参见钱穆《中国近三百年学术史·自序》，《钱宾四先生全集》16《中国近三百年学术史》（一），联经出版事业公司 1998 年版，第 18 页。

⑤ 钱穆晚年曾追思：“东西文化孰得孰失，孰优孰劣，此一问题围困住今一百年来之全中国人，余一生亦被困在此一问题内。”可参见钱穆《八十忆双亲·师友杂忆合刊》，《钱宾四先生全集》51，联经出版事业公司 1998 年版，第 36 页。

争即此思想主张与学术研究之交错结果，亦近代思想史与学术史交错之表现。思想史与学术史交错发展、千丝万缕而难以分科，本文之论述以思想史上之线索统帅学术史上之研究，且不废二者之互相影响处，似可厘清胡、郭、钱“说儒”之争之内涵与外缘。

（原载《郭沫若学刊》2017 年第 3 期）

郭沫若的韩非子批判评析

杨胜宽

笔者曾撰《郭沫若论法家平议》一文，已由《郭沫若与文化中国》一书收录，于2013年正式出版。在文章探讨郭沫若研究先秦法家的路径及思维逻辑时，梳理了他对韩非子研究的态度及写作过程。[①] 据郭沫若自述，他前后与韩非子“纠缠”了三四个月时间，这在郭沫若先秦诸子研究的个案中，是极其少有的情况；根据郭沫若在1943年底至1944年初专门撰写的《韩非子的批判》一文，当时他是把韩非作为法家代表人物看待的。但是，在笔者看来，“韩非的地位与贡献不在于开派，而在于继承、发展与综合，并且是把儒、墨、道等各家思想加以融合杂糅而形成其思想体系。”[②] 事实上，在韩非之前，法家思想形成的由来、韩非的思想主张与他们之间是否存在差异，在郭沫若的研究中还显得较为模糊。为此，郭沫若后来于1945年又补写了《前期法家的批判》，作为法家系统研究接续“断径”的“桥梁”，到此才最终做完了对法家全面“清算”的研究工作。由于《郭沫若论法家平议》一文的重点在于对郭沫若研究法家整体情况的考察，其论述韩非子思想的内容虽有所涉猎，但并未深入展开，故此文专门对郭沫若关于韩非子思想学说的批判进行评析，看看被郭沫若称为“不喜欢”，其著作读得“很不愉快”的韩非子[③]，其研究的重点与结论是怎么样的，这种结论是否受到个人好恶的明显影响，造成这种情况的背后原因是什么。

关于韩非子思想构成的认识

关于韩非思想的要义及其渊源之评说，见于史籍最早者为司马迁《史记·老子韩非列传》，其言曰：“韩非者，韩之诸公子也。喜刑名法术之学，而归本于黄老。”[④] 在司马迁看来，韩非的思想属于刑名法术之学，其渊源则是黄老思想。对于司马迁的

---

① 杨胜宽：《郭沫若论法家平议》，郭沫若纪念馆、中国郭沫若研究会等编：《中国社会科学论坛文集·郭沫若与文化中国》，中国社会科学出版社2013年版，第330—345页。

② 同上书，第334页。

③ 郭沫若：《十批判书·后记——我怎样写〈青铜时代〉和〈十批判书〉》，《郭沫若全集·历史编》第2卷，人民出版社1982年版，第473页。

④ 司马迁：《史记》卷六十三，中华书局1982年版，第2146页。

这个断言，后世有着不同的解读甚至完全不同的看法。

南朝刘宋裴骃《史记集解》引刘向《新序》曰：“申子之书言人主当执术无刑，因循以督责臣下，其责深刻，故号曰‘术’；商鞅所为书号曰‘法’。皆曰‘刑名’，故号曰‘刑名法术之书’。”唐司马贞《史记索引》亦引刘向之言云：“黄老之法不尚繁华，清简无为，君臣自正。韩非之论诋驳浮淫，法制无私，而名实相称。故曰‘归于黄老’。斯未为得其本旨。今按：《韩子》书有《解老》《喻老》二篇，是大抵亦崇黄老之学耳。”[①] 两位《史记》注家引述刘向的两段话，前一段偏重于说明申不害、商鞅的学说，存在一定内在联系，可以统称为刑名法术之学；后一段则直接阐述韩非的思想与黄老学说的一致性，从韩非诋驳浮淫、法制无私、名实相称的主张，与黄老不尚繁华，清简无为的思想之间，可以找到二者的某些相似的内涵联系。但司马贞同时指出，刘向的观点并不全面，他认为《韩非子》一书中的《解老》《喻老》二篇，才是其崇尚黄老之学的明证。其实，单凭司马迁的上述言论，并不能准确理解其对韩非思想学说的整体把握，因为接着他对此还有进一步申说：“（韩）非见韩之削弱，数以书谏韩王，韩王不能用。于是韩非疾治国不务修明法制，执势以御其臣下，富国强兵以求人任贤，反举浮淫之蠹而加之于功实之上。以为儒者用文乱法，而侠者以武翻禁。宽则宠名誉之人，急则用介胄之士。今者所养非所用，所用非所养。悲廉直不容于邪枉之臣，观往者得失之变，故作《孤愤》《五蠹》《内（储)》《外储》《说林》《说难》十余万言。”[②] 在司马迁的这段评述中，可以得到关于韩非思想的不少重要信息。第一，韩非对战国时代群雄争霸的形势有深刻的认识，以为韩国如果不想被别国吞食兼并，必须修明法制，加强君主集权以驾驭臣下，求人任贤以实现富国强兵的图存目的。第二，在“争于气力”的时代背景下，不能举浮淫之蠹而加之于功实之上，也不能容忍儒者用文乱法，侠者（墨者）以武犯禁。第三，治理国家不能在形势宽缓时宠信名誉之人，而形势危急时才想起重用介胄之士，因为这是所养非所用，所用非所养的治国理政错位之道。第四，韩非思想学说中的一些重要概念均被提及，如“法制”“执势”“富国强兵”“浮淫”“功实”“儒者用文乱法，而侠者以武犯禁”等。第五，有感于国家廉直不容于邪枉之臣的可忧可悲现状，历观过往的得失盛衰之变，他决心立言垂世，以戒来者。综合这些内容看，司马迁对韩非的评价是持一定同情心和基本肯定态度的。与此同时，在肯定的前提下也指出了其思想学说的明显弊端，故卷末“太史公曰”：“老子所贵道，虚无因应变化于无为，故著书辞称微妙难识。……韩子引绳墨，切事情，明是非，其极惨礉少恩，皆原于道德之意。”[③] 在此，司马迁再次确认了韩非思想取源于老子《道德经》的观点。

---

① 司马迁：《史记》卷六十三，中华书局1982年版，第2146—2147页。

② 同上书，第2147页。

③ 同上书，第2156页。

但到班固撰《汉书·艺文志》时，把先秦诸子划分为十家，将《老子韩非列传》中的四位历史人物作了重新归类，老子、庄子被列入道家，同时列入道家的还有管子、田子（田骈）、老莱子、鹖冠子、孙子等。且谓："道家者流，盖出于史官，历记成败存亡祸福古今之道，然后知秉要执本，清虚以自守，卑弱以自持，此君人南面之术也。合于尧之克攘，《易》之嗛嗛，一谦而四溢，此其所长也。及放者为之，则欲去礼学，兼弃仁义，曰独任清虚可以为治。"① 申子、韩非被列入了法家，同派者还列有李悝、商鞅、慎到等人，他们都应算是韩非的前辈，即郭沫若所称的前期法家人物。班固论之曰："法家者流，盖出于理官，信赏必罚，以辅礼制，《易》曰'先王以明罚饬法'，此其所长也。及刻者为之，则无教化、去仁爱，专任刑罚而欲以致治，至于残害至亲，伤恩薄厚。"② 按照班固的说法，道、法两家均出于世官，只是一出于史官，一出于理官，故各自学说，都围绕如何治理国家展开，道家偏重于为君之道，主张秉要执本，清虚自守，无为而治；法家则重视法制，主张赏罚分明，不避亲疏，以刑罚为致治的重要手段。

郭沫若对班固的归类和看法不完全认同。指出："韩非子，根据汉人的分类法，是属于'法家'的，但严格地说时，应该称为'法术家'。"③ 在韩非之前，"法"与"术"是两个完全独立的学术概念，有人主"法"，有人主"术"，且各自立论的重点及其政治用途都存在明显区别。《韩非子·定法》云："今申不害言术，而公孙鞅为法。术者，因任而授官，循名而责实，操杀生之柄，课群臣之能者也，此人主之所执也。法者，宪令著于官府，刑罚必于民心，赏存乎慎法，而罚加乎奸者也，此臣之所师也。"④ 郭沫若认为，韩非的学术思想，兼法、术两家思想而有之，故称其为"法术家"。但法与术可以相互作用，殊途同工。韩非认为："君无术则弊于上，臣无法则乱于下，此不可一无，皆帝王之具也。"这也许就是韩非何以能够兼取两家学术思想而自成一家之说的理论基础所在。

郭沫若在分析了韩非对申不害和商鞅二人的思想学说加以"综合"以后，还向前进行了思想史追溯，认为："从远源上来说，应该是道家与儒家。而在行程的推进上则参加有墨、法。法家导源于儒，商君的主张耕战其实也就是孔子的'足食足兵'，而法与礼在本质上也并没有多么大的差别。术家导源于老……韩非把这两家综合了起来，向他所主张的绝对君权上去使用。绝对君权的主张已经就是墨子'尚同'的主张，所谓'一同天下之义'；上之所是亦必是之，上之所非亦必非之，'上同而

---

① 班固：《汉书》卷三十，中华书局 1983 年版，第 1729—1732 页。

② 同上书，第 1735—1736 页。

③ 郭沫若：《十批判书·韩非子的批判》，《郭沫若全集·历史编》第 2 卷，人民出版社 1982 年版，第 343 页。

④ 梁启雄：《韩子浅释（下册）》，中华书局 1982 年版，第 406 页。

下不比’。”[①] 而关于韩非思想学说与墨家渊源关系的发现，郭沫若视为自己的独得之见。他特意指出：“韩非的思想，在道家有其渊源，在儒家有其瓜葛，自汉以来早为学者所公认。而与墨家通了婚姻的这一点，却差不多未被人注意。”[②] 紧接着，他从韩非主张“明主之吏，宰相必起于州郡，猛将必发于卒伍”，与墨家显学之一田鸠的基本主张存在“蹈袭”的痕迹方面，认定了这一论点。其实，单靠这一点证据，说服力还显得比较单薄。最重要的是，郭沫若认为墨家的思想学说是以帝王为本位的，韩非的思想学说也是以君主为本位的，二者存在基本政治立场的根本一致性，揭橥此点，更能有力证明彼此间思想学说的本质联系。在韩非子以法家思想为主、兼采儒、道、墨及诸子百家思想学说以成其思想学说体系的认识上，注释《韩非子》一书的梁启雄也持类似的观点。他说：“韩子的法术思想大半是采用申不害的术治学说和公孙鞅的法治学说，加以融合而有所修正的。”“韩子的主要思想诚然是法术思想，但由于他生当战国末叶，受了百家争鸣浪潮的激荡，在他的思想体系中当然也会或多或少地染上百家的色彩而有所增饰。他给儒、道、墨的学说下了或肯定的、或否定的、或修正的评论，又受了各家正面的或反面的影响。因此，他的思想在基本上说来，固然是批判地吸收前期法家的言论以成其法术学说，但从影响上说来，他也采择儒、道、墨三家学说而综合之以成其新的思想体系。这样，他不只是集前期法家学说的大成，而又有选择地吸取儒、道、墨等家学说而总汇之，成为先秦诸子中最后的一位思想家。”[③] 但郭、梁两家对韩非子评价的基本观点是明显不同的，前者趋向于基本否定，后者则趋向于基本肯定。

韩非曾与李斯师事荀子。荀子本是儒家思想学术的集成者，而韩非受学于荀子，更有条件对先秦诸子的思想学说进行广泛的继承和融合，批判性地汲取各家思想营养，以形成自己兼取各家的学术体系，这是韩非独具的有利历史条件。郭沫若对此的看法是：“韩非在先秦诸子中为最后起，他的思想中摄取有各家的成分，无论是作为亲人而坦怀地顺受，或作为敌人而无情地逆击。对于老子思想虽然也逆击了它，而主要的还是顺受的成分为多。对于儒家的态度便是两样，那主要是无情的逆击，而只是走私般地顺受了一些。”[④] 按照郭沫若的说法，韩非顺受“亲人”的诸子思想学说中，包括了法家、道家、墨家等，而唯独把儒家作为思想学说的“敌人”，加以无情的逆击，而以“走私”的方式加以吸纳。

在《韩非子的批判》第四部分，郭沫若用了较重的篇幅来分析论证韩非对儒家，

---

① 郭沫若：《十批判书·韩非子的批判》，《郭沫若全集·历史编》第2卷，人民出版社1982年版，第346页。

② 同上书，第350页。

③ 梁启雄：《韩子浅释·前言》，中华书局1982年版，第11—12页。

④ 郭沫若：《十批判书·韩非子的批判》，《郭沫若全集·历史编》第2卷，人民出版社1982年版，第364页。

尤其是对荀子思想的无情逆击。他指出："韩非攻击儒家的态度在先秦诸子中恐怕要算是最猛烈的。虽然我们知道原始法家出于儒，但他对此并不曾感谢。我们再根据《史记》，也知道他曾'与李斯俱事荀卿'，是荀子的门人，而在他的书中并不曾称述过他的这位老师。"① 根据郭沫若对《韩非子》一书征引材料的考察，全书提及荀子的完全可靠的材料只有一处，即其在《显学》一篇中对孔子之后"儒分为八"的一段论述，其中所谓"孙氏之儒"，即指传承儒家思想的荀子一家。但郭沫若分析认为："整个《显学篇》是骂儒家和墨家的，而骂儒家的成分要占百分之七十，荀子当然也就在被骂之列了。他们的学说是'愚诬之学，杂反之辞'，是乱天下的根本，这当然是在斥骂老师。"郭沫若还断言韩非之师事荀子，是为了"反对"其思想学说的目的，类似于打仗的人"研究敌情"，法官断案"研究罪犯"。"韩非对于儒家的理论很有研究是毫无问题的，他所抱的是全面反攻的态度，务必要屠其徒、火其书而后快。凡是儒家的东西差不多没有一样不受严厉的反对。"② 但是，郭沫若同时明确指出："但要说他没有受儒家的影响吧，却不是这样。他在骨子里是把荀子的'法后王'和'性恶'说作为现实的根据而把自己的学说建立了起来。"③ "韩非子的学说，无疑是走私式的受了荀子的影响，但这样的'刻薄寡恩'，荀子却不能负责。荀子提倡人性恶，他的结论是强调教育与学习，目的是使人由恶而善。韩子却不是这样，他承认人性恶，好，就让他恶到底，只是防备着这恶不要害到自己，而去充分地害人。"④ 基于以上的分析，郭沫若对荀子与韩非子这一对师徒的思想差异作了这样的概括总结："总之，荀子还侧重人民，韩非则专为帝王，他们纵然有过师弟的关系，但他们的主张是成了南北两极的。"⑤

关于韩非子的"法""术""势"思想

郭沫若认为，韩非子的政治思想，与儒家的"人民本位"完全不同，与前期法家（如商鞅）的"国家本位"也不尽相同，而与他认定的墨家所坚持的"帝王本位"政治立场比较接近，他称之为"君主本位"。关于这种思想学说或者政治立场形成的历史渊源，郭沫若给出了他的研究判断："韩非个人在思想上的成就，最重要的似乎就在把老子的形而上观，接上了墨子的政治独裁的这一点。他把墨子的尊天明

---

① 郭沫若：《十批判书·韩非子的批判》，《郭沫若全集·历史编》第2卷，人民出版社1982年版，第364页。

② 同上书，第365页。

③ 同上书，第371页。

④ 同上书，第376页。

⑤ 同上书，第377页。

鬼，兼爱尚贤，扬弃了，而特别把尚同、非命、非乐、非儒的一部分发展到了极端。"① 关于郭沫若对墨子"尚同"等政治主张的评价，笔者有《郭沫若眼中的"宗教家"墨子》一文进行了相关评析，兹不赘言。② 他认为墨子的尚同等主张，主要体现的是君主专制独裁政治思想："其实墨子的书，从《法仪》一直到《非儒》，他都是替王公大人说的治天下的话，他的思想归根是政教不分，一权独擅，专制的色彩何止《尚同》各篇!"③ 又说："他（墨子）的天志，即老天爷的意志，也就是'天下的明法'，是他的规矩。这正是墨子思想的一条脊梁。""老天爷的存在是地上王的投影。大奴隶主成为地上的统治者，发挥着无上的王权，他为巩固这王权，使他成为'它布'，让人不敢侵犯。"④ 韩非把墨子宣扬专制独裁的思想不仅继承而且发展到了极端地步；而墨子思想中尊天明鬼、兼爱尚贤等具有一定进步性与合理性的思想成分，却被韩非完全抛弃了。

在郭沫若看来，韩非继承发扬并紧密融合了老子的君人南面之术及墨子的君主专制思想，其思想学说的出发点与落脚点，自然而然地要集中在国之君主如何操控权术，凭借威势，去更好地巩固专制独裁，驾驭臣下、愚弄民众上。形成这样的学术判断，不仅跟郭沫若此前否定墨子，因而在学界与全面肯定墨子的诸多研究者发生激烈争鸣交锋有关，大约也跟上世纪40年代郭沫若在国统区感受到的蒋介石推行专制独裁统治的白色恐怖政治气候有着直接联系。方诗铭、刘修明在《民主运动与人民本位思想》一文中，对此作了全面深入的分析阐述，指出："在四十年代的历史条件下，坚持人民本位，批判帝王本位，是坚持革命民主思想的一个重要内容。……坚持人民本位，批判帝王史观，就是坚持人民民主，批判国民党反动派的独裁统治，有利于团结和争取大多数群众。"⑤ 照此说来，郭沫若对韩非子思想学说的批判，有着当时的现实针对性和学术研究的政治目的性。但看到这一点，是否便认为郭沫若的40年代先秦诸子研究，只是被用着政治斗争的工具，而缺乏足够的学术逻辑与批判理性？似乎问题并不如此简单，因为对此郭沫若在《十批判书·后记——我怎样写〈青铜时代〉和〈十批判书〉》中有过反复的申明与强调，所谓"批评古人，我想要同法官

---

① 郭沫若：《十批判书·韩非子的批判》，《郭沫若全集·历史编》第2卷，人民出版社1982年版，第349页。

② 杨胜宽：《郭沫若眼中的"宗教家"墨子——关于郭沫若从负面评价墨子的原因考察》，《郭沫若学刊》2014年第1期。

③ 郭沫若：《史学论集·中国文化之传统精神》，《郭沫若全集·历史编》第3卷，人民出版社1984年版，第272页。

④ 郭沫若：《十批判书·孔墨的批判》，《郭沫若全集·历史编》第2卷，人民出版社1982年版，第108页。

⑤ 方诗铭、刘修明：《民主运动与人民本位思想——评〈青铜时代〉和〈十批判书〉》，杨胜宽、蔡震主编：《郭沫若研究论著汇要·历史卷（上）》，上海书店2012年版，第242—243页。

断狱一样，须得十分周详，然后才不致有所冤屈”①，讲得相当公正合理，表达了一个学者在评判古人（包括他不喜欢的人）时应有的客观态度。

郭沫若对《韩非子》的阅读，从他自己留下的文献材料中可以感受到其明显的纠结和矛盾心情。一方面，他对韩非子的论辩说理能力及文字表达技巧十分赞赏：“他能够以极普通的常识为根据，而道出人之所不能道、不敢道、不屑道。所以他的文章，你拿到手里只感觉到他的犀利，真是其锋不可当。”② 又说：“韩非是绝顶的聪明人，他的头脑异常犀利，有时犀利得令人可怕。我们读他的《说难》《难言》那些文章吧，那对于人情世故的心理分析是怎样的精密！就是那不十分为人所注意的《亡征篇》，把一个国家可以灭亡的征候，一直列举出了四十七项。……这和屈子的《天问》可以媲美，我认为也是不愧为一篇奇文的。”③ 作为一个擅长文学创作的作家兼学者，郭沫若能够给予韩非论说文如此高度的认可，在先秦诸子中并不多见。但另一方面，郭沫若阅读《韩非子》的过程，是极为勉强和不愉快的，依据其在《十批判书·后记——我怎样写〈青铜时代〉和〈十批判书〉》中记述，他的最初想法是准备写《荀子与韩非之比较研究》。从这个题目设计看，初读《韩非子》的郭沫若，已经明显认定韩非的思想与其师荀子的思想存在巨大不同乃至尖锐对立，故要放在一起加以比较性研究。但“翻来覆去”读了几遍之后，郭沫若感到困难比预想的更大。一是《韩非子》收录文章“窜杂”，好些不是韩非本人的著述，需要逐一考辨剔除开来；二是韩非的代表作，如《五蠹》《显学》等篇，“完全是一种法西斯式的理论，读起来很不愉快”，这可能与他处身蒋介石专制独裁统治下的政治环境，感受比别人更强烈有关。三是怎样写韩非子研究这篇文章也让他“很感困难”，最初想以考证的方式写，后来考虑这样写将会枯燥冗长，故马上放弃了，改为转向注重韩非子思想的批判，文章完成之后，郭沫若颇感满意，自己认为“清算得颇为彻底”。④ 这种清算，主要集中在对韩非“法”“术”“势”等思想的分析评判上。

关于韩非的“法治”思想，郭沫若认为主要是“祖述商鞅”，《韩非子》一书中称道商鞅的地方很多。代表性言论郭沫若列举了两项，一是《定法》中曰：“公孙鞅之治秦也，设告相坐而责其实，连什伍而同其罪，赏厚而信，刑重而必。是以其民用力而不休，逐敌危而不却，故其国富而兵强。”⑤ 在韩非看来，商鞅治秦的方法与成功，主要在于两个方面：制定检举奸人和犯罪连坐的法规，使民众不敢藏奸、不敢违

---

① 郭沫若：《十批判书·后记——我怎样写〈青铜时代〉和〈十批判书〉》，《郭沫若全集·历史编》第2卷，人民出版社1982年版，第482页。

② 郭沫若：《十批判书·韩非子的批判》，《郭沫若全集·历史编》第2卷，人民出版社1982年版，第373页。

③ 同上书，第352页。

④ 郭沫若：《十批判书·后记——我怎样写〈青铜时代〉和〈十批判书〉》，《郭沫若全集·历史编》第2卷，人民出版社1982年版，第473—474页。

⑤ 梁启雄：《韩子浅释（下册）》，中华书局1982年版，第407—408页。

法；奖励有功，赏厚而信，推行重刑，惩罚必严。根据《史记·商君列传》的记载，商鞅变法的内容，除了什伍连坐、鼓励告奸、信赏重刑而外，还有鼓励耕战、改革税制、抑制世袭、以功过重新确定尊卑爵秩田宅数量等①，这些内容韩非并未提及，似乎在他看来，所祖述的两项是最核心的，是导致秦国国富而兵强的最重要法令。二是《和氏》篇曰："商君教秦孝公以连什伍，设告坐之过，燔《诗》《书》而明法令，塞私门之请而遂公家之劳，禁游宦之民而显耕战之士。孝公行之，主以尊安，国以富强。"② 这里又提到燔《诗》《书》、塞私门之请、禁游宦之民，而其宗旨仍然在于明法、信赏、奖励耕战。

但是，韩非并不只是满足于祖述前期法家代表人物之一商鞅关于"法治"的基本思想，在肯定和继承其思想学说的基础上，他对商鞅法治主张也提出了比较激烈的批评。批评主要集中在两个方面：第一，商鞅法治制度设计有所未尽善。根据韩非《定法》对商鞅"斩一首者爵一级，欲为官者为五十石之官；斩二首者爵二级，欲为官者为百石之官"的法令的分析，他紧接着有一段申发性论述："官爵之迁与斩首之功相称也。今有法曰：'斩首者令为医匠'，则屋不成而病不已。夫匠者手巧也，而医者剂药也，而以斩首之功为之，则不当其能。今治官者，智能也；今斩首者，勇力之所加也。以勇力之所加而治智能之官，是以斩首之功为医匠也。故曰：二子之于法术皆未尽善也。"③ 郭沫若评价韩非的这段引申出来的议论指出："这段文字有点含糊，'今有法曰斩首者令为医匠'，如是假设，则有点深文周纳；如是事实，则批评是很中肯的。"④ 梁启雄则明确认定："'今'字是假设之辞。"笔者认为，梁氏之说近是。联系上下文看，韩非认为商鞅法令"未尽善"之处，正在于按照军人斩首之多少来确定其官爵之大小。因为治官是智能之事，斩首是勇力之事，将士勇于杀敌，未必适合为官。他要表明的观点是，晋爵可以，封官不合适。这样看，韩非的论述逻辑非常清楚，不存在郭沫若所批评的"深文周纳"之弊。第二，商鞅言法而不言术。其弊端乃至危险在于有利于富强国家、大臣得利，而不利于君主霸业的实现。韩非曰："无术以知奸，则以其富强也资人臣而已矣。"他历举了秦国自孝公、惠王、武王至昭襄王四代君王争霸诸侯的历史事实，认为其结果往往是大臣、武将立功封侯，扩大私人领地，地位日尊，而秦君并未能成就帝王之业。韩非总结分析指出："故战胜则大臣尊，益地则私封立，主无术以知其奸也。商君虽十饬其法，人臣反用其资，故乘强秦之资数十年而不至帝王者，法虽勤饬于官，主无术于上之患也。"⑤ 在韩非

---

① 司马迁：《史记》卷六十八，中华书局 1982 年版，第 2230 页。

② 梁启雄：《韩子浅释（上册）》，中华书局 1982 年版，第 100 页。

③ 梁启雄：《韩子浅释（下册）》，中华书局 1982 年版，第 409—410 页。

④ 郭沫若：《十批判书·韩非子的批判》，《郭沫若全集·历史编》第 2 卷，人民出版社 1982 版，第 344 页。

⑤ 梁启雄：《韩子浅释（下册）》，中华书局 1982 年版，第 408—409 页。

批评商鞅法治思想的两大缺陷中，第二点尤为要害，他要努力加以弥补，主张要结合使用“术治”手段。

关于韩非的“术治”思想，郭沫若首先引证了韩非对于“法”与“术”两个概念及其用途的区别所在。其《难三》云：“或曰：管仲之所谓‘言室满室，言堂满堂’者，非特谓游戏饮食之言也，必谓大物也。人主之大物，非法则术也。法者，编著之图籍，设之于官府，而布之于百姓者也。术者，藏之于胸中以偶众端，而潜御群臣者也。故法莫如显，而术不欲见。是以明主明言法，则境内卑贱莫不闻知也，不独‘满于堂’；用术，则亲爱近习莫之得闻也，不得‘满室’。而管子犹曰‘言于室满室，言于堂满堂’。非法术之言也。”① 按照韩非的观点，法令是官府昭告天下的政策法规条文，必须让老百姓人人皆知，以便令行禁止，谨遵不违；而权术则只能为君主所独用，不能假之于人，也不能让亲爱近习的人窥视揣摩，因为这是驾驭群臣的秘诀，人君一旦失去这种秘密手段，就会有身死国灭的巨大危险。故韩非认为，像管子这样的前期法家人物，也是于“术”不通，不懂得兼用“法”与“术”两手来治理国家，维护君主权威的。

其次，郭沫若认为，韩非的“术治”思想，虽取用于申子，但其源头则可以追溯到道家的老子，班固在《汉书·艺文志》里评价道家时就明确说过，以老子为代表的道家思想，就是一套阐述君主治国之道的政治理论，他称之为“君人南面之术”。故郭沫若指出：“其在申子便有‘术’的提出，这其实是倡导于道家，老聃发其源，而申子擅其用。”② 关于申不害擅用“术”，在司马迁《史记·老子韩非列传》中有简略记载，谓其“学术以干韩昭侯，昭侯用为相。内修政教，外应诸侯十五年。终申子之身，国治兵强，无侵韩者。”③ 看来申子说动韩昭侯，以及后来十五年取得治国成效的，主要就是他的“术治”思想。对于申不害这种“术治”的基本思想，郭沫若在《前期法家的批判》一文中有专门评述，可以窥知其大要。如《群书治要》所引申子《大体篇》有云：“夫一妇擅夫，众妇皆乱，一臣专君，群臣皆蔽。故护妻不难破家也，乱臣不难破国也。是以明君使其臣并进辐辏，莫得专君焉。”“明君如身，臣如手；君若号，臣若响；君设其本，臣操其末；君治其要，臣行其详；君操其柄，臣事其常。”郭沫若据此评价道：“从这儿可以看出，他的主张是以人主为本位。……人主对于臣下，也就如富家贵室之对于‘寇戎盗贼’。这个观点就是他的根本义的大前提。”④ 郭沫若认为，申子所学的“术”，实际上就是一种权变或者权谋，

---

① 梁启雄：《韩子浅释（下册）》，中华书局1982年版，第381页。

② 郭沫若：《十批判书·韩非子的批判》，《郭沫若全集·历史编》第2卷，人民出版社1982年版，第345页。

③ 司马迁：《史记》卷六十三，中华书局1982年版，第2146页。

④ 郭沫若：《十批判书·前期法家的批判》，《郭沫若全集·历史编》第2卷，人民出版社1982年版，第331—332页。

它不仅只能为君主所独擅，而且与“法”是不两立的东西。怎样才算善于权变?《韩非子·外储说右上》引述了申子的几段话，其中有言：“慎尔言也，人且知汝；慎尔行也，人且随汝。尔有知见也，人且匿汝；尔无知见也，人且意汝。汝有知也，人且藏汝；汝无知也，人且行汝。故曰：惟无为可以规（窥）之。”又曰：“独视者谓明，独听者谓聪，能独断者故可以为天下王。”郭沫若对这些言论评价道：“知道的要装作不知道，不知道的要装作知道，要弄得别人把你不明其妙，那你就显得微妙神玄，深不可测了。这简直是一种恶性的专制主义。”①

再次，郭沫若总结了韩非发展完善之后的“术治”手段，虽然看起来是存乎一心、难以捉摸的东西，但他仍然将其归纳成为了如下几项内容：“（一）权势不可以假人；（二）深藏不露；（三）把人当成坏蛋；（四）毁坏一切伦理价值；（五）励行愚民政策；（六）罚须严峻，赏须谨慎；（七）遇必要时不择手段。加上别处分开论述的“多设耳目”，一共八项。郭沫若对这些人君独擅的权术，作了这样的批判：“要打个浅近的比喻时，人君就须得像一匹蜘蛛。耳目的特种网是蜘蛛网，这个网便是人君的威势所借，有了这些网，做人君的还须得像蜘蛛一样，藏匿起来，待有饵物时而继之以不容情的宰割。”② 从这番评价，已经可以清楚地看出郭沫若对申子、韩非所宣扬的“术治”思想的厌恶态度了。

关于韩非的“势治”思想，郭沫若依据对《韩非子·难势》一篇的辨析解读，认为韩非是“一位极端的势治派，他正是主张‘专制行为’而为‘法制之反面’的。”③ 韩非《难势》云：“慎子曰：‘飞龙乘云，腾蛇游雾，云罢雾霁，而龙蛇与螾蚁同矣，则失其所乘也。贤人而诎于不肖者，则权轻位卑也；不肖而能服于贤者，则权重位尊也。尧为匹夫，不能治三人；而纣为天子，能乱天下。吾以此知势位之足恃，而贤智之不足慕也。夫弩弱而矢高者，激于风也；身不肖而令行者，得助于众也。尧教于隶属而民不听；至于南面而王天下，令则行、禁则止。由此观之，贤智未足以服众，而势位足以诎贤者也。’”④ 梁启雄题解谓“‘势’字有‘权威’意”。从慎子的论述看得很清楚，他是主张君主集权的，权重才能位尊；并且反对贤智治国，以为尧为匹夫，不能治三人，一旦南面而王天下，就可以令行禁止了，权势比贤智更加重要和管用。中间部分，设为“客难”之辞，质疑人君不贤何以致治。最后是韩非自己采用“复应之”的表达方式，阐述“自然之势”与“人设之势”均可以致治的观点：“夫尧舜生而在上位，虽有十桀纣不能乱者，则势治也；桀纣亦生而在上位，虽有十尧舜亦不能治者，则势乱也。故曰：‘势治者则不可乱，而势乱者则不可

---

① 郭沫若：《十批判书·韩非子的批判》，《郭沫若全集·历史编》第2卷，人民出版社1982年版，第334页。

② 同上书，第353页。

③ 同上书，第357页。

④ 梁启雄：《韩子浅释（下册）》，中华书局1982年版，第391—392页。

治也。’此自然之势也。”“夫弃隐括之法，去度量之数，使奚仲为车不能成一轮；无庆赏之劝、刑罚之威，释势委法，尧舜户说而人辩之，不能治三家。夫势治足用亦明矣。”[①] 两相比较，韩非更加推崇人设之势，即通过中央集权、君主专制，赏罚必信，树立君主的绝对权威之势，说一不二，令行禁止，天下才能得到大治。关于这番道理，韩非在多篇文章里反复申说，把其重要性论述到几乎无以复加的地步。如《人主》云：“万乘之主，千乘之君，所以制天下而征诸侯者，以其威势也；威势者，人主之筋力也。”[②]《难三》云：“凡明主之治国也，任其势。”[③]《奸劫弑臣》云：“善任势者国安，不知因势者国危。”[④]《外储说右下》云：“国者，君之舆也；势者，君之马也。无术以御之，身虽劳犹不免乱；有术以御之，身处佚乐之地，又致帝王之功也。”[⑤]《五蠹》云：“民者固服于势，势诚易以服人。”[⑥] 郭沫若指出，韩非这样看重权势，称得上是“一位极端的王权论者”![⑦]

在韩非看来，权势是不可以假借的东西，必须绝对操控在人君手中。《内储说下》：“权势不可以借人，上失其一，臣以为百。故臣得借则力多，力多则内外为用，内外为用则人主壅。其说在老聃之言失鱼也。”[⑧] 韩非的这种权势思想，来源于《老子》，其第三十六章云：“鱼不可脱于渊。国之利器，不可以示人。”[⑨] 他在老子言论的基础上，进一步作了引申性发挥，把权势借人的后果说得极为可怕。《喻老》云：“势重者人君之渊也。君人者势重于人臣之间，失则不可复得也。……故曰‘鱼不可脱于渊’。”“赏罚者邦之利器也。在君则制臣，在臣则胜君。……故曰‘国之利器，不可以示人’。”[⑩] 权势、赏罚就是君主驾驭、防范群臣的秘密武器，一旦失去，君将不君，国将不国。而怎样守护好人主的权势，又跟君人南面之术密切相关。郭沫若从《韩非子·三守》中归纳出韩非阐述的三条：（一）秘密；（二）独擅；（三）自为。对付臣下的办法，在《外储说右上》中也有三条：（一）恃势；（二）独断；（三）忍痛。其实，“忍痛”之说不够确切，似叫做“敢杀”更符合原意。韩非在文中，重点强调人主要敢杀，不论是阻碍权术之行的国之猛狗社鼠，还是身边的至爱亲近，都要不存恻隐之心，忍痛杀之以除后患。这才符合古今中外专制独裁者的普遍心态与行事风格。

---

① 梁启雄：《韩子浅释（下册）》，中华书局 1982 年版，第 394—397 页。
② 同上书，第 510 页。
③ 同上书，第 378 页。
④ 梁启雄：《韩子浅释（上册）》，中华书局 1982 年版，第 105 页。
⑤ 梁启雄：《韩子浅释（下册）》，中华书局 1982 年版，第 342 页。
⑥ 同上书，第 473 页。
⑦ 郭沫若：《十批判书·韩非子的批判》，《郭沫若全集·历史编》第 2 卷，人民出版社 1982 年版，第 355 页。
⑧ 梁启雄：《韩子浅释（上册）》，中华书局 1982 年版，第 247 页。
⑨ 《二十二子·老子》，上海古籍出版社 1986 年版，第 4 页。
⑩ 梁启雄：《韩子浅释（上册）》，中华书局 1982 年版，第 171—172 页。

显然，韩非的“势治”思想，主要来源于慎到。在他之前，前期法家商鞅重“法”，申不害重“术”，慎到重“势”，他们最初都不同程度地受到黄老思想学说的影响，也适度摄取了儒、墨两家的思想成分，进而逐渐形成其各有侧重的法家思想学说。郭沫若在《稷下黄老学派的批判》及《韩非子的批判》两文中，所作分析论述都涉及三家思想学说，但相比商鞅、申子两家而言，郭沫若对慎到思想学说与韩非思想学说关系的阐述，显得不够充分，并且存在自相矛盾的一些看法与结论。在《韩非子的批判》里，郭沫若唯一提及的是《难势》有关慎到“势治”的思想主张，文章用了大量笔墨去与梁启超争论，反倒没有阐述清楚慎到的“势治”思想究竟与韩非的“势治”主张有何联系，有何同异。从《难势》引述慎到的一段言论看，他是一位专制集权论者是比较清楚的，正是在这一点上，与法家尊君贵势、信赏重刑的基本理论相一致。施觉怀《韩非评传》对韩非构建起法家“法”“术”“势”思想体系的思路与价值作了中肯的评价，指出：“在理论上，法、术、势的关系中，法似乎是法家的主要手段，在实际上，其起作用的程序却要倒过来，法家最重视的是势，如果没有势，就失去了推行法和术的依据。”① 而郭沫若在《稷下黄老学派的批判》中，却认为慎到“反对独裁”，说他“还在替人民设想，而没有专替新起的统治者设想——韩非便和这相反——是还富有进步性的东西。”② 韩非在《难势》篇里明明不遗余力地为慎到的“势治”主张辩护，郭沫若也明确说过，韩非子的思想，“主要是由慎到学说的再发展”③，怎么能说韩非与慎到的基本思想学说“相反”？郭沫若批判韩非的思想主张几乎到了全面否定的程度，何以言及慎到的法理学说，却只看到其“进步性的东西”这一面？

关于郭沫若批判韩非子思想的明显偏颇及其原因

郭沫若自言批评古人要如法官断狱，不能造成冤屈。根据笔者研究分析其《十批判书》中列为研究对象的关于先秦诸子的评价结论，这种学术追求总体上是基本坚持并在一定程度上实现了的，但也有一些明显的失误跟遗憾，包括他自己后来承认的，对秦始皇统一中国历史功绩的全盘否定，也包括其对墨子思想、韩非子思想的全面否定性评价。关于郭沫若为什么数十年始终坚持给予墨子负面评价，笔者在《郭沫若眼中的“宗教家”墨子——关于郭沫若从负面评价墨子的原因考察》的专文中，认为是郭沫若一直把墨子视为一位“宗教家”，而他对宗教的态度及其所处的时代变

---

① 施觉怀：《韩非评传 · 韩非的法、术、势体系宗论》，南京大学出版社 2011 年版，第 364 页。

② 郭沫若：《十批判书 · 稷下黄老学派的批判》，《郭沫若全集 · 历史编》第 2 卷，人民出版社 1982 年版，第 170—172 页。

③ 同上书，第 167 页。

局，决定了其负面的评价态度与标准。[①] 至于郭沫若对韩非子思想学说的全盘否定，笔者认为有以下一些原因。

第一，郭沫若把韩非的思想学说，直接等同于“法西斯式的理论”，并不完全恰当。这种感受是他在《我怎样写〈青铜时代〉和〈十批判书〉》的后记里追述时说的：“（除开窜乱的作品）真是韩非的文章如《五蠹》《显学》之类，完全是一种法西斯式的理论，读起来很不愉快，因此我读得非常的勉强。”[②] 郭沫若自己通过研究考证认为，《五蠹》《显学》是韩非晚年思想成熟时的定论之作，是反映韩非思想最集中的作品，也是世人公认的《韩非子》的代表性篇章。他的这种认识必然会影响到其对韩非思想学说的总体评价，故其《韩非子的批判》中，就出现了与之呼应的研究观点：“韩非就是这样的一位极权主义者，他的议论足以使欧洲中世纪的麦迦威理（Machiavelli，1469—1527）减色，而德国的查拉图斯屈拉们也当沦为弟子。”[③] 马基雅维利、查拉斯图特拉都是欧洲中世纪主张国家至上、君主集权、宣扬不择手段追求强权统一的政治思想家，像马基雅维利在其影响巨大的《君主论》中，就明显提出：“征服者在夺取国家权力的过程必须得顷刻用尽所有残暴的手段”，“只要目的正确，可以不择手段”，成为马基雅维利主义广为人知的“至理名言”。郭沫若认为，他跟韩非比较起来，其能够想到并提出的权术与奸诈手段，都显得大为减色。显然言之太过。至于法西斯理论或者法西斯主义，虽然其在20世纪初产生时只是一种社会学说，但到第二次世界大战时代，人们心目中的法西斯主义，往往都指像希特勒、墨索里尼、东条英机式的军国主义、侵吞掠夺、毁灭文明等只有战争狂人才具备的种种残暴行径。郭沫若在20世纪40年代研究包括韩非子在内的先秦诸子时，正值第二次世界大战和中国人民抗日战争进入关键阶段，他把韩非的“法”“术”“势”思想与法西斯理论相提并论，应该是有所激而发，并不完全恰当。韩非主张重视耕战、赏罚必严、君主集权，人臣任职、以实现富国强兵的目的，在当时的历史背景下有其合理性，与法西斯理论及法西斯行径是有明显不同的。郭沫若自己在《韩非子·初见秦篇发微》里就说过：“战国时的政治主张本有三种作风，即是王道，霸道，强道。商鞅初见秦孝公的时候，先说以王道霸道，不合，后说以‘强国之术’，始见信用（《史记·商君列传》）。《荀子》也说：‘王夺之人，霸夺之与，强夺之地’（《王制》）。‘强’是纯粹的侵略政策，用现代的情形来比附，有点象法西斯主义。（韩

① 杨胜宽：《郭沫若眼中的“宗教家”墨子——关于郭沫若从负面评价墨子的原因考察》，《郭沫若学刊》2014年第1期。

② 郭沫若：《十批判书·后记——我怎样写〈青铜时代〉和〈十批判书〉》，《郭沫若全集·历史编》第2卷，人民出版社1982年版，第473页。

③ 郭沫若：《十批判书·韩非子的批判》，《郭沫若全集·历史编》第2卷，人民出版社1982年版，第385页。

非）《初见秦篇》屡言‘王霸’，而隐隐反对‘强’的主张。”[①] 两文的见解明显相互矛盾。

第二，郭沫若将韩非集成法家思想而构建起“法”“术”“势”为一体的法家思想体系的功绩一笔抹杀，并不十分公允。高亨指出：“韩非是战国时代一位杰出的思想家，集当时法家学说的大成，他的书在祖国文化遗产中占有相当重要的地位。”[②] 关于韩非思想对前期法家思想的继承与融合，梁启雄有这样的评价：“法是官府公布的成文法，是编著在图籍中的国法条规，术是君主暗藏在心中的权术，是驭臣治民的手法，势是君主的重权尊位形成的威势，是控制臣民的凭借力量。韩非把三种学说综合起来成为一种有机联系的统一体。这样，他的政治思想就不同于前期法家某一个人的政治思想，而是法治、术治、势治三种政治主张的混合体。”[③] 笔者认为，这一总体评价是大致合适的，没有韩非的集成性融合与总结，法家思想就不可能对秦国完成大一统事业发挥如此重要的作用，其理论也不可能在此后的中国思想史上，占有重要的一席之地，且对历代的变法家们产生那样深远的影响。连郭沫若自己也承认：“韩非之学，实在是有秦一代的官学，行世虽然并不很久，但它对于中国文化所播及的影响是十分深刻的。”[④] 单凭此点，韩非在中国思想史上、中国文化史上的地位与作用，就不能全盘予以否定。事实上，先秦诸子思想发展到荀子、韩非子时代，杂取诸子百家思想成分，整合总结一派思想学说以形成自己的思想体系已经成为可能和趋势，就像荀子的思想体系具有“援法入儒”的明显特征一样[⑤]，比如“势治”思想，在《荀子》一书中也体现得很充分，是其摄取法家“贵势”思想融入其理论体系的明证。[⑥] 韩非的思想体系并不纯粹只有前期法家的思想，还包括了老、如、墨、名、兵、阴阳等各家思想成分，说他把这些思想都发展到坏的方面，成为与时代思想潮流完全相悖的东西，未免言之片面，并不十分公允。因为如果承认韩非的思想对此后中国漫长的思想史发展影响十分深刻，同时又指斥这些东西完全落后于时代，逆历史潮流而动，这在逻辑上和事实上都是矛盾的。

第三，郭沫若在韩非子研究中表现出来的情绪化倾向，一定程度上影响到其学术理性思考与评价的客观性，教训值得今天的研究者记取。笔者比较发现，郭沫若在对墨子、韩非研究中表现出来的心态略显不同。其全面否定墨子，多少带有与当时学界

---

① 郭沫若：《韩非子·初见秦篇发微》，《郭沫若全集·历史编》第1卷，人民出版社1982年版，第583页。

② 高亨：《韩子浅释序》，梁启雄：《韩子浅释（上册）》，中华书局1982年版，第1页。

③ 梁启雄：《韩子浅释（上册）》，中华书局1982年版，第388页。

④ 郭沫若：《十批判书·韩非子的批判》，《郭沫若全集·历史编》第2卷，人民出版社1982年版，第11页。

⑤ 杨胜宽：《关于郭沫若荀子评价的几个问题》，《郭沫若学刊》2011年第3期。

⑥ 杨胜宽：《论“势”——传统文化的积淀与文化传统的反思之四》，人大复印报刊资料《中国哲学史》1990年第10期。

普遍肯定、歌颂墨子的风气有关，他研究墨子所作的翻案文章，是为与持这种观点的众学者争鸣而发的，像他认为墨子始终是一位宗教家、墨家同情乱党，明显带有一定的与众不同、标新立异的研究论证特征。因为肯定墨子的人，大都认为墨子思想具有民约、民本、草根、同情底层民众的思想色彩，而郭沫若则坚定认为墨子坚持“帝王本位”的政治立场，在《孔墨的批判》中，郭沫若判断两家政治立场的角度和标准，居然以是否“同情乱党”作为基本依据，文章用墨家同情乱党的态度来证明其所持帝王本位的政治立场，多少显得有些牵强和说服力不足。[①] 至于郭沫若研究韩非，根据上文列举的材料，从一开始就受到主观情绪的干扰，他似乎一直处于自己的性格情绪与学术理性的斗争之中，从文本阅读到问题分析，都陷于这种自我内心矛盾斗争的苦恼状态。人们从郭沫若的个性、文艺创作、学术发展路径等方面可以看出，他是一个偏于神经质、情感丰富且起伏变化大，思维方式充满跳跃性的人，这种性格为他从事文艺创作带来了诸多有利因素，且形成了自己的鲜明艺术风格特征，像《女神》所收录的那些诗篇，表达与风格就是独特的郭氏方式。而当其转入学术研究领域时，这种个性就成为利弊互见的双刃剑。好处自不必多说，其不利的一面，则主要表现为难以完全摆脱个人好恶来看待和评价研究对象，主观情绪过于外露或发生作用时，容易影响到其观察研究对象的态度与方式，当其处于“不喜欢”“不愉快”的心理状态时，他批评研究对象的标准乃至行文措辞，都会明显反映出来。他完成韩非子研究经历了长达数月的“纠缠”过程，且中间遭遇意想不到的困难，对韩非思想学说的评价缺乏辨证思维，写完文章还自觉“清算得颇为彻底”，而对《韩非子》书中一些原本有价值的思想成分视而不见，都与郭沫若整个研究进程受情绪化干扰有关。就此而言，他审视韩非子所扮演的“法官”角色，是不够客观公正的。我们今天对此加以反思，并非对郭沫若求全责备，更重要的意义在于，应该记取这种教训，尽量摆脱主观情绪对学术研究的影响，使科学与理性，始终引导我们面对每一个学术问题和研究对象。

（原载《郭沫若学刊》2017 年第 1 期）

① 郭沫若：《十批判书·孔墨的批判》，《郭沫若全集·历史编》第 2 卷，人民出版社 1982 年版，第 74—125 页。

郭沫若的古文字研究思想与方法

黄思贤

引　言

郭沫若先生在其80余年的人生中，无论是文学与历史，还是考古与文字都取得了辉煌的成就。在他离去的40多年中，其学术成果也已成为诸多学科的重要研究资料和研究对象。从目前的研究来看，有关郭沫若的研究主要集中在文学与历史两个领域，古文字研究虽也被提及，但却不深入。

谈及郭沫若先生在古文字学领域的地位，自然会提到“甲骨四堂”。实际上，他的古文字研究并不仅限于甲骨文，而是广泛地涉及金文、石鼓文等古文字。从已公布的研究成果来看，郭先生对古文字的研究起于1929年前后，在其后的几十年中，取得了较为丰硕的成果。甲骨文方面，主要集中在甲骨文的整理与著录、甲骨文字的考释和甲骨学自身规律的发现和研究等方面。其代表作有《甲骨文字研究》《卜辞通纂》和《殷契粹编》。金文方面，涉及金文整理、考释和文字研究等，主要著作有《两周金文辞大系》《殷周青铜器铭文研究》《殷周青铜器铭文研究》《金文丛考》等。石鼓文方面，出版了《石鼓文研究》一书，沈兼士先生曾盛赞其为“能总集大成”①。另外，郭先生在战国文字、简帛文字、碑刻文字等方面也有一定建树，其代表作有《侯马盟书初探》《熹平石经鲁诗残石》等。

郭沫若先生在文字学领域所取得的成绩固然与其个人的勤勉相关，但同时也与其研究方法、理念和思想密不可分。正确的思想理念可以确保正确研究的方向，科学的研究方法则保证了研究过程的科学性和研究结果的可靠性。

一　以社会历史文化研究为目的

研究古文字莫过于两个目的：一是为研究古文字而研究古文字，是纯粹的古文字学。二是为其他的目的去研究古文字，古文字并不是目的，只是手段。郭沫若当属于后者。“我们现在也一样地来研究甲骨，一样地来研究卜辞，但我们的目标却稍稍有

① 沈兼士：《石鼓文研究三事质疑》，《辅仁学志》1945年第1期。

点区别。我们是要从古物种去观察古代的真实的情形，以破除后人的虚伪的粉饰——阶级的粉饰。”①

实际上，《郭沫若全集·甲骨文字研究》的编撰与所考释的古文字同样表现出这一目的。该书的排次为“释祖妣”“释臣宰”“释耤”……这一顺序显然与古代社会发展史相契合，这些考释的文字正好是一个个时代的历史文化标签。该书虽名为甲骨文字研究，但却也是一部小型的社会历史研究。

在《甲骨文字研究》的重印弁言中，他直言不讳地写道：“这些考释，在写作当时，是想通过一些已识未识的甲骨文字的阐述，来了解殷代的生产方式、生产关系和意识形态。”② 又“甲骨文字的研究，经过其后的安阳小屯的科学发掘，已有了很大进步。殷代社会的真实情况，比起二十年前也更加明了了。殷代是青铜器时代和奴隶社会，已经是毫无疑问的事。”③“得见甲骨文字以后，古代社会之真情实况灿然如在目前，得见甲骨文字后，《诗》《书》《易》中的各种社会机构和意识才得到了它的泉源”。④

在古文字研究中，郭沫若始终坚持这一研究目的。在“释祖妣”，他并没有一味地从字形、字音或字义上进行考证，而是使用了大量的篇幅探讨古代的婚姻制度。诸如“闲常考家族进化历史，得知婚姻之演进亦有一定邮程。”“父子之关系虽疏，母子之关系较密。在群居生活中，渐进则与同一母氏之下自然成一集团。而交接之事在同一集团中初无限制，学者称之为血族群婚”⑤ 等。在本文的最后，郭沫若写道：“以上所述祖妣字之解释均可为互证，且于宗教之起源与古代文化之认识上有关系，故余备论之如是。”⑥

在社会历史研究中，郭沫若频繁地引用古文字及其相关古文字拓片，有力地支撑了他的观点，古文字研究的作用在这里发挥得淋漓尽致。比如在探究上古的牧畜问题时，使用了以下古文字资料：“今夕其雨，获象。”（《前》三，三一，三）⑦ 又如，“服象的证据除了上御字之外还有一个很有意义的‘为’字。据罗释‘为字，古金文及石鼓文并做为，从爪从象。……意古者役象以助劳，其事或尚在服牛乘马以前’（《类编》三，九），这可以说是很重要的一个发现”，郭进而论断：“六畜乃至七畜均已存在，其应用也很繁多。”⑧

又比如，“，狩字古本做兽，可以看出猎犬的使用。这些都是牧畜发明以后的

① 郭沫若：《郭沫若全集·历史编》第1卷，人民出版社1982年版，第195页。
② 郭沫若：《郭沫若全集·考古编》第1卷，科学出版社1982年版，第7页。
③ 同上。
④ 郭沫若：《郭沫若全集·历史编》第1卷，人民出版社1982年版，第195页。
⑤ 郭沫若：《郭沫若全集·考古编》第1卷，科学出版社1982年版，第22页。
⑥ 同上书，第64页。
⑦ 郭沫若：《郭沫若全集·历史编》第1卷，人民出版社1982年版，第200页。
⑧ 同上书，第204页。

文字。”[①] 进而得出以下结论：“当时的渔猎确已成为游乐的行事，即是当时的生产状况确已超过了渔猎时代。”[②]

郭沫若研究古文字的这种目的，与其个人的学术背景和做学问的基本理念密切相关。他最初涉猎的领域并非文字学，而是文学历史。随着历史文化研究的深入，语言文字，尤其是古文字开始成为其前进的绊脚石。在甲骨文、金文等古文字研究盛行的学术背景下，他也汇入了这股研究大军，但初衷未改。

正是这一背景和这一鲜明的目的使得郭沫若能在较短的时间内取得如此多文字学成果。这一目的也使得他的文字学研究颇具特色。也许，郭沫若的本意并非文字，但却成为了一位成果丰厚的文字学家。

二 传统方法与现代理论的结合

郭沫若所处的时代正是中国社会文化新旧交替时期，传统思想文化与外来新型思想文化相互碰撞。也就是在这种社会文化环境中，造就了一批学贯中西、颇具创新能力的学者，郭沫若就是其中杰出的代表。从他的历史、古文字等研究成果来看，传统的经学、小学痕迹是非常明显的。同时，我们也看到，现代科学的理论和方法也已融入其中。在这些现代思想中，马克思主义思想对他的影响是最大的。据目前研究，郭沫若接受马克思主义思想始于上世纪 20 年代。随后，他深入地研究了相关著作，并翻译了《政治经济学批判》《德意志意识形态》等作品。在称颂这种思潮的同时，他也将这种思想融入到他的历史文化、考古、古文字等领域。

在反思过去的相关研究中，郭沫若曾说：“谈‘国故’的夫子们哟！你们除饱读戴东原、王念孙、章学诚之外，也应该知道还有马克思、恩格斯的著作，没有辩证唯物论的观念，连“国故”都不好让你们轻谈。”[③] “我们要跳出了“国学”的范围，然后才能认清所谓国学的真相。”[④] 在新思想的面前，他找到了自信，“以前没有统一的思想，于今我觉得有所集中，以前矛盾而不能解决的问题，于今我觉得寻得了关键。”[⑤]

在郭沫若的古文字研究中，唯物历史观的表现极其鲜明的。比如，匕（牝），古解释为“匕，比也”。郭批道：“余案‘匕者，比也’乃后起之说，其在母权时代，牡尤不足以比牝，遑论牝比于牡。”[⑥] 值得注意的是，郭沫若以“母权时代”作为时

① 郭沫若：《郭沫若全集·历史编》第 1 卷，人民出版社 1982 年版，第 201 页。
② 同上书，第 202 页。
③ 同上书，第 9 页。
④ 同上书，第 8 页。
⑤ 郭沫若：《孤鸿——致成仿吾的一封信》，《沫若文集》第 10 卷，人民出版社 1959 年版，第 289 页。
⑥ 郭沫若：《郭沫若全集·考古编》第 1 卷，科学出版社 1982 年版，第 38 页。

代背景来研究“匕者，比也”。即在那样一个时代，不是女子向男子看齐，而是男子向女子看齐。这一解释显然有悖于那样一个时代背景，当为后人臆说。

又如释“王”，《说文》有：“……一贯三为王……”这显然是对王权的夸赞。郭先生则依据生殖崇拜及社会发展的背景进行了解释，“其在母权时代用毓以尊其王母者，转入父权则当以大王之雄以尊其王公。”① 认为“王”亦为生殖崇拜，为阳器。我们权且不去怀疑郭此类解释的正确性，但其研究思路值得称颂。

在古文字考证中，郭沫若还融入了民俗学、民族学的相关知识理论。比如甲骨文“宾”字的考释，“盖宾从宀匕，匕亦声。宾匕，脂真阴阳对转也，从匕在宀下，与宗同意。或从亼……近时乡人尤有祀饭瓢神者，当即古俗之孑遗也。”② 这里旁引了乡人的习俗，后文又进而列举道：“日本亦有此习，凡社祠多以饭匙晋献，以饰于壁。”③

在借鉴现代科学理论的同时，郭并没有摒弃传统的研究方法，而是充分地使用传统文献学和语言文字学的研究方法。

传世文献与出土文献互证。例如，在《释祖妣》一文中，为论证上古祖妣相对的关系，首先列举了传世文献，《诗·小雅·斯干》：“似续祖妣”；《诗·周颂·雝》：“既右烈考，亦右文母。”得出祖妣相对；继而引用出土文献，齐侯镈钟：用享于其皇祖皇妣，皇母皇考。④ 最后得出《尔雅·释亲》：“父为考，母为妣”当系战国诗人语，《帝典》诸篇为孔门所伪托。又如，“娥”即娥皇的论证，郭先引用了卜辞：“贞子渔有㞢（有）𠀠（豊）于𢀛酒。”（铁二六四叶一片）其中𢀛为祭祀对象，拟定为“娥”，再引许书：“娥，帝尧之女，舜妻，娥皇字也。”⑤ 最后得出结论：“字于人名之外古无他义，则此妣名之‘娥’非娥皇没属矣。”⑥

依文献用字惯例释字。如释卜辞中的“𦏴”字，郭沫若认为：“此人名奇字，王国维疑峨，罗振玉谓从義京，余谓此实義京二字合书，人名合书乃卜辞习见之通例。𦏴当即常羲，若常仪之初字。”⑦ 此依卜辞人名合文的惯例识字。又如释“子渔”，“罗释关于渔的一项列举了十一条，但这十一条有如下的六条是错误的‘贞乎子渔又于祖乙（《前》五，四四，四）……’。古金文中呼字多作乎，此所谓“贞乎子渔”即“贞呼子渔”。⑧ 即子渔为人名，而非渔猎之义。此依金文中“呼”与“乎”通假惯例识字。

---

① 郭沫若：《郭沫若全集·考古编》第1卷，科学出版社1982年版，第49页。
② 同上书，第43页。
③ 同上。
④ 同上书，第19页。
⑤ 同上书，第29页。
⑥ 同上。
⑦ 同上书，第30页。
⑧ 郭沫若：《郭沫若全集·历史编》第1卷，人民出版社1982年版，第201页。

据上下文意考字。在考证卜辞中的“臣”时，郭沫若论道：“然而所谓臣民者，固古之奴隶也。彝铭中入周以后多赐臣民之事。矢令簋：作册夨令尊俎于王姜，姜赏令贝十朋，臣十家，鬲百人。……凡此均臣民与土田都邑器物等同为赐予之物，人与物无别……此臣民即奴隶之明证。”① 这里讲臣与上下文中的田地器物等比较分析，得出臣为奴隶的结论。

据异文考字。在论证“宾”与“宗”的关系中，郭论道：“𣪘钟一器其有‘用濼好宾’语，一作‘用濼好宗’，其二编钟一作宾，一作宗，是宾宗同义之证。”②

除了通晓上古文献，郭沫若也熟谙传统小学。在文字论证中，他大量地使用音韵、训诂、文字等小学理论。在《释干支》中，郭认为“辰”为一种农具，其中有这样的论述：“故辱字在古实辰之别构，惟字有两读，其为耕作之器者则为辰，后变而为槈……由音而言，则辱、蓐与農乃侯东阴阳对转，故辱、蓐、農古为一字”③，此为“小学”中的音韵之法。论证中，郭也常据字形考证古文字，例如“王”字，“卜辞王字极多，其最常见者作“”，与士字之或体相似，繁之则为“”（前六卷三十页七篇），若（後下十六页十八片）。省之则为（前四卷三十页六片），若“”（前三卷二十页三片）。”④ 从“王”的古字形论证了“王”与“士”的关系，进而得出“王”字亦取象雄性生殖器。

总之，在古文字考证中，郭沫若充分地使用了各种理论方法，尤以唯物史观的运用最为突出。

三　大胆假设小心求证

古文字研究有其特殊性。由于历史久远，论证材料缺失，在古文字考释中，各家往往众说纷纭，莫衷一是。因此，要想在该领域取得突出的成果，除了要有科学的理论和丰富的资料，还需大胆的设想和推测。所谓的大胆，不是毫无根据的臆想，而是有一定的方向，一定的原则。在郭沫若的研究中，其大胆的背后是以唯物历史观为坚实基础，以社会学、民族学等现代学科为支撑。

郭沫若在古文字研究中，似乎有着诗人般的气质和想象。在探讨十二地支起源时，他这样写道：“释支干篇所谈到的十二支起源的问题，在今天看来依然是一个谜。我把他解释为起源自巴比伦的十二宫，在今天虽然还是没有更好的直接物证，但也没有更坚实的反证。古代太辽远了，物证恐怕是很难找到的。但我依然寄系这希望

① 郭沫若：《郭沫若全集·考古编》第1卷，科学出版社1982年版，第66页。

② 同上书，第43页。

③ 同上书，第205页。

④ 同上书，第49页。

的希望：在地下发掘系统地广泛展开的时候，能够得到更多的证明。”[①] 在这里，郭将十二地支的起源与古巴比伦联系在一起。

在古文字考释中，郭沫若的“祖妣”考颇具想象。关于“祖妣”，学界的观点很多。其中，郭沫若的“生殖崇拜”说最具冲击力，日本汉学家内藤湖南曾认为郭沫若的这种解释是异想天开，颇具冒险性。[②] “祖妣”考一文中，以生殖崇拜为基础，考释一系列相关字，值得注意的有：(1)“祖妣”，“然则祖妣之朔为何耶？曰祖妣者牡牝之初文字也。”[③] “是则且实牡器之象形也，” “匕乃匕柶字之引申，盖以牝器似匕，故以匕为妣，若牝也。”[④] 认为“祖妣”为雌雄生殖器。(2)“士”，“土、且、士实为牡器之象形。”[⑤] (3) 关于“示”，“此由字形而言，‘丅’实‘丄’之倒悬，其旁垂乃毛形也。”[⑥] (4)“宾”与“方”，“盖古人于内外皆有牝神，祀于内者为妣，祀于外者为方，犹牡之祀于内者为祖，祀于外者为土也。”[⑦] 即“方”为雌性生殖器，“宾”，则为屋内之生殖器。(5) 母与后，“后辟之后亦崇拜生殖之意。”即女性生小孩的情形。

考释中，郭沫若从“祖妣”入手，进而关联了一系列相关字，并一一论证，成体系地揭示原始的生殖崇拜。整个论证颇具规模，对学界具有深远的影响。

此项研究中，郭沫若并非只是简单提出观点，而且进行周密严谨的论证。例如，为论证“土（且）”和“匕”为雌雄生殖器，郭罗列了从牛、从羊、从豕等相关的雌雄动物，文字的构形角度进行了论证，并得出“卜辞牡牝字无定形，牛羊犬豕马鹿随类赋形，而不尽从牛作。”[⑧]文字形体和相类推的想象具有较强的说服力。为论证“土”，及与“且”的关系，郭先分析了两者的古文字形。“土字古金文做‘’，卜辞作‘’，与‘且’字形近。”再比较了两者的字音，“由音而言，土、且复同在鱼部”。最后从古代宗教制度进行了分析，“而土为古社字，祀于内者为祖，祀于外为社，祖与社二而一者也。”[⑨] 论证中涉及语言文字学、宗教学、文化学，非常充分。为论证“士”，郭同样分析该字的古字形，“士字卜辞未见，从士之字如吉”，卜辞中没有发现独体的“士”，却列举构形中的“士”，并将此字形与“土”的字形比对。在此基础上，分析了几个字之间的字音关系，“士”与土、且的语音关系“士音古虽在之部，每与鱼部字为韵，如《礼记·射义》引《诗》‘曾孙侯氏’八句以举、士、

① 郭沫若：《郭沫若全集·考古编》第1卷，科学出版社1982年版，第9页。
② 郝雯雯：《郭沫若的甲骨学研究》，硕士学位论文，西南大学，2011年，第33页。
③ 郭沫若：《郭沫若全集·考古编》第1卷，科学出版社1982年版，第36页。
④ 同上书，第38页。
⑤ 同上书，第39页。
⑥ 同上书，第41页。
⑦ 同上书，第44页。
⑧ 同上书，第36页。
⑨ 同上书，第39页。

处、所、射、誉为韵……”①

虽然学界对郭沫若的观点纷纷提出异议，但到目前为止，也没有更有力的证据推翻其结论。我们认为，这与其大胆推测背后的坚实理论是密不可分的。

科学研究就是要不断探究未知的领域，如果都清晰地展现在我们的面前，也就没有研究的必要。在陌生领域前，研究需要大胆的设想和猜测，并不断地进行研究论证。

四 否定与自我否定

在郭沫若的古文字研究中，有继承，但更多的是批判。有对前人成果的批判，也有对时人的批判，也有对自己的批判。在批判中，作者提出自己的观点；在批判中，更新着自己的观点。

对汉字的研究，中国已有二千多年的历史，留下许多不同的观点，有些还很经典。几千来，人们遵循着这些经典，或引用，或阐发。当中国传统思想的禁锢打开后，学者开始科学地对待这些观点，或继承，或批判。郭沫若在古文字的研究中，使用新材料、新思想、新方法，在批判古人的同时，提出自己的新观点。

对于“士”字，古人有“推十合一”之说。郭沫若批道：“‘推十合一’之说，亦必非士之初意。孔子之意殆谓士君子之道，由博返约。然士为士女之士实远在士君子之士以前。”②

《说文解字》中，许慎引用了孔子的观点“一贯三为王”来解释“王”字。郭毫不客气地批道：“此乃后起之字形以为说，非王字之本义也。王之古文，画不限于三，中不贯以一……据此可知孔仲尼不识古字，每好为臆说。”③

《史记·殷本纪》云：“周武王为天子，其后世贬帝号，号为王”。郭沫若批道：“按以卜辞，此说殊不确，盖卜辞天子已称王，且已称其先公为王亥、王恒、王矢矣。”④

罗振玉和王国维是古文字研究的大家。郭沫若曾评价道：“大抵在目前欲论中国的古学，欲清算中国的古代社会，我们是不能不以罗、王二家之业绩为其出发点了。”⑤ 郭沫若的古文字研究深受两位学者的影响，但在后来的古文字研究中，郭对两位的观点提出一些反对意见。

比如“后”，郭沫若引王国维“像倒子在人后，故引申为先后，又引申为继体

① 郭沫若：《郭沫若全集·考古编》第1卷，科学出版社1982年版，第39页。

② 同上书，第38页。

③ 同上书，第50页。

④ 同上书，第49页。

⑤ 郭沫若：《郭沫若全集·历史编》第1卷，人民出版社1982年版，第8页。

君……”郭沫若认为：“立说均甚精到，惟采许书后为继体君之说，则事有不尽然者。”[①] 并列举传世文献进行驳斥，“《书·盘庚》曰‘古我前后’、曰‘我古后’，曰‘我先神后’，曰‘高后’、曰‘先后’，及《商颂》之‘商之先后’，凡此等称述之中，即创业垂统之成汤亦被含括，且为主要之中心人物，此非继体君之谓也”。[②] 此番评论甚是公允。

又如“王”，罗振玉论道“卜辞从⊥从Δ，并与同……但存火亦得示盛大之谊”。郭沫若批道：“罗氏以为并与火（）同者，非也。”[③]

实际上，郭沫若在研究中，也不断地修正着自己的观点。在《甲骨文字研究》的重印弁言中，他曾写道“今天看起来，固然是错误，但其实我在作那种看法的当时，已经就觉得不大妥当。特别在写这些考释里面的释干支的时候，看到当时天文知识的水平相当高，作为原始氏族社会怎么也难说明。但我固执着自己的旧说马虎过去了。这应该作自我检讨的：就是做学问时，未能够充分地做到实事求是。”[④]

又如古文字“匕”，在《甲骨文字研究》中，郭沫若曾论道：“匕乃匕柶字之引申，盖以牝器似匕，故以匕为妣，若牝也。”但在1955年，他致信杨树达：“‘匕’当时“匙”之初文，‘匕’形之略变，许说为‘反人’，非是。‘匕’用为‘且匕’或‘牡牝’字，乃假借之例。”[⑤] 前认为是“引申”，后修正为“假借”。

学问需要争鸣，需要不同的声音。对于未知领域要勇于探索，不怕犯错。科学研究的突破往往建立在否定的基础之上。郭沫若就是这样一个典范。

结　语

从遗留下来的资料和成果，本文梳理了郭沫若的几条研究古文字的思想方法。这些思想方法彼此互相关联，互为因果。研究社会历史的目的决定了他的古文字学的研究方法与学术定位，科学唯物史观则指引着古文字的研究方向，敢于批评的精神让其不断的前进，传统与现代研究理论让他的研究更加科学。正因为这样，郭沫若的古文字研究与其他古文字研究相比，更具鲜明的前瞻性和科学性，也让他在较短的时间内取得了令人叹服的古文字研究成果。

唯物史观为郭沫若的古文字研究铺设了一条康庄大道，但也让其古文字研究蒙上浓郁的历史色彩，同时也掩盖了文字学本身的特质。在古文字研究中，郭沫若往往以预设的社会背景去看古文字，这与古人以当时的社会背景去观照“王”为“一贯三

① 郭沫若：《郭沫若全集·考古编》第1卷，科学出版社1982年版，第47页。
② 同上书，第48页。
③ 同上书，第50页。
④ 同上书，第9页。
⑤ 黄淳浩编：《郭沫若书信集》，中国社会科学出版社1992年版，第507页。

为王”有着某种相似，只是古人所见到的文字比我们所见到的时间晚。假若所预设的社会背景存在问题，并以此去观照古文字，那么必然会影响到古文字研究的准确性。因此，我们认为，古文字研究在重视历史背景的同时，更应尊重文字的本体。比如，在“皇”的考释中，郭沫若认为下面的“王”与独体的“王”同样是雄性生殖器，这显然与其所预设的社会背景密切相关。但如此下来，上部的“白”又该如何解释？事实上，他也没有给出解释，令人疑惑。笔者倒是赞同“皇”为“煌”，为“火烛”，用为皇帝之皇，当为文字之假借，只是一种普通的用字现象，并没有那么玄妙。另古文字“黎”，郭沫若先生存在前后解释不一致的现象。在《甲骨文字研究》中有“耕具、耕事、耕牛之黑者均谓之黎。耕具犀锐谓之利，耕事有获亦谓之利，耕民面黑则谓之黎。”①，而在《中国古代社会研究》中则认为：“为甚么民会称‘黎’呢？这大约就是中国古代的先住民族，这种人或者就是马来人和四川的黎族的祖先，马来人和彝族都是棕黑色的，马来人的传说也说他们的祖先是从北方来。怕这些民族的祖先就是古代的蚩尤或者三苗了。”② 到底是什么？他没有给出最后的答案。

瑕不掩瑜，郭沫若在古文字研究方面的贡献是有目共睹的，其在文字研究中所开创的方法和提倡的思想值得我们去学习探讨。

（原载《理论月刊》2017 年第 9 期）

① 郭沫若：《郭沫若全集·考古编》第 1 卷，科学出版社 2002 年版，第 88 页。

② 郭沫若：《郭沫若全集·历史编》第 1 卷，人民出版社 1982 年版，第 121 页。

第五篇

学术争鸣

论郭沫若与惠特曼诗歌的精神关系

——兼与史记先生商榷

杜　璇　周中明

长期以来，史记先生在《论“五四”时期惠特曼在中国的传播与接受》认为郭沫若在五四时期创作的诗歌受到了惠特曼诗歌精神的影响，[①] 这个观点不仅有《凤凰涅槃》《天狗》《地球，我的母亲》等具有明显模仿惠特曼诗歌文本的支持，更有郭沫若本人对惠特曼诗歌精神的理论研究作为支撑。但是，仔细考察郭沫若受惠特曼诗歌精神影响下的诗歌创作，会发现郭沫若只是借鉴惠特曼诗歌的一些外部特征。

一　郭沫若诗歌与惠特曼诗歌平民观的差异

史记先生在《论“五四”时期惠特曼在中国的传播与接受》中认为，在惠特曼平民精神的启发下，郭沫若创作出《炉中煤》《巨炮的教训》等一系列具有平民精神的诗篇，平民精神可以说是郭沫若诗歌创作的一大名片，但是若仔细审视郭沫若的这些诗歌会发现，他只是偏重借鉴惠特曼平民精神的抒写方法，没有侧重借鉴惠特曼平民精神的内核。

惠特曼对泛神论情有独钟，他认为上帝是一个无所不在的精神存在，因此世界上不管是庞然大物，还是微小颗粒，抑或是平民，都是上帝的巨大价值的体现，从而从外到内都散发出崇高典雅的神圣性。神不仅仅是超越于自然界的神，还可以是内化于自然界和内化于人内心的神，即人和自然都是“超灵”的显现，杜彬彬在《惠特曼泛神论自然观蕴含的意义》一文中称惠特曼泛神论的哲学观念受到斯宾诺莎的影响，杜先生在一定程度上是正确的，但是他忽视了惠特曼对斯宾诺莎泛神论的改造。笔者认为，杜彬彬也没有指出斯宾诺莎和惠特曼泛神论的区别。斯宾诺莎出于对传统神性的反抗，认为虽然一切事物都是神的一部分，但是神是静止的，斯宾诺莎没有赋予肉体和精神以跃动不羁的属性，英国哲学家罗素指出：“在斯宾诺莎那里，一切事物都受着一种绝对的逻辑必然性的支配。在精神领域中既没有所谓的自由意志，在物质界

---

① 史记：《论“五四”时期惠特曼在中国的传播与接受》，《求索》2012 年第 4 期。

也没有什么偶然。凡发生的事俱是神的不可思议的本性的显现，所以各种事物照逻辑讲究不可能异于现实状况。”① 斯宾诺莎强烈反对人在观察世界时投入热情和激情，因为他认为激情会蒙蔽人的认知力、感悟力和理解力。但是惠特曼抛弃了斯宾诺莎泛神论的部分解释，惠特曼肯定人们观察和打量万物的激情，并把主观能动性无限夸大，他主张用坚忍不拔、激进昂扬的动的精神和活力探索和挖掘现实生活。惠特曼还植入了“力”的性质强调平民无限蓬勃的创造精神，从而使平民主体超越斯宾诺莎泛神论中的伦理内涵而具有全新的意义，这一命题契合并反映了美国建设时期反抗和抵制英国殖民奴役的时代精神。平民在惠特曼的诗歌中具备如下特征：

第一，平民具有神性，能平等地看待万物，平民是有智慧的存在，时刻都能体会到神性存在的光辉，诗人表达“我在每一件事物当中都听见和看见了上帝/我在二十四小时的每一小时甚至每一瞬间，都看见了上帝的一部分，/在男人和女人的脸上，在镜子里面的我自己的脸上，我看见上帝/在大街上我得到上帝掷下的书信，每一封书信都有上帝的签名”。② 在惠特曼的诗中，在大自然中快乐工作的黑奴、辛勤垦荒的美国青年、卖力淬火的铁匠和怡然自得、潇洒酗酒的同寝人，等等，美国人都能在大自然中沐浴神性，从而得到人性舒展和灵魂自由。神性的灵光向着自我、社会、欲望、道德等诸多社会层面闪耀，使人们在因神性的植入体现出血肉丰盈的表情。李野光在《惠特曼研究》中发现惠特曼是性善论者，他相信从人类到宇宙，都在永远地补救自己的缺陷，不断地向至善至美方向发展。③ 笔者认为这种观念是正确的，诗人以泛神的诗性思维启发人们在面临困窘的生活时把自己的生存压力转换为价值期待，由此体现他的诗歌在对精神的提升、对灵魂的改造、对人格的塑造中发挥的巨大作用，体现出诗人感性中含有理性、理性中包孕感性的诗歌创作智慧。

第二，生活在充满民主气息的社会环境中平民不是将自己的行为准则纳入到传统道德规范系统中，他们在美国现代社会有着一定的文化涵养和精神诉求，即使生活在艰苦贫瘠的物质条件和社会环境中，他们大多数精神依然兴奋高昂，并用自己蓬勃的精神抵抗难以承受的苦难，身体和精神因受民主精神的滋润得到前所未有的舒展。尤其是抒情主人公“我”不肯过着苟且偷生、庸庸碌碌的琐屑生活，具有强烈神性意识的诗人力图以“我”为主体的重塑和情感意志的完善来影响民众，以“人即是神”的抒情冲动表明自己和其他美国民众一起超脱物欲化、功利化、工具化的世俗社会，他以自己是神性社会中的精神标杆来号召民众不向逼仄的生活低下高贵的头颅，启发民众在追求庸俗忙碌人生之外对灵的守望和超脱，所以他的诗歌努力表达的不是平凡世界中平凡人的无助、无奈和无能，而更多的是民众因具有神性产生的快乐惬意的心

① ［荷兰］斯宾诺沙：《伦理学》，贺麟译，商务印书馆 1958 年版，第 232 页。
② ［美］惠特曼：《草叶集》，楚图南、李野光译，人民文学出版社 1987 年版，第 160 页。
③ 李野光：《惠特曼研究》，上海外语教育出版社 2006 年版，第 61 页。

态和精神，即使优胜劣汰的社会竞争法则迫使底层民众深陷触目惊心的生存绝境，在高贵的人格神的指引下，人们依然能对外界异化力量进行不屈不挠、不折不扣的抵御和抗争，由此获得了沁入心扉的精神支柱。

第三，惠特曼笔下这些平民心中都有坚定的信仰。这与基督教倡导的伦理道德观紧密相连，平民即使暂时陷入了无奈的处境，认为自己的痛苦而又荒谬的人生是由超验的彼岸世界演绎而来，之所以陷入了无奈的境地，盖因生活中含混复杂的事实和超验的理性世界之间产生了隔阂。尽管有时平民陷入困境，但他们仍然苦苦寻觅着心中的、那能够带领人们走向怡然澄澈境界的无形的上帝。所以无论是策马奔腾的放牧人还是挥动大锤挥汗如雨的打铁匠，无论是在茂密森林里干活的自信满满的伐木人还是划着长桨沿着罗伦斯河而下的筏夫，他们都认为：除了人类社会这个世界之外，还有一个神圣的、由上帝主宰的彼岸世界。这种上帝与人、灵与肉、世俗和信仰、理想和实际、有限和无限、物质和精神的双重价值的张力结构，决定着要有一个超验世界来救赎和确证自我、人生价值和意义的存在。比如在《自己之歌》中，作者这样写道：

> 对于每一个人来说，没有什么东西——包括上帝在内，比他自己更重大，
> 任何一个行业，青年人都可以借之成为一个英雄，
> 任何一件柔软的物质都可以成为旋转着的宇宙的中心，
> 我对任何男人和女人说：让你的灵魂冷静而镇定地站在百万个宇宙之前。
>
> ——《自己之歌》①

这首诗在惠特曼作品中是有代表性的，歌颂平民不是他的主要目的，他只是借平民的形象来表现形而上的精神信仰，信仰才是他这类诗歌的创作目的，诗歌中的平民普遍相信，有了坚定的信仰，人们即使在政治强权和文化强势的境遇下，始终都能树立对个体自由的渴望和思想独立的信念；有了信仰，即使人们处在四分五裂的独立战争的险境中，也能坦荡相处，以诚相待，宁愿自己受苦受难，而不愿对别人拳脚相加；有了信仰，人们即使在颠倒黑白、恐怖压抑、消极颓废、怪诞疯狂的窘境中，也能营造出一个静谧的心灵世界。因此压抑自己潜意识中的邪恶苗头，实现心灵和道德的陶冶和提升。所以，诗人浓墨重彩地凸显美国民众在艰苦卓绝的恶劣环境中不放弃自己的原初理念和精神信念，以及他们凭借超人的意志和惊人的毅力达到自己拥护民主制度和宣传民主精神的人生目的。

郭沫若虽然也描写从事各种职业的健壮朴实处于社会底层的最艰苦的劳动人民，诗人也深情赞美他们，他认为他们不仅有强壮有力的臂膀、灵活发达的头脑、健康结实的身体，而且幸福满足地过着自强自立、自尊自主的生活。而郭沫若在理

---

① ［美］惠特曼：《草叶集》，楚图南、李野光译，人民文学出版社1987年版，第159页。

解的时候，没有侧重领悟惠特曼诗歌中平民更为本质的神性和对心中对超验世界的守望。

> 一个锄地的老人/脱去了上身的棉衣/挂在一旁嫩桑的枝上/…/他那健康的黄脸/他那斑白的须髯/他那筋脉隆起的金手。/我想去跪在他的面前/叫他一声：我的爹/把他脚上的黄泥舔个干净。
>
> ——《雷峰塔下》①

在《雷峰塔下》等诗歌中，郭沫若把工人农民等平民看成伟大的普罗米修斯，把自己称为地球母亲的不孝子孙。抒情主人公有时甚至想跪倒在农民脚下，称他们为亲爱的父亲，并想为他们服务，舔掉他脚上沾满的黄泥，通过自己内心的接受和由衷地臣服，诗人赋予劳动者高尚的劳动品格。表面看来惠特曼的诗歌和郭沫若的没有二致，都是对平民的赞颂，但前者的平民是以形而上的神性和信仰做基础，而郭沫若只是侧重于学到他对平民行动的铺排列举的抒情风格，没有吸收他的形而上的信仰，《地球，我的母亲》《上海的清晨》《雷峰塔下》等诗歌便是如此。在大多数中国人看来，信仰和实用是一样的，认识和实际是一致的，现实关怀和终极关怀是雷同的，他们充分重视现实的人生，体现一种入世的实践理性的精神。所以国人大多关注自然活动而不注重神圣活动、注重平民身体的高贵而不注重灵魂的高洁、注重生命的皈依而不注重灵魂的驻存。郭沫若在理解惠特曼诗歌的时候，没有偏重与理解惠特曼憧憬的超验世界，而极其注重对现世的、世俗性的生命活动的领悟。

体现平民观的郭沫若的诗歌大多以平民为主角，表现抒情主人公和劳动人民完全融合在一起，并发现平民身上崇高的品质，分享他们喜怒哀乐的场景。他对信仰所具有的非现实的神秘性持质疑的态度，没有偏重注意惠特曼的呼唤神秘的、灵魂体悟式的抒情诗歌，也没有偏重理解惠特曼用神性的眼光观照和打量平民，希望用博爱、宽容和奉献牺牲的精神打造平民的思想，亦没有偏重理解惠特曼用信仰和情感凝聚人心，提升国民精神境界的积极意义。所以郭沫若诗中的平民普遍没有信仰的思想体系和坚定的精神信念作为自己的心灵寄寓、精神支柱、文化传承的纽带，所以也就不可能始终对上帝的回归心怀焦虑和祈盼。郭沫若曾经这样理解终极信仰："形而上学者假拟出一个无始无终的本体，宗教家虚构出一个全能全智的上帝，从而宗仰之，冥合之，以图既失了的乐园之恢复；但是怀疑尽了头的人，这种不兑换的纸币，终究要失掉它的效力。"②

---

① 郭沫若：《郭沫若诗选》，浙江文艺出版社 2012 年版，第 126 页。

② 郭沫若：《波斯诗人莪默伽亚谟》，吴宏聪等编：《创造社资料》（上），福建人民出版社 1985 年版，第 283 页。

二　郭沫若诗歌与惠特曼诗歌城市观的区别

惠特曼对城市生活给人们带来的丰富性、深刻性、多维性、复杂性有着独特到位的把握，他不仅敏锐地察觉到城市中的大发展促使人们日常生活方式和社会活动发生沧海桑田般的变化，还能加快社会物质文明的发展进程和促进社会精神文明建设的更新。在国民精神普遍匮乏的社会文化背景下，潜在于个体内部的爱心、凝聚力、创造力不经过其他人的悉心引导和提示或者不受外在力量的激活非常容易被人们忽视，尤其是从英国殖民权力场域的束缚和控制下刚刚获得独立的美国，个体潜能完全处于被蒙蔽、被淹没、被封锁的状态。所以需要在城市精神的引导下培育出进步的理性观念，尤其对城市中科技的洗礼来鼓起他们奋发向上的勇气和毅力，强化和升华他们追求民族强大和繁荣的凝聚力。所以，他把启蒙理念寄托于通过对城市文明精神的推崇上，他呼吁民众应多植入崇尚城市中的科技理想的观念，鼓舞美国人的生命热望，激发人们对英国文化殖民的控诉和对抗，以彻底根除民众依赖英国陈旧的精神文化的习惯和驱除民众受奴役麻痹的风气的蔓延，使之对美国当前和未来多负责任，产生推动社会的健康发展、实现重造现代国家的迫切念想。惠特曼将激情、仁爱和城市进步等融合起来，并最终指向了人的创造性和社会的进步，使其理性观点到达了较深的哲学层面。惠特曼在《草叶集》序言中写道："精密科学对于诗人不是束缚而往往是鼓励和支持，那里是出发和永远令人回想之处。"①

对现代科学精神的推崇起源于诗人感受到长期处于殖民压抑的民族在苏醒后虽然有一定的发展，但是远远落后于先进国家，若能受到城市文明的洗礼和科学精神的浸染，人们就可能对社会发展做出清醒的判断和理性的认知，现代化的美国梦会早日实现，惠特曼始终强调城市发展在社会进步中起到了不容忽视的重要作用，他在"钢铁时代"的纽约纵情歌唱，歌唱火车头、电缆和脱粒机。②

在《从巴门诺克开始》《斧头之歌》《展览会之歌》《红树木之歌》《给冬天的一个火车头》中，惠特曼对城市文明大为赞赏，他大力歌颂辞典编纂家、机械师、化学家、生物学家、地质学家、数学家对推动城市发展的丰功伟绩。表现在美国工业化浪潮的推动下，钢铁化工冶炼、石油能源开采、肉食加工生产等大型工业的大量出现推动了美国的伐木造纸、纺织产业、酿酒行业、建筑工程等各行各业的振兴。

惠特曼在《狂欢的城市》这样书写心中理想的被科技包围的城市：

狂欢的、可以到处走动和作乐的城市，

① ［美］惠特曼：《草叶集》，楚图南、李野光译，人民文学出版社 1987 年版，第 1174 页。

② 同上书，第 21 页。

总有一天，由于我在你当中经历过和歌唱过，因而会使你显赫起来的城市，
不是你的那些庆典，你那时时变换的场面，你的壮观，在报偿我，
不是你那些栉比连绵的房屋，或码头上的船只，
也不是大街上的人流，或者辉煌的陈列商品的橱窗，
也不是跟学者们交谈，或参加社交和宴会；
不是那些，而是当我经过你的时候，曼哈顿哟，你那频繁而迅速地向我传递的爱的眼色。
传递着对我自己的眼色的响应——是这些在回报我，
只有相爱者们，长久的相爱者们，在回报我。①

“我们对自己说，记住，不要害怕，要坦白，敞开身体和灵魂，呆一会又继续前进，要大方，温和，纯洁，使人亲近。”② 在《欢乐之歌》中，主人公的精神是如此的欢乐，以至于“它是无拘无束的——它如同闪雷般飞射。司机的快乐啊！他和一辆火车头一起前进。”③ 这些诗在惠特曼的作品中是具有代表性的，在坚信城市生活可以丰富美国人的心理空间、可以对美国进行文化重建时，诗人凸显城市的进步带给主人公的“爱的眼色”、爱的喜悦兴奋和欢愉惬意。惠特曼认为城市中蕴含着无穷的爱的潜力和能量，使得城市中生活的人们同样可以保持天真的品性，淳朴的天性和青春的诗意，正如阿伦·布洛克强调个体价值和个体尊严时概括总结出人文主义者的最大特点，“每个人在他或她自己的身上都是有价值的，我们仍用文艺复兴时期的话，叫做人的尊严，其他一切价值的根源和人权的根源就是对此的尊重，这一尊重的基础是人的潜在能力，而且只有人才有这种潜在能力：那就是创造和交往的能力（语言、艺术、科学、制度），观察自己，进行推测、想像和辩理的能力。”④ 惠特曼对城市的崇尚是以基督教的仁爱做基础，他只是借城市生活和人们的感受来表现他对爱的笃信，惠特曼认为：“科学，在根除古老的陈腐之谈和迷信之后，正在为诗歌、为一切艺术，甚至为传奇故事开拓出一片百倍宽敞而奇妙的蕴藏着新的性能的园地。”⑤ 其中，“新的性能”之一就是对爱的笃信，也是这类诗歌的核心，郭沫若在理解的时候，偏重于和中国的现代化建设相结合，没有偏重感悟这种相对于其雄阔诗风更为本质的基督教信条。史记先生在论述惠特曼诗歌对郭沫若诗歌创作影响的时候，没有指出两者城市观的本质区别。

---

① ［美］惠特曼：《草叶集》，楚图南、李野光译，人民文学出版社 1987 年版，第 236 页。

② 同上书，第 27 页。

③ 同上书，第 236 页。

④ ［英］阿伦·布洛克：《西方人文主义传统》，董乐山译，生活·读书·新知三联书店 1997 年版，第 234 页。

⑤ ［美］惠特曼：《草叶集》，楚图南、李野光译，人民文学出版社 1987 年版，第 1237 页。

郭沫若借鉴惠特曼对现代城市文明的描绘手法，在《女神》《星空》《笔立山头展望》《少年维特之烦恼》《雪朝》《演奏会上》《我是个偶像崇拜者》《新阳关三叠》《匪徒颂》《胜利的死》《地震》等诗歌中，诗人只是吸收了先进的科学元素，加入了“汽车、飞机、X光线、谐振、燃点”等城市中的景物，这些诗歌体现出郭沫若认为作为力量化身的城市是国富民强的重要标志，能不断推动工业化进程的速度，也表现出现代人在城市生活中的生活体验和情感意识。在写给好友宗白华的信中，郭沫若这样表述：“我们既赞扬希腊文明，同时又不能忘情于我国固有的传统，则科学文明当然不能加以蔑视，我辈肯定人生，则当于积极进取的动态中以求生之充实。我国固有的传统精神亦正示授我们一个生活的指标，从希腊文明递演出的科学精神亦正是我辈青年所当深深吸吮而以自为营养的一种资料。科学虽不是充实人生的一个全圆，但它是这个全圆的一扇重要的弧面；他决心一方面要唤醒我们固有的文化精神，另一方面又要吸吮欧西的纯粹科学的甘乳，我们要在我们这个新时代里制造一个普遍的明了的意识：我们要乘着个动的进取的同时是超然物外的坚决精神，一直向真理猛进！”① 郭沫若和田汉乘坐火车到太宰府观光游玩，他都不忘记录现代化交通工具所引发的心绪情感。他在信中这样描述：“火车在青翠的田畴中急行，好像这个勇猛沈毅的少年向着希望弥满的前途努力奋迈的一般。飞！飞！一切青翠的生命，灿烂的光波在我们眼前飞舞。飞！飞！飞！我融化在这个磅礴雄浑的 Rhythm 中了！我同火车全体，大自然全体，完全合而为一的！”② 郭沫若及时捕捉到现代科学文明带来的全新的现代感觉和新的人生体验，用火车飞驰的短促和快速的节奏把自己坐火车的兴奋和激动之情写入诗中。郭沫若看中的是城市中的科技能加快中国社会进步的速度和推动民族现代化的进程的社会效用，他把对科学精神的提倡、工业发展的要求放在构建现代社会和现代国家的宏大框架中。

表面看上去惠特曼和郭沫若诗歌中表达的城市观没有两样，但前者事实是用基督教爱的视角为底色，这是发展科技一个必不可少的因素。惠特曼没有用功利化的衡量标准来凝视城市生活，否则诗人不仅对城市生活的本真面貌和价值意义的探索做浅尝辄止的表面性的理解，还有可能拘泥于狭隘的个体情感，导致诗人对现代意识、现代情绪和现代体验的放逐，于潜意识中遮蔽城市文明所呈现的独特的现代美感。惠特曼呼吁，人们要用爱的目光和爱的情怀看待城市，以爱的视角而非利的视角看待现代人的生活感受和内心状态，惠特曼提出的城市背后人们之间的爱不仅仅在为现代美国城市居民回归心灵天堂提供了一个具体的道路，还在于为现代美国公民的道德超越提供了精神导向和终极关怀。

郭沫若有意识地模仿惠特曼的诗作，典型的就是雄浑辽阔的排比气势，在他看

---

① 郭沫若：《郭沫若书信集》（上），黄淳浩编，中国社会科学出版社 1992 年版，第 89 页。

② 郭沫若：《郭沫若全集》第 15 卷，人民文学出版社 1990 年版，第 122 页。

来，城市的现代化发展和科学指导下机械化进程息息相关，机器昼夜不分地轰鸣工作是为了国家的现代化建设，诗人由衷地发出赞美机械科技文明对社会发展起到的积极作用，把自己对科学的感觉和印象与对祖国新生的急切欢快的渴望联系在一起，并在诗中的字里行间淋漓尽致地体现出来。然而，郭沫若重点在于描写城市的科技之力对当下现实的启发，没有侧重于体现出惠特曼诗歌中城市生活背后对个体精神的追寻尤其是对爱的追求和礼赞，对于他的爱的哲学则没有推开大门，而这点被史记先生所忽视。依靠基督教的爱的体悟和高度的人文关怀来获得深刻的精神境界是惠特曼诗歌的特征，他们就像隐在诗歌背后的神，以神之眼透过诗歌发射出博爱的光芒。

三　郭沫若对惠特曼爱情诗歌的误读

日本文艺理论家厨川白村在《文艺思潮论》中视自然、人道主义和民主主义为惠特曼诗歌的三大主题："以自然（Nature）、人道（Humanity）、民主主义（De-mocracy）见称的美国诗人惠特曼（Whitman），其谢世以后，世论尚之。至最近数年，益风靡西欧文坛者。以他的思想，系以灵肉调和为根本，极大胆地赞叹肉体之美的原故。"① 厨川白村犀利地指出惠特曼对灵肉关系的正确处理是现代社会的特征，自柏拉图以来的哲学家把身体欲望当成令人鄙俗的原罪，普遍以理性排斥身体直觉、情感欲望等所谓非理性因素，对灵魂的至高无上的强调而使得感性肉身作为罪孽受到贬低和排斥。惠特曼的心灵导师爱默生延续了这种思想，他从二元论出发，认为精神、思维、灵魂远远高于肉体，惠特曼试图通过对肉体的崇尚来消解爱默生的此种观点，肉体是身体最重要的一面，惠特曼认为"假使有任何东西是圣洁的，人类的肉体便是圣洁的，一个男子的光荣和甘美，便是未被污损的男性的标志，在男人或女人身上，一个洁净、健强而坚实的肉体，比最美丽的面孔更美丽。"② 所以，惠特曼反对自己的导师爱默生的观点，即爱默生认为肉体极大地阻碍了灵魂的纯化和净化，提倡用思想文化的发展来排斥和贬低肉体。鉴于健康强大的肉体能带来生命活力和生命强力以克服颓唐脆弱的国民心理，惠特曼把现代性爱作为加速打造国民个性的催化剂，把"释欲"原则作为充分释放国民个性的关键。同时他把矛头指向西方宗教神学体系和清教禁欲制度，殖民时期的英国主流意识形态和后来的清教教义对美国人性的钳制和压抑是多角度的，尤其是性爱方面，清教徒对性是非常禁忌的，为了有力掌控弱势群体的思想动态和行为实践，性成为最高阶级进行独裁统治的工具之一。清教徒的性禁忌成为合法性的这一不合乎人性的标志早已在被统治者的灵魂深处镂刻下深深的烙印。作为人类文化传统和私人生活中极为隐私的领域，传统诗人很少有勇气书写凸显

① 田汉：《平民诗人惠特曼的百年祭》，《少年中国》1919 年第 1 卷第 1 期。

② ［美］惠特曼：《草叶集》，楚图南、李野光译，人民文学出版社 1987 年版，第 185 页。

个性释放的诗歌。在惠特曼看来，人是欲望者，身体欲望是人生命存在的和建构的最直接的表现，必须正确对待身体的欲望释放，源自于身体的欲望、冲动、本能、情感不能被内省、反思、评价等所取代，因为纯粹的心灵自我或无心的肉身自我是不存在的，人应该是情感、直觉、反思、欲望、冲动等精神自我和肉体自我的统一。

而若培养出个性蓬勃的美国人，不仅意味着社会体制的全面革新，更重要的要能促进国民主体价值观的彻底转变。考察当时美国民众的文化心理现实，惠特曼发现由于殖民文化教义和清教文化思潮对人们自然欲望禁锢的越是长久深厚，国民个体的潜能就越难挖掘、实现和释放，禁欲不可能造就刚健洒脱、敢作敢为的生命个体，只能造就羞惭软弱、唯唯诺诺的个人。因此，要使得美国人的个性从传统理念的阴影中解脱出来，以“灵肉一致”的性爱原则对国民意识进行改造和重塑是不可缺少的，若缺乏对以“灵肉一致”为前提的性爱原则这种深层价值秩序的探索和建立，从身体到灵魂都完整自由的美国个人主体性的建立是不可能横空出世的。

他追求的健康自然的“灵肉一致”的性爱观念和现代道德意识相吻合，惠特曼对自己诗歌的定位是：“我让《草叶集》的问世，去唤起男男女女、老老少少的心中那不绝的生命之流，并使之高涨，永远激荡着他们的爱和友情直接向我奔来，对于这个强烈而不可抑制的渴望（它无疑或多或少地潜伏在大多数人类灵魂的深处）——这种从未满足过的对于同情的欲望，以及给别人以同情的无边胸怀——这种普遍的民主的伙伴的爱——这种古老、永恒而又常新的适当的象征着美国的爱的交流——我想在那部诗集中已经毫不掩饰地、公然地给予了表达。”① 郭沫若在《女神》序言中提出：“你去，去寻那与我的振动数相同的人，你去寻那与我的燃烧点相等的人。你去，去在我可爱的青年的兄弟姊妹胸中，把他们的心弦拨动，把他们的智光点燃。”② 郭沫若诗歌中提倡的现代意义上的灵肉一致的爱情排除了功名利禄、门第高下等封建传统道德一切外在因素的束缚，其写作宗旨和惠特曼有很大的相似之处，通过对情感的肯定和歌颂来对抗禁欲主义的包裹。然而，若仔细审视和考察郭沫若的诗歌创作，却发现他并没有偏重于真正深入了解惠特曼的“灵肉一致”的性爱观。

惠特曼从人的欲望为切入点来激发人的生命本能和生命强力，他认为，性爱的满足是一切理智活动的原始动力，是人们赖以生存和发展的本能欲求之一。他不遗余力地呼吁欲望的释放以便促使人从麻木不仁、呆滞愚钝的心理惯性中解放出来，使国民感受到性爱的勃发、生命的冲动、思想的灵动、情感的恣意、欲望的燃烧，使国民个体生命处于全面打开、澄澈透明的状态，如果原欲是火，在惠特曼这里，就是熊熊燃烧的欲望的大火，是源源不断、生生不息地持续存在的生命旺火，而不是一丝火星，一束火把，不是放在火炬中的小面积的可以度量的火。马克思曾这样表达过：“人在

① ［美］惠特曼：《草叶集》，楚图南、李野光译，人民文学出版社 1987 年版，第 1124 页。

② 郭沫若：《郭沫若诗选》，浙江文艺出版社 2012 年版，第 1 页。

改造自然的同时，使自身的自然中沉睡的潜力发挥出来，并且使这种力的活动受他自己的控制。”①

惠特曼把性欲视为人类社会发展繁衍的重要助力，而灵和肉一致的结合在他心中是最完善、最神圣、最崇高的，现代性爱的存在和发展不仅仅是关涉国民个体本能欲望得到满足的问题，而且还是一种作为美国国民个性建立成功与否的重要标志。从这个意义上说，惠特曼以“灵肉一致”为主要特征的现代性爱的提倡和追求，并不仅仅清除美国文化心理结构中传统因素中的肉体是鄙俗不堪的、灵魂是神圣不朽的、智慧高贵的思想理念，同时还伴有对国民的深层价值秩序结构进行大胆改造的重大意义。惠特曼诗歌中性爱话语的构建正是从现代性爱中获得灵感，为当时如何塑造充满个性的美国人找到一个突破口，通过性道德这个极有刺激性和感召力的话题，把当时社会的目光聚焦在他们的切身体验上，使得民众由这种体验感得知个性精神的可贵，个性自由的观念广为流传。

而这种以“灵肉一致”为基础的个性解放还伴有对国民的深层价值秩序结构进行大胆改造的重大意义的性爱观在郭沫若的诗歌中是罕见的，虽然郭沫若的此类诗歌中有惠特曼诗歌的影子，但对他们的形而上的意义，却有了一定的曲解。惠特曼的灵肉一致的现代性爱话语在诗集《向那花园》中表现得尤为突出，此诗根据《圣经》中《失乐园》的情节线索开展，深刻地折射出美国民众普遍对性爱禁锢的强烈不满和坚定抵抗，惠特曼想要让读者感受到，社会之所以能够得到延续和传承就是因为原始的生命欲望不断地发挥效用，惠特曼认为基督教传统中的原罪不是十恶不赦、天地不容的罪行，亚当和夏娃吃了禁果之后赤身裸体的性爱生活是非常纯洁美好的。他指出：“那种禁止欣赏大自然最奇妙的创作——人体结构和形态的崇高美的行为，纯粹是讨厌的假正经，而乐园中的夏娃和亚当倒没有什么可怕之处。”② 诗人认为他们被压抑的欲望得到了最大的缓解与释放，这样他们以焕然一新的面貌吹响人类欲望解放的宏阔之音，而他们的后裔曲解了自然法则，将性爱看成可耻的勾当是极其错误和荒谬的。

惠特曼的诗歌既不局限于对肉体的推崇，也不拘泥于对精神的褒奖。他强烈反对灵魂和肉体割裂的反逻辑的二元论，而认为人的肉体和灵魂一样崇高神圣，提倡完整的灵肉一致观，因此，他塑造出具有健康的体魄和纯洁灵魂的活生生的生命个体，构建出深邃而有活力的新的性道德的诗学境界，因为若对个体性欲的描写一旦成为诗歌创作的滥觞，那么作品的性爱描写远远不会丰富而又深邃、博大而又辽远、厚实而又崇高。所以，只有把灵与肉融为一体的诗歌创作才可能具有恒久的审美生命力，才是人区别于动物活动的关键所在。惠特曼的诗歌通过人的深层价值秩序的改造来达到赋

① 马克思：《马克思恩格斯全集》第23卷，人民出版社2008年版，第202页。

② ［美］惠特曼：《草叶集》，楚图南、李野光译，人民文学出版社1987年版，第10页。

予现代人们鲜明个性的目标，有力地反抗历史上漫长的贬低和歧视身体、遏制和控制灵魂的文学传统，施展美国个体的“灵肉一致”的性爱权利逐渐挺进人性的深度自由。这种走向人性深度自由特征是此类诗歌的核心，而这种特质在郭沫若的诗中是罕有的。

宗白华在《恋爱诗的问题》中指出：“向来一个民族将兴时代和建设时代的文学，大半是乐观的，向前的。有惠特曼雄放无前的伟大乐观，所以也有了美洲人少年勇进的建设气象。法国颓废派的文学不足以振兴法兰西的民气，而罗曼罗兰的乐观文学于将来的法国，将来的欧洲，必定有好的影响，所以我极私心祈祷中国有许多乐观雄丽的诗歌出来，引我们泥涂中可怜的民族入于一种愉快舒畅的精神界。从这种愉快乐观的精神界里，才能养成向前的勇气和建设的能力呢!”[①] 在人性低迷、激情消弭、思想萎靡的时代，虽然郭沫若模仿惠特曼的充满激情的感性冲动、能引人们到惬意爽快的境界的诗歌，但是内涵有本质区别。

郭沫若的《Venus》诗中有“灵肉一致”的主要观念，诗人写给自己心中的象征 Venus 的恋爱女神时，把爱人的嘴比作酒杯，能把他灌醉，沉醉于靠在她乳房的欢愉当中。虽然这些爱情高歌者、爱情追索者、爱情沉溺者的艺术形象和行为感染过郭沫若，但是他不可能如惠特曼那样用高蹈的浪漫激情，毫无顾忌、堂而皇之、正大光明地描写圣洁的爱情，诗歌只是以形象表达出郭沫若对灵肉的一般理解，他虽然被惠特曼的“灵肉一致”的性爱描绘所震撼，甚至从个人心底发出由衷地赞美，但他很少在自己创作的艺术作品中大量描述人对官能之爱的沉溺，最多是在某些细节提到。值得一提的是，郭沫若曾经翻译惠特曼的《从那滚滚大洋的群众里》的译诗，并把译诗发表在《时事新报》副刊《学灯》上，原诗的标题是“Out of the Rolling Ocean, the Crowd”，标题为“从滚滚的人海中”，原诗是首表现感情真挚的情诗，而郭沫若却翻译成鼓动人们为实现国家繁荣富强而不断奋斗的诗歌。

郭沫若是吸吮传统的乳汁长大，几千年的传统文化观念已经内化为他的心理积淀，所以受到传统力量和传统心理的限制和影响，他笔下不可能出现如惠特曼那样对性爱细致描绘的诗歌。由于本土语境的制约，在灵与肉发生冲突矛盾时，他后期的诗歌侧重把生命内部的灵肉冲突转换为外在的社会现实和人生理想的冲突，这种性爱描写往往有更为强大的社会性主题，抗战爆发后，他忽视了欲望可以转换为革命的动力，而使得革命抗战的话语成为社会主导话语，极大地压抑“灵肉一致”的爱情诗歌的出现。也就是说，从此角度切入人的发现，展现人的生命强力的诗歌作品服从于以民族救亡的宏大局面，对性爱的细致描写的诗歌极为少见，这种本土语境构成强大的力量遏制诗人对“灵肉一致”的性爱的细腻描写。史记先生在论文中指出了郭沫若在惠特曼的影响下创作的爱情诗歌，但是他鲜有注意到两者爱情观的区别。郭沫若

---

① 龙泉明：《中国新诗流变论》，人民文学出版社 2002 年版，第 124 页。

诗歌罕有惠特曼诗歌中主人公对爱情的坦率表白，罕有惠特曼对女性美的大胆欣赏以及对爱之欢愉的细致描绘，罕有对爱情自由追求的抒情主人公以背离和抗拒传统伦理规范的姿态在坠入爱河的同时使得生命得以全面敞开，以达到身心自由的境界。

郭沫若在学习和借鉴惠特曼诗歌精神的时候，鉴赏和吸收了惠特曼诗歌气势宏大的表面形式，他创作出来的诗歌只是以形象来表达自己对惠特曼诗歌精神的理解，没有侧重体悟惠特曼诗中神秘的超验的层面，特别是惠特曼诗歌的平民观背后的泛神论、城市观背后的仁爱论、灵肉一致观背后的对国民的深层价值秩序结构改正的意义，他的诗歌没有上帝、神性、对博爱、对彼岸世界的守望等形而上的信仰作为支撑。对此，史记先生在其论文中没有提及。

郭沫若借鉴惠特曼的诗风来扩展了诗歌话语资源，开阔了诗学视野，丰富了文学想象的审美环境和诗情空间，而惠特曼诗歌的博爱、悲悯的宗教精神和向上的意志等哲学特征却没有被郭沫若所深入借鉴，故当时代主题和时代呼吁发生了变化，他的诗歌创作立即也发生了较大的转向，投入到为政治生涯服务中去。

（原载《学术界》2017 年第 3 期）

论“五四”时期惠特曼在中国的传播与接受

史　记

惠特曼是“美国最伟大的诗人”。在中国，1919 年 7 月 15 日，田汉在《少年中国》的创刊号上发表了《平民诗人惠特曼的百年祭》，至此，惠特曼首次被引入中国。随后，惠特曼被许多救国图强的仁人志士推崇和宣传。惠特曼与中国的结缘不是偶然的，是一种历史必然。在那个特殊的时期，惠特曼的出现犹如雪中送炭，惠特曼培植的清新脱俗的草叶正迎合了中国新生文学的需要，正是因为如此，惠特曼才能在中国扎根生长，不可否认，他对中国的新文学、对中国的新诗产生了复杂而深远的影响，可以说，惠特曼的到来标志着中国诗歌的现代转型。

一　作为“民主斗士”的惠特曼

惠特曼小的时候，托马斯·潘恩经常到惠特曼家做客，其激进的民主倾向以及丰富的空想社会主义理论给年幼的惠特曼留下了深刻的印象。正是因为这样的熏陶，惠特曼从小就立志成为一个“潘恩式”的民主斗士。同惠特曼一样，田汉也出生在一个贫苦的农民家庭，穷苦的家庭生活和当时残酷的社会现实环境，使田汉从小就产生了一种反帝反封建、爱国爱民的思想。在田汉的成长过程中，也同样拥有一位民主思想的引路者，他就是田汉的舅舅——易梅臣。当时的易梅臣是同盟会成员，他跟随孙中山进行民主革命，他的民主思想和开放意识十分超前，在他的教导下，田汉从懵懂不自知成长为一个拥有渴望实现爱国救国抱负的有志青年。在俄国二月革命胜利以后，田汉努力搜集各方面资料，以期通过俄国革命所取得的胜利寻找拯救中国的方式和方法。期间，他撰写了《俄国今次之革命与贫富问题》的文章，在文章中田汉论证了俄国革命发生的必然性以及革命与社会经济的关系。这篇文章的发表引起了李大钊对田汉的注意，由此他特意写信鼓励田汉，田汉逐渐走上了民主革命的道路。

其次，奔赴日本留学为田汉能够首先接触惠特曼提供了先决条件。留学期间，田汉拜读了很多惠特曼的诗作，惠特曼所倡导的民主与自由的主题思想深深吸引着田汉，相同的成长经历，相似的生活背景，加上对文学的共同执着，使得田汉对于惠特曼达到痴迷的程度。1919 年，田汉加入少年中国学会，并撰写《平民诗人惠特曼的百年祭》发表在《少年中国》杂志创刊号上。在这篇长达一万余字的文章中，田汉向读者热情洋溢地介绍着这位美国诗人，文章除了对惠特曼的诗风、诗歌主题思想等进行评价外，还翻译了惠特曼《草叶集》中的《自我之歌》《我歌唱带电的肉体》《久了，太久了，美国》等诗歌的一些片段。文章对美国的民主、惠特曼的经历、惠特曼的伟大之处、惠特曼与美国、惠特曼与民主思想、惠特曼的灵肉观、惠特曼与自由诗、中国的文艺复兴、纪念惠特曼的重要意义等八个部分进行了详细地分析和解读。田汉肯定并充分重视惠特曼所提出的“灵肉调和论”。惠特曼的“灵肉调和论”是其人生观的有机组成部分，在这一论调中，惠特曼所提倡的是一个完完整整的人，而不是一个残缺不全的人；是一个有热血有激情的人，而不是一个冷酷无情的人。对于惠特曼诗歌中对性的赤裸裸的描写以及毫不隐晦的宣泄，田汉谓之为“现代的象征”“真正的生之真实”。田汉试图树立惠特曼为典范，呼吁中国人学习惠特曼的民主精神和大胆开创精神，并期待顺从“自然趋势”以形成中国的时代风格，最后达到中国的文艺复兴：“我们‘老年的中国’因为灵肉不调和的缘故已经亡了。我们‘少年中国’的少年，一方面要从灵中救肉，一方面要从肉中救灵。……我们中国少年所确信能够救‘少年中国’的就只有‘民主主义’一服药。”[①] 田汉将惠特曼标榜为中国人心中的榜样，并期待中国人民能像惠特曼一样，高唱“民主主义”，并力争取得民主革命在中国的胜利。

此外，田汉在《少年中国》中对于惠特曼的介绍使得当时听说过惠特曼的中国人更加了解惠特曼，同时也使不了解或没有听说过惠特曼的中国人认识了惠特曼。他是将惠特曼通过书面文字引入中国的第一人，对于中国新诗运动的发展以及美国诗歌在中国的传诵起到了非常重要的链接作用。当然，这篇文章的发表也对田汉的文学生涯产生了重要的影响。文章中凸显的民主主义思想，是为其民主思想发展的基础，同时也促进了田汉文学观的确立。一直到其后期的文学创作，如《关汉卿》等，均是以民主主义思想为基础的。今天，再从文学的角度审视田汉对于惠特曼的评价和介绍，仍然具有不可磨灭的贡献价值和非常全面客观的参考。这是中国特定时期——以反帝反封建为号召，以民主和科学为目标的中国新文化运动时期，对惠特曼诗歌及其诗歌中呈现的民主自由精神、积极向上的乐观态度以及个性解放的礼赞。

二　作为“豪放诗者”的惠特曼

如果说是田汉将惠特曼引入中国，那么郭沫若则在中国对惠特曼进行了详细的介绍和临摹。1917 年，胡适提出“诗体大解放”的主张，但至于怎么“解放”，“解放”成什么样子，当时中国的文学界并没有做出详细的回应。为响应新诗运动，很多报刊发表了许多新诗，但优秀作品寥寥无几，大部分作品仅仅是一些翻译了的

① 田汉：《平民诗人惠特曼的百年祭》，《少年中国》1919 年创刊号。

“古乐府诗”，直白的表达使得新诗丧失了韵味和艺术性。郭沫若与惠特曼的邂逅，改变了中国新诗的面貌。在阅读了惠特曼的诗歌后，郭沫若彻底的为惠特曼雄浑、豪放、宏朗的调子所震荡，他开始抛却诗歌外在的形式，依据自身内在的情感节奏创造全新自然的诗歌韵律。例如诗歌《地球，我的母亲!》中采用回环、反复的手法，在每一节的开头都重复“地球，我的母亲!”对地球进行赞美，这不仅与诗歌题目呼应，并且造成了咏叹的效果，达到呼吁人类热爱自然、热爱地球的声势。这与惠特曼豪放不羁的诗风以及所倡导的自由诗歌主题思想有着异曲同工之妙。可以说，郭沫若深受惠特曼影响，拯救了中国的新诗运动，推动了中国新诗运动的发展。

在郭沫若自己看来，惠特曼对他的启迪非常重要。在诗歌《匪徒颂》中，郭沫若评价惠特曼的诗歌是反抗王道堂皇的诗，而他认为惠特曼本人“饕餮粗笨”，并将其与罗丹和托尔斯泰并称为“文艺革命的匪徒”，且在诗歌中三呼万岁。1936 年，在谈论长诗的可读性时，郭沫若认为拜伦和歌德的长诗都值得一读，而尤其不能不读的是惠特曼。他的诗歌中充满着德谟克拉西和印度的思想，和时代虽有距离，但他气魄的雄浑，自由，爽直，是人们所宜学的长诗。1944 年，在谈及自己的诗歌时，郭沫若这样说道：“我的短短的作诗的经过，本有三四段的变化。第一段是泰戈尔式，第一段时期在五四以前，做的诗是崇尚清淡、简短，所留下的成绩极少。第二段是惠特曼式，这一段时期正在五四高潮中，做的诗是崇尚豪放、粗暴，要算是我最可纪念的一段时期。”①

如此尊敬、如此崇拜的话语，足以见得郭沫若对惠特曼的接受和认可。这种坦然的接受与时代背景和个人成长经历以及个性特征的关系是分不开的的。“五四”时期是追求民主、独立、自由的时期，是开放变革的时期。这个时代中需要民主而不是奴役，需要进步而非保守，需要豪放自然而非纯粹的内敛含蓄。惠特曼的诗歌带有强烈的民主之音和粗犷豪放的气魄，迎合了中国人对民主自由的期盼。正如郭沫若所说：“当我接近惠特曼的《草叶集》的时候，正是‘五四’运动发动的那一年，个人的郁积，民族的郁积，在这时找出了喷火口，也找出了喷火的方式，我在那时差不多是狂了。民七民八之交，将近三四个月的期间差不多每天都有诗兴来猛袭，我抓着也就把他们写在纸上。”② 此外，在郭沫若的个性中有一些叛逆的东西。一生中，他失望、烦恼、焦躁，和惠特曼一样，经常会孤独。他曾说过他非常孤独，所以偏好的诗多半是反性格的诗，像德国的尼采一样。郭沫若的朋友极少。也许正是这种孤独使得郭沫若和惠特曼拥有了创作的灵感。在谈及创作灵感时，郭沫若曾经这样说过：“都是一任我自己的冲动在那里奔驰；我便作起诗来，也任我一己的冲动在那里跳跃。我在一

① 中国社会科学院近代史研究所编：《五四运动回忆录（续）》，中国社会科学出版社 1979 年版，第 122 页。

② 郭沫若：《序我的诗》，见《郭沫若论创作》，上海文艺出版社 1983 年版，第 50 页。

有冲动的时候，就好象一匹奔马，我在冲动窒息了的时候，又好象一只死了的河豚。”① 这里的“冲动”便是“灵感”。由此可见，相似的个性、同样的时代背景造就了两位诗人的相遇相知。

郭沫若不但在中国继承了惠特曼的“衣钵”，将惠特曼的诗歌、诗风引入中国新诗人的视野中，同时，使中国诗人在阅读惠特曼的过程中更加清晰地了解和认识惠特曼。而且，郭沫若还是第一个用中文翻译惠特曼诗歌的人。1919 年 12 月 3 日，郭沫若翻译了惠特曼的诗歌《从那滚滚大洋的群众里》，并将其登载在《时事新报·学灯》上，这是目前能够查阅到的最早有关惠特曼的诗作中译。

三 作为“自由体诗鼻祖”的惠特曼

惠特曼给“五四”时期的中国带来了民主、自由的创作思想，而对于中国新诗人来说，更重要的是惠特曼“自由体诗”的引入。惠特曼的自由体诗彻底摆脱了传统韵律的束缚，诗行长短不一，不押韵，以短语、短句为顿的单位形成语调、语气急徐高低的自然节奏，“最准确的描写，就是在艺术家没有找到现成的、适合于他的手法，而创造新手法的时候出现”②。1917 年 1 月，胡适在《新青年》上发表《文学改良刍议》一文，提倡白话诗，从此，中国文学走上了新的舞台。也正是这一舞台，为惠特曼在中国的扎根发芽提供了生存环境。紧接着，1919 年胡适发表的《谈新诗》以及 1920 年提出的“诗体大解放”均为惠特曼思想在中国的传播提供了有利环境。曾在美国留学的胡适，在留学期间就阅读过惠特曼的作品，同时深受美国文化的影响，他对于新诗运动的提倡和诗体形式的改革言论也一定程度上受到当时美国文学的影响。胡适在美国留学期间（1910 年 8 月—1917 年 7 月），恰巧赶上美国现代派诗歌的流行之时，自由体是当时美国现代诗歌采用最多的形式，众多作品中都能够见到惠特曼式的粗犷和雄浑奔放。胡适所主张的无格、五律、无韵的诗体，实际上便是惠特曼体的自由诗。但有关胡适对惠特曼的接受和认可并没有查到相关资料。1922 年，康白情发表了一篇《评胡适的诗》的文章，文章中给胡适提倡的诗歌以“带有美国风”的评价。胡适在《评新诗集》中这样回应康白情：这种诗真是好诗。看来毫不用心，而自具一种有以异乎人的美。从这句话中可以看出，胡适承认自己的诗风与美国风有些相似。此外，黄维樑在《五四新诗所受的英美影响》中也提到胡适与惠特曼自由体诗的关系，他说：“1919 年发表的《谈新诗》一文，也提到华滋华斯，以及布莱克（Blake）、惠特曼（Whitman）……他留学的时候，以惠特曼为首的自由诗

① 郭沫若：《论国内的评谈及我对于创作上的态度》，《郭沫若全集·文学编》第 15 卷，人民文学出版社 1982 年版，第 103 页。

② 史记：《论接受美学范式下近代中国对惠特曼的接受》，《求索》2011 年第 3 期。

风，高唱入云，意象派宣言也鼓吹自由体。胡适提倡自由诗，确实受了英美诗的影响。英国十九世纪华兹华斯主张用日常用语写诗，百年后的意象派重弹此调；胡适的白话诗，确实受了英美诗的启发。不过胡适的自由诗，并不像郭沫若那样不可羁勒、放任到底，而是颇有节制的。”[①] 王光和在文章《论惠特曼自由诗对胡适白话诗的影响》中也谈到，胡适从惠特曼那里偏取了自由体、分段自由、造句自由和诗歌散文化等的诗歌主张，就是要达到以白话入诗和打破格律的目的。这甚至可以解释，为什么胡适的《文学改良刍议》的“八事”也是对意象派诗歌理论的偏取，因为胡适倡导白话诗，首先要解决的是用白话写诗歌和解放诗体两个首要问题，此后才能解决白话诗的“诗法”和意境的问题。但不论如何，胡适对于惠特曼的诗歌应该持接纳和开放的态度，不然他不会第一个在中国提倡诗歌格式的改革，也不会领导开展中国的新文化运动。不论是胡适还是惠特曼，他们都曾经处于文学时代变革的历史关口，都曾经承担着诗歌变革的开创者角色。一边是为了打倒呆板僵硬的文言文学，建立白话文学；一边是为了打破英国文学的屏障，从英国文学中分离出来，建立属于自己的诗歌和文学。仅从相同的历史使命和历史地位上来说，胡适受到惠特曼自由诗体的影响是必然的。

四　结论

中、美诗歌创作之相应是相互的，[②] 惠特曼诗歌创作是中美诗歌相互影响的重要力量。让我们把目光回溯到惠特曼与中国初次结缘的时刻，这位世界公认的“民主诗人”，几乎是与高举“民主、科学”大旗的五四运动同时在中国出现的。本文通过对田汉、郭沫若以及胡适在“五四”时期对中国新诗的影响，窥探出美国诗人惠特曼，其民主思想、豪放诗风和“自由体诗”的创作为正在转型中的中国新诗界带来了前所未有的震撼。当人的意识、民主生存、社会问题汇聚在一起，便会产生三种不同的文学追求：启蒙、救亡、革命。所以在“五四”的社会大背景下，在先期觉醒的知识分子那里，人的观念发生变动，人逐渐从封建桎梏中解放出来，平民意识不断加强，人的自然天性受到尊重，平民而非贵族，自然而非天理，构成人的观念架构的基本立场与趋向。中国诗歌也随之开始了相应的发展。鉴于目前国内还未有针对惠特曼对中国某一特定时期中的特定人群产生的影响的类似研究，所以本文为惠特曼的研究提供了更雄厚的实践依据，为中国诗歌的发展提供理论平台，同时为促进美国文学和中国文学的融合奠定了基础。

（原载《求索》2012 年第 4 期）

---

① 黄维樑：《五四新诗所受的英美影响》，《北京大学学报》1988 年第 5 期。

② 王峰：《中国诗对美国诗歌创作的影响》，《求索》2011 年第 3 期。

第六篇

海外研究

关于1920年3月田汉访问博多的时间问题

［日］岩佐昌暲

一 问题的所在

郭沫若1920年3月30日给宗白华写信说，3月19日田汉从东京来福冈，3月24日晚上回东京。此信收录在《三叶集》里[①]。信里非常详细地写了田汉在博多期间的行动和他们之间的对话内容。后人根据此信编写年谱叙述他们3月19日至24日的行动，比如龚继民、方仁念编撰的《郭沫若年谱》[②]。

但是《三叶集》同时收录了这期间田汉写给宗白华的两封信。一封没有日期（根据内容可推测是刚到郭沫若寓居不久的），另一封写着3月23日[③]。内容如下：

> “白华：昨天同郭沫若去游了太宰府[④]（中略）/今日下午预备搭四点十九分的汽车回东京去，因为东京有很多事情要做，而且郑伯奇兄安排到东京去，我是要接他的。（下略）田汉九，三，二十三日。”

而郭沫若却这么写着：

> “古人刚日读经，柔日读史；我们则刚日读山，柔日读市。昨天游了一天山；今晨(二十四)寿昌兄起来，说要回东京。早饭过后，忙引他到市南的西公园去玩儿。（中略）寿昌是坐八点二十分钟的车回东京去了。（中略）寿昌已去了六日。（中略）沫若九，三，三十。”

---

① 《三叶集》（郭沫若致宗白华），《郭沫若全集·文学编》第15卷，人民文学出版社1990年版，第110—140页。本文所用“郭沫若信”的引用文都根据此文。不另写页数。

② 龚继民、方仁念编撰：《郭沫若年谱》（上），天津人民出版社1992年版，第81—82页。

③ 《三叶集》（田汉致宗白华），《郭沫若全集·文学编》第15卷，人民文学出版社1990年版，第108页。

④ 下画线是由笔者所加。

根据郭函，田汉离开博多的日期为3月24日。两人去游太宰府是23日。可根据田汉的信，他23日离开博多，22日跟郭沫若一起去游了太宰府。郭沫若和田汉的回忆，哪个日期是对的呢？对此问题，龚继民和方仁念的《郭沫若年谱》采取了折衷方案。他们的《郭沫若年谱》在3月22日部分写“与田寿昌同游梅花的名胜第太宰府”，24日部分写“晚，送别田寿昌”。

另外，两人去游太宰府赏梅时，郭沫若即兴口占赋得《梅花树下醉歌》一首。对此诗的写作日期①，《郭沫若年谱》当然定为22日。上海图书馆编注的《（郭沫若）著译系年目录解放前部分》虽定为“3月22日作”，有注释写“根据二个当事人不同记载，此诗可定为1920年3月22日写，也可定为3月23日写。”② 由此可见，此问题终归是郭沫若、田汉两位当事人谁的记载时间正确的问题。我的报告即是对该问题的一个看法。

二 方法

讨论这个问题，笔者参照了1920年3月19—24日福冈地方的气象观测资料③来探讨郭沫若3月30日信的内容。气象观测资料是客观的科学资料，可以修正主观的认定和错误的记忆等。这里使用的是1920年3月1日—31日设置在福冈县住吉（sumiyoshi）村春吉（haruyoshi）的福冈县立一等测候所观测记录的气象数据。住吉村春吉现在是福冈市中央区春吉地区。该地区离郭沫若居住的福冈市东部箱崎神社附近直线距离大约有4公里左右。这个观测资料的数据也可以适用于郭沫若寓居的气象现象。但是箱崎一带是临海的松原，很可能气温稍微低，风力稍大些。

三 实际气象数据与郭沫若信里的气象记述

1. 3月19日—24日的气象数据

3月19—24日福冈市的气象数据见表1：

① 讨论此诗的写作日期的专论有陈永志《一日之辨——〈梅花树下醉歌〉写于哪一天》（陈永志《〈女神〉校释》，华东师范大学出版社2008年版，第254—255页）。陈氏与我考证的方法不同，结论也不一样（陈论定为3月23日）。笔者也曾经用与陈氏不同的视角考察写作日期，得到同一个结论（顾雯/岩佐昌暲《〈三叶集〉其4—2〈郭沫若致宗白华信〉（翻译与解说）》，《东海大学经营学部纪要》2015年第2号第76—79页）。现以本报告撤销该文的结论。

② 上海图书馆编注：《著译系年目录 解放前部分》，《中国当代文学研究资料·郭沫若专集（2）》，四川人民出版社1984年版，第28—29页。

③ 具体数据根据福冈管区气象台编《福岡の気象百年》（日本气象协会福冈本部，1990年1月），气温、雨量数据根据《福岡県の気象》（西日本气象协会、1960年10月）。

表 1　　3 月 19—24 日福冈市的气象数据

	19 日	20 日	21 日	22 日	23 日	24 日
天气情况	晴	阴	小雨	晴	阴	雨
最高气温（℃）	17.4	21.8	14.7	20.9	12.8	9.8
最低气温（℃）	1.4	5.0	10.7	8.2	9.7	7.6
平均气温（℃）	8.9	13.8	12.8	13.9	10.9	8.9
雨量（mm）	—	—	4.0	—	0.6	7.6

注：具体数据根据福冈管区气象台编《福岡の気象百年》（日本气象协会福冈本部 1990 年 1 月），气温、雨量根据《福岡県の気象》（西日本气象协会，1960 年 10 月）

2. 郭沫若信里的气象记述

在郭沫若的信中有气象记述的是 21 日、22 日、23 日和 24 日四天。下面是摘录下来的这四天的有关气象的记述：

3 月 21 日："21 日天晴——连日来天气都好，正好畅游，而我终病不能。"

3 月 22 日："22 日。雨。寿昌把信稿整理好了，叫我想个名字，我连想到昨天的三叶上来。"

3 月 23 日："我们现在正在火车当中呀！我们是要往太宰府去的。（中略）今日天气甚好。（下略）"

3 月 24 日："今晨（24 日）寿昌兄起来，说午后要回东京。早饭过后，忙引他到市南的西公园去游玩儿。园址颇高，俯瞰博多湾。是日微有风，湾中波浪汹涌。海鸥飞扬上下。"

3. 信里的气象记述与实际气象数据的对照与分析

我们把上面的气象记述与测候所的观测数据（下面只写"数据"）对照时，发现种种不一致的地方。下面是对不一致的地方的分析。

第一，3 月 21 日郭沫若信中写道："天晴——连日来天气都好，正好畅游"，数据却是 4 毫米的"小雨"[①]。据福冈气象台"天气询问处"的解释，4 毫米小雨可以说是"しとしと雨"（淅淅沥沥地下的雨）。在日语语言环境中是典型的"春雨"。如果这样的小雨短时间内集中地下会怎么样呢？网上[②]有以 5 毫米举例的解释说："要到走路 3 分钟的方便店去买东西，下 5 毫米的雨，带伞也踌躇出门。较大的雨。从我们普通人的感觉来说，5 毫米的雨是明显的大雨。打塑料伞感觉没有依靠的雨。"

3 月 21 日下的是这样的雨。这天除了下雨之外气温也比较冷。最高气温只有 14.7 度，比前一天降了 7.1 度。把下雨再加上气温下降这样的天气写成"天晴，正

---

① 据数据 21 日之前福冈市天气连续 5 天都好。16 日晴，17 日晴朗，18 日晴朗，19 日晴，20 日阴。

② http：//detail. chiebukuro. yahoo. co. jp/qa/question-detail/q1212783802.

好畅游"，我觉得有些奇怪。这个记述作为 3 月 20 日的气候描写更合适。

第二，3 月 22 日，郭沫若信中写道"雨"。测候所的纪录是"晴"。这天最高气温 20.9 度。平均气温 13.9 度，这天的气温是其逗留期间最高的。雨一点也没下。真是一个"正好畅游"的好天。

第三，3 月 23 日是郭沫若写"往太宰府去"，"今日天气甚好"的那一天。据郭沫若信，他们打算先坐火车到二日市，下车后再到太宰府去。可是中途在杂饷隈车站停车时，郭沫若的车票掉到窗外了。他下车去找车票时火车已经开走了。赶不上火车的郭沫若，干脆走到了二日市去。关于这路上的风景，郭沫若这样描写道："我边行着边吟着哥底'风光明媚的地方'。（中略）真好像在光海中浮泛着的一样。大有'徒步开怀，我走上这坦坦大道（下略）之概'。"到了二日市的郭沫若，与等着他到来的田汉再会，又走路到太宰府去。下面描写的是二人当时的心情："我们自二日市步行至太宰府途中，光明灿烂的自然供给了我们无限的诗料（中略）。沿路行者，澄空中时有浏亮的鸟声，闻声而不见影。"仿佛使读者看到两个青年在天气明朗、空气澄明的自然中愉快地走的样子。到了太宰府后他们登了太宰府天满宫后边的山。下山途中"回在松林丛中草席上休息着。（中略）两人皆乏，侧身而睡，我竟入梦。"

从这些记述中可以推测得出当天天气很好，山中的草干燥得可以坐下，气温也不低，适宜到侧身而睡的程度。那么 23 日的实际天气怎么样呢？

数据告诉我们 23 日是阴天，最高气温 12.8 度，平均气温 10.9 度。福冈市内有 0.6 毫米的小量降雨。我觉得这样的天气与郭沫若写的"今日天气甚好"有些不符。郭沫若的天气描写更合适 22 日的天气。从这一点上来看，关于太宰府之行的日期，田汉的信记载的 3 月 22 日更合适，更接近真实。

第四，3 月 24 日是田汉逗留博多的最后一天。这天郭沫若陪田汉先去西公园看看博多湾的情景，然后去参观正在在福冈举办的大规模的工业展览会。3 月 20 日，展览会刚刚开幕，会场有两个。西公园下面正好是第二会场。他们看了第二会场后，继续参观了离福冈市中心不远的须崎町第一会场 。看完全部展览后"天色已经晚了"，田汉坐当天晚上 8 点 20 分的夜行列车回东京去了。

郭沫若信里介绍了参观展览馆的情况。在介绍中，24 日的天气除了"微有风"外比较稳定，没有太大的问题。可是按照数据，这天最高气温 9.8 度，最低气温 7.6 度，平均气温 8.9 度，是与 3 月初旬一样的寒冷的一天。再加上有 7.6 毫米的小雨，走路应该需要打伞。在下着雨的寒冷的会场里，打着伞一个一个逛独立排列的展览馆。这天对于参观展览会来说绝不是很合适的天气。

从气象的角度来读郭沫若这天的记述，不由得会产生一种不谐调的感觉。那就是郭沫若为什么没写这天的坏天气。他们在寒冷下雨的天气里从早到晚几乎逛了一整天的展览会场。21 日以后他每天写当天的天气情况。24 日是田汉逗留博多期间天气条件最坏的一天。郭沫若对此却一字也没写。这是为什么呢？笔者认为那是因为他们参观展览会不是 24 日，而是天气不冷也不热，适合观光的另外一天。那就是 3 月 23 日。

四　气象数据之外的郭沫若信的疑问点

郭沫若的这封信里除了上面所说的气象上的问题之外，还有一个在写作逻辑上不好理解的地方。下面我们将对此问题进行考察。

郭沫若信结尾写的日期是 3 月 30 日。信从田汉来的 3 月 19 日开始一直到他回东京的那天为止，每天的行动、对话的内容等逐日写下去。而从写法来看采用的是当天发生的事当天晚上记录的日记式的写法。但是，3 月 22 日和 23 日的记述有些不同。

郭沫若 22 日的记录以“雨。寿昌把信稿整理好了，叫我想个名字，我连想到昨天的三叶草上来”这句话开始写，但是后边的文章里一字也没有写 22 日两个人的具体行动，只写从在书上的《少年韦尔特之烦恼》引起的梦想。最后他写“我写到此处时，鸡在叫了。我待明天再写罢——最好是采用这种方法呢。”之后他记起来了 20 日的晚上他们“在松原中的谈话”，把它（即“结婚之后，恋爱能否保持？”的讨论内容）记录下来。然后他突然开始写了这样一句话：“我们现在正在火车当中呀！我们是要往太宰府去的。”接着他非常详细地记述了这一天太宰府之行的经过。它不是简单的旅游记录，是在这小旅行中激荡他们的精神的文学记录。这一天的记述跟其他日期不同的地方是没写日期和突然开始坐火车的场面，仿佛一篇小说的开头式的写法。这意味着什么呢？

笔者认为，这封信很可能是田汉回东京后，接近 3 月 30 日的几天内一下子写的。信的最后是“鸡怕又要叫了，我要睡了。再谈。”信的日期也错写成“九、三、三”。我推测，这几天他一直在回忆田汉来后自己和田汉每天的行动。这时气象情况肯定起了重要的作用。当只靠记忆回想过去的日子时，气象情况成为让人想起过去的事情的催化剂。当某一天发生的事情与那天的气象的记忆相结合时，我们往往会想起忘记了的其他事情。气象情况可以帮助我们恢复那天发生的事情的全体面貌。郭沫若也会靠着气象情况想起当天的事情。可是依靠气象错误地记忆特定的日期，会导致另外的错误发生。

对郭沫若的信，笔者的看法如下：田汉回东京后，郭沫若依靠回忆，回想起 3 月 19 日以后两个人的行动。在此过程中，他把 21 日错以为 22 日。21 日有雨，天气没那么好，而且比前两天寒冷，所以他们没出去。田汉在家里整理《三叶集》的稿子。郭沫若把此事误以为是 22 日发生的事情，所以想不起来这天他们是怎么过的。其实，他们是如郭沫若写的 21 日过的那样，“午前通读海涅诗。”午后去海滨谈话，去澡堂洗澡等活动，度过了这一天。

由于把 21 日搞错成了 22 日，郭沫若想不起 22 日他们到底做了什么（其实他们是这天去太宰府的），没有办法写《少年韦尔特之烦恼》的小引和补充20日晚上的对话内容。

五　暂定的结论

从气象的视点探讨郭沫若所写的田汉访问博多的3月19日—24日的记述内容，可得出几点观点。笔者认为上述分析还有不少不足的地方，观点也需要修正。现在暂时提出“暂定的结论”，征询各位的意见。

第一，郭沫若的信中所写的气象记述与当时的福冈县立一等测候所观测记录的气象数据对照，错误很多，难以信赖。

第二，产生错误的原因，据分析，在于郭沫若把3月21日搞错成了22日。

第三，信中22日的气象、行动、事情应该是发生在21日的。

第四，郭沫若写3月23日去太宰府是错误的。应该改为3月22日。在这点上，田汉3月23日给宗白华的信上的记述是对的。

第五，《梅花树下醉歌》的写作日期是3月22日。

第六，他们参观工业展览会是3月23日。田汉回东京的日期也是3月23日。

第七，田汉来博多找郭沫若的期间不是3月19日—24日，而是3月19日—23日。

（原载《郭沫若研究》第13辑）

郭沫若20年代《分类白话诗选》里的歌德译诗

［瑞士］宇乐文

1920年8月出版的《分类白话诗选》[①]，是中国新诗最早的诗选之一。它和其他诗选一起发表的时刻，正是中国新诗开始产生与发展的时代，也是中国读者对新诗越来越感兴趣的时期。这种诗选的编辑目的在于为读者提供新诗的模样和样本：《分类白话诗选》收集大概在1917—1920之间发表在其他的期刊[②]的诗歌（大概230多首，60多作者）和几篇作为序的文章。

这些诗选对新诗的传播有很重要的作用，是新诗发展的一个阶段。随后，那些具有历史代表性的诗集（比如像郭沫若的《女神》）很快得以发表。不过，诗选本身也值得研究，它体现一种建设新的经典与样貌的志向，如十多年后出版的《中国新文学大系》也是一样。其实《分类白话诗选》的别名是《新诗五百首》，这意味着编辑的计划也不带任何圣像破坏论的意思，反而是对选诗表示尊敬的古典措施。当然主要也是为了给予自身以正统性，以创立一种新的诗学范例。

《分类白话诗选》模仿《新诗集》（1920年1月出版的），不是按照文体、评价（像“上、中、下”之类）或作家分类来组织的，而是以四种部分（“卷”）组成的（“写景类”“写实类”“写情类”“写意类”）。然而，值得注意的是，《分类白话诗选》第一卷“写景类”的第一首诗，即整部诗选的第一首，是被郭沫若翻译成中文的歌德（Goethe）的《暮色垂空》（*Dämmrung senkte sich von oben*）（德文与中文版在以下附录）[③]。在这里可以引出一些思考：为什么要选一首译诗作为开头呢？这赋给它以何地位？翻译本身起到何种作用？歌德的诗歌传入中国文坛与汉语语境之后，它还是不是经典之作？中国读者与翻译家把歌德的诗当做具有陌异性的东西，还是当成

① 许德邻编：《分类白话诗选》，人民文艺出版社1988年版。有关《分类白话诗选》与其他早期新诗选，请参看方长安《对新诗建构与发展问题的思考——〈新诗选（一九一九年）〉的现代诗学立场与诗歌史价值》，载《文学评论》2015年第2期；姜涛《“新诗集”与中国新诗的发生》，北京大学出版社2005年版；晏亮、陈炽《由〈新诗集〉和〈分类白话诗选〉看早期新诗翻译与创作》，《海南师范大学学报》2015年第9期。

② 譬如《少年中国》《新青年》《时事新报·学灯》《曙光》《新潮》《星期评论》《解放与改造》等。

③ 《分类白话诗选》，第3页。德文原文版：Goethe，*Goethes Werk*，*Gedichte und Epen I*，München，Verlag C. H. Beck，1996，第389页。

中国化的作品？这种位置是否为翻译家兼诗人郭沫若赋予重要性？在这首译诗里，诗律对语言起什么作用？

歌德的《暮色垂空》是他的一组十四首诗《中德季时咏诗》（*Chinesisch-Deutsche Jahres- und Tageszeiten*，1827年撰写，1829出版的）① 里的第八首。它是这一组诗里最具有重要性的，也是歌德晚期最著名的诗作之一。这一首"山水诗"被普遍认为体现出"中国"味道。《中德季时咏诗》引用一系列来自中国文学的因素与形象：比如诗人介绍自己说是"当官"的，却对官方生活感到疲倦，如《说，我们做官能如何?》（*Sag', was könnt' uns Mandarinen*）②。在诗的开头，诗人先描述了在春日的水边与绿地上，和他的朋友们一起欢乐地饮酒，写诗，但除此之外，生活还剩下什么？之后，诗人就回忆他的一生，特别是生命的春天，青春的爱恋。然后，有几个访客责怪他怀念往事。但他在最后一首诗（第十四首）的末尾却劝告要多关注当下，在事物的改变之中看到绵延③。在这里，诗人用盛开的玫瑰与百合花的形象象征这种道理的启示。

然而，这组诗里的第八首是一首山水诗，描写一场以天色幽暗与未明为主的"夜景"。其实，诗的第二部分（月亮的出现）预示接下来的第九首诗，《现在［玫瑰已不在时］才知道，什么是玫瑰的花蕾》（*Nun weiß man erst, was Rosenknospe sei*）④，引入主要来自欧洲与波斯文学的玫瑰形象。许多诠释者都指出，这首诗里有一些来自中国文学的具体典故与参照。确实，歌德读过一系列有关中国的著述，以及翻译成欧洲语言的中国作品。⑤ 我们在这里暂不一一介绍《中德季时咏诗》里面的中

① *Goethes Werk*, *Gedichte und Epen I*，第387—390页。有关这一组诗以及歌德对当时翻译成欧文的中国文学的互文性关系，请参看：Wolfgang Bauer，《The role of intermediate languages in translations from Chinese into German》, *De l'un au multiple : Traduction du chinois vers les langues européennes. Translation from Chinese into European Languages*, Paris, Éditions de la Maison des sciences de l'homme, 1999：〈http://books.openedition.org/editionsmsh/1474〉（2016年4月27日下载）；Günther Debon，《Goethes *Chinesisch-Deutsche Jahres- und Tageszeiten* in sinologischer Sicht》, *Euphorion, Zeitschrift für literaturgeschichte* 76, 1982, 27－57；Albrecht Dihle，《Goethes *Chinesisch-Deutsche Jahres- und Tageszeiten*》, Mark Griffith & Donald J. Mastronarde (eds), *Cabinet of the Muses: Essays on Classical and Comparative Literature in Honor of Thomas G. Rosenmayer*, Atlanta, 1990, p. 343－350；Hideo Fukuda，《Über Goethe's Letzten Gedichtzyklus *Chinesisch-Deutsche Jahres- und Tageszeiten*》, *Die Deutsche Literatur* 22, 1959, p. 52－62；Meredith Lee，《Goethes *Chinesisch-Deutsche Jahres- und Tageszeiten*》, Günther Debon, Adrian Hsia (eds), *Goethe und China—China und Goethe*, Peter Lang, 1985, 37－50。

② *Goethes Werk*, *Gedichte und Epen I*，第387页。

③ *Goethes Werk*, *Gedichte und Epen I*，第390页。

④ *Goethes Werk*, *Gedichte und Epen I*，第389页。

⑤ 譬如：《好逑传》（1761年被翻译成英文，*Hau Kiu Choaan*, *The Pleasing History*）；弹词木鱼歌《花笺记》（1824年被Peter Perring Thoms翻译成*Chinese Court-ship*, *in verse*——歌德自己把其中的几首《The Songs of a Hundred Beautiful Women》翻译成四首诗的组诗，以《Chinesisches》"中国风"为题）；《玉娇梨》（1826年被Abel Rémusat雷暮沙翻译成法文，*Iu-Kiao-Li*, *ou Les Deux Cousines*）；《今古奇观》（1827年按照1822年的英文版被Rémusat翻译成*Contes chinois*）。

国文学的典故[①]。第八首诗的部分内容具有中国色彩如柳树，月亮，湖等意象，而且，主要涉及风景里面的一些具有活力的元素。这首风景诗没有明确的参照（不知道是哪里的风景），但对应“诗中有画，画中有诗”的主题。这是中国古代美学当中的一种核心思考。不过，在歌德的时代，不同文艺类型之间关系的问题，在欧洲也很普遍。这可以看作一种跨文化的思考（两种不同的文化对同一个问题感兴趣）。同样，在这幅夜景里，出现在夜幕尽头的最后一颗星星即金星（郭沫若翻译成“明星初上时”），与弥尔顿（Milton）的《失乐园》（*Paradise Lost*）里的一段有直接的互文性[②]。

歌德从英国、德国、中国等的典故参照出发，创造出一种属于他自己想象与发明的文学的“东方”[③]［这并不限于中国，而主要包括中国与波斯，请参见歌德的《西东诗集》*West-östlicher Divan*］。需要看到，歌德所显示出的，当然是德国文学，不过也是一种跨文化的杂糅的美学、跨文学的实践，翻译在其中（无论是中欧间或不同欧语之中的关系）起到重要的作用。因此，歌德的《暮色垂空》里没有直接引用或者重写中国的典故，却显出某一种中国的色彩（山水的写意化、情景交融以及暗示的美学）。不过，这首诗呈现出的欧洲文学内部的互文性也很浓（比如玫瑰、“明星”的意象等，参见 Lee 的研究）。歌德这一组诗的题目（《中德季时咏诗》）也是为了给读者制造一种陌生的效果、惊奇的感觉。这种与翻译相关的跨文化的杂糅的维度，很值得研究，因为这也是中国现代新诗所体现出的特征。

应田汉的请求，郭沫若把《暮色垂空》和《感情之万能》（第二首取自《浮士德》［*Faust*］“玛尔特之花园”［Marthens Garten］的一段节选，也包括在《分类白话诗选》里[④]），附在田汉在《少年中国》第 1 卷第 9 期（1920 年 3 月）刊登的文章《歌德诗中所表现的思想诗》的后面[⑤]。之后，郭沫若翻译的这首歌德诗的中文版（改名《暮色》）又发表在《德国诗选》（1927 年）和《沫若译诗集》（1928 年）。值得注意的是，郭沫若在《德国诗选》的版本里注明：“此诗原为李白诗之翻译，原诗未明。足悟译诗之一途径”[⑥]，却不提供其他信息。对于郭沫若而言，或者是他假设面对这首德文诗的中国读者，他认为这首诗是歌德对李白的一首古诗的翻译。我们看到，实际情况并非如此。但重要的是，一个外国诗人的一首著名的诗作，被当作中文的一首经典诗的转译来看待。郭沫若或许是用这种方式将一首外文诗的现代汉语版

---

① 请参以上提到的 Hideo Fukuda（福田英男），Günther Debon（德博，德邦），Meredith Lee 的研究。

② Meredith Lee，Goethes *Chinesisch-Deutsche Jahres- und Tageszeiten*，第 41—42 页。

③ 请参看 Meredith Lee，Goethes *Chinesisch-Deutsche Jahres- und Tageszeiten*，第 49 页。

④ 《分类白话诗选》，第 207 页。另外，有关郭沫若翻译歌德《浮士德》以及对他的关系，请看：范劲《郭沫若与歌德》，《郭沫若学刊》1996 年第 2 期；Marián Gálik（高利克），《 Reception and Survival of Goethe's *Faust* in Guo Moruo's Works and Translations（1919 – 1922）》，*Asian and African Studies* 26，1991，pp. 49 – 69。

⑤ 晏亮、陈炽：《由〈新诗集〉和〈分类白话诗选〉看早期新诗翻译与创作》，第 64 页。

⑥ 郭沫若：《郭沫若译诗集》，新文艺出版社 1955 年版，第 51 页；请看见 Wolfgang Bauer（鲍吾刚），The role of intermediate languages in translations from Chinese into German。

双重合法化了。这是对一首欧洲经典诗作的翻译，对应一种中国古代的古典美学观，并不试图摈弃古典美学。因而，新意所在，正是郭沫若为这个中文（所谓“白话”）版所赋予的语言风格与形式。

歌德的这首诗作所在的组诗里，包括十四首诗，它们都是各用一种不同的形式来撰写的。也许这种形式的多样性与独特性，让中国诗人郭沫若产生了兴趣。然而，如果把每首诗分开看，每首诗在形式上各自呈现出某种内部的规律性。这组诗在形式的层面上是独特的。

组诗里的第八首，是由两段诗节或诗章组成，或者不如说是由排版留出的空格空间组成的诗节分段，每一段诗节里包括八行诗。实际上，按照这首诗的韵脚构成法（交叉韵：ABAB/CDCD/EFEF/GHGH）和句法的连贯秩序，这一首的内部可以分四个段落：每一段四行，又用分号分为每两行一组；一个语句的单元可以相当于一行（第1—2句或第5—6句，我们在其中可以识别出一种“中国式的”句法与主题的并列或对偶形式），或两行诗（第3—4、7—8句以及后面的最后八句；我们甚至留意到，最后一个诗节如同一个整体，组成唯一一个分句，用一种句法上的开头重复的并列方式来构成）。其实，这首诗的德文原文里由排版的空间所规定的两个诗节，即使与句法秩序的逻辑有别，也有它的意义：在第1—8句里是幽暗的光泽，到了第9—16句里则出现月光与柔和的光泽。单数的诗句带有德文诗律规定的阴韵（重音不在最后的音节上，譬如“*oben*”），而偶数的诗句则带有阳韵（最后的音节是重读音节，如“*fern*”）；每个单数句有八音节，偶数句则有七音节，交替出现。然而，在这首德文诗的诗律里，像英文一样，步律（*mètre*，*metrum*，*Versmaß*）特别重要：它不仅取决于音节的数目，而且按照韵部或音步（*pied*，*Versfuß*）（闻一多译为“音尺”“顿”）来决定。歌德这首诗的每一行有四顿（*Vierhebung*），每一顿用长短格律式（*trochée*，*Trochäus*）：“*Dämmrung/ senkte/ sich von/ oben*”。每个顿句诗以几个音而组成，里面的几个音当中只有一个是“重”音（德语叫*Hebung*，指的是被“强调”的重音），其他音是“轻”音。这一组诗里的其他诗也采用这个步律，特别是其中的第一首：德国汉学家（Günther Debon）指出，中国古典诗的一些效果，在这组诗里的第一首诗里是重要的（并置与并列）。他还强调，德文里面的长短格律（*Trochäus*）不是很普遍，因为更难做到①；歌德有可能打算制造某种陌生的结果，或者是模仿中国古典四言诗的效果。

歌德所选择的诗的形式是独特的，也是很有约束性的。鉴于文学语言当时正处在现代变革的过程中，那么郭沫若究竟如何翻译这首诗②，尤其他采用什么形式，怎样的韵律，又使用什么样的语言？他究竟试图在汉语里再造这首诗的陌异的效果，还是

---

① Günther Debon，Goethes *Chinesisch-Deutsche Jahres- und Tageszeiten* in sinologischer Sicht，pp. 31 – 33.

② 请参看彭建华、邢莉君《论郭沫若的歌德作品翻译》，《盐城师范学院学报》2014年第34期。

把它归化为让中国读者感到熟悉而不陌生的效果？他究竟又用什么方式达到他想要制造的效果呢？

郭沫若翻译的这首诗的中文版《暮色垂空》，在《分类白话诗选》（A 版本）里表现为包括十五行诗的整体，不过在《沫若译诗集》里（B 版本），最后一句分为两个五言句，因此，整首诗与德文原文一样有十六行。同样，有以四行诗组成的四个诗节（参见 B 版本；在 A 版本里，原文的最后两行聚集为一行），用诗句的含义与标点法来确定，这也属于中国现代新诗所特有的元素特征。每一节也分为两行的次单元。但是，与原文不同，在郭沫若的译诗里，独立分句的句法单元大多数止于一行。第 7—8、第 9—10 句（以及在 B 版本里的第 15—16 句）则除外，它们符合原文的效果，也是两句构成一个意义单位，第 7—8 句位于第 2 诗节的结尾，而第 9—10 句则处在第 3 诗节的开头，这种两句分句的效果也使得上下两个诗节联系在一起（依据韵律、长短、句法的差别，构成互相并列的不同的规限）。在此处，在这首译诗的汉语版里，采用两句一分节的罕见用法，带来更多的表达性效果。因此，我们注意到，郭沫若的译诗相对更靠近中国古典诗，即偏重于用一句诗一分节的形式。

诗句的长度是不规则的，但构成一些群组，并不完全对应于从句法角度划分的诗节的限制。因而，第一个诗节是五音节的，这符合中国古诗中的最主要的一种形式即五言诗：这些诗句遵照古诗的音步顿挫（2/3 顿挫），也遵照音律（*cadence*，在音步之后，短长与长短句的格律ˇ—/—ˇ—：[①]请注意，这里并不是平仄的音调[②]），除了第 4 句（“上”字有可能没有按照古诗的音律构成轻音）——这种音律层面的错落不平，引出一种不规则性，制造出让人惊讶的效果。郭沫若在他的诗歌翻译中发展出一种韵律变幻的美学形式，这也是在中国现代汉语诗里兴起的特有的现象。至于押韵方面，依据“十三辙”的韵律法则[③]，韵律涉及到第 2 和第 4 段的双数句（xAxA）（-*er*，-*i*，*ü* 是符合古代押韵的法则的；第 3 句诗，可以被当作一个假韵，如果把 *i* 从 *hu-i* 中分离来看的话）[④]。在这里不如说是句法上的并列形式，而没有严格遵守古典的对偶形式，或者说是采用相对松散的形式。我们也可以看到，比起纯粹的

① 请参看 François Cheng（程抱一），*L' Ecriture poétique chinoise, suivi d' une anthologie des poèmes des Tang*,《中国诗语言》, Paris, Seuil, 1996, 第 61 页。

② 汉语即使当然不是“重音语言”（请参看劳陇《译诗像诗——读郭老遗作〈英诗译稿〉》（1985），杨胜宽等主编《郭沫若研究文献汇要》（第 8 卷），上海书店出版社 2012 年版，第 460 页），不过还是大概能用“长短”来分一词、一句或一组句法单元的节奏（譬如“白日依山尽”：*bairi / yi shan jin*）。请看以上的注解。另外，中国现代诗人，像徐志摩或闻一多偶尔会有意试输入类似的手段：请参看 Cyril Birch（白芝），English and Chinese Metres in Hsü Chih-mo, *Asia Major*, New Series, 1960, n° 8 (2), p. 258-293。

③ 参见荷兰汉学家 Lloyd Haft（汉乐逸）的相关论著：Lloyd Haft, *The Chinese Sonnet: Meanings of a Form* (CNWS publications), Leiden: Research School of Asian, African, and American Studies, Universiteit Leiden, 2000, 特别是第 72—73 页。

④ 其实中国今体诗押韵一般会在偶数的诗句上。

“诗”，在这首译诗里有更多的虚词（这是否是对应词或者散曲的影响呢）。然而，这首德文诗的汉语版似乎比德文诗的原文要古典——原文“做出”有点近似中文的效果，但事实上，比如原诗在第3—4句里产生出表达性的效果，在汉语版里，这种效果虽然削弱，却更加稳定。

在随后的一个诗节即第二个诗节里，包括三句七言（七个字），一句六言（六个字）的诗句。的确，第三个诗节总共有三句六言，一句五言。在由诗句的长短产生的形式与诗句的逻辑之间有一种差距——这是由郭沫若在译诗里增加的效果，更多探索了用一种自由形式（即自由体）表达的可能性。这也许是至少在形式的层面上让郭沫若感兴趣的特征，关键并不仅仅是翻译歌德的诗歌，译者也在中文里实验了新的诗歌形式。在第二个诗节中，押韵的现象开始变得复杂化。第一个诗节里的押韵在第6、第8双数诗句里（“迷”和“语”）重新出现，还有一个新的押韵形式，在第5、第7句诗里出现（－en，－in，－un，－ün，即属于十三辙法则里的同一个韵部）。这个诗节是以交错的押韵（BABA）形式呈现的，正如在德文原文里一样。押韵的形式本身是有意义的：“无语”与“凄迷”相结合，而“浮沉”与“阴森”相对应，来强调诗句里的幽暗，沉寂的音调维度。此外，郭沫若把“schleichen”（钻进，滑入）这个德文里的动词翻译成“凄迷”（关于这个动词，歌德在诗里使用了两次，在德文里，这是一个更中性的词，相对没有那么多的意味），而汉语里的“凄迷”（“凄凉迷茫”[①] 的意思）要更富有戏剧化，在诗味的等级上也更高一级。通过这个词的诗意效果，郭沫若在中文的诗歌翻译及其互文性里为歌德的诗增加了一种诗意性（这个词对应一种特殊的场景，即夜幕里凄凉的迷蒙，水汽或者云雾的迷蒙[②]）。“凄迷”这个词也可以具有“悲凉怅惘，迷惘”的意义[③]。事实上，郭沫若是用了一个形容词来翻译德文中的动词，形容词“凄迷”所包含的氛围效果在某种程度上也可对应动词的潜入的动态“钻进，滑入”。而且在下一句里，他也是用同样的情况翻译德文里的“Ungewisse”（标示不明确，不分明，未知的含义）。同样，在上一句里，即第5行诗里，郭沫若则用“万象”[④] 来翻译德文里的一个中性的词“Alles”（“所有东西，什么都，一切”）。此外，诗里还有另一个例子强调晦暗：郭沫若在翻译里增加了一个短语“在暗里”这不完全符合原文“Ungewisse”的意义。但是，关于“schwanken”

① 参见元代诗人善住的诗句：“江草晚凄迷”。

② 也可参见北宋诗人陆游的诗句，“烟雨凄迷晚不收”。

③ 郭沫若在他的一首1919年撰写的古体诗里，正是在这个意义上使用这个词，《春愁》：“是我意凄迷？是天萧条耶?”（王继权、姚国华、徐培均编注：《郭沫若旧体诗词系年注释》（上册），黑龙江人民出版社1982年版，第129页）

④ 对照的古典典故，可参见谢灵运《从游京口北固应诏诗》：“万象咸光昭”。“万象”这个词不仅在中文里有诗意的内涵，而且，如果说在这里可能与比如谢灵运的古诗产生互文性，这个词的调用可以产生一种独特的颠倒效果：在郭沫若的译诗中的景物并没有像在谢灵运的诗里那样返照出一种辉煌的皇家的光芒，却在一种晦暗的光泽里延展。

（避开，动摇，起伏）这个词，德文原文强调一种摇摆，浮动，摇晃的运动，在中文版里用“浮沉”这个词得到了完美的转化。七言，六言及五言诗，在汉语的古体诗里也是主要的形式，但在这个诗节七言诗的音步顿挫，并不是古典的。我们注意到，一些“韵脚”因此取代了古典的断句方式。在这首诗的七言诗句里，每行诗由三个韵脚构成，其中，有两个韵脚是由两个音节组成，一个韵脚是由三个音节组成；在六言诗句里，都是三个韵脚，由两个音节组成。在郭沫若的这首译诗里，七言诗句所使用的韵律（cadence）情况是很有意思的现象（在中国古典的七言诗里一般采用“短长短长顿挫长短长”的韵律形式ˇ—ˇ—/—ˇ—）[①]，它们从短长格律开始，但随后，节奏在每行诗句里都发生变化。我们注意到，这种颠倒的冲撞效果（在顿挫前后两个重音互相接连，这是在古典的韵律中一般会产生的现象）：第 5 句诗（这种颠倒的冲撞效果出现一次）[②]，第 6 句诗（出现一次——这值得注意，在此处的长短韵律对应古典的七音步，因此遵守古典的顿挫，不过句法是 2/3/2 形式而并不遵照 5/2 的形式，请见下文）[③]；第 7 句诗[④]（在第三音节之后出现一次，这与古典诗句是颠倒的情况，至少在今体诗里如此）；第 8 句诗[⑤]（出现两次）。郭沫若生产出一种杂糅的诗歌节奏：他保留了顿挫韵律的交替，但这种韵律是由一些新的韵脚的切分来引入，而不是完全符合古典诗的韵律。在 20 年代，闻一多（请参看他的《诗的格律》与《死水》）或者徐志摩首先进行了相关的实验，即他们通过在翻译英文诗采用这种韵脚来把这种形式引入汉语诗，郭沫若似乎已经相当自由地进行了这种实验的转化[⑥]，乃至于会让人们认为，这是由歌德的德文诗原文所引起的效果，即如同英文诗立足在音步划分（scansion）格律的原则上。

在第三段诗节里（参见在上文里提到的诗句的长度），我们会再次注意到，有一些交叉的韵脚，但是，次序颠倒过来（ACAC）。韵脚 A 在整首诗里持续，这也许是一种古典的特征[⑦]。而无论如何，这在中国现代诗里也是常见的。三句六言诗句具有一种规则的结构：有三个韵脚里有两个音节，还有重复出现的短长格律（ˇ—）。最后一句诗，是十言诗，由两个五言句组成（“清和的情趣由眼到心窝”），它们遵循古典的音步顿挫与韵律格式。这种规则性的韵律在这里具有表达性，指涉柳树枝在水面上拂动的波影游戏。在德文里，这种维度则是由每个分句在两个诗句上延展的事实营造

---

① 请参看 François Cheng，*L’ Ecriture poétique chinoise*，第 61 页。

② “万象/在暗里/浮沉 ”（ˇ—/ˇ —ˇ/ˇ—）。

③ “薄雾/在空际/凄迷”（ˇ—/ˇ — —/ˇ—）。

④ “反映着/暗影/阴森”（ˇ—ˇ/ˇ—/ˇ—）。

⑤ “湖水/静来/无语”（ˇ—/—ˇ/ˇ—）。

⑥ 有关郭沫若对“现代格律诗”早期发展的贡献请看黄泽佩《〈女神〉中的现代格律诗评议》，杨胜宽等主编《郭沫若研究文献汇要》（第 6 卷），上海书店出版社 2012 年版，第 422—429 页。

⑦ 有可能郭沫若也不打算完全用外国诗歌的形式：请参看黄泽佩《〈女神〉中的现代格律诗评议》，杨胜宽等主编《郭沫若研究文献汇要》（第 6 卷），上海书店出版社 2012 年版，第 426 页。

的，同样也是由声音的游戏达到的（比如“sch”的声音的重复出现，包括第 11 句和 12 句采用同音开头押韵的方式）。郭沫若在翻译中还引入了一些补充性的修辞效果，来加强和传达这种语音层面的游戏，包括使用在古典中文诗歌与汉语书写里所特有的一个元素：德文里的动词“ahnen”（“Ahn’ ich”，我觉得，感觉到）在诗句的开头用语法连词“仿佛”来翻译，产生出一种更加非人格化的音调，可以让人听到与原文的词序相颠倒的两句诗的分句形式。这也在诗的内部产生了与内押韵的效果；比如“如”与“湖”字的内押韵。我们也看到，还有其他的三个内押韵的网络，即“见”“边”“天”和“纤”“俄”“火”（在第 9、10 诗句的开头与结尾），“波”“细”“丝”“枝”的内押韵。这营造出一种非常密集的句内押韵的网络，根据“十三辙”韵律法则，产生出如镜像、融合与滑动的效果。郭沫若在这里翻译出了在德文里用“sch”音来押句内音韵的效果。而且，他还增加了句法上的并列（“如火”和“如丝”），营造出声音重复的效果，这种效果有助于把不同事物相互联结。在重复的修辞格的同样范畴里，我们也注意到单个字在上下句里重复出现的现象（比如在第 12 句里大致重复了第 11 句的末尾“如丝”和“丝枝”：“纤柳细细如丝/丝枝弄湖波”）。但是，最值得注意的一点是在这两句诗里，在书写层面上，还出现了用“丝”字旁的部首的叠合的游戏。准确地说，在视觉层面的效果是让人感受到柳树垂下来的纤细枝条的末端：“丝”作为部首的形式出现，后来它又“跃出”，在诗句的末尾，作为单独的字出现，而不再是仅仅作为部首；“丝”所隐含的长度的效果延续下来（对应垂柳的形象），因为这个字在第 12 句诗的开头再次出现①。此外，其中也有自然的、非人格化的维度。同样，这种字形的重复游戏在郭沫若译诗的第 11 句和 12 句开头重复的诗句里也体现出来。在歌德的德文诗里，在诗句的开头使用 sch 音的重复，而中文译诗里，则借用丝旁的部首的重复，在书写层面的这种游戏也在诗句里以其他形式延续，比如在一个短语的第二个字里，都采用木字的部首的对应游戏（“柳”与“枝”）。我们也注意到，相对次要的一个问题是，第 12 句诗里的最后两个字，出现了水字旁的部首。郭沫若试图呈现风景的书写层面的视觉效果，即垂柳的柳丝拂动在水面上的效果。此外，在这段诗节里使用的韵律尤其是富有意义的（在这里是否翻转出西方化的效果），而且表现出对原文的忠实：德文字“Glut”（火炭，炎热，火焰的意思）翻译成“火”，“Flut”（潮，波涛）翻译成“湖波”。这里的押韵表达出两种互相对立的自然力与实体的互相交融和互不可分。同样，“Bereiche”（区域，地带）翻译成“天际”；“Haargezweige”（以“头发 ”和“枝杈 ”组成的复合词）则翻译成“纤枝”，且被移动到下一行的开头；原文行末的词与韵部（“gez-weige”包涵着“枝杈 ”的意思），换成“丝”。这个词使人感觉到垂柳的纤细。郭沫

① 王维《辛夷坞》的诗句“木末芙蓉花”里，也使用了同样的效果：参见 François Cheng，*L’ Ecriture poétique chinoise*，第 18 页。

若引用文言文与欧洲语言的资源，不仅仅是为了准确的翻译，而且为了产生一种具有诗性的现代自由形式。另外，它符合中国山水诗美学，可见郭沫若在歌德的这首诗里也能体会得到。

郭沫若翻译的最后一段诗节有两种版本：A 版本里有三行（两句七言，一句十言），B 版本里则有四行（两句七言，两句五言）。尽管从形式的方面没有多少区别：这句“十言诗”看似是由两个“五言”的半句诗组成，它们实际上构成唯一一个分句。这表明，对郭沫若而言，起码在这一首诗里，排版的空格空间不那么重要：因为结构的存在是依据于句法与押韵的。在 A 版本里，最后一行拉长到十个字，具有一种表现力与比拟的功能。它基本上同时表示一种具体的形象和一种抽象的意境：水的流动，“垂柳细细如丝”的分岔渗透，暗示出通过观看风景在诗人的内心所引起的感觉，把观者与风景联系在一起，构成一种情景交融的统一体，也传达出某种情感沟通的氛围（“涓涓的夜景清和/清和的情趣由眼到心窝”）。正如前面谈到的，此处的七言的诗句（第 13、14 行：“姮娥的灵光委佗/涓涓的夜景清和”）并不符合古典的顿挫规则。其实，里面还是有一种很明确的顿挫（5/2）。另外，诗句也可以分为三个韵脚（3/2/2）（请参见前面讨论的第 5—7 行）。不过，在 B 版本里，最后一段诗节分为四行，其中的四交叉韵更加突出（ACAC）①：整首诗立足在三个韵部的基础上（A/B/C）。第 13—14 行诗的翻译显得稍微自由：“Durch bewegter Schatten Spiele/Zittert Lunas Zauberschein，/Und durchs Auge schleicht die Kühle/Sänftigend ins Herz hinein”（“透过活动的阴影的游戏，月亮的灵光在发抖着；通过眼睛，凉意清和地钻进心里”）。“委佗”同时翻译德文里的两个词，“bewegter”（被活动）和“zittert”（发抖）：将月亮描写得更加和谐化与“女性化”，另外也指涉水的流动，迂回婉转。与此相反，幽暗的主题（“Schatten”，阴影）即使间接地翻译成“夜景”，似乎比原文要弱一些，更加中性。同样，郭沫若选择“涓涓”这个词，强调水的透明性与流动感，很可能是为了翻译德语里的动词“schleichen”（钻进，滑入）的意思。另外，原文里的“Kühle”（凉意）这个字被理解为一种平静的感觉即“清和”。此外，像第 11—12 行诗一样，我们也注意到，用水字旁和带“月”字的部首（作为纯粹的书写元素，即使不是独立的部首，却也出现在形声字里表示音部的部分，如“涓”“清”“情”），字旁的部首在书写层面产生叠合的游戏，这种手法也比拟月亮慢慢地在天空升起的现象。况且，从书写层面来看，“月”字似乎通过“由”（字形里似有一道线穿透目光）字化为一个“目”字，这意味着带月光的夜景通过眼睛而深入诗人的内心深处。也能发现单个字在上下句里重复出现的另一种情况（“清和”这个词重复出现在诗句的末尾与下一句的开端），和一个句内押韵的重叠（“清和”与“情趣”），

① 也要指出，押韵清除了“委佗”这个词的含糊性，因为它有两种发音，*weituo* 或者 *weiyi*，即“曲折行貌”的意思，这里的用法更符合后一种意义。

强调诗人与风景、内与外的情景交融；两种句内押韵的网络配合着这种书写层面的游戏（“景”，“清”和“情”，以及“涓”和“眼”）。最后一行由两句符合古典顿挫的五言诗行组成。此外，B版本里的第16行诗也遵照五言今体诗的韵律（ˇ—/—ˇ—）将原诗的意义传达出来。不过，句法方面的因素布置有所不同：中文版将最后一段诗节收缩，也更加强调“清和”的感觉与水的流动，最终引向“心窝”而结束。在词汇的层面上，我们还看到，一种诗意化与汉语化的现象：“*Luna*”原本是古罗马的月亮女神的名字，在古罗马的神话中，月亮女神的形象也对应四季的轮回。这个名字出自拉丁语的阴性词“月亮”；它在词源上本来与光相关（参看光线 *lumen* 或日光 *lux*）。在歌德的原诗里，这个词的使用加强了与阴影（*Schatten*）的对照，产生出把月亮拟人化的效果，引起对月亮的亲切感（如同用月神的名字召唤月亮）。此外，也参照了这个神话里所具有的某种神秘感（德文里面的“月亮”是“*der Mond*”，阳性词，在第10行里也出现），“*Luna*”这个词也跟“*durch*”（透过）与“*Schatten*”（阴影）一同属于一个句内押韵的网络。郭沫若用“姮娥”的微妙说法来翻译月亮（“*Luna*”）。“姮娥”是中国古代神话中的月亮的形象，尽管要更加“浪漫”和女性化（参见“委佗”的形态），也立即会让人想到一系列的参照与再现，但与古罗马神话中的月神的形象有所差异。“娥”这个字也与“和”以及“窝”属于同一个韵部。此外，值得注意是，郭沫若没有选择“嫦娥”这个词，而是选择这样一个比较罕见的词，用这样的词，是否显得更加诗化呢[①]？无论如何，“姮”字更适合句内押韵的网络——它与“灵”字属于一个韵部[②]。“姮”字与“灵”字是短语中的首字押韵，但也嵌入在第14—15行诗的押韵网络里（“景”“清”“情”）。最终，我们也可以提问，是否“日”字既作为字形书写层面的元素又作为书写的游戏来使用。

在歌德的原诗里，通过诗人对自然的观察，诗里面的幽暗色彩，为揭示诗人内心的情感做了准备，也预告了随后一首诗里写的玫瑰——在自然风景里的敞开。目光朝向内心的过渡，对应在歌德作品里的内与外的问题意识。表达的问题在他的作品里得到肯定。此外，在一首著名的诗作“*Epirrhema*”（《召唤》）里，诗人歌德召唤读者去看到事物与生者之间的统一性，而不在内与外之间做区分（“因此在内边的，就是外边的”[③]）。歌德的诗似乎肯定了从外到内的路径，既预告了诗人对过去的回忆的重现（请参见整首诗，尤其是第9行诗），也肯定了自然在内心里带来一种自然而然的启示——在内与外之间，的确有一种融合。对于郭沫若来说，在他20年代的诗歌创

---

① 也要提到，在古代先有“姮娥”指月亮的说法，后来因为有与汉文帝刘恒的名字相避讳的缘故（http：//cathay. ce. cn/history/200812/15/t20081215_ 17674746. shtml），而改称为嫦娥。

② “灵”的繁体字，“靈”，与“姮”在字形书写的层面也具有更多的共同元素：云，口；此外，“巫”字是否会让人想到“巫山”？这个字显然带有神话与神秘的色彩。

③ “*Denn was innen, das ist außen*”：*Goethes Werk*, *Gedichte und Epen I*, p. 358.

作里，自我表达的问题显然是重要的[①]。总体而言，他的诗作呈现出从内到外投射的倾向。但在这首歌德的译诗里，郭沫若找到了对风景的一种古典化的处理，他传达出一种非写实性的也非表现主义性的而是一种写意性的自然风景。还要补充一点，这首诗并不是郭沫若本人选择翻译的，而是他的朋友田汉请他翻译的。在这个时段，歌德与惠特曼或泰戈尔一样，都是郭沫若的诗作里的主要参照。

在这首译诗里，最主要的是诗的形式的问题以及在中文译诗中的语言书写的问题。需要把这首译诗看作是一首汉语诗。郭沫若在写新诗或译诗之前先实践了古体诗，包括古典的诗体（今体诗或古体诗）或词体。此外，也需要核对，是否郭沫若的这首译诗，或者他用白话文写成的一些诗，在平仄押韵或诗句的长短的层面上，也借鉴了古体诗的一些元素[②]。我们看到，郭沫若如何把歌德的外国诗转化到中文诗里，使之嵌入到中国古典诗歌的互文性之中。他在汉语译诗里也把异国的风格加以汉化，即使这种陌生性其实本身已经是跨文化的，或者说具有“中国式”风格的维度。

郭沫若也强调对歌德的这首诗的中国式阅读。如此一来，他对于新体诗[③]也进行了一种尝试的实验，借用一种半古典、半现代的语言和诗歌形式——我们看到一些例子（视觉的和书写层面的一些面向，运用了中国汉字的一些特有的资源：文本与意象，诗如画，韵脚，押韵，内押韵，古典元素与典故的借鉴，韵律层面的变幻等等）。郭沫若很可能也在古代乐府诗里找到一种灵感[④]。正如对歌德来说一样，这样的实验具有跨文化的特征。这意味着在翻译的内部做一种转化，但也是从现代的、异国的元素出发，来进行这种转化。

《分类白话诗选》里共选用了郭沫若的七首诗，其中还包括他翻译的另一首歌德的译诗《感情之万能》（与《暮色垂空》这首诗同期发表）[⑤]。在其中，《新月与晴海》一首诗，几乎不如说可以看作是一首古典诗（或者一首词），是用文

---

① 斯洛伐克的汉学家高利克论及郭沫若的作品里的“表现主义”：请参看 Marián Gálik, Kuo Mo-jo and his Development from Aesthetico-impressionist to Proletarian Criticism, *The Genesis of Modern Chinese Literary Criticism* (1917 - 1930), Curzon Press, 1980，第 28—62 页。也参看孙玉石《郭沫若：一个浪漫主义诗人的艺术沉思》，《中国现代诗歌艺术》，长江文艺出版社 2007 年版，第 3—47 页。

② 在这一点上，亦可参见胡适 1919 年出版的著作《谈新诗》，他在其中指出，包括他本人的一些现代白话新诗里有重新用词牌来“填”写的现象。

③ 郭沫若用“新体诗”（新诗）这个字眼是从当时日本引进的，见吕元明《郭沫若的初期诗歌与日本和歌、俳谐及新体诗》（1990），载杨胜宽等主编，《郭沫若研究文献汇要》（第 8 卷），第 524 页。

④ 比如在他给宗白华 1920 年 1 月 18 日写的一封信里（这封信也收录在《三叶集》里），郭沫若重新借用了李白的乐府诗《日出入行》。请参看郭沫若《郭沫若全集·文学编》（第 15 卷），人民文学出版社 1990 年版，第 25 页。

⑤ 其他六首诗分别是《日出》（《时事新报·学灯》，1920 年 3 月 7 号—女神），《登临》（《时事新报·学灯》，1920 年 3 月 6 号—女神），《缀了课的第一点钟里》（《时事新报·学灯》，1919 年 1 月 24 号—女神），《新月与晴海》（《时事新报·学灯》，1920 年 2 月 24 号，《三叶集》1920 年五月），《电火光中》（《时事新报·学灯》，1920 年 3 月 26 号—女神 2），《光海》（《时事新报·学灯》，1920 年 3 月 19 号—女神），《巨炮之教训》（《时事新报·学灯》，1920 年 3 月 27 号）。

言体写成。除此之外，包括第二首歌德的译诗《感情之万能》。其他诗都是用白话体写成的，在诗的形式的方面，相对是自由体的。在这部诗选里发表的郭沫若的诗歌作品中，从诗歌形式的方面来看，《暮色垂空》这首译诗的形式是最精致的。

我们也注意到，郭沫若在同一个时期翻译的、后来都收录在《三叶集》的一些译诗里，尤其是在郭沫若1920年3月3日写给宗白华的一封信里①，还包含了对其他德国诗人比如海涅（Heine）的两首诗的翻译《海滨悄静》［“Seraphine II”，“Verschiedene”《别诗》，*Neue Gedichte*《新诗集》，1844］与《洋之水》［“Die Heimkehr”（《归乡集 XIV》），*Buch der Lieder*（歌之书），1827］②，也有美国现代画家与诗人麦克司·威伯（Max Weber）的一首立体派的译诗《瞬间》［“The Eye Moment”，《立体派诗篇》（*Cubist Poems*），1914］，还有英国诗人雪莱（Shelley）的一首长诗《百灵鸟曲》的翻译［“To a Skylark”，取自雪莱的一部戏剧作品《被解放的普罗米修斯》（*Prometheus Unbound*），1820］。郭沫若是用古体的诗体翻译雪莱的诗《百灵鸟曲》的，却用一种半古典半白话的语言翻译海涅的诗，相比之下，又比翻译歌德的《暮色垂空》的语言要更白话一些。这表明郭沫若既可以用一种很自由的形式写诗，也可以用古代汉语的形式写诗或者译诗。

而且，郭沫若或许只是试图找到一种古典汉语的更现代化的方式，来翻译一些外国的古典诗作。这种把古典诗现代化的考虑似乎是主要的，而且，他也试图在诗歌的形式方面加以实验（他也用现代白话的形式翻译了一些中国古代的诗文本，比如《诗经》）③。需要指出的是，将语言进行“现代化”的这种谋划，也与郭沫若所身处的时代的翻译事业的一些共通的倾向相关。

《暮色垂空》处在《分类白话诗选》的开篇处，这一首译诗在汉语诗选中给予了重要的位置。郭沫若的目标在于创造一种新的诗歌形式来肯定以外国诗作为形式的典范，最终给予翻译首要的位置。但是，这首翻译成中文的诗，从表面上来看，始终具有中国诗的风格。它并没有那么多的陌异化，通过郭沫若的翻译而被汉语化，或者说，在某种程度上被归化。

我们也可以推测，正是这首歌德译诗的汉语的完善，语言的独特，以及韵律的变幻，使它在《分类白话诗选》里拥有了开篇的位置。这似乎也是把这部现代白话诗选放置在外国的古典大诗人歌德的权威统领之下，将现代新体诗的形式层面的实验来加以合法化，但并不是为了摈弃古典美学。归根结底，正如胡适在当时所召

---

① 请参看郭沫若《郭沫若全集·文学编》（第15卷），人民文学出版社1990年版，第110—140页。

② 在那封信里，郭沫若写着这首诗是“《归乡集》第中的第十六首”［《郭沫若全集·文学编》（第15卷），第117页］，这一点不准确。其实在原文里，写的是“XIV”（14）首，而不是XVI（16）：请参看Heinrich Heine，*Buch der Lieder*，Hamburg，bei Hoffmann und Campe，1827，第193页。

③ 请参看《卷耳集》（1923年8月）［《郭沫若全集·文学编》（第5卷），人民文学出版社1984年版］。

唤的，新诗不是要摈弃古典，而是要摈弃古代的陈词滥调。而《分类白话诗选》以郭沫若的这首译诗开篇，为郭沫若在新文学的文坛上赋予了一个不容忽视的重要位置。这首诗的发表，也为他次年（即1921年）出版的他本人的诗集《女神》的成功做了铺垫。

附　录

暮色垂空

暮色自垂空，
近景已迢递；
隐约耀霞辉，
明星初上时！

万象在暗里浮沉，
薄雾在空际凄迷；
反映着暗影阴森，
湖水静来无语。

俄见东边天际，
仿佛月明如火；
纤柳细细如丝，
丝枝弄湖波。

姮娥的灵光委佗，
涓涓的夜景清和，
清和的情趣由眼到心窝。

Dämmrung senkte sich von oben,
Schon ist alle Nähe fern;
Doch zuerst emporgehoben
Holden Lichts der Abendstern!

Alles schwankt ins Ungewisse,
Nebel schleichen in die Höh';

Schwarzvertiefte Finsternisse
Widerspiegelnd ruht der See.

Nun im östlichen Bereiche
Ahn' ich Mondenglanz und -glut,
Schlanker Weiden Haargezweige
Scherzen auf der nächsten Flut.

Durch bewegter Schatten Spiele
Zittert Lunas Zauberschein,
Und durchs Auge schleicht die Kühle
Sänftigend ins Herz hinein.

（原载《郭沫若研究》第 13 辑）

郭沫若的汉诗创作

［日］藤田梨那

序

郭沫若在他86年的人生中所作旧体诗超过1500首。少年时代以及留学日本十年的青年时代所作旧体诗约有140首。目前，我们可以从以下资料中看到他青少年时代所作的诗歌：

乐山市文管所编《郭沫若少年诗稿》（四川人民出版社，1979年）

《郭沫若旧体诗词系年注释》（黑龙江人民出版社，1982年）

郭平英、秦川编《敝帚集与游学家书》（中国社会科学出版社，2012年）

唐明中在《郭沫若少年诗稿》中将郭沫若少年时代的诗歌写作分为三个时段：

第一期，沙湾家塾“绥山馆”时代；

第二期，乐山（嘉定）小学校时代；

第三期，成都分设高等中学校时代。[①]

笔者据此再加上第四期：日本留学时代。以1914年郭沫若赴日本留学为分界，之前所作诗歌约有93首，留学十年所作诗歌约有45首。按诗体区分情况如下：

留学前：

七言律诗——35首

五言律诗——17首

七言绝句——8首

五言绝句——6首

古诗——4首

对联——22副

留学期：

① 乐山市文管所编《郭沫若少年诗稿·后记》，四川人民出版社1979年版。

七言律诗——0 首
五言律诗——0 首
七言绝句——20 首
五言绝句——7 首
古诗——13 首
词——1 首
谣——4 首

对比留学前后的诗歌，诗体上的变化值得注目。本文着重从风景表现角度，分析留学时期郭沫若的旧体诗诗歌创作所体现的特点。

一 旧体詩中的风景

1914 年郭沫若从北京出发途经釜山到达东京，开始了他所说“人生中最勤勉的”留学生活。①在东京，他经过半年的努力，考上了第一高等学校，得到了大使馆支付的官费。当时日本各学校均是 9 月开学，他便利用开学之前的时间，到千叶县北条镜浦海岸去度假。在那里他第一次游泳。在《自然之追怀》中他回忆当时情景，说：“北条的镜浦，在没有风的日子，真是像镜子一样的平静。本来生于四川的腹地的峨眉山麓的我，作为一种家规，是被禁止走进一尺以上的水里去的；这时候一跃入海，简直有隔世之感。”② 北条镜浦的风景使他想起家乡的山水，诱引他一跃入海，此时他第一次破了家规。北条镜浦的风景还大大地刺激了他的诗情，在这里他写了三首诗歌。

镜浦　三首

（一）
镜浦平如镜
波舟荡月明
遥将一壶酒
载到岛头倾

---

① 郭沫若：《我的学生时代》，《郭沫若全集·文学编》第 12 卷，人民文学出版社 1992 年版，第 14 页。
② 郭沫若：《自然的追怀》，《郭沫若杂文集》，永生书店 1936 年版，第 83 页。

（二）
飞来何处峰
海上布艨艟
地形同渤海
心事系辽东

（三）
白日照天地
秋声入早潮
披襟临海立
相对富峰高

这三首绝句均见于《自然之追怀》。初载于1933年日本改造社《文艺》月刊及1934年上海《时事新报》，《郭沫若全集》未曾收入。从《自然之追怀》中的说明我们可以了解到每首诗咏颂的场景。第一首写镜浦的安静，以及附近的鹰岛和冲岛的诱人，有如苏轼“载酒时作凌云游”的愉快。[①] 第二首写在海上看到日本的军舰，因为当时正值“一战”爆发，引起作者忧国之心。第三首写镜浦的秋色与富士山。这是他吟颂富士山的第一首诗。郭沫若在《自然之追怀》中回忆当时情景：“阳光一般是变得淡而薄了，并且带着哀调；潮音也拖着一种若在夏天非深夜不能听到的寂寞的余韵；空气变得异常清澄；对岸富士山的秀姿，时常打一清早起便远远地在彼方的云端露出来。这实在是一种怎么也不能形容的崇高。”[②] 这段回忆充分反映了郭沫若对日本大自然的精细的感受。第三首诗从朝阳、海潮到富士山，把眼前所视的大自然如实地吟颂出来，实景中渗透着诗人的感动。2013年富士山被选入世界文化遗产时，日本静冈县政府出版了《富士山汉诗百选》[③]，其中收入了郭沫若的这首诗。

这三首诗的特点是对风景的写实和第一次吟颂大海。这个特点是他留学前的旧体诗中未曾有的。在他的诗歌包括《女神》中“海”多次登场，这不仅仅是因为他到了日本才看到了海，而更重要的是大海为他打开眼界，使他发现了一个新的表现世界，一个以前未曾意识到的世界，既是现实的，又是精神的。

1915年郭沫若转到冈山第六高等学校，在那里生活了三年。第六高等学校位于冈山后乐园附近，周围有两座山——操山和东山，还有一条河叫旭川河。郭沫若很喜欢这里的风景，每天跨过架在旭川河上的旭川桥去学校，傍晚就去登山，周末去练习

① 郭沫若：《自然的追怀》，《郭沫若杂文集》，永生书店1936年版，第84页。
② 同上书，第85页。
③ 参见《富士山汉诗百选》，静冈县文化·观光部，2014年版。

游泳。他在《自然之追怀》中回忆道："在冈山的时期，我常泛舟旭川。夹在后乐园与冈山城的天主阁之间的河面，非常富于诗趣。在第六高等学校旁边的东山，虽也并不是什么杰出的境地，但是因为起头一两年，我是住在那附近，所以时常去散步。当月夜在东山的山阴独自漫步的时候，我担心自己的脚音破坏了周围的静寂，时常脱了木屐，不使作声地跣足而行。下抄《晚眺》《新月》二绝，便是那时候的作品。"①我们来看《新月》：

新月如镰刀
斫上山头树
倒地却无声
遊枝亦横路

这首旧体诗以新月和树木的影子吟咏出一个幽静的月夜风景。诗人以镰刀比喻细而弯的月亮，月亮从东山升起，山巅的树木像是被月亮斫倒了一样，一片树影静静地撒在地上。以"镰刀"比喻新月，这种手法早见于中国的古典诗中，但郭沫若这首诗中的比喻并非来自中国的古典诗。他在《儿童文学管见》一文中曾谈到《新月》的创作。"初学德文时'新月'一语作 Mondsichel——直译时是'月镰'，颇生新颖之趣。得此暗示我曾作五绝诗一首。"② 这首五绝指的就是《新月》。这段回忆告诉我们，对于郭沫若，"新月"这个词与德语有着密切的关联，《新月》中所用"镰刀"从新月的形状进一步暗示新月的锐利，引出下一句"斫上山头树"。表现出寂静中隐含着的"动"，一个大规模的"动"。

在日本留学时期，郭沫若曾多次在诗歌中吟咏"新月"，如口语新诗《新月与白云》："月儿呀！你好象把镀金的镰刀。/你把这海上的松树斫倒了，/哦、我也被你斫倒了！"这是一首讴歌恋爱的诗，收《女神》"爱神之什"。这首诗与《新月》相比，虽然诗体即诗的形式完全不同，但新月、镰刀、斫倒松树，这些表象要素基本相同：《新月》表现月夜中"静"与"动"的情景；《新月与白云》则即景抒情，以"新月""镰刀""我被斫倒"来表现陷入热恋的心理状态。可以说，《新月》与《新月与白云》的新颖之处就在于它的精细的风景表述既是写实的又有象征之意。

《登操山》是郭沫若冈山第六高等学校时代的一首旧体诗，写他登操山的体验。

---

① 郭沫若：《自然的追怀》，《郭沫若杂文集》，永生书店 1936 年版，第 86 页。

② 郭沫若：《儿童文学之管见》，《郭沫若全集·文学编》第 15 卷，人民文学出版社 1990 年版，第 281 页。

怪石疑群虎
深松竞奇古
我来立其间
日落山含斧
血霞泛太空
浩气荡肝腑
放声歌我歌
振衣而乱舞
舞罢迫下山
新月云中吐

郭沫若在《自然之追怀》中回忆登山的情景："时刻是近傍晚，一个人无心地从学校右手转弯，走上了上山的路，到山中腰，路进了松林，变得幽暗起来，像是已经变成了夜景了。在山顶上，大的石头是树干之间取着种种姿势散在着，简直仿佛走进了睡着的猛兽的王国。这时候太阳正在渐渐没于有缘的西方的山顶还留着半规血红的夕映弥漫于天空，简直像是迸着血潮似的。被这样的光景所打动，就像感到了什么Inspiration似地雀跃着，信口吟出的便是下面这首诗。"①从这段回忆来看，《登操山》中的想象和抒情完全引发于实在的风景，贴近实况，迫近内心。

第4句和第5句描写夕阳，这里郭沫若大胆地用了两个新颖的词"山含斧"和"血霞"。这两个词反映的实景就是"西方的山顶还留着半规血红的夕映弥漫于天空，简直像是迸着血潮似的"。夕阳半落山巅，有如半圆的斧刃；火红的晚辉衬出血染的云霞。这两个词在中国古典诗中几乎未见使用，留学前郭沫若也未曾用过，但与《自然之追怀》中的回忆相对照又极符合他当时所见的情景，具有丰富的写实性。浪漫的想象力突破了古典的束缚，在这个时期，表现上的独创性在他的旧体诗中已初露锋芒。

风景的发现是郭沫若日本留学时期最重要的体验之一。他热爱日本的山水，冈山、福冈、濑户内海等，每到一地他都要写诗吟颂那里的风景和自己的感动。在这方面，他多学习了西方的诗歌，如歌德《春光明媚的地方》、海涅《静静的海边》、惠特曼《大道之歌》都是他最倾心的作品。同时，他也注意到了中国的古典诗歌，如韩退之《南山诗》、木玄虚《海赋》、郭景纯《江赋》，但他对这些作品总是不能满意，认为这些冗长的作品倾向于语言上的修饰和夸张，远离了真实的情景。他认为"新诗便是不假修饰，随情绪之纯真的表现而表现以文字。打个比喻如象照相。旧诗

① 郭沫若：《自然的追怀》，《郭沫若杂文集》，永生书店1936年版，第87页。

是随情绪之流露而加以雕琢，打个譬比如象画画。”[①] 事象的写实、情调的自然流露，这正是郭沫若留学时期对诗歌本质的摸索，风景的发现大大地激发了他对文学的认识。

1924年，郭沫若为了写作，由上海再次东渡日本，在九州佐贺县近郊的熊川温泉逗留。期间他翻译了河上肇的《社会组织与社会革命》，完成小诗《三诗人之死》《阳春别》《喀尔美罗姑娘》《行路难》。熊川温泉是佐贺县内数一数二的温泉地，四面环山，草木茂盛，绿荫成片。他住在一个名叫“新屋”的旅馆里，近处一条小河沿山麓流过，清澈的溪流顺着山麓弯弯曲曲地流淌着，河流转弯的地方自然形成一个小小的河湾，湾内是银白的砂浜，宛如海滨，周围还散在着不少岩石，这条河叫川上江。郭沫若很喜欢这里，经常带着孩子去散步，美丽的风景激发了他的诗情，《日之夕矣》和《川上江纪行二十韵》就在这里诞生。

《日之夕矣》和《川上江纪行二十韵》采取了古诗的形式，四字一句。《日之夕矣》共36句；《川上江纪行二十韵》共40句。郭沫若青少年时代的旧体诗中与家乡时代相比，留学后所作五言、七言古诗较多，但四言古诗却以这两首为最早。四言诗体主要见于中国最早的诗集《诗经》，郭沫若在1922年曾对《诗经》中一部分诗歌作了口语翻译，《日之夕矣》和《川上江纪行二十韵》的创作应与这项工作有密切的关联。这里还隐含了一个有趣的问题，在留学时代，郭沫若所作最大的工作就是口语新诗的创作，但与此同时又有相当数量的旧体诗，特别是古体诗的写作，旧与新之间有着怎样的内在关系？这是我们需要注意的问题。这里着重分析一下《日之夕矣》。为了分析的方便起见，笔者在诗中每行之前加上字母，在有关词下加上下划线。

a 日之夕矣、新月在天、抱我幼子、步至<u>溪边</u>。
b <u>溪边</u>有石、临彼深潭、水中倒影、隔岸<u>高山</u>。
c <u>高山</u>翁郁、深潭碧青、静座危石、隐听<u>湍鸣</u>。
d <u>湍鸣</u>浩浩、天地淼寥、瞑目凝想、<u>造化</u>盈消。
e <u>造物</u>造余、每多忧悸、得兹静乐、不薄余锡。
f 俄而妻至、二子追随、子指乱石、定名<u>欧非</u>。
g <u>欧非</u>不远、世界如拳、仰见荧惑、出自<u>山巅</u>。
h <u>山巅</u>有树、影已零乱、妻曰遄归、子曰渐<u>缓</u>。
i <u>缓</u>亦无从、遄亦无庸、如彼星月、羁旅太空。[②]

---

① 郭沫若1921年给父母的信，载唐明中、黄高斌编注《樱花书简》，四川人民出版社1981年版，第165页。

② 郭沫若：《行路难》，《郭沫若全集·文学编》第9卷，人民文学出版社1985年版，第328页。

这首诗见于小说《行路难》中《新生活日记》里。10 月 3 日日记写道："晚饭后抱佛儿到渡头，坐石听水。未几，晓芙偕和博二儿来，二儿在石上追逐，指石之大者为非洲，为美国，为中华，石碛在小儿心中变成一幅世界。夜入浴，吃烧栗数粒，草《日之夕矣》一诗。"[①]这里记述了这首诗的写作背景。a 行第一句"日之夕矣"即是本诗的题目，这一句取于《诗经·国风·君子于役》。9 行 36 句中没有引用任何典故成语，均是实景描写和行动追述，句句易懂。特别是 f 行、g 行，两个幼儿在岩石间追赶玩耍的情景活灵活现，以幼儿的眼光看岩石，竟有欧洲、非洲以及世界之比喻出来，诗的整个场景既迫近实际又富有想象。

此诗平易之处还在于作者用了"顶真格"的手法。a、b、c、d、e、f、g、h 、i 各行都以前一句中二字或一字为开首，既 a、b 以"溪边"相承；b、c 以"高山"相承；c、d 以"湍鸣"相承；d、e 以"造化"相承；f、g 以"欧非"相承；g、h 以"山巅"相承；h 、i 以"缓"相承。每行首尾相承，这种手法叫"顶真格"。

在这首诗中川上江的风景——白沙滩、岩石、绿山、流水声、小儿们的玩耍，展现出一个悠然自在的自然景象，再由这可视的场景引申出星辰太空的联想及对人生旅程的领悟。由外界的风景转向内心世界，而连接内外两个世界的正是"顶真格"的修辞法。郭沫若采用了见于《诗经》中的四言诗的形式，但诗中大胆地用了"欧非""世界"等现代词语，为这首诗添了新时代的味道，再以"顶真格"的手法将短短的四言诗一句串一句地承接下去，形成一串诗的锁链。川上江的风景和诗人的内心风景就在这串诗的锁链中活灵活现地展现出来。

"顶真格"是中国古代诗歌中最早使用的一种形式，中国第一部诗集《诗经》中《江有汜》、《大雅》中《已醉》就采用了这种手法。每一句都重复前一句结尾的一字或二字，承前启后，间隔不定，连接下去，形成一种诗歌的修辞手法。

"顶真"本来指缝纫用的顶针，"顶针"与"顶真"同音，它的意思是像做针线活时用顶针顶着针，一针一针地缝下去一样，一句接一句地吟出数句连串的一首诗，每一句都踏袭前一句末尾的字音，行成连句的形式。这种手法随时代的发展不断延续，到了唐宋时代"顶真格"被规律化，不仅用于格律诗，也被引入词的世界。进入元代，顶真格诗更变化为一种游戏性的文体，多用于酒令游戏中，自然多有口语夹杂在内。明清时代顶真格诗更兴盛于民间，脍炙人口，大众色彩更加浓厚。《诗经》中的诗歌本来多采自各地的民谣，故而顶真格诗本来就具备了丰富的大众性质，由于这种性质，顶真格诗随着时代的变迁，在民间不断发展，形成一种大众诗歌的表现形式。

郭沫若自幼学习古典诗歌，六岁时就开始练习作对句、对诗，很有可能在少年时代对顶真格诗有了一些了解。但目前，我们在他留学之前的旧体诗中还没有发现顶真

---

① 郭沫若：《行路难》，《郭沫若全集·文学编》第 9 卷，人民文学出版社 1985 年版，第 328 页。

格诗，或许留学时期所作《日之夕矣》是他最早使用顶真格的手法创作的一首诗。

二 《诗经》今译

郭沫若在日本留学期间的1922年完成了《诗经》的现代口语翻译，命名为《卷耳集》，1923年在上海出版。《卷耳集》所收诗歌主要选自《国风》，郭沫若选译了40首恋爱诗。在这个时期，他前后发表了几篇文章，如《波斯诗人莪默伽亚谟》（1922年）、《我对于〈卷耳〉一诗的解释》（1923年）、《文学的本质》（1925年）等。在这些论文中，他论述了诗歌的本质、韵律的起源、口语诗的必然性，几次涉及到《诗经》。为什么他在这个时期特别重视《诗经》？在《卷耳集》序言中他说："我们的民族，原来是极自由极优美的民族。可惜束缚在几千年来礼教的桎梏之下，简直成了一头死象的木乃伊了。可怜我们最故的优美的平民文学，也早变成了化石。我要向着这化石中吹嘘些生命进去，我想把这木乃伊的死象苏活转来。这也是我译这几十首诗的最终目的，也可以说是我的一个小小的野心。"① 从这篇文章中我们可以看到，他认为《诗经》是平民文学，是极自由极优美的作品。

关于古典诗歌，郭沫若在日本留学期间就开始探索。他在《文学的本质》中，把原始诗歌的表现成分称为"文学的原始细胞"，指出："这种文学的原始细胞所包含的是纯粹的情绪的世界，而它的特征是在有一定的节奏。节奏之于诗是与生俱来的，是先天的。……我们在这种节奏之中被自己的情绪催眠，会不知不觉地发出有节奏的声音，发出有节奏的语言，发出有节奏的表情运动，这便是音乐、诗歌、舞蹈的诞生了。"② 他所根据的便是《诗经》。他所强调的"文学的原始细胞"所含情绪的表现是先文字的。正像《毛诗正义序》所说："诗者志之所之也。在心为志，发言为诗。情动于中而形于言"，郭沫若对《诗经》序的这几句话非常重视，要点就在一个"言"字上。他说："其中不可忽视者最为'言'之一字。因为诗歌之发生在于未有文字之前，未有文字之前的诗歌，其所倚以为表现的工具是语言，所以收'诗言志，歌永言'。"③ 他从《诗经》中读出了诗的本质——音乐、诗歌、舞蹈三位一体的理论。他所强调的"言"正是他摸索口语新诗时最重视的"声音"，发自内心的、自由的人的"声音"。在探索创作口语新诗的过程中，他在《诗经》中发现了他所追求的诗的本质，在古代的旧纸堆中寻得出资料，使他那"刹那刹那的生命得以充实了。"④

郭沫若的口语体翻译则是不拘泥古典的解释，直接导入自己的直观，将自己的理

---

① 郭沫若：《卷耳集》，《郭沫若全集·文学编》第5卷，人民文学出版社1984年版，第157页。

② 郭沫若：《文学的本质》，《郭沫若全集·文学编》第15卷，人民文学出版社1990年版，第348—349页。

③ 郭沫若：《论诗三札》，《郭沫若全集·文学编》第15卷，人民文学出版社1990年版，第336页。

④ 郭沫若：《卷耳集》，《郭沫若全集·文学编》第5卷，人民文学出版社1984年版，第157页。

解大胆地反映到《诗经》的口语翻译中。他的《诗经》口语翻译可以说是现代中国诗歌史上第一次挑战和尝试。他的这一挑战直接关联到这个时期他一直探讨的诗歌之起源、诗歌的本质等问题。这告诉我们，他的新诗创作并不是盲从时代潮流，随意做来的，而是根据对古典诗歌的审视，是批判性的继承，是发自内心的反思的扎实的文学实践。郭沫若留学日本时期所作的13首古诗就是这一实践的成果。

三 结论

郭沫若自幼学习古诗，他热爱家乡的风景，热爱善于描写风景的诗人杜甫、苏轼、李白、张继等。他少年时代的诗作多以律诗、绝句为主，又多见故事典型的表现形式。留学日本后，郭沫若开始尝试口语新诗，同时也从未遗忘过旧体诗的创作。留学时期的旧体诗在用语上、形式上要比少年时代来得更自由。《镜浦》《新月》《登操山》等旧体诗很少援用典故，呈现出大胆的创新；风景描写已摆脱古典诗歌的表现模式，以写实的手法写出它真实的面貌。在逼真的风景画面中，诗人的情感也以直叙的手法直接表现出来。这样的变化表示了他对古典诗歌的再认识与他的口语新诗的探索不无关联。

郭沫若口译翻译《诗经》的态度如实地反映了他对古典的理解。在《卷耳集·序》中他说："我对各诗的解释，是很大胆的。所有一切古代的传统的解释，除略供参考之外，我是纯依我一人的直观，直接在各诗中去追求它的生命。"① 又在《卷耳集·自跋》中写道："《诗经》一书为旧解所淹没，这是既明的事实。我们当今的急务，是在从古诗中直接去感受它的真美，不在于迂腐的古儒作无聊的讼辩。"②从这里我们可以知道，他对古典诗并不是全面否定的，而是力图将古典诗从既成的解释的桎梏里解放出来，还原它原有的真美。他在思考古典诗歌时多与旧的解释、旧的概念拉开距离，力求以现代人的感性去感受古诗。留学时期，他受到了西方文学的影响，这一影响又为他审视和再认识中国古典提供了新的视角，这与泰戈尔曾促使他重新认识《庄子》、王阳明是同样的过程。郭沫若一生所作旧体诗与他的口语新诗基本上数量相同。他的旧体诗与口语新诗反映着他所走过的古典与现代的精神路程。

（原载《郭沫若研究》第13辑）

---

① 郭沫若：《卷耳集·序》，《郭沫若全集·文学编》第5卷，人民文学出版社1984年版，第157页。

② 郭沫若：《卷耳集·自跋》，《郭沫若全集·文学编》第5卷，人民文学出版社1984年版，第208页。

郭沫若与河上肇：在相遇与分歧的路上

［美］周海林

河上肇（1879—1946）出生于日本山口县玖珂郡锦见村的一个下级武士的家庭。他的祖父及伯父都喜好文学，对汉诗与和歌更是情有独钟。浓厚的文学氛围对河上肇的成长有着不容忽视的影响。即使以后成了著名的社会科学家，河上肇的诗人气质和文学素养依然是他学问的底蕴。河上肇曾在《自叙传》[①] 中对自己的成长史，做过这样的描述："实际上我是在大约五十岁时，才开始涉足经济学领域。从最初的出发点——纯粹的资产阶级经济学开始，完成了向其对立面的马克思主义经济学的转变，在哲学领域，从笼罩着宗教的神秘云雾的最初的出发点——唯心论开始，完成了向彻底的唯物论的转变。"河上肇经历了从一个文人——尤其是爱好汉诗的诗人——到一个经济学家的过程，最终成为了一个共产主义者。在这过程中，他一度埋头于宗教，甚至痴迷到了辞去教职的程度。郭沫若也有着相似的变化过程。他开创了中国浪漫诗的先河，先是专心于唯心的艺术理论，成为了一个文学家、剧作家，最后遇到了马克思主义。在投入马克思主义研究的同时，他还自学了社会学、考古学、历史学等专业，在这些学术领域中获得了辉煌的成就。比较一下两者的经历，我们不难发现，虽然他们曾多年浸淫于唯心论的思想和自由主义的艺术意识形态，但最后都倾倒于马克思主义的理论思想，成为一名马克思主义信奉者。虽然他们的经历很相似，可是河上肇不仅年长郭沫若一辈，而且在郭沫若还在为自己的纯艺术理论与观点和他有龃龉的同时代作家苦恼时，河上肇已经是日本学术界独树一帜的著名马克思主义学者。郭沫若因什么开始阅读河上肇的，我们并不清楚，因为与郁达夫不同，郭沫若对日本人写的著作并不痴迷。可是，当时的河上肇的名字如日中天，郭沫若不可能对此漠然惘视吧。

郭沫若认真阅读河上肇的著作，并真正开始敬仰河上肇，始于 1924 年的春天，在前期创造社解散后不久。在难以忍受上海艰难的生活，带着一家人到日本谋生时，郭沫若遇上了河上肇的《社会组织和社会革命》。[②] 这本书就像是将郭沫若从半醒半睡的状态中唤醒的警钟一样。正如郭沫若在文章中写道：

---

① ［日］河上肇：《自叙传》全四卷。世界评论社 1946—1948 年版。1967 年由岩波文库新版，全五册。引用从第 1 卷第 205 页开始。

② 原名为《关于社会组织和社会革命的若干考察》，日本弘文堂 1922 年 12 月出版。

> 我现在对于文艺的见解也全盘变了。我觉得一切伎俩上的主义都不能成为问题。所可成为问题的只是昨日的文艺，今日的文艺，和明日的文艺。昨日的文艺不自觉的得占生活的优先权的贵族们的消闲圣品。……今日的文艺，是我们现在走在革命途上的文艺，是我们被压迫者的呼号，是生命穷促的喊叫，是斗士的咒文，是革命豫期的欢喜。……明日的文艺要在社会主义实现后，才能实现。在社会主义实现后的那时，文艺上的伟大的天才们得逐其自由完全的发展，那时的社会一切的阶级都没有，一切的生活的烦苦除去自然的、生理的之外都没有了，那时人才能还其本来，文艺才能以纯真的人性为其对象，这才有真正的纯文艺出现。①

《社会组织和社会革命》是一本重要的马克思主义入门书籍，是河上肇在自己个人发行的《社会问题研究》（1919 年 1 月发刊）上发表的一系列马克思主义研究论文的集大成。全名是《关于社会组织和社会革命的若干考察》。当时的日本年轻一代的知识分子，受到这本杂志的启蒙，开展了如火如荼的学生和社会运动，把马克思主义的社会活动扩展到全国各地。② 在当时的中国留学生中也有几位是河上肇的学生。李闪亭、漆树芬、王学文③等都是直接受到河上肇指导的学生。郭沫若与这三人都有接触。有时也从李闪亭和漆树芬那里听到河上肇的授业内容，还经常阅读《社会问题研究》，但对以学术性为主，缺乏社会实践的河上肇的理论敬而远之。河上肇在接受马克思主义时，已经是著名的社会科学者，是京都大学的教授，他始终把马克思主义作为一种学问，以学者的严谨态度予以对待。但是，那时的郭沫若被艺术的缪斯吸引，着迷于泛神论的世界，还没有做好接受唯物论的准备。数年后，当困苦的生活使他从因不合理的制度而造成的不平等的现实中醒悟过来，对艺术的神化产生了怀疑，渴望着能推翻世界上所有不合理的社会制度的真理时，他第一次系统性地阅读了

---

① 郭沫若：《孤鸿》，《创造月刊》1926 年第 1 卷第 2 期。

② 学生运动团体的全国组织·学生联合会（学联）于 1922 年 11 月 7 日成立。后来在 1924 年 9 月改称学生社会科学联合会，把马克思主义的社会科学研究活动作为运动的中心课程。

③ 李闪亭是郭在冈山第六高中时的朋友，在京都大学学习经济，河上肇的学生。在京都大学时，被称为“中国的马克思”，属于孤军派的中国青年党的干将，曾经当过长沙法政学校的校长，1927 年客死上海。1921 年夏，当郭沫若访问郑伯奇时，住在李的宿舍里。从他那里，郭沫若听到了“唯物史观的公式”“资本主义的必然崩溃”“无产阶级专政”等等。李向郭推荐河上肇的个人杂志《社会问题研究》，但郭感到没有这样的必要，因此没有马上接受他的推荐。漆树芬是帝国大学经济学部的毕业生，河上肇的学生。他是郭沫若在四川成都府中学的同窗，比郭沫若小一岁。他比郭沫若晚一年留学日本。在校三年写了一本《经济侵略下的中国》，据说他委托郭为这本书写了序。后来经郭沫若介绍成为后期创造社的成员。王学文也是河上肇的学生。在那之后，所谓的“孤军派”的人大都是京都大学经济科的毕业生，其中也有许多是河上的学生。他们信奉河上早期的学说，认为资本主义的扬弃如果不经过个人资本主义阶段，就绝对不能实现（根据郭沫若著《创造十年》）。

《社会组织和社会革命》，为获得“理性的光环”[①] 而感激不已。

郭沫若对河上肇有着与生俱来亲密感的原因之一，如前所述，或许是俩人有着相似的经历使然。不管怎么说，始终持续不断地探索拯救人类真理的精神是他们俩人共有的。河上肇曾深深地沉溺于佛教、基督教、托尔斯泰信仰中，希冀能寻找到拯救灵魂的真理，最终却成了一位马克思主义的信仰者。然而，信奉唯物主义的他在后来谈到自己的宗教观时却这样说：“我在这儿所说的科学，是指作为社会科学的马克思主义，其内容是非常清楚的。但是我在此说到的宗教，与无论是基督教，佛教，真宗或者禅宗都不同，是无需起名字的纯粹的自我流的东西。一般来说马克思主义是否定宗教的。但我既信奉马克思主义，又相信宗教真理的存在，在这一点上有我个人的特殊性。……我是主张宗教真理存在的唯物论者，我把自己定义为：主张宗教真理存在的唯物论者，主张一定的真理存在于既成宗教的核心中的马克思主义者。”[②]

对于有着这样宗教观的河上肇，《河上肇》的作者盐田庄兵卫称其为“不是宗教者，但具有非常宗教性的人格”。[③] 指出这种宗教性的人格最显著的地方即所谓的“无我”。在成为马克思主义者之前，他是青年僧侣，即《无我的爱》的作者伊藤证信的门生，然而，这无我的精神是他改造社会的原动力，也是他与社会主义的接点。近代以来，有不少日本知识分子一边宣扬科学精神，一边又信仰宗教。无论什么时代，在从事文艺和艺术的人群中，这种人并不少见。然而，这些人执着地要弄清人类存在的意义，而他们信仰的诸神却不可能给予他们一个明确的答案，为此他们产生了极大的苦恼。这种苦恼经常会出现在他们的作品中。举例说，有岛武郎、正宗白鸟等作家就常常在他们的创作中表述了这种烦恼和痛苦。与之相比，中国现代文学中几乎看不到这样题材的文本。众所周知，中国的新文化运动提出了两个响亮的口号：反封建主义和反帝国主义。这里的反封建主义包括了对佛教的批判，而反帝国主义也连带了反基督教的内容。说到基督教，我们知道尽管基督教在把民主主义思想传播到中国的过程中起到了重要作用，但与帝国主义的侵略政策也有着难以切割的关系，因此在中国的知识阶层中鲜有像日本知识分子中那样的虔诚却又苦恼着的基督教徒。然而，中国的知识分子中却不乏像河上肇那样具有“宗教的人格”的人。郭沫若也算是其中这么一位吧。

抗日战争爆发后，当秘密回到中国的郭沫若看到了被日本炸弹炸伤的市民时，写下了这样的一段日记：“我自己本来是不信宗教的。但是不知怎么的，突然想到了‘天’来。……有几位女教士在那儿调制药品，她们的衣冠愈见激起我的宗教的情趣，我在离开收容所的时候，否，就在我目前运着笔追记这回视察的时候，在我的心

① 郭沫若：《孤鸿》，《创造月刊》1926 年第 1 卷第 2 期。

② 《大死一番》完稿于 1942 年 10 月 28 日夜。转载自盐田庄兵卫《河上肇》，新日本出版 1991 年版。

③ 盐田庄兵卫：《河上肇》，新日本出版 1991 年版。

里时时反复着这样的一个祈祷：——老天爷，希望你不要下雨。”[①] 即使他不信宗教，然而这“宗教般的感情”实际上在郭沫若的文学中随处可见。

在郭沫若早期的诗中经常出现的“大我”与河上肇的“无我”在本质上是相通的。河上肇以“无我”为主要目标，从一个宗教信仰者转变为马克思主义者。而郭沫若不忘“大我”的观念，从一个泛神论者转变为马克思主义者。这两个人的转变并不是偶然的现象，是出生在那个时代有良心的知识分子在认真地寻求拯救人类的过程中，经过各种各样思索的必然结果。换句话说，郭沫若与《社会组织和社会革命》的相遇也是他的贫困的生活方式使然。

可是，郭沫若一方面感谢这本书，一方面又觉得有些不满足。他在翻译了这本书之后，在《社会组织和社会革命・序文》中说出了自己的不满。“全书偏就于学究式的争论，对于马克思主义的骨干——辩证唯物主义，根本没有接触到；对于马克思主义的实践——怎样来改造世界，更差不多采取回避的态度。”[②] 他的这种想法好像从开始翻译《社会组织和社会革命》时就已经形成了。[③] 众所周知，郭沫若是个感性很强的诗人。他无论接受什么样的理论，其背后通常都有心情的问题，因此他不喜欢研究与分析事物，总是与学究理论保持一定的距离。毋庸置疑，对在绝望中与马克思主义相遇的他来说，马克思主义是拯救这个世界的唯一希望，马克思主义的理论以其合理性和实践性压倒迄今为止的所有的理论，成为他心中唯一的权威。因此，他对河上肇具有学究作风的著作感到有些急不可耐，最不认可的是河上肇的“不赞成早期革命之企图”[④] 的意见。

河上肇预言资本主义必将停滞不前，人们应该，作为社会组织的一员通过社会革命，参加创造未来的理想社会即社会主义，预言社会主义社会必将到来。但是，他在《时机尚早的社会革命计划》的一章中，断言从日本的现状来看，还没有具备进行社会革命的条件。作为他这断言的根据，引用了下面的马克思的论说（《经济学批判・1858》）：“一社会组织，只要总生产力在其组织内还有余地，其发展还没有完成，就绝不是要去推翻的东西，或者新的、更高的生产关系，其物质的存在条件还没有在旧社会的胎内孕育完成之前，绝不是可以被发现的东西。”[⑤] 为了佐证这一说法，他列举了在英国殖民地因奴隶解放而造成原殖民地生产力衰退的事实，警告说过早的社会

---

① 郭沫若：《希望不要下雨》，《沫若文集》第13卷，人民文学出版社1992年版，第457页。

② 《社会组织与社会革命・序文》，商务印书馆1950年版。

③ 郭沫若完成翻译后不久，在给成仿吾的信中这样说：“我对于这书的内容并不十分满意，如果他不赞成早期革命之企图，我觉得不是马克思的本旨（《孤鸿》）。”

④ 郭沫若：《孤鸿》，《创造月刊》1926年第1卷第2期。

⑤ 转引自河上肇《时机尚早的社会革命计划》，《关于社会组织和社会革命的若干考察》，日本弘文堂1922年版。

革命反而会妨碍真正的社会主义的到来。他还在《时机尚早的社会革命以失败告终》[①] 中转引了恩格斯为马克思的《关于法兰西的阶级斗争》写的序文中的一段来旁证自己的观点，如：

> 历史已经证明了我们以及与我们有同样想法（即在一八四八年认为无产者的政治革命在不久的将来会到来的想法·原注）的所有的人都错了。历史是明白无误的，一大陆经济发展的状况，要废除资本家的生产，在当时还远远没有成熟。历史通过那次经济革命（意思是异常的经济上的发展）做出了证明。那次经济革命，在一八四八年之后波及全（欧洲）大陆包括法国、奥地利、匈牙利、波兰以及最近的俄国，最初确实是普及了大工业，还使得德国成为第一流的工业国，但这所有的都是在资本主义的基础上进行的，因此不得不认为资本主义的组织在一八四八年还有着极大的发展余地。

河上肇依据恩格斯的说法，解释“在废除奴隶制度的物质诸条件还没有具备的情况下，即使具备了其他的任何条件的奴隶起义，大都归于失败，即便成功了奴隶制本身也绝不会被废止，发生的变化只是原来的奴隶成了新的奴隶主，原来的奴隶主成了新的奴隶。”[②] 因此，河上肇推测当时的无产阶级革命运动将以失败告终。他指出，在资本主义还没有得到充分的发展之前，即使社会主义革命成功了，这样的新社会也只不过是由以前的无产者获取政权，统治其他的人而已，不能用真正的为了大家的社会主义制度来取代资本主义制度。

《社会组织和社会革命》出版于 1922 年，是俄国革命已经获得成功的数年之后的事情。但是，苏联到底是否贯彻了社会主义制度呢？此外，这个新政权可以维持多长时间呢？河上肇对此非常感兴趣，同时也抱着惴惴不安的心情注视着它。由于与河上肇著作的相遇而改变了自己人生观的郭沫若，把河上肇当作自己人生的老师予以尊重，不过对他的观点也不是毫无批判地接受的。对于河上肇以上的意见，尤其是“社会主义革命尚早”的说法，郭沫若持有不同意见。郭沫若不同意理论性的，即他讨厌的“学究的”社会主义革命的时机迟早之推断。他依据事实坚信社会主义革命的胜利。支持他的信念的当然就是推翻了长期的封建王朝俄国沙皇，诞生了有史以来第一个无产阶级专政政权——苏维埃联邦社会主义共和国的事实。苏联的成功不仅鼓舞了他，也鼓舞了全世界的左派人士，使人们对人类光明的未来抱有希望。

关于社会主义革命的早迟到来的两方的不同看法在某种程度上反映了两国的左翼

---

① ［日］河上肇：《时机尚早的社会革命以失败告终》，《关于社会组织和社会革命的若干考察》，日本弘文堂 1922 年版。下面的引用出于恩格斯写的《关于法兰西的阶级斗争·序文》（马克思著）。

② ［日］河上肇：《时机尚早的社会革命以失败告终》，《关于社会组织和社会革命的若干考察》，日本弘文堂 1922 年版。

知识分子对马克思主义的认识差异。河上肇认为在准确地理解马克思主义理论的基础上，应该贯彻执行根据马克思主义的阶级理论，即人类的发展必然要经过奴隶制社会—封建主义社会—资本主义社会—社会主义社会—共产主义社会的过程，断言如果不经过前阶段低次元社会的成熟期，就不能进入到下一阶段的高次元的社会。他分析了当时的形势，断言“今天的资本主义组织无论带来什么样的弊害，社会生产力在其组织下仍然还有发展的余地——那是这个组织对社会依然有用的证据——想要推翻资本主义的企图，当然会以失败告终”①。

在甲午日俄两次战争之间确立了生产资本的日本资本主义，从大正时代开始走向了垄断阶段。第一次世界大战爆发后，日本因来自国联的大量军需品的订单而使国内生产状况良好发展。机械、造船、化学工业等重工业的发展十分显著。日本的资本主义实现了飞跃式的发展。但是，因资本的集中和垄断，以及物价的飞涨使工人实际薪水下降。在这样贫富差距不断扩大的背景下，许多有志的知识分子不断地寻找着一条连接着平等、自由、和平的道路，不过在文坛上出现的是以个人主义为中心的人道主义、理想主义、唯美主义等资产阶级的艺术思潮。在政治方面被认为是“大正民主主义”论坛领袖的吉田造作，提倡的言论自由及普选等民主主义思想。随后，民主运动在全国范围轰轰烈烈地展开了。处于这样的局势，在继俄国革命胜利以后，1918年，在日本国内发生了大米骚乱。大米骚乱的发生显然是日本民众对社会和政权产生强烈不满的斗争。但是，河上肇却做出了日本的工人运动依然处在尚未成熟状态的判断，断定要推翻日本资本主义的时机尚早。《社会组织和社会革命》是河上肇从1919年到1922年期间的学术论文的集成，其论据当然是建立在1922年以前的日本的社会形势的分析上。而推翻了封建社会，进入资本主义社会的中国社会，依然挣扎于贫困和不平等的深渊。由于一系列的不平等条约，陷入了半殖民地的中国产生了大量贫穷的工人。而外国大企业对这些廉价劳动力更是无情压榨，残酷剥削，不用说衣食住的问题，就连他们的生命都是漠不关心。为了拯救日渐衰败的祖国，中国的知识分子如饥似渴地学习进步的资产阶级知识分子的思想，力图创建一个平等合理的新社会。在文学家之间发生的所谓的“人生派”和“艺术派”的争论看似是一个文艺上的问题，而实际上是关系到中国未来发展方向的意识形态问题。郭沫若在日本接触到的歌德、尼采、雪莱、托尔斯泰、泰戈尔等西洋精神史上的巨匠们极大地影响了他，对他的世界观和思想的形成起了重要的作用。但是，他对这些巨匠们没有发自内心的信任。也就是说，他与这些巨匠之间存在着巨大的隔阂，就像他屡次提及到的：他们是贵族，有钱人，而横亘在他们之间的就是这些难以跨越的障碍。他自知自己不过是挣扎在社会底层的一介书生，因此对这些巨匠们怀有强烈地被疏远的孤独感。回国之后郭沫若忍受着民族的苦难、社会的黑暗和家庭生活的困苦，一心想通过艺术来探求人类的真

① ［日］河上肇：《关于社会组织和社会革命的若干考察》，日本弘文堂1922年版，第507页。

理。可是，两年后，他开始对不可能实现自己理想的现实感到焦躁不安。在这时遇到的马克思主义的学说对他来说，就像久旱逢甘霖一样。他认为，马克思主义的理论不应该由学究来断定它的可行性，马克思主义的理论应该是可立即投入实践的唯一的指导性理论。他相信社会主义社会不是自由世界的乌托邦，而是能尽快地把中国从黑暗的地狱解放出来的唯一手段。俄国十月革命的成功用社会制度的激变证明了社会主义的思想和学说的现实力量。1919 年 7 月，苏联政府发表了第一次对华宣言，宣布废除沙皇俄国强加给中国的不平等条约。鸦片战争以来，中国被迫与外国签订的都是不平等条约，中国濒临着主权及领土危机。而此时此刻，苏联似乎是第一个平等、公平地对待中国的国家。因此，包括郭沫若在内的激进的中国知识分子从苏联的果断决策看到了真正国际主义之梦。他们坚信苏联的道路与古代中国人所说的大同世界是相通的，渴望社会主义革命在中国获得成功。因此，郭沫若必须对河上肇的“社会主义革命时机尚早”的结论提出异议。此阶段的郭沫若并没有通过对马克思主义的研究来检验马克思主义是否是具有真理性的实践，而是通过苏联社会主义的胜利确定了马克思主义的绝对性，从而把苏联社会主义作为人类大同世界的榜样来崇敬。加藤周一在谈到日本接受马克思主义时，表示了以下的看法：在日本“不少的马克思主义者，没有将苏维埃联邦的东西绝对化，没有把它作为超越马克思主义的原理而接受”。[①] 当然，对他的意见也有人持有异议，但他的说法至少适合河上肇的情况。

1924 年秋天，郭沫若带着《社会组织和社会革命》的译稿，领着一家五口老小回到了上海。从这时起直至 1926 年春天，郭沫若出版了为数不少的小说、诗作、译作、剧作、评论等，迎来了他创作期的高峰。通过《社会组织和社会革命》的翻译，郭沫若誓言要成为一个马克思主义者。不过，他除了翻译了屠格涅夫的《新时代》、J. M 辛格的《戏曲选》、雪莱的《诗选》、紊普特里的《来自索阿纳的异教徒》、高尔斯华绥的《争斗》等之外，还写作了唯美主义小说《喀尔美梦姑娘》《落叶》以及《诗集·瓶》等作品。这种现象表明了正处于转变期的郭沫若的矛盾心理。

关于《瓶》的发表，郁达夫所写的《附记》很是意味深长。根据郁达夫的说法，“思想发生了激烈变化”的郭沫若对发表这些唯美主义的作品确实有些犹豫不决，最后好像是经过了郁达夫劝说之后才发表的。[②] 郁达夫说“我想诗人的社会化也不要紧，不一定要诗里有手枪炸弹，连写几百个革命革命的字样，才能配得上称真正的革命诗”，这些说法打消了郭沫若的顾虑。郁达夫进一步鼓励郭沫若说，“你可以不必自羞你思想的矛盾”。“诗人本来是具有两重人格的”，这些作品不过是“过去感情的

① 加藤周一：《杂种文化——日本小小的希望》，日本讲谈社 1989 年版，第 95 页。

② 郁达夫：《瓶·附记》，《创造月刊》1926 年第 1 卷第 2 期。郁达夫说：“沫若的思想近来发生了激烈的变化。这四十二首抒情诗是去年的作品。开始他不愿意发表，我强迫他发表了。”

痕迹”，即便“把它们再现出来，也未始不可以做一个纪念”，也应该坦然地公布于众。[①] 到底不愧为亲密的好友，只有郁达夫才能这样透彻地理解郭沫若的复杂心情。

感性的郭沫若的文学注重个性、自由和唯美主义的感觉。如果从他的文学中剔除这些因素，他的文学就难以形成个性。为了成为真正的马克思主义者，郭沫若决心抛弃个性及自由的小资产阶级的意识。因此，他曾经一个劲儿追求的自由及个性等文艺思想，如今却成了他精神上的负担，成了他前进道路上的障碍。使他从自由主义和个性至上的文艺思想中幡然醒悟的关键是河上肇的《社会组织和社会革命》。

河上肇如是说：“人如果对自由不加限制，就不能和多数人共存。一些资产阶级自由主义者，就是对人类共存所必要的东西——限制自由——进行反抗的人，他们都是人类的反叛者。”[②] 经济学家的河上肇对自由主义弊害的批判，当然是从经济学的角度阐发的。当时在资本主义的自由经济政策下，日本的少数财阀占有大多数的社会财富，而工人及农民们被每天的生活所迫，陷于极端贫困之中。面对这样的现状，河上肇试图在社会主义经济学的理论中寻找合理性，相信只有社会主义的经济政策才是能够挽回人类无秩序、无计划的经济现状的唯一希望。他认为要实现多数人的共存，就必须打倒资产阶级自由主义者。他从一个经济学者的立场，得出了自由是人类共存的大敌，应该予以清除的结论。这“人类共存的大敌”的一喝，对郭沫若犹如晴天霹雳。他以前虽然“对漠然和个人资本主义抱有憎恨”[③]，可万万没有想到宣扬个人主义和自由主义的自己也成了批判的对象。对此他肯定感到吃惊得很。他指出“所说的个性呀，自由的人呀，即便说只是为第三阶级代言也不过分”[④]，从而对自己进行了严肃的批判。1924 年夏天，随着《洪水》[⑤] 的出版，创造社也进入了它的第二阶段。此后郭沫若为“在第四阶级的立场发言的文艺，……形式上是写实主义，内容上是社会主义”[⑥] 的文艺理论建设竭尽了全力。但是，对第四阶级的文艺到底是什么，恐怕连郭沫若自己也不十分清楚。他只断定凡具有与自由主义、个人主义、非功利主义、浪漫主义相反性格的文艺，即集团主义、功利主义、写实主义的文艺才是社会需要的文艺。作为浪漫主义诗人而登上文学舞台的郭沫若，这时对写实主义的方法依然茫然不知所措。在所谓的创造社的第二阶段，他出版了《行路难》《月蚀》《阳

---

① 引用同前。《喀尔美梦姑娘》于 1923 年 8 月 28 日完稿。《落叶》于 1926 年 4 月出版，构想是很久之前的事情。《诗集·瓶》据说是 1923 年写的。

② ［日］河上肇：《关于社会组织和社会革命的若干考察》，日本弘文堂 1922 年版，第 5 页。

③ 郭沫若：《孤鸿》，《创造月刊》1926 年第 1 卷第 2 期。

④ 郭沫若：《文艺家的觉悟》，《洪水》半月刊 1926 年第 2 卷第 16 期。

⑤ 《洪水》周刊创刊于 1924 年，仅发行了一期。《洪水》半月刊从 1925 年 1 月至 1927 年 12 月 15 日共计发行了 3 卷 36 期。在那期间，1926 年 12 月 1 日发行了《洪水周年增刊》。成仿吾和郭沫若是《洪水》时代的创造社的领导者，但主要的编辑，投稿和事务等工作都是由被叫作“小伙计”的周全平、叶灵凤、潘汉年、周毓英、柯仲平等实施。

⑥ 郭沫若：《文艺家的觉悟》，《洪水》半月刊 1926 年第 2 卷第 16 期。

春别》等许多根据自己的亲身体验而写的小说。这些小说虽说没有表现出“幻之美”“异乡的情趣”“怀古的思念”[①] 的浪漫主义时代的感情，不过也不是用写实主义表现的第四阶段的东西。这一系列的小说与《漂流三部曲》等同样被称为身边小说，不过应该注意到一个变化，即出场的“我”及“他”不是漠然地憎恨资本主义，而是有意识地批判了资本主义制度中固有的问题及殖民地问题，对苏联革命和社会主义未来充满着希望。但是，即便说这些小说似乎把目光转向了社会问题，但作者也只是从自己身边的事情开始展开，注重的还是自己的主观感情，因此很难说这些是写实主义的小说。比如说像《行路难》那样反复细腻地描写了以家庭及孩子为中心的日常生活情景的小说，更容易让人联想起日本的私小说。

因此，虽然在理论上郭沫若与主观的个人主义诀别了，并大力提倡第四阶段的文艺，但在文艺创作上他还没有用“写实主义的方法”去写“社会主义的内容”。对于这个现象，茅盾的意见十分尖锐：完成“从个人主义、英雄主义、唯心主义，转变到集团主义、唯物主义，原来不是一翻身之易”。[②]确确实实，郭沫若为完成这个转变，经历了漫长的历程。黄侯兴说完成这个转变花了三四年的时间，经过了参加三个阶段的革命实践的过程。这三个阶段的革命实践即：1924 年 11 月对江（苏）浙（江）军阀齐（燮元）卢（永祥）之间发生的内战进行的社会调查，亲历 1925 年 5 月 30 日的“五卅惨案”，参加 1926—1927 年的北伐战争。通过这三次的革命实践活动，郭沫若进一步坚定了对马克思主义的信仰。尤其是在北伐战争中，他与中国共产党接触，他说此时自己“第一次懂得了马克思主义及其政党在民主革命运动中的地位、作用和影响，第一次懂得了马克思主义同中国革命实际相结合的重要性”[③]。郭沫若还在 1927 年 3 月写了《请看今日之蒋介石》一文，揭露了蒋介石的反革命意图和对民众的屠杀。因此，在 5 月 21 日，郭沫若被蒋介石指名通缉。因此，从 1928 年 2 月到 1937 年 7 月郭沫若度过了为期十年的流亡生活。

几乎在郭沫若流亡日本的同时，创造社又迎来了一个更新的阶段。由后期成员的李初梨、冯乃超、彭康、朱镜我等京都大学的留学生形成的创造社第三期人员成功地实行了创造社的“方向转变”。李初梨等人在受到日本无产阶级运动的巨大影响回国后，面对中国文坛，发起了声势浩大的“革命文学论争”。论争基本上分为两大阵营，形成了创造社成员对战整个中国文坛的局势，虽然有时创造社内部也有激烈的对立。作为主将的李初梨虽说只发表了六七篇论文，但其论点新颖，笔锋犀利，更为重要的是其攻击力强大，所向披靡。据说这个特征是继承了日本的福本主义。

福本和夫曾经是河上肇的《社会问题研究》的热心读者，在 1921 年旅欧时接触

---

① 郭沫若：《塔·序》，上海商务印书馆 1926 年版。

② 茅盾：《读〈倪焕之〉》，《文学周报》1929 年第 8 卷第 20 期。

③ 黄侯兴：《郭沫若——“青春型”的诗人》，山东人民出版社 1996 年版，第 151—159 页。

了马克思主义。他深感河上肇对马克思主义的认识仅仅停留在经济学表面上，并没有实践意义，所以回国后，他应用马克思主义哲学理论对河上肇进行了猛烈的批判。自此，日本的马克思主义运动开始在哲学范畴里蓬勃展开。不久，马克思主义理论就渗透到了思想及文化的所有的领域。1925 年福本主义成了日本共产党的党之建设理论时，福本和夫推行的“分裂结合”等理论造成了无产阶级运动的分裂。但是，当时不要说是李初梨，连郭沫若都不能认清这其实就是福本主义的过激左倾思想。本来就对河上肇的“社会主义时机尚早”的说法不满的郭沫若，受到了后期创造社这“革命文学”运动的刺激，更加向激进的思想倾斜了。他做出了“小资产阶级的根性太浓重了，所以一般的文学家大多数是反革命派。……所谓‘为全人类的文艺’，就是不革命甚至反革命的文艺”①的过于极端的结论。

一年前，郭沫若在预感到这“革命运动”即将到来时，他曾呼吁“我希望你们成为一个革命的文学家，不希望你们成为一个时代的落伍者”②。认为时代的落伍者可耻的想法不过是基于进化论的观点。但对他来说，落后于时代就等于保守反动。

李初梨对于他说自己过去一个劲儿地吹资产阶级意识的“喇叭”，而现在心甘情愿地“当一个留声机器”③ 的发言进行了批判④。对此，他回答说：“我晓得的两三年前的初梨不是一个颇带颓废色彩的诗人吗？我自己在几年前更几乎是一个纯粹的冬烘头脑。我们同样的从小有产者意识的茧壳中蜕化了出来，在反动派的无耻的中伤者或许会说我们是投机，但这是我们光荣的奋斗过程，我们光荣的发展。”⑤他否定了过去的自己，要对过去自己的艺术思想进行彻底的清算。

从开始执笔生活起，几乎从没看到郭沫若对批判者抱有如此卑谦的态度。始终奔走在文艺前列的郭沫若肯定为自己是否会落伍于李初梨等青年人的激进的言行而感到焦虑。但是，他对用自己不习惯的写实主义方法进行文学创作犹豫不决。自“革命文学”运动以来，尽管他一个劲儿地宣扬无产阶级文学理论，然而即使说他在值得称作为无产阶级文学的创作方面毫无建树也没有什么问题。唯一的尝试就是在《创造月刊》连载的童话《一只手——献给新时代的小朋友》（以下简称《一只手》）⑥。

《一只手》是一册揭露资本主义的罪恶，描写工人们的悲惨生活和梦见他们翻身解放的未来小说。设定的场所是一个被称为尼尔更达的孤岛，又是像上海一样高度繁荣的大城市，出场人物是老盲人孛罗和半身不遂的老太，十五岁的儿子小孛罗，地下

---

① 郭沫若：《桌子的跳舞》，《创造月刊》1928 年第 1 卷第 11 期。

② 郭沫若：《革命与文学》，《创造月刊》1926 年第 1 卷第 3 期。

③ 郭沫若：《英雄树》，《创造月刊》1928 年第 1 卷第 8 期。

④ 李初梨在《怎样地建设革命文学》（载《文化批判》月刊 1928 年第 2 号）一文中谈到郭沫若的《革命和文学》，批判郭沫若的革命意识是自然成长的革命意识。还批判了郭沫若在《英雄树》中的“当一个留声机器——这是文艺青年们的最好的信条”的建议。

⑤ 郭沫若：《留声机器的回音——文艺青年应取的态度的考察》，《文化批判》月刊 1928 年第 3 号。

⑥ 郭沫若：《一只手——献给新时代的小朋友》，《创造月刊》1928 第 1 卷第 9—11 期连载。

共产党员的克培以及若干工人和工厂的工头。孛罗老人在香烟工厂干了一辈子，然而到老被当作无用之物赶了出来。老太在铅制造工厂工作，结果落得个半身不遂而被解雇。儿子在某日本钢铁厂工作，手被机器切断，因流血过多而昏死过去。一些工人前来救援，但工头残暴地殴打前来救援的工人，工厂陷入了混乱状态。共产党员克培带领工人们发起暴动，然而因军队的镇压导致失败。老太因受到儿子遭逮捕的打击身亡；绝望的孛罗老人放火烧了自己的家。然而，克培率领工人们正在积极地准备更大规模的斗争。

这篇用写实主义的方法的无产阶级文学文本没有一点现实性。连真正的钢铁厂都没有进去过的郭沫若仅凭想象力描写工人的生活。无论是环境还是人物都模糊不清，剩下的只是情节过程。因手被切断、流血过多而失去意识的孩子怎么还能挥动自己被切断的手与工头战斗呢？当然因为是童话才能有如此夸张的描写，但这并不属于写实主义文学。在资本家的残酷压迫下挣扎着的工人们，在感觉到连生存都受到威胁的时刻，共产党员挺身而出带领工人们进行斗争。在那个时代的无产阶级文学作品中，可以看到许多这种公式化的雷同的内容。当然，从艺术角度来说，《一只手》应该是一部失败的作品。

《一只手》创造了以马克思主义理念为中心的理想化人物，因此文学的主体性从开始就因思想而被抹杀了。这样的被理想化的人物在实际中被空洞化，脸谱化，结果反而弱化了马克思主义的理念。不可以写表现小资产阶级感情的作品，可又写不出无产阶级文学的作品，处于进退两难境地的郭沫若，那时用大量的翻译取代了创作。他唯一的一本《日本短篇小说集》就是在这样的背景下诞生的。

郭沫若对除了有岛武郎、厨川白村和河上肇等几位文学家和思想家以外的日本文学家从未产生出什么兴趣。如果翻阅过他 1928 年初离沪之前写下的一些日记，我们可以发现他对日本文学持严厉的看法。

> 正月十六日，星期一，晴
>
> 安娜买回高畠的《资本论》二册，读《商品与价值》一章终。——内山对她说“很难懂，文学家何必搞这个”。我仍然是被人认为文学家的。
>
> 正月二十二日，星期日（旧除夕），雨
>
> 上午读独步的《号外》《春之鸟》《穷死》三篇，确有诗才。《号外》与《穷死》尤有社会主义的倾向。可惜此人早死，在日本文学界的确是一个损失。
>
> 读芥川（龙之介）的《沼》与《秋》（在一本旧的《改造》杂志上），故意要制造出一种神秘的世界，令人不快。
>
> 二月四日，星期六，晴
>
> 拿了一本《文艺战线》回来，空空如也，没有东西。
>
> 二月十五日，星期三，晴

读日本杂志《新潮》二月号，无所得。

回读正月号，有藤森成吉的《铃之感谢》，是写一位奸商办交易所的自白，颇能尽暴露的能事。但这小说用的自白体，殊觉不很妥当，应该用第三人称来客观地描写而加以批判。

这是从郭沫若《离沪之前》中摘出的几则日记片段，他对同时代日本文坛的不满一目了然。

1927 年 7 月 24 日，芥川龙之介自杀了。他的死在日本文学界引起了很大的震动。创造社的成员对此却没有做过任何评论，或许郭沫若宣告与蒋介石决裂，毅然参加了南昌武装起义的消息比芥川的死讯更震撼。在芥川龙之介死去两个月后，《小说月刊》出版了《芥川纪念号》[①]，集大全地登载了他的作品、照片、遗墨、履历等，分别由郑南心、谢六逸、夏丏尊、黎烈文等有名的文学家执笔。这些“文学研究会”的文学家们或许担心郭沫若们给芥川作出恶评而出版了这么一期专号。这也未必是一个臆造。

然而，尽管郭沫若对芥川龙之介不感兴趣，但是对国木田独步，他却表现出深切的同情。国木田独步的《穷与死》里散发出的由于一连串的挫折而造成的绝望心情和忧郁，与被指名通缉不得不逃亡日本的郭沫若的心是相通的。他不仅把国木田独步看作是有诗才的文学家，还对这本小说表现出来的社会主义倾向予以高度的评价。另外一个有趣的现象是，他对藤森成吉文学的批评视角。藤森成吉的《铃之感谢》确实平平。可是，郭沫若对此作品难以认同的不是因其内容、动机或者主题的平庸，而是文本的第一人称表白的形式。众所周知，郭沫若早期作品的特征之一其实就是这种以第一人称进行表白的形式。他的《漂流三部曲》《行路难》《少年时代》等，无一不采用了这种方法。尽管如此，在这篇日记中，郭沫若却反对使用以第一人称表白的手法。这是因为，自“发生了思想上的激烈变化”以来，郭沫若坚信只有写实主义才是表现无产阶级文学的唯一方法。

郭沫若虽然对同时代的日本文学不感兴趣，甚至有些冷漠，但是同时却翻译了不少日本文学作品，并在 1935 年由上海商务印书馆出版了一本《日本短篇小说集》。这本短篇小说集共收集了 15 位作家的 19 篇小说。当时的郭沫若逃亡日本，列于被追缉的黑名单，所以他使用了“高汝鸿”这个笔名。经过了七年被迫流亡的生活，在此期间，郭沫若对马克思主义的研究不断深入，在翻译辛格莱著作的同时，对中国古代社会的形态、《易经》、甲骨文的研究也达到了一个新的高度。与此同时，郭沫若对无产阶级文学的认识也日趋成熟了，他已经没有了在创造社后期的焦虑，能够冷静地考虑文学和革命的关系了。他选择的 15 位作家代表同时代的日本文坛的各种文艺

---

① 《小说月报》1927 年第 18 卷第 9 号。

思潮和各种流派的人物。此时，他的兴趣所在并不仅囿于无产阶级文学作品。有趣的是，曾经不为郭沫若所喜的芥川龙之介和藤森成吉的小说亦各有两篇入榜。

与河上肇的相遇使郭沫若对马克思主义产生了极大的兴趣，他毫不犹豫地接受了马克思主义的理论，也是他所处的时代使然。通过马克思主义，他发现了平凡与大众，并认识到只有无产阶级才是改变社会的主体力量。在艺术理念上，他承认文学的功利主义，认为写实主义的技法是唯一具有合理性、现实性的方法。他在总结评价自己的文学时说："我始终是站在现实的立场的。我是利用我的一点科学知识对于历史的故事作了新的解释或翻案。我应该说是写实主义者。"① 但是，我们不能就此认为这就是郭沫若的真心话。1945 年夏，郭沫若在出席苏联科学院（现为俄罗斯科学院）220 周年纪念会时，苏联著名作家爱伦堡称郭沫若为浪漫主义作家。当听到爱伦堡赞美浪漫派是永远的青年，并为郭沫若的青春和中国的青春讴歌时，郭沫若感慨万千。"在国内听见人说自己是'浪漫派'的时候，感觉着是在挨骂，但今天却隐隐地感觉着光荣了。"这席话充分表达了郭沫若对浪漫主义依然眷恋不舍的苦涩心情。

作为时代旗手的郭沫若不仅受到文坛的注目，而且更多的是来自大众社会的注目。写实主义是那个时代进步与合理的标志，对写实主义的崇尚压缩了允许其他任何一切文艺手法存在的空间，在今天的读者们难以想象的压力下，郭沫若确实已经失去了自称为浪漫主义者的勇气。

（原载《郭沫若研究》第 13 辑）

① 郭沫若：《序言——从典型说起》，《豕蹄》，上海不二书店 1936 年版，第 3 页。

第七篇

观点摘编

【郭沫若与唱和传统的现代嬗变】

刘　奎

抗战时期，郭沫若深度参与了陪都重庆文士间的旧体诗词唱和，尤其是与他密切相关的“寿郭”唱和、“屈原”唱和与“沁园春”唱和，见证了战时郭沫若的文化实践与政治的复杂关联。通过“寿郭”唱和，他在左翼政治文化之外维护了一个私人化的交际圈；“屈原”唱和则表达了他被国民党疏离后的不满，不无讽谏之意；较之前两次唱和中他与政治间的模棱关系，“沁园春”唱和时他主动选择了政治阵营，诗词酬答因而不再仅仅是文学问题，而成为文学与政治间的交互往来，这促成了抗战时期诗教传统的功能嬗变。

（原载《长江学术》2017 年第 3 期）

【新时期以来郭沫若作品整理的成就与问题】

李　斌

郭沫若作品的搜集整理，既是郭沫若研究的基础工作，也是郭沫若研究的重点与难点。论文从辑佚、辨伪、版本三个方面展开讨论。认为还有大量郭沫若的翻译作品、书信、集外作品需要勾稽整理；包括书信和书法作品等郭沫若的作品也都存在作伪现象，需要仔细辨别；郭沫若作品版本丰富，不同版本变化较多，对版本的汇校和研究是一项有待深入开展的重要工作。

（原载《郭沫若研究》第 13 辑）

【郭沫若研究中的非议及批评话语的演变】

刘海洲

郭沫若是 20 世纪中国的文化巨人，其一生与时代政治紧密相连，既为其带来巨大的荣耀，也备受后人的非议。郭沫若建国后的为文与从政，更受到众多研究者的批评与非议，尤以郭沫若的逢迎之作、“烧书事件”、《李白与杜甫》的创作最为典型。对郭沫若为文与从政的批评，大致经历了 50 年代海外学者的政治批评、80 年代郭沫若逝世后的学术批评、90 年代的自由主义批评和新世纪的民间批评，以上四种批评话语各具特色，也带有明显的时代缺陷，都无法真正对郭沫若做出一个客观公正的评价。

（原载《郭沫若学刊》2017 年第 1 期）

【泰戈尔与郭沫若的诗歌精神】

孙宜学　周　青

最早接受泰戈尔影响又最早抛弃泰戈尔的郭沫若，其诗歌创作和诗歌理论既具有鲜明的泰戈尔色彩，又表现出独特性，代表了中国新诗从接受外来影响到走向自觉的过渡性特征。文章细致梳理了郭沫若诗歌创作初期所受泰戈尔的影响以及出于自身思想变化而对泰戈尔的弃绝，并指出：泰戈尔诗歌作为一种精神存在，实际上已成为郭沫若诗歌及人格的内在要素了。在中国现代文学与外国文学的时代交集中，郭沫若与泰戈尔的文学关系具有鲜明的典型性。

［原载《同济大学学报（社会科学版）》2017 年第 5 期］

【历史的真实与艺术的虚构——兼及郭沫若历史剧《王昭君》的“和亲”问题】

杨胜宽

郭沫若早年创作的历史剧《王昭君》，由于对历史事件的把握和对戏剧创作规律的运用还不够纯熟，故出现了对史料剪裁不太恰当和精审，对戏剧人物及情节虚构处理不太合理和妥帖等问题，进而导致作者的创作动机在剧本内容、人物性格塑造方面难以得到理想体现的缺陷，这表明了他开始尝试历史剧写作手法的稚嫩及艺术表现能力的不足。这也是当时及后世一些研究者对该剧提出不同批评意见的重要原因。

（原载《郭沫若学刊》2017 年第 3 期）

【五四白话文的诗意何为——以胡适、郭沫若新诗为中心】

邓　伟

五四时期胡适、郭沫若新诗的诗意追求集中于音调、音韵、音节等形式方面。从《尝试集》的数个序言之中，“自然音节”最终成为评判其创作的唯一标准，也表明了胡适新诗尝试与探索能够达到的最高之处。郭沫若强调的“诗本体”构成的直觉、情调、想象等，“内在的韵律”“节奏”明显地成为郭沫若诗学之中的核心问题。从五四时期胡适、郭沫若有关新诗的若干言论与实践，也可以看到两种不同的节奏、两种不同的诗意获得，并镌刻进入了新诗的历史，留下了难以泯灭的一页。

（原载《青海社会科学》2017 年第 1 期）

【郭沫若早期历史剧创作与诗剧翻译钩沉】

张　勇

郭沫若的早期历史剧创作与他对西方诗剧的翻译有着密切的关联，通过对西方诗剧的翻译，郭沫若产生创作历史剧的冲动，并进而完成系列体裁的历史剧创作。受西方诗剧翻译的影响，郭沫若的历史剧创作无论是借助于现代生命意识的张扬回应五四文学的命题，还是对于现代戏剧创作人物构造，以及“情调”勾勒等方面都做出历史性的探索。通过对郭沫若早期历史剧创作与诗剧翻译关系的辨析，全面阐释郭沫若早期创作中的疑点和难点问题，对于进一步全面理解“五四”新文学运动的作家群体具有借鉴性的价值。

（原载《北方论丛》2017 年第 1 期）

【郭沫若译介辛克莱小说的异化策略研究】

张　慧

郭沫若在 1928 年到 1930 年以笔名“易坎人”连续翻译出版了美国著名揭黑幕作家厄普顿·辛克莱（Upton Sinclair，1878—1968）的三部长篇小说，即

《石炭王》(1928)、《屠场》(1929)和《煤油》(1930)。这三部小说的汉译是郭沫若翻译英美小说的全部成绩，在当时产生了相当的影响。三部译作诞生于创造社出版活动转型期，体现了郭沫若为推动和顺应无产阶级革命文学潮流所做出的努力。本文从翻译的主体间性视角出发，将郭沫若的译论、他的文化观以及意识形态等文化因素与具体文本分析相结合，研究郭沫若对辛克莱小说翻译的异化策略所导致的欧化语法现象，以及过度的欧化对传达原文风格所产生的影响和异化策略产生的主客观原因。

(原载《郭沫若学刊》2017年第1期)

【郭沫若与中国马克思主义史学的诞生与发展】

邹兆辰

从《中国古代社会研究》发表到新中国成立前，郭沫若为中国马克思主义史学派的建立做出了开创性的贡献。新中国成立以后，大批史学工作者学习和运用马克思主义指导研究历史，而郭沫若继续以“一家之言”，促“百家争鸣”，极大推进了中国马克思主义史学的发展。在改革开放以来的新时期，郭沫若等老一辈马克思主义史学家为中国马克思主义史学的创建和发展所做出的贡献，是中国马克思主义史学继续发展的基础。

(原载《史学理论研究》2017年第3期)

【郭沫若和中国马克思主义史学的成就与不足】

何晓明

郭沫若是中国马克思主义史学的创立者。马克思主义史学的基本内涵是以唯物史观为思想指导，以社会形态研究为理论纲领，以人民本位为根本立场，以自我批判和自我超越为活力机制。在这些方面，郭沫若都是史学工作者的楷模。中国马克思主义史学的最重要成就，是为中国共产党领导的革命和中华民族复兴大业提供了学理方面的坚强支撑。郭沫若无疑是其中最具影响力的学人。中国马克思主义史学曾经的失误，是对历史唯物主义的机械、片面和绝对化理解，从而导致削足适履式的对历史的教条主义解读。这也是郭沫若历史研究有过偏差的深刻教训所在。作为史学家的郭沫若，与中国马克思主义史学同甘苦，共命运。其研究成果可继承、可超越、可质疑、可批判，但不可被漠视、被遗忘、被歪曲、被糟践。

(原载《史学理论研究》2017年第3期)

【述论新中国初期史坛中的郭沫若(1949—1957)】

朱春龙

至1957年反右派运动来临前，郭沫若在新中国初期史坛中发挥了重要先锋的作用。他始终恪守“在毛泽东旗帜下长远做一名文化尖兵”的宗旨，以政治家的身份积极引导当时各界学人认清新中国政治形势，跟上时代潮流，增强对唯物史观的理论学习和对新政权的政治认同。在创设学术机制中，他不仅在主要史学研究机构中充当领导者的角色，更以身作则，努力利用新学术机制来团结、激励各类学者进行学术研究，力求最大限度地将各类学者纳入组织化之中，为新中国史学繁荣做出了重要贡献。在激活史学研究氛围中，他不仅以学术热点问题来引导和激活当时史学研究氛围，还通过对史籍的重视与大力整理来正确引导史坛的学风走向。总之，他为促进新中国史学的繁荣做出了重要贡献。

（原载《郭沫若研究》2017 年第 1 辑）

【郭沫若《李白与杜甫》著述动机发微】

李　斌

《李白与杜甫》是郭沫若最后一部学术著作，出版后引起广泛争议，贬多褒少，论者或以为其迎合了特定的政治氛围，或在“政治/文学”的二元对立框架下，认为其总结了著者人生，表达出对局势的反省。在还原该论著论争语境的基础上，本文认为，郭沫若在萧涤非等人的杜甫研究中，敏锐地发现了以排斥叛逆、张扬规训为特征的意识倾向是千年来一以贯之的，他故意唱反调，通过塑造别样的李、杜形象来展示历史的复杂性，并以李白为镜像，体现出他对自己被描绘成“个人主义”的漫画形象的感慨和忧愤。

［原载《首都师范大学学报（社会科学版）》2017 年第 4 期］

【郭沫若初读《贞松堂集古遗文》时间考】

李红薇

本文以郭沫若与容庚的往来书信为切入点，钩沉相关史料，考证出郭沫若第一次读到《贞松堂集古遗文》的大致时间在 1931 年 9 月左右。

（原载《郭沫若学刊》2017 年第 3 期）

【郭沫若何以跻身“甲骨四堂”】

冯　雷

郭沫若是我国近现代史上享誉盛名的文学家、古文字学家、马克思主义史学家，不仅如此，他还是与王国维、罗振玉、董作宾齐名的甲骨学家，虽然由于种种原因，他的甲骨文研究起步虽晚，但他凭借着前人丰富的研究基础，把握科学的治学规律与方法，特别是运用马克思主义史学的强大武器，加上自己出众的甲骨学才识，使得他后来居上，成就斐然，顺利跻身“甲骨四堂”，其科学的治学方法、严谨的治学态度以及大胆创新的治学精神，深深地感染后世学人。

（原载《郭沫若学刊》2017 年第 3 期）

下　编

资讯动态

第八篇

历史春秋

敬隐渔和郭沫若

庆　云

敬隐渔出生于四川遂宁，本名显达，隐渔为教名。父母均为虔诚的天主教教徒，在敬隐渔很小时就先后亡故。敬隐渔由天主教教会收养，受到教会熏陶。他由遂宁到成都，又由成都到杭州、上海。他在法文、拉丁文上都有相当基础，能自由阅读和写作。在上海入中法工业专科学校学习一段时间，便放弃了专业，“迈入”他“喜欢的文学生涯”。

1923 年 4 月 1 日，创造社元老郭沫若由日本回到上海，住民厚南里，与成仿吾、郁达夫创办《创造周报》。进入“文学生涯”的敬隐渔，以仰慕之心与郭沫若等人相识，每逢星期日，必到郭沫若住处，摆龙门阵，谈家常，讲爱好，谈见闻……深夜始去。他告知郭沫若，自己会看相，懂催眠术，能占卜、喜欢《周易》，爱读大文豪罗曼·罗兰的作品，尤其是《约翰·克里斯朵夫》。

他年纪虽小，谈吐不凡，聪明好学，知识广博，深得郭沫若、成仿吾的“激赏”，很快吸收他参加了创造社。由此开始，敬隐渔一面翻译郭沫若的小说《函谷关》《鹓雏》，一面也提笔写作。从 1923 年 8 月开始，他便在创造社的《创造季刊》《创造周报》《创造日》等三大刊物上发表作品，可谓一发而不可收拾。到他离开上海去法国，两年多的时间，先后发表作品 15 种，有诗，有小说，有文论，有古诗今译，有小说翻译，可谓多种多样，充分显示了自己的才华。

敬隐渔的才华及其作品，创造社的元老们一致予以好评。成仿吾说：

> 在我们这一年——很长很长的一年的工作之中，我们深幸得到了几个同心的朋友，他们给了我们出不少的力气，他们是一个维系我们的希望的星斗。他们之中，我们尤其感激倪贻德、周全平、淦女士和敬隐渔四位。这四位好朋友的作品虽然还不能就使我们满足，然而他们是以一日千里之势在向完善之域猛进，他们的成就一定不小。敬隐渔君富有天才，一向没有时间，不曾创作小说，这回因《周报》就要停办，尽数日之力写了两篇；他的国文虽然远不及他的拉丁文和法文，然而毕竟才高，出马便已高人一等。（成仿吾：《一年的回顾》，1924 年 5 月《创造周报》第 52 期）

郑伯奇则说：

> 《周报》和《创造日》上，出现了许多新作家的名字，周全平、叶灵凤、淦女士、倪贻德、严良才、白采、邓均吾、柯仲平及敬隐渔诸先生都是在这个时期中露出头角的新人。这些生力军的出现，给创造社的活动上，自然添加了不少的力量，扩大了不小的影响。这个事实又表明了创造社不只是一部分留学生出身的文艺作家的小组织，而是在中国的文艺青年中间已经生了根的文艺集团了。（郑伯奇：《二十年代的一面——郭沫若与前期创造社》，《创造社资料》，福建人民出版社 1985 年版）
>
> 这样，创造社同时编刊着三种刊物：《季刊》《周报》和《创造日》。除了创造社的三个主要作家和新加入的邓均吾经常撰稿以外，还有不少青年作者，如敬隐渔、王以仁、倪贻德等，也团结在这些刊物的周围，不断发表作品。这时候可以说是创造社的全盛时期，也是前期创造社最活跃的时期。（郑伯奇：《忆创造社》，《创造社资料》，福建人民出版社 1985 年版）

可见，创造社元老们对敬隐渔这位“天才”的肯定、赞赏。成仿吾还以此为“骄傲”，认为是创造社“发掘的天才”，大力加以培养。1925 年，郭沫若将敬隐渔发表在创造社刊物上的小说《苍茫的烦恼》《玛丽》推荐给商务印书馆出版，并鼓励、怂恿他翻译罗曼·罗兰的巨著《约翰·克里斯朵夫》。

1924 年 5 月 19 日《创造周报》停刊，至此，创造社前期的三大刊物全部停刊。也许因为没有了发表阵地，敬隐渔便和《小说月报》发生了关系。1925 年 1 月，他在《小说月报》发表译作法朗士的《李俐特的女儿》，罗曼·罗兰给他允其翻译《约翰·克里斯朵夫》的复信手迹及译文。7 月，他又在《小说月报》发表小说《袅娜》。商务印书馆遂将《袅娜》连同《创造周报》上发表的《苍茫的烦恼》（收入集子时改名《养真》)、《玛丽》及未曾发表的《宝宝》共 4 篇，以《玛丽》为书名，收入文学研究会丛书予以出版，后又将《袅娜》收入茅盾作序的《中国新文学大系·小说一集》，这似乎像是文学研究会在和创造社争夺敬隐渔这位“天才”。郑伯奇在其《小说三集·导言》中特别提出敬隐渔。他说：

> 大约，在《创造日》的时候，周全平和倪贻德首先被发现了。到了《周报》后期（自《创造日》停刊以后至《周报》终刊为止）淦女士和敬隐渔两位最为活跃。……关于敬隐渔，成仿吾曾说过：“敬隐渔君，一向没有时间，不曾创作小说，这回因《周报》就要停办，尽数日之力写了两篇。”他写小说很迟，后来的作品都收在文学研究会丛书内他的小说集《玛丽》里面，所以茅盾将他的作品选入《小说一集》去了。（郑伯奇：《中国新文学大系·小说三集·导言》，

《中国新文学大系》，上海良友图书公司 1935 年版）

可见，敬隐渔的才华，不仅得到郭沫若、成仿吾、郑伯奇等创造社元老们的赏识，而且也得到了文学研究会的赏识。敬隐渔在创造社早期的三大刊物上发表了那么多的各式各样的作品，之后，还参加了《洪水》的创办。周全平说：

> 那时仿吾也离了那被我永远记忆着的民厚里 692 号而搬入贝勒路的一间市房去了，伴着他的有我们的尼特和我们的天才——敬老先生隐渔。我，在那时是在一个教会的编辑所里做莫名其妙的英文圣经校对，拿着还比较可羡的薪水而一人独自住在北四川路的一家后楼里。……
>
> 《洪水》的胚胎便在那时种下了，其后经了几次的商议，便决定由留在沪上的我们的一群：尼特、隐渔、良才、我，四个人办理这件事。
>
> 待仿吾动身离沪的一晚，在豫丰泰的酒筵上，《洪水》的产生便决定了。（周全平：《关于这一年的〈洪水〉周年增刊》，《创造社资料》，福建人民出版社 1985 年版）

郭沫若在其自传中是这样提到《洪水》的。他说："《洪水》的第一次创刊还在一年以前，是《创造周报》停刊了，我跑到日本去了的时候，主持者是周全平、敬隐渔、倪贻德诸人。"敬隐渔是郭沫若、成仿吾着力培养的"天才"，在推荐其小说《玛丽》出版的同时，郭沫若又极力怂恿他翻译罗曼·罗兰的巨著《约翰·克里斯朵夫》。敬隐渔接受了郭沫若的劝告，1924 年下半年即着力翻译该书，并大胆写信直接向罗曼·罗兰求教，报告自己所受约翰·克里斯朵夫的影响，翻译《约翰·克里斯朵夫》的愿望和决心，盼得到老人家的帮助。对于他的请求，罗曼·罗兰很快作了回复，不但完全满足了他的要求，而且还诱掖他去法兰西。也许因为创造社此时已没有刊物了，他便和创造社疏远了，而和当时的文学研究会倒发生了更密切联系。罗曼·罗兰给他的复信手迹及其译文以及他所写的小说《袅娜》，《约翰·克里斯朵夫》的译文等都由《小说月报》发表。他告诉周全平，自己要到法国"去找罗曼·罗兰"。1925 年秋，在罗曼·罗兰的资助下他乘船去了法国。以后，郭沫若到广州中山大学任教，不久，又投笔从戎，参加北伐，两人便失去了联系。但创造社始终没有忘记这位自己发掘出来的"天才"。后来在上海与鲁迅合作，准备恢复《创造周报》时所刊登的《〈创造周报〉优待定户》（1927 年 12 月 3 日上海《时事新报》）、《〈创造周报〉复活预告》（《创造月刊》第 1 卷第 8 期，1928 年 1 月 1 日）在 30 名特约撰述员里均列上敬隐渔的大名。

1926 年他给鲁迅的信中谈到了罗曼·罗兰对《阿 Q 正传》的赞扬，其后用括号写了一句："原文已寄创造社。"鲁迅误以为是写给他的信，自己又没收到，便怀疑是被创造社扣压毁掉了。当时，鲁迅在公开的文字中没有提及，直到 1932 年增田涉发表《鲁迅传》，才公开提出这一封信的问题。郭沫若认为是胡说，撰写了《〈鲁迅传〉中的谬误》，给予批斥，以后又在《坠落了一个巨星》《伟大的战士，安息吧》《一封信的问题》等文详细介绍了敬隐渔的情况及其与创造社的关系，赞扬他的贡献，同时也驳斥了创造社扣压罗曼·罗兰给鲁迅的信的说法。他说："鲁迅以这次的介绍为机缘在生前便博得了世界的高名，然而不可思议的是隐渔的名字完全为世间所隐蔽。"（郭沫若：《坠落了一个巨星》，1926 年 11 月 16 日《现世界》第 1 卷第 7 期）"鲁迅先生的《阿 Q 正传》第一次被介绍到欧洲去的，也就是敬隐渔的功绩。""就这样，当我默祷罗兰先生安息之余，我却由衷地哀悼着我们这位多才的青年作家敬隐渔的毁灭。"（郭沫若：《伟大的战士，安息吧》，1945 年 2 月《文艺杂志》新 1 卷第 1 期）

（原载《郭沫若学刊》2017 年第 1 期）

郭沫若与乐嘉煊

李树德

一　乐嘉煊早期世界语活动

乐嘉煊（1907—1950），字佑廷，是我国世界语运动的开拓者，1907 年 10 月 6 日生于浙江省镇海县港口村。他早年在家乡读小学，从 1920 年起，到上海读书，先后就读于上海电报学校、上海立达中学和上海法政大学。就是在上海法政大学读书期间，他开始自学世界语。

世界语（Esperanto）是波兰眼科医生柴门霍夫博士（Dr. Lazarz Ludwik Zamenhof）于 1887 年创造的一种非自然语言，旨在消除国际交往中的语言障碍，使世界各个不同种族、不同肤色的人民和睦相处。世界语在上世纪初通过留日、留法的学生传入我国，在蔡元培、吴稚晖、李石曾等人的推动下，到 20 世纪 20 年代，杭州、北京、汉口、广州、上海等相继成立了世界语组织。

1927 年，乐嘉煊在宁波与仇瑞棣女士结婚，婚后他们回到家乡镇海。第二年八月，乐嘉煊又从镇海来到汉口，在他岳父开办的杂粮行当会计，同时把全部的业余时间和精力，投入世界语的宣传和推广工作。1929 年 6 月，乐嘉煊与方善境、傅平、薛诚之等人发起组织了汉口世界语同志会，乐嘉煊当选为干事会干事，并开办世界语学习班，乐嘉煊担任教师，讲授《世界语全程》。

同年 12 月，汉口世界语同志会召开第二次会员代表大会，乐嘉煊担任大会主席，并在大会上作了会务报告。在这次会上，汉口世界语同志会改名为汉口世界语学会，乐嘉煊当选为负责人之一。1930 年，汉口世界语学会创办了会刊《希望》（La Espero），刊物是铅印，它的通讯、发行都设在乐嘉煊在杂粮行的办公室。

1930 年 11 月，乐嘉煊接待了法国世界语学者贝莱儿。贝莱儿是骑自行车环游世界传播世界语来中国汉口的，贝莱儿两年前从法国出发，经过德国、捷克、波兰、匈牙利、苏联、日本到达我国，经上海、南京，抵达汉口，历时两年半。

乐嘉煊受贝莱儿影响，也与沈旭初、李志民等秘密组织了一个世界语者中华全国步行团。他们 1931 年 1 月从汉口出发，步行到达长沙，又经湘潭、衡阳、广州、中山、澳门、香港、九龙、厦门、福州、镇海等地，到达上海。每到一地，他们讲演、散发宣传品、办学习班，访问那里的世界语者，调查当地世界语运动的情况。

1931 年“九一八”事变后，步行团活动被迫终止，乐嘉煊留在了上海，他参加了中国普罗世界语者联盟（简称“语联”）的筹备工作。“语联”成立后，乐嘉煊成为“语联”的专职人员。为了公开合法活动，根据“语联”的决定，乐嘉煊以个人名义创办了世界语函授学社，开办世界语函授学校，并创办了中国第一家世界语书店。

1933 年，上海世界语者协会成立，并提出一个响亮的口号：Per Esperanto por la Liberigo de Ĉinio（为中国的解放而用世界语）。乐嘉煊当选为执行委员会委员，他把全部精力投入世界语运动，直到抗日战争爆发。

二 参加第三厅

1937 年 7 月 7 日，全面抗日战争爆发，在民族危亡的时刻，中国共产党旗帜鲜明地提出团结抗日的主张。9 月 23 日，蒋介石被迫发表谈话承认中国共产党合法地位，至此国共两党的统一战线宣告成立。1938 年 4 月 1 日，第三厅在武汉成立。它隶属于国民政府军事委员会政治部，掌管宣传工作，周恩来任政治部副主任，郭沫若被任命为第三厅厅长。第三厅既是国共两党携手合作振兴军队政治工作的产物，又是文化人团结一致共御外侮的象征。

同月，乐嘉煊应叶籁士之约离开上海，到武汉参加第三厅的工作，并结识郭沫若。乐嘉煊非常喜欢阅读郭沫若翻译的《少年维特的烦恼》《茵梦湖》等小说，以及他的诗集《女神》等。现在能在郭沫若的直接领导下工作，他感到非常欣喜。有时见面，他顺便向郭沫若讨教翻译方面的问题，郭沫若以自己的译作为例，与他虚心真诚地交流，使乐嘉煊获益匪浅。第三厅是宣传厅，乐嘉煊在第七处从事国际宣传工作。

乐嘉煊一就职，就积极热情地投入工作，在极其困难的条件下，编印、寄发世界语资料，向世界宣传中国的抗战情况。这一年的 10 月，武汉沦陷前夕，乐嘉煊随第三厅撤离武汉，经沙市、长沙、桂林、贵阳等地，于 1939 年 2 月抵达重庆。经贵阳时，乐嘉煊还利用短暂的停留时间，开办了世界语讲习班。

到重庆后，乐嘉煊和叶籁士、霍应人等一起，办了一份世界语半月刊 *Heroldo de Ĉinio*（《中国报导》）。薄纸印刷，每期五六千份，自己发行，寄到四五十个国家世界语组织和个人，宣传中国抗战情况，宣传八路军和新四军。

为保证刊物的顺利出版，乐嘉煊在物资极端匮乏的情况下，千方百计，克服种种困难，建起一个独具特色的世界语排字房和印刷厂。这是国内第一个世界语印刷厂。乐嘉煊就分工负责《中国报导》的排字房和印刷厂的管理工作。

乐嘉煊还积极为《中国报导》译稿，并参与编辑、出版世界语国际宣传小册子的工作。特别是《世界报导》及时地节译了毛泽东的《论持久战》，不仅大大地鼓舞了国际友人的信心，而且产生了很好的、广泛的影响。这里面也凝聚着乐嘉煊的心血。《中国报导》一直坚持了好几年。

曾任第三厅主任秘书的杨翰笙，高度赞扬乐嘉煊等这批世界语工作者，他说："三厅搞世界语的同志总共才四五名，但是他们能量很大，工作热情很高。"（杨翰笙：《第三厅——国统区抗日民族统一战线的一个战斗堡垒（三）》，《新文学史料》1981 年第 2 期）

三　文委会结友谊

在第三厅成立初期，蒋介石认为第三厅可以装点装点他的门面，宣传宣传他这位"抗战领袖"；但是随着第三厅工作的开展和步步深入，蒋介石越来越感到这是一颗扎入他内脏的钉子，必欲除之而后快。

1940 年 8 月，国民党策划控制第三厅，先调走厅长郭沫若，让他去当什么部务委员，名义上是提升，实际是砍掉第三厅的首脑，拆散第三厅这个战斗集体。第三厅绝大多数同志认清了国民党的阴谋，表示与郭沫若厅长同进退，他们提出集体辞职。乐嘉煊与第三厅的绝大多数成员一起，随着郭沫若退出第三厅。这年 10 月，经过周恩来的力争，蒋介石更迫于形势和舆论的压力，只好又成立了一个"文化工作委员会"，仍请郭沫若担任主任委员，原来第三厅的同志，基本都参加了文化工作委员会的工作。

乐嘉煊工作的刻苦和勤奋，一直得到郭沫若的欣赏和信赖。郭沫若常感叹文化人缺乏事务工作的能力，对乐嘉煊在这方面的出色才能和埋头苦干精神非常赏识，他又知道乐嘉煊曾经在杂粮行里当过会计，于是请乐嘉煊负责文化工作委员会的财务工作。开始时乐嘉煊不愿意离开世界语工作，又担心自己不能胜任此重担。后来经周恩来从旁劝说，便毅然服从了组织的安排，挑起了这副担子。

乐嘉煊成了文化工作委员会的"大管家"，掌管着全部的钱财。文委会里个别人并不看好，他们怀疑："他能承担起这项重任吗?"他们怀疑的理由是"乐嘉煊很贫困、很缺钱"。言外之意是，乐嘉煊可能会借机贪污。乐嘉煊生活贫穷倒是实情：他离开上海时，妻子刚生下第四个孩子，一个人带着年龄尚幼的四个儿女，在上海贫民区靠亲友接济苦苦度日。郭沫若了解这一情况后，要给乐嘉煊困难补助，可他坚决不要。手握文委会财务大权的乐嘉煊，没有辜负郭沫若的期望和厚爱，他任劳任怨，兢兢业业，从不乱花一分钱，账目清清楚楚，成了郭沫若的得力助手，也得到了同志们的好评。几年下来，乐嘉煊与郭沫若相互有了更广泛、更深的了解，结下了深厚的友情。

四 大笔和赠诗

郭沫若因其超群的才华和诗人的热情，受到当时在重庆的文化人士的尊敬。郭沫若原名郭开贞，1892 年 11 月 16 日出生于四川省乐山县铜河沙湾。1941 年 11 月在重庆的一批世界语者和文化界人士聚会，庆祝郭沫若 50 岁生日（虚岁）和创作生活 25 年。

乐嘉煊作为文委会的“大总管”，在考虑该送郭沫若一件什么礼物，最后与其他同志商议，决定送给郭沫若一支两米多长的大笔，在笔杆上还刻上“以清妖孽”4 个字。寓意盼望郭沫若用如椽之笔写出更多雄文，横扫各类“妖孽”。

郭沫若对这件礼物非常喜爱，他抱着这支大笔拍了照片，后来这张照片放到《沫若文集》里。郭沫若又和大家合影留念，我们能看到照片上共 8 个人（包括一个小孩），乐嘉煊紧挨着郭沫若，站在他的左面。这是我们见到的唯一一张乐嘉煊与郭沫若的合影照片。

在抗日的烽火中，文化工作委员会的同志们同仇敌忾，艰苦地工作着，时间过得也很快，到 1943 年 10 月 1 日，文委会举行纪念会，庆祝文化工作委员会成立三周年。在会上，热情奔放的诗人郭沫若，诗兴大发，当场挥毫书赠乐嘉煊一首五言诗：

> 大礼天同节，典型数所生，
> 槁枯终不舍，情谊见精诚。
> 1943 年 10 月 1 日文化工作委员会成立三周年纪念书赠嘉煊同志。郭沫若

从这首诗可以看出郭沫若对乐嘉煊的器重和勉励，郭沫若用这短短的 20 个字概括了他与青年乐嘉煊（当时郭沫若 51 岁，乐嘉煊 36 岁）在抗日战争中建立的这段真诚的革命友谊。

1945 年 3 月，文化工作委员会被国民党勒令解散。参加结束工作之后，乐嘉煊由乡下搬到重庆城里暂住。不久，就迎来了抗日战争的胜利。1946 年夏，经过周恩来的安排，乐嘉煊告别了与他相处 8 个春秋的郭沫若，随军调小组由重庆去了南京，后又转赴江苏淮阴解放区。国民党发动内战后，乐嘉煊又随军由苏北转移到山东解放区，由中共山东分局分配到山东新华书店编辑部，做编译工作。在战火纷飞的解放战争中，乐嘉煊始终铭记郭沫若对他的教诲和勉励，虽然他患有心脏病和神经衰弱，身体越来越差，仍然孜孜不倦地耕耘。1949 年 7、8 月间，乐嘉煊把毛泽东《关于时局的说明》《论人民民主专政》翻译成世界语，成为介绍到国外最早的毛泽东著作外文书籍之一。乐嘉煊把郭沫若赠给他的那首诗视为珍宝，在随军转战中，一直随身携带。

新中国成立后的1949年冬天，乐嘉煊因心脏病加重，住进山东潍坊解放军山东军区第三军医院治疗，1950年3月15日，不幸在第三军医院逝世，终年43岁，安葬于山东潍坊坊子革命烈士陵园。

五　郭沫若重写诗篇

乐嘉煊在1927年与仇瑞棣女士在宁波结婚。在战争年代，他们分多聚少，特别是乐嘉煊1938年离开上海到武汉参加第三厅的工作后，妻子仇瑞棣带着几个孩子留在上海，过着艰难困苦、备受凌辱的生活。直到1946年，乐嘉煊到了山东解放区，才与先他到达的妻子、儿女团聚，生活才基本安定下来。

乐嘉煊与妻子育有两个儿子，三个女儿，共五个子女。最小的儿子乐美真生于1947年，1978年后，乐美真先后在中共中央对台领导小组办公室、国务院台湾事务办公室、新华社香港分社台湾事务部任职，1994年后在全国政协港澳台侨委员会工作。

乐美真在国际关系学院读书时，有一次周恩来总理在小范围内会见青年学生，乐美真也在场。当总理问到他的家庭情况时，乐美真提到他父亲乐嘉煊的名字时，总理说："噢，你是乐嘉煊的儿子？他是哪一年从重庆到山东的？"但遗憾的是，当时乐美真完全不知道他父亲在武汉、重庆政治部第三厅和文化工作委员会时，周总理是他们的领导，和他父亲很熟悉，周恩来和邓颖超多次参加过他们的聚会，而且是周恩来亲自安排他父亲这批文化人进入山东解放区的。（乐美真《世界语，父亲的生命》，《浙江民进》1986年12月5日）

1967年，乐美真和一些同学到郭沫若家中，向郭老请教有关毛主席诗词的问题。乐美真这次是有备而来，他带来郭老二十多年前赠给他父亲那首诗裱装的条幅。当他展开那个条幅给郭老观看时，引起了郭老的深情的回忆。于是，郭老拿起一支毛笔，用小楷重新把那首诗写了一遍。(同上)

"槁枯终不舍，情谊见精诚。"恰如其分地再现了乐嘉煊生前对繁杂、琐屑、枯燥的事务性工作的兢兢业业和任劳任怨，也说明他对事业的执着，对同志的忠贞，特别是与郭沫若的珍贵友情。

（原载《郭沫若学刊》2017年第2期）

难忘的一天

郭庶英

今年是周总理诞辰120周年。回忆往事，十分难忘自幼受到周总理、邓妈妈的呵护、教导；十分难忘他们的一言一行、他们的高贵品质……他们为革命、为人民奉献了一生。

小时候我们兄妹随父母在敌占区生长、生活。抗日战争时的重庆是国共两党政治势力的交汇地。那时的重庆虽然不是前线，但日本飞机频繁轰炸，时常每半小时出动50架次飞机，对重庆市狂轰滥炸，人民生活处在水深火热之中，每天无数次地在刺耳的警报声伴随下往防空洞里跑，惊恐万分。物价飞涨、生活生命没有保障，路旁经常能看到用破席包着的弃婴……

在这动荡的社会中，父母就在周总理、董老等人的领导下，负责“文化工作委员会”工作，团结进步文化人士开展各种活动，共同抗日救国。哥哥汉英1939年4月在重庆的医院出生，出生后刚离开医院不远，医院就被炸了，火光冲天；1940年6月我在防空洞里出生。汉英出生后，周伯伯邓妈妈亲切地叫他“好儿子”，后来父母亲就让我们称他们二老“好爸爸”“好妈妈”。在白色恐怖、斗争环境极其复杂的环境中，“好爸爸”“好妈妈”的称呼在我们心中永远是温暖的，“好爸爸”“好妈妈”的称呼一直伴着我们成长，也使我们能有机会受到亲切的教导。

1962 年 5 月《人民文学》杂志发表了毛主席的词六首。杂志编辑部约父亲郭沫若写一篇文章，于是他写了《喜读毛主席的〈词六首〉》一文，《人民日报》《光明日报》也转载了。

在这一年的暑期，北戴河 8 月 24 日的那一天，叶挺将军的女儿叶剑眉约我一起去西山看望周伯伯和邓妈妈。我们一早就去了，见到二老，他们很高兴。他们还没有用早餐，我们就坐在桌边看着他们用着简单的早餐。这时陈老总到了，他与周伯伯谈关于总理即将陪同外宾到国内访问的日程，详细地说了每天的安排及回京的日期。周伯伯敏锐地提出，回京前还有一天的日程是怎么安排的。陈老总十分真诚地说，大家觉得总理太辛苦，太累了，希望总理能在外地休息一天。周总理当即就说：哪有时间休息啊！北京还有很多工作，送走外宾后马上回京。又说：不是在飞机上还可以休息吗？陈老总的好意周伯伯没有接受。

随后，周伯伯起身去工作了，邓妈妈继续和我们聊天。她对我说道：你妈妈的书法写得很好。并说：要做成一件事是很不容易的，要有毅力，要能坚持。写书法，对身体健康是有好处的。她说，她也想写，只是没能坐下来。邓妈妈还十分爱护地告诫我们，女孩子要保护好身体，一定不要贪凉，特别是在生理周期及前后都不要游泳，年轻时不注意老了会留下毛病……午饭前，我们看周伯伯打了十五分钟乒乓球，周伯伯的球有力而多变，我们完全不是对手。

午餐时，周伯伯说郭老在《喜读毛主席的〈词六首〉》中对《忆秦娥·娄山关》的解读不准确，这首词的上阕和下阕写的是同一天，但解读中说成了两次经过娄山关。周伯伯的一句话很中肯，说：大家都很熟悉了，打个电话沟通一下就行了，可以避免出错。他又叮嘱我，你回去告诉父母亲，今天晚上我会去文联疗养处看看老朋友，请你父母亲也去。

下午，我接受了周伯伯的任务，回家告诉了父母亲。父亲当即伏案写了“更正一个错误”的短文。晚餐后，我、平英和剑眉一同随父母的车去文联的疗养地。文联住地和父亲的住处东一路4号，恰好在中海滩同一个海湾，很快到了目的地。那里住着金山、孙维世、谢芳等十多位文化工作者。父母亲与大家都很熟悉，平日在海边散步也时常碰面。近十点钟，周伯伯、邓妈妈到了，亲切地问候大家，希望大家休息好，把身体调养好。

大家非常兴奋，围坐在他们的周围，聆听着他们的讲话。记得总理对大家说，文艺要源于生活，高于生活。周伯伯还谈到了一个话剧演员道白的功力很重要，能在台上说台词不用扩音器，把声音传到最后一排观众，这是要下功夫练才能做到的。他称赞魏鹤龄念的台词，可以把声音送得很远。又说，好的台词语言精练，有音律，便于记忆，几十年都忘不了。接着，他对父亲说：郭老，你写的《棠棣之花》，抗战时在重庆上演，全剧结束时的合唱我现在还可以背诵出来。周伯伯当即一面拍手一面吟唱出了歌词：去吧，兄弟呀！去吧，兄弟呀！我望你鲜红的血液，迸发成自由之花，开遍中华，开遍中华！兄弟呀，去吧！……父亲因为两次伤寒的后遗症，造成了两耳听力严重损伤，右耳失聪，只有左耳靠耳机才能进行交谈，但在人多声音比较杂的时候，就会听不清楚。事后听我们把总理的背诵转述给父亲后，父亲十分敬佩总理的记忆，说：我都记不全了。

周伯伯在谈话中间，又当面对父亲提及《忆秦娥·娄山关》的解读，说需要更正一下。父亲随即把下午写好的《更正一个错误》的文章交给了总理。

整个晚上，大家和总理的情绪是那么的融洽、和谐，情景十分感人。大家有好多说不完的话，又怕让总理累了。天色已晚，大家簇拥着送总理到后门停车的地方。剑眉和我挤不过去，只好留在房间里目送着周伯伯、邓妈妈。正在这时真没想到的是，周伯伯突然离开已经打开的车门，转身迅速地走回了房间。他走向我并握着我的手说：谢谢你，你的任务完成得很好！然后才离去。我望着周伯伯的身影，傻了！我没做什么，却得到了周伯伯这么细致入微的鼓励、表扬，给我留下的永远不可磨灭的印象是：周总理太伟大了！太伟大了！

这一天的记忆使我终身难忘！“难忘的一天”已经过去五十六年了，我今年已经七十八岁，这一天发生的一切历历在目，永远记在我的心间！在纪念周总理诞辰一百二十周年之际，把我深受感动的心献给周伯伯、好爸爸。

（作者系郭沫若女儿）

第九篇

年度访谈

立足岗位　注重史料

——访四川郭沫若研究中心主任廖久明教授

受访人：廖久明（四川郭沫若研究中心教授，以下简称廖）

访谈人：张　勇（中国社会科学院郭沫若纪念馆研究员，《郭沫若研究年鉴》常务副主编，以下简称张）

张： 廖久明教授，首先感谢您接受我们的访谈，也祝贺您主持国家社会科学基金重点项目“回忆郭沫若作品收集整理与研究”取得了很多突破性的成绩，您带领您的学术团队收集整理了一大批郭沫若研究的重要史料，并且取得了丰硕的学术成果，为郭沫若研究做出了卓越贡献，但是我们注意到您最初学术研究的重点主要是有关鲁迅、高长虹和狂飙社的史料研究，请您谈谈您是如何转向郭沫若史料研究之路的？

廖： 上世纪 90 年代，国家鼓励“下海”，很多人也响应国家号召“下海”了。在“下海”浪潮中，当时在一所乡镇小学教书的我也于 1992 年 7 月至 1996 年 8 月停薪留职到了广东打工（1994 年 9 月—1995 年 1 月曾回校工作半年）。打工三年半的最大收获是让我明白了一个道理：天上的星星无数，最重要的事情是找准属于自己的那颗星星。我发现自己确实喜欢读书，喜欢鲁迅，于是从副厂长任上辞职回到原来的工作岗位为考研做准备。我喜欢鲁迅与一次上课经历有关。读中师时，有一次语文老师讲《伤逝》，我立即被鲁迅的与众不同折服了：在其他人高呼恋爱自由、婚姻自由的五四时期，鲁迅却提出了“娜娜走后咋办”的问题。

报考四川大学硕士研究生时，我选择的研究方向是中国现代文学史研究，导师曾绍义先生为我们上《中国新文学大系》导读课。第一个学期讲第一个十年，我写作的读书报告是《奴隶人生——〈祝福〉与〈等待果陀〉人物形象的阐释性比较》。第二个学期讲第二个十年，曾老师要求我们写的读书报告必须与巴蜀现代作家有关。原因是：中国现代文学专业老师在向研究生院报招收方向时，将第三、四两个方向写作“中国现代文学史研究与巴蜀现代作家研究”，研究生院老师以为这是一个方向。在这种情况下，我仍然不愿放弃鲁迅，想到鲁迅、郭沫若在第二个十年都写作了题材相近的《故事新编》《豕蹄》，于是决定对二者进行比较。

应该是第二个学期中途吧，曾老师又告诉我们，经过争取，研究生院老师已经认可他们的解释，我们的研究方向可以不局限于巴蜀现代作家了。于是，我在继续比较《故事新编》《豕蹄》的同时，将主要精力转向了用后现代主义理论阐释《故事新编》。在用全新观点阐释《故事新编》的过程中，我知道了史料工作在整个研究工作中的重要性。于是，决定对与鲁迅有关的一些史料以客观的态度进行系统考证，高长虹与鲁迅的关系便是其中之一。我当时的设想是构建一主题公园，公园名是“鲁迅研究”，高长虹与鲁迅的关系只是其中一个景点，为此我写作了《高长虹与鲁迅及许广平》。为了证明我的说法属实，可看看我硕士毕业前在《鲁迅研究月刊》2003 年第 4 期发表的《关于鲁迅书信的几则注释》“附记”中的以下文字：“作为一个准备以鲁迅研究作为自己‘生存的家园’的人来说……”

我研究狂飙社具有偶然因素。2006 年考博面试时，得知陈思和老师主编出版了“中国现代文学社团史研究书系”。陈思和老师当时也在华东师范大学招收博士研究生，面试时我第一次看见了他。面试结束后回到四川，我给他发了一封电子邮件，谈了一下自己研究高长虹和狂飙社的情况，希望能加入他主持的“中国现代文学社团史”项目组。陈先生在 2006 年 4 月 2 日的回信中如此写道：“我主持的项目已经结项，凑了七部著作出版，但无狂飙，只是在语丝社里带了一下，我正准备申请第二批项目。如果能够申请下来的话，愿意请兄来加盟。”次年 3、4 月果然得到了“加盟”消息，当时正在为博士毕业论文选题发愁的我，立即决定以狂飙社研究作为选题，我的导师陈子善先生也认可了我的选题。

迄今为止，我发表了 80 多篇研究文章，影响最大的文章却是《〈故事新编〉的后现代主义特征》。该文在《成都大学学报》2002 年第 3 期发表后，被《2002 年鲁迅研究年鉴》全文收录；一位博主 2012 年对中国大陆地区 2001 年以来鲁迅研究论文统计分析时选择了“该领域最有影响力的 69 篇论文”，拙作排名第七；查中国知网，该文迄今已被引用 23 次……但是，就是这样一篇文章，使我对运用西方文艺理论阐释中国现代文学作品这一做法的意义感到了怀疑：猪毫无疑问具有猪的特征，我们费力去证明这一特征又有多大意义呢？于是我决定将自己的研究方法转向注重史料。

我迄今用力最多的郭沫若研究与我的工作单位有关。我 2003 年硕士研究生毕业后来到了乐山师范学院，想到乐山是郭沫若的家乡，于是决定在郭沫若研究方面下一些功夫。2005 年四川郭沫若研究中心筹备成立时，在较为年轻的老师中，只有我发表了 4 篇郭沫若研究文章，所以领导希望我参与筹备工作并加入该中心，我很爽快地答应了。2008 年博士毕业后回到了乐山师范学院，想到自己是四川郭沫若研究中心专职研究人员，并且一直认为个人发展有必要与集体发展结合起来，所以决定将自己的研究重点又转向郭沫若。

四川郭沫若研究中心成立之初，税海模主任就提出了“以文献整理为基础、以基础研究为中心、以应用研究促发展”的科研原则。中心成立次年，杨胜宽教授作为项目负责人以“郭沫若研究论著精粹汇编（1919—2006）”为题成功申报了四川省哲学社会科学规划项目。2008 年博士毕业回校后，项目组希望我协助杨胜宽教授做组织协调工作并具体承担部分工作。第二次编选结束后，我们于 2009 年 4 月专门邀请中国现代文学研究界、历史学界专家吴福辉、谢保成、蔡震、李怡、张中良、刘勇、魏建、傅光明、杨帆等先生来乐山对项目成果进行集体会诊。在会上，有专家认为将研究文章和回忆文章放在一起不合适：一、两者性质不一致；二、选择回忆文章的标准不好把握，而我们对选择文章的总字数有限制。于是，我们决定该项目只编选郭沫若研究文章。在编选文章过程中，我发现回忆文章实际上是比研究文章更为基础的文献，所以在编选研究文章时，我就注意收集回忆文章，并决定该项目完成后便着手收集回忆文章。该成果以《郭沫若研究文献汇要》为题于 2012 年出版后，2013 年我以“回忆郭沫若作品收集整理与研究”为题成功申报了四川省哲学社会科学规划项目。在完成该项目过程中，我觉得可以用它申报国家社科基金重点项目，没想到竟然成功了！这个项目的重要成果是 18 卷本《回忆郭沫若作品编校集》，涉及文学、戏剧、书画、史学、考古、政治活动、外交活动、科教活动、出版活动、社会活动、日常生活等方面。结项情况已经出现在《2018 年 7 月国家社科基金年度项目、青年项目和西部项目结项情况》中，等级为优秀。此次共验收 343 项，只有 27 项优秀，优秀率 7.9%，而国家社科基金的立项率为 15%左右，意味着被评为优秀比立项差不多难一倍，这是评审专家及全国哲学社会科学规划办领导对我们付出的辛勤劳动的高度肯定！现在麻烦的问题是，尽管存在一人写作了二十多篇的情况，同时也存在多人合作一篇的情况，所以，收录的一千四百多篇/部作品的作者、译者、采访者等有一千多人，即使我们竭尽所能，大部分作者也找不到联系方式，因而无法取得授权。在取得授权过程中，绝大部分人很感谢我们收录他们的作品，授权也很爽快，也有个别人提出了自己的要求。我们担心在全部作品取得授权之前出版，到时有人提出不同的看法，甚至与我们打官司，我们将非常被动。经验告诉我们，要想全部取得这么多版权人的授权完全是不可能的事情，所以，尽管该套书非常有必要出版，到底能否出版、何时出版却是一个未知数。

张：看来史料的收集和整理是您从事郭沫若研究的基础，如果收集和整理史料是学术研究前提的话，您是如何从史料中发现郭沫若研究的相关问题，并合理运用史料的呢？

廖：我非常认同“收集和整理史料是学术研究前提”这一说法。收集和整理史料至少有以下好处：一、能够了解研究现状，自己在研究时就不会重复别人已经研究过的问题；二、能够从中得到启发，可以在别人研究基础上进一步研究；三、能够为别人的研究提供方便。我 2008 年博士毕业回到乐山师范学院以后，雄心勃勃地以“从郭沫若看现代中国的历史进程”为题成功申请了四川省社科规划项目。当时我正协助魏建教授完成他主持的国家社科基金项目“郭沫若文学佚作收集、整理和研究”，具体负责抗战时期郭沫若文学佚作的收集、整理。我当时想，既然要收集、整理郭沫若抗战时期的佚作，我的“从郭沫若看现代中国的历史进程”研究就从抗战时期开始吧。要从抗战时期开始，首先得搞清楚郭沫若是如何归国的，于是我系统收集了关于郭沫若归国抗战的所有资料，包括回忆和研究。通读完这些资料后，我发现好多回忆的说法自相矛盾，基于这些回忆写作的文章的观点当然就可疑。于是我决定对该问题进行系统考证，没想到一不注意就写了 9 篇文章。在这时，我才发现自己申报的项目“从郭沫若看现代中国的历史进程”在短时期内是不可能完成的，最终只得以“郭沫若归国抗战问题研究——从郭沫若看现代中国的历史进程”为题结项了事。为了考证郭沫若归国抗战问题，我竭尽所能地收集了所有资料，确实花了不少工夫，但因此写作了 9 篇文章，平摊下来，每篇文章用于收集资料的工夫并不多，从性价比来说应该相当高。更重要的是，我可以确保这 9 篇文章即使没有新观点，也提供了新史料，而不是炒他人的陈饭。我把这种研究方法称为酿酒法：先广泛收集原料，再经过一定过程酿出酒来，剩下的酒糟也不浪费，拿去喂猪以便吃肉或者卖钱。我希望经过如此考证的问题，在没有新的重大史料出现之前，人们只能在此基础上发表自己的看法，而不是对相关问题进行考证。

张：作为郭沫若研究的专家，郭沫若研究要想走出现在的状况，有突破性的发展，你认为应该从哪几个方面着手呢，您对郭沫若研究未来发展有什么样的预期吗？

廖：关于该问题，我同意蔡震先生 2016 年在接受你采访时说的三件事：《郭沫若年谱长编》的编撰、重新编一部《郭沫若全集》、撰写郭沫若研究学术史。现在，由林甘泉、蔡震二位先生主编的《郭沫若年谱长编》已经于 2017 年 10 月出版，意味着第一件事已经基本完成，剩下的工作只是对其补充、完善了。现在重点谈谈第二、三件事。

目前，北京的郭沫若纪念馆正在组织人员完成中国社会科学院创新工程项目《〈郭沫若全集〉补编》（《郭沫若译文全集》《郭沫若书法全集》《郭沫若书信全集》包括在内）等，这是非常有必要的工作。就我参与的《〈郭沫若全集〉补编》而言，我觉得应该如蔡先生所说“重新编一部《郭沫若全集》”。首先是因为已经出版的 38 卷《郭沫若全集》已经很难买到：2005 年四川郭沫若研究中心成立时准备买一套《郭沫若全集》，不但没有成套的全集卖，《文学编》第 19 卷很长一段时间都没有买到，最后不得不复印了一本。其次是因为已经出版的 38 卷《郭沫若全集》存在很大问题：（一）该套全集以《沫若文集》为底本，而收入《沫若文集》的不少文章经过很大改动，与发表或者初次结集出版时已有很大不同，根据这样的文章来研究，完全可能得出与实际情况相差很远的结论；（二）注释简略并且存在不少错误，陈漱渝先生在《群策群力，精益求精——对修订〈鲁迅全集〉的几点意见》中如此写道："如果把鲁迅著作比做中国现代文化的汪洋大海，那么我们做注释工作的目的就是疏通通达这个汪洋大海的河道。"如果说鲁迅著作有这个作用，郭沫若著作涉及的领域更广、时间更长，毫无疑问也具有这个作用，很明显，现有的《郭沫若全集》注释难以起到该作用。基于以上原因，我也希望如蔡震先生所说"重新编一部《郭沫若全集》"："我这里所说的重编，不是对现有的全集做修修补补，而是重新作一个科学、严谨的分编、分卷，以及文本勘定等的设计，来辑录郭沫若的所有作品、文章、著述、书信等。"对蔡先生所列门类，我打算增加一项"日记"。我长期致力于史料考证，发现直接材料对考证非常重要：依据间接材料、通过逻辑用几千字推断出的结论，常常被一则几十字的直接材料证明或者证伪——即使被证明也付出了太多时间，得不偿失。所以每次考证前，我都会竭尽全力地收集相关材料，在确实找不到直接材料的情况下，才依据间接材料运用逻辑推理进行考证。日记是非常重要的直接材料之一，郭沫若日记的出版，不但对从事史料考证的人有用，对人们更直接认识、评价郭沫若也有非常重要的作用。所以，我希望"重新编一部《郭沫若全集》"中有日记的位置。

《郭沫若研究文献汇要》附卷《郭沫若研究资料索引》的《凡例》第一条如此写道："本索引收录1920年至2010年国内报刊及论文集、有关文献数据库、网络发表的学术信息等郭沫若研究论文、史料等资料约1.46万条。"现在八年过去了，该数量至少增加了一千条以上。要想让一个研究者通读这些成果是不现实的，唯一可行的解决办法便是"撰写郭沫若研究的学术史"。不过在我看来，目前撰写郭沫若研究学术史的时机还未成熟。在参与编选《郭沫若研究文献汇要》过程中，我浏览了乐山师范学院图书馆开发的郭沫若研究数据库中的全部文献。首先需要说明的是，为了开发该数据库，一代又一代乐山师范学院图书馆的工作人员于天乐、朱俊波、彭翔、秦红、卿玉弢等付出了辛勤的劳动，并取得过辉煌的成绩——该数据库2012年被中国高等教育文献保障系统（CALIS）管理中心评为三等奖（四川省共有三所高校获奖，其他两所高校分别是四川大学和西南民族大学），便是对该成绩的高度肯定，我们中心能够完成14卷本《郭沫若研究文献汇要》和18卷本《回忆郭沫若作品编校集》（暂名）都与该数据库密不可分。在浏览该数据库过程中，我却发现以下三个问题：一、离现在时间越远的文献能够找到全文的可能性越小，民国时期的文献尤为突出；二、一些文献的出版信息不完整（民国期刊文章便只有卷期，没有具体出版时间），甚至有误；三、一些郭沫若作品被当成了郭沫若研究文献。就查找文献而言，图书馆工作人员肯定比我们研究人员内行、方便，离现在时间较远的文献只有条目没有全文，很明显是确实难以找到。现在该数据库又增加了一个问题：已经查不到2015年以后的文献了，意味着2014年以后的文献没有收录。在我看来，"撰写郭沫若研究的学术史"的最佳条件是补充、完善乐山师范学院图书馆开发的郭沫若研究数据库并向所有读者开放（目前只有通过乐山师范学院校园网才能查阅），让有志于“撰写郭沫若研究的学术史”的人，不管在什么地方都能够很方便地查阅该数据库的文献。要想达到该目的，首要任务是对民国时期的郭沫若研究资料进行收集整理，其次是补充并随时更新2014年以后的郭沫若研究文献。我之所以特别强调对民国时期郭沫若研究资料进行收集整理，是因为该工作太难，只有完成该工作后，补充、完善郭沫若研究数据库才有可能。

蔡先生所说的三件事情实际上都属于史料性的基础工作，是否意味着在这三项工作完成之前，郭沫若研究就无所作为了呢？我的看法是否定的。唐代杰出的史学理论家刘知几认为：“史家须有三长，世无其人，故史才少也。三长：才也，学也，识也。夫有学而无才，亦犹有良田百顷，黄金满籝，而使愚者营生，终不能致于货殖者也。如有才而无学，亦犹思兼匠石，巧若公输，而家无楩柟斧斤，终不果成其宫室者矣。犹须好是正直，善恶必书，使骄主贼臣所以知惧，此则为虎傅翼，善无可加，所向无敌者矣。”（刘昫等：《刘子玄传》）清朝杰出史学家、史学理论家章学诚在《文史通义·内篇三·史德》中认为，刘知几“所谓才、学、识，犹未足以尽其理”，故提出了“史德”说：“能具史识者，必知史德。德者何？谓著书者之心术也”；“盖欲为良史者，当慎辨于天人之际，尽其天而不益以人也。尽其天而不益以人，虽未能至，苟允知之，亦足以称著书者之心术矣”。梁启超在《中国历史研究法补编·总论》中将“史德”和刘知几的“才”“学”“识”三长视为史家们应当具备的四种素质，并以“史德”为四者之首。对“德”“识”“才”“学”的解释今人存在着较大争议。我赞成仓修良在《章学诚和〈文史通义〉》中的以下解释：“史德”指“史家作史，能否忠实于客观史实，做到‘善恶褒贬，务求公正’的一种品德”；“史识”指“对历史发展、历史事件、历史人物是非曲直的观察、鉴别和判断能力”；“史才”即“写文章的表达能力”；“史学”即“具有渊博的历史知识，掌握丰富的历史资料，‘博闻旧事，多识其物’”。在《论可能考的必要性、可能性和必须遵守的基本原则——以郭沫若归国问题考证为例》（《郭沫若研究》2017年第1辑）中，我这样写道：“在笔者看来，要想真正成为‘良史’，还需具有‘犹须好是正直，善恶必书，使骄主贼臣所以知惧’的‘史胆’。”对这五种素质，我的排序是德、识、胆、才、学：“学”是基础，一个人要想成为“良史”，必须在“德”的指导下，运用“识”对“学”进行“观察、鉴别和判断”，并通过一定的“才”表达出来；一则有“胆”无“识”的人可能成为莽夫、有“胆”无“德”的人可能成为屠夫，二则“胆”比“才”“学”更难具备，所以我将“胆”排在五种素质的中间。章学诚认为：“才、学、识，三者得一不易，而兼三尤难，千古多文人而少良史，职是故也。”既如此，要想一个人同时兼具“德”“识”“胆”“才”“学”就更困难了。我们不能奢求所有治史的人都兼具这五种素质，也不能要求只有兼具这五种素质的人才能治史，但至少可以为治史的人确定一条底线：宁可睁着眼睛不说，绝不闭着眼睛瞎说！

从我将“学”排在五种素质的最末尾也可看出，尽管我长期致力于史料的收集整理与研究，仍然认为“学”只是治史的基础。鲁迅1932年8月15日在致台静农的信中如此评价郑振铎的《插图本中国文学史》：“郑君治学，盖用胡适之法，往往恃孤本秘笈，为惊人之具，此实足以炫耀人目，其为学子所珍赏，宜也。我法稍不同，凡所泛览，皆通行之本，易得之书，故遂孑然于学林之外，《中国小说史略》而非断代，即尝见贬于人。但此书改定本，早于去年出版，已嘱书店寄上一册，至希察收。虽曰改定，而所改实不多，盖近几年来，域外奇书，沙中残楮，虽时时介绍于中国，但尚无需因此大改《史略》，故多仍之。郑君所作《中国文学史》，顷已在上海豫约出版，我曾于《小说月报》上见其关于小说者数章，诚哉滔滔不已，然此乃文学史资料长编，非‘史’也。但倘有具史识者，资以为史，亦可用耳。”就治史而言，笔者非常赞同鲁迅的观点：“识”比“学”重要！需要强调的是，鲁迅如此评价郑振铎的《插图本中国文学史》，并不意味着他在写作《中国小说史略》前并不注重收集相关文献。鲁迅在驳斥他的《中国小说史略》抄袭了盐谷温的《支那文学概论讲话》时如此写道：“盐谷氏的书，确是我的参考书之一，我的《小说史略》二十八篇的第二篇，是根据它的，还有论《红楼梦》的几点和一张《贾氏系图》，也是根据它的，但不过是大意，次序和意见就很不同。其他二十六篇，我都有我独立的准备，证据是和他的所说还时常相反。”（《华盖集续编·不是信》）翻翻4卷本146.2万字的《鲁迅辑录古籍丛编》（人民文学出版社，1999年）的目录便可知道，鲁迅所言非虚。在笔者看来，鲁迅的《中国小说史略》是治学术史的典范：在“德”的指导下，在众多“学”的基础上，运用“识”对其进行客观、公正的“观察、鉴别和判断”，并通过一定的“才”表达出来。

我刚才谈这么多是想说明，尽管与郭沫若有关的基础文献还很不完善，但这并不妨碍我们对郭沫若进行研究：首先，与郭沫若有关的基础文献已经足够多：《郭沫若全集》38卷、《郭沫若研究文献汇要》14卷、《郭沫若年谱长编》5卷……通读一遍这些文献已经很不容易，如果有一定的史识，是能够通过这些文献进行研究的，已经出现的一些郭沫若研究成果足以说明这点；其次，系统收集郭沫若研究文献很费工夫，随着越来越多的数据库的出现，研究者在研究某一具体问题时自己查找相关文献却并不难——“独立的准备”是研究者应有的工作之一，只不过人人都对大致相同的文献进行“独立的准备”造成很大浪费而已。再不过，在系统收集整理的成果面世之前，个人“独立的准备”尽管费时费力，却只得如此。所以，我们在尽力完善郭沫若研究基础文献的同时，完全可以运用史识去烛照已有的文献并取得不错的研究成果，应该两手都要抓，并且两手都要硬！

我刚才谈的问题是治史，所以非常强调基础文献。如果是运用自己敏锐的领悟能力或者娴熟的中外文学理论来分析文学作品，这些基础文献对我们的研究有利有弊：能够知道研究现状并从中得到启发，这是利；已有的研究可能对我们的研究造成影响，这是弊。就这利弊而言，为了避免出现重复别人观点的情况出现，建议一般情况下还是先了解研究现状再决定是否写作；如果是自己灵感来了或者某种理论特别适合阐释郭沫若的某篇作品，建议将文章写出来后再去了解研究现状，如果发现自己的文章没有多少新意就舍弃，如果发现有新意就补充完善，这样的文章既有自己独立的见解，又吸收了他人的研究成果，应该相当完美。不管采用哪种方式，在运用自己敏锐的领悟能力或者娴熟的中外文学理论来分析文学作品时，对基础文献的要求都没有治史高。由于郭沫若的史学作品、考古作品不是我研究的范围，所以我就不在这儿瞎说。

至于对郭沫若研究未来发展的预期，我相信研究郭沫若的人会越来越多，理由为：一、随着《〈郭沫若全集〉补编》《回忆郭沫若作品编校集》（暂名）等的出版，郭沫若研究的基础资料将越来越丰富、完善，将为人们研究提供极大便利；二、我一直认为，鲁迅的深、郭沫若的广在整个现代中国是没有人能够超越的，不但研究郭沫若能够了解现代中国的方方面面，要想真正了解现代中国的方方面面也必须研究郭沫若；三、随着时间的流逝，人们对郭沫若的评价将会越来越客观，愿意研究郭沫若的人也会因此多起来。

张：随着大众传播媒体的不断发展，特别是互联网的广泛运用，有关对郭沫若的评价更加多元化，现在借助于网络传媒出现了很多对郭沫若负面的评论，对此您也专门撰写文章谈过此事，对于这种现象作为郭沫若研究者应该如何应对呢?

廖：“三人成虎”这一成语告诉我们，不能无视网络上对郭沫若的评论，因为网络传播速度快、网民没有任何限制就能看见上面的评论。作为郭沫若研究者对待网络上的评论，我认为应该采取以下做法：一、不管是溢美还是诽谤，只要不符合史实都写文章指出来；二、事实胜于雄辩，为了让人们看了信服，多指出其史实错误，评价也应客观公正；三、具体写作时，为了让普通读者阅读，尽可能少点学术腔；四、这样的网站在学术刊物上发表后，最好能够传到普通网站上去，以便让更多人看见。

张：在您的研究中，您特别注重运用比较文学的研究方法进行研究，比如郭沫若与鲁迅，郭沫若与茅盾的比较您都有相关的研究成果，请您谈谈这种研究方法对于郭沫若研究的重要性。

廖：十多年前我确实发表过两篇比较《故事新编》和《豕蹄》的文章，原因上面已经谈过了，现在谈谈发表在《新文学史料》2017 年第 4 期的《“盘肠大战”论争中的茅盾与郭沫若》的写作情况。2015 年 5 月，由浙江省桐乡市文化广电新闻出版局、北京郭沫若纪念馆、北京茅盾故居主办的“抗战中的郭沫若与茅盾学术研讨会暨笔剑无分同敌忾，胆肝相对共筹量——抗战中的郭沫若与茅盾展”开幕式在浙江省桐乡市乌镇举行，我应邀参加了会议。由于我对茅盾及其研究都不熟悉，仅在研究“两个口号”论争时知道一些茅盾的情况。参加学术会议必须写作文章，于是就写了它。我现在已经想不起选择这个题目写文章的具体原因了，却可以肯定是因为要参加这个会议才决定写作这篇文章的。

我2008年博士毕业回到乐山师范学院以后，直到2012年一直协助杨胜宽、蔡震先生完成《郭沫若研究文献汇要》的编选出版工作；该汇要于2012年出版后，我又于2013年领衔申报了“回忆郭沫若作品收集整理与研究”项目。在这十年时间里，我主要时间都用在这两个项目上了，自己很少有时间静下心来写文章。我这十年时间发表的文章主要集中在四个方面：一、2008年以“从郭沫若看现代中国的历史进程”为题成功申请的四川省社科规划项目而写作的系列文章；二、由于参会而写作的文章，关于鲁迅《藤野先生》的5篇文章是打算前往维也纳参加“医学·文学·身体”学术会议而写作《不一样的弃医，不一样的从文——鲁迅、郭沫若弃医从文比较论》后继续写作并发表了4篇文章；三、与他人论辩的文章，如：《也谈“郭沫若对鲁迅态度剧变之谜”》《廖名春先生的〈毛泽东郭沫若《孙悟空三打白骨精》唱和诗索隐之我见〉》《片面之词何时休——评郭沫若抄袭说》《一篇故意歪曲的网络文章——驳关于郭沫若“删减史料以此证明崇祯帝‘沽名钓誉’说”》等，前两篇是针对书刊文章写作的，后两篇是针对网络文章写作的；四、这期间发表的高长虹及狂飙社的多数文章是读博期间甚至之前写作的。

尽管我写作郭沫若与鲁迅、茅盾的文章都有具体原因，不过回顾一下我写作、发表的文章便会发现，将两人或者作品相提并论的文章确实不少。在我看来，采用比较方法研究作品，不但可以看出两者的异同、高下，还能看出两者之间的关系，这应该是比较文学比较热门的原因吧。马克思在《关于费尔巴哈的提纲》中指出：“人的本质不是单个人所固有的抽象物，在其现实性上，它是一切社会关系的总和。”要了解一个人最好的办法是将该人与其他人联系起来进行研究，所以我写作了不少论述、考证两人关系的文章。在写作这类文章时，如果能够通过该文章介绍其时代背景，价值应该会更大。在郭沫若的人际交往关系中，我认为他与周恩来的关系最密切、最值得研究：二人的关系基本反映了1926—1976年中共领导人与现代中国左翼知识分子之间的关系，据此还可以部分了解中共领导人与现代中国其他类型知识分子之间的关系。奇怪的是，研究毛泽东与郭沫若关系的书籍已经出版了3部：《毛泽东与郭沫若》（季国平，北京出版社，1998、2003年）、《长河同泳——毛泽东与郭沫若的友谊》（张恩和、张洁宇，华文出版社，2003年）、《毛泽东与郭沫若》（张洁宇，湖北人民出版社，2013年），迄今却没有一本写周恩来与郭沫若关系的书籍出版。河北人民出版社曾经出版过“鲁迅与×××”丛书，王富仁教授去世后出版的两本遗著中有一本是《鲁迅与顾颉刚》，由此也可见人际关系在学术研究中的重要地位。由于郭沫若的寿命更长、社会地位更高、人际交往更广，这方面值得研究的内容、内涵应该更丰富。

张：您在狂飙社研究上取得了创造性的成就，并且出版了学术专著《一群被惊醒的人——狂飙社研究》，而对郭沫若所创立的创造社等社团文学的研究目前却处于低谷的状态，请您谈谈社团文学的研究如何突破现有的格局？

廖：迄今为止，狂飙社研究只出版过两部著作，除我那部外，只有董大中先生的《狂飙社纪事》了。但是，研究创造社的书已经出版了二十多部，研究内容涉及方方面面，你本人也出版过《1921—1925 中国文学档案“五四”传媒语境中的前期创造社期刊研究》《创造社研究学术论文精选集》。就创造社研究而言，你比我更有发言权。就社团研究而言，陈思和先生在为《“中国现代文学社团史”研究书系》写的《总序》中如此写道：“以往的研究往往将社团与流派混为一谈，其实两者所反映的文人群体面貌并不一样。前者研究的是社团的兴衰聚散，重点在人事；后者研究的是创作风格的流变，重点在创作。两者混在一起研究，结果往往是流派因素压倒社团因素，理论概括压倒作家活动。这次我们组织人力撰写社团史书系，重点在人事，这是事先就规定好的，强调社团是如何形成的，各个成员之间的关系是如何相处的，社团与社团之间的冲突又是如何展开的，人物的行状、言论、个性都作为我们描述的对象，把研究的关注点集中到现代文学最原初的起点：个人的文学活动。”我在写作《一群被惊醒的人——狂飙社研究》也是这样做的，认为这种方法可以作为社团研究的基础方法：在搞清楚社团人事基础上，再从其他方面进行研究。

张：您现在担任四川郭沫若研究中心的主任，据我所知这个研究中心是国内唯一一个郭沫若研究的学术中心，能请您谈谈四川郭沫若研究中心成立的意义吗？

廖：四川郭沫若研究中心成立至少具有以下四方面的意义：一、作为四川郭沫若研究中心专职人员，研究郭沫若是分内之事，所以，只要是中心的专职研究人员，不管之前的研究对象是什么，也不管对郭沫若研究是否感兴趣，都必须完成相应的郭沫若研究任务，所以，尽管我们中心的专职研究人员进入中心之前多数人都不是研究郭沫若的，进入中心后都将郭沫若作为了自己主要的研究对象；二、有了固定的人员、场所、经费等条件后，可以团结本校甚至其他单位的老师集体攻关，最近十多年来完成的 14 卷本《郭沫若研究文献汇要》和 18 卷本《回忆郭沫若作品编校集》（暂名）便与此密切相关；三、由于我们中心每年都要立项资助郭沫若研究项目，虽然经费不多，但属于厅级项目，一些对郭沫若研究并不感兴趣的人，为了评职称也来申请项目，一些人因此加入了郭沫若研究队伍；四、中心成立后与其他单位一道，分别于

2006、2007、2009、2012、2014、2015、2016、2017、2018 年举办了学术会议，一些对郭沫若研究不感兴趣的人，为了参加会议并顺便来游览一下乐山大佛、峨眉山等也写作了文章，一些人因此加入了郭沫若研究队伍。中国郭沫若研究会副会长魏建教授在第三届郭沫若青年论坛开幕式致辞时指出，“郭沫若研究一步步走出低谷迈向高峰”与三件大事密不可分，其中第一件是“四川郭沫若研究中心成立及其所做的大量扎扎实实的工作”，这篇文章后来以《郭沫若研究的春天已经到来》为题发表在《郭沫若学刊》2018 年第 1 期上。听了魏教授的高度评价，我们一方面觉得自己还应该做得更好，一方面也感到非常高兴。除在基础研究方面具有重要意义之外，我们中心也为乐山市的文化建设做出了一定贡献：中心成立以后，乐山市凡是与郭沫若有关的事情基本上都找到我们中心，如：《建国后的郭沫若》的拍摄、《文豪郭沫若》的编写、郭沫若纪念馆展陈方案的撰写、大佛景区沫若堂展陈方案的撰写、郭沫若廉政文化展厅展陈方案的撰写，等等。

张：《郭沫若学刊》是现在国内唯一专门进行郭沫若研究的学术期刊，您现在担任该刊的副主编，请您谈谈未来《郭沫若学刊》办刊的方向。

廖：刊物实行主编负责制，我作为排名最后的副主编，确实不方便“谈未来《郭沫若学刊》办刊的方向”——坦率地说，这话题也不好谈。我只能就自己知道的《郭沫若学刊》面临的困境和机遇谈谈粗浅的看法。《郭沫若学刊》现在虽然已经不愁稿子，但是高质量的稿子不是很多，编辑时可选择的余地不是太大。作为一个在职研究人员，我完全明白其中的原因：从 1987 年正式创刊以来，《郭沫若学刊》一直是普通刊物，现在的考核机制却非常重视 CSSCI 来源刊，在职人员多有科研考核压力，所以，如果写了一篇好文章，首先考虑的刊物是 CSSCI 来源刊；并且人们已经形成一个观念，在 CSSCI 来源刊发表的文章普遍比在普通刊物发表的文章质量高，哪怕是为了面子，人们也希望在 CSSCI 来源刊上面发表。如此一来，所有普通刊物都面临一个困境：好稿子不多。为了改变该现状，我认为可以采取以下做法：一、多向没有科研考核压力的退休人员约稿，他们不会很在乎刊物的级别；二、加大《郭沫若学刊》的宣传力度，让更多新生力量知道有这样一份刊物并为之投稿，这些新生力量在 CSSCI 来源刊上面发表文章的难度很大，即使在普通刊物发表文章也有可能交版面费，《郭沫若学刊》却有不交版面费并有一定稿费的优势；三、采取优稿优酬的办法，吸引更多人将高质量稿子投到《郭沫若学刊》。《郭沫若学刊》的好稿子不多，还有一个原因是刊名让人们以为该刊物只发表郭沫若研究文章，实际情况并不如此：创造社及其作家研究、巴蜀现代作家等也是该刊发表文章的范围。

最近几年在《郭沫若学刊》发表的稿子，有不少是我亲自审阅的，我对其他责任编辑的情况也很熟悉，都是郭沫若研究相关领域的专家。可以这样说，虽然《郭沫若学刊》上的好文章不是很多，差文章却很少，因为责任编辑都是郭沫若研究相关领域的专家，对研究现状较熟悉，一般能够较为准确地判断一篇来稿是否可以发表。编辑部主任将各位责任编辑审读的稿子汇总后还要经过以下两关：一、交给主编王锦厚先生审读，王先生更是郭沫若研究领域的知名老专家，曾经主编过《郭沫若研究专刊》，担任过四川大学出版社社长，不但熟悉郭沫若研究现状，并且有丰富的办刊经验；二、编辑部成员集体讨论，看看编辑部成员名单便会知道，他们都是郭沫若研究相关领域的专家。谈到编辑部成员，我觉得应该再吸收一些郭沫若研究领域的专家加入以增强其队伍。曾经被我们退稿的稿子后来在其他刊物发表了，一些甚至在核心刊物上发表，在我看来这并不奇怪。就郭沫若研究而言，我相信《郭沫若学刊》的责任编辑和编辑部成员更有资格判断其是否值得发表。由于以上原因，可以说《郭沫若学刊》尽管长期以来是普通刊物，在郭沫若研究领域却属于权威刊物。最近，《郭沫若学刊》已进入中国社科院《中国人文社会科学期刊评价目录（2018年)》公示名单中，由此可知它的质量已逐渐得到人们认可，我们一定以此为契机，更加用心地办好它。

我最后呼吁一下，希望所有郭沫若研究者，尤其是在职的郭沫若研究专家们，共同爱护这份唯一公开发行的郭沫若研究期刊，让它更上一层楼，以便吸引越来越多的人加入郭沫若研究队伍!

【廖久明简介】

廖久明：男，1966 年出生于四川省安岳县，1985 年毕业于四川省安岳中等师范学校，1991、1995 年通过自考先后获得法律、汉语言文学专科文凭，2003 年硕士毕业于四川大学文学与新闻学院，2008 年博士毕业于华东师范大学中文系。现为四川省哲学社会科学重点研究基地、四川省教育厅人文社会科学重点研究基地——四川郭沫若研究中心主任、乐山师范学院文学与新闻学院教授、西南大学文学院兼职硕导、四川省第十二批学术和技术带头人、中华文学史料学会常务理事、中国现代文学研究会理事、中国郭沫若研究会常务理事、四川省郭沫若研究会副会长、四川省鲁迅研究会副会长、《郭沫若学刊》副主编等。

主要从事中国现代文学史料及近现代思想史研究工作：中国现代文学研究提出了“一切遗物皆史料”“重写中国现代文学史的途径——从史料工作做起”等观点，中国现代思想史研究提出了“第二次思想革命”的观点。主要研究对象为郭沫若、高长虹、鲁迅：

一、主编出版《郭沫若家世》，发表郭沫若研究论文 30 余篇，8 篇论文对郭沫若归国抗战问题进行了深入细致的考证（其中 5 篇发表在 CSSCI 来源刊《中国现代文学研究丛刊》《新文学史料》）；2008 年起协助总主编杨胜宽、蔡震编选 14 卷本 677

万字《郭沫若研究文献汇要》并具体主编其中的《史实卷》《交往卷》《教育、新闻出版、书信、书法卷》（该卷与人共同主编），该书 2012 年由上海书店出版社出版后，2014 年获四川省第十六次哲学社会科学优秀成果二等奖；2013 年起领衔收集整理人们回忆郭沫若作品，2015 年以“回忆郭沫若作品收集整理与研究”为题成功申报国家社科重点项目，结项成果为 18 卷本《回忆郭沫若作品编校集》（暂名），等级为优秀。

二、出版高长虹、狂飙社研究著作三部：《高长虹与鲁迅及许广平》《一群被惊醒的人——狂飙社研究》《高长虹年谱》（国家社科基金后期资助项目成果），作为第一副主编出版 4 卷本《高长虹全集》，发表论文 20 余篇。曾担任政协第九届全国委员会委员、中国鲁迅研究会副会长兼秘书长等的陈漱渝先生在《“怪人”“狂人”“疯子”——我与高长虹研究》（《名作欣赏》2017 年第 8 期）中用 700 字左右的篇幅介绍了本人在高长虹及狂飙社研究方面的三大“贡献”：1. “对以高长虹为首的‘狂飙社’进行了系统的研究”；2. 新发现 187 篇高长虹作品“近乎是一种奇迹”；3. “在史料研究方法上进行了一些新的探索，体现出一种存真求实的严谨学风”。

三、发表鲁迅研究论文 20 余篇，对 1927 年前后鲁迅进化论思想“轰毁”的原因、1936 年“两个口号”论争中的鲁迅、《藤野先生》等进行了深入细致的研究。

缅怀大师 追忆郭老

——访中国社会科学院考古研究所王世民研究员

王世民：中国社会科学院考古研究所研究员

王　静：中国社会科学院郭沫若纪念馆馆员

王静：首先非常感谢王老师接受我们的访谈。您是考古学家，长期致力于中国考古学史和商周青铜器研究，同时您也是郭沫若研究的专家，对郭沫若的考古学成就、尤其是他的商周青铜器铭文研究进行了阐释。我们知道，您在考古研究所，曾在夏鼐先生身边工作，也曾不止一次面见郭老，能否请您给我们讲讲当时的情景？

王世民：算起来，我前后见过郭老 7 次。其中，第一次在 1953 年，有相当的距离，其余 6 次都是近距离见面。1952—1955 年，中国科学院、文化部与北京大学连续合办过四届全国考古工作人员训练班，每届都是先在北大上一个多月的课，然后去西安、洛阳进行一个多月的田野考古实习。考古训练班的“保留节目”，是请郭老做一次学术报告。1952 年至 1953 年我在北京大学历史系考古专业读一年级，暑假赶上了第二届考古训练班。大概是 8 月初，郭老来学校的办公楼礼堂做报告。当时郭老的身份是政务院副总理，警卫还是相当森严的。我进去得比较早，为的是抢靠前的座位，据晚去的同学讲，有一辆随从吉普车，下来 6 位背着卡宾枪的警卫，在办公楼前门站了 4 位，后门站了两位。训练班大概有 100 来人，旁听的北大师生很多，将办公礼堂坐得满满当当的。

会议开始的时候，北大副校长江隆基和文物局副局长王冶秋陪着郭老在主席台就坐。郭老讲演的主题是中国奴隶社会，基本是他的著作《奴隶制时代》一文的内容，讲了大约两个小时。我记得台上还放了一块黑板，郭老在黑板上写画甲骨文，印象最深的是写了他解释为奴隶的“奚”“僕”等字。

这是我第一次见到郭老，虽然与坐在台上的他有相当的距离，但作为一个大学生已经感觉很幸运了。

而第一次近距离见到郭老是 1958 年 3 月 10 日上午。1957 年 11 月，考古所沣西队在西安附近发掘时，获得沣河西岸长安县兆元坡村出土了一件西周铜器，有铭文 102 个字（现收藏在国家博物馆）。郭老知道后就到考古所来看，当时夏鼐没有在所，学术秘书石兴邦和我接待，郭老手捧这件铜器，对照拓片仔细察看，当场用钢笔写下释文，根据铭文中的作器者应定名为“辅师嫠簋”，其年代应属西周晚期。随后，郭老撰写了《辅师嫠簋考释》一文，在《考古学报》1958 年第 2 期发表。郭老当场写下的释文，我一直夹在自己的那本《考古学报》当中，精心保存了五十多年，前几年捐给了郭沫若纪念馆了。郭老看完这件铜器，我们铺开一张宣纸请他题字，这是我们考古所保存的第一幅郭老题字。后来将郭老手迹制版在《考古通讯》1958 年第 4 期发表出来①，内容如下：

> 考古工作远远落后于基本建设，希望我们大家鼓足干劲，遵守多、快、好、省的方法，老科学家特别要多多培养青年，青年科学家要多多积累经验和学识，争取时间，多做些好的成绩出来，和基本建设的突飞猛进比赛。
>
> 郭沫若　一九五八年三月十日

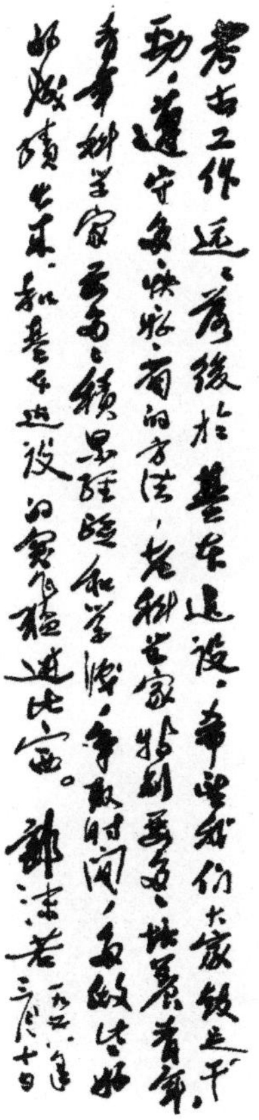

① 曾以《考古工作者要鼓足干劲》为题，发表于 1958 年 3 月 14 日《人民日报》。手迹发表于《考古通讯》1958 年第 4 期。——采访者注，下同。

郭老写释文和题字的时候，我就在他的旁边观看，还记得墨不是弄得太好，写的前几个字有点洇了。当时周围还围着好几个人，我没能和郭老直接说话。夏鼐当时虽然不在所里，但在日记中提到这件事。

第三次是1962年3月26日，郭老的秘书王戎笙突然来电话说，郭老从故宫借出一方砚台，想找个人拓一下，并且他要亲自观看是怎样拓的。郭老家离考古所不远，一会儿就来到了。我就找来考古所的老技工魏善臣，他解放前参加过殷墟发掘，参与墨拓发掘出土的大批甲骨。这位师傅就在我的办公桌为郭老进行墨拓，郭老坐在桌子旁边的椅子上观看他拓砚，前后有一两个小时。过了一两天，王戎笙秘书又打电话来说，郭老问拓工的名字，我们就告诉他名叫魏善臣，所以郭老的题跋就写清楚是“考古研究所魏善臣同志拓制”。这一方砚台就是“猫蝶砚”，为清朝很有名的学者高士奇旧藏。高士奇号江村，也是一位文物鉴定专家，清宫有好多东西都是他鉴定的。

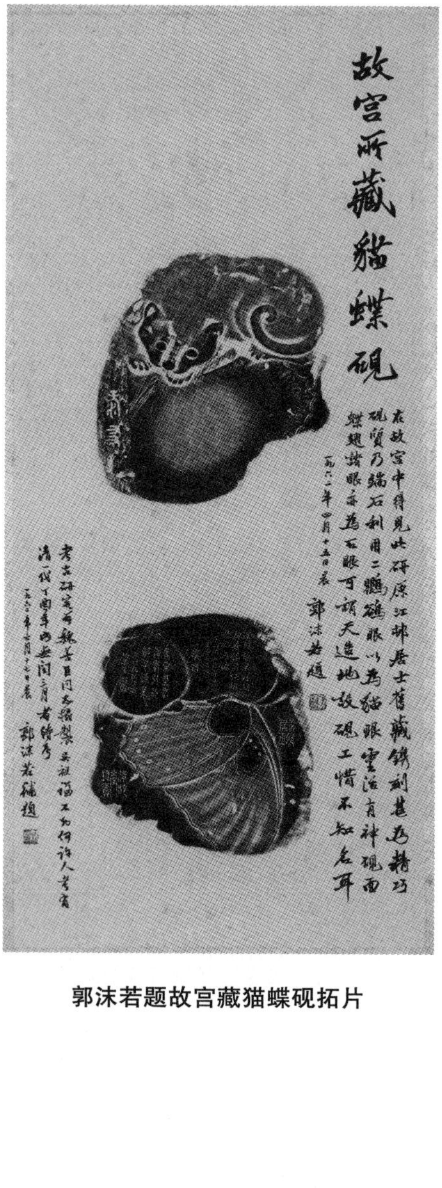

郭沫若题故宫藏猫蝶砚拓片

第四次是1971年。7月1日在故宫举办的出土文物展览开幕之前，预展的时候郭老和于立群同志前往参观。地方上来的文物干部，很多都是第一次面见郭老，于是大家都围拥着。当时条件很差，供休息的椅子也没有，郭老那时已经将近80岁了，却始终站着观看。

和郭老更亲密的接触是在1977年，半年之内先后到家中去了三次。我们考古所的安阳队于1976年5—6月间，在安阳小屯村发掘一座未经盗掘的高级贵族墓，出土上千件青铜器、玉器等文物，不少器物是不曾发现的珍贵品。由于许多青铜礼器上，铸有见于甲骨文的“妇好”人名，因而应是妇好的墓。这是殷墟发掘半个世纪以来，前所未有的重大收获，引起国内外的密切关注。经过半年多的整理和修复以后，夏鼐和王仲殊于1977年1月6日上午前往郭老家中，向郭老汇报这项重大发现的情况，我和几位同志随同前往，并挑选除特大件青铜器外容易搬动的部分典型器物，用一辆吉普车运去。其中有造型奇异的鸮尊和兕觥、二尺高的方斝和圆斝等青铜器，还有形态生动的动物形和人形立体玉雕，摆满郭老家客厅的地毯。那天，郭老病后康复，精神矍铄，非常兴奋，他坐在客厅西侧的沙发上，聆听夏鼐逐件介绍，亲手摩挲，仔细察看。

妇好墓出土特大件青铜礼器共有4件，都重100多斤，其中有两件方鼎和一件圆鼎。还有一件形制特殊，长度接近1米，高度超过半米，上部作屋顶形，当时还没有修复，也没有办法搬去，我就请考古所绘图人员画了一张素描图，带给郭老看。夏鼐给郭老介绍说，“这件东西有点像两个方彝连在一起”，郭老说：“那可不可以称它为偶方彝呢?!”后来青铜器专家唐兰想进一步考证，探寻这件铜器的古称，但没有能够考出来，所以大家一直沿用当时郭老定的器名。2016年，我们考古研究所和首都博物馆共同举办纪念妇好墓发掘40周年的展览，我应邀为展览图录撰写的文章中特别把这个典故讲出来。《夏鼐日记》对这一天有比较详细的记载，例如郭老讲到“妇好可能是卜辞中武丁配偶，能作战，立了功，所以随葬品如此丰富”；又讲到由此可证武丁的时候，殷代青铜文化已经很发达了，等等①。1978年末，殷墟妇好墓发掘报告完稿交付出版时，郭老已经去世，特地集郭老的手迹制作书名。

夏鼐在汇报完妇好墓的情况以后，还向郭老汇报考古所正在筹备《殷周金文集成》的编撰工作，郭老很是称赞。当时没有来得及说请郭老挂名为主编，后来我们在夏鼐的指导下开展工作，1983年当第一分册交付出版时，编辑组想请夏鼐署名为主编，他考虑自己不是古文字学家，坚决予以拒绝，仅应允作序。全书18册这样的大部头书，出版的时候便未署有影响的主编，只有一个编辑组。而书名“殷周金文集成”，又是集郭老的手迹，表示我们对郭老的怀念。

---

① 见《夏鼐日记》卷八，第72页，转引自王世民《回顾妇好墓发掘后的研究历程》，《王后　母亲　女将——纪念殷墟妇好墓考古发掘四十周年》，科学出版社2015年版，第19页。

第二次是 1977 年 4 月 1 日上午，国家文物局办公室主任金枫来考古所，说《人民画报》想拍几张郭老与青铜器的照片，希望借几件妇好墓的青铜器。于是我便与《人民画报》的记者何世尧，以及金枫夫人、文物出版社摄影师王露 3 人一道，携带鸮尊、圆斝等两三件铜器去郭老家。当天为郭老拍了好几张照片，郭老单独看铜器，王廷芳同志和我在郭老身边。我记得，郭老的两个孙辈孩子在厅中跑来跑去，趴在铜器上嬉戏。

第三次是 1977 年 7 月，郭老观看西周甲骨。那一年陕西周原的岐山凤雏遗址出土了西周时代的甲骨文，也是前所未有的考古发现。发掘主持人、我的同班同学徐锡台，与陕西省文化局的陈全方一道，于7月15日携带部分周原甲骨来京，住在考古所，希望我们帮忙联系，送请郭老看一下。大概过一两天，王仲殊与王廷芳联系上，王廷芳说这两天郭老的身体不太好，可以由你们考古所的人送来，陕西的同志就不要来了。于是王仲殊和我在一天下午两点左右，携带陕西送来装在一个铝质饭盒中的周原甲骨，前往郭老家中。记得见面的地点在郭老卧室东面的一个小房间，我们从东边的门进去，郭老从西边的门进来。那天郭老也很高兴，但说话很少，现在不大记得了，前后时间不长，大约一刻多钟，郭老面孔有点泛红，他就退回卧室休息去了。

以上就是我几次与郭老的面对面接触的经过情况，虽然已经过去四五十年，但至今记忆犹新，永志难忘。

王静：除了您提到的郭老的辅师嫠簋释文手稿，我们还非常感谢您将郭老的两封信捐赠给郭沫若纪念馆，请您给我们讲讲它们的来历。

王世民：好的。过去那个时候，我们考古所和地方上的考古队，凡是发掘出土有铭文铜器，就必定会将铜器照片和铭文拓片送到郭老那里，请郭老进行研究，郭老往往很快就写出论文，交给《考古学报》或《文物》月刊发表。1961年考古所沣西队在长安张家坡清理了一批西周窖藏铜器，郭老因此在1962年2月写作了《长安县张家坡铜器群铭文汇释》一文①。我们一般不会直接把郭老的手稿拿到工厂去排字，这次我自告奋勇誊抄出来，并请所里的古文字学家陈梦家协助审核，他帮忙订正个别抄写不准确的地方，还提了一两条意见。3月23日，我写信给兼任考古所所长的尹达，请他转达给郭老。郭老就在我给尹达的信上面做了批语，提到谢谢我和陈梦家。再晚一点，1962年初我们送去湖北江陵和安徽寿县新出土的铜器铭文资料，想请郭老写文章，结果郭老就写成了给我的一封信，发表的时候《考古》编辑部就把前面称呼掐掉②。后来黄淳浩编《郭沫若书信集》，把这两封信都收进去了③。这两段是间接地与郭老的接触，表明郭老知道有这么一个年轻人，估计也不会有更多的印象。

此外还有一件事，也算是与郭老有联系。我国考古学界经过几年酝酿，原准备在1964年成立中国考古学会，3月份先成立中国考古学会的筹备委员会，由郭老任筹备委员会主任，计划7月下旬在北京召开中国考古学会成立大会，推选郭老为创会理事长。6月下旬夏鼐要我为郭老起草一份开幕式上的讲话稿，7月初将起草的稿子和其他相关材料送到郭老那里。7月中旬，王戎笙电话告诉我们，郭老目前出访越南，已将讲话稿带在身边以便批改。后来考古学会成立会因故未在那时召开，这篇开幕讲话

① 发表于《考古学报》1962年第1期。

② 该函写于1962年12月17日，经删改以《跋江陵与寿县出土铜器群》为题，发表于《考古》1963年第4期。该函手迹图片见《郭沫若研究年鉴2015》，中国社会科学出版社2017年版，第498—499页。

③ 黄淳浩编：《郭沫若书信集》，中国社会科学出版社1992年版，第368—372页。

稿就在郭老那里存有一份，考古学会的档案中留有一份。

王静：郭沫若是历史学、古文字学的大家，他开拓性地运用马克思主义的观点和方法，根据考古资料研究中国古代社会。您如何看待郭沫若在中国考古学、古文字学史上的地位？

王世民：郭老对考古学的贡献是多方面的。考古学家有狭义与广义之分，狭义的含义是以田野考古为基础，必须要有田野考古的素养，亲手做过考古发掘，根据考古发掘资料（包括遗迹和遗物）进行研究。广义的考古学家，自己不曾做过田野考古，基本上是进行具体器物的研究，甚至将发掘出土品当作来历不明的传世品对待，即所谓“书斋的考古学家”。

郭老自己直接做的工作还是在古文字学领域，但是他与某些传统的古文字学家不同的是，接受了现代考古学的理念，他知道现代考古学要注重器物形制的发展变化，要进行分期断代，他也接触过考古发掘现场。早在上世纪30年代，郭老流亡日本时住在市川的时候，即与时年尚轻的考古学家杉原庄介相识，参与过杉原对须和田史前遗址的发掘，并协助进行测量。1955年郭老重访日本时，杉原已是享有盛名的明治大学考古学教授，郭老曾在他收藏的《中国古代社会研究》封面题字留念。1957年杉原参加日本考古代表团，应郭老的邀请来中国访问①。1964年杉原在明治大学的一次集会上②，愉快地回忆这段往事。夏鼐在郭老去世后，又曾撰文讲述③。

考古学、古文字学是不断发展的学科，因为不断地有新材料出现，往往会对原来的结论做出很大的补充甚至是改变，例如一些出土简牍就改变了基于传世文献的结论。因为学术总是不断发展的，所以评价一个学者，是要视其所采取怎样的方法。评价历史人物，就如列宁在《评经济浪漫主义》中说的：“不是根据历史活动家没有提供现代所要求的东西，而是根据他们比他们的前辈提供了新的东西”，不能不顾历史条件苛求于前人。

王静：您在《郭沫若的殷周青铜器铭文研究》一文中提到郭沫若“革新研究方法、建立断代体系、钩稽当时史事”，请您概括性地谈谈郭沫若对金文研究划时代的贡献。

王世民：我认为相对于甲骨文研究，郭老在金文研究上的历史作用更为显著。董作宾使甲骨文研究从没有断代到有了断代，这是一大突破，重要的进展。郭老虽然也

---

① 见王世民《日本考古代表团在中国》，《考古通讯》1957年第4期。

② ［日］杉原庄介：《回忆郭沫若先生》，《亚洲经济旬报》1964年8月第585期，赵艺真译，《郭沫若学刊》2016年第4期。

③ 夏鼐：《郭沫若同志和田野考古学》，《考古》1982年第5期。

早有甲骨断代的观念，但最早作系统的论述还是董作宾的《甲骨文断代研究例》。而金文研究在郭老之前可以说是一团乱麻，虽然与郭老同时期的学者也有人试图断代，例如柯昌济，但他做得还是很不够的。真正作出划时代贡献的还是郭老，突出的代表作是《两周金文辞大系图录考释》。

王静：郭沫若自1949年至1978年担任中国科学院院长，考古研究所是中科院下属社会科学方面的最初四个研究所之一，您如何评价郭老对新中国考古工作的贡献？

王世民：中国科学院成立的时候，由院务会议提名，周恩来总理任命，决定由文化部文物局局长郑振铎兼任考古所所长，梁思永和夏鼐担任副所长。当时郭老与夏鼐虽然还没有见过面，但是几位副院长陶孟和、吴有训、李四光，以及郑振铎，都与夏鼐有过一定的交往，所以郭老对夏鼐已有相当程度的了解，对于提名夏鼐担任副所长起了决定性的作用。当时的中国大陆，真正在国外受过考古学科班训练的田野考古学家，只有梁思永和夏鼐两位，还有一位吴金鼎已经于1948年去世，去往台湾的李济原学专业为人类学，改行从事考古工作。由于这时梁思永已经卧病十多年，夏鼐的作用就显得更加重要。新中国成立初期，科学院与文化部、北京大学合作，共同创办北大考古专业，合办全国考古人员训练班，夏鼐本人和考古所为培养考古干部队伍，普及田野考古技能，发挥了关键性的重要作用。而这与郭老的领导和关怀是分不开的。

即使是在“文革”的特殊时期，郭老也依然能够顶住压力，支持考古所的工作。1968年，北京在地铁工程中拆除西直门瓮城的时候，发现里面包藏着元朝的和义门城门。考古所在工程进度紧迫的情况下，感到无可奈何，只好向郭老求救，请年逾七旬的郭老亲自出面协调。两次登临已经损毁不堪的和义门城台之上，逼使工程稍缓数日，得以将现场情况记录下来。这件事，是考古所主持元大都考古工作的徐苹芳亲身经历的。

还有社科院前身原科学院哲学社会科学部职工下放“五七干校”时的事。当时每个研究所什么时候下去，全凭驻学部工军宣队指挥部的一声令下，大家事前一无所知，未作物质准备。考古所是5月份下去的，宣布后急需装运行李的木箱，驻考古所的工军宣队想将装文物的木箱，立即腾出一些，发给大家。我和另一位同志就对他们说，考古所这些东西郭老都知道，一下子弄乱了怎么交代？工军宣队也不敢贸然行事，只好同意有条有理地进行转移。当然还有满城汉墓等项发掘，如果离开郭老更是不可想象。

王静：最后请您谈谈您对郭沫若研究的看法，以及您的治学经验，为后辈学人提供一些学术研究上的建议。

王世民：我觉得学界对于学术史的研究，是个薄弱环节，比如文学史这是一种概念，而文学研究的发展史则很少有人关注，史学史也是不够发达的。北师大有专家从事中国史学史研究，咱们历史所的谢保成也是搞史学史的，这方面也有几部专著，还不够多。考古学方面，学者们更多地关注的是最新的考古发现，实在日新月异、目不暇接，对考古学史关注的人很少。古文字研更是如此，这本来是冷门，全国没有多少人，新鲜资料（殷代甲骨文，西周铜器铭文，秦汉简牍）不断涌现。重点研究新资料是应该的。但过往研究历史的回顾不可忽视，对于前人的业绩要认真梳理，从中汲取有益的营养。对于郭老和其他贡献卓著的前辈学者，要充分理解他们研究方法的核心，以便更好地继承与发扬；而某些前人的著作，虽然在路径已被扬弃，但其一得之见仍值得重视。

我长期做资料性的工作，觉得学术年表非常重要。现在考古学科中有很多年轻人，不广泛阅读前人的著作，只听自己的老师讲，所以站得不高，看得不远。从事学术研究，一定要眼界开阔一点，知道谁是真正的权威、真正的泰斗、真正的一代大师。我们在学术上必须有正确的目标，才能更好的前进。

我的粗浅看法，有的可能并不正确，甚至存在错误，仅供参考。谢谢你们！

【学者小传】

王世民，江苏徐州人，生于1935年，研究员。1956年毕业于北京大学历史系考古专业，随即进入中国科学院考古研究所（1977年后属中国社会科学院）。致力于中国考古学史和商周青铜器研究，长期从事秘书工作和编撰工作，讲授中国考古学史课程。曾任《殷周金文集成》的项目负责人，负责《中国大百科全书》第一版“考古学卷”考古学史部分的编撰，参与《中国青铜器全集》、“夏商周断代工程”等国家重点科研项目；主持《夏鼐文集》《夏鼐日记》及陈梦家著作的整理编辑工作。著有《考古学史与商周铜器研究》《西周青铜器分期断代研究》（合著）等书。曾任中国考古学会第三、四届理事会理事，中国古文字学研究会理事，中国郭沫若研究会副秘书长和顾问等职。

第十篇

学人回忆

时代、人与文化的全面把握

——评秦川先生的“郭沫若研究”

高菱舟

“蜀地‘郭研’有秦川”，在四川省社会科学院的支持下，囊括秦川先生多年来的主要研究成果的著作《秦川文集》共七卷终于出版。秦川先生是郭沫若研究中的一位重要学者，为发掘新史实，拓宽研究视野，深化研究层次作出了不容忽视的贡献。前三卷是秦川先生在郭沫若研究中的主要著述与成果，分别为《郭沫若评传》《文化巨人郭沫若》以及《郭沫若新论》。

如何研究一个颇有“争议”的伟大作家？秦川先生始终坚持历史唯物主义的立场，在这三卷著作中，从不同的角度和不同的侧重点，对郭沫若这一位具有时代意义的“百科全书”式的文化巨人的生平、作品以及与其相关的各种争论展开了详细而丰富的论述与辩驳。《郭沫若评传》以评为主，评传结合，对郭沫若的各个创作阶段的作品以历史评价与美学评价相统一进行评述，在其中还展现了郭沫若思想形成与变迁的脉络。《文化巨人郭沫若》则转向了以介绍郭沫若生平为主线，不断将郭沫若的思想轨迹与创作生活以及研究成果填充进每一个人生阶段之中，使得作为文化巨人的郭沫若的生平更好更为全面地展现出来。《郭沫若新论》是一本论文集，内容涵盖广阔，视角多样，层次丰富，辑结了数十年间在各报刊上发表的各类郭沫若研究相关的论文文章。在这些作品之中，不难看到秦川先生在郭研中非常亮眼的几个特点与努力。

时代与人的互为观照

正如郭沫若在《蔡文姬・序》中所说：“我们今天研究历史或评判历史人物，总得根据历史唯物主义，实事求是地来进行。”① 秦川先生在其研究中始终秉持着历史唯物主义的原则，对郭沫若的艺术创作和人生选择保持着比较冷静客观的态度，且对郭沫若所处的时代也保持着同样的态度，在这种态度的观照下，秦川先生是将郭沫若

① 郭沫若：《郭沫若全集・文学编》第 8 卷，人民文学出版社 1987 年版，第 5 页。

作为一个时代的一个标本式的人物来书写的。“除了通过郭沫若这个人看出他的那个时代而外，还要通过他来对历史进行反思、总结，吸取历史的经验、教训。”① 秦川先生研究郭沫若，始终坚持还原历史情景，将历史人物置于时代的背景下去阐释。例如，在对早期郭沫若的思想研究上，秦川先生尤其重视对郭沫若思想变迁的轨迹进行阐述，凸显少年时期的郭沫若在风云诡谲的时代如何在传统国学的熏陶以及西学浸染的双重影响下，逐渐形成自己的思想世界。秦川先生不仅站在时代的背景下来研究郭沫若的生平创作与思想，同时也从郭沫若的生平、创作与思想中映照出了当时的时代风尚与样貌。在郭沫若的人生轨迹之中能看出当时中国青年人的思想状况，察觉各种思潮对中国青年人的塑造过程，让读者对当时的时代风貌有所了解与认识。在分析郭沫若重要创作如《女神》和历史剧之时，也紧紧地联系着时代的风尚，并探析着作品所反映出来的时代景观，及其背后深层的时代精神与内涵。

除此之外，秦川先生同样指出，在郭沫若的思想演变的各个阶段中，他的思想走向与社会和历史有着密切的关联，尤其是他在人生道路和革命征程过程中，反复出现的“左”的错误是与时代的“左”的风潮分不开的。“从郭沫若这样的马克思主义史学的开创者在晚年所犯的错误来看，极‘左’的社会思潮对人们思想的影响有着广泛深刻的影响，这个历史教训是后人应该认真吸取的。”② 因此，在评述颇具争议的《李白和杜甫》一书时，秦川先生一方面非常冷静地首先将该书的可取之处以及具有研究价值与意义的部分进行一定程度的肯定，另一方面也纠正了所谓郭沫若迎合政治需要的写作目的的攻讦，并在此基础上，对时代以及身处于时代洪流中的伟人的错误作出了分析。

丰富史料的求实呈现

秦川先生在研究中将文学的、历史的、哲学的、考古的资料兼容并包，从浩如烟海的资料和莫衷一是的观点之中综合分析，得出自己的观点与见解。在掌握大量第一手材料的基础上，秦川先生坚持实事求是，严谨地依照所占有的史实材料进行举证分析，这一点在他的传记写作中显现得非常明显。无论是在事实铺陈上还是分析评判上都尽量贴近材料，牢牢把握住“以事实说话”的原则，做到信而有征。不仅如此，在观点上也注重对“百家争鸣”的收集与归纳，“特别注意半个多世纪以来各家对郭沫若的评论，包括海外的各种评论”③，在此基础上得出自己的观点与见解，进行鞭辟入里的研究。

① 秦川：《文化巨人郭沫若·后记》，中国文联出版社 2016 年版，第 466 页。

② 秦川：《文化巨人郭沫若》，中国文联出版社 2016 年版，第 435 页。

③ 秦川：《郭沫若评传·后记》，中国文联出版社 2016 年版，第 403 页。

史实考证在郭沫若研究中是不容忽视的一环，秦川先生在这其中所做出的贡献是毋庸置疑的。在依据大量史料的基础上，对郭母的名讳进行了细致而严谨的分析，在对郭沫若母亲名字之谜进行考证时，首先从三种名称出现的渊源进行了详尽的阐述，再从当时民间命名习俗以及现有材料的可信度进行了质疑，做出了合理可信的分析判断。在《郭沫若早期关于新文学建设的几点意见》中，秦川先生根据史实材料严密地分析了郭沫若在新文学运动中的作用以及对新文学的建树，他指出，过去一般讨论到的是郭沫若的文艺观和诗歌主张，他认为，郭沫若关于新文学建设的观点同样也需要重视，“比如关于新文学建设的基点和道路问题，如何对待传统及继承传统的目的和任务问题，作家人格修养问题”并指出了这些观点受到忽视的客观原因，指出郭沫若在五四前后只是一名留日学生以及以诗人著称，因而在《三叶集》中的关于诗歌的理论受到了关注，而忽视了有关新文学建设的很多意见。

广阔视野的择重趣入

郭沫若是一位在文学、历史学、考古学、古文字学等方面都颇有建树的伟大学者，要建立起尽可能全面的研究，无疑难度颇深，秦川先生在研究中尽可能地涵盖了郭研中的几个关键领域，比如在对史料的考证，史实的钩沉，人际交往的研究，文学作品的研究，史学、古文字的研究上都有所涉及，不仅如此，秦川先生还从跨学科领域的知识构成和整体观的视野去审视这位百科全书式的历史人物，很大程度上拓宽了这个领域的研究视野。

秦川先生指出，很多人把郭沫若自传只作为一般的文学作品来看待，然而其中所蕴含的对于中国社会的性质以及中国革命的问题的许多议论是十分值得研究的一个关键。郭沫若自传中不乏一些时事评论以及对社会变革的看法，例如郭沫若在《反正前后》① 中对四川当时巡警道周孝怀的“娼场厂唱察”的“德政”的议论和一群青年人在酒楼上对国家大事的“悲歌慷慨”，既可以看到其时四川的政治与社会环境，也可以看到当时青年人对时政的议论，从这个角度来说，对郭沫若自传中对社会的评述是有深挖意义的。作者以为郭作传出发，在描述郭的成长经历中，着重阐述传主的思想变迁与轨迹的过程，同时也带出了其时中国知识青年受中华传统文化与西方新引进思潮的双重浸润的现象，比如《郭沫若新论》中《郭沫若与中国现代化》一文，秦川先生从郭沫若的创作内容中有关现代电器与商业状况描写，看到了当时四川经济与商业发展的影响以及人们思维感官对现代文明的反馈，从史的角度来分析郭沫若的文学作品。

对郭沫若其人及其作品价值的攻讦的论辩也是秦川先生在郭沫若研究中的一个亮

① 郭沫若:《郭沫若文集·文学编》第11卷，人民文学出版社1987年版，第161—276页。

点，学界中部分别有用心的人“将郭沫若的政党属性和政治选择作为批判的对象”，“借助郭沫若展开意识形态批判”[①]，否定新文学运动进而否定中国共产党的文化与政治，再有一般圈外人“停留在‘对郭沫若的道德评判’的表象上”[②]，进而否定其成就与贡献。面对这样的现象，秦川先生言辞义正，以大量史实对这些诘难一一辩驳，并秉持历史唯物主义的信条，对郭沫若及其作品做出公正而客观的评价，并且强调凡事不能矫枉过正，郭沫若的错误是有目共睹的，但不能一叶障目，以偏概全，要以理性的眼光评价事物，郭沫若的“崇高与大美”[③] 是不容否定和忽视的。

不可否认的是，尽管秦川先生在郭研中已尽其所能地涉足了郭沫若研究的各个层面与各个领域，然而也并非面面俱到，在这几本主要著作中，也仍然存在一些小小的瑕疵。首先，尽管重视了郭沫若思想轨迹的变迁，不过，作为一名激情洋溢的诗人与作家，他的情感生活及其感情的变迁也是不容忽视的创作的重要因素之一，秦川先生为郭著传时，有些刻意地避讳或是简省了一些郭老自传中并不回避的感情生活，这对展现一个更为全面客观的郭沫若来说，是会造成一定的遮蔽的。其次，作者本着科学的、重史料的态度，太过拘泥于史料以及学术的严谨性，因此语言上的过于平实直白，在阅读上也稍显趣味不足。最后，对郭沫若人生经历之中的各种选择，秦川先生在评述的过程中出于自身的主观情感，有不忍苛责之感，因而也有一点轻描淡写之嫌，时代的洪流会将人卷入错误的波涛之中，但是身处其中的作为个体的人的人生选择和文化选择并不单纯全是时代洪流裹挟的结果。不过，上述的吹毛求疵说到底也只是源于读者的一种阅读期待。面对这样一位兢兢业业、脚踏实地的学者，他的研究成果与研究精神对于青年学子来说，毋庸置疑有着深切的激奋作用，要维持郭沫若研究这个领域的长青除了要靠老先生们数年的耕耘之外，也更需要青年学者们的踏实投入。

（原载《郭沫若学刊》2017 年第 3 期）

---

① 李怡：《隔岸的观看——台湾郭沫若研究一瞥》，《中国现代文学研究丛刊》2013 年第 9 期。

② 魏红珊：《新论之“新”——评〈郭沫若研究新论〉》，《社会科学研究》2013 年第 1 期。

③ 秦川：《郭沫若评传·后记》，中国文联出版社 2016 年版，第 403 页。

我做郭沫若研究(一)

蔡　震

我的学术生涯主要是与郭沫若研究联系在一起的，而我选择做郭沫若研究有一点偶然性。如果不是大学毕业那年选择了读研究生，如果不是选择了报考黄侯兴先生的专业，或者如果读研毕业后不是进入隶属于中国社会科学院的郭沫若著作编辑出版委员会，那我在学术生涯中不一定走进郭沫若研究，至少不一定与之携行三十余载。

歪打正着

大学是在西安读的，进的中文系。毕业之前的那个暑假，我决定考研，其中一个原因是要靠自己的努力，回到北京去。自 1969 年初赴陕北下乡插队，已经在陕西闯荡十三年了。我选择的专业是中国现代文学史，当时北京招收现代文学史专业研究生的学校和招生数量都很有限，权衡了各种情况，决定报考北京广播学院（后更名中国传媒大学）黄侯兴先生名下，他招生的专业研究方向是郭沫若研究。

其实那时，我还不知道黄先生主要搞郭沫若研究，也没有读过他写的相关研究文章。我在大学学习期间比较感兴趣的是曹禺的剧作，在这方面下了点功夫。后来发表的第一篇论文，就是将大学读书期间所写作的一篇论述曹禺戏剧创作的习作修改后发表的，发表在《文学评论丛刊》，应该说起点还是不错的。而郭沫若的文章作品，大学期间还真是没有认真阅读，所学基本就是现代文学史课程上所讲的那些东西。除此之外，倒是以前中学期间课外阅读过的郭沫若的几部自传作品留下了比较深刻的印象。我最初关于辛亥革命前后社会历史的知识，就是从其中获得的。所以，当专业考试中有一道论述题：关于郭沫若早期三部历史剧作《三个叛逆的女性》摆在面前时，我只能根据记忆里现代文学史课堂上的讲述去做些发挥了。

黄先生是第一次招收研究生，所以很仔细，在初试后专程来西安对我进行了复试，当然不再是答卷式的考试，只是一次面谈，面谈的内容也比较随意。

七七级是 1978 年春季始学，所以毕业是在 1982 年初的冬季。我在 1981 年末即收到录取通知书，但还要参加毕业分配。这时我又面临一次选择。我就读的陕西师范大学，虽冠有“陕西”二字，但是是教育部直属的五所师范大学之一，所以毕业学生的分配可以有统分（全国）的部分。七七级这一级学生又有点特殊之处，即有一批来自北京赴延安下乡插队后考取入学的学生。于是，在毕业分配时，就有一批分配至北京就业的名额。记得中文系有五个名额，这差不多就是戴帽下达的名额，因为不含已婚的京籍毕业生恰为五人，毕业之前几个月就做过统计了。我是可以分配至北京就职的，而且多半是分到国家教委，所以系里专门问到我是选择读研还是参加毕业分配。我当时也还是有过一点游移的，毕竟年龄较大了（“文革”整整耽误了十年），已届而立之年，还要再去读书？报考研究生时的一个原因不也是想回到北京吗，这是一个很好的机会啊。但最后我还是坚定了读研的目标，将来做学术研究应该更适合我。

黄先生招生的郭沫若研究专业，在当时可算是“独门绝技”，之后好像也未再见这么专一的专业方向。在黄先生门下的学习经历，主要是读书，查阅各种文献史料。隔一段时间黄先生就会给我们开列一个书单，要求认真阅读。他告诫我们不要急于撰写论文，也没有要发表论文的要求。这使得我们可以踏踏实实地读书，而心无旁骛。记得仅仅为了详细翻阅创造社刊物（当时还没有影印出版），每天往返于东郊定福庄的学校与王府大街北口的中科院图书馆（人文、社会科学藏书部分当时放在社科院近代史所）之间，时间长达一两个月。这种阅读学习的经历，对于我后来从事学术研究，是大有助益的。因为积累了比较丰富的文献资料，研究生毕业后即开始撰写我的第一本学术专著。而且有一两年时间的研究论文写作，主要是依据读研期间文献史料的阅读和积累。那时还靠记资料卡片，我的三个卡片盒装得满满的，还有两个活页笔记本（可以随意加页）也记满了摘录的各种文献资料。

因为读研的专业方向是郭沫若研究，所以在读研期间与郭沫若研究就有了最初的接触。1983 年 5 月，在一次郭沫若研究学术讨论会期间，成立了中国郭沫若研究学会。我和同窗作为会议记录者，参加了这次讨论会及学会成立的会议，之后也成为会员。当时没有想到两年后，我就接手了学会的日常工作，从此便与研究学会结下不解之缘。

那时读研，可以有一次外出学习考察，考察的一个地点，我选择了乐山和沙湾（隶属于乐山），因为那是郭沫若的故乡，是他少年时代生活、读书的地方。当时只是觉得好奇，要看一看养育了郭沫若的那一方水土是个什么样子，后来又数次去过沙湾才逐渐意识到，这样的参观，其实就是在触摸历史，在阅读郭沫若的人生。特别是当我开始写作郭沫若传记的时候，那些在乐山、在沙湾的所见所闻变得鲜活起来，在脑海里幻化成历史的影像。

初次见到的沙湾还是旧时风貌：石板铺就的小街，木结构的房屋鳞次栉比，临街一面是可以卸装的栅板，有凉亭子，白天卸下栅板是铺面，天黑了装起栅板就是住宅。郭家那处老宅院并不高大，尽管经过修缮，也已经很旧了 。但里面的房屋、天井、“绥山山馆”书塾的院子都保存得很好，只是木结构部分全部涂成黑色，大概改变了原状（应该原是木质本色，因时间久远木色变暗了）。当时各个房间展陈的情况是怎样的，已经记不大清楚了，但后来进入郭沫若研究领域，也涉足博物馆工作，给沙湾旧居的展陈提过一些建议，他们都采纳了，譬如，将郭开运住过的房间辟为原状陈列的展室。因为郭沫若在长兄、五哥之后也走出家门东渡日本求学，一直留在家中的只有郭开运这个小弟。特别是在父母相继去世后，能维持郭家这处老宅，维系郭沫若与这处老宅的联系也全靠郭开运，所以沙湾郭沫若故居需要反映这些真实的史迹和历史原貌。

养育了郭沫若的那方故乡水土当然不只是旧居的老屋，而是他生活于其中的那种人文的、社会的、自然的环境：老街、茶溪、福安寺、大渡河、绥山、美女峰……它们有些随着时代的变迁已经不复存在，但有些物态的风物一直延续留存着。然而，不知何时，大概在八十年代末九十年代初，沙湾的老街被拆掉了，郭家老宅所在的街巷成了现在任何一个小县城的任何一处街区都能看到的那种街巷，百年老宅成了一个孤零零的存在。这实在令人惋惜不已。

毕业论文，也是学位论文，我拟写的题目是《论郭沫若早期文艺思想中的“主情主义”》。“主情主义”是郭沫若在《少年维特之烦恼序引》中谈及“与歌德思想上有种种共鸣之点”时特别提及并使用的一个概念。关于郭沫若在五四时期的新诗创作和文艺思想，当时的研究，包括文学史叙述，一般笼统地称之为浪漫主义，即类同西方文学史上的浪漫主义文学。我觉得这个论断有些含混不清。郭沫若身上表现有浪漫主义精神，他的作品也有浪漫主义风格，但他的创作实践和理论主张，并不等同于西方文学史上的浪漫主义。郭沫若的新诗创作和文艺思想有自己的特点。我想阐释这些东西，所以借用了“主情主义”这一概念来阐释郭沫若的浪漫主义。表现自我、主观抒情是郭沫若浪漫主义文艺思想的理论核心。五四反封建革命对旧文学意识的冲击，西方浪漫派文艺思想的影响，酝酿了重主观、重抒情的社会审美意识。郭沫若的气质、教养、经历，使他在此背景上成为五四浪漫派文学的倡导者。表现自我反映了郭沫若文艺思想真实律的原则：“情动于衷”的“自然流露”，以物我一体的方式反映现实。由于康德哲学、庄子认识论的影响，郭沫若的文学意识建立在他的泛神论思想所构建的二元世界中，但在积极的方面，表现了能动的创造精神、革命的理想主义。主观抒情是郭沫若在审美方式上的追求。它构成郭沫若创作论的基本内容，反映了诗人文论家的特点。创作持唯美主义，鉴赏秉功利主义的文艺功利观，统一于文艺的社会功利性中。郭沫若称艺术“总要它是艺术”，是一个有益的命题。但割裂动机与效果的理论表述，反映了东西方文化传统、老庄思想、儒家教义等在他思想上的矛盾。随着世界观转变，郭沫若曾转而提倡现实主义，但他并未真正放弃主情主义思想。主情主义在其一生的文艺活动中贯穿始终。

由于写文前做了充分的准备，包括在文献资料方面，在相关文艺学、美学理论的学习方面，所以落笔时觉得思路很清晰，文章写着也很顺畅，三万五千字的篇幅一气呵成。

毕业论文答辩是樊骏先生主持的。樊骏先生在现代文学研究界的学术声望颇高，得知由他主持论文答辩，开始时有点小小的不安。但樊骏先生其实给人很温和的感觉，不过说话直截了当。答辩完成后，樊骏先生特别停留了一会儿，单独与我做了交谈，对我的论文评价非常好，而且是很直率地在与一同答辩的同学论文的比较中做了如此评价。他希望我在学术研究的路上走下去。这对我当然是很大的鼓励。

另外一件事，对我亦有很大鼓舞。黄先生很满意我的硕士论文，推荐给《中国社会科学》的朱成甲老师。我对自己硕士论文的学术水准还是颇有自信的，但朱老师决定将其发表在《中国社会科学》上时，还是让我有点吃惊，那可是顶级的学术刊物啊！当然是窃喜不已了。《中国社会科学》是可以发表长文的学术刊物，但三万数千字毕竟太长了，所以朱老师要求我压缩到一万七八千字以内。这可让我有点犯难，逐一压缩如此篇幅，可能会把文章搞得支离破碎。所以最后我舍弃了论文的整个第五部分（至今只留在打印稿中），其他四部分则略做删削，达成了朱老师的要求。《中国社会科学》是双月刊，涉及多学科，每期文学研究（不只中国现代文学）的论文只有两三篇，所以发文的周期比较长。我的论文发表已经在两年后的 1987 年了。又两年后，杂志社将其全文译成英语，收入英文版《中国社会科学》（SOCIAL SCIENCES in CHINA 3/1989）。有一个细节记得很清楚：《中国社会科学》的样刊虽然只有两本，但附赠了十余本抽印本（就是单独抽出该篇论文印装成小册子），英文版也是如此。这是其他刊物没有的。所以许多人不知道抽印本为何物。有点遗憾的是，英文本把题目中的“主情主义”，译成了“Sentimentalism”（感伤主义）。

“易耨深耕”

郭沫若曾经给群益出版社题词谓：“文化之田，易耨深耕”。郭沫若研究作为一个学术园地，也是需要“易耨深耕”的。

在我毕业之前，黄侯兴先生已经被借调至郭沫若著作编辑出版委员会。这个机构隶属中国社会科学院，社科院的前身是中国科学院哲学社会科学部，郭沫若生前是中科院院长兼学部主任，应算社科院的第一任领导。编委会的主要工作是编辑出版《郭沫若全集》，黄先生承担有戏剧部分的编辑注释工作，我在读研期间，协助他做过《三个叛逆的女性》的注释。但在我毕业之前，《郭沫若全集》的“历史编”8 卷已经由人民出版社出版，“文学编”20 卷也已经完成注释稿，开始由人民文学出版社陆续出版，只余“考古编”10 卷的部分卷次尚未完成注释工作。所以，身兼“郭沫若著作编委会”主任的周扬同志，对这个机构的工作有了新的设想：把它办成研究郭沫若、宣传郭沫若及郭沫若研究的资料中心。黄先生显然是由于这样的需要从大学调入“郭沫若著作编委会”。黄先生觉得我适合做学术研究，所以在我们完成研究生学业后，推荐我进入了“郭沫若著作编委会”（我们那时还是包分配）。编委会的办公地点设在前海西街的郭沫若故居（那时还没有作为一个对外开放的纪念馆），1984年12月末的一天，我走进这座两进的中式四合院，去“郭沫若著作编委会”报到，从此与郭沫若研究结下不解之缘，时至今日。

“郭沫若著作编委会”作为一个固定设置的机构，只有办公室和文物、编研两个部门是实体机构，实际上没有几个从事编辑、研究的专业人员。《郭沫若全集》的编辑注释工作，都是请社科院几个研究所的研究员、全国各地一些高等院校的教授们承担的。那时可以动员全国范围内各方面的专业人员来做编全集的事，如今则完全不可能了。我的工作安排在编研室，因为全集工作已近尾声，没有我的事，所以日常工作就是自己做学术研究写文章，参与编辑《郭沫若研究》。

刚走出校门，完成从学生到研究人员的角色转换，总感觉有写不完的论文题目在脑海里酝酿。三年读研期间大量的阅读积累，使得我对于研究对象有着比较完全的了解、把握。这一点对于郭沫若研究而言，应该说很重要。因为郭沫若一生的活动涉足甚广，文学、历史、古文字、各种文化活动、社会活动、广泛的人际交往……从研究的角度来说，可以切入的考察点非常之多，但如何判读其学术价值并非易事。所以，对郭沫若作为一个研究对象，应该首先有一个相对比较全面的了解、认知和把握，才好进入具体的研究，否则会觉得无从入手，或者只看到一个点而无从顾及与之相关的各个方面，这样也只能做一些浅尝辄止的论述。

我的研究选题涉及的方面比较多，且多是从宏观的角度去论述关于郭沫若的问题。如：《郭沫若前期文艺思想与我国文化传统的关系》《郭沫若与东西方文化》《文化选择的困惑——从郭沫若在日本谈起》《郭沫若：一个传统文化的历史投影》《生命意识：郭沫若五四时期文化心态的一种审视》《浪漫精神与历史个性》《向历史注入生命活力——论郭沫若与儒家文化思想》《郭沫若的个性本位意识与传统文化情结》，等等。这样的研究方向，一方面是当时郭沫若研究所需要的（当时单纯立足于社会学批评方式的作家作品研究需要突破），另一方面，对于我是很好的学术历练，训练了学术思辨的能力，打开了开阔的学术视野。

1986年，我开始着手第一本学术专著的撰写。我选择了在郭沫若与郁达夫之间做一种比较研究。郭沫若、郁达夫各自都是新文学史上一面观的人物，作为创造社的代表作家，他们在文学倾向上有许多相似之处。但作为诗人、作家，他们之间又存在着巨大差异，包括他们的人生行旅、文艺思想、创作风格，等等。而他们的全部文学活动，无疑代表着五四浪漫派（不是西方的那种浪漫主义）文学的最高成就。另一方面，郁达夫和郭沫若各自在新文学史上又都遭到不同的误解或訾议，但他们却连结于同一条历史的因果链条。这些都是引起我思考和研究兴趣的问题。可以说，这样一种思考的视野和切入研究的角度，在当时还是没有的。因为准备得比较充分，我实际上只用了半年时间即写成了书稿《郭沫若与郁达夫比较论》。之后，我将书稿中论述的一些问题单独整理成篇，先在《文学评论》（《理想主义激情与殉情主义感伤》）、

《中国现代文学研究丛刊》(《郭沫若、郁达夫文艺思想》)、《陕西师大学报》(《文学对自然的思考》)、《郭沫若研究》(《郭沫若与郁达夫悲剧观比较》) 等刊物上发表。1988 年 5 月书稿出版。

随着这一研究思路的延展，创造社研究，也就自然成了下一步研究的学术指向。此时，对于文学史上文学社团的研究还不多，创造社研究极为缺少，但关于创造社作家及文学活动的研究，其实是郭沫若研究一个重要的侧翼，对于郭沫若研究会有直接的推进，所以我把学术思考的视点对准了这个研究方向。我曾以创造社研究申请到一个国家青年社科基金项目，那时的项目经费只有几千元，也就够参加一次学术研讨会的，好在我不需要靠课题经费出差。《历史抉择与创造精神——创造社文化心态审视》《论创造社的"方向转换"》等论文即是因此而写的。我们在《郭沫若研究》上也开设了"创造社研究"专栏。1991 年，在创造社成立 70 周年纪念之际，中国郭沫若研究学会于北京举办了"创造社研究国际学术研讨会"。这个研讨会在现代文学史研究领域，可以说是开以文学社团研究为主议题的学术研讨会之先河。会前，我们编研室编辑了一套"创造社丛书"，包括文学理论、诗歌、小说、散文、戏剧几卷，会后又增加了一卷"理论研究"，总计 7 卷。我负责编辑"小说"两卷与"理论研究"卷。那时，创造社所办刊物和创造社作家的作品，都还没有影印出版或重新出版，所以这套丛书对于进行创造社研究的研究者而言，是一套很有价值、很实用的学术资料。

整个 80 年代直至 90 年代初，是郭沫若研究蓬勃发展的时期，文学、史学、考古学等各学术领域乃至文化领域的许多方面都有诸多学者、研究人员、教师从事郭沫若研究。大量研究成果（论文、论著）、文献史料整理的成果发表、出版。在北京、四川、山东有若干种郭沫若研究的学术期刊、专刊，定期不定期出版，人大复印报刊资料曾专门设有"郭沫若研究"专辑。作为民间学术团体，有中国郭沫若研究学会、四川省郭沫若研究学会、山东省郭沫若研究学会等，聚合了全国各地的专家学者经常举行各种学术交流活动。一些研究机构和高校还设立有"郭沫若研究室""沫若研究社"等。我一出道就置身在这样的学术环境中，极大地激发了自己从事郭沫若研究的热情，学术水平很快得到提升，学术成果也颇丰。

那时的学术风气也好。撰写一篇论文，完全没有非学术的考虑，学术讨论会上，无论在会间休息还是休会的晚间，大家也都在争论学术问题。发表论文，全是自己投稿，有些发了我文章的刊物，至今也不知责任编辑其人其名。就是《文学评论》，也是在投稿发表了两篇论文之后才知道编发我文章的是卢济恩老师并与他有当面的交流。卢老师对我这个后学自是鼓励有加，且嘱有好稿子寄给他。现在大刊物的编辑对年轻的后学能这样相待怕是不多了。

其实，我在做学术研究的同时，也在做编辑工作，即任《郭沫若研究》的编辑。所以，很能理解编辑与作者之间应该具有什么样的关系，才能形成一个好的学术生态环境，当然这只是学术生态的一部分。

《郭沫若研究》是中国郭沫若研究学会办的不定期出版的学术专刊，黄侯兴先生主编，杨均照、周亚琴和我三人为编辑。事实上，《郭沫若研究》并没有专门的编辑、编务人员，编辑部也只是编研室为办刊使用的名义，包括主编和我们几个编辑，都只能算是兼职。所以，刊物只能采用以书号不定期出版的方式由文化艺术出版社出版印行。这是《郭沫若研究》创办之时最为失策的地方，当时申请刊号比较容易，到后来想到要正式申请一个期刊号办刊，已经很难做到了。

《郭沫若研究》前几辑是我们三人各自编辑处理经手的来搞或约稿，最后合在一起由主编审核发稿。这样的编刊方式显得有点散漫，难以在选题上、栏目上做有计划性的考虑，所以从第 7 辑起实行责编制。我每隔一期做一辑责编。这样一来，不但组稿发稿从容多了，而且使得编辑工作包含了更多的学术内容。《郭沫若研究》在当时郭沫若研究的学术圈中口碑很好，被认为能代表当时郭沫若研究的学术水平。有一位教授曾告诉我，当时他们学校统计教师年度科研成果时发表论文的刊物是分中央级、省级、省以下级别几个层级的，统计分数自然不同，《郭沫若研究》属于中央级刊物。尽管是不定期专刊，无论刊物收到的投稿，还是我们组编的稿件，都出自这一研究领域高水平的学者所作。这成为一个良性循环，正是刊物编辑部所希望的。

尽管为《郭沫若研究》做了不少工作，但对于业务职称走研究系列的我来说，它们全没有记入业务成果中，因为职称评定时不认可研究论文、论著之外的成果。从这层意义上说，编辑工作只是我主业之外的“副业”。不过我一直认为编辑学术专刊《郭沫若研究》，对我是非常有益的经历。首先，它使我掌握了编辑业务的专业能力，其次，通过组稿、看稿、改稿，让我对于郭沫若研究学术领域的现状、发展、动向，能有比较充分和深入的了解，这对自己的研究是大有裨益的。

（待续）

（作者系中国社会科学院郭沫若纪念馆研究员）

第十一篇

学术会议

鲁迅研究、郭沫若研究的新视野与新突破

——“鲁迅、郭沫若与近代以来的民族复兴运动”学术研讨会暨四川省鲁迅研究会第五届年会综述

胡余龙

2017年11月14日至16日，由四川省鲁迅研究会、四川省郭沫若研究会和乐山师范学院主办，四川郭沫若研究中心承办的“鲁迅、郭沫若与近代以来的民族复兴运动”学术研讨会暨四川省鲁迅研究会第五届年会在四川省乐山市的乐山师范学院顺利召开。为了纪念郭沫若诞辰125周年，同时进一步加强四川乃至全国范围内的学术交流，拓展鲁迅研究、郭沫若研究的现有格局，并开展四川省鲁迅研究会换届工作，来自中国社会科学院、北京师范大学、四川大学、陕西师范大学、南京师范大学、西南大学、西南交通大学、成都大学、河北大学、四川师范大学、乐山师范学院、西南科技大学、贵州师范大学、四川省社会科学院、西华大学、西华师范大学、大连理工大学等二十余所院校的七十多位专家、学者出席了此次会议。会议开幕式由乐山师范学院廖久明主持，乐山师范学院党委书记杨胜宽致欢迎辞，中国郭沫若研究会执行会长蔡震发表讲话，四川省鲁迅研究会会长、中国郭沫若研究会副会长李怡致辞。会议期间，与会专家、学者共聚一堂，围绕“鲁迅、郭沫若与近代以来的民族复兴运动”及鲁迅研究、郭沫若研究中的具体问题等议题展开了深入细致而又卓有成效的探讨。

一　民族复兴运动视野下的鲁迅、郭沫若研究

自鸦片战争以后，中国国势日衰、民族不振，为了从根本上改变这一困境，民族复兴运动应运而生。在中国近代民族复兴运动史上，鲁迅、郭沫若是两位绕不开的重要人物，尽管存在差异，但是他们都为实现民族复兴理想而上下求索。概言之，研究民族复兴运动视野下的鲁迅、郭沫若，对学术、对现实都有着重要意义。谢应光的《鲁迅和郭沫若“民族复兴观”之比较》在厘清“民族复兴”含义的基础上，将鲁迅和郭沫若的“民族复兴观”进行对比，既看到了二者的相同之处，也指出了其差异。谢应光认为在阐发“民族复兴”这一点上，鲁迅倾向于思想解放和个人精神力

度，而郭沫若侧重于社会改造、政治实践和国家重构。

比较鲁迅、郭沫若的“民族复兴观”当然重要，同时也需要将他们分别置于近代以来民族复兴运动的语境下，深入分析他们各自的相关理念。本次会议从这方面研究鲁迅的论文并不多，丁晓妮的《〈自题小像〉新解——兼谈鲁迅早期的民族国家意识》以鲁迅早期的一首旧体诗——《自题小像》为研究对象，借助文本细读、格律分析和关键词考证等研究方法，窥测鲁迅早期的民族国家意识及其对自我与民族国家关系的确认。丁晓妮指出《自题小像》虽然是一首旧体诗，但是其中的“我”是充满现代感的独立个体，而“荐”和“祭祀”则是鲁迅表述民族国家情感的话语方式，这表明旧体诗同样可以承载现代思想意识。

相比之下，研究民族复兴运动视野下的郭沫若的论文明显更多。蔡震的《郭沫若民族复兴思想形成的文化背景》从郭沫若公开发表的第一篇学术论文《我国思想史上之澎湃城》谈起，结合他之后撰写的《中国文化之传统精神》等一系列文章，阐释郭沫若的民族复兴思想形成的文化背景。蔡震认为，郭沫若写作以上学术文章的动机是以学术思考来传达中华民族复兴理想，而且他希望通过阐扬中国传统文化精神来推行现代思想启蒙主张，这种执着探寻对他日后开创中国马克思主义历史学有着重要影响。吴辰的《国家与强权：论郭沫若留学日本期间的国家意识》分析了郭沫若在长达十年的留学日本生涯里的国家意识，认为他在这一时期对“国家”“政府”等宏观意识形态的态度跟后来有着显著差异，表现出对国家主义和强权政治的认同和向往。张武军的《文学革命到革命文学的另一种叙述——中国青年党视野下的革命与文学》认为中间党派的政治活动与现代文学之间的关系还未得到正视，观照中国青年党视野下的革命和文学有利于改善这一情形，其中谈论到郭沫若的革命文学转向，认为这种转向的深层动因是国家主义的革命逻辑，深化了既有的对郭沫若的认识。钱晓宇的《未必就是“幼稚而陈腐”：〈敝帚集·联语五十二副〉小议》以郭沫若在1939年初夏回乐山为父治丧期间写下的旧体诗文和楹联结集——《敝帚集》为分析对象，着重解读其中的五十二副联语，认为这些看似“幼稚而陈腐”的对联其实蕴含着郭沫若的民族振兴理念。颜同林的《〈孔雀胆〉：民族意识的逆向建构》分析了郭沫若在1942年9月创作的历史剧《孔雀胆》，重新认识这部剧作主题模糊、思想混杂的歧义性，指出它不过是以爱情悲剧为幌子，实际传达出作者独特而浓烈的民族意识，而且这种民族意识还呈现出逆向建构之势。周文的《革命文学视野下的政治宣传——兼论郭沫若与北伐无形战力之实现》选取了郭沫若在北伐时期的人生经历、文学主张和政治宣传作为考察对象，指出当时的郭沫若认定实现文学在动乱时代的“无用之大用”的途径是革命文学和政治宣传，因而他高举“革命文学”的大旗，力争充分发挥政治宣传这一“无形战力”的社会作用。刘平中的《尊孔与重经：郭沫若对刘沅经学的发挥与超越》对比郭沫若、刘沅的经学主张，认为他们在尊孔原儒、回归儒学元典和发掘孔孟人本精神等方面有着相通性，郭沫若不仅汲取了刘沅经学思想的养分，还实现了对后者的阐扬与超越，推动了蜀学的近代发展和时代转型。

二 鲁迅研究

除了研究鲁迅、郭沫若在民族复兴运动中的真实历史面貌外，本次会议的专家、学者还从多个方面推进了鲁迅、郭沫若的研究现状。其中有少量论文进行的是鲁迅与郭沫若的比较研究，如黄晶铉的《在韩国鲁迅和郭沫若的评价》以一名韩国学者的视角来分析鲁迅和郭沫若的评价问题，指出在韩国有许多研究鲁迅和郭沫若的论文，但是相比而言，对鲁迅的研究要多于对郭沫若的研究。王玉春的《从文君到子君：民国作家的私奔叙事与婚恋想象》将鲁迅的小说《伤逝》与郭沫若的三幕剧《卓文君》进行比较，细致解读两部作品的女主人公——文君、子君的爱情生活，指出《伤逝》《卓文君》呈现出从古典到现代的私奔叙事的文本差异性，其中还蕴含着鲁迅、郭沫若在内的民国作家对爱情婚姻的体验、想象和思考。马文美的《残春梦与肥皂泡——〈残春〉〈肥皂〉殊途同归论》认为小说《残春》和《肥皂》分别是郭沫若和鲁迅的最具代表性的婚恋小说，虽然两部小说的人物特征、故事情节和写作手法差异迥然，但是它们的主题意蕴和内在思想存在一致性，饱受精神煎熬的小说人物最终都选择回归家庭的宁静，这背后隐含着丰富的文化意义。尽管如此，在本次会议上，更多的论文是从鲁迅研究、郭沫若研究各自的视角分别探讨其中的某些问题。

通过对鲁迅作品进行深入的文本细读，确实可以发现一些以前没有被注意到的“风景”。李乐乐的《鲁迅〈查拉图斯特拉如是说〉译本浅议》通过比较鲁迅亲自翻译或推动出版的尼采《查拉图斯特拉如是说》的三个译本，借助对译本中的关键词的分析，着重阐释“改译”这一“脱离常轨”的翻译行为，从而辨析出《查拉图斯特拉如是说》对鲁迅思想所产生过的复杂影响。邱迁益的《论〈故事新编〉对晚清“翻新小说”的超越》将鲁迅晚年的小说集《故事新编》跟晚清翻新小说进行对比，阐明两者在时间观念和创作心态上的不同点，认为《故事新编》在文学成就上超越了晚清翻新小说。谭梅的《子君：性别维度下缄默的新女性——兼论鲁迅与女性文化的现代革新》以鲁迅的小说《伤逝》为例，分析鲁迅关于女性解放和女性文化现代变革的观点，指出鲁迅在反思两性不平等历史中的男性责任之时，主张走社会解放道路，将女性解放与社会解放结合起来。

《野草》在鲁迅作品里有着特殊的地位，越来越被研究者重视。郭鹏程的《佛经·复兴·心学——鲁迅〈复仇〉中的“大欢喜”溯源》以鲁迅《野草》中的散文《复仇》为中心，结合鲁迅的记录和创作，试图厘清佛经“大欢喜”、晚清佛学复兴思想、鲁迅“心学”三者对《复仇》中的“大欢喜”所产生的影响，认为《复仇》中的“大欢喜”是前三者在鲁迅笔下的创造性运用。周维东的《“他们”的困境——解读〈颓败线的颤动〉》选取了鲁迅《野草》中的散文《颓败线的颤动》，通过文本细读烛照“他们”，即“启蒙英雄”的困境，还挖掘出“母亲”的“凌辱体验”实则有着复杂而多义的内涵，这牵涉到中国传统伦理体系崩溃的问题。周维东结合鲁迅与朱安的包办婚姻，指出正如鲁迅明知离婚对人对己都好的情况下而选择不离婚，《颓败线的颤动》的“母亲”在新的伦理体系和价值体系建立之前，为了避免自身的颓败而不得不回到原有伦理的怀抱里。

剖析鲁迅与其他作家的关系，尤其是鲁迅对后者造成的影响，不仅能增进我们对鲁迅的认识，还能丰富现有的文学史知识谱系。教鹤然的《鲁迅与北满哈尔滨地区左翼文学活动之关系》立足于北满政治文化重镇——哈尔滨的左翼文学活动，认为鲁迅与之存在着紧密联系，然后从左翼思想传播、左翼文学实践活动两个方面大致勾勒出鲁迅与北满作家、北满左翼文学活动之间的关系。黄群英的《鲁迅思想资源对抗战时期人们的启蒙探究——以四川文学期刊为例》指出在抗战时期的四川文学期刊中有大量与鲁迅的为人、创作和思想研究相关的作品，它们的作者之所以再度诠释鲁迅的精神，尤其是其战斗精神、呐喊精神和现实批评精神，既是当时抗战口号的需要，也出自文人们对变革社会的渴望。刘军的《苦闷的移情》选取了聂绀弩在1960年代根据鲁迅《野草》的文意演绎而成的九首七律，认为它们是聂绀弩借用鲁迅笔下的意象和结构来表达自己的生命体验的尝试之作，其中蕴含着聂绀弩对历史与现实的深切忧思，进而指出聂绀弩是在自命为“鲁迅传人”的众多左翼作家里最接近鲁迅的一位。余夏云的《鲁迅的女弟子：朱天文、邱妙津以及“手记”在台发明》从鲁迅的《伤逝》、朱天文的《荒人手记》、邱妙津的《鳄鱼手记》和《蒙马特遗书》等“手记体”作品入手，认为朱天文、邱妙津其实是鲁迅的“女弟子”，他们继承和发扬了鲁迅的遗产，使得“手记体”这一文类在台湾得到了延续和发扬。杜蕊蕊的《萧军“日记”中的鲁迅》从“私人生活”和“日常生活”切入，以萧军的日记为史料支撑，探究平常生活中的鲁迅与萧军的真实形象和相互关系，指出萧军在延安的命运随着鲁迅在延安的地位改变而发生相应的变化。蒋德军的《文学教育的道与技——由鲁迅“弃医从文”谈起》从鲁迅“弃医从文”所带来的现实启示意义出发，谈论文学教育的“道”与“技”，着重分析了文学教育的独特功能，随后指出人们对文学与文学教育的某些误区，以及如何从中突围的主要方法。王婉如的《从鲁迅〈故事新编〉补天、理水看古史及其现代意义》从《故事新编》里的《补天》《理水》两篇小说入手，梳理了其中有关女娲传说和尧舜传说的叙述，不仅提供了一种认识“上古史传说”的新视角，还指出了《补天》《理水》的现代意义，将鲁迅小说与当下社会联系了起来。

针对如今的鲁迅研究状况，有一些专家、学者整理了相关论述，并提出了自己的思考。傅学敏的《鲁迅影像研究的困境与突破》选取了一个独特的研究视角，研究对象是根据鲁迅生平和作品演出的舞台剧和拍摄的影视作品，梳理了各个历史时期对鲁迅影像的研究状况，认为今后的鲁迅影像研究应该尤其关注鲁迅影像的时代语境、鲁迅形象的塑造、鲁迅影像的制作困境等方面。王学东的《略论葛浩文的“鲁迅观”》从汉学家葛浩文的论文集《论中国文学》入手，专门分析其中的《谈萧红与鲁迅》等与鲁迅相关的文章，较为完整地呈现了葛浩文的“鲁迅观”。廖久明的《谈谈学术研究中的“以论带史”问题——以董炳月先生对“幻灯片事件”的相关论述为例》对董炳月的《“文章为美术之一”——鲁迅早年的美术观与相关问题》提出质疑，认为董炳月对“幻灯片事件”的相关论述存在着先入为主的问题，即董炳月为了证明自己的观点而不考证史料的真实性，廖久明将这种做法称作“以论带史”，认为它比“以论代史”的危害更大，也更应该被警惕。

此外，熊权的《鲁迅批判吴稚晖问题及“左翼鲁迅”的生成》为我们提供了进入鲁迅的独特视角，该文从鲁迅批判吴稚晖谈起，分析鲁迅对吴稚晖的从认同到批判的态度变化，阐明“左翼鲁迅”被塑造的过程，并且考察 1920 年代中后期无政府主义、三民主义和共产主义等多种思潮的碰撞，追溯左翼文学何以发生的复杂历史语境，进而发掘不同于以往印象的文学史图景。

三　郭沫若研究

如果将“民族”“国家”“革命”之类的宏大话语暂时遮盖，我们可以发现郭沫若研究其实还有着广袤的可待开垦的地域。郭沫若的外孙女、日本国士馆大学教授藤田梨那女士的《1930 年代郭沫若的古代史研究及日本史学界的反响》用历史学的研究方法来评判 1930 年代郭沫若的古代史研究及其在日本所引起的强烈反响，指出郭沫若的《中国古代社会研究》别出心裁地将甲骨文研究和马克思主义思想、历史研究结合起来，他的这种研究路径给当时的日本史学界造成了猛烈的冲击，不仅为古代史研究开辟了新的视野，还为日本历史研究提供了新的可能性。陈俐、张旭东的《郭沫若题签并序的〈言子选辑〉史料再补充》综合了张旭东觅得的《言子选辑》的再版本和杨泽平手里的自印本，在结合图片和相关文字资料的基础上，从郭沫若生平、郭沫若版本题签及序、广告信息等方面对《言子选辑》的相关信息和史料价值作了重要补充。梁波的《没有“形式”的诗——新诗建构中的郭沫若诗论》抽离出早年郭沫若对音乐的倾向性，认为这种倾向性很大程度上影响到郭沫若对新诗“形式”的感觉，郭沫若从音乐的“有形”与“无形”出发，阐明了新诗的音乐性，并且根据“节奏”定义了一种特殊的没有“形式”的诗，这对中国新诗的形式建构和理论建设有着重要意义。叶瑀的《并非“抗战”的回忆录——也谈郭沫若〈洪波曲——抗日战争回忆录〉》认为郭沫若创作的《洪波曲》虽然名为“抗日战争回忆录”，实质上却没有着重描写抗日战争，对党派、阶级、国际援助等的过度渲染使得《洪波曲》的“抗日”主旨显得不够明确，这种情况的出现离不开当时的政治高压和郭沫若自身的生活经历。

除此之外，虽然已有不少学者做出了努力，但是目前对新中国成立以后的郭沫若的研究依然存在着一些误区。拂去旧有的历史偏见、正视真实而复杂的郭沫若，正是眼下郭沫若研究的一个前进方向。康斌的《思想再整合中的“文化屏风”——1966年前后对郭沫若的再评判》认为如果只是简单地从“人格”角度批判新中国建立以后的郭沫若，那么将会阻碍我们对文化大格局的反省，因此从1960年代文艺界的思想再整合切入，分析郭沫若之所以发表趋时言论的复杂原因，指出郭沫若虽然受到了“宽待”，却不复“旧时代”之文化先锋的荣光，只能是艰难地游走于“新时代”的文化政治之中。冯超的《郭沫若的中科大情结——从其为该校题写的几首诗词说起》认为以往将郭沫若定性为“社会活动家”和“公众人物”尽管有道理，但是我们更应该从求真、客观和宽容的态度来研究郭沫若，因而从郭沫若为中国科学技术大学题写的《满江红·科大大联合》等数首诗词谈起，指出这些首诗词正好表露出他的“非政治性”的思考和寄托，这也是其“中科大情结”的关键所在。李斌的《建立在伪史料基础上的“晚年郭沫若”研究》则着眼于晚年郭沫若研究，确认陈明远伪造了数十封“郭沫若”信件，认为陈明远的伪造行为、丁东等人对这些信件的反复炒作都迎合了伤痕史学的需要，给晚年郭沫若研究制造了诸多困难，进而强调目前最重要的工作是鉴别史料的真伪和挖掘更多的真实材料，实事求是地研究晚年郭沫若，从而展示其本来面目。

鲁迅研究、郭沫若研究素来是中国现当代文学研究的重镇，但是将二者并置于近代以来民族复兴运动视野下进行比较分析，应该属于此次学术研讨会的创举。除此之外，本次会议还对鲁迅研究、郭沫若研究分别做出了新颖而多元的拓展，而且将目光投向国外，显示出中国学界与海外汉学界进行对话的多种可能性。以上两方面的贡献既包含学术视野上的创新，也有着对阐释框架的突破。质言之，本次会议不仅进一步加深了我们对于鲁迅与郭沫若的了解程度，还为中国现代文学研究提供了新的研究视角和学术增长点。此外，在近代以来民族复兴运动视野下考察鲁迅与郭沫若的一致性与差异性，本次会议进行了初步探讨，也孕育出一批学术成果，但是仍旧存在着广阔的有待挖掘的阐释空间。

（原载《现代中国文化与文学》总第24辑）

迎接郭沫若研究新的春天

——中国郭沫若研究会第三届青年论坛综述

吴 辰

2017年4月21日到22日，中国郭沫若研究会第三届青年论坛在海南省海口市召开。本届论坛由中国郭沫若研究会、《历史研究》编辑部、海南师范大学文学院、《海南师范大学学报》编辑部等单位联合主办，来自全国三十余所高校、科研机构以及学术杂志社的五十多位郭沫若研究领域的专家、学者以及相关研究人员参与了论坛。论坛开幕式由海南师范大学文学院院长邵宁宁教授主持，海南师范大学副校长过建春教授致欢迎辞，《历史研究》杂志常务副主编周群先生、中国郭沫若研究会副会长魏建教授分别为论坛致辞，中国郭沫若研究会执行会长蔡震研究员为论坛做主题演讲。本届论坛围绕着"北伐前后的郭沫若"这一中心议题，共收到了三十余篇有着较高学术质量的论文，问题主要集中于北伐前郭沫若思想的马克思主义转向、北伐前后郭沫若的行状以及思想动态、郭沫若与北伐相关的作品在世界范围内的译介与接收，以及郭沫若与海南等数个大的方面，与会专家、学者分别从文学、历史、政治、文献学等多个维度对这些问题进行了研究和阐释，论坛在严谨而热烈的气氛中进行，共进行了七场讨论，由《中国现代文学研究丛刊》齐晓红编辑、《中国史研究动态》苏辉副主编、《东岳论丛》曹振华副主编等主持，与会专家、学者们通过相互讨论、切磋，进行了深入而又富有建设性的交流，共同推动了郭沫若研究的进展。

一 多学科视野下的郭沫若研究

郭沫若本人正如他对于歌德和孔子的评价一样，是一个"球形发展"的天才，"球形的发展是他所具有的一切的天才，同时向四方八面，立体地发展了去。"① 所以，对于郭沫若的研究就不能仅仅局限于诸如文学、历史等单一的学科内部，而是要在多学科视野下走向整合，这样才能呈现出一个多角度、多侧面的更为完整和统一的

---

① 田寿昌、宗白华、郭沫若：《三叶集》，亚东图书馆1920年版，第12页。

郭沫若的历史形象。尤其是对于“北伐前后的郭沫若”而言，其思想变动是巨大的，而这种思想变动必然会在其生命轨迹的各个侧面都得到表现，而并非集中于其中某一个维度。在本届论坛中，与会专家、学者即从各自的专业领域出发，并经由论坛这个平台，构建起了一次多学科之间关于郭沫若的交流，使郭沫若研究在学科之间实现了跨越和对话。

在文学和思想史领域，海南师范大学的邵宁宁教授敏锐地注意到了隐藏在《女神》诗集个性张扬背后的“感伤主义”，并将北伐前后的郭沫若的思想转变看作是一个对感伤主义的自觉抵制和批判的过程，而通过对于郭沫若北伐前后感伤主义情绪的消长，邵宁宁教授以感伤主义作为线索，勾勒出了中国现代文学中一条较为隐秘的线索，具有很强的启发性。河北师范大学的胡景敏教授将视线聚焦于“郭巴之争”这一文学公案上，以对史料的还原为基础，详尽阐释了郭沫若对于国家主义在不同时期的不同理解，并指出郭沫若与巴金之间产生分歧的核心并非在于国家有无的问题，而是在于国家建构形式的问题，这对于进一步研究郭沫若与巴金等作家之间的关系有着重要的意义。中国郭沫若研究会秘书长李斌副研究员则通过研究郭沫若对河上肇的《社会组织与社会革命》进行的翻译和反思以及对其接受马克思主义信念的细节进行了梳理，并通过“蚂蚁”这一具体意象论述了郭沫若北伐前后思想转向的心路历程，进一步拓宽了连接“作为文学家的郭沫若”和“作为革命者与政治活动者的郭沫若”之间的桥梁。厦门大学台湾研究院的刘奎助理研究员在将贯穿于郭沫若革命路线中的“经”和“权”的两种路线与毛泽东文艺观进行了对比之后，得出了郭沫若与延安文艺思想之间基于革命理念的内在一致性，勾勒出了郭沫若从投身革命开始自始至终的权变观以及基于现实状况而不断调整其革命思路的内在逻辑脉络。华南师范大学的咸立强教授则立足于他所生活和任教的广州，将郭沫若与创造社同人在文学与革命这两个方向上的分歧放置进1926年的广州这样一个特定的文化场域内，他敏锐地指出了广州作为“革命圣地”，其对于创造社同人思想上的影响是巨大的，而后期创造社的变化也多与他们在广州的经历有关。乐山师范学院四川郭沫若研究中心的何刚副研究员通过详细辨析存在于郭沫若早期思想中的“国家主义”到“新国家主义”的两种思想倾向及其演变历程，将郭沫若在北伐前后的思想变迁还原成为了一个动态的过程，并将以前多受人诟病的国家主义放在一个历史的语境中去进行考察，指出国家主义对郭沫若思想的马克思主义转向所起到的生成性的意义。执教于山东大学威海分校的孟文博先生将郭沫若的“民间文艺观”从由于文本修改和政治身份造成的褶皱中清理出来，呈现出了其“与时俱进”“因时而变”的特征，为认识郭沫若这样一个“漫长而又复杂的存在”找寻了一个重要的切入点。华南师范大学的侯桂新副教授由话剧《蔡文姬》作为考察对象，将其内容上由女性崇拜到领袖崇拜的过程和郭沫若精神世界的变迁紧密结合，考察了郭沫若的创作思想和自我身份意识的变迁。商丘师范学院的刘海洲副教授将郭沫若的诗歌、历史剧和史学研究看作是郭沫若人生中的

“三座高峰”，并将这“三座高峰”分别与其所面对的时代以及时代精神进行对比，从而进一步地确定了郭沫若在中国现代文学和史学领域不可替代的重要位置。而上海大学的郝雨教授则更倾向于将郭沫若的形象还原成为一个诗人，他从现代文化的角度重新开掘了郭沫若及其诗集《女神》，将郭沫若富于情绪化的诗作看作是中国新诗开一代诗风的源头。盐城师范学院的夏正娟女士和郝雨教授的观点形成了呼应，她认为收录于1928年的《沫若诗集》是郭沫若试图以理性世界观对曾经的情绪论诗歌理念的颠覆，但是这种颠覆是不甚成功的，在其理性世界观背后，潜伏着情绪论却是一条草蛇灰线般的存在。

与文学研究领域的学者们倾向于诉说郭沫若在特定历史语境中的心灵史相比，在历史学领域，学者们则更注重对具体历史事件在客观事实上的发掘。海南师范大学的王献军教授从宏观上介绍了由郭沫若点校的《崖州志》，详尽地叙述了郭沫若点校这部海南地方史志的缘由、过程以及内容，并将现有的各版本《崖州志》进行比照，从而凸显出郭沫若点校版《崖州志》的重要意义。而身为海南本地人的海南师范大学的李勃教授则通过对史料的整理和对实际地理人文的走访，更正了郭沫若在点校《崖州志》过程中出现的一处谬误，指出李德裕的贬谪地是在海南岛北部而非南部，并借此梳理了古代海南崖州复杂的建制沿革情况。另一位来自于海南师范大学的史振卿副教授则遍查资料，详尽整理了郭沫若在海南期间的行迹，勾勒出了郭沫若两次海南之行的具体路线及其文学、学术活动和交游轨迹，为晚年郭沫若研究提供了珍贵的线索。

郭沫若不但是一位杰出的文学家和历史学家，同时，他也是一位翻译的天才，在不断地向中国译介国外著作的同时，郭沫若的作品也在不断地在国外被翻译，并引起了海外汉学研究界的重视。在本届论坛中，关于郭沫若、翻译及海外郭沫若研究也成为了与会学者们所重点关心的问题之一。武汉大学的裴亮副教授和海南师范大学的赵从胜副教授共同关注到了日本的郭沫若研究，裴亮在其于日本访学期间注意到了黄瀛和大内隆雄这两位有着深厚日本背景的作家，并注意到两者对于翻译郭沫若作品在时间的选择都集中于北伐前后，进而找寻到郭沫若北伐前后诗作与日本诗坛产生共振的原因，对郭沫若的域外翻译的价值做出了重新的审视；而同样有着留日经历的赵从胜副教授则向与会学者们介绍了日本的学术数据库，并详尽整理了日本学者与访日中国学者对于郭沫若的研究现状，为中国国内郭沫若研究界提供了可以攻玉的他山之石。中国社会科学院郭沫若纪念馆的张勇副研究员通过郭沫若对于歌德“维特”形象进行译介的本源进行探究，找寻出《少年维特之烦恼》与《女神》在“五四”新文化运动的大命题下所呈现出的共同精神指向，为外国文学典型形象如何合理有效的参与到中国文化发展进程中去提供了可供借鉴的思路和方法。长江师范学院的杨玉英教授则将目光投向了英语世界，通过对英文版两个译本的《北伐途次》进行细读和考察，研究了郭沫若在英语世界里的翻译与误读，进而对跨文化翻译提出了一些富有建设性的意见。海南师范大学的刘田副教授通过自己的阅读经验，对郭沫若所译的《鲁拜集》提出了一些看法，在这场跨越时空的翻译对话中，不同代际的翻译者对于诗歌的理解上存在的分歧被显示了出来。北京大学的商金林教授在闭幕式上也通过自己在日本下关大学的讲学经历详细地解释了汉学与支那学的同与异，通过比较鲁迅与郭沫若向外国宣扬中国文化的方式，商教授得出了鲁迅与郭沫若是“同时代的两代人”的结论，具有很强的启发性。

而从中国古典文学、文献学以及影视文学等学科角度对郭沫若进行的研究和考察也在这次论坛上得到了充分的呈现，并引发了一系列的讨论。四川郭沫若研究中心主任廖久明教授以其所主持的国家社科基金重点项目“回忆郭沫若作品收集整理与研究”为样本，对回忆录类史料的定义、价值及使用态度和方法做出了全方位的审视，对这一十分重要但国内史学界对之关注尚少的领域提出了可供借鉴的经验。《现代中文学刊》编辑王贺先生则从廖久明教授所主持的项目谈起，对作为近代学术的“研究资料集”的蒐集、整理、编辑、出版等多个方面在理论的高度上进行了整理，并以自己从事编辑的经验为例，具体地谈及了“研究资料集”在问世之前所要经历的一系列过程，并以国外数据库建设为参照，对国内学术资源如何整合进行了进一步的思考。海南师范大学的周泉根教授以郭沫若所著《庄子批判》为中心，以古典文论的角度勾勒出了郭沫若和章太炎之间在学术领域的共鸣与互补，并进一步以余英时和钱穆为例，回应了一些中国古典文学的研究者对于郭沫若治学及学术水平的质疑，从治学理路和思想逻辑两个方面为郭沫若的学问正名。成都理工大学的郭士礼副教授则重点论述了郭沫若在古典文学研究领域中的唯物史观，通过唯物史观，郭沫若建立起了一套属于自己的古典文学研究新范式，郭沫若在研究中将史观和考证相结合的研究方式，再加上深厚的古典文学素养，造就了其研究的独特性和不可替代的历史地位。海南师范大学的黄思贤教授主攻文字学，他以古文字研究为视角，考察了郭沫若在古文字研究领域中所采用的思想和方法，以唯物史观为线索，将郭沫若在古文字学领域中的批评和自我批评、传统方法与现代理论串成了一条完整的学术链条。与大多数与会学者重点关心郭沫若之“有”不同，海南师范大学的房默副教授则重点关心了郭沫若之“无”，他从郭沫若对于中国早期电影的缺席入手，史料与分析并重，从郭沫若艺术上所追求的形式、早期电影对古装戏剧的歧视与偏见等方面详细论述了郭沫若与早期电影之间未能结缘的原因。

本届论坛针对郭沫若所做出的研讨是跨学科的，这正符合了郭沫若这样一个全面发展的人物所独具的特性，学科之间的交流使得一个更为立体的郭沫若的形象被发掘了出来。在论坛的框架下，来自于不同学科的学者们在互相交通与质疑之中汲取更多的养分，在资料与方法上互相借鉴，共同将郭沫若研究推向一个新的高度。

二 史料的深入发掘与思想的当下性转换

对于中国现当代文学研究而言，史料的发掘与整理是一件系统、宏大而基础的工作，而在郭沫若研究领域，由于郭沫若本人对其创作和文字经常性的修改和一些在记忆上的误差，故而尤其强调对于史料运用的准确性。在本届论坛上，与会学者在史料的发掘方面可以说是下足了硬功夫、苦功夫的，他们言必有据，论从史出，力求在最大程度上做到论证的严谨和精确。不仅如此，在深入挖掘史料背后所蕴含的思想资源的同时，与会学者们还始终将目光投向了当下，特别注意这些思想资源在当下语境下的转换，以郭沫若研究来带动一些对于当下学术和社会热点问题的讨论，为本届论坛增添了当下品格和人文关怀。

在参加本届论坛之前，中国郭沫若研究会名誉会长郭平英女士专程远赴汕头，为与会学者们带来了郭沫若北伐前后的珍贵史料，她亲自拍摄了现藏于汕头海关关史博物馆中的许多关于郭沫若的档案、信札等实物照片，对郭沫若在南昌起义之后的“潮汕七日红”时期为中国共产党所做的工作进行了一个历时性的描述，作为郭沫若的直系亲属，郭平英女士在叙述时的客观谨严的态度使在座学者感到钦佩，而郭女士所展出的史料和照片更是让与会人员直观地感受到了那个“千秋英烈血喷烟”的时代，进而证明了郭沫若在北伐前后行为和思想的一致性，其对于马克思主义信念的执着以及为了这个信念而进行的艰苦卓绝的抗争都是值得学者们进一步去研究和弘扬的。在会议茶歇期间，郭平英女士还与一些与会学者进行个别交流，针对学者们发言中存在的具体问题，郭女士常常能够补充提供一些重要的史料和掌故作为佐证和进一步研究的线索。而中国郭沫若研究会执行会长蔡震研究员更是以他资深的史料整理经历，在会议过程中多次纠正发言人论文中的史实性错误，即使这些错误是细微的，并以此为契机，深入历史的地表，为与会学者讲述每一条史料被发掘的来龙去脉，使与会学者在感慨于老一代学人为学术所做出的筚路蓝缕的艰辛工作之外，还不得不叹服于蔡先生对于史料掌握的扎实和记忆的牢靠。蔡先生温和而严肃的批评鞭策着在场的学者，提醒着学者们在从事学术研究的时候丝毫不可懈怠，对所运用的每一条史料都要认真地再三核查确认。海南师范大学的徐仲佳教授在对第一场学术研讨作小结和评议时，也回顾了他在读博期间所亲身体验到的史料的重要性，并且结合自己的治学经历，重点谈及了史料对研究工作的基础和主导性作用，指出文学研究更需要史学素养。

从本届论坛与会学者们所提交的论文中，也不难发现学者们对史料工作的认真和重视。这首先体现在对于郭沫若著作的版本甄别和选择上：鉴于郭沫若一生多次修改自己所创作的文本，研究者在研究过程中对于版本的选择就成为了一个很重要的问题，哪一个版本更科学、哪一个版本合理则成为了研究者们要重点考虑的问题。在本届论坛所汇集的论文中，不难发现，这个问题已经为大多数学者所重视，如咸立强、孟文博等都回到了郭沫若著作的最初版本、夏正娟则注意到了郭沫若在《沫若诗集》中对于原作的删减、侯桂新则注意到了《蔡文姬》各个版本之间的差异、李斌和吴辰则采取了版本互校的方式，在多个版本中进行对照和筛选、而严靖、王贺、史振卿等学者在对论文进行评点的时候，都较多涉及到了所选择的文本的版本问题。可以说，对郭沫若研究而言，文本选择问题已经成为了学者们的一个共识。其次，对新史料的发掘也是本届论坛的一个亮点：随着会议的进展，一些掩埋在历史尘埃之下的史料被进一步挖掘，西南大学文学院的蓝善康博士发言中关于“文革”时期郭沫若一些有关瞿秋白的言辞引起了中国散文协会副会长李晓虹研究员的重视，并在会后就这一史料问题与之进行了深入的交流；海南师范大学的李勃教授在对郭沫若点校的《崖州志》进行纠正的时候，在史家惯用的三重证据法之外，更注意到了田野调查，他深入海南西部地区，走访李德裕后人，在得出确定无疑的结论的同时，还获得了有关郭沫若在海南期间的一些重要资料；而正如有研究所说，对于近几十年的史料收集是一个复杂的工作，它与传统的文献学有继承也有区别，① 在本届论坛中，海外汉学界对郭沫若的研究成为了一个新的史料整理重点，裴亮、赵从胜、杨玉英等学者分别整理了日本、美国以及捷克对于郭沫若的研究，这些海外文献的整理和发掘在很大程度上丰富了郭沫若研究的史料库。

值得一提的是，廖久明教授根据其所承担的“回忆郭沫若作品收集整理与研究”这一课题而作的主题发言引起了与会学者的深度讨论，对于回忆郭沫若的文字，其史料价值在哪里、该如何发掘、发掘后将在怎样的层面上被加以运用都成为了学者们兴趣之所在。王贺在主题发言中就直接对这一课题发问，在指出其中所可能出现的问题的同时，也为之提出了富有建设性的意见。而海南师范大学的房福贤教授在进行小结和评议的时候，从传记理论的角度回忆了其业师许志英先生晚年的一些回忆性的散文，并指出在回忆性文字中，事件真实往往要大于语言真实，而对细节叙述得越详细，往往真实性就越差。对廖久明先生发言的讨论从会上一直延伸到会后，在休息时间里，廖久明、邵宁宁、侯桂新、何刚等学者继续就此问题进行探讨，并就一些研究中的理论和方法达成了一定程度的共识。

史料的发掘是为了更好地还原郭沫若在历史语境下的活动，进而研究郭沫若在不同时期的思想，而研究郭沫若的思想不但要有历史感，还要有当下品格，即在保持对于历史的注目的同时，还要始终留一瞥目光，将对郭沫若的研究和当下现实紧密地联系起来，使所做的研究真正的“及物”，将郭沫若的思想资源转化成可以促进当下精神建设的重要力量。在论坛开幕式上，《历史研究》常务副主编周群先生就以此为主题发表了致辞，他指出，郭沫若研究不但要在学术上走向“深入”，还要在传播上走

① 参见刘增杰《建立现代文学的史料学》，《中国现代文学研究丛刊》2004 年第 3 期。

向“浅出”，对郭沫若研究成果的大众化、通俗化转换是十分重要的，而扩大郭沫若研究的影响和正确认识郭沫若的历史地位，对于在当下语境下抵制“历史虚无主义”之风是极为必要的。而在本届论坛所收集的论文中，学者们通过郭沫若研究而对现实进行的关怀也常常从字里行间浮现。在蔡震先生的主题演讲中，“马克思主义的学术立场”成为了一个关键词，这是郭沫若治学的根本，也是当下学人所要坚守的学术底线，蔡先生通过郭沫若本人的研究工作来为当下学术研究开出药方，其效果是发人深省的。张勇通过对郭沫若翻译《少年维特之烦恼》这一具体文学活动的考察，将问题引向了外国文学经典形象如何有效的参与到中国文化发展进程中去这一现实问题中。周泉根则对一些研究者对于郭沫若古典文学研究水平的质疑和研究本身的批判进行了辨析，指出了这种误解的根源，并对郭沫若的学术理路作了正本清源式的探索，对当下社会重新认识郭沫若有着很大的意义。而房默则立足影视文学，以郭沫若缺席中国早期电影这一史实论及当下电影的发展，而这将会是一次有益的探索。而黄思贤以郭沫若的古文字学研究为中心所进行的讨论也并没有停留在古文字本身，而是将古文字内在的精神延伸进当下中华民族精神之中，从郭沫若的古文学研究出发，找寻一条中华民族的精神脉络。

郭沫若在其学术研究和文学创作过程中，历史发掘和现实关怀始终是存在于其中的并行不悖的两条重要线索，而这正是他能在多个领域产生重要影响的原因之一。本届论坛历史与现实并重，在取得丰硕的学术成果之外，还探索了学术成果向着社会精神资源转换的种种可能性，这也是本届论坛对郭沫若精神发掘和继承的一个重要表现。

三　不同代际之间的学者交流

中国郭沫若研究会副会长魏建教授在为本届论坛致辞时总结了中国郭沫若研究在近几十年来呈现出的“马鞍形”的变化，并指出在经历过20世纪80年代到90年代的大起大落之后，目前的郭沫若研究正在迎来一个新的科学的春天，通过回顾郭沫若研究的发展历程，魏建教授认为，青年学者的不断加入是近年来郭沫若研究重新振兴的一个重要因素。本论坛名为“中国郭沫若研究会青年论坛”，整合郭沫若研究的新生力量则成为了论坛开设的主要目的之一，论坛不但汇聚了郭沫若研究领域的专家、资深学者，还吸引了郭沫若研究的青年力量，乃至于初次涉及郭沫若研究领域的更年轻的学人们，这使得郭沫若研究团队形成了一个梯队式的发展面貌，不同代际之间的学者在本届论坛中互相交流、互相吸取经验，共同形成了一个郭沫若研究的良性学术生态体系。

在本届论坛的举办过程中，一些尚处于学术起步期的学术新人和青年学者的加入，成为了一个值得注意的亮点。他们虽然年轻，但是对待郭沫若研究的态度却是一丝不苟的，基于自己的阅读和史料收集以及对于前辈学人思想资源的汲取，他们也为本届论坛贡献出了多篇高质量的学术论文。黑龙江大学的硕士研究生王爱雯将郭沫若北伐前后文化身份的转变放在了一个时代知识分子复杂的文学选择和多重精神焦虑的大背景下去进行研究，以郭沫若日本留学经历为线索，将革命家与文学家这两重身份进行整合，认为阶级意识在此时成为郭沫若缓解自身文化、民族认同危机与多重心理焦虑的唯一途径。山东大学的硕士研究生付宝琦则以史学的眼光细查了郭沫若北伐前后的思想转变和文学创作，通过对郭沫若参与北伐过程的梳理，指出郭沫若与蒋介石决裂之时，其本人是站在国民党左派立场上的，而后来他对于共产党的选择，是各种复杂的主客观因素造成的。海南师范大学的硕士研究生邹佳良着眼于郭沫若的名篇《请看今日之蒋介石》，并将其放置进了“恢复党权运动”的政治言说体系之下，合理地解释了郭沫若这样一个“火星子”是如何站在反蒋洪流的风口浪尖上的，而将郭沫若研究与第一次国共合作研究相结合，则有利于看到北伐前后郭沫若的整体面貌，使研究更科学、更完善。成都理工大学的硕士研究生舒梓剑则重点关注了郭沫若的屈原研究，他将郭沫若有关屈原的文字作了系统而全面的整理，进而得出郭沫若的屈原研究是以唯物史观为主导、站在平民视角上的研究，也正是由于唯物史观的作用，郭沫若的屈原研究才能呈现出跨学科的倾向。西南大学的博士研究生蓝善康则注意到了瞿秋白对郭沫若思想转变的重要影响，他通过对郭、瞿交往史的梳理，并借助瞿秋白临刑之前的一些文字来分析两人形成深厚友谊的深层因素，并从内在诉求和外部因素两个方面来证明了郭沫若转型这一事件背后所蕴含的深厚的思想基础。南京师范大学的博士后吴辰则重点关注了郭沫若在1923—1925年间的经济状况，指出留学日本期间郭沫若的经济状况并不像其所自叙的那样贫困，而其真正陷入经济上的困顿是在从日本毕业之后，他以经济上的无产和文化上的无产两个维度切入北伐前郭沫若的精神世界，指出了郭沫若在此时选择马克思主义的必然性和必要性。这些新的面孔也许在论述上尚显稚嫩，在思想上还不够成熟，但是，他们对于郭沫若研究的态度无疑是严肃的，通过本论坛的锻炼，相信这些年轻人必将在学术上有所发展，为郭沫若研究做出更大的贡献。而蔡震先生从这些年轻人的论文中敏锐地察觉了一个现象，即他们的论文大多是以“生存”作为内在支撑的，这一点与前辈学者的研究路径有着很大的不同，蔡震先生指出，这种代际间不同的研究路径，其背后是对于时代感知的不同和思维方式的不同，而随着这些新鲜血液的注入，郭沫若研究领域在深和宽的维度上都将有着进一步的拓展。

在本届论坛中，不同代际的学者还进行了广泛而深入的交流，在自由发言阶段，李斌与胡景敏、咸立强等学者针对“河上肇之于郭沫若的意义”以及“马克思主义为何物”等问题进行了交流；王贺、邵宁宁与李斌等学者对于“马克思主义的底线与版本”等问题进行了进一步的探讨。这些探讨虽然并未全部形成共识，但是却使与会学者互通有无，达到了“疑义相与析”的效果。而何刚先生对邹佳良在论文方法论层面上的指导也体现出了前辈学人对于学术新人的关爱。

本届论坛中值得注意的还有海南师范大学的学术团队，作为本届论坛的主办方之一，在海南师范大学文学院院长邵宁宁教授的带领下，以中国现当代文学专业的房福贤教授、徐仲佳教授、王学振教授，文艺学专业的周泉根教授，历史学专业的王献军教授、李勃教授，文字学专业的黄思贤教授为代表的多学科的学术团体为本届论坛提供了多篇高质量的学术论文，海南师范大学学术团队中许多成员并非专门研究郭沫若，但是他们通过自己所涉及的学科专业而对郭沫若进行的研究和解读却是富有学术价值和启发性的，尤其是通过一些跨学科的研究，使郭沫若的形象更加丰满立体，也预示着在多学科联合的框架下，郭沫若研究所将要取得的新的成绩。

本届论坛已经是中国郭沫若研究会青年论坛的第三届了，在前两届论坛成功举办的基础上，本届论坛所涉及的学科更多，领域更广，与会青年学者更众，学术影响力也更大。作为论坛的发起人和组织者，中国郭沫若研究会秘书长李斌副研究员本身就是一名优秀的青年学者，其在郭沫若研究领域取得的成就在一定程度上可以代表青年一代学人，而他本人同时也是青年论坛的参与者，在论坛举办过程中，他发言、讨论与会务兼顾，显示出了青年学者在学术和行政两方面的优长，而且他在会后也经常与其他青年学者们进行交流，从而从整体上带动青年学者对于郭沫若的研究兴趣，提高青年学者的研究水平。而从之前两届论坛中走出的美国布兰代斯大学的王璞、四川大学的周文、山东师范大学的彭冠龙等年轻学者已经逐渐成长起来，成为了研究郭沫若的新的生力军，特别是厦门大学台湾研究院的刘奎助理研究员，近年来连续在《文学评论》《文艺研究》《中国现代文学研究丛刊》等高水平学术刊物上发表了多篇关于郭沫若的研究成果，展现出了很强的学术活力。可以预见的是，更多郭沫若研究的新生力量也必将从本届论坛中走出，他们追随前辈学人的脚步，继承郭沫若先生的精神，和所有有志于研究郭沫若的学者一起，迎接郭沫若研究的新的春天。

（原载《郭沫若学刊》2017 年第 2 期）

第十二篇

新书推介

【郭沫若年谱长编】

著　者：林甘泉　蔡　震主编

出版社：中国社会科学出版社 2017 年 10 月版

《郭沫若年谱长编》的编撰与出版

蔡　震

《郭沫若年谱长编》全五卷（近 240 万字），由中国社会科学出版社 2017 年 10 月出版，实际见书则是在 2018 年 1 月。这距离我将定稿后的书稿交付出版社，已经过去三年了。之所以用了几年时间出版，除了必须的出版流程，出版社看好这个出版项目，于是以其申报国家出版基金项目并获得成功，所以延宕了印制出版的时间。

相比于出版，《郭沫若年谱长编》的编撰，花费了更为漫长的时间，可以说十年磨一剑，也可以看作好事多磨。“长编”于 2002 年 8 月在中国社会科学院立项，为院 A 类重大课题。立项时的名称作《郭沫若生平与学术思想研究》，因为当时重视纯研究性课题，有些轻忽文献史料的整理，如果以年谱类项目立项，是不可能成为重大课题的。所以，以研究课题的名义立项，而将编撰一部《郭沫若年谱长编》作为课题成果形式。课题主持人林甘泉、蔡震。课题组成员有：谢保成、王世民、秦川、魏红珊、黄淳浩、赵凯、翟清福、杨志清、李晓红、钟作英、赵笑洁、梁雪松、郭平英，李斌在后期加入。

郭沫若是 20 世纪中国文化史上一位杰出的人物，他的文学创作、学术研究、文化活动、社会活动等，开始于旧民主主义革命时期，经历了整个新民主主义革命的历史阶段，一直延续到新中国成立后的社会主义革命和社会主义建设时期。郭沫若在诸多文化领域的活动均有建树，是现代文学史、学术史、马克思主义史学史上具有开拓性或代表性意义的人物。他的创作著述活动、政治经历、社会活动、人际往来，又多涉现代史上一些重要历史事件、历史人物等等。所以，《郭沫若年谱长编》的编撰主旨，就是依据到目前为止可以收集到的所有有关郭沫若的文献史料，以及与之相关的其他历史资料，经整理、考订、研究，以年谱的形式全面、完整、真实、准确、客观地记述郭沫若的生平活动，包括他的人生道路、思想历程、文学创作、学术研究、社会活动、国务活动、人际交往等各个方面的内容。

《郭沫若年谱长编》的编撰原则是：谱主的生平活动，一律入谱。郭沫若已经发表、出版的文章、著述（包括讲话、书信、日记、题词、译著），以及用外文撰写发表，或是被译成外文的作品，一律入谱。经发掘整理出的郭沫若的佚文（包括书信、讲话、题词），一律入谱。谱文内容的撰写，以翔实可靠的历史文献资料为依据。对于现有关于郭沫若生平的记述文字以及相关史料，要在确认其真实、准确的原则下使用，需要重新考订者，以考订的结果入谱。注意吸收、参考近年来相关领域研究的最新成果，经过比较研究，编写入谱。谱文力求史料性、学术性、传记性相统一。

谱文的编写，一事一记，以事系日、以日系月、以月系年。日期不详者，或记为旬，或记为本月；无月可据者，或记某某月间，或记为季，或记为本年。谱文正文记本事，对于郭沫若的史事、行迹、作品等作完整、客观的陈述，文字力求简洁明了。本事需作说明，或需引述材料者，另拟文字记述。

郭沫若的作品著译，以单篇文章写作时间入谱，有文献资料记载写作情况的，以创作过程入谱，著译写作时间不详者，以初次发表时间入谱。同时，谱文对于初次发表的情况，之后收入谱主编订的专集、《沫若文集》的情况，或收录其他“丛书”“文库”本的情况，以及收入《郭沫若全集》的情况，做完整的记述。

文学创作和学术著述是郭沫若生平最重要的活动及成就之所在，故记入谱文的文学作品、学术著述，均作简介或内容摘要。代表作，介绍主要观点，并引录原文重要段落。依据及引录的文本，为最初发表或出版的文本，后有文字改动、增删者，另作记述说明。未入集的文章、作品、演讲、讲话、书信、日记，以及佚文、档案文献等，尽量引录原文，以示其原始文献的信息。首次出版的郭沫若著译专集单行本，以初版本出版时间入谱，并记录相关的版本信息，对于版本变化（篇目、篇题、文字的增删改动）的情况，以及收入《沫若文集》《郭沫若全集》的情况亦予记录。首次译成外文出版的郭沫若作品（包括国内翻译出版、海外翻译出版两种情况）、作品集，均以出版时间入谱，并记录译者、出版社、所据中文版本等情况。

郭沫若的人生旅程与20世纪中国社会的历史脉动与进程密切相关，在他的创作活动、学术文化活动、政治经历中，有许多史事直接关联到当时的时代背景、社会背景。《郭沫若年谱长编》的谱文，于本事之外作必要的背景资料叙述。对于一年之内发生的具有历史意义的重大事件，记入该年度本事叙述前。

在郭沫若生平史迹中有一些问题、史实存在不同的记述、认知，其中也包括郭沫若自己为之所作的回忆、记录。《郭沫若年谱长编》依考订所得入谱，对于不同的记述、认知，除可证其为误说者，另于谱文正文之外列为参考，或作一说。

我们在编撰过程中坚持认真严谨的学术态度，重视文献史料的完备性和可靠性。整理考订文献史料，“无征不信”“孤证不立”。对于史实的把握、解读，遵循实事求是的原则、历史唯物主义的态度。使用文献史料，尽量保持其原貌，以期客观地描述历史。

《郭沫若年谱长编》从课题启动，到结项（以“优秀”结项），用了近九年的时间。期间申请过一次延期。之所以如此，主要有两个方面原因：

首先，课题组花费了大量的时间、精力，用于文献史料的发掘、整理、考订。这是因为，尽管早已有了不少郭沫若的“年谱”“传记”“评传”等出版物，但是我们对于谱主生平活动的许多方面及其人生经历的一些时间段，甚至连最基本的历史叙述都还未能做到。所以需要广泛查考有关谱主生平活动各个方面的原始资料，做最初始的文献史料整理。同时，对于已经沿用、在用的历史资料，逐一进行重新校勘，核实查考，辨析真伪，厘正疏漏，补充遗缺，以订正史实、史事叙述中的失实、失误。

其次，作为一个集体项目，课题组十几个人分属五个单位，且大都还各有工作主业，在用于做课题的时间和进度上协调起来很不易。同时，在具体操作层面上（史料的收集、整理、使用，谱文条目的确定，文字的撰写等）的协调一致也很不容易。仅撰稿会就开了不下十次，不免有事倍功半之慨。

《郭沫若年谱长编》既称“长编”，便也在“长”字上下了功夫，如司马光所谓：“宁失于繁，无失于略。”长编之长，一是有关谱主历史信息的全，不厌其琐细，有闻必录。二是谱文的详，对于所记之事要叙述周详。谱文的正文尽量简洁，在正文之外可以做相关背景资料的叙述。对于谱主的作品、文章著述、书信等，都做内容的简介，于集外佚文的部分，尽量更多的引述原文资料，以为阅读者提供更丰富的历史信息。三是对于每一条谱文所依据的文献史料，均于文末注明出处。这是绝大多数年谱类著述所不为者。

任何一部年谱或年谱长编，都是根据各种文献史料及相关的资料编纂而成，谱文的撰写，尤其是记述史实、史事的谱文本身，往往并不是原始文献资料的呈现。这些史料和相关资料必然要被节略、被择取、被编纂处理。据此写成的谱文只保有最基本的历史信息，而且其中还会包含编撰者处理史料时选择、判断的主观性。对于阅读者，尤其是研究者而言，他们如果需要对谱主某一活动或著述的情况进一步做深入的阅读了解和研判，当然会以我们提供的索引去找寻完整的资料信息。这其实也是体现一部“年谱长编”学术价值的一个点。

这部“年谱长编”记述了谱主的一生，但落笔“年谱长编”的时候，却怎么也未想到林甘泉先生与翟清福、杨志清先生会伴着编撰这一部记“史”的书，走完了他们人生史迹的最后一段旅程。他们为此所做的一切，都留在了“长编”的字里行间。藉写这篇小文之际，对于三位先生表示由衷的敬意和深切的怀念。

从学术的角度而言，《郭沫若年谱长编》是一个需要不断补充、修改的课题，因为郭沫若生平文献史料的发掘、整理，始终都会处在一个进行时态中。事实上，在《郭沫若年谱长编》定稿并交付出版之后，就陆续有一些关于郭沫若的文献史料被发掘、整理出来，特别是正在编纂进行中的《郭沫若全集补编》，辑录了许多新的文献资料，所以，在适当的时候，为这部“长编”再做“补编”或是进行补充修订，就是应有的续作。

（原载《郭沫若学刊》2018 年第 2 期）

作《郭沫若年谱长编》札记

蔡 震

《郭沫若年谱长编》已经交付出版了。在编撰这部“年谱长编”的过程中，随手作过一些笔记，记下随时遇到的问题和思考。问题多出自对于一条谱文的考订、撰写，思考则由此旁及“年谱长编”遇同一类问题如何解决之道。选出几则。内容有属于编撰技术层面的，有关于谱主生平的历史解读，也有对于编撰“年谱长编”本身的学术思考。

一

（1892 年 11 月）“16 日（阴历九月二十七日）午时，出生于四川省乐山县观峨乡沙湾镇（今乐山市沙湾区），名开贞。”迄今为止，所有郭沫若年谱、传记的第一条谱文或传主生辰，都是这样记述的，只是表述文字略有不同。其依据的史料是郭沫若所作自传《我的幼年》和《五十年简谱》。但是，另外几则文献史料记载了郭沫若生辰的两个不同日期：

其一，“光绪十八年壬辰九月二十九日”，即 1892 年 11 月 18 日。

这一日期见于谱主 1918 年进入日本九州帝国大学医科大学时所亲笔填写的入学履历表，以及校学籍簿上登记的出生日期。

其二，（1892 年）“十一月十七日”。

这一日期见于郭沫若“亲自校正”日本小蜂王亲所作《郭沫若年谱》（载日本《法政大学教养部研究报告》1963 年 6 月第 7 号）时，亲笔校正的文字。

当年在涉及生辰日期的时候，郭沫若需要两种纪年方式并用（日本已用公历纪年，对家人则仍讲阴历）。时间一长，既有可能把阳历的时间搞错了，也有可能反过来对阴历日期的记忆也模糊了。事实上，郭沫若在留学时期所写的家书中就时不时有阴阳历日期并用的情形，而且不只一次出了差错，譬如，他在 1915 年 10 月 21 日、1916 年 2 月 19 日所写的两封家书，均于公历日期下并署有旧历日期，但旧历日期就都有误。像这样的事情，在生活于郭沫若那一时代的人们中间并非鲜见。

没有直接的文献资料，如出生证、户籍登记册作依据，记述谱主的生辰，三个不同日期，又均出自谱主笔下，应该如何取舍？

显然确定的标准，并不能依据对于其所谓准确性的判断，因为在实际上我们还不能排除这样的可能：这三个日期也并非最准确的日期。所以采用一直沿用的日期，即 1892 年 11 月 16 日为最恰当。当然，在编订郭沫若的年谱中，对于另外两个不同日期均应存录并予说明。

二

1926 年 3 月，郭沫若应邀赴广东大学任教。这是他在大革命时期经历的开始。对于郭沫若的这一段经历，现有的年谱及传记，基本是这样来描述的：经瞿秋白推荐，应陈公博邀请赴广东大学任教；在广东结识周恩来、毛泽东；由共产党人安排，担任国民革命军总司令部政治部宣传科长，随军北伐。也即是说，对郭沫若的这段人生经历，是围绕他与中共的政治关系记述的。但史实并非如此。

瞿秋白推荐是间接的史料（只在郭沫若的文章中讲到，并且是听说）。时任广东大学校长的陈公博是国民党中央执行委员会委员，他邀请郭沫若，是国民党左派革新广东大学校务的举措之一，因为当时的广东大学非一般大学，是为国民党培养人才，充分（国民党）党化了的大学。被邀请的也不是郭沫若一人，陈公博邀请信的台头是郭沫若、田汉二人的名字。国民党人把活跃在上海文坛的创造社作家视为思想先进、有革命性的知识分子，希望他们“全集中到这边来，做革命青年的领导”①。所以郭沫若到广东大学后，郁达夫、成仿吾、王独清等创造社作家也一起应聘于广东大学。郭沫若执掌广东大学文科后立刻施行了几项革新措施，尽管受到保守派抵制，但得到国民党广东大学特别党部的全力支持，并在给国民党中央执委会的报告中给以高度评价。郭沫若也在此期间加入国民党。他随后进入国民革命军总司令部政治部任宣传科长，当然是因为其国民党员的政治身份。也就是说，从在广东大学任教，参加北伐，直至1927年南昌起义，活动在大革命这一时期的郭沫若，是一个国民党左派人物。

其实上述史料在研究者一开始描述郭沫若这段人生经历时，就是在人们视野之内的，只是有的被割裂为部分使用，有的被有选择性的忽视甚至遮蔽了。不能因为郭沫若去世后对于他在政治上的盖棺论定，就将他在大革命时期的经历都框定在与中共的关系之中。他结识林伯渠、毛泽东、周恩来，并发生工作上的关系，并非因为，至少主要不是因为他们是中国共产党人。在国共合作的背景下，林伯渠当时是国民党中央执委会常务委员、农民部长，毛泽东代理国民党中宣部长，周恩来是黄埔军校政治部主任。诸如此类的文献史料，如果在考察、解读和使用时，不能保有史料的完整性和历史内涵的准确性，由此而描述的历史，势必被模糊，甚至会改变了历史真实性。

谱文的撰写是在记述历史，而非评说历史。

三

与胡适的关系，是郭沫若人际交往中很重要的内容。查阅胡适1923年的日记②，有这样几则（不是全部）记到其与郭沫若往来之事：

> （5月25日）“出门，访郭沫若、郁达夫、成仿吾。结束了一场小小的笔墨官司。”
>
> （5月27日）“下午，郭沫若、郁达夫、成仿吾来。”
>
> （10月11日）“饭后与志摩、经农到我旅馆中小谈。又同去民厚里692访郭沫若。沫若的生活似

① 《陈公博函催郭沫若等南归》，1926年2月18日《广州民国日报》。

② 参见曹伯言整理《胡适日记全编》，安徽教育出版社2001年版。

甚苦。”

(10月13日)“沫若来谈。前夜我作的诗，有两句，我觉得不好，志摩也觉得不好，今天沫若也觉得不好。此可见我们三个人对诗的主张虽不同，然自有同处。”“沫若邀吃饭，有田汉、成仿吾、何公敢、志摩、楼□□(日记手稿如此，据徐志摩日记，应为石庵——笔者注)，共七人，沫若劝酒甚殷勤，我因为他们和我和解之后这是第一次杯酒相见，故勉强破戒，喝酒不少，几乎醉了。是夜沫若、志摩、田汉都醉了。我说起我从前要评《女神》，曾取《女神》读了五日。沫若大喜，竟抱住我，和我接吻。”

(10月15日)“与志摩同请沫若、仿吾等吃夜饭。田寿昌和他的夫人易漱瑜女士同来。叔永夫妇也来。”(据本日徐志摩日记载)夜饭间“大谈神话”。(林濡编《徐志摩文集》，海天出版社2000年8月)

(10月18日)“到郑振铎家中吃饭。同席的有梦旦、志摩、沫若等。这大概是文学研究会和创造社‘埋斧’的筵席了”。

1923年4月下旬，胡适从北京来到上海，5月15日给郭沫若、郁达夫写了一封长信，并请亚东书局差人送去。这是他为双方因翻译问题所起的论争而写的一封休战示好的信。郭沫若接信的第二天就回复一信，接受胡适的诚意，并对胡适表达了恰如其分的谦恭和希望。这几则“胡适日记”记述的，即是二人握手言和后相互交往的情形。可以说真实地反映了当时胡、郭关系的状况：虽然尚未能成为胡适所希望的“诤友”，还是可以称作文友之交的。

这与文学史所描述的胡适、郭沫若的关系显然是不同的。文学史在记录了双方那场笔战之后没了下文。再加上三十年代之后二人在学术观点上多有相左，更因为政治上的分野做了不同选择，终成势不两立。所以，对立便成了描述两人关系的关键词。

这些日记资料记入长编中，应该有助于纠正人们在解读郭沫若与胡适交往关系中以偏概全的认识。一些貌似琐碎的史料，连缀在一起，可以更好地呈现历史的真实，所以不要忽视一些看似无足轻重的历史细节。当然，如果史料的遗漏，是因为对于文献史料在取舍之间所表现出的主观随意，那可能表现出的就是一种学术偏见，甚至是政治偏见。

曾为我参阅，且为一些学人称道的胡颂平作《胡适之先生年谱长编初稿》①，在记录了胡适与创造社的笔墨之争后，也记到胡适1923年在沪期间与郭沫若的往来，但对胡适5月15日给郭沫若、郁达夫写有长信一事只字未提(该长编对于胡适的许多书信是全文录入的)。关于与郭沫若等人的往来是这样记述的：

(10月11日)张东荪借张君劢

① 胡颂平：《胡适之先生年谱长编初稿》，台湾联经出版事业公司1984年版。

处请客。饭后，先生同徐志摩、朱经农去民厚里 121 号访郭沫若。成仿吾亦在座，主客之间甚枯窘。

(10 月 13 日) 郭沫若请先生与徐志摩、楼石菴等吃饭。

(10 月 15 日) 先生与徐志摩回请郭沫若，有田汉夫妇、任鸿隽夫妇及徐新六等人。

该长编没有以胡适日记为史料依据，称“以上三条均见《徐志摩全集》第 1 集”。事实上徐志摩日记关于胡、郭几次往来的情况也记述得很详细，胡颂平并未真正以之为史料依据，他只是自己撰写了三条貌似简洁、客观的叙述谱文。胡适日记、徐志摩日记中所包含的关于胡、郭往来的缘由，交往内容的历史信息，全被隐去了。

编撰一个人物的年谱长编，编撰者对于谱主可以，也应该有自己在学术上的思考、认知、评判，并且藉谱文的撰写表达出来。以个人之力编撰一部年谱长编可能会更注重这一点。但一个基本的原则需要遵循，那就是要完整、真实地记述历史的存在。借用克罗齐的理论：编年史是死的，历史是活的。“编年史”是由文献史料书写的历史，是不应被随意取舍的。在此基础上，所谓“活”的历史，才能是有真知灼见的历史认知。

四

所谓口述历史的史料不可尽信。

1937 年 7 月 27 日，流亡日本的郭沫若秘密乘船回国投身抗战抵达上海。谁去码头接船，有两则史料：一记为时任国民政府行政院政务处长何廉；一记为潘汉年委派的黄慕兰。接船人为谁，虽然只是个历史细节，但实际上是与谁策划了郭沫若秘密归国一事相关联的。

前一则史料出自根据何廉口述回忆录（现藏美国哥伦比亚大学）翻译出版的《何廉回忆录》（中国文史出版社 1988 年 2 月）。后一则史料出自另一部口述历史：《黄慕兰自传》（中国大百科全书出版社 2004 年 7 月）。黄慕兰在书中说：是“我党秘密地把郭沫若接回国来”。郭沫若乘船到达上海的那天，她受潘汉年委派去码头接船，并将郭送至下榻的沧州饭店。

何廉回忆的去码头迎接郭沫若一事，在殷尘著《郭沫若归国秘记》（言行社 1945 年 9 月）、郭沫若的《在轰炸中来去》中亦有记述。更重要的是，何廉的回忆与郭沫若归国一事策划进行过程中的其他史料，可以完整地衔接起来，所以应系史实。而《黄慕兰自传》中的记述，只是她晚年口述史事时所说，没有任何其他史料可为佐证，显然属于误记。

《蔡文姬》剧本的创作，源于周恩来在一次宴席上给郭沫若的提议：“写一个剧本替曹操翻案。”关于这次宴请，曾担任郭沫若秘书的王廷芳先生在一篇回忆文章中写道：1958 年 3 月，周恩来在鸿宾楼设宴欢迎从朝鲜战场胜利归来的杨勇、王平等人。《郭沫若年谱》即据此编撰了谱文。我根据相关背景资料对此条谱文产生了质疑，因为周恩来 1958 年 3 月间几乎都是在国外出访，杨勇、王平 3 月则尚在平壤，他们于当年

10 月才回到北京。于是，联系了王廷芳先生，他很快给了回复说，他在撰写文章时把该次宴请的时间记错了，他查看了工作笔记，时间应在 1958 年 11 月 28 日。

当事人的回忆，无论口述或笔忆，都是重要的史料，但我们使用时，应以相关资料去佐证。无征不信，孤证不立。

五

郭沫若的旧体诗词多有未刊出者，常常只见之于他为亲友或他人的题诗、题字中。郭家一位姻亲的后人写过一篇文章，记述了郭沫若给其伯父的一幅题字：一首七绝。诗被视为佚作，但题字原件早已遗失，文字是撰文者凭记忆写出的。

查考该文所言之事，诗应该是郭沫若书录王国维的一首嘲杜鹃的绝句："去国千年万事非，蜀山回首梦依稀。自家惯作他乡客，尤自朝朝劝客归。"该文所记诗文仅一字之差，即"去国千年"，该文作"去国十年"。这显然是将郭沫若手书的"千"字释读为"十"，"十年"又恰好是郭沫若海外亡命的时间。

事实上，郭沫若最初抄录王国维嘲杜鹃的诗是两首。王国维当年新婚之后却不得不客居他乡，故而听到杜鹃啼叫，引出许多感触，写下两首绝句，题为嘲杜鹃，实亦有自嘲之意。郭沫若觉得王国维诗"饶有意趣"，抄录了两诗。但为诗中对于杜鹃的嘲讽感到不平，认为杜鹃应该"有以自解"，遂以杜鹃的口吻，步王国维诗原韵，作"替杜鹃解嘲"二首，这才是郭沫若的佚作。郭沫若将这些书录在一幅题字中，赠给同在东京的一位朋友。其原件仍在。

然而，前面该文所误记的王国维嘲杜鹃诗，仍被收录在近时出版的《〈郭沫若全集〉集外散佚诗词考释》（浙江大学出版社 2014 年 8 月）一书中。无论编制年谱还是整理谱主的作品，将他人诗作误以为谱主之作，都得说是硬伤，拿不准的宁可先做存疑处理。但这一事例对于确认和整理郭沫若旧体诗词，提出了一个需要解决的原则性问题，即，是不是应该以有无手迹来确定郭沫若未曾刊出的旧体诗词作品？这实际上关乎两个方面的考虑：一是确认诗作的真实性，一是确保文本的准确性（对郭沫若手迹的释读，错识并不鲜见）。

六

《四用寺字韵》《六用寺字韵题嘉定苏子楼》《题苏子楼》《咏东坡楼》《重游大佛寺》，这五个篇题，其实是谱主的一首旧体诗作在若干文献资料记载中所分别出现的篇题。该诗是谱主 1939 年 9 月用寺字韵作的一首七言诗。

郭沫若的旧体诗多有无题者，其已经发表或收入集子的，有若干首就用了《无题》作篇题。但其集外未发表的诗作，没有篇题的数量较多，自然不能都以《无题》为题，所以，如何为这些诗作订定一个篇题，就是需要审慎考虑的。

郭沫若留学日本之初的一个新年之际，曾写下几首诗抄录在家书中，后有整理者将其篇题定作《春节纪实》。显然整理者不知道日本在明治维新后已经改用公历纪年，不过农历的节日。谱主诗中吟咏的新年是指元旦，而非中国的春节。这个篇题是题不对文。郭沫若流亡日本期间曾为傅抱石的一幅画作题诗赠吴履逊。诗无题，画亦无题。后《郭沫若题画诗存》（山西教育出版社 1997 年 11 月）在将该诗收入书中时，冠以《题傅抱石画“苍山渊深”赠吴履逊》的篇题，显然因为诗中有句“独对苍山看不厌，渊深默默走惊雷”。诗、画皆因是为题。然而，该诗在一年后郭沫若题赠增田涉时，有了修改的文本，其中“苍山”句，改作“独对寒山转苍翠，渊深默默走惊雷”。《郭沫若题画诗存》的编者大概没有见到这一文本，但篇题的订定是草率了。

郭沫若旧体诗作篇题的订定，要在完整地了解其创作的来龙去脉，包括何时何地，因何而作，为谁而作，有无不同文本，以及对诗文要有准确的解读之后，审慎地拟定。既不要出现一诗多题的“乱象”，也不要搞得文题不符。

七

郭沫若的书信在作为史料使用时，有两种情况需要注意：一种是经由他人抄录而披露出来的信函，一种是保留为底稿、抄稿的信函。前者与没有手迹的旧体佚诗词的情况类似，存在真伪的问题，存在文字、内容是否完整准确的问题，需要考辨。辨真或是证伪。

作伪的书信已经有陈明远作伪一案所涉数量不少的信函，也发现有将原信删去部分内容抄录刊出（连原信手迹也做了裁剪）的情况。后者的问题在于难以判定该信函是已经发出的，除非在收信人那里找到该信原件。

郭沫若纪念馆保存有郭沫若在 1937 年 6 月下旬草拟的一封书信，是写给“德谟”，即李民治（一氓）的。信是为回复之前先后两次收到李民治从陕北辗转寄来的信函而作。这一纸书信草稿本身及其内容，以及李民治从陕北两次来信联系一事，都是郭沫若流亡日本期间非常重要的文献史料。然而，这封信写好后，郭沫若“继又踌躇，未寄”（几天后的日记中所写）。所以，它还不能称作一封信函，只能算一纸拟作书信手稿。不过其具有的文献史料价值还是毋庸置疑的。这是郭沫若自己记录了该书信写成又搁置的情形，那些我们尚无从得知究竟的郭沫若书信手稿、抄稿呢？

八

在郭沫若的年谱，包括传记中，都记载有郭沫若在北伐期间，因为反对蒋介石的反革命行径被开除国民党党籍的史实，但却没有郭沫若加入国民党的记述。仅有一部年谱在一条谱主参加某次会议的谱文叙述中，根据谱主一篇文章中“那时候我还是一个国民党党员”一句话，模糊提及了他加入国民党的史事，但已经是加入国民党之后的叙事。这是一个很大的疏漏，究其原因在于没有找到关于郭沫若加入国民党的史料。事实上文字史料还是有的，在谱主的自传中，只是由于文章版本的易动，相关史实的文字被删掉了。

在发表于 1927 年 5 月的《脱离蒋介石以后》一文中，郭沫若这样写道：

"说我投机呢，我的确是个投机派；我是去年五月中旬才加入国民党的，而且介绍我入党的还是我们褚公民谊。"① 然而，该篇文章在编入《革命春秋（沫若自传·第三卷）》② 时，该段文字删去了。

郭沫若的自传是我们编撰其年谱长编的重要文献史料，但如果不阅读最初的版本，了解其版本易动中文本删削修改的情况，我们可能就会遗失一些重要的史实。同样，记述郭沫若的文学作品，譬如《女神》中的许多诗篇，记述郭沫若作品集的编辑出版，譬如《文艺论集》，我们都需要注意版本、文本变化的情况，否则谱文的叙述可能会与历史的时序脱节。

九

作《郭沫若年谱长编》，有大量的史料是学人已经在征引、参考的，对这部分史料仍然有必要再作仔细的查考，因为其中总是会有一些疏漏，需要重新考订，正误。殷尘著《郭沫若归国秘记》是现有《郭沫若年谱》许多条谱文的史料依据，但书中所记史事是有史误的。郭沫若自己的传记，也有一些史误，而且不是无关紧要的细微末节。创造社成立，在郭沫若的《创造十年》中记为"一九二一年七月初旬"。但根据《赵南公日记》（藏国家图书馆）、《郑伯奇日记》（藏郭沫若纪念馆）的相关记载可知，应是在1921年6月8日。抗战之初，郭沫若就任国民政府军事委员会政治部第三厅厅长，他在《抗战回忆录》里将1938年2月6日陈诚的一次宴请，错记为政治部成立的第一次部务会议。根据《军事委员会改组》档案（现藏台湾）、《军委会政治部部务会报》（藏中国第二历史档案馆）所记，政治部于2月11日正式成立，2月19日召开第一次部务会议。

"二月六日"，是郭沫若在《抗战回忆录》里特别强调的一个记忆日期，甚至用它做了一节的标题。以致一些今人编撰的文献资料也以之作为政治部成立的日期，譬如：《周恩来年谱》（中央文献出版社2007年9月）、《中华民国大事记》（韩信夫、姜克夫主编，中国文史出版社1997年2月），尽管他们并没有注明资料出处。由此，想到我们在订定长编编撰体例时的一条规定：每一条谱文的文献史料依据都要有出处，并逐一注明，实在是非常必要的。如果不是专门考订过上述史实，查阅《周恩来年谱》《中华民国大事记》时，就无从知道他们记述此一桩史实的错误，而会直接作为史料引用，那必然以讹传讹。

年谱长编是一种重要的学术资料，学者们查阅时不会停止在简洁的谱文叙述上，而会以之为索引去进一步查阅完整详尽的文献史料，所以原始资料的出处很重要。坊间大量的年谱类著作，对于谱文撰写所依据的史料不注出处，至少在学术上是十分不严谨的。

① 郭沫若：《脱离蒋介石以后》，1927年5月23日武汉《中央日报·中央副刊》。

② 《革命春秋（沫若自传·第三卷）》收入《沫若文集》第8卷，人民文学出版社1958年版。

编撰《郭沫若年谱长编》的过程，是一个全面、完整地了解谱主生平活动的过程。但回过头来看，作这部“长编”，或者说作任何一个历史人物的“年谱长编”，如果对于谱主没有相当程度的学术研究，是很难从历史的进程中去精准把捉住谱主的人生，并且把这段历史书写下来的。

（原载《郭沫若研究》第 17 辑）

【在郭沫若研究的路途上】

著　者：王锦厚

出版社：四川文艺出版社 2017 年 11 月版

【“大现代”文化视域中的郭沫若】

著　者：李继凯　冯　超

出版社：四川文艺出版社 2017 年 11 月版

第十三篇

活动展览

纪念郭沫若诞辰 125 周年系列活动

探索·传播·开拓

——郭沫若翻译作品文献史料展

2017 年 4 月 10 日—5 月 12 日，为纪念郭沫若诞辰 125 周年，“探索·传播·开拓——郭沫若翻译作品文献史料展”在郭沫若纪念馆西院展厅举办。

作为 20 世纪的文化巨匠，郭沫若在哲学社会科学诸多领域取得了辉煌的成就。同时作为杰出的翻译家，他通过探索研究西方哲学社会科学理论，翻译传播马克思主义学说，将西方现代社会科学方法运用于对中国历史、中国社会的研究，进而开拓出中国马克思主义史学的道路。他的翻译作品涉猎广泛，既有如《政治经济学批判》《德意志意识形态》等马克思主义经典著作，又有如《美术考古一世纪》《生命之科学》等考古学、自然科学专著，更有《鲁拜集》《少年维特之烦恼》《浮士德》等脍炙人口的外国文学名著。

本展览是郭沫若纪念馆课题《郭沫若全集·翻译编》阶段性成果之一。在此展出的是纪念馆近几年搜集整理的郭沫若翻译作品版本书及相关文献史料，在展览期间郭沫若纪念馆还联合中国社会科学院外国文学研究所、文学研究所等单位举办相关学术研讨会。2017 年是郭沫若诞辰 125 周年，值此春天来临之际，重温他的翻译之路既是一次学习，更是一种缅怀。

《郭沫若全集·补编》成果研讨会

为纪念郭沫若诞辰125周年暨中国社会科学院创新工程项目《郭沫若全集·补编》课题的阶段成果展示，由中国社会科学院郭沫若纪念馆、外国文学研究所和文学研究所共同举办的“探索·传播·开拓——郭沫若翻译作品文献史料展”及学术研讨会2017年5月5日在郭沫若纪念馆召开。

来自中国社会科学院文学研究所、外国文学研究所、清华大学、北京大学、中国科学院、中央编译局、北京工业大学等单位的专家参加了此次学术研讨会。

郭沫若纪念馆馆长赵笑洁在致辞中强调，郭沫若借助于对国外名篇的译介，为“五四”中国传播了新的文化理念，有力地推动了传统中国的现代性转型，因此希望与会的专家畅所欲言，为《郭沫若译文全集》的最后定稿、出版出谋划策。外文所副所长吴晓都研究员，郭沫若纪念馆原馆长、郭沫若之女郭平英，中国郭沫若研究会执行会长蔡震研究员，文学所现代文学研究会赵稀方研究员，清华大学中文系主任王中忱教授等专家学者分别就郭沫若翻译作品的版本演变、翻译的历史价值以及翻译作品的解读等方面的问题进行了深入细致的讨论。郭沫若纪念馆副研究员张勇主持了此次学术研讨会。

走进郭沫若纪念馆的朗读

2017 年 5 月 6 日，北京 156 中学的学生来到郭沫若纪念馆，开展校外实践学习。郭沫若纪念馆与北京 156 中学共同组织、策划了“游郭老故居，诵经典诗篇”主题诗词诵读会。活动旨在丰富学生的情感体验，进而提升对诗歌的理解与鉴赏能力。

本次诗会共分为三个环节：郭沫若经典诗词诵读、古典舞蹈表演和海棠诗词赏析。学生自主选诗、撰稿，在高一年级三位语文老师的指导下，反复修改练习。这次诗词诵读会，学生不仅对现代诗歌的直观感受有所提升，而且增强了学习的主动性，同时通过参观名人故居纪念馆的学习方式为学生带来耳目一新的体验，也增强了当代青少年对中国优秀传统文化的认知，陶冶了他们的情操，培养了他们的爱国情怀。

中华文化名人郭沫若展厅落户埃及

2017 年 5 月 22 日，由“郭沫若中国研究中心”筹建的中华文化名人郭沫若展厅在埃及苏伊士运河大学揭幕。中国驻亚历山大总领事徐南山、苏伊士运河大学校长马木杜哈·古拉布、副校长阿提夫·阿布努尔、新华社中东总分社社长曾虎、中国国际广播电台中东地区总站站长张立、苏大孔子学院中方院长朱廷婷、埃方院长哈桑·拉吉布、北京市文物局博物馆处处长范军、郭沫若中国研究中心赴埃代表团等出席揭幕仪式。

郭沫若展厅位于苏伊士运河大学孔子学院新大楼内，厅内放置郭沫若半身像，并通过 20 余幅中阿英三种文字的展板展示了郭沫若伟大的一生以及与埃及的不解之缘。郭沫若是中国著名的文学家、历史学家、社会活动家，曾任中国保卫世界和平大会委员会主席，也是中国民间外交的创始人，被海外誉为“中国的外交形象大使”。郭沫若曾两度出访埃及，1957 年 12 月，他率团参加在开罗举行的亚非团结大会；1970 年 10 月，他作为中国特使，参加了纳赛尔总统的葬礼。郭沫若还曾多次写下诗歌，声援埃及人民接管苏伊士运河的正义斗争、赞美埃及的人民与风物，他是中埃友谊的推动者与见证人。郭沫若展厅也将作为中文专业学生和中文学习爱好者的现场教学实践基地，学生将作为志愿者参与展厅讲解，做中埃文化交流的青年使者。

为纪念郭沫若诞辰 125 周年，揭幕仪式后，来自埃及多所高校的中文专业学生和

中文学习爱好者参加了郭沫若诗歌朗诵比赛，他们声情并茂地朗诵了郭沫若的诗歌名篇《地球，我的母亲》《炉中煤》《太阳礼赞》《天上的街市》《骆驼》等。

中国书法展在埃及郭沫若展厅举办

2017 年 10 月，埃及苏伊士运河大学孔子学院在中华文化名人郭沫若展厅举办了“中国书法展”，为纪念郭沫若诞辰 125 周年，部分书法作品以郭沫若歌颂埃及的诗歌为主题。

郭沫若展及研讨会在罗马尼亚举行

2017 年 11 月 1—5 日，应罗马尼亚锡比乌卢奇安布拉卡大学邀请，郭沫若纪念馆代表团出席该校与孔子学院联合举办的“教育与文化中的优越性与可持续性”国际研讨会暨锡比乌孔子学院 10 周年校庆活动。在会议中，“郭沫若中国研究中心”的代表及学者北京语言大学中东学院院长罗林教授以郭沫若纪念馆为例讲述了中国传统建筑美学特征，中国郭沫若研究会副会长、山东师范大学魏建教授讲述了郭沫若研究在世界的传播，埃及苏伊士运河大学孔子学院中方院长朱廷婷讲述了以郭沫若纪念馆为代表的博物馆与孔子学院合作模式的探索与研究。在研讨会上还举办了 125 周年纪念展览——“郭沫若展”。

时代印记

——郭沫若诞辰 125 周年纪念展

2017 年，正值郭沫若诞辰 125 周年之际。郭沫若纪念馆（北京）、郭沫若纪念馆（重庆）、郭沫若纪念馆（乐山）三处为纪念郭沫若而诞生的博物馆与四川大学校史展览馆、乐山师范学院郭沫若研究中心合作推出巡展“时代印记——郭沫若诞辰 125 周年纪念展”。

展览通过郭沫若曾留下“印记”的三处故居和两所学校串联起其生命中最多彩的华章，重现他在中华民族历史转折时刻，立于时代浪尖，引领中国文化前行的不朽一生。5 个郭沫若纪念地也相继围绕这一主题开展系列纪念活动。

“时代印记——郭沫若诞辰 125 周年纪念展”
在郭沫若纪念馆（北京）举办

“时代印记——四川大学著名校友郭沫若诞辰 125 周年纪念展”
在四川大学举办

纪念郭沫若诞辰 125 周年系列活动在郭沫若故乡四川省乐山市沙湾区举办，
其中也包括“时代印记”展览

“8＋”名人故居纪念馆 2017 年度主题巡展

“为了中华文明的发展——名人·名作·名物”展

一 展览内容

北京宋庆龄故居、李大钊故居、鲁迅博物馆、郭沫若纪念馆、茅盾故居、老舍纪念馆、徐悲鸿纪念馆、梅兰芳纪念馆 8 家名人故居纪念馆自 2000 年结盟以来，凝聚力量，整合资源，挖掘优势，以鲜明的活动主题，丰富的文化内涵和灵活的巡展方式，在国内外举办了多元化和多形式的活动，引起了社会和博物馆界的广泛关注，已经走过了 18 年。2017 年，随着李四光纪念馆、詹天佑纪念馆的加入，联盟在北京地区由原来“8 家”升级为“8＋”，这既保留了原“8 家”的文化品牌，又增加了馆际的交流合作，同时，也满足了观众不断增长的文化需求。

“8＋”名人故居纪念馆 2017 年度巡展的主题是“为了中华文明的发展——名人·名作·名物”，共展出 300 余幅文化名人的珍贵历史照片及近 50 件（套）馆藏精品，分为“名人”“名作”“名物”三个部分。“名人”讲述文化名人生平，勾勒出他们波澜壮阔的人生轨迹；“名作”介绍文化名人的代表作品，他们为祖国、为世界留下的不可磨灭的精神遗产和文化遗产；“名物”展示名人故居纪念馆所收藏的珍贵文物，讲述文物背后的故事，真正地让文物“活起来”。

二 主办、承办单位

主办单位：北京市文物局、北京博物馆学会、中共北京市西城区委宣传部

承办单位：“8＋”名人故居纪念馆

三 巡展时间和地点

2017 年 5 月	青岛康有为故居纪念馆
2017 年 5 月	北京郭沫若纪念馆
2017 年 5 月—6 月	北京交通运输职业学院大兴校区、通州校区、海淀校区
2017 年 6 月—7 月	北京交通委员会
2017 年 9 月	北京第十一中学分校

2017 年 11 月　　　　广州红线女艺术中心

四　巡展及文化活动

1. 青岛

2017 年 5 月，在“5 · 18 国际博物馆日”前夕，“为了中华文明的发展——名人 · 名作 · 名物”展第一站来到青岛康有为故居纪念馆，同时还举办了“名人故居的发展现状与展望”研讨会。

2. 北京

2017 年 5 月 16 日，为纪念第 41 个国际博物馆日，“8 +”名人故居纪念馆在北京郭沫若纪念馆举行了系列文化活动。“为了中华文明的发展——名人 · 名作 · 名物”展在当日正式启动。

当天还举行了“京津冀名人故居纪念馆协同发展倡议书”签名仪式和“传承与创新——名人与古籍”展开幕式。“8 +”名人故居纪念馆向北京市第 156 中学捐赠了 2017 年出版的学术与文化书籍《文化名人与文化景观——2016 年北京八家名人故居纪念馆活动纪实》《历史足迹——文化名人与北京》和《戏里戏外：郭沫若与老舍戏剧艺术创作交往学术论文集暨展览纪实》。名人故居纪念馆及博物馆的女馆长们朗读了名家名言，广州红线女艺术中心的工作人员演唱《荔枝颂》，共建学校北京市第 156 中学的同学们表演彝族舞蹈《打歌》。

北京交通运输职业学院巡展

北京第十一中学分校巡展

3. 广州

2017 年 11 月 23 日，“为了中华文明的发展——名人·名作·名物”展在广州红线女艺术中心开幕，红线女艺术中心与“8 +”名人故居纪念馆代表签署战略合作协议，名人故居纪念馆代表朗诵名人名言。“与新时代同行·8 + 文化名人馆——学习贯彻十九大精神座谈会”在红线女旧居举行。

第十四篇

硕博论文

【博士论文：新时代的“知”与“行”——以郭沫若、钱钟书、傅雷为中心】

著者：王童谣

导师：郑桂华

学校：山东大学

专业：学科教学（语文）

本文的研究内容是中国现代知识分子在当代政治生活中的人生选择和价值追求，探索他们的精神历程。文章选取了郭沫若、钱钟书、傅雷为主要研究对象，着重分析了他们建国后的“知”与“行”。选取以上三位，首先是因为在知识分子与新时代的关系中，三人分别走了参政、避政、言政之路，比较具有代表性；其次，三人性格差异大，生活经历各不相同，为人为文各具特色，以三人为中心可以勾连起不同特质的知识分子群体；最后，通过相互的对比和碰撞，更能看出中国现代知识分子不同的价值观、人生观以及由此带来的艰难的选择和探索。虽然三个人分别是诗人、学者、艺术家等人文学科的知识分子，与自然社会科学类的知识分子多有不同，但具体到建国后三十多年的历史环境中，他们与新时代的关系最终都能归结到参政、避政、言政这三条道路上来。当然，这三条道路只是较为宽泛的分类，且互有交叉，每个人的情况也不尽相同。参政可分主动、被动；避政也有不同的理由、方式；言政又分公开言论与私人言论。但是，不同学科知识分子的差异性被特定历史环境缩小了，他们的精神历程、心态状况和人格特征在当时呈现出很多共性。所以本文虽然着重分析的是文人知识分子，但对自然社会科学类的知识分子也有一定的借鉴意义。三位知识分子与其说是样本、典型，不如说是观察当时人们精神风貌、社会状况的一个窗口。在历史的变革中，他们力图实现自己的人生价值与理想观念，但因主客观原因的限制，最后都陷入了与国家民族、政治权力的纠葛之中。在泛政治与泛道德化的年代，他们对知识分子的角色、功能的定位与实践，给当代知识分子留下了深刻的经验和教训。国外关于知识分子的研究种类繁多，成果丰富；国内研究虽起步晚，但具有中国特色。本文力图提供一个研究知识分子的新思路，即人与文相结合，以性格特征为切入点，探讨他们作出不同人生选择的必然性，以及“文如其人”和“文不如其人”的成因、表现。与已有的研究相比，本文突出了性格对知识分子为人为文的影响，并突破个体研究的局限，以勾连为方法，把每个人都放在横向对比、纵向比较的视野中，力求客观、全面、公正地评价他们的得与失，以此反观知识分子群体的人格特征与心路历程。全文的整体架构如下：第一章选取了1949年这个有历史意义的年份为窗口，观察知识分子在国家民族的转折点中的感受、表现和选择。当时中国共产党在正面战场上胜局已定，与国民党文化领域的争夺达到高潮。对知识分子来说，则是危险与机遇并存，绝望与希望共生，慌乱的局面下他们作出了不同的抉择。左翼知识分子为政治理念奋斗，却没有意识到潜藏的危机；自由主义知识分子自认为无愧于民族国家，殊不知形势难料；右翼知识分子反复衡量，斟酌再三，热土难离的魂不知何处，去国的多保平安却成离乡游子。当回过头来看时，他们的选择并非一时兴起，再三考虑恐怕只是表象，1949年的选择与他们之前的人生经历紧密相关，其中的必然性多于偶然性。第二章以郭沫若为研究中心，考察他文艺家与革命家兼得的一生中，政治权力给他带来的得与失。本章分为四节，第一节论述郭沫若的人格特征，选取了影响他一生的几个性格特点进行追根溯源的分析，比如他的聪明、大胆异于常人，他不断破坏又不断创造的进取精神使他能脱颖而出。第二节集中在郭沫若的人生追求和创作上。他有明确的政治理念和勇于实践的能力，虽然在理想与现实之间徘徊过一段时间，但他本身的进取精神以及时代的推动使他走上了文艺家与革命家兼为的道路。对于频繁的身份变动所带来的自我认同危机，郭沫若采用自传的形式加以缓解。第三节研究在权力的漩涡中，个人崇拜的产生和发展以及由此带来的严重后果。语言的衍变足见当时个人主体性的丧失和理性的窒息。第四节论述知识分子与权力的纠缠所导致的坎坷命运，文艺与政治的矛盾贯穿始终。权力能让知识分子得到荣誉与地位，也能帮他们实现人生价值与理想，同时也会让他们失去安放身心的精神家园。所得所失孰轻孰重，两者之间能否平衡取决于他们自己的追求和选择。知识分子参政在当今社会必不可少，在重构当代知识分子的角色和功能上，郭沫若为我们提供了很多经验。第三章以专心学问，躲避权力的钱钟书为中心，探讨中国现代知识分子追求超然境界的可能性。第一节以钱钟书的性格为主，选取他与众不同的性格特质加以论述，从他人印象与自我认知的相互印证中分析钱钟书对自己的定位和要求。第二节讨论“知识”对于钱钟书的意义，具体论述他的学术理想与学术成就。作为一个主动探索知识边界、力图突破已有体系的学者，他的尝试成功与否是个见仁见智的问题。“钱学”的兴起，是相关学者自说自话的夸大还是有其独特价值，都是值得再讨论的问题。第三节集中在钱钟书的人生经历与社会实践上。钱钟书在著作中对知识分子有过零散的论述，“文不如其人”之类的观点虽显偏颇却也深刻。钱钟书杨绛夫妇一直以专业学者自居，他们清醒理智地对待时势变化，与政治权力竭力保持适当的距离。但在泛政治化弥漫全国的非常时期，他们无法拒绝，也无法抽身离开，只能以沉默的方式抵抗极左思潮。这种沉默是守住底限的高贵反抗，还是明哲保身的“驼鸟策略”，今天看来是值得人深思的。第四章以傅雷为研究中心。第一节聚焦在傅雷的性格特点上，以几种动物象征傅雷的人格特征，从家人朋友的描述及傅雷的自我评价中，可以推断出傅雷有明显的边缘型人格障碍，这极大地影响了他的人生。第二节研究傅雷在翻译上的特色和成就，对“神似论”追根溯源，表明它并不是傅雷的原创，而是有自己的发展过程，傅雷只是凭借突出的翻译成果成功地实践了这个理论。本节还以《傅雷家书》为切入口，探讨傅雷与新时代的关系。作为深受中国传统文化影响的现代知识分子，他的思想中有浓重的出世与入世的矛盾。虽然因个人性格与才能问题，他的社会实践并不多，但私底下指点江山、关心时事，在三四十年代还有公开的言政经历，这都表明他思想中有传统文人“修齐治平”的精神。傅雷在建国后与新政权有一段积极密切的合作关系，但形势的变化又把他逼回了“疾风迅雨楼”。像傅雷这种人文精神深厚的追求自由独立的知识分子，他们与新时代之间的关系若即若离，距离把握得好尚可全身可退，反之则玉石俱焚。第三节分析了傅雷朱梅馥夫妇自杀的主客观原因，研究了自杀对于知识分子的多重意义以及知识分子遗书中透露出的隐秘心态，而不同的心态透露出的是不同的人生追求与价值取向。第五章探讨在具体的历史环境中，一代学人的得与失。第一节总结了现代知识分子在与政治权力的纠葛中对自身角色、功能的艰难探索，他们在知识分子参政、避政、言政的道路中，各有得失苦乐。在现代中国泛政治文化和泛道德思维的历史条件下，他们的各种选择不可避免地受客观条件制约，因此要客观全面地对知识分子进行批评就不能忽略他们所处的具体环境，要兼具横向对比的眼光与纵向比较的视野。第二节概括了 20 世纪中国知识分子所具有的几种较普遍的心结矛盾，指出反思现代知识分子所走过的道路于今天的借鉴指示意义。当代知识分子所处的环境更复杂，面临的选择和诱惑也更多，知识分子群体的分化不可避免。当今中国正值全面深化改革时期，知识分子所承担的社会角色与社会功能却不明确，主观原因是知识分子对自身的思考反省不足，在世俗生活中的摸爬滚打已经远离了他们的本质精神追求。每条道路都有其存在的价值和意义，但对人文精神的建构传播以及对精神世界的坚守探索是每一位知识分子都应努力做到的。结语部分，一方面总结全文，在建立现代民族国家的历史进程中，全面客观地思索他们所走过的道路。另一方面设想了当代知识分子回归精神追求的可能性。以追求现代性为目标的世俗文明尽管建构了科学、律法、体制等社会结构，但在道德、精神、心灵的建构中却没有多少优势。社会世俗化程度越高，人们对终极意义的追求越迫切，这正是知识分子建构精神王国的坚实土壤。本文虽是研究知识分子，更是在研究人，探讨人的反省和超越精神。形势不由人，但终究也是人造成的。是随波逐流还是开拓进取，是难得糊涂还是先知先行，决定权最终在自己的手里。

【硕士论文：日本的郭沫若《女神》研究】

著者：吴光宇

导师：徐行言

学校：西南交通大学

专业：中国语言文学

本文属于日本中国学研究之研究范畴，以日本的郭沫若《女神》研究为研究对象，主要针对日本的郭沫若《女神》研究之历程、研究之阐释进行梳理与探讨，并从研究视角与方法上对日本《女神》研究的特点与不足进行把握，进而挖掘日本的《女神》研究对国内研究的启示与借鉴作用。本文首先通过

1950—1970年代、1990年代、新世纪以来三个时期对日本的《女神》研究历程进行了纵向的资料性梳理。在此基础上，本文探讨了日本《女神》研究代表者铃木义昭、武继平、岩佐昌暲、藤田梨那和横打理奈是如何对《女神》进行阐释的，即对以铃木义昭为代表的《女神》影响研究、武继平的《女神》实证研究与整体研究、岩佐昌暲以"日本"为关键语的《女神》研究、藤田梨那以"跨文明书写"为重要概念之一的《女神》研究以及横打理奈以"传统"与"自然"为中心语的《女神》研究进行了全面考察。最后，本文对日本的《女神》研究之视角进行了观照，并探讨了研究中存在的不足以及对国内研究界的启示意义：《女神》时期的新文学史料的发掘和研究、《女神》对东西方文化文学接受的影响研究以及作品个案研究是日本的郭沫若《女神》研究的重点与热点。研究者始终将实证考据作为《女神》研究的基本方法，抉微发隐，深入文本细部，并取得显著的研究实绩。但不可否认的是，通过扫描其研究历程与成果，也暴露了当前研究发展速度较慢、存在学术盲点以及视角不够深入、方法较为单一等不足之处。日本的《女神》研究作为一面域外之镜，不仅在其研究的缺陷性上可以敦促国内研究界查漏补缺、调整研究步调、提升研究数量与质量，同时日本的《女神》研究者的实证主义研究方法与文本细读的研究范式对当前国内文学研究想要摆脱主观论断和泛理论化的困境给予了一定的启示作用。

【硕士论文：马克思主义家庭观视域下的郭沫若历史剧研究】

著者：肖　静

导师：范国英

学校：西华大学

专业：马克思主义与中国文化研究

在思想发展史中，家庭观念有着十分重要的地位。家庭观念从家庭产生之时起便一直随着社会的发展以及家庭模式的演变而不断发展，家庭成员的地位也随之产生变化。马克思与恩格斯批判地继承了巴霍芬和摩尔根的家庭思想，并与时俱进的对其进行了发展。家庭思想以血缘、亲属之间的关系为关注点，以此来调节家庭成员之间的关系，促进社会稳定，达到建设与发展国家的目的。在中国传统家庭观念中，有其精华，至今仍被传承接受，也有部分陈旧落后的家庭思想，制约着家庭关系的和谐健康发展。马克思主义者则是站在社会生产关系，经济发展水平的历史唯物主义立场上，对家庭的本质、属性以及恋爱婚姻等家庭问题，进行了深刻分析、揭露与批判，提出了一系列对家庭思想的见解，利于让我们正确认识家庭，更好地维护家庭关系。郭沫若历史剧是在特定的历史背景下完成的，用借古喻今的方法反映了时代主题，响应了时代的号召。在时代主旋律的呼吁中，也深刻反映了作者关于恋爱婚姻家庭的思想观念。在"五四"新文化运动时期，极力批判了以男性为中心的父权与强权思想，主张婚姻自主与人格平等。在抗日战争时期，宣扬了女性社会意识的觉醒，体现了女性力量在社会革命中的价值。同时还突出反映了家庭教育对于个人品质塑造的深刻影响以及由此带来的对社会、国家的责任意识。在新中国建设时期，通过为历史人物“翻案”的创作手法，赞赏了女性走出家庭，投身国家建设的卓越能力与贡献。同时也在一定程度上反映出了女性在参政治国时所易受到来自家庭与社会的压力与阻碍，体现了作为女性在参政治国中的更多不易。郭沫若注意到，随着社会的发展，家庭思想观念也随之发生了变化。郭沫若历史剧中所主张的家庭观念与马克思主义家庭观所倡导的思想主张有一定的相通性。本文以马克思主义家庭观为理论指导，探究郭沫若历史剧中所呈现的家庭样态，分析其中的家庭思想，以此挖掘家庭观念的发展变化，分析其中的进步性与局限性，总结其中对于当今构建社会主义和谐家庭的价值。

【硕士论文:《虎符》接受史研究】

著者：李向利

导师：廖久明

学校：西南大学

专业：中国现当代文学

《虎符》是郭沫若六部抗战历史剧中的第三部，由《史记》中的《信陵君列传》改编而成，写如姬为信陵君“窃符救赵”的故事。它应时代的洪流而生，带有强烈的政治色彩。随着时间的推移，人们对《虎符》接受的政治色彩逐渐变淡，着重点逐渐转移到艺术本身，内涵也愈加丰富，逐渐确立了其经典地位。《虎符》的接受情况，表现在改编（包括作者自己的修改）、演出、研究等多方面，且阶段性比较明显。由其接受情况的特点来看，可以将其分为抗日战争时期、解放战争时期、十七年建设时期和粉碎“四人帮”以后四个阶段。本文除去引言和结语，正文部分将按照这四个阶段分为四章，每章再从演出、剧本研究、改编等入手分为小节，阐述每个阶段《虎符》的接受情况和变化，了解背后的原因，并结合接受美学的相关理论进行分析。抗战时期，《虎符》的接受与当时中国的政局联系密切，政治性较强。演出地点主要集中在国共两党的政府所在地重庆和延安。在重庆进行的首演是此阶段影响最大的一次演出，引起了极大的反响。剧本研究很少，只是在“把人当成人”的主题和主要人物形象研究方面进行了初探。团结抗日的首要性，使得《虎符》中隐含的对国民党的批判在此时并没有引起重视，甚至是刻意回避。解放战争时期，国内的主要矛盾发生变化，《虎符》中批判国民党的因素引起人们重视，这在演出、改编等方面都有明显的表现。1947 年祖国北工剧团在京津两地的演出和 1948 年文化大会堂的演出是此阶段影响较大的两次演出，地域扩大到北京、天津以及石家庄等地。郭沫若对剧本进行了第一次大规模的修改，将剧本里面的暗射对象进一步丑化。在这两个阶段里，《虎符》的接受情况存在着共性，整体呈现演出为主、研究为辅的状态。十七年建设时期，仍然以演出为主，研究为辅，且具有较强的政治性，只是此时的政治性是对《虎符》故事的借用，脱离了郭沫若创作《虎符》的初衷。重要的演出有用以支持抗美援朝的《信陵公子》的演出，人艺为配合文化建设借鉴戏曲因素进行的民族化探索，东风剧团带有“反修反霸”意味的豫剧演出等。演出地域进一步扩大，甚至传到国外。剧本方面，郭沫若又做了一次较大规模的修改，重点放在语言的口语化方面。研究进一步拓展，和前期的探索一起为后面研究的多元化做了铺垫。粉碎“四人帮”以后，《虎符》的接受重心转向研究领域，呈现研究为主、演出为辅的状态。演出和研究的侧重点，也由对其所蕴含意义的挖掘向艺术本身偏移，且政治性削弱。演出的目的以纪念性和对经典的演绎为主，研究呈现多元化状态。其中的教育意义也得到大力发掘，包括其中形象、精神的美育作用以及蕴含的文史知识等。《虎符》是一部时代性极强的作品，在整个接受历程中，表现出了其极强的适应性。

【硕士论文：郭沫若甲骨文字考释研究】

著者：刘琳珊

导师：张金霞

学校：山东师范大学

专业：中国古典文献学

郭沫若，学名开贞，字鼎堂，是我国著名的革命家、文学家、史学家、考古学家、古文字学家，在诸多学术领域都有卓越的成就。在古文字研究领域更是成果丰硕，屡有创见，他的甲骨文研究也是成绩斐然，与罗振玉、王国维、董作宾并称为“甲骨四堂”。本文对郭沫若甲骨文字考释成果进行系统地分析研究，除去绪论和结语，全文共分为四个部分。绪论部分，主要论述本文的选题意义和郭沫若甲骨文字考释的国内外的研究状况，突出本文写作的重要意义——对郭沫若甲骨文考释作独立专题研究。第一章郭沫若生平及其学术研究，对郭沫若生平进行综述，并且总结其在文学、史学两个领域的学术成就。第二章郭沫若古文字研究概述，首先从甲骨文、金文、石鼓文、其他古文字四个方面综述郭沫若的古文字研究成就。然后从其古文字研究过程中分析郭沫若的古文字研究思想。第三章郭沫若甲骨文字考释汇纂，首先综述我国甲骨文字考释研究的发展情况，并总结各考释大家的成就和方法。然后从郭沫若甲骨文字考释成果中选取三十八个有代表性的单字，按部首排列，逐个进行分析研究。在单字分析过程中，重点比较郭沫若与其他文字考释学者之间考释观点的不同，按时间顺序排列各学者的考释观点，从时间纵线上展现文字考释从前到后的发展变化，从而得出对此单字的最佳考释结论。第四章郭沫若甲骨文字考释方法特点，通过单字分析，总结其考释的方法和特点。首先将其考释方法分为字形分析、辞例研究、与其他古文字比较、借鉴《说文》及传世文献、综合论述、其他方法六种，通过具体例子展现郭沫若的实际运用。后总结郭沫若文字考释特点有二：一是文字考释和历史研究的结合，二是多学科在文字考释过程中的综合运用。结语部分，对郭沫若甲骨文字考释研究作总结性的归纳。

【硕士论文：郭沫若英诗汉译原则探析】

著者：杨君君

导师：李正栓

学校：河北师范大学

专业：英语语言文学

郭沫若是我国现代著名的文学家、

翻译家、社会活动家、历史学家以及新诗奠基人之一。他的翻译事业始于20世纪20年代，其一生都在从事翻译工作，留下了大量的文学作品和译作。郭沫若在长期的创作和翻译实践活动中还提炼和总结出了独具个人特色的翻译理论，其中最著名的有“风韵译”“创作论”“共鸣说”以及“以诗译诗”等，在中国翻译史上占有重要地位，丰富了我国的翻译理论宝库，进而推动了我国翻译事业的发展。《英诗译稿》是郭沫若建国以来仅有的一本难得的译作，也是他一生大量译作中的最后一本。其中收录了郭沫若翻译的英美诗人的短诗50首，这本译作是郭沫若晚年所作，他的成熟的翻译思想和风格自然贯穿在这本译作中。该论文主要从这本《英诗译稿》中归纳和探析郭沫若的翻译理论。该论文共有四章。引言部分介绍了郭沫若的生平、《英诗译稿》的译本、对郭沫若翻译思想与理论研究的文献综述。第一章阐释了风韵译的翻译思想。第二章探讨了创作论的翻译思想。第三章举例阐述了郭沫若译诗中所体现的译者与原诗作者之间的共鸣。第四章研究了郭沫若以诗译诗的翻译思想。

【硕士论文：操纵论视角下《屠场》三个中译本的比较研究】

著者：胡湘雨

导师：袁斌业

学校：广西师范大学

专业：英语语言文学

厄普顿·辛克莱作为揭黑幕作家，其代表作《屠场》在20世纪初曾轰动美国社会。它以现实主义的写实手法如实记下了资本主义在其发展过程中为积累资本对工人的残酷压迫，并曾有力地推动美国社会变革。该作品出版后不久，美国于1906年通过了《关于纯净食品和药物法》并昭告全国。小说多次写到工人的罢工斗争，《屠场》也因此被一些学者誉为美国第一部无产阶级小说。这部小说在中国已被译介多次，尤其在20世纪30年代达到高潮。20世纪80年代出现了翻译研究的文化转向。勒菲弗尔的操纵论则是翻译研究文化派的一个著名理论。勒菲弗尔将翻译看作是对原文本的改写，而一切改写，无论其意图如何，都是对一定意识形态和诗学的反映，并借此操纵文学使其以某种方式在一个特定社会里发挥功用，这样就打破了只局限于语言层面的传统翻译观念，从而转向翻译背后的文化层面。勒菲弗尔认为翻译受一系列翻译外部因素的限制和操纵。除了意识形态和诗学，影响翻译的因素还有赞助人。意识形态影响译者对译本的主题选择，翻译方法的选择和细节处理；诗学作为社会文学标准的总和，对翻译中语言的运用有着重要影响；赞助人则通过控制意识形态对翻译的出版和发行起到重要作用。本文在操纵论指导下，选取郭沫若、萧乾和薄景山的译本，介绍译者所处的时代背景，通过描述研究和对比分析方法，从意识形态、诗学和赞助人三方面来分析《屠场》的三个汉译本，探讨其如何影响翻译题材的选择及翻译过程。在意识形态方面，分析了主流意识形态对译者选材及翻译过程的影响，具体从政治、道德与文化角度展开，在诗学方面，探讨了主流诗学及译者个人诗学对译者文学观念及翻译过程的影响，分别从译者对词、句及风格等方面的处理展开。通过分析对比三个译本，证明了不同年代的主流意识形态，诗学及赞助人确实影响了译者的选材，翻译策略和译本的出版与发行，从而揭示了操纵论的有效性和实用性。

【硕士论文：诗学操纵视角下诗人译诗研究——以雪莱《致云雀》三个中译本为例】

著者：朱晓燕

导师：李崇月

学校：江苏大学

专业：外国语言学及应用语言学

诗歌作为文学系统中的子系统，诗歌创作和诗歌翻译是该子系统不可缺少的重要成分。然而，诗歌研究大多从单一角度，或是单纯的关注语境对诗歌创作的影响，或仅研究各类因素对诗歌翻译的作用，很少有人将诗歌创作和翻译统一起来进行研究。本研究将诗歌创作和诗歌翻译看作一个整体，探讨诗人译者诗歌创作的诗学观对其诗歌翻译的影响。本文选取雪莱《致云雀》三个诗人译者的中译本，从勒菲弗尔诗学操控的视角对比诗人译者对原作的操控，探究诗人诗歌创作诗学和诗人译诗诗学的一致性，以期为诗歌翻译研究提供一种新的路径。二十世纪七十年代，随着翻译研究的“文化转向”，翻译研究突破了传统美学和语言学的模式。以勒菲弗尔为代表的操纵学派提出翻译就是对原文的“改写”，是译者出于某一特定目的而对原文进行的操控。文学翻译过程不仅受到文本本身的影响，还受到诗学的操纵。译者通常会对原作进行适当的调整，以使其译文与所处时期的主流诗学相符，从而实现相应的翻译目的。本研究借助勒菲弗尔诗学操控观，分析诗人译者对原文的操控及翻译效果的差异。本文运用定性分析的研究方法，以《致云雀》三个中译本为语料，即二十年代的郭沫若译本、五十年代的查良铮译本和九十年代的孙大雨译本，尝试通过多译本的对比，分析诗人译者对译文的操控及其诗歌创作与诗歌翻译在诗学上的一致性。本文的主体分析分为两个部分，第一部分论述诗人译者的诗歌创作诗学观；第二部分通过对《致云雀》全诗的研究，选取了8个典型诗节进行详细分析，从诗学操控的角度剖析了译者在韵律、节奏、语言和意象四个诗学元素上的处理方式，并解析了这些方式背后的诗学理据。译者在其诗歌创作诗学观和主流诗学观的影响下，采用不同的翻译策略，呈现给读者的翻译效果也大不相同。研究发现，诗人译者的诗学观操纵着诗歌翻译，诗人译者的诗歌创作与诗歌翻译在诗学上具有一致性，三个中译本整体上忠实于原文。除诗人译者的诗学观外，社会文化、文学系统中的宏观因素也影响着诗歌翻译，因此在英格律诗汉译过程中不可能出现完全的忠实。

第十五篇

郭沫若纪念馆馆藏资料

郭沫若《埃及，我向你欢呼！》手稿

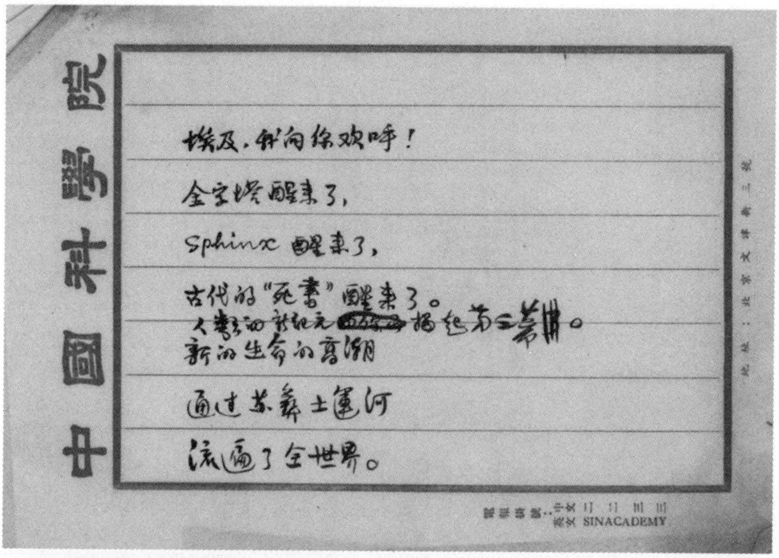
中國科學院

埃及，我向你欢呼！

金字塔醒来了，

Sphinx 醒来了，

古代的"死书"醒来了。

人类的新纪元揭起第三幕。

新的生命的高潮

通过苏彝士运河

流遍了全世界。

地址：北京文津街三號

電報掛號：中文 英文 SINACADEMY

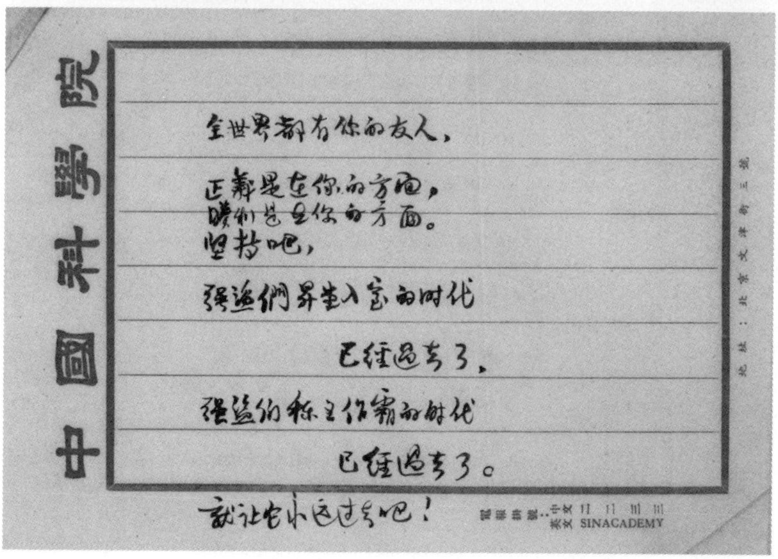
中國科學院

全世界都有你的友人，

正义是在你的方面，

胜利也在你的方面。

坚持吧，

强盗们昇堂入室的时代

已经过去了，

强盗们称王称霸的时代

已经过去了。

就让它永远过去吧！

地址：北京文津街三號

電報掛號：中文 英文 SINACADEMY

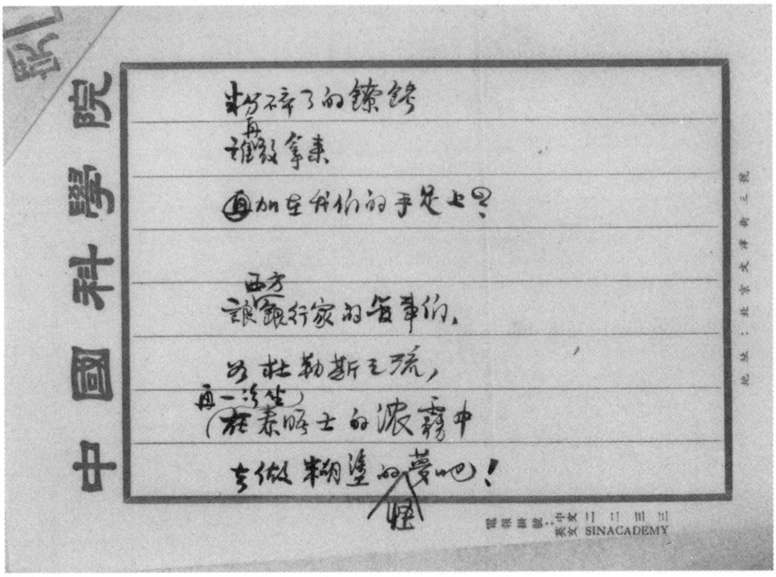
中國科學院

粉碎了的镣铐

再谁敢拿来

再加在我们的手足上？

让西方银行家的先生们，

以杜勒斯之流，

再一次坐在泰晤士的浓雾中

去做糊涂的梦吧！

電報掛號：中文 英文 SINACADEMY

地址：北京文津街三號

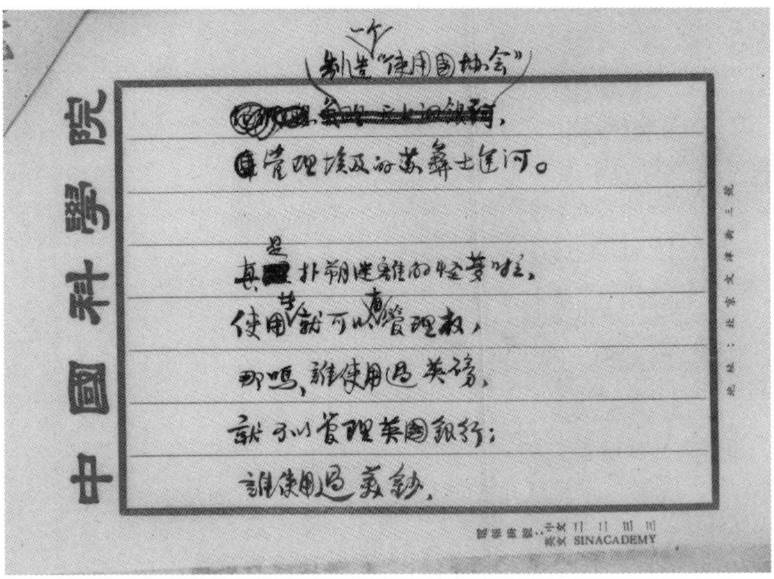
中國科學院

创造一个"使用国协会"

来管理埃及的苏彝士运河。

真是非常迷离的怪梦啦，

使用者就可以管理者，

那吗，谁使用过英镑，

就可以管理英国银行；

谁使用过美钞，

電報掛號：中文 英文 SINACADEMY

地址：北京文津街三號

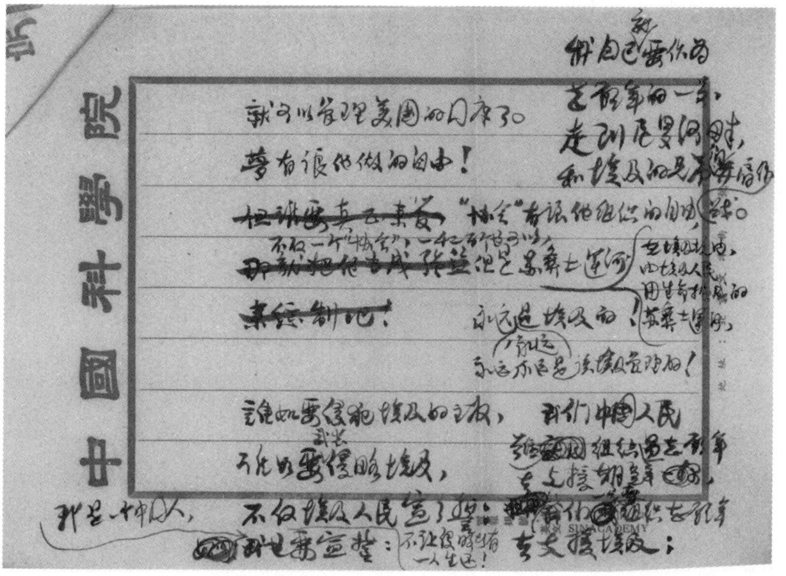

郭沫若《埃及，我向你欢呼！》草稿

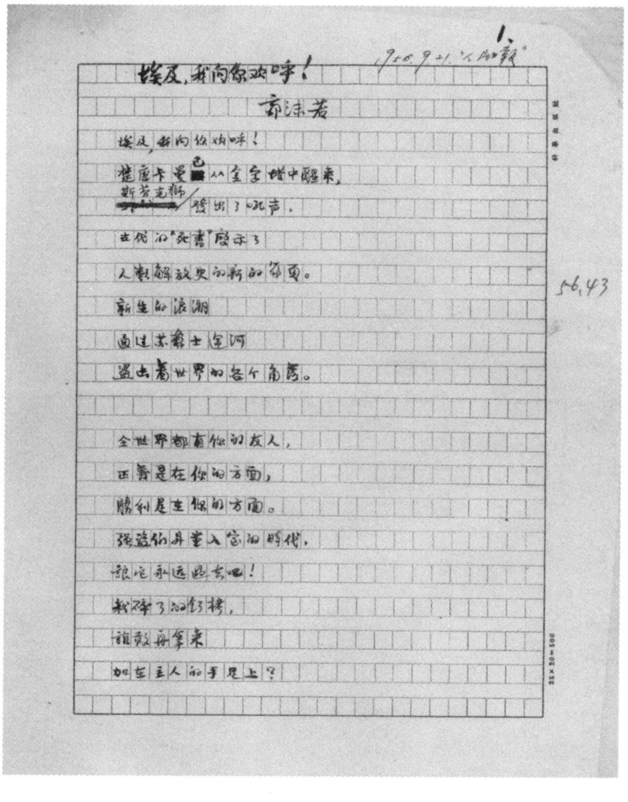

1950.9.21.《人民日报》

埃及，我向你欢呼！

郭沫若

埃及，我向你欢呼！
楚唐卡曼已从金字塔中醒来，
斯芬克斯发出了吼声，
古代的"死书"启示了
人类解放史的新的篇页。
新生的浪潮
通过苏彝士运河
溢出着世界的各个角落。

全世界都有你的友人，
正义是在你的方面，
胜利是在你的方面。
强盗们升堂入室的时代，
让它永远过去吧！
砸碎了的镣铐，
谁敢再拿来
加在主人的手足上？

2

西方银行家的管事们，
杜勒斯和他的仆从，
要再一次坐在泰晤士的浓雾中
做出一些糊涂的白日梦了——
他们要组织一个"使用国协会"，
管理埃及的苏彝士运河。

真是扑朔离奇的怪梦啦！
使用者就可以有管理权，
岂不是谁使用美钞，
就可以管理美国国库？
这就是西方强盗们
使用了几百年的逻辑，
但现在是行不通了！

梦怪有强盗做的自由，
协会也有强盗组织的自由——
不必客气嘛，
不仅组织一个，
尽可以组织一千二百个，
但是苏彝士运河

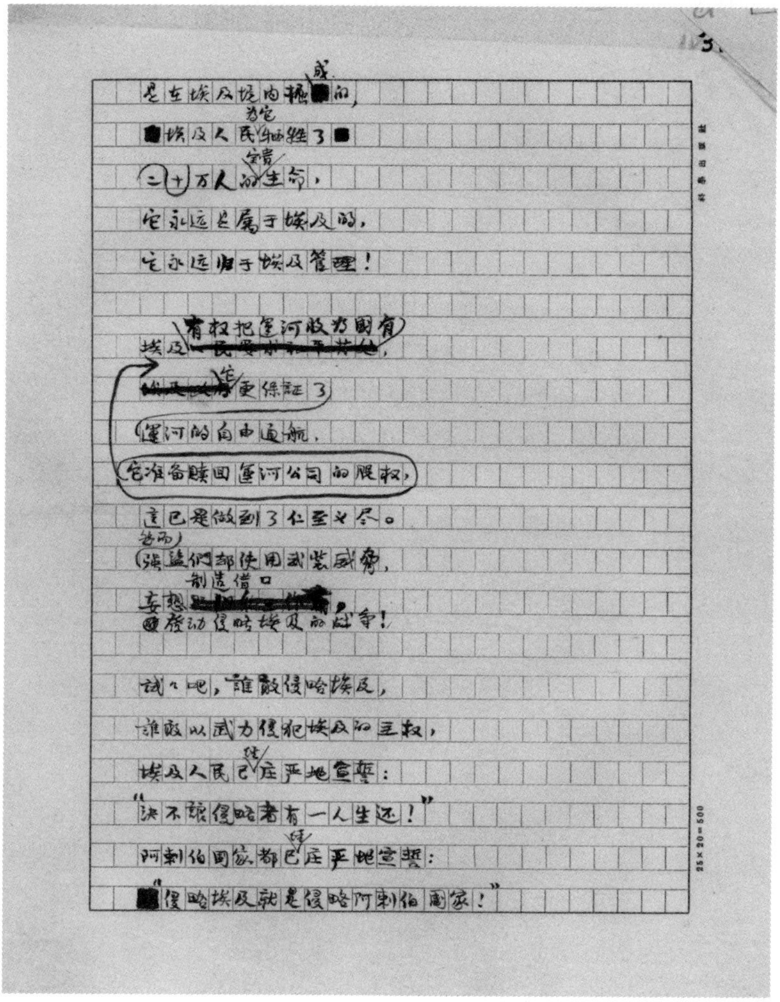

是在埃及境内挖成的，
埃及人民为它牺牲了
二十万人的宝贵生命，
它永远是属于埃及的，
它永远归于埃及管理！

埃及有权把運河收为国有，
它更保証了
運河的自由通航，
它准备赎回運河公司的股权，
這已是做到了仁至义尽。
然而强盗們却使用武装威胁，
妄想制造借口
發动侵略埃及的战争！

试试吧，誰敢侵略埃及，
誰敢以武力侵犯埃及的主权，
埃及人民已经庄严地宣誓：
“决不讓侵略者有一人生还！”
阿剌伯国家都已经庄严地宣誓：
“侵略埃及就是侵略阿剌伯国家！”

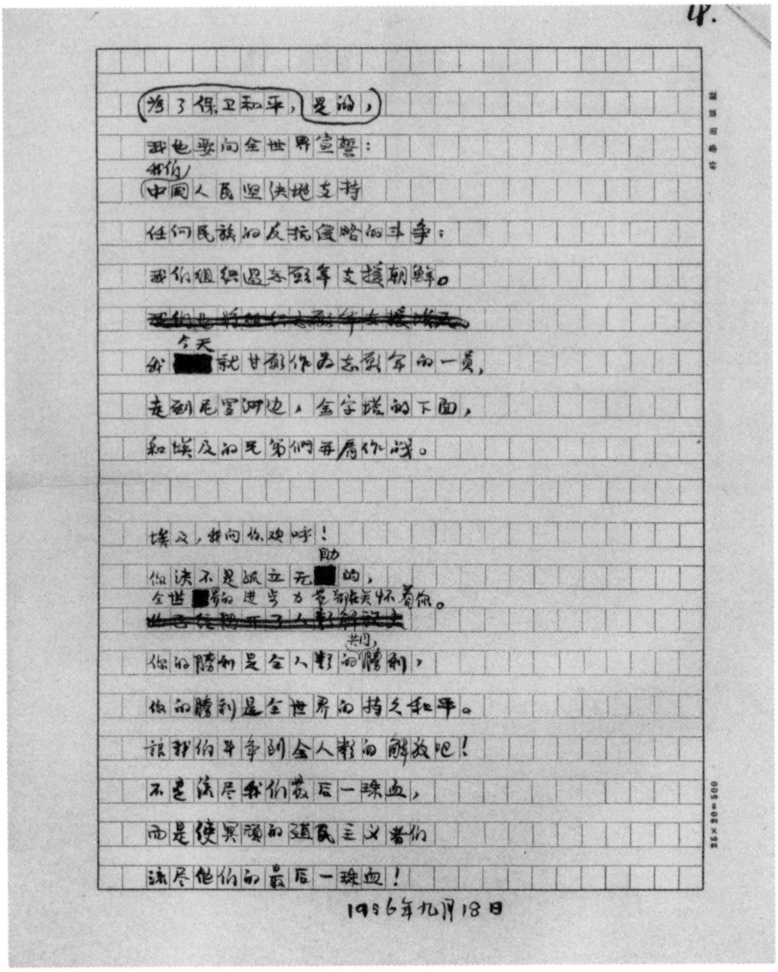

18.

为了保卫和平，是的，
我也要向全世界宣誓：
我们中国人民坚决地支持
任何民族的反抗侵略的斗争；
我们组织过志愿军支援朝鲜。
我今天就甘愿作为志愿军的一员，
走到尼罗河边、金字塔的下面，
和埃及的兄弟们并肩作战。

埃及，我向你欢呼！
你决不是孤立无助的，
全世界的进步力量都在关怀着你。
你的胜利是全人类共同的胜利，
你的胜利是全世界的持久和平。
让我们斗争到全人类的解放吧！
不是流尽我们最后一滴血，
而是使冥顽的殖民主义者们
流尽他们的最后一滴血！

1956年九月18日

25×20=500

郭沫若《埃及，我向你欢呼！》清稿

【清稿释文】

埃及，我向你欢呼！
楚唐卡曼已从金字塔中醒来，
斯[①]芬克狮发出了吼声，
古代的“死书”启示了
人类解放史的新的篇页。

---

① 收入《郭沫若全集》时作“司”，见《郭沫若全集·文学编》第4卷，人民文学出版社1984年8月版，下同。

新生的浪潮
通过苏彝士运河，
荡击着世界的各个角落。

全世界都有你的友人，
正义是在你的方面，
胜利是在你的方面。
强盗们升堂入室的时代，
让它永远过去吧！
粉碎了的镣铐，
谁敢再拿来
加在主人的手足上？

西方银行家的管事们，
杜勒斯和他的仆从，
要再一次坐在泰晤士的浓雾中
做出一些糊涂的白日梦了——
他们要组织一个“使用国协会”，
管理埃及的苏彝士运河。

真是扑朔迷离的怪梦啦！
使用者就可以有权管理，
岂不是谁使用美钞，
就可以管理美国国库？
这就是西方强盗们
使用了几百年的逻辑，
但在今天是行不通了！

怪梦有强盗做的自由，
协会也有强盗组织的自由——
不必客气啦，不仅组织一个，
尽可以组织一千二百个①，
但是苏彝士运河

① 《郭沫若全集》作“一千零一个”。

是在埃及境内掘成的，
埃及人民为它牺牲了
十二万人的宝贵生命，
它永远是属于埃及的，
它永远归于埃及管理！

埃及有权把运河收为国有，
它准备赎回运河公司的股权，
它更保证了运河的自由通航，
这已是做到了仁至义尽。
然而强盗们却使用武装威胁，
妄想制造借口，
发动侵略埃及的战争！

试试吧，谁敢侵略埃及，
谁敢以武力侵犯埃及的主权，
埃及人民已经庄严地宣誓：
“决不让侵略者有一人生还！”
阿剌①伯国家都已经庄严地宣誓：
“侵略埃及就是侵略阿剌伯国家！”

是的，为了保卫和平，
我也要向全世界宣誓：
我们中国人民坚决地支持
任何民族的反抗侵略的斗争；
我们组织过志愿军支援朝鲜。
我今天就甘愿作为志愿军的一员，
走到尼罗河边，金字塔的下面，
和埃及的兄弟们并肩作战。

埃及，我向你欢呼！
你决不是孤立无助的，
全世界的进步力量都在关怀着你。

---

① 《郭沫若全集》作“拉”。

你的胜利是全人类的共同胜利，
你的胜利是全世界的持久和平[①]。
让我们斗争到全人类的解放吧！
不是流尽我们最后一珠血，
而是使冥顽的殖民主义者们
流尽他们的最后一珠血！

1956 年九月 18 日

（王静整理）

① 《郭沫若全集》中此句与上一句位置颠倒。

郭沫若《访埃及杂吟十二首录其二》手迹

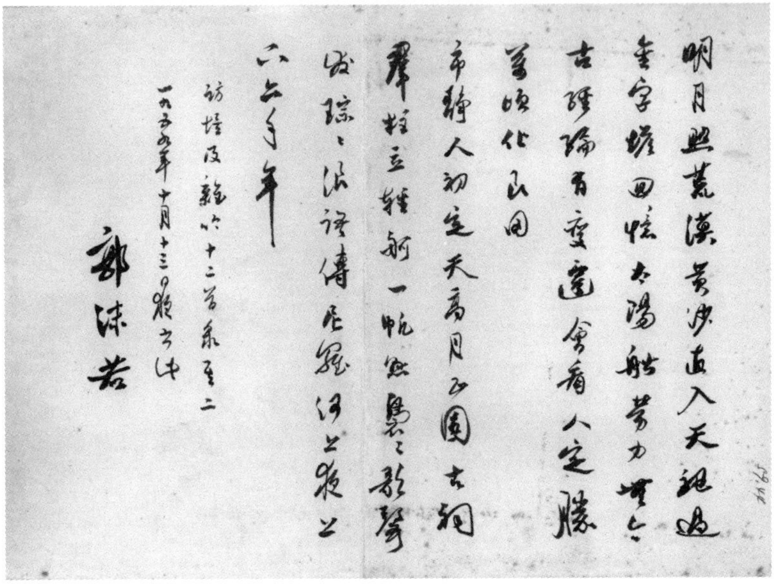

【释文】

明月照荒漠，黄沙直入天。驰过金字塔，回忆太阳船。劳力无今古，经纶有变迁。会看人定胜，万顷化良田。

市静人初定，天高月正圆。古祠群柱立，轻舸一帆悬。袅袅歌声发，琮琮浪语传。尼罗河上夜，上下六千年。

《访埃及杂吟十二首》录其二

一九五九年十月十三日夜书此

郭沫若

（王静整理）

后　　记

习近平总书记多次强调指出："中国不乏生动的故事，关键要有讲好故事的能力；中国不乏史诗般的实践，关键要有创作史诗的雄心"。《郭沫若研究年鉴 2017 卷》秉承着为讲好中国故事，创作中国史诗的理念编撰而成。

2017 年是郭沫若研究值得纪念的年份，125 年前郭沫若诞生于乐山沙湾，中国现代文化史上一位百科全书式的名人出现在历史的舞台；80 年前郭沫若只身回国，毅然决然地投身于民族抗战的峥嵘岁月之中，过往的岁月值得回味，而对史实的探究更是后人面对历史应有的态度。

故此本卷的《郭沫若研究年鉴》从 2017 年郭沫若相关的研究成果中，精选了诸多"唯物史观与郭沫若研究"以及"纪念郭沫若归国抗战八十周年"的研究篇目和相关史料，作为对于历史研究的敬意。论文选编中我们也力图将 2017 年郭沫若研究中涉及到的各个领域最新的，有代表性的成果推荐给大家。"年度访谈""学者回忆"等栏目的设置继续为构建郭沫若研究学术史提供了全新的视角和方法。作为国内郭沫若研究资料保存最多的郭沫若纪念馆，近年来一直致力于将馆藏资料逐步向社会公布，以便更好服务科学研究。

"思想以自己的言语喂养它自己，而成长起来。"（泰戈尔语）《郭沫若研究年鉴》一路走来，始终在唯物主义思想准则的引领下砥砺前行，一卷卷已经出版凝聚着郭沫若学人研究的财富，也折射着我们对郭沫若研究，对中国学术研究的未来发展的美好愿景。相信小流终将会汇集成汪洋大海，跬步终将会到达千里之外的彼岸！

感谢关心支持《郭沫若研究年鉴》出版工作的各位同仁！

《郭沫若研究年鉴》编辑部